经济不确定性、金融发展与高新技术产业创新增长

杨筝 著

武汉大学出版社

图书在版编目(CIP)数据

经济不确定性、金融发展与高新技术产业创新增长/杨筝著.—武汉:武汉大学出版社,2023.12
ISBN 978-7-307-24150-3

Ⅰ.经… Ⅱ.杨… Ⅲ.高技术产业—产业发展—研究—中国
Ⅳ.F279.244.4

中国国家版本馆 CIP 数据核字(2023)第 222607 号

责任编辑:聂勇军 责任校对:汪欣怡 版式设计:马 佳

出版发行:**武汉大学出版社** (430072 武昌 珞珈山)
(电子邮箱:cbs22@ whu.edu.cn 网址:www.wdp.com.cn)
印刷:武汉邮科印务有限公司
开本:720×1000 1/16 印张:33.25 字数:559 千字 插页:2
版次:2023 年 12 月第 1 版 2023 年 12 月第 1 次印刷
ISBN 978-7-307-24150-3 定价:128.00 元

序　一

自改革开放以来，我国高新技术产业快速发展，在国民经济发展中起到了重要的支撑作用。我国经济已由高速增长阶段转向高质量发展阶段，正处在转变发展方式、优化经济结构、转换增长动力的攻坚期。高新技术产业作为技术密集、资金密集、知识密集的战略性新兴产业，在我国经济结构调整、产业转型升级中起着至关重要的作用。然而当前我国高新技术企业规模普遍不大，仍未充分发挥规模效应；诸多高新产业领域核心关键技术依然依赖于国外引进；高新技术产业理论发展和生产实践之间存在一定脱节等问题，这些问题制约了我国高新技术产业的快速健康持续发展。在此背景下，杨筝副教授创新运用多元化的方法体系深入研究经济不确定性、金融发展对高新技术产业创新增长的影响，经过长期躬耕，取得了极具指导意义的研究成果。

这部著作厘清了经济不确定性、金融发展和高新技术产业创新增长之间的理论脉络，构建了经济不确定性、金融发展和高新技术产业创新增长的基本内涵和相应的测算方法，并以此为基础，综合运用多个计量经济学模型对经济不确定性和金融发展影响高新技术产业创新增长、高新技术产业创新增长动力以及高新技术产业创新增长空间溢出效应进行了实证检验。

这部著作具有三个显著特点：一是论据翔实，不仅系统地整理了相关联的基础理论体系，还结合多种计量经济学模型进行了充分的实证检验；二是内容丰富，涉及问题广泛，分析了我国高新技术产业创新增长现状、基本特征及其演变趋势，探讨了经济不确定性、金融发展对高新技术产业创新增长的影响；三是颇具实践指导意义，提出了一系列促进我国高新技术产业创新增长的政策建议，例如：不断优化宏观经济发展环境、持续完善金融服务长效机制、有序推动高新技术产业的空间集聚、合理优化高新技术产业的空间布局、逐步完善高新技术产业扶持政策体系等。

教育部重大人才计划特聘教授、武汉大学经济与管理学院会计学教授

2023 年 12 月

序 二

党的二十大报告指出，当前世界百年未有之大变局加速演进，新一轮科技革命和产业变革深入发展，国际力量对比深刻调整，我国发展面临新的战略机遇。同时，世纪疫情影响深远，逆全球化思潮抬头，单边主义、保护主义明显上升，世界经济复苏乏力，局部冲突和动荡频发，全球性问题加剧，世界进入新的动荡变革期。我国发展进入战略机遇和风险挑战并存、不确定难预料因素增多的时期，各种"黑天鹅""灰犀牛"事件随时可能发生。与此同时，我国进入到团结带领全国各族人民全面建成社会主义现代化强国、实现第二个百年奋斗目标，以中国式现代化全面推进中华民族伟大复兴的新时代新征程。在这个时代，中国经济将面对巨大的不确定性，必须增强忧患意识，坚持底线思维，做到居安思危、未雨绸缪，准备经受风高浪急甚至惊涛骇浪的重大考验；在这个时代，金融作为国家重要的核心竞争力的作用将更加凸显，为实体经济服务是金融的天职，是金融的宗旨，也是防范金融风险的根本举措；在这个时代，高科技企业是我国现代化产业体系和科技创新体系的重要组成部分，关系到中国在未来发展和国际竞争中能否赢得战略主动，强化高科技企业科技创新主体地位，是推动实现高水平科技自立自强的重要举措。显然，杨筝博士的专著《经济不确定性、金融发展与高新技术产业创新增长》紧跟时代发展的脉搏，具有很好的理论意义和实际价值。

经济不确定性、金融发展以及高新技术产业创新增长都是宏大主题，厘清三者之间的关系非常不易，需要构建科学可行的分析框架和采用强有力的分析方法。这部专著首先建立了三者之间关系的理论框架。经济不确定性和金融发展对高新技术产业创新增长的影响无疑是非常复杂的，作者透过现象看本质，发现经济不确定性和金融发展影响高新技术产业创新增长的实现路径主要依赖于实物期权机制、金融摩擦机制、风险机遇机制、消费市场反馈机制以及信息信任机制等。从理论框架出发，通过经济不确定性、金融发展和高新技术产业创新增长之间的相关性检验和耦合协调性检验，本书揭示了三者之间存在显著的相关性，不同相关性之间存在较为明显的差异，以及三者之间耦合协调关系大部分处于失调状态等特征。进一步地，本书运用计量经济学模型实证分析了经济不确定性、金融发展对高新技术产业创新增长的影响、对高新技术产业创新增长动力的影响以及对高新技术产业创新增长空间溢出效应的影响。基于实证研究结果，本书提出了促进我国高新技术产业高速高质发展非常有建设性的政策建议。

　　我与本书作者杨筝博士的丈夫刘放博士有近 20 年的友谊，因而也有幸认识杨筝博士 10 余年。在这 10 多年的时间里，杨筝博士从攻读博士到成为高校教师，整个过程始终保持着锲而不舍、精益求精的钻研精神，因而她写出这部高水平的学术著作是其长期努力的必然结果。保持着这份持之以恒的钻研劲头和好奇心，相信杨筝博士在未来还会收获更多更好的研究成果。

武汉理工大学安全科学与应急管理学院副教授，管理科学与工程博士

刘燕武

2023 年 12 月

序　三

党的二十大报告指出，必须坚持创新是第一动力，深入实施创新驱动发展战略。高新技术产业是技术创新的重要载体，是创新驱动战略的关键承担者。当前大国战略博弈全面加剧、国际体系和国际秩序深度调整，给我国高新技术产业发展带来的挑战不断加深。在外部经济政治环境不确定性加剧的情况下，如何深入推进创新驱动战略，加快实现高水平科技自立自强，已成为中国学术界和政策制定者关注的重要问题。

经济增长理论早已指出，高新技术创新离不开金融支持。技术创新研发周期长，投资规模巨大，市场前景不确定。金融机构具有信息收集和甄别优势，并通过规模效应和配置效应，将资金配置到高新技术企业，支持其完成技术创新活动。有鉴于此，《经济不确定性、金融发展与高新技术产业创新增长》这部学术著作从金融视角为面对巨大不确定性的中国高新技术产业发展提供了研究基础和相应对策。作者杨筝老师在武汉大学经济与管理学院就读博士研究生期间经过严格规范的学术训练，博士毕业入职武汉纺织大学管理学院后始终对理论、实践不断进行深度思考和敏锐洞察。本著作凝聚了杨筝老师数年的心血，是一部理论与实践紧密结合的鸿篇巨制，兼具学术与应用价值，主要表现为不仅将不确定性理论与金融发展理论拓展至高新技术产业发展这一领域，深化了创新理论的理论基础，而且对我国在外部不确定性加剧条件下如何进一步推动创新驱动战略具有重要的现实意义。

本著作将经济不确定性和金融发展纳入高新技术产业创新增长的研究框架，基于金融发展等理论，结合科学的经济不确定性测度方法，以及我国高新技术产业发展中的典型特征事实，对不确定性环境下金融发展对我国高新技术产业的影响和作用机制展开了深入探究，并进一步探讨了不确定性环境下高新技术企业创新动力机制以及高新技术产业的空间溢出效应。以上经过严谨推断得出的研究结论及学术观点，将对外部不确定性环境下我国加快建设高水平科技自立自强的实际操作具有重要的理论指导意义。

非常有幸作为见证者，目睹杨筝老师数年磨一剑的学术巨作顺利付梓。作为一部学术著作，该书理论功底扎实、论证资料详实、逻辑推断严谨、研究结论可靠，现郑重向大家推荐。

湖北经济学院金融学教授、牛津大学访问学者，西方经济学博士

戴静

2023 年 12 月

序　四

　　党的二十大报告指出要坚持创新在我国现代化建设全局中的核心地位。高新技术产业是国民经济创新发展的生力军，为经济持续增长提供了强劲动力。自改革开放以来，我国高新技术产业总体规模不断扩大，创新投入和创新产出持续增加。然而，近年来国际科技竞争加剧，欧美发达国家依托于其掌握的行业核心技术对我国高新技术产业实施经济制裁，导致我国高新技术产业"走出去"发展战略受阻。这就要求我国高新技术产业必须形成一条以自主创新为核心的高质量发展路径。高新技术产业的发展有赖于来自金融等不同领域的持续创新资金保障，但如何在经济高度不确定性的情境下实现金融发展对高新技术产业创新的有力支撑？目前理论与实务界争论很大，尚未形成共识。

　　在此背景下，杨筝博士的专著《经济不确定性、金融发展与高新技术产业创新增长》系统研究了经济不确定性、金融发展对高新技术产业创新增长的影响，对回答上述问题提供了有价值的参考。杨筝博士在武汉大学经过严格规范的学术训练，前期已经围绕金融发展做出了系列有价值的研究。该著作凝聚了作者多年的心血，是一部理论与实践紧密结合的鸿篇巨制，兼具学术与应用价值，不仅构建出经济不确定性、金融发展影响高新技术产业创新增长的理论框架，融合产业经济学、区域经济学、经济地理学以及计量经济学等多元化学科理论框架，而且对于推动高新技术产业创新发展、优化高新技术产业经济结构以及提高高新技术产业创新发展效率具有积极意义。

　　本书对经济不确定性、金融发展与高新技术产业创新增长之间关系的理论框架进行了分析，对三者之间的相关性进行了检验，通过构建时间序列计量经济学模型、面板序列计量经济学模型，对经济不确定性、金融发展影响高新技术产业

1

创新增长进行了实证检验，著作还结合 DEA-Malmquist 指数模型测算了我国高新技术产业生产活动和创新活动的全要素生产率及其技术进步率，通过构建时间序列计量经济学模型、面板序列计量经济学模型对经济不确定性、金融发展影响高新技术产业生产活动和创新活动的全要素生产率及其技术进步率进行了实证检验。该著作还运用空间计量经济学模型实证分析了经济不确定性、金融发展对高新技术产业创新增长空间溢出效应的影响。最后，从促进我国高新技术产业高速高质发展的角度出发，并结合对高新技术产业创新增长研究成果，提出了优化宏观经济发展环境，完善金融服务长效机制，营造有利于高新技术产业创新增长的良好区域环境等方面提出了有针对性的政策建议。

杨筝博士的研究抓住了当前高新技术产业发展中的关键和要害问题，对经济发展不确定性和金融发展的现实状况了解深入，对高新技术产业发展过程中存在的问题认识深刻，对促进高新技术产业发展的建议符合我国创新驱动发展战略实施的切实需求，具有一定的超前性、科学性和可操作性。本书既是一本经济管理领域研究的专业学术著作，又是一本高新技术产业发展实践领域具有指导意义的工具书，适合政府有关部门、企业管理层、高等院校和研究咨询机构，以及对高新技术产业发展领域问题感兴趣的相关人士使用。

郑州财经学院副校长、会计学院副教授，武汉大学会计学博士、中南财经政法大学金融学博士后

许玲玲

2023 年 12 月

序　五

当今时代全球科技创新进入空前活跃期，科技创新范式呈现出数字化、智能化、绿色化等发展特征，应用导向、场景驱动的科技创新模式不断推陈出新，全球科技创新格局和世界竞争格局加速调整和重构，前沿技术、高端人才、标准规则、市场空间成为全球主要经济体的竞争焦点，这对我国高新技术产业的高质高量发展提出了新的要求。党的二十大报告强调要完善科技创新体系和建设现代化产业体系，推进新型工业化，支持专精特新企业发展，推动战略性新兴产业融合发展。高新技术产业作为实体经济领域的核心组成部分，在提升国民经济全要素生产率、提高产业链供应链韧性和安全性方面发挥着不可替代的作用。

随着社会经济从高速度发展向高质量发展转变，高新技术产业也在发生着巨变。从高新技术产业发展格局来看，高新技术产业链和供应链上下游逐步贯通，各环节持续优化，高效的网络协同促进高新技术产业链实现跨地域布局，资本和技术则推动高新技术产业发展模式越发专业化、精细化和特色化。从高新技术产业市场格局来看，消费需求瞬息万变，技术创新千变万化，要求高新技术产业供应能力不断提升、高新技术企业高效联动。从高新技术产业的组织形态来看，高新技术企业逐步向柔性业态敏捷组织转变，不仅要保持应对市场变化的组织结构灵活性，还要保持应对技术变革的人才储备充足性。在这一发展过程中，高新技术产业对政策和资源的需求也发生了变化，政策体系更注重多元化和个性化，资源供给更注重便捷性和及时性，特别是数字经济时代的来临，以场景为引领、以技术为支撑、以数据为驱动的新型生态体系正成为高新技术产业发展的新趋势。

然而，在国家创新战略环境下，高新技术产业的发展仍遇到发展瓶颈，主要表现为高新技术产业总体规模持续上涨，发展速度逐步减缓；高新技术产业创新投入水平持续增长，创新成果转化水平有待提升；高新技术产业发展不均衡，不同区域和资本属性的高新技术产业存在较大差距。面对我国高新技术产业发展实践中存在的诸多问题以及高新技术产业创新增长理论研究的不足，杨筝老师深入研究、积极探索，经过长期的学术积淀，凝聚成这部研究专著——《经济不确定性、金融发展与高新技术产业创新增长》。通读这部专著，深深地感受到杨筝老师扎实的理论功底和敏锐的学术眼光。高新技术产业的发展受到宏观经济发展环境的深刻影响，离不开金融领域的大力支持，杨筝老师则从经济不确定性和金融发展的研究视角出发，将宏观经济、金融发展和高新技术产业发展有机结合起来，探讨了经济不确定性和金融发展对高新技术产业创新增长的影响，对促进我国高新技术产业结构升级和实现跨越式发展具有重要的现实意义。

这部专著作为杨筝老师长期学术探索的阶段性成果，对高新技术产业创新增长的影响因素，经济不确定性和金融发展对高新技术产业创新增长的影响机制，经济不确定性和金融发展影响高新技术产业创新增长、创新增长动力以及创新增长空间溢出效应模型体系等进行了深入研究，并提出了促进高新技术产业发展的切实可行的政策建议。这部专著囊括了众多前沿理论，涉及国民经济领域和高新技术产业相关联发展的方方面面，对高新技术产业的创新增长进行了全面细致的深入剖析，具有明确的理论创新和显著的学术贡献。在建设现代化社会经济体系的时代背景下，杨筝老师的研究对高新技术产业在国民经济发展中的重要性定位准确，对高新技术产业发展现状了解深入，对高新技术产业发展影响要素的分析深刻，符合高新技术产业创新发展的切实需求，体现出了杨筝老师孜孜不倦的学术热情。随着杨筝老师这部厚重的学术专著顺利付梓，希望每一位读者都能从中有所收获和体悟，并和作者一起共同努力，为高新技术产业发展搭建更为丰富完善的研究体系，为国民经济创新发展贡献更多的真知灼见。

武汉首义科技创新投资发展集团有限公司综合办公室副主任，金融工程博士

夏义星

2023 年 12 月

前　　言

　　高新技术产业是伴随着科技产业革命而发展起来的，对于全面解放社会生产力、变革经济产业结构产生了非常深远的影响。随着新型信息技术、人工智能技术、生物技术、材料技术和能源技术等前沿技术逐步实现研究突破，新兴产业在国民经济发展中的重要性日益凸显，而新兴产业领域的交叉、新兴产业领域和传统产业领域的融合，对国民经济生产效率的提升起到了极大的促进作用，高新技术产业在国民经济发展中的重要地位不断提升。在建设现代化社会经济体系的时代背景下，创新发展理念不断深入人心，我国高新技术产业也呈现出了良好的发展态势，高新技术产业整体规模不断攀升，高新技术产业结构持续优化，高新技术产业技术水平和创新能力逐步提升。然而，和欧美等发达国家相比较，我国高新技术产业理论发展和生产实践都与之存在明显差距。本书的研究主要是探究经济不确定性、金融发展对高新技术产业创新增长的影响，希望通过研究能对我国高新技术产业高质高速发展提供一定借鉴。

　　第一，本书对经济不确定性、金融发展与高新技术产业创新增长之间关系的理论框架进行了分析。从理论角度来看，经济不确定性和金融发展对高新技术产业创新增长都存在着重要影响。经济不确定性因素从经济增长不确定性、经济政策不确定性两个方面来对高新技术产业的产出、创新和投资产生影响，金融发展因素则从金融发展规模、金融发展效率和金融市场化等三个方面来对高新技术产业的产出、创新和投资产生影响。经济不确定性和金融发展影响高新技术产业创新增长的实现路径主要依赖于实物期权机制、金融摩擦机制、风险机遇机制、消费市场反馈机制以及信息信任机制等。

　　第二，本书对经济不确定性、金融发展与高新技术产业创新增长之间的相关

1

性进行了检验。在对我国高新技术产业发展现状进行简要分析以及经济不确定性和金融发展指标测度的基础上，本书通过对经济不确定性、金融发展和高新技术产业创新增长之间的相关性检验和耦合协调性检验后发现，经济不确定性、金融发展和高新技术产业创新增长之间存在着显著的相关性，然而经济不确定性、金融发展和高新技术产业产出、创新和投资相关性的差异性也较为明显；同时，经济不确定性、金融发展和高新技术产业创新增长之间的耦合协调关系大部分处于失调状态，这表明相对于高新技术产业创新增长而言，经济不确定性、金融发展明显是滞后的。

第三，本书运用计量经济学模型实证分析了经济不确定性、金融发展对高新技术产业创新增长的影响。本书通过构建时间序列计量经济学模型、面板序列计量经济学模型对经济不确定性、金融发展影响高新技术产业创新增长进行了实证检验。根据参数估计结果，经济不确定性和金融发展对高新技术产业产出、创新和投资都存在显著影响。然而，经济增长不确定性、经济政策不确定性、金融发展规模、金融发展效率和金融市场化等细分指标对高新技术产业产出、创新和投资存在明显差异，且它们对高新技术产业产出、创新和投资影响的差异程度会因高新技术产业资本属性和区域不同而发生变化。

第四，本书运用计量经济学模型实证分析了经济不确定性、金融发展对高新技术产业创新增长动力的影响。本书结合 DEA-Malmquist 指数模型测算了我国高新技术产业生产活动和创新活动的全要素生产率及其技术进步率，通过构建时间序列计量经济学模型、面板序列计量经济学模型对经济不确定性、金融发展影响高新技术产业生产活动和创新活动的全要素生产率及其技术进步率进行了实证检验。根据参数估计结果，经济不确定性和金融发展对高新技术产业生产活动增长动力和创新活动增长动力都存在显著影响。然而，经济增长不确定性、经济政策不确定性、金融发展规模、金融发展效率和金融市场化等细分指标对高新技术产业生产活动增长动力和创新活动增长动力存在明显差异，且它们对高新技术产业生产活动增长动力和创新活动增长动力影响的差异程度会因高新技术产业资本属性和区域不同而发生变化。

第五，本书运用空间计量经济学模型实证分析了经济不确定性、金融发展对高新技术产业创新增长空间溢出效应的影响。本书通过构建空间面板计量经济学模型对经济不确定性、金融发展影响高新技术产业创新增长空间溢出效应进行了实证检验。根据参数估计结果，经济不确定性和金融发展对高新技术产业产出、创新和投资的空间溢出效应都存在显著影响。同样，经济增长不确定性、经济政策不确定性、金融发展规模、金融发展效率和金融市场化等细分指标对高新技术产业产出、创新和投资的空间溢出效应存在明显差异，且它们对高新技术产业产出、创新和投资的空间溢出效应影响的差异程度会因空间权重矩阵和区域不同而发生变化。

第六，从促进我国高新技术产业高速高质发展的角度出发，并结合对高新技术产业创新增长的研究成果，本书提出了优化宏观经济发展环境、完善金融服务长效机制，营造有利于高新技术产业创新增长的良好区域环境，有序推动高新技术产业的空间集聚，要合理优化高新技术产业的空间布局、有效提升高新技术产业的辐射效应，要逐步完善高新技术产业扶持政策体系、提升高新技术产业创新积极性等政策建议。

目　　录

1　绪论 ·· 1

　1.1　研究背景和意义 ··· 1

　　1.1.1　研究背景 ·· 1

　　1.1.2　研究意义 ·· 3

　1.2　研究内容 ··· 4

　1.3　研究方法和技术路线 ·· 5

　　1.3.1　研究方法 ·· 5

　　1.3.2　技术路线 ·· 6

2　文献综述 ·· 7

　2.1　国外文献综述 ·· 7

　　2.1.1　经济不确定性及其对产业经济影响的国外研究 ········ 7

　　2.1.2　金融发展对创新影响的国外研究 ···················· 16

　2.2　国内文献综述 ··· 23

　　2.2.1　经济不确定性对产业经济影响的国内研究 ·········· 23

　　2.2.2　金融发展对创新影响的国内研究 ···················· 32

　2.3　国内外研究述评 ··· 36

3　理论基础 ··· 38

　3.1　经济不确定性理论 ·· 38

3.1.1　经济增长不确定性理论 ……………………………… 38

3.1.2　经济政策不确定性理论 ……………………………… 45

3.2　金融发展理论 …………………………………………… 50

3.2.1　金融结构理论 ………………………………………… 50

3.2.2　金融深化理论 ………………………………………… 53

3.2.3　金融约束理论 ………………………………………… 56

3.2.4　其他金融发展理论 …………………………………… 57

3.3　高新技术产业发展理论 ………………………………… 61

3.3.1　技术创新理论 ………………………………………… 62

3.3.2　增长极理论 …………………………………………… 64

3.3.3　孵化器理论 …………………………………………… 66

3.3.4　国家创新系统和区域创新系统理论 ………………… 68

3.3.5　风险投资理论 ………………………………………… 70

4　经济不确定性与金融发展的测度 ……………………………… 73

4.1　经济不确定性与金融发展的概念界定 ………………… 73

4.1.1　经济不确定性的概念界定 …………………………… 73

4.1.2　金融发展的概念界定 ………………………………… 75

4.2　经济不确定性的测度 …………………………………… 77

4.2.1　经济增长不确定性的测度 …………………………… 77

4.2.2　经济政策不确定性的测度 …………………………… 92

4.3　金融发展的测度 ………………………………………… 96

4.3.1　金融发展规模 ………………………………………… 97

4.3.2　金融发展效率 ………………………………………… 98

4.3.3　金融市场化 …………………………………………… 100

4.4　经济不确定性指数与金融发展指数比较分析 ………… 101

4.4.1　经济不确定性指数的比较分析 ……………………… 101

4.4.2　金融发展指数的比较分析 …………………………… 106

5　经济不确定性、金融发展与高新技术产业创新增长的影响机制 ……… 110

　　5.1　经济不确定性与高新技术产业创新增长的影响机制 ……… 110

　　　　5.1.1　经济不确定性对高新技术产业投资的影响机制 ……… 110

　　　　5.1.2　经济不确定性对高新技术产业创新的影响机制 ……… 117

　　　　5.1.3　经济不确定性对高新技术产业产出的影响机制 ……… 121

　　5.2　金融发展与高新技术产业创新增长的影响机制 ……… 125

　　　　5.2.1　金融发展影响高新技术产业创新增长的间接融资分析 ……… 125

　　　　5.2.2　金融发展影响高新技术产业创新增长的直接融资分析 ……… 127

　　　　5.2.3　间接融资和直接融资对高新技术产业创新增长的作用比较 ……… 129

　　5.3　经济不确定性、金融发展影响高新技术产业创新增长的综合效应 … 133

6　经济不确定性、金融发展和高新技术产业创新增长的相关性分析 ……… 139

　　6.1　我国高新技术产业发展现状 ……… 139

　　　　6.1.1　全国高新技术产业发展现状 ……… 139

　　　　6.1.2　省域高新技术产业发展现状 ……… 146

　　6.2　经济不确定性、金融发展和高新技术产业创新增长相关性检验 ……… 154

　　　　6.2.1　经济不确定性和高新技术产业创新增长的相关性分析 ……… 154

　　　　6.2.2　金融发展和高新技术产业创新增长的相关性分析 ……… 157

　　　　6.2.3　经济不确定性、金融发展综合效应和高新技术产业创新增长的

　　　　　　　相关性分析 ……… 161

　　6.3　经济不确定性、金融发展和高新技术产业创新增长耦合协调性

　　　　分析 ……… 175

　　　　6.3.1　经济不确定性和高新技术产业创新增长的耦合协调性检验 ……… 177

　　　　6.3.2　金融发展和高新技术产业创新增长的耦合协调性检验 ……… 181

　　　　6.3.3　经济不确定性、金融发展和高新技术产业创新增长的耦合协

　　　　　　　调性检验 ……… 184

7　经济不确定性、金融发展影响高新技术产业创新增长的实证检验 ……… 189

　　7.1　计量模型设定 ……… 189

7.1.1　模型设计 ……………………………………………………… 189

7.1.2　指标和数据 …………………………………………………… 192

7.2　经济不确定性、金融发展影响高新技术产业产出的实证分析 ……… 198

7.2.1　全国经济不确定性、金融发展对高新技术产业产出影响的
实证检验 …………………………………………………… 198

7.2.2　省域经济不确定性、金融发展对高新技术产业产出影响的
实证检验 …………………………………………………… 204

7.2.3　经济不确定性、金融发展影响高新技术产业产出的资本属性
差异性分析 ………………………………………………… 209

7.2.4　经济不确定性、金融发展影响高新技术产业产出的区域
差异性分析 ………………………………………………… 216

7.3　经济不确定性、金融发展影响高新技术产业创新的实证分析 ……… 219

7.3.1　全国经济不确定性、金融发展对高新技术产业创新影响的
实证检验 …………………………………………………… 219

7.3.2　省域经济不确定性、金融发展对高新技术产业创新影响的
实证检验 …………………………………………………… 223

7.3.3　经济不确定性、金融发展影响高新技术产业创新的资本属性
差异性分析 ………………………………………………… 227

7.3.4　经济不确定性、金融发展影响高新技术产业创新的区域差
异性分析 …………………………………………………… 236

7.4　经济不确定性、金融发展影响高新技术产业投资的实证分析 ……… 240

7.4.1　全国经济不确定性、金融发展对高新技术产业投资影响的
实证检验 …………………………………………………… 240

7.4.2　省域经济不确定性、金融发展对高新技术产业投资影响的
实证检验 …………………………………………………… 243

7.4.3　经济不确定性、金融发展影响高新技术产业投资的资本属性
差异性分析 ………………………………………………… 246

7.4.4　经济不确定性、金融发展影响高新技术产业投资的区域
差异性分析 ………………………………………………… 251

8 经济不确定性、金融发展对高新技术产业创新增长动力影响分析 ········· 254

　8.1　高新技术产业创新增长动力测度 ···················· 254

　　8.1.1　高新技术产业创新增长动力测度方法 ············· 254

　　8.1.2　高新技术产业生产活动增长动力测算 ············· 262

　　8.1.3　高新技术产业创新活动增长动力测算 ············· 267

　8.2　经济不确定性、金融发展影响高新技术产业创新增长动力的计量

　　　　模型设计 ···································· 271

　　8.2.1　计量模型设计 ···························· 272

　　8.2.2　变量指标 ······························· 275

　8.3　经济不确定性、金融发展影响高新技术产业生产活动增长动力的

　　　　实证分析 ···································· 283

　　8.3.1　全国经济不确定性、金融发展影响高新技术产业生产活动增长

　　　　　　动力的实证检验 ······················· 283

　　8.3.2　省域经济不确定性、金融发展影响高新技术产业生产活动增长

　　　　　　动力的实证检验 ······················· 286

　　8.3.3　经济不确定性、金融发展影响高新技术产业生产活动增长动力的

　　　　　　资本属性差异性分析 ····················· 290

　　8.3.4　经济不确定性、金融发展影响高新技术产业生产活动增长动力的

　　　　　　区域差异性分析 ······················· 300

　8.4　经济不确定性、金融发展影响高新技术产业创新活动增长动力的

　　　　实证分析 ···································· 305

　　8.4.1　全国经济不确定性、金融发展影响高新技术产业创新活动增长

　　　　　　动力的实证检验 ······················· 305

　　8.4.2　省域经济不确定性、金融发展影响高新技术产业创新活动增长

　　　　　　动力的实证检验 ······················· 308

　　8.4.3　经济不确定性、金融发展影响高新技术产业创新活动增长动力的

　　　　　　资本属性差异性分析 ····················· 311

　　8.4.4　经济不确定性、金融发展影响高新技术产业创新活动增长动力的

　　　　　　区域差异性分析 ······················· 321

9　经济不确定性、金融发展对高新技术产业创新增长空间溢出效应的影响分析 ·············· 326

9.1　省域高新技术产业创新增长空间关联效应分析 ············· 326

9.1.1　空间关联效应计量模型 ·················· 326

9.1.2　省域高新技术产业产出空间自相关性检验 ········· 330

9.1.3　省域高新技术产业产出创新自相关性检验 ········· 334

9.1.4　省域高新技术产业投资空间自相关性检验 ········· 341

9.2　经济不确定性、金融发展影响高新技术产业创新增长空间溢出效应的计量模型设计 ·············· 345

9.2.1　空间溢出效应计量模型设计 ··············· 345

9.2.2　变量指标 ····················· 348

9.3　经济不确定性、金融发展影响高新技术产业产出空间溢出效应的实证分析 ·············· 351

9.3.1　省域高新技术产业产出空间溢出效应的实证检验 ······ 351

9.3.2　基于地理位置空间权重矩阵的高新技术产业产出空间溢出效应区域差异性分析 ·············· 361

9.3.3　基于经济距离空间权重矩阵的高新技术产业产出空间溢出效应区域差异性分析 ·············· 370

9.4　经济不确定性、金融发展影响高新技术产业创新溢出效应的实证分析 ·············· 379

9.4.1　省域高新技术产业创新空间溢出效应的实证检验 ······ 379

9.4.2　基于地理距离空间权重矩阵的高新技术产业创新空间溢出效应区域差异性分析 ·············· 403

9.4.3　基于经济协动空间权重矩阵的高新技术产业创新空间溢出效应区域差异性分析 ·············· 421

9.5　经济不确定性、金融发展影响高新技术产业投资空间溢出效应的实证分析 ·············· 438

9.5.1　省域高新技术产业投资空间溢出效应的实证检验 ······ 438

9.5.2 基于地理位置空间权重矩阵的高新技术产业投资空间溢出效应
区域差异性分析 ……………………………………………………… 448

9.5.3 基于经济距离空间权重矩阵的高新技术产业投资空间溢出效应
区域差异性分析 ……………………………………………………… 456

10 政策建议与结论 ……………………………………………………… 465

10.1 政策建议 …………………………………………………………… 465

10.2 研究结论 …………………………………………………………… 468

10.3 研究展望 …………………………………………………………… 470

参考文献 …………………………………………………………………… 471

附录 ……………………………………………………………………… 492

1 绪 论

1.1 研究背景和意义

1.1.1 研究背景

从世界范围内工业化和经济发展历程来看，以高能耗、高污染为典型特征的工业化发展曾长期存在，它一方面极大地改善了人类物质生活，加快人类文明进程，另一方面又加剧了资源紧张、生态环境危机，对人类及其他物种的健康和安全带来严重威胁，严重制约人类的文明进步。随着社会经济可持续发展理念的逐步深入，以资源过度消耗和生态环境破坏为代价的传统经济发展模式必须进行扭转。逐步放弃粗放型的经济增长方式，寻求高质量发展的经济增长新路径是人类文明实现可持续发展的必然选择。

为实现中国经济高质量发展，党中央始终强调要以创新作为引领经济发展的原动力，要以创新作为构建现代经济体系的重要支撑，引导国民经济提升发展质量，提高发展效率，创新发展动力。高新技术产业是推动和实现技术创新的核心产业，对加强落实国家制造强国发展战略至关重要，特别是随着数字经济发展理念的兴起，高新技术产业依托互联网、物联网、区块链、大数据、云计算、人工智能、基础大模型等数字技术和实体产业交汇融合，不仅有力促进了传统实体产业的升级改造，还在中高端消费领域、创新应用领域、低碳低耗能领域以及新型供应链领域挖掘出了新的经济增长点，逐步建立起国民经济发展新动能，提升了我国各产业领域在世界中高端产业价值链中的重要地位，从而有力地推动了我国国民经济发展方式转型升级和科技强国、质量强国战略的有效实施。

1

　　高新技术产业是伴随着科技产业革命而发展起来的，对于全面解放社会生产力、变革经济产业结构产生了非常深远的影响。随着新型信息技术、人工智能技术、生物技术、材料技术和能源技术等前沿技术逐步实现研究突破，新兴产业在国民经济发展中的重要性日益凸显，而新兴产业领域的交叉、新兴产业领域和传统产业领域的融合，对国民经济生产效率的提升起到了极大的促进作用，高新技术产业在国民经济发展中的重要地位不断提升。针对世界范围内高新技术产业的强劲发展态势，全球主要经济体纷纷把大力发展高新技术产业提升到最重要的国家发展战略地位，诸如我国制造强国战略、美国工业化再造战略、德国高科技 2025 战略、英国工业 2050 战略、日本物联网 & 机器人战略和韩国未来增长动力计划等，这些国家的发展战略对于促进高新技术产业的发展壮大具有非常重要的意义。

　　为了快速积累国内资本，我国曾借助对外开放政策，通过劳动力成本优势、资源价格优势和环境标准优势等来提升国内城市化和工业化水平，特别是改革开放以来，依赖于国内廉价的劳动力、大量的自然资源，辅之对西方先进的管理理念和生产技术的引进和转化，我国国民经济在短期内突飞猛进，迅速成长为世界第二大经济体，不仅工业总产值已经高居世界第一，还构建起了世界范围内最全的工业产业体系。然而，纵使我国经济建设取得了如此耀眼的发展成就，我国经济发展过程中存在的问题仍然十分突出。由于在很长一段时期内过度依赖粗放式的扩张发展方式，导致我国实体经济整体上呈现出大而不强的特征，为我国国民经济的后续发展带来了诸多风险和挑战，包括整体经济结构失衡，大量产业缺乏核心竞争力，过度依赖低价格生产模式，产业价值空间狭小；东中西部地区经济发展极不平衡，特别是东部沿海地区和西部内陆地区经济发展差距巨大；各地区低技术水平产业和高技术水平产业普遍共生，且产业同质化问题较为普遍；大量产业缺乏核心技术，导致高附加值产业在国民经济中的占比较低等。

　　中国经济发展已进入新常态，传统意义上的经济发展后发优势不再，而随着人口老龄化问题的逐步显现，人口红利也已然消失。然而，在当前经济发展转型升级的关键时期，我国的创新发展红利、人力资本红利以及社会综合改革红利等尚未定型，从而使得我国经济发展面临前所未有的困难和挑战。受到资源环境等诸多因素的制约，要实现国民经济长期可持续发展，必须强调经济发展的质量和效益。这就要求实体经济产业要逐步从外延式的增长向注重生产效率的内涵式增长转变，这对于我国实现可持续发展战略、提升国际竞争实力具有重要意义。同时，还需要逐步完善区域协调发展机制，有效解决沿海地区和内陆地区经济发展不均衡问题，有效缓解区域之间产业布局的无序性和恶性竞争等问题，从而释放出更大的经济发展潜力。

在建设现代化社会经济体系的时代背景下，创新发展理念不断深入人心，我国高新技术产业也呈现出了良好的发展态势，高新技术产业整体规模不断攀升，高新技术产业结构持续优化，高新技术产业技术水平和创新能力逐步提升。然而，和欧美等发达国家相比较，我国高新技术产业理论发展和生产实践都与之存在明显差距。本书的研究主要是探究经济不确定性、金融发展对高新技术产业创新增长的影响，分析经济不确定性、金融发展对高新技术产业创新增长的影响机制，对经济不确定性、金融发展对高新技术产业创新增长、创新增长动力、创新增长空间溢出效应进行实证检验，希望通过本书的研究能对我国高新技术产业高质高速发展提供一定借鉴。

1.1.2 研究意义

构建现代化的社会经济体系，依托科技创新促进社会经济转型升级，是我国国民经济发展的核心战略，而高新技术产业在发展经济增长新动能方面发挥着至关重要的作用，是促进我国国民经济转型升级、持续健康发展的重要支撑。研究经济不确定性、金融发展对高新技术产业创新增长的影响问题，有助于准确把握高新技术产业的发展现状，明晰高新技术产业的发展方向，从产业结构和空间布局等方面对高新技术产业进行优化，推动高新技术产业和实体经济协同有序发展，从而全面提升国民经济发展效率。同时，通过对省域高新技术产业的研究，还有助于高新技术产业区域间协调发展。具体而言，本书的研究具有以下两方面的重要意义。

一是从理论角度而言，在整合学者们研究成果的基础上，根据我国高新技术产业发展现状，构建出经济不确定性、金融发展影响高新技术产业创新增长的理论框架；融合产业经济学、区域经济学、经济地理学以及计量经济学等多元化学科理论框架，对经济不确定性、金融发展影响高新技术产业创新增长、高新技术产业创新增长动力以及高新技术产业创新增长空间溢出效应等进行实证检验，并有针对性地提出引导高新技术产业创新增长的合理性建议，不仅完善了经济不确定性、金融发展影响高新技术产业创新增长的理论成果，对于推动高新技术产业创新发展、优化高新技术产业经济结构以及提高高新技术产业创新发展效率具有积极意义。

二是从实践角度而言，在国民经济发展新常态的历史背景下以及我国高新技术产业结构升级和实现跨越式发展的关键时期，推动高新技术产业均衡、持续、健康发展具有重要的现实意义。因此，系统全面地分析我国高新技术产业的创新增长现状、创新增长特征及创新增长趋势，有利于更为准确地认识高新技术产业的发展，科学地探讨经济不确定性、金融发展影响高新技术产业创新增长的作用机制，为政府部门有针对性地制定和实施宏观经济发展政策、高新技术产业发展政策以及金融扶持政策提供合理的参考和借鉴，从而促进我国高新技术产业高速高质发展，促进高新技术产业区域间均衡有序发展。

1.2　研究内容

依托于科学的理论分析体系，本书有必要探究清楚经济不确定性、金融发展以及高新技术产业创新增长的基本内涵，梳理清晰经济不确定性、金融发展和高新技术产业创新增长之间的理论脉络，系统性地探究经济不确定性、金融发展对高新技术产业创新增长、高新技术产业创新增长动力以及高新技术产业创新增长空间溢出效应的影响程度，进而科学合理地提出促进高新技术产业创新增长的政策建议，为推动我国高新技术产业高速高质发展提供有效的理论支撑。

要实现对上述研究内容的整体性分析，本书有必要处理好以下几个方面的核心问题：一是有必要全面系统地整理相关联的基础理论体系，并根据学者们已有的学术成果，构建出经济不确定性、金融发展和高新技术产业创新增长的基本内涵和相应的测算方法，梳理清楚经济不确定性、金融发展和高新技术产业创新增长之间的理论脉络，为进行经济不确定性、金融发展影响高新技术产业创新增长、高新技术产业创新增长动力以及高新技术产业创新增长空间溢出效应的实证检验夯实基础。二是全面系统地分析我国高新技术产业创新增长现状，包括高新技术产业创新增长的基本特征及其演变趋势。根据构建的经济不确定性、金融发展和高新技术产业创新增长之间的理论脉络，结合时间序列计量经济学模型、面板序列计量经济学模型以及空间面板计量经济学模型等进行经济不确定性、金融发展影响高新技术产业创新增长、高新技术产业创新增长动力以及高新技术产业创新增长空间溢出效应的实证检验，并根据我国高新技术产业创新增长情况分析实证检验结果。三是有针对性地提出促进我国高新技术产业创新增长的政策建议，包括从经济不确定性、金融发展以及影响高新技术产业创新增长其他因素等角度来制定政策框架。

1.3 研究方法和技术路线

1.3.1 研究方法

鉴于经济不确定性、金融发展和我国高新技术产业创新增长之间关系的独特性和复杂性，我们有必要采用多元化的方法体系来进行研究。

一是文献归纳和演绎。通过系统全面地梳理经济不确定性、金融发展和高新技术产业创新增长等方面的研究成果，对现有研究成果中的主要结论及其不足部分充分归纳，进而建立起贯穿全文的基础理论体系，并结合我国高新技术产业创新增长现状，建立起经济不确定性、金融发展和高新技术产业创新增长的理论框架，为进行实证分析提供理论支撑。

二是统计分析方法。为保障研究的科学性和规范性，有必要对高新技术产业及其影响因素样本数据进行统计学分析，包括以下几个方面的内容分析：（1）通过对高新技术产业及其影响因素样本数据进行描述性统计分析来研究经济不确定性、金融发展和高新技术产业创新增长的基本特征；（2）通过相关性分析来检验经济不确定性、金融发展和高新技术产业创新增长之间的相关关系；（3）通过Granger 检验分析经济不确定性、金融发展和高新技术产业创新增长之间的因果关联关系；（4）通过耦合协调性检验来分析经济不确定性、金融发展和高新技术产业创新增长之间的协调发展程度。

三是构建模型以及进行模型检验。本书综合运用熵值赋权法、DEA-Malmquist 指数模型、时间序列计量经济学模型、面板序列计量经济学模型以及空间面板计量经济学模型等来建立经济不确定性、金融发展和高新技术产业全要素生产率及其技术进步率的测度模型以及经济不确定性、金融发展影响高新技术产业创新增长、高新技术产业创新增长动力、高新技术产业创新增长空间溢出效应等的分析模型。在完成相应模型有效性检验的基础上来实施经济不确定性、金融发展和我国高新技术产业创新增长研究中所涉及的所有实证分析。

1.3.2　技术路线

本书的技术路线图见图 1-1。

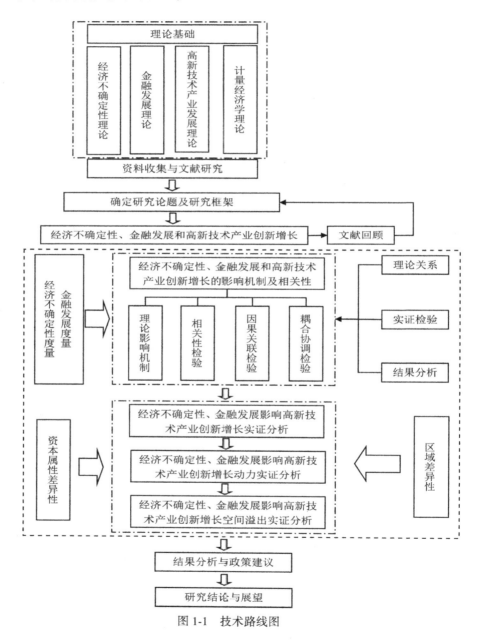

图 1-1　技术路线图

2 文献综述

2.1 国外文献综述

2.1.1 经济不确定性及其对产业经济影响的国外研究

1. 关于经济不确定性的国外研究综述

经济不确定性理念首先由 Frank Knight(1921)提出①。他指出，经济不确定性不仅包含风险因素，还应包含经济活动中不可预测的部分。Scott R. Baker、Nicholas Bloom 和 Steven Davis 认为经济不确定性实质上包含了经济政策不确定性和实体经济不确定性两方面内容②。经济政策不确定性是因政策调整和政府部门经济管理行为导致的不确定性因素，实体经济不确定性则是建立在实体经济指标波动基础上的不确定性因素。经济不确定性的测度方法主要包含两类，一是通过某个经济指标或者金融市场波动指标来作为经济不确定性的替代变量，二是通过经济指标体系的不可预测程度来编制经济不确定性指数。

关于经济政策不确定性的国外研究。Stuti Khemani(2004)等学者将选举、战争和重大政治事件作为代理变量来替代经济不确定性，进而研究其对实体经济波

---

① Frank Knight. Risk, Uncertainty and Profit［M］. University of Chicago Press, Chicago, 1921: 71.

② Scott R. Baker, Nicholas Bloom, Steven Davis. Measuring economic policy uncertainty［J］. Quarterly Journal of Economics, 2016, 131(4): 1593-1636.

动的影响程度①。Brandon Julio 和 Youngsuk Yook（2012）将 48 个国家连续 25 年的总统选举事件作为经济政策不确定性的替代变量，分析了其对企业投资的影响程度②。Jesús Fernández-Villaverde、Pablo Guerrón-Quintana 和 Juan Rubio-Ramírez（2015）基于政府部门财政支出、税收政策等财政政策的波动特征来刻画经济政策不确定性③。Drew Creal 和 Jing Cynthia Wu（2017）分析了货币政策的不确定性问题，指出可以通过期限结构模型对货币政策不确定性进行有效度量，并进一步探讨了货币政策不确定性对实体经济波动的影响机制④。Haroon Mumtaz 和 Paolo Surico（2018）结合政府部门财政支出、税收收入水平变化以及政府部门公共债务水平变动等因素来度量财政政策不确定性⑤。上述关于经济政策不确定性度量方法的研究存在一定缺陷，一是通过经济关联事件测度经济政策不确定性，因其离散型问题导致经济政策不确定性指标连续特征和时变特征无法体现；二是通过单一代理变量指标来测度经济政策不确定性，无法有效全面地反映其基本特征。

　　为有效避免通过单一事件或者单一经济指标测度经济政策不确定性带来的不足，学者们开始通过收集整理报纸、杂志、网站等媒体渠道发布的新闻信息来测度经济政策不确定性指数。Shujaat Khan 和 Edward S. Knotek（2011）根据新闻报道中不确定性等关键词汇出现频率来测度经济政策不确定性指数⑥。Asaf Manela 和 Alan Moreira（2017）则提出通过机器学习方法来辨别文本进而获取和

———————————

　　①　Stuti Khemani. Political cycles inadeveloping economy-effect of elections in Indian States[J]. Policy Research Working Paper Series, 2004, 73(1): 125-154.

　　②　Brandon Julio, Youngsuk Yook. Political uncertainty and corporate investment cycles[J]. Journal of Finance, 2012, 67(1): 45-83.

　　③　Jesús Fernández-Villaverde, Pablo Guerrón-Quintana, Juan Rubio-Ramírez. Fiscal volatility shocks and economic activity[J]. The American Economic Review, 2015, 105(11): 3352-3384.

　　④　Drew Creal, Jing Cynthia Wu. Monetary policy uncertainty and economic fluctuations[J]. International Economic Review, 2017, 58(4), 1317-1354.

　　⑤　Haroon Mumtaz, Paolo Surico. Policy uncertainty and aggregate fluctuations[J]. Journal of Applied Econometrics, 2018, 33(3): 319-331.

　　⑥　Shujaat Khan, Edward S. Knotek. How do households respond to uncertainty shocks? [J]. Economic Review, Federal Reserve Bank of Kansas City, 2011, 96(Ⅱ).

经济政策不确定性相关联的信息①。Scott R. Baker、Nicholas Bloom 和 Steven J. Davis(2016)在主流报刊新闻报道用词频率的基础上构建出全新的经济政策不确定性指数——EPU 指数,该指数的波动趋势能够较好地体现政治经济领域不确定性事件的发生比率②。Tarek Hassan、Stephan Hollander、Laurence van Lent 和 Ahmed Tahoun(2019)根据企业季度盈利电话会议记录,通过文本分析法对企业政策风险指数进行了测度,以反映美国上市企业在经营过程中面临的政治因素风险问题,研究结果表明上市企业面临的政治因素风险问题越严重,其进行政治游说的力度往往越强③。Hites Ahir、Nicholas Bloom 和 Davide Furceri(2022)根据经济学人智库国别季度报告中和不确定性相关词汇的出现频率建立了世界不确定性指数,该指数囊括了全球主要的 143 个国家和地区,且其与经济政策波动、股票市场波动以及国民生产总值增长状况都存在关联性④。Dario Caldara 和 Matteo Iacoviello(2022)结合报刊中与地缘政治相关联的文章建立了地缘政治风险指数,用以分析地缘政治风险事件对经济发展的影响⑤。

关于经济不确定性测度的国外研究。对经济不确定性进行度量的本质是发掘经济发展过程中的真实不确定性,而这种真实不确定性主要源于实体经济的运行机制以及金融市场的波动。对于经济不确定性的测度方法主要分为两大类别,一是通过代理变量进行测度,二是通过经济非预期波动进行测度。在代理变量测度方法中,国外学者常用的指标包括债券市场投资回报率、汇率市场波动率、期权市场波动率以及通货膨胀率、国内生产总值等。William Bomberger

① Asaf Manela, Alan Moreira. News implied volatility and disaster concerns[J]. Journal of Financial Economics, 2017, 123(1): 137-162.

② Scott R. Baker, Nicholas Bloom, Steven J. Davis. Measuring economic policy uncertainty[J]. Quarterly Journal of Economics, 2016, 131(4): 1593-1636.

③ Tarek Hassan, Stephan Hollander, Laurence van Lent, Ahmed Tahoun. Firm-Level political risk: measurement and effects[J]. The Quarterly Journal of Economics, 2019, 134(4): 2135-2202.

④ Hites Ahir, Nicholas Bloom, Davide Furceri. The world uncertainty index[J]. Working paper series: Monetary economics, 2022: a1-114.

⑤ Dario Caldara, Matteo Iacoviello. Measuring geopolitical risk [J]. AMERICAN ECONOMIC REVIEW, 2022, 112(4): 1194-1225.

（1996）对基于专业人士对经济发展的预测分歧来分析经济不确定性的方法进行了研究，并指出通过该方法建立的经济不确定性指数在前期对经济不确定性预测的不一致往往会对其后期预测带来正向影响①。Kajal Lahiri 和 Xuguang Sheng（2010）在其他学者研究的基础上，对专业人士预测经济发展的分歧程度进行深入剖析，并将专业人士预测经济发展的分歧程度分为公共分歧和个体分歧两部分②。Ezgi Ozturk 和 Xuguang Sheng（2018）通过深入研究，发现专业人士预测经济发展的公共分歧程度远高于个体分歧程度，且专业人士预测经济发展的公共分歧程度对实体经济的发展发挥了重要的影响③。此外，Geert Bekaert、Marie Hoerova 和 Marco Lo Duca（2013）通过将股票市场波动率指数作为经济不确定性的代理变量进行深入研究发现，股票市场波动率指数的波动来源于上市企业自身异质性差异的可能性更大，而不是主要来源于经济不确定性④。Nicholas Bloom（2014）同样通过对股票市场波动率指数作为经济不确定性的代理变量进行比较分析发现，股票市场波动率指数呈现出显著的逆经济周期现象⑤。Giovanni Caggiano、Efrem Castelnuovo 和 Nicolas Groshenny（2014）分别以投资规模变动、经济产出规模变动、消费水平变动以及失业率等经济指标来表征经济不确定性，通过比较发现上述指标的变动趋势和通货膨胀率的变动趋势呈现出一致性特征⑥。

随着用代理变量法测度经济不确定性的缺陷逐步显现，学者们对用经济不

---

①　William Bomberger. Disagreement as a measure of uncertainty［J］. Journal of Money, Credit and Banking, 1996, 28(3)：381-392.

②　Kajal Lahiri, Xuguang Sheng. Measuring forecast uncertainty by disagreement：The missing link［J］. Journal of Applied Econometrics, 2010, 25(4)：514-538.

③　Ezgi Ozturk, Xuguang Sheng. Measuring global and country-specific uncertainty［J］. Journal of International Money and Finance, 2018(88)：276-295.

④　Geert Bekaert, Marie Hoerova, Marco Lo Duca. Risk, uncertainty and monetary policy［J］. Journal of Monetary Economics, 2013, 60(7)：771-788.

⑤　Nicholas Bloom. Fluctuations in uncertainty［J］. Journal of Economic Perspectives, 2014, 28(2)：153-176.

⑥　Giovanni Caggiano, Efrem Castelnuovo, Nicolas Groshenny. Uncertainty shocks and unemployment dynamics in U. S. recessions［J］. Journal of Monetary Economics, 2014, 67(10)：78-92.

可预测程度来表征经济不确定性的方法越来越重视。新方法中，学者们通常采用随机波动模型以及马尔科夫自回归模型等数学理论来对经济发展过程中无法预测部分的波动情况进行测度。Nicholas Bloom（2009）通过马尔科夫自回归模型来测算经济生产力的不确定性问题，并同构设计企业层面的 DSGE 模型来分析经济不确定性对国民经济产出、居民就业以及固定资产投资等方面的影响程度①。Anna Orlik 和 Laura Veldkamp（2014）指出经济不确定性所带来的冲击影响主要是源于经济发展预测者的心理状态的波动，而不是由经济发展指标中的可预测部分数据造成的；同时，经济不确定性的演变过程和其他经济变量指标具有明显的差异性，经济不确定性对经济发展的冲击相对较小，影响时间更长②。Kyle Jurado、Sydney C. Ludvigson（2015）通过体现经济发展状况的大维度数据组合，结合动态因子模型来测度经济不确定性指标，通过把经济发展过程中所能获取的所有经济变量指标数据纳入模型体系，并剔除掉经济发展指标序列中的可预测部分，借助随机波动模型来构建对经济发展过程存在独立影响的一阶矩成本以及二阶矩成本，进而借助加权平均方法来构建经济不确定性指数③。Cristina Arellano 和 Enrique Mendoza（2018）通过马尔科夫自回归模型对经济生产率的不确定性进行了测度分析，研究结果表明在不完备的金融市场条件下，经济不确定性会对企业经营造成不利影响，包括生产产出水平下降，劳动雇佣水平下降等④。

2. 关于经济不确定性影响产业经济的国外研究综述

关于经济不确定性影响投资的国外研究。国外学者针对经济不确定性影响

---

① Nicholas Bloom. The impact of uncertainty shocks［J］. Econometrica，2009，77（3）：623-685.

② Anna Orlik，Laura Veldkamp. Understanding uncertainty shocks and the role of the black swan［R］. CEPR Discussion Papers，2014.

③ Kyle Jurado，Sydney C. Ludvigson. Measuring uncertainty［J］. American Economic Review，2015，105（3）：1177-1216.

④ Cristina Arellano，Enrique Mendoza. Credit Frictions and "Sudden Stop" in Small Open Economies：An Equilibrium Business Cycle Framework for Emerging Markets Crises［R］. IDB Publications（Working Papers），2018.

投资的研究成果较为丰富，大部分研究结果显示经济不确定性对投资存在显著的负向抑制作用。Steven M. Fazzari 和 Glenn Hubbard 等（1988）通过对经济不确定性影响企业投资的实证研究发现经济不确定性主要通过需求波动路径来对企业投资发挥作用①。Ben Bernanke 和 Mark Gertler（1989）通过对不同情形下经济不确定性影响企业投资的作用机制进行实证检验，发现在经济不确定性水平较高时，企业可能会产生流动性资金短缺，从而降低自身的投资规模②。Avinash K. Dixit 和 Robert S. Pindyck（1994）结合实物期权理论对上市企业在面临经济不确定性因素影响时的投资决策问题进行研究时发现，当经济不确定性水平增加时，上市企业更倾向于选择延迟投资从而放弃当前的投资机会③。John V. Leahy 和 Toni M. Whited（1996）以股票市场波动率代替经济不确定性指数探讨了经济不确定性和企业投资之间的关系，研究发现经济不确定性对投资的负面影响与不可逆投资理论一致④。Luigi Guiso 和 Giuseppe Parigi（1999）研究了经济不确定性对意大利制造业企业投资决策的影响，研究结果表明经济不确定性削弱了投资对需求的反应并减缓了资本积累，且经济不确定性对投资的影响存在相当大的异质性⑤。Ulf von Kalckreuth（2002）指出不可逆性、融资约束和风险规避使得经济不确定性与投资之间可能存在负相关关系，且企业在经济不确定性解决后的适应能力可以使其风险战略更具吸引力；通过对销售不确定性和成本不确定性对投资需求影响的实证检验发现，不确定性对投资产生了适度强烈且持续的负面影响，销售不确定性和成本不确定性对投资具有同等重要

---

① Steven M. Fazzari, Glenn Hubbard, et al. Finance constraints and corporate investment [J]. Brookings Papers on Economic Activity, 1988(1): 141-206.

② Ben Bernanke, Mark Gertler. Agency costs, net worth, and business fluctuations [J]. The American Economic Review, 1989, 79(1): 14-31.

③ Avinash K. Dixit, Robert S. Pindyck. Investment under uncertainty[J]. Economics Books, 1994, 39(5): 659-681.

④ John V. Leahy, Toni M. Whited. The effect of uncertainty on investment: Some stylized facts[J]. Journal of Money Credit & Banking, 1996, 28(1): 64-83.

⑤ Luigi Guiso, Giuseppe Parigi. Investment and demand uncertainty[J]. Quarterly Journal of Economics, 1999, 114(1): 185-227.

性①。Stephen R. Bond 和 Jason G. Cummins（2004）从公司股票回报的波动性、证券分析师对公司未来利润的预测存在分歧、分析师对公司未来利润预测中预测误差的方差等三个方面衡量经济不确定性，并对公司投资与不确定性指标之间的实证关系进行检验，结果表明更高的不确定性对资本积累产生了显著的长期负面影响②。Nick Bloom、Stephen Bond 和 John Van Reenen（2007）采用滞后收入作为不确定性的代理变量来探究不确定性对投资的影响，研究结果表明在不可逆的情况下，更高的不确定性降低了投资对需求冲击的响应能力；不确定性增加了实物期权价值，使企业在投资或撤资时更加谨慎③。Maria Elena Bontempi、Roberto Golinelli 和 Giuseppe Parigi（2010）研究发现，在经济不确定性上升时，企业为了有效规避需求波动产生的不利影响，往往会采用更为灵活的劳动力投入机制以及更为谨慎的固定资产投资机制，同时劳动力投入的灵活性在一定程度上削弱了经济不确定性对企业固定资产投资的负面影响④。Luke C. D. Stein 和 Elizabeth Stone（2010）以外汇风险和能源价格波动作为不确定性的代理变量，研究发现不确定性抑制了企业资本投资、招聘和广告，但促进了企业研发支出⑤。Yan Bai 和 Patrick Kehoe（2011）通过实证检验发现企业层面经济不确定性水平的提升以及金融摩擦使得企业的融资约束水平上升⑥。Vasia Panousi 和 Dimitris Papanikolaou（2012）通过实证检验发现经济政策不确定性和上市企业投资之间呈现显著的负相关性，且这一影响程度会因管理层持股水平

① Ulf von Kalckreuth. Exploring the role of uncertainty for corporate investment decisions in Germany[J]. SSRN Electronic Journal, 2002.

② Stephen R. Bond, Jason G. Cummins. Uncertainty and investment: an empirical investigation using data on analysts' profits forecasts[J]. Working Papers, 2004(7): 35.

③ Nick Bloom, Stephen Bond, John Van Reenen. Uncertainty and investment dynamics[J]. Review of Economic Studies, 2007, 74(2): 91-415.

④ Maria Elena Bontempi, Roberto Golinelli, Giuseppe Parigi. Why demand uncertainty curbs investment: Evidence from a panel of Italian manufacturing firms[J]. Journal of Macroeconomics, 2010, 32(1): 218-238.

⑤ Luke C. D. Stein, Elizabeth Stone. The Effect of uncertainty on investment, hiring, and R&D: Causal evidence from equity options[J]. SSRN Electronic Journal, 2010.

⑥ Yan Bai, Patrick Kehoe. Financial markets and fluctuations in uncertainty[C]. Society for Economic Dynamics, 2011.

的上升而逐步增加①。Brandon Julio 和 Youngsuk Yook（2012）重点分析了政治选举年份对企业投资水平的影响程度，实证检验结果表明企业在政治选举年份的投资规模相较于非政治选举年份明显减少，且这一政策不确定性对企业投资的影响需要到选举结束才能消除②。Wensheng Kang、Kiseok Lee 和 Ronald Ratti（2014）研究表明经济政策的不确定性与企业层面的不确定性相互作用会抑制企业的投资决策，经济政策不确定性对企业投资的影响对于不确定性较高的企业和经济衰退期间的企业更大，各种新闻的政策冲击对企业投资具有显著的长期负面影响③。Guangli Zhang 和 Jianlei Han 等（2015）研究了经济政策不确定性对中国上市公司资本结构的影响，实证结果表明随着经济政策不确定性程度的增加，企业往往会降低杠杆率；但是区域市场化程度较低、国有企业属性以及和银行存在关联关系等因素可以缓解政策不确定性的负面影响④。Huseyin Gulen 和 Mihai Ion（2015）指出经济政策的频繁变化以及衍生出的政策不确定性对商业环境和资本决策存在显著的负面影响，并详细解释了政策不确定性水平的提升如何影响商业信心和企业投资决策⑤。Dario Caldara 和 Matteo Iacoviello（2018）通过建立地缘政治风险指数分析了地缘政治因素对企业投资的影响，研究结果表明地缘政治风险水平越高，企业投资规模下降程度越大⑥。Guanchun Liu 和 Chengsi Zhang（2020）结合中国供给侧结构性改革设计了一个准自然实验来识别经济政策的不确定性与企业投融资决策之间的因果关系，研究发现经济政策的不确定性显著阻碍了私人企业的实际投资并减少了净债务发

---

①　Vasia Panousi, Dimitris Papanikolaou. Investment, idiosyncratic risk, and ownership[J]. Social science Electronic Publishing, 2012, 67(3): 1113-1148.

②　Brandon Julio, Youngsuk Yook. Political uncertainty and corporate investment cycles[J]. Journal of Finance, 2012, 67(1): 45-83.

③　Wensheng Kang, Kiseok Lee, Ronald Ratti. Economic policy uncertainty and firm-level investment[J]. Journal of Macroeconomics, 2014(39): 42-53.

④　Guangli Zhang, Jianlei Han, et al. Economic policy uncertainty and capital structure choice: Evidence from China[J]. SSRN Electronic Journal, 2015.

⑤　Huseyin Gulen, Mihai Ion. Policy uncertainty and corporate investment[J]. Review of Financial Studies, 2015, 29(3): 523-564.

⑥　Dario Caldara, Matteo Iacoviello. Measuring geopolitical risk[J]. Social Science Electronic Publishing, 2018.

行，而国有企业则不存在这种影响①。Hong Vo 和 Quoc-Dat Trinh 等（2021）研究了经济政策不确定性如何影响企业投资及其同行业股价反应的问题，结果表明经济政策不确定性以及同行业股价水平对企业投资存在显著的交互作用，且随着经济政策不确定性水平的上升，企业的投资决策受到同行业股价水平波动的影响随之增加②。

关于经济不确定性影响创新的国外研究。国外学者针对经济不确定性影响创新的研究结果表明，经济不确定性会对企业的研发创新带来积极的促进作用。James Brown、Steven Fazzari 和 Bruce Petersen（2009）结合名义利差、原油价格波动和汇率波动等因素构建经济不确定性指标并对其影响高科技企业创新的问题进行了实证研究，结果表明经济不确定性因素对高科技企业创新存在显著的正向促进作用③。Lai Van Vo 和 Huong Thi Thu Le（2017）分析了经济不确定性对研发投入的影响，研究表明当企业面临更高的不确定性时往往会增加研发投入，且这种影响对竞争更激烈的行业的公司以及产品市场影响力较小的公司更为明显④。Yizhong Wang、Yueling Wei 和 Frank M. Song（2017）利用中国上市公司的数据研究了政策和市场不确定性对企业研发投资的影响，结果表明政策和市场的不确定性都会对企业研发投资产生负面影响；政策不确定性对具有政治关系的企业研发投资产生了重大影响，但对没有政治关系的企业则不存在显著影响；市场不确定性仅对没有政治关系的企业产生显著影响；企业获取的政府补贴越少，其受到不确定性因素负面影响的程度越低⑤。Jan-Michael Ross、Jan H. Fisch 和 Emanuel Varga（2018）研究发现经济不确定性能够促进企业的研发投

① Guanchun Liu, Chengsi Zhang. Economic policy uncertainty and firms' investment and financing decisions in China[J]. China Economic Review, 2020(63)：101-279.

② Hong Vo, Quoc-Dat Trinh, et al. Does economic policy uncertainty affect investment sensitivity to peer stock prices？[J]. Economic Analysis and Policy, 2021, 72(C)：685-699.

③ James Brown, Steven Fazzari, Bruce Petersen. Financing Innovation and Growth：Cash Flow, External Equity, and the 1990s R&D Boom[J]. Journal of Finance, 2009, 64(1)：151-185.

④ Lai Van Vo, Huong Thi Thu Le. Strategic growth option, uncertainty, and R&D investment[J]. International Review of Financial Analysis, 2017, 51(5)：16-24.

⑤ Yizhong Wang, Yueling Wei, Frank M. Song. Uncertainty and corporate R&D investment：Evidence from Chinese listed firms[J]. International Review of Economics and Finance, 2017, 47(2)：176-200.

入，然而企业在不确定性条件下的投资价值受到自身人力资本、创新活动的相关性和行业成熟度等条件的限制①。Xun Han、Yuyan Jiang 和 Xianjing Huang（2021）通过建立三阶段动态投融资模型分析了经济政策不确定性如何影响企业创新以及高管异质性对这一影响的调节作用，实证结果表明经济政策不确定性程度的增加促进了企业创新，且这一影响在高管为男性、文化程度较低、没有财务经验和政治背景的企业中更为显著②。William Mbanyele 等（2022）使用跨国行业数据来检验经济政策不确定性对创新的影响，研究结果表明经济政策不确定性阻碍了专利数量、专利实体、专利引用、专利独创性和专利通用性等创新代理指标；随着经济政策不确定性水平的上升，专利数量、专利实体、专利引用、专利独创性和专利通用性下降③。Luis P. de la Horra、Javier Perote 和 Gabriel de la Fuente（2022）采用实物期权方法研究了经济政策不确定性和货币政策对研发投资的影响，研究结果表明经济政策不确定性水平的上升以及货币政策的紧缩都会对企业的研发投入产生积极的促进作用④。

2.1.2 金融发展对创新影响的国外研究

探索金融发展和创新之间的关联性是本书研究金融发展和高新技术产业创新增长的核心所在。关于金融发展理论的分析将重点在第 3 章理论基础部分展开，在此不予赘述。在这里，主要从金融发展功能论以及金融发展结构论等视角来总结金融发展影响创新的研究成果。

---

① Jan-Michael Ross, Jan H. Fisch, Emanuel Varga. Unlocking the value of real options: How firm-specific learning conditions affect R&D investments under uncertainty [J]. Strategic Entrepreneurship Journal, 2018, 12(3): 335-353.

② Xun Han, Yuyan Jiang, Xianjing Huang. Economic Policy Uncertainty, Heterogeneity of Executives and Enterprise Innovation[J]. Journal of Business Administration Research, 2021, 4(3): 36-71.

③ William Mbanyele, et al. Economic policy uncertainty and industry innovation: Cross country evidence[J]. The Quarterly Review of Economics and Finance, 2022, 84(C): 208-228.

④ Luis P. de la Horra, Javier Perote, Gabriel de la Fuente. The impact of economic policy uncertainty and monetary policy on R&D investment: An option pricing approach [J]. Economics Letters, 2022, 214(5): 110-413.

1. 基于金融发展功能论的国外研究综述

从融资功能对创新影响的研究成果来看，John Bryant(1980)指出企业在持续发展过程中，需要获得相匹配的融资支持；如果企业无法获得足够的融资额度，将会导致企业在创新投资方面的能力大幅削弱[1]。Angel de La Fuente 和 Jose M. Marin(1996)通过实证检验发现金融体系能够辅助企业对其创新主体进行全方位评估，通过对自身创新能力的评估以及对未来收益的预测可以帮助企业更好地落实资金管控措施，有效规避创新投资资金风险，促进企业规范创新融资规划[2]。Keith Blackburn 和 Victor T. Y. Hung(1998)研究发现由于金融体系的融资功能并未得到充分发挥，导致企业获取外部融资资金的难度进一步加大，进而使得企业持续性加大研发投资的难度有所攀升，从而在一定程度上制约了企业创新活动的持续开展[3]。Douglas W. Diamond 和 Philip H. Dybvig(2000)指出在获得足够的金融资金支持的情况下，企业有更强的意愿和更充实的能力来进行创新项目的投资，从而促进企业创新活动的开展[4]。

从风险分散功能对创新影响的研究成果来看，Gilles Saint-Paul(1992)研究发现技术创新的种类与金融体系之间存在一定的关联性，如果金融体系较为完备，具有较高的风险分担能力，那么就有利于风险水平较高的技术创新的发展；如果金融体系尚不健全，分担风险和化解风险的能力不足，则会使企业选择放弃风险较高的技术创新项目[5]。Robert G. King 和 Ross Levine(1993)在其研究中发现，金融市场的风险分散功能有利于降低技术创新过程中的风险水平，有利于促进技术创新的持续开展；商业银行等间接融资机构虽然都具备风险管理和风险防控能

① John Bryant. A model of reserves, bank runs, and deposit insurance[J]. Journal of Banking & Finance, 1980, 4(4): 335-344.

② Angel de La Fuente, Jose M. Marin. Innovation, Bank Monitoring and Endogenous Financial Development[J]. Journal of Monetary Economics, 1996, 38(2): 269-301.

③ Keith Blackburn, Victor T. Y. Hung. A theory of growth, financial development and trade[J]. Economica, 1998, 65(2): 107-124.

④ Douglas W. Diamond, Philip H. Dybvig. Bank runs, deposit insurance, and liquidity[J]. Quarterly Review, 2000(24): 14-23.

⑤ Gilles Saint-Paul. Technological choice, financial markets and economic development[J]. European Economic Review, 1992, 36(4): 763-781.

力，然而由于其风险承受能力相对有限，导致其在实际操作过程中有意回避高风险水平的技术创新项目①。Allen N. Berger（2003）指出金融机构通过信贷风险水平的高低来调节其对技术创新的影响，在金融发展状况良好的条件下，由于信贷风险水平较低，则会对技术创新项目提供更大的金融资金支持②。Mario Cimoli 和 Giovanni Dosi 等（2006）在其研究中发现，在充分借鉴发达国家创新发展实践经验的基础上，发展中国家在创新发展过程中仍然存在着较高的风险和不确定性，而金融体系具备的风险分散机制则有助于企业在一定程度上降低技术创新活动的风险水平和不确定性水平③。Andrew Winton 和 Vijay Yerramilli（2008）在其研究中发现商业银行等间接融资机构对企业的技术创新活动的监督力度相对较小，而风险资本家出于自身流动性风险管理的现实需要往往会更积极地监督企业的技术创新活动，这种差异性使得商业银行等间接融资机构对企业的技术创新活动往往采取较为保守的策略，而风险资本家则相对采用较为积极的策略以应对其所面临的较高的技术创新风险④。Mariana Mazzucato 和 Massimiliano Tancioni（2012）在其研究中发现，企业的研发投入强度及其专利多样性水平与技术创新关联性强的股票收益波动率存在着显著的正向相关性⑤。

从信息功能对创新影响的研究成果来看，Douglas W. Diamond（1984）在其研究中指出金融机构具备通过信息处理来规避信息不对称问题的能力，这对于促进企业的技术创新融资具有积极作用⑥。Robert G. King、Ross Levine（1993）在其研究中指出，企业在技术创新项目融资过程中如果能够获得潜在的金融机构的支

---

① Robert G. King, Ross Levine. Finance and Growth：Schumpeter Might be Right［J］. Quarterly Journal of Economics，1993，108(3)：717-737.

② Allen N. Berger. The economic effects of technological progress：Evidence from the banking industry［J］. Journal of Money，Credit and Banking，2003(35)：141-176.

③ Mario Cimoli，Giovanni Dosi，Richard R. Nelson，Joseph Stiglitz. Institutions and policies shaping industrial development：An introductory note［J］. LEM Working Paper Series，2006.

④ Andrew Winton，Vijay Yerramilli. Entrepreneurial finance：Banks versus venture capital［J］. Journal of Financial Economics，2008，88(1)：51-79.

⑤ Mariana Mazzucato，Massimiliano Tancioni. R&D，patents and stock return volatility［J］. Journal of Evolutionary Economics，2012，22(4)：811-832.

⑥ Douglas W. Diamond. Financial Intermediation and Delegated Monitor［J］. Review of Economic Studies，1984，51(3)：393-414.

持，则有利于提升企业开展技术创新活动的积极性①。James Dow 和 Gary Gorton（1997）在其研究中指出证券市场具有信息传递的独特优势，这对于促进金融资源的合理配置至关重要，因此其在推动企业技术创新过程中也发挥着积极作用②。Franklin Allen 和 Douglas Gale（2002）比较分析了商业银行等间接融资机构和金融市场在信息处理措施方面的差异性，研究发现对比金融市场，商业银行等间接融资机构对企业技术创新项目的审查更具合理性且其审查效率也比较高；在企业技术创新项目发展尚不成熟时，金融市场凭借自身优势进行信息甄别，对于企业技术创新项目的融资更具备优势；而当企业技术创新项目发展成熟后，商业银行等间接融资机构则比金融市场能够更好地发挥监管作用③。

从公司治理功能对创新影响的研究成果来看，William A. Sahlman（1990）在其研究中指出风险投资不仅可以缓解企业技术创新项目的信息不对称问题，还有利于促进创新型企业优化公司治理结构。其中，在企业技术创新项目事前监督阶段，风险投资者通过评估企业技术创新项目的发展前景及其面临的风险，有针对性地制定克服信息不对称问题的工作方案；在企业技术创新项目事中监督阶段，风险投资有助于缓解企业技术创新项目的道德风险问题；在企业技术创新项目事后监督阶段，风险投资有助于企业技术创新项目兑现投资回报、矫正错误决策等④。Paul Gompers（2002）在其研究中指出风险资本在企业技术创新项目中通常采取可转换证券方案和分阶段投入措施，对于促进企业的技术创新活动和优化企业的公司治理机制都具有积极作用⑤。Allen N. Berger（2003）在其研究中指出企业技术创新项目在获得外部资金支持后必然会引发企业治理机制的调整问题，企

① Robert G. King, Ross Levine. Finance and Growth: Schumpeter Might be Right [J]. Quarterly Journal of Economics, 1993, 108(3): 717-737.

② James Dow, Gary Gorton. Stock market efficiency and economic efficiency: Is there aconnection? [J]. Journal of Finance, 1997, 52(3): 1087-1129.

③ Franklin Allen, Douglas Gale. Asset Price Bubbles and Stock Market Interlinkages [J]. Center for Financial Institutions Working Papers, 2002.

④ William A. Sahlman. The structure and governance of venture-capital organizations [J]. Journal of Financial Economics, 1990, 27(2): 473-521.

⑤ Paul Gompers. Corporations and the financing of innovation: The corporate venturing experience[J]. Economic Review, 2002, 87(Q4): 1-17.

业为实现新的技术创新目标，需要寻求外部资金的有力支持，而在企业获取外部资金支持的过程中，势必要以牺牲对企业的部分所有权为代价；企业部分所有权的转移导致企业在实际发展过程中经营权和所有权发生了分离，为避免因此而对股权的合法权益造成侵害，企业有必要健全内部监督和控制机制来有效管理企业的经营业绩①。

2. 基于金融发展结构论的国外研究综述

从股权市场对创新影响的研究成果来看，Bencivenga Valerie R、Smith Bruce D 和 Starr Ross M（1995）在其研究中指出企业的技术创新项目与资本市场的交易活跃程度、交易效率以及交易成本等因素存在着关联关系，研发周期较长的企业技术创新项目往往会因资本市场交易活跃而具备更好的发展前景，而市场经济也会因这些技术创新项目表现出更强的发展持续性②。Michael Song、Hans van der Bij 和 Mathieu Weggeman（2005）在其研究中指出企业的技术创新项目具备外部市场不确定性以及内部技术不确定性双重属性，从外部市场不确定性来看，企业对新研发产品是否满足消费者的有效需求以及其他同类竞争主体的经营策略都无法进行预测；从内部技术不确定性来看，企业对该项技术创新活动是否可以成功实现也无法准确预测③。Ki Beom Binh、Sang Yong Park 和 Bo Sung Shin（2006）通过对 OECD 国家产业数据的实证分析发现，在投资风险水平较高、技术要求较高的企业中，金融机构往往居于主导地位，充分发挥金融体制的推动作用对该类企业的发展至关重要④。Peter D. Casson、Roderick Martin 和 Tahir M. Nisar（2008）结合英国上市企业数据分析了企业研发数量及融资数量之间的关系，结果表明企业的

① Allen N. Berger. The economic effects of technological progress: evidence from the banking industry [J]. Journal of Money, Credit and Banking, 2003(35): 141-176.

② Bencivenga Valerie R, Smith Bruce D, Starr Ross M. Transactions Costs, Technological Choice, and Endogenous Growth[J]. Journal of Economic Theory, 1995, 67(1): 153-177.

③ Michael Song, Hans van der Bij, Mathieu Weggeman. Determinants of the Level of Knowledge Application: A Knowledge-Based and Information-Processing Perspective [J]. Journal of product innovation management, 2005, 22(5): 430-444.

④ Ki Beom Binh, Sang Yong Park, Bo Sung Shin. Financial Structure Does Matter for Industrial Growth: Direct Evidence from OECD Countries[J]. SSRN Electronic Journal, 2006.

研发水平越高，其债务融资的水平越低。相比较而言，技术创新能力较强的企业，更容易获得股票市场的青睐，这有效地佐证了企业技术创新能力易受到资本市场左右的理论机制①。James Brown、Steven Fazzari 和 Bruce Petersen（2009）在其研究中指出股权交易市场有效降低了企业在技术创新项目中投资支出的现金流动敏感性，因此股权交易市场成为企业技术创新项目获取融资的重要路径②。Gustav Martinsson（2010）在其研究中指出相较于以商业银行为主导的信贷市场而言，股权交易市场对于企业的技术创新活动更为有利③。Jingting Ma、Shumei Wang 和 Jian Gui（2010）在其研究中发现企业创新研发投入与其股权融资规模具有显著的正相关性，相较于商业银行信贷融资，企业通过股权融资因不需要按期支付融资利息而能够降低自身的财务负担；对于技术创新型企业而言，企业财务负担的降低对其自身发展是非常有利的④。James Brown、Gustav Martinsson 和 Bruce Petersen（2012）结合高新技术产业企业经营数据研究发现，企业的创新研发投资与其股权融资规模存在显著的相关性，尤其是新创的高新技术产业企业的市场占有率更会受到其获取股权融资难易程度的影响，从而发挥出股权融资促进企业技术创新的重要作用⑤。Keith E. Maskus、Rebecca Neumann 和 Tobias Seidel（2012）在其研究中发现股权市场对企业研发投入存在显著的促进作用，股权市场是重要的内源性融资渠道，不需要企业提供大量的抵押品来进行融资；股权融资较为稳定且期限较长，能够为企业的技术创新活动提供充足稳定的现金流⑥。James

① Peter D. Casson, Roderick Martin, Tahir M. Nisar. The financing decisions of innovative firms[J]. Research in International Business and Finance, 2008, 22(2): 208-221.

② James Brown, Steven Fazzari, Bruce Petersen. Financing Innovation and Growth: Cash Flow, External Equity, and the 1990s R&D Boom[J]. The Journal of Finance, 2009, 64(1): 151-185.

③ Gustav Martinsson. Equity financing and innovation: Is Europe different from the United States? [J]. Journal of Banking & Finance, 2010, 34(6): 1215-1224.

④ Jingting Ma, Shumei Wang, Jian Gui. A Study on the Influences of Financing on Technological Innovation in Small and Medium-Sized Enterprises[J]. The International Journal of Business and Management, 2010, 5(2): 209-212.

⑤ James Brown, Gustav Martinsson, Bruce Petersen. Do financing constraints matter for R&D? [J]. European Economic Review, 2012, 56(8): 1512-1529.

⑥ Keith E. Maskus, Rebecca Neumann, Tobias Seidel. How national and international financial development affect industrial R&D[J]. European Economic Review, 2012, 56(1): 72-83.

Brown、Gustav Martinsson 和 Bruce Petersen（2013）结合欧洲企业数据研究发现，通过对企业投资行为进行有效控制，能够发挥好股权市场对企业技术创新活动的促进作用，从而推动经济的良性发展①。Kose John、Vinay B. Nair 和 Lemma Senbet（2013）在其研究中指出对于技术创新研发较为密集的行业而言，股权投资通过发挥有效的监控机制，促使企业采取一定措施来降低创新研发活动不确定性而衍生出的风险②。

从信贷市场对创新影响的研究成果来看，Mark S Freel（1999）结合英国小型制造企业的经营数据进行实证检验发现，资金投入不足是影响小型制造企业技术创新活动的重要因素；如果具备充足的资金投入，企业必然会支持技术创新活动，小型企业面对自身的资金缺口往往只能选择融资，实证数据表明小型企业融资路径主要是向商业银行进行贷款③。Philippe Aghion 和 Evguenia Bessonova（2007）研究企业的融资层次偏好顺序发现，企业技术创新活动的外部融资更倾向于信贷市场，通过信贷市场融资仅会损失少量的企业控制权，而通过股权市场融资则会对企业的未来经营和发展带来不确定性④。Ana María Herrera 和 Raoul Minetti（2007）结合意大利企业经营数据研究发现，企业的技术创新效率会因贷款期限的延长而提高，即企业的技术创新效率与其贷款期限存在显著的正向关联性；在企业能够获取较长期限的信贷融资时，企业往往不会选择进行自主研发创新而大多会选择从外部购买新技术；商业银行对企业的技术创新活动进行的干预较为宽松，这也使得企业较易获取商业银行信贷资金支持进而从外部购买新技术⑤。Luigi Benfratello、Fabio Schiantarelli 和 Alessandro Sembenelli（2008）基于降低现金流敏感度视角对企业的技术创新活动进行了分析，研究发现商业银行的信

① James Brown, Gustav Martinsson, Bruce Petersen. Law, Stock Markets, and Innovation [J]. The Journal of Finance, 2013, 68(4): 1517-1550.

② Kose John, Vinay B. Nair, Lemma Senbet. Law, Organizational Form, and Taxes: Financial Crisis and Regulating through Incentives[J]. SSRN Electronic Journal, 2013.

③ Mark S Freel. The financing of small firm product innovation within the UK [J]. Technovation, 1999, 19(12): 707-719.

④ Philippe Aghion, Evguenia Bessonova. Entry, Innovation, and Growth: Theory and Evidence [J]. Review of Economics and Statistics, 2007, 97(5): 259-578.

⑤ Ana María Herrera, Raoul Minetti. Informed finance and technological change: Evidence from credit relationships[J]. Journal of Financial Economics, 2007, 83(1): 223-269.

贷融资有利于降低企业技术创新活动的现金流敏感度，从而有利于促进企业从事技术创新活动；不同于固定资产投资，企业技术创新投资现金支出比重会因商业银行体系的发展而有所降低，尤其是对小型企业来讲①。Pasi Karjalainen（2008）从国家金融体系发展的视角出发探讨了企业未来收益与其技术创新活动之间的关联性，认为相较于股权市场融资，企业技术创新项目通过商业银行进行信贷融资的比重更高，因此以商业银行为主导的金融体系的发展有利于促进企业未来收益水平及技术创新活动投资水平的提升②。

2.2 国内文献综述

2.2.1 经济不确定性对产业经济影响的国内研究

1. 关于经济不确定性的国内研究综述

关于经济政策不确定性的国内研究。对于经济政策不确定性指标问题国内学者进行了积极的研究与探索。国内学者确立经济政策不确定性指标的方法大多采用调查分析法，通过该方法获取的数据往往具有较高的可靠性和较强的公开性，学者们则能够结合自身的研究诉求获得更具针对性的研究数据。朱信凯（2005）在研究农户消费行为的过程中，通过调查分析农户的生活信心程度来反映农村人口的生活风险问题，用以探讨生活不确定性对其消费行为的影响③。黄福广、赵浩和李希文（2009）通过对企业高级管理人员问卷调查的方式确定经济政策不确定性

---

① Luigi Benfratello, Fabio Schiantarelli, Alessandro Sembenelli. Banks and Innovation：Microeconometric Evidence on Italian Firms［J］. Journal of Financial Economics，2008，90（2）：197-217.

② Pasi Karjalainen. R&D investments：The effects of different financial environments on firm profitability［J］. Journal of Multinational Financial Management，2008，18（2）：79-93.

③ 朱信凯. 流动性约束、不确定性与中国农户消费行为分析［J］. 统计研究，2005（2）：38-42.

对企业投资的影响，进而分析企业投资和宏观经济环境以及经济政策之间的关联性①。靳光辉、刘志远和花贵如（2016）根据各省（市、自治区）产业政策发布的数量，并结合产业政策中税收优惠幅度、专项补贴资金以及财政扶持资金的设定额度来建立省域经济政策不确定性指数，用以分析其对企业投资的影响程度②。李凤羽和杨墨竹（2015）参考 Scott R. Baker 等确立经济政策不确定性指数的方法，通过对国内主流媒体采用文本分析法确立了中国经济政策不确定性指数，并对其影响基金资产配置策略问题进行了深入探讨③。朱军（2017）结合标准的指数统计方法以及汉语中财政政策的语境特征确立了中国财政政策不确定性指数，并根据中国经济发展特征以及财政政策体系对中国财政政策不确定性指数统计特征以及影响财政政策不确定性的主要因素进行了详细分析④。陈德球和陈运森（2018）利用地方领导人更替来表征经济政策不确定性指标，并以地级市为研究样本，检验了在官员更替期间上市公司是否会通过盈余管理来规避潜在的政策性成本从而消除官员更替导致的政策不确定性对上市公司所带来的实质影响⑤。邓创和曹子雯（2020）在 SVAR-H-SV 模型的基础上确立了中国货币政策不确定性指数，并对其变动特征和宏观经济效应进行了分析。研究结果表明，数量型货币政策不确定性明显高于价格型货币政策不确定性且数量型货币政策不确定性对宏观经济变量的影响具有明显的阶段性特征，价格型货币政策不确定性对宏观经济变量具有短期促进、中长期抑制的影响特征⑥。李正辉、钟俊豪和董浩（2021）在基于 Diebold 和 Yilmaz 溢出指数模型的基础上，分析了中国、美国和全球经济政策不确定性

① 黄福广，赵浩，李希文. 政策及经济环境不确定性对企业投资的影响［C］. 第二届中国企业投融资运作与管理国际研讨会，2009：569-579.

② 靳光辉，刘志远，花贵如. 政策不确定性与企业投资——基于战略性新兴产业的实证研究［J］. 管理评论，2016，28（9）：3-16.

③ 李凤羽，杨墨竹. 经济政策不确定性影响基金资产配置策略吗？——基于中国经济政策不确定指数的实证研究［J］. 金融研究，2015（4）：115-129.

④ 朱军. 中国财政政策不确定性的指数构建、特征与诱因［J］. 财贸经济，2017，38（10）：22-36.

⑤ 陈德球，陈运森. 政策不确定性与上市公司盈余管理［J］. 经济研究，2018，53（6）：97-111.

⑥ 邓创，曹子雯. 中国货币政策不确定性测度及其宏观经济效应分析［J］. 吉林大学社会科学学报，2020，60（1）：50-59，220.

的宏观金融效应；同时，结合宏观金融核心领域的发展现状，探讨了经济政策不确定性对中国股市、汇率和大宗商品的静态溢出效应①。

关于经济不确定性测度的国内研究。在代理变量方法应用过程中，国内学者对经济不确定性的测度研究主要体现在以下几个方面。谢获宝和惠丽丽（2016）用资产收益率的滚动标准差来替代经济不确定性度量指标，用以分析在宏观经济不确定性的情形下，企业的行业属性、资产特征以及高管决策行为等形成的风险因素，探讨企业投资效率、成本黏性以及企业经营风险之间的关联性②。马续涛和沈悦（2016）用生产资本的波动水平来替代经济不确定性度量指标，设计了一个受到经济不确定性风险冲击的、囊括银行部门的连续时间 DSGE 模型，用以分析银行风险承担形成机制以及经济不确定性对银行风险承担和经济波动的影响程度③。张鑫（2019）结合企业层面的经济数据，把发行债券上市企业的股票价格波动信息和债券价格波动信息分别作为经济不确定性与信用利差的表征变量，结合面板数据模型研究经济不确定性对信用利差及宏观经济的影响程度④。

在经济非预期波动测度方法应用过程中，国内学者结合我国基本国情，也进行了大量的深入研究。陆庆春和朱晓筱（2013）采用 GARCH 模型将国内生产总值、广义货币供应量、消费者物价指数等三个主要经济发展指标的非预期波动加权平均指标来替代经济不确定性指标，并以此为基础分析了经济不确定性对企业直接投资行为及间接投资行为的影响程度及其差异性⑤。王义中和宋敏（2014）采用 GARCH 模型将我国季度国内生产总值增长率的条件异方差替代经济不确定性

① 李正辉，钟俊豪，董浩. 经济政策不确定性宏观金融效应的统计测度研究[J]. 系统工程理论与实践，2021，41（8）：1897-1910.

② 谢获宝，惠丽丽. 投资效率、成本粘性与企业风险——基于宏观经济不确定性的视角[J]. 南京审计学院学报，2016，13（2）：3-11.

③ 马续涛，沈悦. 不确定性冲击、银行风险承担与经济波动[J]. 当代经济科学，2016，38（6）：55-63，124.

④ 张鑫. 不确定性、信用利差与宏观经济[J]. 中南财经政法大学学报，2019（2）：97-104.

⑤ 陆庆春，朱晓筱. 宏观经济不确定性与公司投资行为——基于时期随机效应的实证研究[J]. 河海大学学报（哲学社会科学版），2013，15（1）：56-59，63，91.

指标，用以分析经济不确定性影响企业投资的作用机制①。刘海明和曹廷求（2015）采用 GARCH 模型将经济领先指数的条件方差替代经济不确定性指标，用以分析地方政府在不同宏观经济条件下对信贷资源配置的异质性效应②。黄卓、邱晗、沈艳和童晨（2018）根据 Jurado 设计的大数据分析方法，确立了 2002—2017 年的中国金融不确定性指数，并从股票市场波动和金融机构系统性风险两个视角出发对中国的金融不确定性指数进行了深入分析③。王霞和郑挺国（2020）基于搜集的我国实时碎尾数据集，结合混频动态因子模型，建立了我国日度宏观经济意外指数和不确定指数，在此基础上进一步探讨了宏观经济不确定指数与货币政策、宏观经济波动之间的关系④。祝梓翔、程翔和邓翔（2021）根据季度宏观数据和扩散指数法确立了季度宏观经济不确定性指数，并利用门限向量自回归模型对宏观经济不确定性冲击影响经济的程度进行了分析⑤。王际皓和王维国（2022）结合月度统计指标与改进的数据预处理与不确定性测度方法，对我国经济和金融不确定性指数进行了测算，并在此基础上分析经济和金融不确定性的经济含义，划分二者的不同运行阶段并分析其成因⑥。郑挺国、曹伟伟和王霞（2023）设计了一种同比形式的日度混频动态因子模型，通过金融市场的日度数据和传统的宏观低频数据信息，建立了我国日度经济意外指数和经济不确定性指数，从而对我国宏观经济运行的非预期成分和不确定性程度进行有效度量⑦。

––––––––––––––––––

①　王义中，宋敏．宏观经济不确定性、资金需求与公司投资[J]．经济研究，2014，49（2）：4-17.

②　刘海明，曹廷求．宏观经济不确定性、政府干预与信贷资源配置[J]．经济管理，2015（6）：1-11.

③　黄卓，邱晗，沈艳，童晨．测量中国的金融不确定性——基于大数据的方法[J]．金融研究，2018（11）：30-46.

④　王霞，郑挺国．基于实时信息流的中国宏观经济不确定性测度[J]．经济研究，2020，55（10）：55-71.

⑤　祝梓翔，程翔，邓翔．中国宏观经济不确定性的测度[J]．统计与决策，2021，37（16）：110-113.

⑥　王际皓，王维国．中国经济和金融不确定性的测度[J]．统计与信息论坛，2022，37（12）：32-41.

⑦　郑挺国，曹伟伟，王霞．基于混频数据的日度经济不确定性测度及其应用[J]．统计研究，2023，40（1）：33-48.

2. 关于经济不确定性影响产业经济的国内研究综述

关于经济不确定性影响投资的国内研究。在经济政策不确定性影响投资的研究方面，国内学者的实证研究主要体现在以下几个方面。李凤羽和杨墨竹(2015)结合政府经济政策不确定性探讨了不确定性因素对企业投资的影响程度，研究发现经济政策不确定性的上升对企业投资存在显著的抑制作用，且企业的投资不可逆程度、学习能力、所有权性质、机构持股比例以及股权集中度等因素都会对经济政策不确定性抑制企业投资的作用程度产生影响[①]。陈国进和王少谦(2016)构建了经济政策不确定性影响企业投资行为作用机制的理论模型并进行了实证检验，研究发现经济政策不确定性对企业投资行为的抑制作用主要借助资金成本渠道以及资本边际收益率渠道两种路径来发挥作用，同时这两种影响路径呈现出周期性和行业非对称性等特征[②]。饶品贵、岳衡和姜国华(2017)探讨了中国经济政策不确定性对企业投资及其投资效率的影响问题，研究发现随着经济政策不确定性升高，企业投资显著下降；在经济政策不确定性水平较高的情况下，企业进行投资决策时更倾向于参考经济因素，且投资效率会因经济政策不确定性水平的上升而提高[③]。许罡和伍文中(2018)结合 Baker 等构建的经济政策不确定指数和 A 股上市公司季度数据探讨了经济政策不确定性对企业金融化投资的影响，研究发现经济政策不确定性对企业金融化投资存在显著的抑制作用，经济政策不确定性压缩了企业通过金融市场进行套利的操作空间[④]。杨永聪和李正辉(2018)结合动态面板回归模型和系统 GMM 估计方法对经济政策不确定性影响中国对外直接投资问题进行分析，研究发现国内经济政策不确定性水平和中国对外直接投资规模呈现出显著的正相关性，而所在国经济政策不确定性水平和中国对外直接投资规

① 李凤羽，杨墨竹. 经济政策不确定性会抑制企业投资吗？——基于中国经济政策不确定指数的实证研究[J]. 金融研究，2015(4)：115-129.

② 陈国进，王少谦. 经济政策不确定性如何影响企业投资行为[J]. 财贸经济，2016(5)：5-21.

③ 饶品贵，岳衡，姜国华. 经济政策不确定性与企业投资行为研究[J]. 世界经济，2017，40(2)：27-51.

④ 许罡，伍文中. 经济政策不确定性会抑制实体企业金融化投资吗[J]. 当代财经，2018(9)：114-123.

模呈现出显著的负相关性①。张成思和刘贯春(2018)通过把经济政策不确定性纳入三期动态投融资模型分析了经济政策不确定性对不同融资约束企业的投融资决策的差异化影响,并对非金融类上市公司的季度数据进行实证研究,结果表明经济政策不确定性升高会使得固定资产投资规模下降,而企业融资决策的调整则与预期融资约束条件密切相关②。刘贯春、段玉柱和刘媛媛(2019)结合国民经济投入产出表测算行业资产可逆性并探讨了资产可逆性影响经济政策不确定性与固定资产投资关系的问题,从经济政策不确定性上升会增加项目投资收益率波动的视角进行理论分析和实证检验③。徐光伟、孙铮和刘星(2020)以上市公司季度数据为基础,对经济政策不确定性影响企业实体投资与虚拟投资行为的问题进行了分析,研究发现经济政策不确定性与企业实体投资活动呈现显著负相关性,与企业虚拟投资活动呈现显著正相关性;经济政策不确定性上升使得实物资产投资成本上升进而对企业实体投资活动形成抑制作用;政府干预、市场竞争、公司治理对经济政策不确定性与企业投资行为的关系存在显著的调节作用④。赵胜民和张博超(2022)通过引入公司个体风险变量对经济政策不确定性借助公司个体风险影响企业投资的传导机制进行了检验,研究发现经济政策不确定性通过公司个体风险影响企业投资传导机制,公司个体风险在经济政策不确定性的传导过程中起到了中介效应的作用⑤。此外,部分学者通过官员更迭来代替经济政策不确定性对其影响投资的问题进行分析。贾倩、孔祥和孙铮(2013)结合我国省级主要官员变更事件对区域政策不确定性影响企业投资行为进行了检验,结果表明官员变更当年政策不确定性的预期使得企业显著地降低当年投资规模,特别是省级控制的国有

① 杨永聪,李正辉.经济政策不确定性驱动了中国 OFDI 的增长吗——基于动态面板数据的系统 GMM 估计[J].国际贸易问题,2018(3):138-148.

② 张成思,刘贯春.中国实业部门投融资决策机制研究——基于经济政策不确定性和融资约束异质性视角[J].经济研究,2018,53(12):51-67.

③ 刘贯春,段玉柱,刘媛媛.经济政策不确定性、资产可逆性与固定资产投资[J].经济研究,2019,54(8):53-70.

④ 徐光伟,孙铮,刘星.经济政策不确定性对企业投资结构偏向的影响——基于中国EPU 指数的经验证据[J].管理评论,2020,32(1):246-261.

⑤ 赵胜民,张博超.经济政策不确定性影响企业投资的传导机制研究——基于公司个体风险视角[J].金融学季刊,2022,16(2):51-72.

企业；当经济发展处于上行阶段或者企业管理层不具备政治身份标签时，这种影响会更明显①。才国伟、吴华强和徐信忠（2018）以地方官员变动率来替代经济政策不确定性，结合 A 股上市公司的财务数据和 31 个省市自治区地方官员的变动数据，对经济政策不确定性影响企业投融资问题进行了实证检验，结果表明政策不确定性显著降低企业的债权融资，但对其股权融资影响并不显著；经济政策不确定性主要通过降低企业融资和借助企业资本运作降低融资对投资的影响系数这两种路径来影响企业投资②。

关于经济不确定性影响创新的国内研究。在经济不确定性影响创新的研究方面，国内学者的实证研究主要体现在以下几个方面。汪丽、茅宁和龙静（2012）探讨了环境动态性和环境复杂性等环境不确定性和企业创新强度之间的关系以及风险承担意愿和决策综合性等管理者决策偏好的调节作用，研究结果表明企业创新强度与环境动态性显著正相关，管理者决策偏好在环境复杂性与创新强度关系中起着显著的调节作用，管理者风险承担偏好弱化了环境不确定性与创新强度之间的关系③。佟家栋和李胜旗（2015）从微观产品的视角研究了贸易政策不确定性对中国出口企业的产品创新的影响，并从不同所有制、贸易方式和进入退出等异质性企业的角度检验了贸易政策不确定性影响的差异，研究发现贸易政策不确定性的降低显著提高了中国出口企业的产品创新，贸易政策不确定性对外资企业、加工贸易的影响较大④。郝威亚、魏玮和温军（2016）运用实物期权理论分析了经济政策不确定性对企业创新的影响机制，研究发现经济政策不确定性增加致使企业推迟研发投入决策并抑制企业创新，融资约束小的企业研发投入的机会成本更大，企业出于对不确定性的谨慎态度而更加倾向于推迟研发投入⑤。陈德球、金

---

① 贾倩，孔祥，孙铮. 政策不确定性与企业投资行为——基于省级地方官员变更的实证检验[J]. 财经研究，2013，39(2)：81-91.

② 才国伟，吴华强，徐信忠. 政策不确定性对公司投融资行为的影响研究[J]. 金融研究，2018(3)：89-104.

③ 汪丽，茅宁，龙静. 管理者决策偏好、环境不确定性与创新强度——基于中国企业的实证研究[J]. 科学学研究，2012，30(7)：1101-1109，1118.

④ 佟家栋，李胜旗. 贸易政策不确定性对出口企业产品创新的影响研究[J]. 国际贸易问题，2015(6)：25-32.

⑤ 郝威亚，魏玮，温军. 经济政策不确定性如何影响企业创新？——实物期权理论作用机制的视角[J]. 经济管理，2016，38(10)：40-54.

雅玲和董志勇（2016）分析了地级市委书记的变更对企业创新行为的影响，研究发现由市委书记变更引发的政策不确定性会降低企业的创新效率，企业的专利数量会降低，这种影响对有政治关联的企业作用更强，在新任市委书记来自外地和市委书记的非正常变更的样本中作用更强①。孟庆斌和师倩（2017）构建随机动态优化模型研究宏观经济政策不确定性对企业研发投入影响的作用机制，结果表明企业的研发投入与宏观经济政策不确定性正相关，即宏观经济政策不确定性具有敦促企业通过研发活动谋求自我发展的效应②。顾夏铭、陈勇民和潘士远（2018）阐明了经济政策不确定性如何影响企业创新的理论机制，提出经济政策不确定性会对企业创新产生激励效应和选择效应，研究结果表明经济政策不确定性正向影响上市公司 R&D 投入和专利申请量③。亚琨、罗福凯和李启佳（2018）从企业金融资产配置的动机出发研究企业金融资产配置对创新投资的影响并考察经济政策不确定性对企业金融资产配置与创新投资关系的调节作用，研究结果表明金融资产配置的"替代"动机显著抑制了企业创新投资，经济政策不确定性加重了企业金融资产配置对创新投资的挤出效应并对非高新技术企业及市场竞争程度低的企业影响更显著④。顾欣和张学洁（2019）利用双重倍差模型对经济政策不确定性背景下劳动力成本上升对企业创新的影响进行测算，结果表明当经济政策可能发生巨大波动时，劳动力成本上升会对企业创新产生显著的抑制作用，并且这种抑制作用会随着企业 R&D 水平的上升而逐渐增加；该抑制作用具有选择效应，对于不同所有制企业具有异质性影响⑤。张峰和刘曦苑等（2019）分析了经济政策不确定性对产品创新和服务转型的影响，结果表明经济政策不确定性会显著降低产品创新，尤其是创新性更高的突破式创新；不确定性会显著提升服务业务占比，促进

①　陈德球，金雅玲，董志勇．政策不确定性、政治关联与企业创新效率[J]．南开管理评论，2016，19（4）：27-35.

②　孟庆斌，师倩．宏观经济政策不确定性对企业研发的影响：理论与经验研究[J]．世界经济，2017，40（9）：75-98.

③　顾夏铭，陈勇民，潘士远．经济政策不确定性与创新——基于我国上市公司的实证分析[J]．经济研究，2018，53（2）：109-123.

④　亚琨，罗福凯，李启佳．经济政策不确定性、金融资产配置与创新投资[J]．财贸经济，2018，39（12）：95-110.

⑤　顾欣，张雪洁．经济政策不确定性、劳动力成本上升与企业创新[J]．财经问题研究，2019（9）：102-110.

制造企业向服务业转型①。赵萌、叶莉和范红辉(2020)运用实物期权理论对经济政策不确定性对制造业上市公司创新活动的影响机理进行实证研究，结果表明经济政策不确定性对制造业上市公司的创新投入与创新产出均有正向直接影响；经济政策不确定性会引发制造业企业融资约束程度提升，进而抑制企业创新投入与创新产出②。邓江花和张中华(2021)考察了经济政策不确定性对企业创新投资的作用和影响机制以及政府补助所发挥的调节作用，结果表明经济政策不确定性抑制了企业创新投资，而政府补助能减缓这一抑制作用，经济政策不确定性影响企业创新投资的渠道是通过企业融资约束予以实现的③。余得生和杨礼华(2022)以中国经济政策不确定性指数以及微观数据构建多层线性模型，考察经济政策不确定性与企业创新的关系以及要素价格扭曲和融资约束的调节作用，研究发现经济政策不确定性会显著抑制企业研发投入强度以及创新产出④。任春芳(2023)探究了经济不确定性、数字金融和企业创新之间的联系，研究发现经济不确定性对制造业企业创新具有显著促进作用；在经济不确定性情况下，数字金融水平越高，越有利于提高制造业企业创新⑤。部分学者也从其他角度探讨了外部环境对创新的影响。李妹和高山行(2014)分析了技术不确定性和市场不确定性等环境不确定对企业原始性创新的直接影响以及组织冗余的调节作用，结果表明技术不确定性与企业原始性创新正相关，市场不确定性与企业原始性创新负相关⑥。沈毅、张慧雪和贾西猛(2019)分析了经济政策不确定性对企业创新的影响，以及高管过度自信是否会改变经济政策不确定性的影响，结果表明经济政策不确定性提高了企

---

① 张峰，刘曦苑，武立东，殷西乐. 产品创新还是服务转型：经济政策不确定性与制造业创新选择[J]. 中国工业经济，2019(7)：101-118.

② 赵萌，叶莉，范红辉. 经济政策不确定性与制造业企业创新——融资约束的中介效应研究[J]. 华东经济管理，2020，34(1)：49-57.

③ 邓江花，张中华. 经济政策不确定性与企业创新投资[J]. 软科学，2021，35(6)：23-28.

④ 余得生，杨礼华. 经济政策不确定性与企业创新——兼论要素价格扭曲和融资约束的调节效应[J]. 金融发展研究，2022(10)：20-28.

⑤ 任春芳. 经济不确定性对制造业上市企业创新的影响——数字金融的作用[J]. 技术与创新管理，2023，44(3)：339-348.

⑥ 李妹，高山行. 环境不确定性、组织冗余与原始性创新的关系研究[J]. 管理评论，2014，26(1)：47-56.

业研发支出，促使企业产生更多专利，但降低了企业的创新效率①。韩亮亮、佟钧营和马东山（2019）对经济政策不确定性与创新产出关系进行了实证分析，结果表明经济政策不确定性越高，国家或地区的创新产出水平越低②。

2.2.2 金融发展对创新影响的国内研究

1. 基于金融发展功能论的国内研究综述

国内学者从金融发展功能视角就金融发展对企业创新的影响也进行了丰富的实证研究。熊勇清和孙会（2010）对长三角经济圈的金融规模、效率对 FDI（国际投资）溢出效应的影响进行了系统研究，结果表明长三角经济圈金融信贷规模的扩大抑制了 FDI 技术溢出的吸收，而金融市场效率的改进则能够显著放大 FDI 对区域经济的正贡献率③。杨青和彭金鑫（2011）以生态共生理论为基础构建了创业风险投资与高新技术产业共生模型，提出了基于共生度分析的创业风险投资和高新技术产业共生模式的评判标准，并对我国创业风险投资和高新技术产业共生模式进行了实证研究，研究发现我国创业风险投资与高新技术产业经历了寄生和非对称互惠共生两个阶段并逐步向正向对称互惠共生方向发展④。张元萍和刘泽东（2012）根据金融发展和技术创新的关系原理和指标体系构建联立方程模型进行实证检验，研究指出金融机构通过风险管理、信息收集处理和传递、激励监督和约束、动员储蓄和信用创造、便利交易和推动专业化等五项功能的完善促进技术创新，技术创新通过扩大市场需求、增加盈利空间、降低交易成本、优化信息传递、改善制度环境等方式推动金融发展，两者呈现出良性互动关系⑤。陈启清和

---

① 沈毅，张慧雪，贾西猛. 经济政策不确定性、高管过度自信与企业创新[J]. 经济问题探索，2019（2）：39-50.

② 韩亮亮，佟钧营，马东山. 经济政策不确定性与创新产出——来自 21 个国家和地区的经验证据[J]. 工业技术经济，2019，38（1）：11-18.

③ 熊勇清，孙会. 区域金融规模、效率及其对 FDI 溢出效应的影响研究——来自长江三角洲经济圈的实证分析和检验[J]. 财务与金融，2010（4）：1-7.

④ 杨青，彭金鑫. 创业风险投资产业和高技术产业共生模式研究[J]. 软科学，2011，25（2）：11-14.

⑤ 张元萍，刘泽东. 金融发展与技术创新的良性互动：理论与实证[J]. 中南财经政法大学学报，2012（2）：67-73，92，143-144.

贵斌威(2013)指出金融发展可以通过效率通道和技术通道作用于全要素生产率并对全要素生产率产生水平效应和增长效应;通过对我国各省(市、自治区)面板数据的实证分析发现金融发展对生产率进步具有正的水平效应和负的增长效应,金融发展对全要素生产率具有递减的正面影响;金融发展更多发挥了改善资源配置的作用,而推进创新和技术进步的作用相对较弱①。谢朝华和刘衡沙(2014)指出金融发展表现为规模的扩张、结构的优化和效率的提升,金融发展一方面通过资金支持、信息甄别、分散风险和创新激励来促进技术创新,另一方面通过改变成本收益结构、政府偏好、政府选择和诱发社会认知转变来促进制度创新,进而通过技术和制度创新促进 TFP(全要素生产率)增长;通过实证检验发现金融规模和金融效率通过制度创新和技术创新间接影响 TFP 增长,但金融结构与 TFP 增长无显著关系,在金融发展与 TFP 的关联机理中技术和制度创新存在不完全的中介效应②。

张倩肖和冯雷(2019)从金融规模和金融结构两个方面分析金融发展对企业技术创新的作用,结果表明无论是金融规模扩张还是金融市场竞争程度提高均对企业技术创新产生显著的促进作用,金融发展对东部地区企业技术创新的促进作用大于西部地区,金融发展对民营企业技术创新的促进作用高于国有企业③。赵景峰和张静(2020)对金融发展与农业技术创新之间的关联关系进行实证研究后发现,金融发展对农业技术创新具有显著的正向影响,金融效率对农业技术创新的促进作用最为明显;虽然金融效率对中部地区农业技术创新具有显著的促进作用,但金融规模却显著抑制了该区域的农业技术创新;金融规模、金融效率尚未促进东西部地区农业技术创新④。白俊红和刘宇英(2021)从银行信贷资金分配市场化和金融结构两个层面构建金融市场化指数,实证考察了金融市场化对企业技

① 陈启清,贵斌威. 金融发展与全要素生产率:水平效应与增长效应[J]. 经济理论与经济管理,2013(7):58-69.

② 谢朝华,刘衡沙. 中国金融发展与 TFP 关联关系实证研究——基于技术创新和制度创新的中介效应分析[J]. 财经理论与实践,2014,35(1):33-38.

③ 张倩肖,冯雷. 金融发展与企业技术创新——基于中国 A 股市场上市公司的经验分析[J]. 统计与信息论坛,2019,34(5):25-33.

④ 赵景峰,张静. 金融发展对中国农业技术创新的影响研究[J]. 理论学刊,2020(6):55-63.

术创新的影响效应及传导机制，结果表明金融市场化进程对企业技术创新具有显著的促进作用，金融市场化有助于缓解企业外部融资约束和增强企业内部研发支出，从而推动企业创新能力的提升；金融市场化对企业技术创新的促进效果受政府干预程度的影响，并且具有明显的空间差异①。翟光宇和王瑶（2022）从公司治理的角度出发对金融发展、两类代理成本与企业研发投入的关系进行了实证检验，结果表明金融发展与两类代理成本呈负相关关系；两类代理成本都能对企业研发投入产生负面影响，第一类代理成本产生的影响在国有上市公司与非国有上市公司之间并不存在显著差别，但第二类代理成本产生的影响主要存在于非国有上市公司中；两类代理成本均能在金融发展影响企业研发投入的过程中发挥部分中介作用，在非国有上市公司中，两类代理成本的中介作用均显著，但在国有上市公司中，仅第一类代理成本的中介作用显著②。

2. 基于金融发展结构论的国内研究综述

国内学者从金融发展结构视角就金融发展对创新的影响也进行了丰富的实证研究。凌江怀和李颖（2010）通过构建模型分析金融与技术创新效率的相互作用并针对不同规模与技术密集程度企业的融资来源提出三个理论假设，研究发现外源融资对技术创新效率有显著的促进作用，并按照中小传统企业、大型传统企业、大型科技企业、中小科技企业的次序由弱增强；不同融资来源对技术创新效率的促进作用不同并按风险投资、FDI、民间借款、银行、证券的次序由弱增强；外资直接投资对技术创新效率有抑制效应，劳动力对技术创新效率有挤出效应③。徐玉莲和王宏起（2011）对我国金融发展与技术创新进行 Granger 因果关系的实证检验，研究发现我国金融体系框架中风险投资发展对技术创新具有积极的促进作用，股票市场发展对技术创新具有一定正向影响，而银行与债券市场发展对技术

---

① 白俊红，刘宇英．金融市场化与企业技术创新：机制与证据［J］．经济管理，2021，43（4）：39-54.

② 翟光宇，王瑶．金融发展、两类代理成本与企业研发投入——基于 2009—2018 年 A 股上市公司的实证分析［J］．国际金融研究，2022（3）：87-96.

③ 凌江怀，李颖．基于企业类型和融资来源的技术创新效率比较研究——来自广东省企业面板数据的经验分析［J］．华南师范大学学报（社会科学版），2010（6）：106-113，157.

创新均无明显促进作用①。张长征、黄德春和马昭洁(2012)以高新技术产业为例对我国 29 个省份的金融发展水平、高新技术产业集聚度以及其产业创新效率进行测定和比较分析，并基于地区差异性实证检验各地区金融市场在促进产业创新效率方面的推动效果，研究发现越是落后地区其产业创新效率越为明显，而低效的金融市场已成为各地高新技术产业创新效率提高的主要障碍因素②。鞠晓生(2013)结合中国上市公司数据分析了内、外部融资渠道对企业创新投资的影响；在创新融资方面，内部资金是企业创新投资的主要融资渠道；外部融资对不同产权类型企业的作用不同，银行贷款是中央国有控股公司创新投资的一种重要融资方式，但它对其他类型企业的贡献不大；而股权融资不是上市公司创新投资的主要融资方式；在平滑创新投资波动方面，中央国有控股公司主要依赖于银行贷款，地方国有控股公司和非国有控股公司主要依赖于股权融资③。周方召、符建华和仲深(2014)运用 Ordered Probit 模型考察了外部融资、公司规模与上市公司技术创新之间的关系并进一步探讨了外部金融发展和外部融资对于不同规模企业技术创新的影响差异，实证研究发现更为便利的外部融资对于上市公司技术创新有显著积极影响，而企业规模和技术创新之间则呈现倒 U 形关系，金融发展和外部融资对较小规模公司的技术创新有更为明显的正向影响④。

侯世英和宋良荣(2020)系统分析了不同金融体系结构与企业创新绩效之间的关系，研究发现市场主导型金融体系的创新激励效应随着企业创新流程的不断深化呈上升趋势，而银行主导型金融体系的创新激励效应呈现"倒 U 形"趋势；整体来看，市场主导型金融体系的创新激励效应优于银行主导型金融体系；金融科技发展明显提升了不同金融结构的创新激励效应，在金融科技的调节作用下，银行主导型体系的创新边际贡献随着创新流程的深化呈现上升趋势，而金融市场的

① 徐玉莲，王宏起. 我国金融发展对技术创新作用的实证分析[J]. 统计与决策，2011(21)：144-146.
② 张长征，黄德春，马昭洁. 产业集聚与产业创新效率：金融市场的联结和推动——以高新技术产业集聚和创新为例[J]. 产业经济研究，2012(6)：17-25.
③ 鞠晓生. 中国上市企业创新投资的融资来源与平滑机制[J]. 世界经济，2013，36(4)：138-159.
④ 周方召，符建华，仲深. 外部融资、企业规模与上市公司技术创新[J]. 科研管理，2014，35(3)：116-122.

边际贡献却在成果转化阶段呈现下降趋势①。李宇坤、任海云和祝丹枫(2021)实证分析了数字金融发展对企业创新投入的影响及其作用机制,结果表明数字金融发展水平与企业创新投入显著正相关②。宋玉臣、任浩锋和张炎炎(2022)构建双重差分模型研究股权再融资对企业创新的影响,实证检验结果表明上市公司在进行股权再融资后,企业创新水平得到了显著提升,但该作用仅在非公开发行和现金认购的再融资中显著;行业竞争程度加剧能够促进再融资对创新水平的提升效果,外部竞争压力较大的公司提升其市场地位的动机更强,再融资后创新水平的提升效应也更为显著;企业的内在融资需求和管理层的道德价值倾向也是再融资行为对企业创新产生促进作用的必要条件③。

2.3 国内外研究述评

纵观国内外已有的学术研究成果,影响宏观经济发展的指标变量众多,学术界尚未建立统一的标准和规范来对经济不确定性的基本概念及其测算内容进行明确的约定。然而,基于经济不确定性指标来分析经济不确定性对经济发展的作用和影响的研究受到了高度重视。回顾以往的研究文献可以总结出以下规律:关于经济不确定性指标的构建大部分是从经济政策不确定性视角出发的,该指标对产业经济创新增长所发挥的作用并不一致,正向促进作用和负向抑制作用兼具。然而,从经济增长不确定性视角出发分析其对产业经济创新增长的作用机制的研究相对较少,本书则是综合这两种研究视角来分析经济不确定性对高新技术产业创新增长的影响问题。考虑到经济不确定性影响产业经济创新增长的研究尚存在学术争议,本书将从理论和实证上分析经济不确定性对高新技术产业创新增长的作用机制。

---

① 侯世英,宋良荣. 金融科技发展、金融结构调整与企业研发创新[J]. 中国流通经济,2020,34(4):100-109.

② 李宇坤,任海云,祝丹枫. 数字金融、股权质押与企业创新投入[J]. 科研管理,2021,42(8):102-110.

③ 宋玉臣,任浩锋,张炎炎. 股权再融资促进制造业企业创新了吗——基于竞争视角的解释[J]. 南开管理评论,2022,25(5):41-55.

　　同样，金融发展和产业经济创新增长之间存在的关联性也备受学术界争议。从资源配置的角度来看，金融发展发挥了至关重要的作用。在产业经济创新增长过程中，创新主体往往存在占用资金规模大、占用资金周期长等特征，这就要求在进行资源配置时，要对流动资本和再生产资本进行合理优化配置，从而避免创新主体受到流动性冲击的不利影响，而且创新主体为预防发生流动性冲击也需要提前考虑融资问题。因此，产业经济创新增长要实现高质量、高效率发展，通过金融体系进行资源的合理配置显得非常有必要。在产业经济创新增长的发展过程中，技术风险、市场风险等不确定性因素随时可能发生，金融体系不仅能给技术创新企业提供充足的资金支持，还能够在一定程度上为技术创新企业分散风险。技术创新企业为实现技术创新活动的顺利开展并获取充足的外部资金支持，需要及时发布技术创新活动信息，便于投资者及时获取并进行甄别研判。鉴于金融发展对产业经济创新增长具有不可替代的作用，本书将结合理论分析和实证检验来探讨金融发展对高新技术产业创新增长的影响。

3 理 论 基 础

3.1 经济不确定性理论

经济不确定性囊括两个层面的含义，一是经济增长不确定性，即实体经济在运行过程中受到生产要素价格变动、产出规模变动、利润收益变动等因素冲击，在经营过程中存在不确定性风险；二是经济政策不确定性，由于经济主体无法预知政府部门是否进行经济政策调整、什么时候进行经济政策调整、多大力度进行经济政策调整等，受此影响而无法对自身经营行为进行合理评估，存在经营风险。前者的不确定性风险来源于企业、产业以及行业等经济发展层面，后者则来源于经济政策决策主体、经济政策行为方式和经济政策时效等经济政策的变化程度。

3.1.1 经济增长不确定性理论

在现实的经济运行环境中，完全确定性条件是无法实现的，于是学者们开始把不确定性概念纳入经济分析的理论框架中。

1. Frank H. Knight 的不确定性理论

Frank H. Knight(1921)在其著作 *Risk Uncertainty and Profits* 中首先对经济增长不确定性进行了探讨①。为研究能否在竞争性均衡条件下产生利润的问题，

---

① Frank H. Knight. Risk Uncertainty and Profits[M]. Houghton Mifflin Company, New York, 1921.

Frank H. Knight 把不确定性概念纳入研究框架，对新古典经济学进行了创新分析。Frank H. Knight 指出经济活动的不确定性不存在客观分布，是不能预知且未出现过的未来事件。经济活动的不确定性和经济风险存在着本质差异，风险是在特定条件下能够予以衡量的某种状况，具有一定的概率分布特征。不确定性则由于缺乏基本认识而导致无法进行预知，即知识的不完全性导致了不确定性的出现。在 Frank H. Knight 的不确定性经济分析框架中，利润是在不确定性假设条件下形成的，是经济主体获取的风险报酬。为了降低经济活动不确定性的影响，Frank H. Knight 提出了两种解决方法：一是集中化方法，典型的集中化的经济活动就是保险，把经济主体较大的不确定性因素转换为较低的保险费用。二是专业化方法，借助经济主体的横向纵向联合行为，实现生产规模的扩张、经营决策专业化程度的提升，进而起到降低管控不确定性因素的平均成本的作用。

然而，Frank H. Knight 对经济不确定性的定义较为片面和极端，把经济不确定性视为根本无法预见的经济活动行为或结果相对偏离事实。在现实的经济活动中，经济主体对经济行为及其结果并非完全一无所知。在面对经济不确定性时，经济主体的表现通常体现在两方面：一是经济主体进行经营决策都是建立在一定的理性意识之上的，二是经济主体只是对经济行为结果缺乏一致性的判断，而不是完全没有认识和判断。

2. Keynes 的不确定性理论

John Maynard Keynes 借鉴 Frank H. Knight 经济不确定性定义的创新与不足，对古典经济学关于经济主体完全理性、信息完全性等理论基础提出质疑，指出在现实的经济活动中，完全的信息知识是不存在的，信息知识本身既包含客观因素又包含主观因素，这使得信息知识的完全性难以实现。John Maynard Keynes 在其著作 *A Treatise on Probability* 和 *The General Theory of Employment*，*Interest and Money* 中通过对概率运营方式的改变，实现了对经济不确定性更为详尽的解释。通过把不确定性和预期纳入经济理论分析框架，John Maynard Keynes 改变了经济主体在古典经济学中的假设条件[1][2]。考虑到经济主体是完全理性人的基本假设在现实

① John Maynard Keynes. A Treatise on Probability[M]. Palgrave MacMlllan，London，1921.
② John Maynard Keynes. The General Theory of Employment，Interest and Money [M]. Palgrave MacMlllan，London，1936.

经济环境中完全不成立，John Maynard Keynes 构建了基于流动性偏好的货币理论，通过定义投资边际效应，否定了居民储蓄和经济投资间存在因果关系的固有论断，指出政府部门合理地对市场经济进行行政干预的行为对于避免经济危机风险的发生具有积极意义，有效缓解了宏观经济运行过程中的不确定性因素的影响。John Maynard Keynes 的经济理论是现代经济理论和宏观经济理论的基础，其对不确定性和预期的论述也对经济不确定性理论的发展构建了基本的分析框架。

John Maynard Keynes 论述了经济不确定性和概率论之间的逻辑关系，指出概率论是经济主体识别经济不确定的一种有效路径。在体现经济不确定性方面，概率的表现形式是多样的，比如精确与有界、经验与逻辑等。通过概率的大小程度来界定不确定性是 John Maynard Keynes 概率理论的核心，但是界定不确定性事件的概率存在主观性，取决于经济主体的认知能力和经验水平，而不是经济环境的基本特征，这导致了其与现实经济运行的偏差。

在古典经济学理论体系中，其不合理之处是其基本假设不具备明确性和普遍适用性，难以避免其他学者对其进行批判性审视。在不确定性和预期理念中，不确定性可以通过预期和现实之间的偏差程度来衡量。John Maynard Keynes 指出，经济生产活动的目的是最大限度满足消费需求，从生产者组织经营生产产品到消费者购买存在时间偏差，甚至时间偏差很大。生产者在组织生产之前，需要对未来预期进行预测，即评判消费者愿意为购买产品而支付的价格水平。生产者的预期和消费者的购买意愿存在偏差，这便产生了经济不确定性。考虑到投资资本往往是不可逆的，生产者无法随时根据市场环境的变化而启动或停止生产，这就使得经济不确定性对企业经营产生重要影响。

利率变动也是经济不确定性的重要体现。通常情况下，利率变动是无法准确预测的。若未来利率可以准确预测，就能够通过当期不同期限的债券利率进行推算，且当期不同期限的债券利率又能够结合未来利率自行调整。同时，利率变动也使得对消费者消费行为变动预期产生偏差。利率变动对消费者用于当期消费的支出意愿影响复杂，例如，利率上升不仅会提升消费者的储蓄意愿，也会使其储蓄动机趋向满足。John Maynard Keynes 指出，储蓄利率和贷款利率、投资回报率性质相同，属于风险报酬。在 John Maynard Keynes 的经济理论分析框架中，由于消费乘数的作用总需求和资本投资规模息息相关，而资本投资的边际效率则取决于利率水平。然而，利率体现的并不是储蓄与投资的均衡状态，而是现金持有者期望值与货币总量的均衡状态。利率是一定期限内放弃流动性的报酬，流动性偏好则是体现确定利率水平下货币持有数量的趋势函数，即：

$$M = L(r) \tag{3-1}$$

利率的不确定性引申出经济主体的预防性动机和投机性动机，前者体现的是一种预期利润失望风险，后者则能够更好地体现货币持有者的行为。不同的动机针对不确定性的考量方式存在差异。通常情况下，在组织性较差的市场中预防性动机引发的流动性偏好会大幅提升，而在组织性较好的市场中投机性动机则会引发流动性偏好的大幅波动。

经济不确定性是 John Maynard Keynes 宏观经济理论的基础，经济预期的不确定性受到消费、投资和货币需求心理规律的影响。John Maynard Keynes 进一步把经济不确定性进行分类，一是外生不确定性，主要是和消费偏好、企业技术等关联的经济变量；二是内生不确定性，主要是和经济系统关联的、因经济内部决策机制交互作用而产生的经济变量。结合经济不确定性的基本特征，John Maynard Keynes 指出期望借助历史数据来对未来不确定性进行判断是无法实现的。换言之，经济主体对未来经济形势不具备完全认知能力。由于经济变量的发展形势不能进行准确预知，经济主体只能在其认知范围内进行最优的理性决策。

在 John Maynard Keynes 的经济不确定性理论中，重点分析的是投资、消费、工资、货币等因素和经济不确定性的相互作用机制，而经济不确定性则关系到边际消费倾向、预期资本边际效率以及流动性偏好等心理要素的影响机制。John Maynard Keynes 指出货币的作用体现在交易媒介以及应对不确定性风险的贮藏工具等两方面。通过提升现金持有水平，提高资产流动性来应对不确定性风险，正是经济主体流动性偏好的体现。经济主体对未来不确定性的预期影响着其投资行为。如果经济主体对未来不确定性的预期使得资本边际效率提高、利率水平降低，那么就会增加投资规模，减少货币财富额持有规模，进而使得其流动性偏好的灵活性降低；反之，则会降低投资规模，提高流动性偏好的灵活性。John Maynard Keynes 的经济不确定性理论探讨的核心是短期经济行为，并指出从长期角度来讲经济不确定性不会对经济主体的投资与创新行为产生制约，且经济主体需要学习足够的知识以促进经济形势的未来发展。

3. 其他经济不确定性理论

在 John Maynard Keynes 的经济不确定性理论建立后，学者们针对其论点进行补充和完善，进一步丰富了经济不确定性理论体系。其中，Richard Ferdinand Kahn 经济不确定性理论、James Tobin 经济不确定性理论和基本不确定性理论最为典型。

（1）Richard Ferdinand Kahn 经济不确定性理论

Richard Ferdinand Kahn 指出，由于持有的货币资产属于非活跃性资产，并未作为预期支付工具，因而经济主体的预防性动机和投机性动机之间难以进行有效区分①。通常情况下，二者间的差异主要是由经济不确定性因素的类别决定的。前者在存在利率变动预期的情形下发挥作用，后者则在利率存在特定方向变动预期情形下发挥作用。

Richard Ferdinand Kahn 质疑 John Maynard Keynes 将经济主体的预防性动机和投机性动机区分开的分析行为，是由于它忽略了经济主体的信息因素对其投机性需求的决定性影响。换言之，经济主体偏向投机性动机的程度和其对利率变动不确定性的偏好程度密切相关。这进一步表明经济主体因预防性需求持有货币资产和因投机性需求持有货币资产无法实现有效区分。通常情况下，经济主体的这两种动机不会同时发挥作用，且经济主体持有货币资产的需求是在二者相互作用下呈现出的复杂结果。在现实的经济环境中，不同的经济群体面对的不确定性来源存在差异。依据 Richard Ferdinand Kahn 的划分标准，经济主体面临两种风险类别：收入风险和资本风险。对于特定经济群体而言，其面临的收入风险相较于资本风险更大，如果经济不确定性攀升，会使经济主体提升证券资产的预防性需求，反而降低了货币资产的持有比重。换言之，经济主体持有货币资产的需求不能有效地反映其对经济不确定性的信心程度。

Richard Ferdinand Kahn 综合考量了经济主体的预防性动机和投机性动机以及其面临的收入风险和资本风险等多重因素，弥补了 Keynes 经济不确定性理论方

---

① Richard Ferdinand Kahn. Selected Essays on Employment and Growth［M］. Cambridge University Press, Cambridge, 1972：25.

法的不足。但是，其理论方法演变得更为复杂，增加了实践检验的难度。

（2）James Tobin 经济不确定性理论

James Tobin 针对 Keynes 经济不确定性理论中关于经济主体流动性偏好的投机性动机提出了不同见解，特别是经济主体投资组合存在的极端化问题。Keynes经济不确定性理论指出，在不确定性程度上升时，经济主体的投机性动机诱使其全部持有货币资产；反之则全部持有证券资产。然而，在现实经济环境中，经济主体往往持有的是货币资产和证券资产的组合。James Tobin 指出，出现这一现象的主要原因与 Keynes 经济不确定性理论关于经济主体流动性偏好中假定的经济不确定性的表现形式有关。在分析经济不确定性时，Keynes 经济不确定性理论更偏重于经济主体对利率波动的预期，而不是经济主体信心程度的体现。James Tobin 认为，理性的经济主体会结合自身的认知能力对经济发展的利率水平进行评估，这一评估结果不存在先验性问题，且具有不确定性。不同的经济主体由于其认知能力的不同，其评估的利率水平存在差异。

James Tobin 对经济不确定性理论发展做出的贡献主要体现在两个方面：一是构建了货币需求函数的替代模型，在该模型中货币依旧对利率波动存在敏感性；二是阐述了经济主体持有多元化投资组合的原因。在论证过程中，James Tobin 把经济主体对不确定性认知而持有货币资产的预防性需求纳入模型体系。然而，在其理论体系中仍然不能有效区分经济主体持有货币资产的预防性需求和投机性需求的比重问题。

（3）基本不确定性理论

所谓基本不确定性即是不能消除的不确定性或称为真实不确定性，是继 Keynes 经济不确定性理论建立后学者们达成的重要共识。基本不确定性的内涵和新凯恩斯经济理论密切相关，特别强调基本不确定性在货币经济中所发挥的重要作用。

在传统的一般均衡理论中没有解决经济的基本不确定性问题，且该问题不能简单地与风险问题等同。Marc Lavoie(1986)通过三向分类方法对不确定性进行了界定：一是确定性，一项决策产生一种特定结果，且该结果的价值是明确的；二是风险，一项决策产生一组特定的可能结果，且每种可能结果的价值是明确的，若每个可能结果发生的概率是确定的，那么风险和不确定性就是等同的；三是不确定性，一项决策产生一组可能结果，如果可供决策选择的范围不明确，或可能结果的范围不明确，或每个可能结果的价值不明确，或每种可能结果发生的概率不明确，这就产生了不确定性问题①。在此基础上，他对不确定性的类型进一步予以划分：一是价值的不确定性，如果不考虑每种可能结果的价值问题，借助敏感性分析方法可将该类不确定性转化为风险问题。二是概率的不确定性，准确评估每种可能结果发生的概率是该类不确定性的核心问题。从逻辑上讲，每种可能结果都能够被估计，赋予某种概率密度函数。概率的不确定性体现的是模糊性，也就是经济主体缺乏足够的认知能力来准确地判断每种可能结果的发生概率。三是基本不确定性，经济主体对可供选择的方案方法以及经济发展的未来状态缺乏认知，使得该不确定性的发生概率不具备可度量性。基本不确定性的典型案例是技术进步，经济主体对于新技术的表现形式、出现时间及其对社会经济的影响程度都不具备足够的认知。

根据学者的学术探讨，基本不确定性可以划分为本体论不确定性和认知论不确定性。从经济发展的角度而言，基本不确定性和经济主体通过决策改变经济社会发展的程度相关联。随着统计学非遍历性概念的发展，基本不确定性理念也得到了一定发展。基本不确定性的环境特征就是非遍历性的，而对不确定性的未来分析则是建立在非遍历随机过程的基础之上。同时，基本不确定性还可以划分为实质性不确定性和程序性不确定性，前者是因信息缺乏导致的，后者则是因信息过载导致的。前者体现的是信息缺口，而后者体现的是能力差距。

复杂系统理论也是经济不确定性理论框架的重要组成部分。由于经济系统的复杂性，复杂系统模型初始条件或者过渡条件的细小变动都可能产生相去甚远的结果。因此，虽然复杂系统对初始条件具有很高的依赖性，且初始条件是确定的，但是其结果具有不可预测性。此外，"黑天鹅事件"也是经济不确定性的重要体现。主流的经济理论研究都是建立在正态分布假设基础之上的，对经济社会发展产生重要影响的"黑天鹅事件"则显然不符合这一假设条件。

---

① Marc Lavoie. Minsky's Law or the Theorem of Systemic Financial Fragility［J］. Studi Economici，1986，29(3)：3-28.

3.1.2 经济政策不确定性理论

经济政策不确定性对经济发展的影响广受学者们关注，经济政策不确定性理论主要是从投资行为视角来分析其对经济主体的作用机理。经济政策不确定性理论体系主要包括国家干预理论、实物期权理论、增长期权理论、金融摩擦理论、预防性储蓄理论、风险评估理论等。

1. 国家干预理论

国家干预理论是 John Maynard Keynes 宏观经济学理论体系的重要组成部分。由于现实经济环境并不是完美的，信息不对称以及垄断现象较为普遍，政府部门需要借助宏观调控手段来调节市场失灵问题。John Maynard Keynes 指出，在边际消费倾向相对稳定的情形下，经济主体往往把增加的收入用于储蓄，导致有效需求增长不足，使得社会总供需无法均衡。国家干预经济的主要方法就是执行扩张性财政政策，通过提高公共投资与消费支出，抵补私人投资与消费的不足。政府部门财政支出水平的提升，不仅有效增加了社会总需求，还有利于降低社会失业水平，推动社会经济的稳定发展。政府部门的财政支出具有乘数效应，在这里用 K 表示投资乘数，于是

$$K = \frac{1}{1-b} \quad b = \frac{\Delta c}{\Delta Y} \tag{3-2}$$

其中，b 指的是社会边际消费倾向，Δc 指的是社会消费增加值，ΔY 指的是国民收入增加值。从公式(3-2)中可以看出，政府部门的财政支出乘数效应随着社会边际消费倾向的提升而增加。在乘数效应的影响下，政府部门的财政支出增加 ΔG，那么国民收入将增加 $K\Delta G$。因此，政府部门要提升国民收入水平，推动经济增长，就要落实扩张性财政政策，扩大政府部门财政支出规模。

John Maynard Keynes 的国家干预政策具有两大特征：一是国家干预政策以维护经济稳定为核心，在经济发展萧条时期，要积极采取扩张性的宏观政策，以刺激社会有效需求，维持社会就业水平的稳定；而在经济发展过度膨胀时期，则需要采取紧缩性的宏观政策，抑制社会需求的过度攀升，预防通货膨胀对经济发展造成的不利影响。二是重视财政政策在经济稳定中的关键作用，提升财政政策的

灵活性，结合不同经济发展阶段的特征，采取适应性的财政政策，以更好地起到稳定经济发展的作用。

其他经济学派理论也指出，经济发展呈现出典型的周期性特征，政府部门需要通过积极的手段来缓解经济发展过程中的风险波动，促进经济发展的稳定。此外，经济理论具有明显的阶级性特征。在经济发展过程中，工资和利润在国民收入中占据的份额的变化趋势越来越不利于工人阶级。因此，政府部门实施政策干预的必要性并不体现在刺激社会总需求方面，而应该充分发挥收入调节职能，为经济稳定发展提供一个良好稳定的社会环境。

2. 实物期权理论

实物期权理论是在金融期权理论基础上衍生而来的，主要用于探讨不确定性对经济主体投资决策行为的作用。实物期权的核心理念是把投资机会作为一种期权机制，由于经济主体的投资行为具有不可逆性，为此需要比较期权立即执行和延迟执行的收益。如果不确定性提升，期权延迟执行的收益会上升，经济主体就会延迟投资行为。投资的不可逆性和不确定性之间的相互影响是衡量实物期权价值的关键要素，是经济主体在不确定性条件下进行投资决策的基本条件。通常情况下，随着投资的不可逆程度的提升，经济主体的投资决策对不确定性的敏感性程度也会随之上升，不确定性对投资的抑制作用也会随之增强。实物期权理论还有两个重要的假设条件：一是产品市场属于完全竞争性市场，投资增加不会对市场结构和市场价格产生影响；二是经济主体对投资机会具备垄断能力，投资行为的延迟不会导致投资机会的丧失。

在 Avinash K. Dixit 和 Robert S. Pindyck（1994）建立的基于无金融摩擦的企业投资决策模型中，两人把投资机会的利润临界值作为企业进行投资决策的关键指标。当企业的投资成本小于投资机会的利润临界值时，企业才会具有投资意愿①。随着不确定性水平的提升，投资机会的利润临界值也会随着上升，实物期权的价值也会随着投资行为的延迟而上升。在这种情况下，企业往往会延缓投

---

① Avinash K. Dixit, Robert S. Pindyck. Investment under Uncertainty ［M］. Princeton University Press，1994：78-88.

资，使得社会总投资水平下降。

实物期权理论有效描述了经济不确定性对社会投资波动的影响。在此基础上，学者们进一步探讨了不确定性的实物期权效应对经济主体投资决策影响时效问题。研究结果发现，其对经济主体的短期投资具有重要影响，而对长期投资则没有影响。通过对不确定性的实物期权效应对经济主体投资行为的短期作用机制和长期作用机制的数学验证，有助于政府部门优化经济政策体系，特别是对税收政策和利率政策的变动及时进行效果评价。针对政府部门税收政策的不确定性问题，学者们分析了税收政策不确定性的生成机制，将其划分为两种类型：一是提前宣布税收政策变动，并在约定时期执行；二是不提前宣布税收政策变动，而直接在某一时期执行。在此基础上，学者们分析了税收政策不确定性对经济主体投资决策行为的影响。经济政策的不确定性使得经济主体的投资发生波动，但该影响只限定在与该政策调整直接相关的企业或部门。

3. 增长期权理论

相较于实物期权理论，增长期权理论认为经济不确定性对经济主体的投资行为具有促进作用，通过推动产品或者服务的创新升级，有助于获取更高的预期利润。该理论很好地解释了在不确定性条件下经济主体的研发投资行为。根据增长期权模型，经济主体及时执行期权的价值会高于延迟执行的价值。当投资机会来临时，经济主体通过及时追加研发投资，能够有效地将竞争者阻挡在市场之外或让其做出让步，从而实现更好的市场竞争优势；反之，则可能导致市场被强占，自身竞争实力减弱。借助增长期权效应，不确定性为鼓励投资而提升了预期激励。经济市场中的淘汰机制确保了只有具备生产力优势的经济主体才能长期生存，不确定性的发展前景促使经济主体不断强化探索性的研究与创新，促进社会总体创新能力的提升，推动经济发展。

为进一步分析不确定性的增长期权效应，学者们把不确定性分为好的不确定性和坏的不确定性，前者和资产价格波动、消费需求增长、投资规模增长等呈现正相关关系，后者则反之。同时，学者们也探讨了交易不确定性和经济不确定性对增长期权效应的影响，二者对增长期权的价值呈现相反的作用，前者使得增长期权的价值下降，后者则使其上升。换言之，经济不确定性提升了增长期权的价值，且交易不确定性程度越低，经济不确定性对增长期权效应价值提升作用越强。基于不同类别不确定性之间的相互影响，政府部门在制定政策措施时，要考量好政策不确定性对不同经济主体产生影响的差异。

4. 金融摩擦理论

所谓金融摩擦指的是市场中因信息不对称问题导致融资成本上升。该理论主要解释不确定性对经济主体形成的融资约束问题，不确定性借助金融摩擦机制增加了经济主体的融资成本。当经济发展不确定性增强时，金融机构出于自身风险与利益考虑，会提升经济主体的融资利息和违约金成本，使得经济主体的融资成本和经营负担加重，特别是在经济不景气时，经济主体经营状况恶化甚至倒闭，阻碍经济增长；当经济发展不确定性程度降低时，经济主体的融资成本降低，促进投资增长。

金融摩擦的程度体现的是经济主体外部融资的溢价，即经济主体外部融资成本高出内部融资成本的部分。在不确定性及金融摩擦条件下，经济主体的融资能力和投资能力受限。由于受金融摩擦机制的影响，经济主体在面临不确定性时会减缓投资，资产价格及其资产价值纷纷下降，制约了经济主体的融资能力，进而也降低了其投资和研发支出，对其生产产出以及生产效率产生不利影响。学者们通过把金融加速器机制纳入新凯恩斯标准动态模型，研究经济主体的外部融资溢价与其杠杆率之间的关系。通常情况下，经济主体的杠杆率越高，其外部融资成本也会越高。金融摩擦理论是分析不确定性和经济发展之间相互影响的方法，不确定性借助外部融资路径来实现其对经济发展的影响。不确定性程度增加会使得资产价格下跌，导致经济主体的资产贬值、杠杆率上升，经济主体的融资标准及违约金也会随之提升。总体而言，受到不确定性程度上升的影响，经济主体外部融资的成本与难度随之上升，使得经济主体的投资规模缩减，通过金融加速器机制的传导，加剧了经济发展的波动性。

5. 预防性储蓄理论

预防性储蓄指的是经济主体为应对不确定性上升的风险而减少消费、增加储蓄的行为。该理论的关键是分析不确定性条件下消费与储蓄之间的关系。在不确定性程度上升时，经济主体往往会减少或者推迟当期消费，特别是对耐用品的消费。在封闭的经济环境中，经济主体的储蓄等同于投资，经济主体增加储蓄有利于社会总投资规模的上市。在开放的经济环境中，经济主体增加的储蓄一定程度流向国外，使得本国的消费需求和投资规模降低。因此，不管是封闭的经济环境还是开放的经济环境，不确定性都会抑制社会需求的增长。随着不确定性程度的提升，经济主体预期未来消费的边际效用会随之上升，其预防性储蓄倾向也会随之增强，其当期的消费需求随之降低。

在预防性储蓄理论中，不确定性和产出也存在着关联关系。随着不确定性程度的提升，经济主体在降低消费水平的同时，采取延长工作时间的措施来应对未来不确定性风险的冲击。然而，工作时间的延长导致劳动供给水平上升，使得经济主体的边际用工成本下降，有利于提升产出水平，这就是所谓的劳动收入效应。然而，受到资产价格以及工资黏性效应的影响，经济主体的经营成本反而上升，进而导致产品价格提升，社会总需求以及劳动需求都会下降，从而抵消了劳动收入效应带来的有利影响。随着政策不确定性程度的变动，经济主体的预防性储蓄水平及其收入水平都呈现出逆周期性的波动特征，进而引发了社会总需求的波动。学者们通过在一般均衡模型中纳入借贷约束条件、不确定性冲击条件以及个体性失业风险等因素，探讨了预防性储蓄的时变性对经济发展的影响。经济主体的预防性储蓄的时变性特征提升了社会消费需求的波动，且预防性储蓄的时变性呈逆周期特征，但其对社会投资波动的影响较小。

6. 风险评估理论

从广义上来讲，经济政策的不确定性仍属于风险范畴。经济政策环境的变化具有不可预知性，经济主体在进行经营决策时需要对其进行合理评估，以提升经营决策效率。风险评估理论是现代企业管理理论体系的重要组成部分，经济政策的不确定性增加了企业未来收益的不确定性，经济主体需要对投资风险、经营风险充分衡量，以提升风险应对能力。风险评估的过程一般包含风险识别、风险分析以及风险评价等程序，其目的是提升经济主体对所面临风险的认识与理解，并对其风险管控措施的有效性及其充分性进行评价。

风险评估理论涉及的风险类别非常丰富，就本书的研究内容来看，主要涵盖经济主体的发展战略风险、资金风险以及研发风险。经济主体的发展战略风险主要指经济主体因经营决策失误或者战略执行失误造成经济利益损失或者核心竞争力损失的不确定性，而这又有外部环境风险与内部风险之分。经济政策的不确定性是经济主体面临的外部环境风险。经济环境的发展变化、经济政策的不确定性使得经济主体对经济政策的变化趋势、调整强度等无法进行合理预判，进而对经济主体的投资行为和研发行为产生影响。经济主体的资金风险主要是经济主体资金活动自身的不确定性所带来的影响，又分为融资风险和投资风险。经济政策不确定性程度越高，经济主体面临的融资风险和投资风险也会越大，经济主体需要合理评估其融资活动和投资活动，比较风险和收益的匹配性。经济主体的研发活动是其核心竞争力的关键所在。在研发过程中，研发立项、研发过程、研发验收、成果转化以及成果保护等各个环节均存在着风险。经济政策不确定性程度越高，经济主体在研发活动各环节中面临的风险越大。在这种情况下，经济主体的研发决策和风险评估至关重要，要么选择降低研发投入，要么选择提高研发投入，在经济政策不确定的风险环境下提升自身的竞争能力。

3.2　金融发展理论

随着经济发展理论和实践的不断深化，金融体系的逐步完善，学者们开始关注金融发展命题，形成了金融结构理论、金融深化理论、金融约束理论、内生金融理论、金融功能理论以及新制度主义金融发展理论等理论体系，对各国的经济改革和金融体系发展产生了至关重要的影响。

3.2.1　金融结构理论

Raymond W. Goldsmith(1969)在其著作 *Financial Structure and Development* 中提出了金融结构理论(Financial Structure Theory)。在该理论中，各类型金融现象被归纳为金融工具、金融机构以及金融结构等三项基本要素①。其中，金融工具

---

①　Raymond W. Goldsmith. Financial Structure and Development［M］. Yale University Press, New Heaven, 1969: 15-16.

代表的是经济个体持有的债权凭证和所有权凭证，金融机构代表的是以金融工具为核心资产和负债的企业个体，金融结构则代表金融工具与金融机构的总和。通过对数十个国家和地区金融结构与金融发展历史统计数据的横纵向比较，他发现金融发展呈现出一定的规律性，金融发展本质上体现的是金融结构的发展变化过程及趋势。为进一步探讨金融结构的类型及其发展趋势，Raymond W. Goldsmith 将金融结构划分为三个层次：金融结构和国民财富间的结构、金融工具结构、金融中介结构。其中，可通过构建金融相关比率（Financial Interrelations Ratio，FIR）指标来衡量一国或地区的金融结构与其国民财富间的关系，从而体现金融系统在整个国民经济系统中的重要性程度。金融工具结构体现的是一国或地区的债权类、股权类金融工具存量余额的分布情形。金融中介机构则通过衡量一国或地区的金融中介机构资产总额占其金融资产总额的比重，体现金融中介机构所占的市场份额。

根据 Raymond W. Goldsmith 的定义，金融相关比率的数学表达式为：

$$\text{FIR} = \frac{F_r}{W_r} = \beta_r^{-1}\left[\left(\gamma + \pi + \gamma\pi\right)^{-1} + 1\right]$$

$$\left[k\eta + \phi(1 + \lambda) + \xi\right]\left\{1 + \theta\left[(1 + \psi)^{\frac{n}{2}} - 1\right]\right\} \quad (3\text{-}3)$$

其中，r 指统计截止时间，F_r 指特定期限内一国或地区的金融活动总量，W_r 指一国或地区国民财富市场总价值，β 指一国或地区的平均资本产出比率，γ 指一国或地区的国民生产总值实际增长率，π 指一国或地区的实际物价变动比率，η 指一国或地区的外部融资比率，n 指一国或地区非金融部门发行的金融工具总量占其资本总量的比率，ϕ 指一国或地区金融部门发行的金融工具总量占其国民生产总值的比率，λ 指一国或地区某金融部门针对其他金融部门发行的金融工具总量占其对非金融部门发行总量的比率，ξ 指一国或地区持有的海外金融工具总量占其国民生产总值的比率，θ 指一国或地区价格敏感型金融工具发行量的比率，ψ 指一国或地区价格敏感型资产平均价格变动比率。在实际应用中，通常对金融相关比率进行简化处理，采用一国或地区的金融资产总量与其民生产总值的比值来表示，其数学表达式为：

$$\text{FIR} = (\text{M2+S})/\text{GNP} \quad (3\text{-}4)$$

其中，M2 指一国或地区的广义货币供应量，S 指一国或地区债券余额、股票总市值、保险公司总资产之和。

结合金融结构的基本特征，Raymond W. Goldsmith 将一国或地区的金融结构发展程度进行了划分：一是金融相关比率相对较低，债权类金融工具处于主导地位且其规模远大于股权类金融工具，银行体系在其金融机构中居于绝对核心地位。二是金融相关比率仍然相对较低，债权类金融工具规模仍大于股权类金融工具且银行体系仍处于主导地位，但政府及其主导的金融机构对国民经济的影响更大且股份类企业开始大量出现；三是金融相关比率相对较高，股权类金融工具规模虽未超过债权类金融工具，但其所占比重明显提升，金融机构多样化程度显著上升，银行体系的重要性程度有所下降而其他类型金融机构的地位显著提升。总体来看，一国或地区的金融发展始于银行体系，但随着国民经济的不断发展，银行体系资产总额占其金融机构资产总额的比重逐步降低，而其他金融机构所占比重则逐步提升，这就是历史数据体现出的一国或地区金融结构的演进趋势。

在此基础上，Raymond W. Goldsmith 进一步分析了一国或地区金融发展及其金融结构对其经济发展的影响。金融机构的发展对于一国或地区储蓄与投资规模的增长具有显著作用，这对国民经济的增长具有重要意义。一是金融机构数量的增长，便于小规模存款人选取适合的金融机构及其金融工具来优化自身的储蓄与投资，促进一国或地区储蓄与投资规模的增长；二是金融机构的专业化程度高，可以更好地将资金匹配到收益水平好的投资项目中，促进投资效率的整体提升。然而，Raymond W. Goldsmith 也指出金融机构的发展同样对国民经济的发展存在潜在的不利影响。考虑到金融机构的发展大大提升了政府融资的便利性，若政府部门以此来作为弥补政府财政赤字等的手段和工具，致使政府部门的非生产性支出在该国或地区储蓄总规模中的占比过高，势必会对国民经济的增长造成严重影响。历史数据表明，一国或地区的金融发展水平与其经济发展水平呈现出显著的正向相关关系，但这并不表明一国或地区的金融发展对促进其经济发展存在必然的因果关系。然而，金融机构及其金融工具的发展无疑是一国或地区经济增长的必要非充分条件。特别是，一国或地区的金融结构与其经济发展之间表现出较为复杂的关联关系，目前尚缺乏可靠有效的方法和数学模型来确定不同类型金融结构对经济发展的贡献程度以及适应当前经济发展水平的最优金融结构。

Raymond W. Goldsmith 的金融结构理论虽然是以研究一国或地区的金融结构

与其经济增长之间的关系为主，但是其提出的有关金融结构的识别分析方法，可以引申到高新技术产业创新发展的研究领域中，本书将在金融发展与高新技术产业创新增长的理论关系中进行详尽阐述。

3.2.2 金融深化理论

Ronald I. Mckinnon（1973）和 Edward S. Shaw（1973）分别在其著作 *Money and Capital in Economic Development* 和 *Financial Deepening in Economic Development* 中提出了金融深化的核心政策体系，构建了金融深化理论（Financial Deepening Theory）的研究基础[1][2]。他们的研究从分析发展中国家的金融环境与其国民经济发展的关系出发，指出政府部门过度的行政干预产生的金融抑制现象的普遍存在性，在此基础上构建的金融深化理论体系则在推动发展中国家金融改革和实践中发挥了积极作用。

发展中国家在经济发展过程中往往采取一些政府干预政策，例如政府财政补贴、关税壁垒等，从而促进本国相关行业的快速发展。这些政府干预政策通常需要其他行业部门和经济实体做出利益牺牲，造成了经济发展中的不公平竞争现象，对整体经济水平的发展形成了一定的阻碍。政府部门的干预政策在金融方面主要体现在低利率甚至负利率上，这给本国储蓄规模和投资规模的增长带来消极影响，产生了金融抑制现象。通常情况下，一国或地区的金融抑制现象主要表现在以下几个方面：一是利率水平过低，居民储蓄不足。由于政府部门干预手段的存在导致金融机构的存贷款利率水平受到制约，居民的储蓄意愿受到低下的存款利率水平的影响，导致整体的货币持有量大幅提升，严重削弱了金融机构进行投资的资金融通能力，即便面对许多收益水平较高的投资项目和机会，也缺乏足够的投资资金支持。二是金融信贷配置功能失衡。居民的储蓄水平较低而企业的贷款需求旺盛，金融机构配置信贷资源的方式只有通过配给，特别是银行信贷往往成为具有进出口贸易许可证、受本国贸易保护的大型企业以及各类政府部门和公

---

[1] Ronald I. Mckinnon. Money and Capital in Economic Development [M]. The Brookings Institution, Washington, 1973.

[2] Edward S. Shaw. Financial Deepening in Economic Development [M]. Oxford University Press, New York, 1973.

共性企业等特殊主体和部门的附庸。大量中小型经济主体无法通过金融机构来有效解决资金需求，只能通过自身内源融资或非正规市场融资。三是企业融资效率普遍不高。在金融体系中，通过利率来筛选甄别投资机会的机制无法发挥作用，金融机构的资金也不能结合项目的风险收益特征来优化和分配投资。随着金融机构风险规避倾向的增强，金融机构更愿意向确立信誉关系的经济主体给予投资优惠，而缺乏投资风险收益水平较高的项目的动力。金融抑制现象限制了金融机构的经营活力，阻碍了金融环境的改善，使得金融机构的资金融通功能严重不足，进而导致国民经济陷入低水平发展的恶性循环之中。

考虑到发展中国家的经济市场化程度尚不完备，需要采取有别于传统西方经济理论的金融货币政策，以有效缓解和消除本国的金融抑制现象，为解决这一问题，Ronald I. Mckinnon 提出了货币互补理论（Currency Complementarity Theory）及导管效应理论（Catheter Effect Theory）。货币互补理论指出，经济投资依赖于本国的货币累积，其和本国的实物资本呈现互补性关系，本国货币余额的增加对提升经济投资规模及投资效率具有积极的促进作用。根据这一情形，Ronald I. Mckinnon 构建了新的货币需求函数，其数学表达式为：

$$(M/P)^D = L(Y, \ I/Y, \ \overline{r}, \ d - p^*)$$
$$\partial L/\partial Y > 0$$
$$\partial L/\partial(I Y) > 0 \qquad\qquad (3\text{-}5)$$
$$\partial L/\partial \overline{r} > 0$$
$$\partial L/\partial(d - p^*) > 0$$

其中，$(M/P)^D$ 指的是一国或地区货币的实际需求，Y 指的是一国或地区的国民收入水平，I 指的是一国或地区的投资规模，$\overline{r}$ 指的是一国或地区实物资产平均收益率，d 指的是各种金融工具名义加权平均利率，p^* 指的是一国或地区的预期通货膨胀率。相较于传统货币需求函数，Ronald I. Mckinnon 构建的新函数存在两方面的改进：一是货币需求会随着实物资产投资需求的增长而升高。由于缺乏充足的外源性融资，在一定时期内企业只能通过内源性融资及自身的货币累积来解决资金需求。二是货币需求会随着实物资产收益率的增长而升高。随着实物资产收益率的增长，居民投资意愿升高，为了实现更多的投资，居民的货币需求也随之升高，使它们呈现互补关系。货币累积和资本投资之间的互补关系，使得居民要进行投资就要不断积累货币；要实现货币余额的增长，就要提升货币的实际收益率；随着货币实际收益率的提高，居民持有货币的意愿增强，从而推动储蓄和投资水平的提升。

导管效应理论指出，提升利率水平可以促进货币供给的增长和投资扩张。发展中国家的经济主体对货币的实际存款利率敏感度非常高，实际利率水平的提升，提高了居民持有货币的意愿，推动了本国经济投资规模的扩张。但是，货币资产和实物资产间始终无法消除其竞争和替代关系，实物资本的累积不可能随着货币实际收益水平的提升而无限增长。

金融发展和经济发展关系密切，如果一国或地区的金融机制和其经济发展间尚未形成良性循环，则需要通过金融深化政策来缓解和消除过盛的金融需求及政府干预问题。金融深化政策体系主要包括以下几方面的内容：一是推动货币改革，改善本国的货币水平。Ronald I. Mckinnon 和 Edward S. Shaw 指出发展中国家的实际货币余额普遍没有达到最优水平，推动货币的有效扩张是其进行金融深化改革的首要目标。通过提升名义货币供给，进行金融机制改革，优化银行体系的金融中介功能，优化货币政策体系，维持稳定的通货膨胀水平，能极大地促进国民经济快速发展。二是逐步放松利率管制，优化信贷配置。发展中国家的储蓄水平低下、信贷配置效率低下等问题主要是由于其实施的利率管制政策造成的。推动金融深化，则要放松对利率水平和信贷配置机制的限制，金融机构可以通过价格配置机制来筛选更具竞争力的投资项目，从而使居民获取符合市场水平的投资回报。三是优化银行体系金融中介职能，发展多元化的金融市场体系。金融体制改革的不断深化，势必会促进银行体系规模的大幅增长，银行体系金融中介职能愈发重要。政府金融主管部门要适时减缓基础货币的投放力度，借助银行体系的信用机制和市场机制来促进本国实际货币余额的增长。结合发达国家的经验，股票、债券等证券市场业务经济投资创造了大量的融资机会，而多元化金融市场体系的建立则需要完善的发展制度、成熟的技术条件以及高效的通信设施来支撑。随着各项金融深化政策的逐步落实，多元化的金融市场体系逐步完善，有力地推动了社会储蓄规模的增长、投资规模的提升以及国民经济发展效率的改善，促进金融体系和经济发展间的良性互动和循环关系的建立。

3.2.3　金融约束理论

通过总结金融深化理论在发展中国家的实践结果，学者发现激进式的金融深化改革效果普遍不如渐进式的改革效果。针对这一问题，Thomas F. Hellmann、Kevin C. Murdock 和 Joseph Stiglitz（1998）在其著作 *Financial Restraint: Toward a New* 中构建了金融约束理论。该理论指出，对于金融深化水平较低的发展中国家而言，通过合理的政府干预政策可以促进金融深化举措的落实。金融约束并不意味着金融抑制，是一种处于金融抑制和金融自由化之间的动态政策组合。其目的是通过建立金融机构和企业间的合作机会和激励机制，推动建立以市场机制为核心的金融发展环境。

Thomas F. Hellmann、Kevin C. Murdock 和 Joseph Stiglitz 属于新凯恩斯学派经济学家，其建立的金融约束理论也受到新凯恩斯经济理论的影响。总体来看，该理论的政策体系主要包含以下几方面的内容：一是通过降低存款利率水平，为金融机构创造租金收益。金融机构的租金收益主要来源于低于市场均衡利率的存款利率水平。这里的租金收益指的是相较于完全竞争市场条件下的超额收益。金融机构的服务具有外部性特征，在完全竞争的市场条件下金融机构无法获取其金融服务的收益报酬，通过给予金融机构租金收益，激发金融机构优化完善金融服务的积极性，而降低存款利率正好可以借助利率效应和租金效应两种路径来实现这一目的。二是采用适度的贷款利率管制措施，为企业部门提供租金收益。完全市场竞争条件下的市场均衡利率水平往往较高，进而衍生出代理成本问题，从而使得市场均衡条件失效。采用适度的贷款利率管制措施，有助于提升企业部门获取租金收益的能力，推动企业部门经营行为和市场竞争行为的优化；有助于降低企业部门的代理成本问题，避免因贷款利率水平居高不下而衍生出的道德风险及逆向选择问题，促进企业部门结合自身条件来甄别筛选风险水平适度的投资项目；有助于优化社会经济效率，适度的贷款利率水平降低了企业部门的违约风险，对金融市场的稳定乃至国民经济的运行都具有积极的影响。三是采用定向贷款政策，扶持特定产业发展。由于市场的外部性以及市场失灵等问题的存在，政府部门通过出台定向贷款政策可以有效地推动特定行业产业的快速发展。针对具有正向外部性的主导型产业，政府通过降低其借贷成本对其生产经营进行合理干预。

同时还可以对不具有正向外部性的产业部门采取贷款限制政策，避免信贷资金大量流入而影响其他产业部门的正常发展。四是制约金融机构间的过度竞争，降低社会层面的资产替代效应。要有效地为金融机构提供租金收益，优化其金融服务水平，还需要匹配一些避免金融机构过度竞争的政策措施，例如限制银行间的不正当竞争行为、加强金融准入机制的管控、压制非正规金融机构的发展、优化金融机构经营分红的监管、阻断金融市场与境外存款和抗通胀资产间的替代路径。金融机构间的过度竞争极易诱发经营风险，不利于金融环境的稳定，而制约金融机构过度竞争的政策举措则能够发挥稳定金融环境的外部效应。

在落实金融约束政策举措的过程中，要考虑为金融机构和企业部门提供租金收益而产生的负面影响，避免带来社会福利的损失。对存款利率进行合理管控有助于金融约束政策的实施，但是要避免对利率的过度管控，导致金融机构资源配置功能失效。通常情况下，相对温和的金融约束政策，还需要实际存款利率水平大于零，保持居民储蓄的积极性。对贷款利率的管控相较于存款利率复杂得多、困难得多，贷款利率越低，金融机构获取经营收益的能力越低，势必会影响对高风险、高收益项目的投资，影响社会整体投资效率。而随着金融深化程度的不断提升，贷款利率的管控措施要逐步放松直至取消。对于特定产业的贷款利率扶持政策，要充分考量投资项目的风险收益特征，发挥好政府部门的信息协调优势，将资源倾斜于社会效益更高的产业部门，避免对具体项目筛选的过度干预。金融约束政策属于动态化的政策体系，要结合经济、金融环境的发展而适时优化调整，促进金融体系向更高效的方向发展。总体而言，金融约束理论是金融深化理论的有益补充，对发展中国家结合自身国情完善金融深化政策体系具有积极影响。

3.2.4 其他金融发展理论

随着经济理论体系的发展，金融发展理论研究体系也不断丰富和完善，学者们逐步建立起内生金融理论、金融功能理论以及新制度主义金融发展理论等，对传统的金融深化理论等金融发展理论体系以及金融发展实践进行有益扩充。

1. 内生金融理论

借鉴内生经济理论的研究成果，金融发展问题也可从内生视角进行理论探讨，借以分析金融中介与金融市场的生成机制、金融发展影响经济增长的作用原理等问题。在经济实践活动中，投资项目往往存在风险收益的不确定性、资金供需双方的信息不对称性以及投资合约执行过程中存在的其他问题，会大幅提升金融交易成本，而经济发展的过程则需要不断降低交易成本，这就为金融体系的生成提供了内生性基础。

在内生经济体系中，金融中介的作用主要体现在以下几个方面：一是金融中介借助自身的规模经济、范围经济优势，促使金融交易成本下降。降低交易成本是经济组织生成的理论基础，大量金融交易个体为寻求降低交易成本而催生出金融中介机构。二是金融中介借助自身的规模优势，降低了投资收益的不确定性，有利于金融交易成本的下降。经济投资收益具有不确定性特征，而多元化的投资收益则可以有效降低投资收益的不确定性风险。然而，多元化的投资行为必须支付更高的信息获取成本，金融中介通过分散信息获取成本，降低了金融交易个体的成本负担，促进总交易成本的下降。三是金融中介可以降低资金供需双方的信息不对称性。和单一的金融交易个体相比，金融中介在获取投资项目信息方面更具优势，不仅降低了信息获取成本，发挥规模经济的效应，还起到了投资信息共享池的作用。四是金融中介可以调剂投资者的流动性需求。金融交易个体的流动性需求具有不确定性，且空间限制、沟通限制等因素都制约了其调剂流动性需求的能力，而金融中介恰恰可以有效解决这一问题。

随着一国或地区经济发展水平的提高，金融市场应运而生。金融市场的发展需要运行成本，需要经济发展水平、居民收入水平提高到一定阈值才能支撑金融市场的发展。资金供需双方不管是通过金融中介还是金融市场参与投融资行为都必须支出一定的成本。如果资金供需双方参与金融市场活动的效用损失小于其在金融中介活动中的效用损失程度，就会内生地推动金融市场的发展。相比较而言，金融中介在监督资金需求方行为方面更具优势，而金融市场则在投资项目信息获取、信息整合方面更具优势。

2. 金融功能理论

随着对金融中介和金融市场功能研究的不断深入，学者们尝试从金融功能视角来分析金融发展问题，进而探讨金融功能对促进一国或地区经济增长的作用机制、路径和效果等问题，逐步构建出金融功能理论。

分析金融功能离不开金融结构，金融结构的类型差异形成了两种金融功能理论观点：一是银行主导型金融功能理论，以银行为主的金融机构凭借自身在信息整合、项目监管以及公司治理等方面的优势，在推动一国或地区经济发展过程中的作用优于金融市场。金融市场信息披露速度快，普遍的搭便车行为使得投资者缺乏获取有利于经济发展的创新投资项目的积极性。二是市场主导型金融功能理论，金融机构掌握投资项目内部信息，在投资议价中往往会争取更高的投资收益，且其往往会有内在保守倾向，这不利于创新性投资项目的发展。在国民经济受到风险冲击时，金融机构出于保护自身债务权益的目的往往不支持对其投资项目进行破产重整，这不利于经济结构的优化调整。金融市场则具有更高的灵活性，特别是随着金融风险管理工具的丰富与完善、金融法律法规与监管环境的逐步健全，金融市场对促进经济发展的作用更为显著。

熊彼特经济理论提出金融中介通过储蓄动员、项目评估、风险管理、人员交流以及交易便利等服务体系来推动技术创新和国民经济水平的发展。在此基础上，学者们结合传统金融深化理论，构建了评估一国或地区金融发展水平的指标体系：LLY，正规金融机构经营规模占国民生产总值的比率；BANK，商业银行经营规模占中央银行规模的比率；PRIVATE，私营企业的信贷总规模占金融机构信贷总规模的比率；PRIVY，私营企业的信贷总规模占国民生产总值的比率。研究发现，后三类指标能够更好地体现一国或地区金融体系的服务能力和发展水平，且这些指标对促进其实物资本经营效率的提升具有积极意义。为进一步探讨一国或地区金融体系的发展特征，世界银行构建了金融体系特征矩阵，从金融深度、金融准入、金融效率以及金融稳定性等四个方面来衡量金融机构和金融市场的发展程度。

3. 新制度主义金融发展理论

随着新制度主义经济理论研究的兴起，学者们开始运用其研究方式探讨一国或地区的金融发展问题，研究金融发展与其政治法律制度、社会文化环境的关系，形成了分析金融发展理论的新视角。

从法律金融视角出发，学者们指出一国或地区金融中介以及金融市场发展水平受到其法律制度的影响。完善的金融经济法律体系能够为各类投资者提供充足的保护，推动金融发展水平的整体性提升。一国或地区的法律体系效率和其金融发展水平呈正相关关系，且与其技术创新水平和经济发展水平呈正相关关系。学者们通过对一国或地区的法律制度促进金融发展的作用机制、法律制度对其社会经济发展变化响应程度等进行历史检验后发现，民法体系的差异性对其金融机构差异性的形成具有显著影响；不断完善法律体系以实现对投资者利益的充足保护，能够显著提升其金融服务与发展水平。

从政治金融视角出发，学者们通过对历史数据的检验发现，一国或地区的政治经济利益集团对其金融市场发展的态度是影响金融发展水平提升的决定性因素。如果金融市场的发展对政治经济利益集团的利益造成不利影响，他们就会通过政府部门和立法部门来制定抵制性的管制措施和法律法规，阻碍金融市场的正常发展。如果金融市场的发展对政治经济利益集团有利，特别是其利益受到国际金融市场影响时，他们就会推动金融市场的发展。同时，政府部门的腐败程度也会影响一国或地区的金融发展水平，其腐败程度越低，为自身谋取特殊利益的意愿越小，越有利于金融体系的市场化发展。

从社会文化的视角出发，学者们通过比较金融发展的历史数据后指出，社会文化影响一国或地区的世界观和价值观体系、国家制度体系以及国民经济资源配置方式，并以此为基础来影响金融体系的发展。通常情况下，社会道德水平的提升，有助于产权制度的完善，有利于经济发展环境的改善，对金融市场发展壮大具有积极意义；而宗教信仰则会影响金融结构的特征，宗教信仰程度越强则有利于金融市场主导的金融体系的发展，反之则有利于金融机构主导的金融体系的发展。

4. 具有中国特色的金融发展理论

改革开放以来，中国学者借鉴国外金融发展理论的研究成果，结合中国经济金融发展特色构建了利率市场化、金融可持续发展以及大金融等理论方法，以期为中国经济发展、金融改革提供理论支持。

在中国利率市场化改革的过程中，学者们强调要逐步建立市场利率体系，放松对利率的管制措施，但中央银行和市场自律制度的引导与监督仍不可或缺，利率调控对金融发展仍具有积极意义；不仅要发挥好利率市场化在经济资源优化配置上的功能，还要结合经济逆周期发展的调控需求来对利率进行适度管控。在国家整体经济战略的不同发展阶段，国家应结合通货膨胀的管控目标，建立健全利率调控体系，优化金融市场的利率传导机制。

可持续发展思想属于哲学理念的范畴，其核心要素是资源与环境。金融可以看做社会资源或者战略性稀缺资源，其发展水平对国民经济资源配置功能与效率具有重要影响，对国民经济系统性风险承受能力发挥着关键作用。金融同时也是社会经济生态环境的重要组成部分，确保金融资源的可持续发展和金融生态环境的健康平稳运行对于促进国民经济的发展至关重要。金融发展要维持量与质的统一，金融发展的量体现的是金融体系的总规模，推动金融在更大的经济社会范围内发挥效用；金融发展的质体现的是金融功能的深化以及金融发展效率的提升，国家应通过提高金融资源的调配效率，强化金融资产的相互替代能力，促进金融对国民经济的进一步渗透，使金融体系在国民经济发展过程中发挥更大的作用。

随着中国金融发展水平的不断提升，金融失衡、脱实向虚等问题逐步显现，大金融理论则为金融体系的平稳高效发展提供了理论支撑。大金融理论将金融体系看做一个整体，将金融发展和实体经济看做一个整体，将中国金融发展和国际金融体系看做一个整体，结合现代金融发展规律，把金融体系的效率性、稳定性及其危机管控能力作为提升金融发展水平及其竞争能力的核心基础。金融体系的效率性不仅指其自身的效率问题，还包括其与实体经济协同发展的效率问题，本质上是通过金融体系来解决宏观经济资源配置效率的问题。金融体系的稳定性不仅是其国际竞争能力的重要体现，还是国民经济长期稳定发展的必备要素。金融体系的危机管控能力不仅是其抵御金融风险能力的体现，还包括风险冲击后自我修复能力以及经济危机事件发生后对国民经济修复的支撑力度。

3.3 高新技术产业发展理论

和传统产业有所不同，高新技术产业不仅依赖于资本、劳动等生产要素，更重要的是其依赖于高新技术和知识创新发展。因此，创新活动是高新技术产业发展的关键所在，其具有典型的正外部性强、风险性高、不确定性大、投资周期长等特征。创新活动的特殊性导致私人投资难以实现规模最优化，往往需要政府部门配合出台产业研发支持政策，来推动高新技术产业的发展。

3.3.1 技术创新理论

Joseph A. Schumpeter(1912)在其著作 *The Theory of Economic Development：An Inquiry into Profits，Capital，Credit，Interest，and the Business Cycle* 系统性地构建了技术创新理论。该理论在资本、劳动、土地等传统生成要素的基础上，纳入了技术进步和制度变革要素，开创了经济增长研究的新视角[①]。Joseph A. Schumpeter 指出创新是推动经济均衡变动的重要力量，创新包含以下几种模式：产品创新、生产技术创新、市场创新、资源创新以及组织管理创新等。

Joseph A. Schumpeter 的创新理论大致可以归纳为以下几个方面：一是创新对经济发展的作用机制。创新是经济发展的核心动力，技术创新和生产方式的创新为经济增长提供了良好的条件。二是企业和企业家对创新的重要性。创新实现了新的生产要素的组合，企业和企业家是推动创新的关键，通过建立新的生产模式，可促进经济持续稳定的发展。三是创新对经济周期的影响。创新浪潮的起伏是导致经济增长出现周期性波动的核心要素，当创新大量出现时，新技术、新产品往往能够创造超额利润，促使更多的投资进入创新行业，导致生产要素的需求上升，价格上涨，进而产生信用扩张效应，推动经济发展的繁荣；而随着生产规模的扩大，产品价格开始下跌，经营利润不断降低，而生产要素成本的提升，使得企业的经营状况恶化，社会信用开始收缩，经济发展随进入衰退阶段。在社会经济发展过程中，创新出现的领域不同，创新需要的时间存在差异，进而对经济发展的影响程度及影响周期也不一致。

随着技术创新理论的发展以及技术创新对经济发展作用机制研究的深入，技术创新理论演变为四种主要的学术观点：新古典观点、新熊彼特观点、制度创新观点以及国家创新系统观点。其中，新古典观点主要是结合新古典生产函数理论来探讨经济增长和技术创新、生产要素产出弹性及其增长率之间的关系。新古典

---

① Joseph A. Schumpeter. The Theory of Economic Development：An Inquiry into Profits，Capital，Credit，Interest，and the Business Cycle[M]. Oxford University Press，New York，1961.

观点认为经济增长的来源主要包括技术水平的提升和生产要素数量的增长，而技术创新发挥效应建立在新技术思想的创立和新技术的产业化两个条件基础之上。同时，新古典观点还探讨了政府部门的干预对技术创新经济增长效应的影响，当经济发展对技术创新的供需调节失衡，或者技术创新无法满足社会经济发展需求时，政府部门需要结合法律法规、财政金融等多种工具手段来干预技术创新，从而推动技术创新对经济发展的提升作用。技术创新的新古典观点建立在传统经济理论的基础之上，不太关注技术创新的运作机制，从而忽视了技术创新的动态变化，也没有体现出技术创新对经济发展的作用机制。

新熊彼特观点在传统经济分析的基础上，重点分析技术创新的相互作用机制和内部运作机制，用以解释技术创新因素对经济增长的关键影响。其研究内容包括技术创新和市场结构之间的关联性、技术创新和企业经营规模的关联性以及新技术的推广等问题。特别是针对新技术推广问题，探讨了推广速度及其影响因素。新熊彼特观点指出，影响新技术推广的因素主要包括：技术模仿比率，新技术推广的速度随着模仿比率的提高而加快；技术模仿盈利率，新技术推广速度随着模仿盈利率的提升而加快；新技术应用适配的投资额，新技术推广速度随着适配投资额的提升而减慢。此外，生产设备的更新周期、新产品的销售周期、新技术的模仿周期、经济发展阶段等因素也会影响到新技术的推广速度。在现实经济发展环境中，新技术会持续完善，企业的经营规模也会制约其运用新技术的意愿，这些因素都会对新技术的推广和模仿产生影响。针对技术创新和市场结构的关联性问题，新熊彼特观点从竞争和垄断的视角出发，把竞争程度、垄断程度以及企业规模等因素纳入市场结构中来分析技术创新和市场结构之间的关系。通常情况下，市场竞争程度越高，技术创新的意愿和能力越强；市场垄断程度越高，对市场的整体把控能力越强，技术创新越具有持续性；企业的经营规模越大，市场空间越大，越有利于激发创新意愿。因此，竞争程度适中的市场结构对技术创新的促进作用是最强的。

所谓制度创新指的是对经济发展的组织形式或者其经营模式进行的创新式改革。制度创新观点结合静态均衡分析方法，分析了有利于技术创新的制度环境，指出建立能够提供有效激励的制度环境是促进经济发展的核心，良好的制度环境有利于社会综合效益的提升。制度环境的发展变化离不开产权制度的变化，系统健全的产权制度有利于新技术的发展和技术创新效率的提升；系统明晰的产权制度能够有效地保护资源和新技术的专属权，降低技术创新的不确定性风险，提升技术创新的经济效益，进而推动经济的发展。通常情况下，制度创新的过程包括形成促进制度创新的利益集团、构建制度创新的方案、对制度创新方案的评估与优化、形成促进制度创新的次要利益集团、共同推动制度创新方案的落实等阶段。制度创新观点强调的主要是政治经济层面的制度创新，而忽略了社会文化层面的制度创新。制度创新的过程受到市场规模、生产技术以及经营收益等因素的影响，但制度环境本身就是影响市场规模和技术进步的关键因素。

国家创新系统观点指出技术创新离不开企业和企业家等创新主体，更需要国家创新系统的有力支持。国家创新系统不仅影响创新资源的分配机制及其运营效率，还影响市场整体的创新关系及其运行机制。在国家创新系统中，创新主体通过国家创新制度机制来促进知识的创新、传播与应用，从而推动国家整体创新效率的提升。关于国家创新系统的论述详见下文，在此不再赘述。

3.3.2 增长极理论

增长极理论是研究区域经济发展的重要基础理论之一。该理论认为，推动经济增长的关键动力是技术进步和创新活动。技术进步和创新活动主要集中在推动型产业中，这类产业不仅发展速度快、经营规模大，而且和其他产业的关联性也比较强。推动型产业和关联产业间形成非竞争性联系，推动关联产业在上下游的发展。这就产生了技术进步和创新活动的连锁效应，而随着连锁效应的积累，其对区域经济发展也发挥了推动效应。

增长极理论指出，以技术进步和创新活动为核心的经济增长不会以均衡状态在经济空间内进行分布，而是首先出现在某一区域或产业领域，并以此为基础借助各种路径进行扩散，最终对经济发展水平产生积极影响。从狭义的角度来讲，增长极涵盖三种类型：产业增长极、城市增长极以及潜在经济增长极；而从广义的角度来讲，有利于经济增长的积极因素均可视为增长极，包括但不限于制度创新、体制改革、扩大开放、刺激消费等。在该理论体系中，经济增长是从点到面、从局部到整体的循序渐进过程，其承载主体涉及产业、城市、经济园区等。

增长极理论很好地解释了经济发展的区位经济效应、规模经济效应以及外部经济效应等特征。然而，要形成经济增长极往往也需要具备良好的条件：一是在某一区域内要形成创新能力强的企业或者企业家的集聚，创新是经济发展的核心动力，是传统的投资行为或者消费行为无法替代的；二是要形成产业发展的规模经济效应，资本、技术以及人才储备要形成一定规模且持续增长，才能有利于技术发展水平以及经济发展效率的长期稳定提升；三是要形成有利于经济发展和技术创新的良好基础环境，这涉及城市基础设施、法律法规建设、经济发展政策、政府运作效率以及人才储备机制等诸多方面。

增长极理论对社会经济发展过程的分析更为贴合实际，其构建的政策体系也具有较强的操作性，为许多国家和地区解决区域发展规划问题提供了有力支撑。然而，该理论在实践过程中也暴露了诸多缺陷与不足：一是区域经济发展的极化现象，增长极区域所产生的吸引力导致生产要素的过度集中，严重影响了周边区域的经济发展，二者间的经济发展差距不断扩大。虽然从长期来看增长极区域经济发展的溢出效应有利于推动周边区域的发展，但其极化现象存续周期过长，在政府部门不进行行政干预的情况下，会形成不可逆的区域经济发展巨大差距。二是主导产业的发展特性使得其对解决社会就业问题不能发挥积极作用。主导型产业往往是较具规模的成长型高新技术产业，而技术进步大幅提升了劳动效率，不能创造更多的就业机会。三是增长极理论属于自上而下的经济发展政策，过度依赖外来资本以及自身的自然资源禀赋，容易导致当地经济发展的脆弱性。

结合产业经济发展历程来看，高新技术产业符合增长极理论中关于促进经济增长的主导型产业特征。为推动高新技术产业发展，各类型高新技术产业园区、高新技术产业经济带等空间载体的建设力度不断加大。凭借完善的法律法规体系、优越的税收及产业扶持政策、良好的区位及基础设施条件，这些空间载体对促进高新技术产业的科技创新、生产经营提供了便利条件，也有力地推动了区域产业结构升级和经济发展水平的提升。高新技术产业园区等空间载体在培育、引导高新技术产业发展方面的作用主要体现在以下几个方面：一是促进了高新技术产业链条的形成。通过高新技术产业园区等空间载体的平台支撑，其为高新技术产业提供了良好的发展环境，有效降低了其经营成本和经营风险；而高新技术产业的集聚也为其产业链条的形成、发展和成熟提供了条件。二是有力地提升了高新技术产业创新积极性和创新效率。高新技术产业的集聚，促进了周边生产要素市场和产品需求市场的形成，为技术创新提供了良好的市场机遇，提高了高新技术产业的创新积极性；而技术、资本、环境等资源条件的紧密配合，也提高了技术创新的效率。三是强化了高新技术产业分工协作机制。明确而高效的分工协作机制有利于高新技术产业的集聚发展，高新技术产业园区等空间载体健全的职能体系使得高新技术产业间的技术关联性和市场关联性更为紧密，使得高新技术产业间的分工进一步细化、产业协作能力进一步提升。四是提高了高新技术产业间的信息交流和信息传播效率。高新技术产业园区等空间载体的信息交流平台、信息共享机制增强了信息的密集化、透明化以及便利化程度，提升了高新技术产业信息获取和学习效率，降低了高新技术产业的技术创新和交易成本，使得高新技术产业集群化发展的优势得以充分发挥。

3.3.3　孵化器理论

企业孵化器属于新型社会经济组织，是科技创新成果的重要转化平台，是创新创业型人才的培养基地，是一国或地区科技创新体系的重要组成部分之一。作为区域经济发展的重要政策工具，企业孵化器为提升区域经济发展水平、推动区域经济多元化以及促进区域科技进步做出了重要贡献。企业孵化器的规模扩张，促进了新经济形态的发展，特别是促进了高新技术产业的发展以及经济增长点的不断涌现，对国民经济的可持续发展产生了重要影响。

企业孵化器的发展是经济社会发展形态的重要体现，学者们从诸多理论视角对其进行了深入探讨。其中，专业分工理论指出为提升综合竞争能力、降低经营风险，企业需要结合自身竞争优势来分工协作，通过选择直接经营核心业务而将非核心业务进行专业化分包的形式来组织生产。结合专业分工理论的划分标准，进入孵化器的企业负责科技创新、成果转化、高新技术产品生产经营等核心业务，而企业孵化器则负责为其提供专业化的配套服务，进而达到"1+1>2"的效果。同时，企业孵化器不仅要对入孵企业确立完善的筛选机制，还要不断提升服务的专业化程度和市场竞争能力。这是企业孵化器在专业分工理念下实现发展的必由之路。生命周期理论指出高新技术企业创立初期或者科技创新研发初期需要企业孵化器提供优良的环境，降低失败风险。同时，企业孵化器有利于提升高新技术成果转化效率，为其快速实现产业化、市场化作好铺垫。区位优势理论认为，企业孵化器在资本获取、技术环境、高校及科研机构合作、基础设施条件等方面存在优势，有利于科技创新类企业的发展。核心资源理论指出，企业孵化器的资产配置、组织管理能力对于提升企业的发展能力大有裨益，且通过内外部资源的有效整合，提升了企业的资源效率。

企业孵化器在不断发展过程中逐步形成了系统化的运营模式，从组织设立、资源匹配、服务开发以及流程优化等方面为企业提供专业化的服务。企业孵化器的运营模式按照不同的划分标准可分为不同的类型。典型的企业孵化器运营模式主要有政府主导的事业型、政府主导的公司型以及民间资本主导的公司型三种类别。其中，政府主导的事业型企业孵化器属于政府部门的派出机构，由政府部门提供资金、人才、政策等多方面的支持，是政府职能的延伸。政府主导的公司型企业孵化器则是政府部门主导建立、采用企业化管理方式来进行运营。民间资本主导的公司型企业孵化器是由多种民间资本投资设立，推动了投资主体的多元化，提升了资源综合利用效率，降低了信息不对称性风险。该类型企业孵化器以盈利为目的，完全采用公司化标准来运营，公司治理机制完善。同时，随着经济社会的发展，企业孵化器的运行机制也逐步健全，形成了一整套服务体系，从企业筛选、培育孵化、企业退出、政策激励、收益分配、风险投资等多方面为企业提供服务与支撑。

综合来看，企业孵化器是企业软实力的象征，其目的是培育科技创新企业，推动科研成果转化，增加就业机会，从而促进区域自主创新能力、产业综合竞争能力的提升以及区域经济发展水平的提升。毫无疑问，企业孵化器的发展离不开政府部门、资本市场以及高校、科研机构的支持。不同于传统的经济组织形式，企业孵化器主要是为高新技术企业的培育发展提供支撑。高新技术企业在发展过程中存在诸多风险和不确定性，比如创业成本、技术研发风险、运营管理风险等，有些风险和问题通过自身努力无法得到有效解决。在此情况下，若政府部门或者其他社会组织能够为高新技术企业提供包括资金、信息以及企业管理等方面的服务和政策支持，无疑对高新技术企业解决创业资金不足、创业风险偏高等问题大有裨益，对促进科技创新成果转化、实现高新技术产业化发展也具有重要的积极意义。通常而言，企业孵化器的核心功能可以概括为以下几个方面：一是为高新技术企业的生产经营提供良好的环境条件，二是为高新技术企业发展提供系统性服务以及基础性公共设施，三是为高新技术企业提供办公场地、资金辅助、政策支持等。

综合增长极理论和孵化器理论来看，二者呈现出相辅相成的关系。如果只重视经济增长极而忽视企业孵化器的作用则使得区域内的高新技术产业发展产生较高的外部依赖性，区域内的产业创新能力得不到足够的发展。若把二者有效地衔接起来，推动二者共同发展，则有利于高新技术产业的创新发展。在发展实践中，高新技术产业园区等空间载体往往承担着经济增长极和企业孵化器的双重职能，特别是对经济较发达区域而言，高新技术产业园区等空间载体的企业孵化器职能为吸引关联产业进入提供了良好的条件，使得高新技术产业的集聚效应越发凸显；随着高新技术产业集聚效应的提升，其对促进高新技术企业降低创业成本和创业风险也提供了便利条件。高新技术产业园区等空间载体的经济增长极职能和企业孵化器职能的协同效应，有力地提升了二者的发展效率，有效推动了区域产业的革新升级。而在经济欠发达区域，由于高新技术产业园区等空间载体的企业孵化器职能不具备足够的产业吸引力，也影响了其经济增长极职能的发展。有鉴于此，在推动区域经济增长极发展的同时，政府部门需要加大对企业孵化器的政策扶持力度，加大科技创新的支持体系建设，重视对创新型企业的培育，引导高新技术企业集聚，促进区域经济实现稳定发展。

3.3.4 国家创新系统和区域创新系统理论

Christopher Freeman（1987）在其著作 *Technology policy and economic performance：lessons from Japan* 提出了国家创新系统的理念，用以探讨一国或地区的经济发展效率和综合竞争实力①。

国家创新系统体现的是创新、系统和国家三者之间的相互作用机制。创新实质上体现的是经济的有效性，不仅仅局限于研发活动，而重点在于研发成果的商业化和产业化。同时，技术创新和社会创新对经济发展都至关重要，且社会创新对技术进步的影响是不容忽视的。一定程度上来讲，社会创新是技术创新的基础，是提升国家创新系统综合能力的保障。系统体现的是要素之间的关联关系，

---

① Christopher Freeman. Technology policy and economic performance：lessons from Japan［M］. Frances Pinter, London, 1987.

是国家创新系统发展的核心所在。通常情况下，创新系统的发展呈现出自然演进的态势，往往难以从整体上进行详尽设计和控制，但通过创新政策的支持可以实现创新系统部分的优化与改进。国家在创新系统中的重要性不言而喻，影响创新发展或者经济发展的公共政策需要国家层面统筹设计和落实，创新系统在国家内部呈现较高的一致性和关联性，高校、科研机构大部分属于国有性质，且一国的政治、经济、社会、文化等基本要素对创新系统的影响是持续的。综合来看，经济发展和创新能力密切关联，国家的经济结构和创新能力的发展具有一定程度的一致性。

在国家创新系统内存在两大要素：一是制度，二是行为主体。前者是调节行为主体互动关系的各项规则，用以规范和激励行为主体的创新活动。后者则囊括了政府部门、企业、高校、科研机构以及其他服务机构。其中，政府部门的作用非常关键，主要包括确立创新活动的短期和长期发展目标，落实创新扶持政策；对符合国家发展战略的创新活动予以资金支持；推动关乎创新活动的信息网络建设等。在国家创新系统内，行为主体之间的相互作用是多样的，主要体现在资金的流动、政策法规的关联以及科技信息等的流动。国家创新系统的功能可以归纳为：创造新的技术和知识、明确研究方向和脉络、提供创新活动所需的基础资源、解决外部经济性问题、促进市场需求的形成等。

在国家创新系统中，创新政策是干预创新活动全过程的重要手段。创新政策的根本目标是推动经济社会的发展，促进国家综合竞争实力的提升。由于创新活动体现的是创新系统内各行为主体之间的相互作用关系，创新政策就是影响行为主体的创新活动及其互动关系的重要手段，并通过不断发现创新系统发展过程中产生的问题，给予一定的政策性干预。创新政策涵盖了影响创新全过程的制度因素，涉及领域非常广泛，工具手段非常多样。但是创新政策的制定和落实存在一个适应性和渐进性的过程，需要发挥好政府部门的统筹协调职能。

在对国家创新系统研究的基础上，Philip Cooke(1992)提出了区域创新系统的理念，指出在地理空间上相互关联、协作分工且具有持续创新能力的企业、科研机构、高校等组织构成了区域创新系统①。区域创新系统可以划分为建立在区域社会经济文化环境基础上的两个子系统：知识的应用与开发、知识的生产与扩

---

① Philip Cooke. Regional innovation systems: Competitive regulation in the new Europe[J]. Geoforum, 1992, 23(3): 365-382.

散。区域内的科研机构、高校等组织对提升经济组织的创新效率具有积极影响。同时，区域经济社会文化基础条件对区域创新系统的影响是不容忽视的，国家层面的创新体系、其他区域创新系统以及国际性的创新组织等外部因素对区域创新系统的影响也要高度关注。

区域创新系统内的创新主体是多元化的，其中企业是最核心的创新主体，对区域创新能力的提升具有决定性影响。区域的创新机制涉及促进科技创新的各类基础条件，大致可以分为两种类别：内部制度条件、外部制度条件，前者涵盖信用契约、学习创新以及经营利润等条件，后者则涵盖政策导向、市场需求以及区域竞争等条件。其中，信用契约是建立区域创新系统的基本条件，不同组织机构的资源禀赋及其科创能力存在差异，且科技创新具有较高的风险性，需要各组织机构协作配合；学习创新有助于博采各家所长，对促进区域创新水平的提升具有重要意义；经营利润是各组织机构创新活动的目标和动力所在，有效的利益分配机制对推动区域创新系统稳定运行至关重要；政策导向是各级政府部门对创新活动的方向性引导，是支撑区域创新系统发展的重要保障；市场需求是促进区域创新系统发展的动力，满足市场的多元化、个性化需求是保持竞争优势的关键；区域竞争有利于促进区域内组织机构转变竞争思路，加强区域内合作，实现多方共赢。

区域创新系统理论重点研究区域经济发展布局、区域高新技术产业发展、区域科创园区建设、区域创新网络体系以及区域创新扶持政策等方面的相互作用机制。该理论指出，作为企业集群的区域借助有效的合作竞争机制建立起创新网络，形成区域经济发展的核心竞争力。区域创新系统呈现开放性特征，组织机构间分工协作，促进了信息的有序流动，推动了区域创新网络的发展，提升了区域创新效率和综合竞争力。分析比较区域创新系统，可以对其产业发展特征及其存在的问题进行有效识别，从而采取针对性的政策措施，促进区域创新能力的快速提升。

3.3.5　风险投资理论

近现代以来，随着技术革命浪潮的风起云涌，各项新技术层出不穷，大量的高新技术企业凭借优质的创新活力不断发展壮大，有力地推动了世界范围内社会经济的发展和产业结构的优化升级。高新技术企业的发展呈现出不确定性程度高、风险水平高的特征，且其核心资产建立在新技术等无形资产的基础上。高新技术企业往往都具有非常强的盈利能力和市场竞争力，在这种背景下，催生出了追求高风险、高收益的投资机制，风险投资也因此应运而生。

所谓风险投资指的是投资者对具备专业技术且市场前景良好，但创业资金不足的创业者进行投资，承担相应风险的行为。从广义来讲，凡是具备高风险、高收益特征的投资行为均可视为风险投资；从狭义来讲，仅限于高新技术产业领域，以技术密集型企业为标的的投资行为才称为风险投资。风险投资往往集中于新兴的、发展较快的且市场前景良好的高新技术产业领域。风险投资通过把资本注入到高新技术产业研发领域，有利于加快高新技术研发成果产品化、产业化的步伐；通过把专业化的管理团队带入高新技术企业，有助于投资者、创业者以及技术人才的关系协调，更好地落实利益共享、风险共担机制。

通常情况下，风险投资包含六大要素，分别是风险资本，有别于创业者自有资金的投入，其以获取超额投资回报并在适当时机退出为目的；风险投资者，包括风险资本家、风险投资公司、产业附属投资公司以及天使投资人等四种主要类型；投资目的，不以获取企业的所有权、控制权以及干涉企业的生产经营为目的，而是在投资企业做强做大后择机通过产权流动获取收益回报；投资期限，作为股权投资的重要形式，其投资期限往往较长；投资对象，风险投资者往往关注高新技术产业领域的"潜力股"；投资方式，主要包括资本直接注入、给予贷款或者贷款担保以及两种方式的组合等。风险投资活动涉及投资资金、产业技术、经营管理、技术团队以及市场前景等多方面，主要呈现以下特征：一是通过获取企业的股权来参与投资；二是对企业的经营管理提供协助和指导，并介入企业的重大决策管理；三是高风险、高回报，需要借助专业化的投资团队来开展投资行为；四是不谋求取得企业的控制权、所有权，以尽早收回投资、获取收益为目的；五是投资者和创业者需要在相互信任的基础上开展合作；六是技术水平高、市场前景好的企业是投资的核心标的。风险投资从根本上解决了高新技术产品化、产业化过程中资金和管理不足的问题，以及其高风险特征带来的融资难的问题。

针对风险投资理论的探讨始于探究风险投资的微观行为，主要包括风险投资主体的作用机制、风险投资的收益机制及其退出机制等。从风险投资主体的作用方面来看，学者们指出风险投资主体承担着投资者和企业之间信息中介的角色，这就要求风险投资主体具备良好的项目筛查能力和价值发掘能力。风险投资主体专业化的团队和能力有效缓解了投资行为中的逆向选择问题，给予高新技术企业发展过程中适配的融资渠道；有效降低了代理成本、信息不对称程度以及投资风险水平，对风险投资行为的落实发挥着关键影响。同时，风险投资主体对高新技术企业的内部组织管理、人力资源管理、财务融资管理等方面都产生积极影响。从风险投资的收益机制和退出机制来看，学者们指出风险投资的退出便于风险投资主体发掘并投资新的高新技术企业，也有利于对风险投资质量进行合理评估。随着风险投资理论研究的不断深入，研究方法和视角越来越多元化，风险投资的外部环境问题、投资标的的内部组织结构关系、风险投资的实施路径、风险投资策略及其对创新的影响等问题受到学者们不同程度的关注。我国在风险投资领域的实践和理论研究起步较晚，主要是借鉴国外的研究成果和实践经验来指导国内风险投资领域的发展。

综合来看，风险投资理论的发展和高新技术产业的发展密不可分，这主要是因为高新技术在产品化、产业化过程中的高风险、高收益特征和风险投资理念相契合导致的。受到自身风险收益特征的影响，高新技术企业往往难以从商业银行等传统金融机构获取足够的资金，特别是尚处于技术研发阶段、市场前景尚不明确的高新技术初创企业。高新技术企业这样的现实背景，恰恰为风险投资领域的发展创造了良好的契机。风险投资理论强调风险投资主体借助专业化的投资平台和团队来开拓风险投资市场，通过对市场发展前景良好且存在融资困难、具有融资需求的高新技术企业注入资金，并通过专业化的管理和指导分散风险，加快高新技术的产品化、产业化步伐，从而实现风险投资主体的资产增值。风险投资往往在高新技术企业风险水平较高的阶段进入，若要最大限度地规避或者降低风险，需要有健全的退出机制相配合。高新技术企业在发展到一定阶段之后，不仅其风险特征会发生变化，其后续发展所需资金也不可能依靠政府扶持、企业或者金融机构等的投资来实现，通过资本市场公开上市融资往往是最现实且有效的方式，而高新技术企业的公开上市也为风险投资的退出创造了条件。同时，风险投资和企业孵化器的有效结合也有利于促进高新技术产品化、产业化目标的实现。

4 经济不确定性与金融发展的测度

4.1 经济不确定性与金融发展的概念界定

4.1.1 经济不确定性的概念界定

结合经济不确定性理论的发展脉络来看，学者们关于经济不确定性的基本概念及其产生的原因没有形成一致性的观点。在经济不确定性的分类观点中，影响比较大的是将其分为经济参数不确定性和经济结构不确定性两种类型。进一步结合经济不确定性的基本含义可以看出，经济参数不确定性具有客观性，体现的是经济发展的复杂性程度。经济参数不确定性在一定程度上能够对其发生概率进行估计，对经济参数不确定性的测度往往和经济信息获取程度密切相关。经济结构不确定性体现的则是对未来经济发展结果的不明，这是由于在进行经济决策时相关的信息知识尚未形成。Frank H. Knight(1921)曾指出不确定性不存在客观的概率分布特征，换言之，对于尚未发生的未来事件不能进行估计，该类事件具有全新性、唯一性，严格来讲这类不确定性属于经济结构不确定性的范畴①。John Maynard Keynes(1937)指出经济不确定性不能从内部进行解读，其对经济不确定性的理解应划为经济参数不确定性的范畴②。在 Keynes 经济不确定性理论分析的

①　Frank H. Knight. Risk Uncertainty and Profits[M]. Houghton Mifflin Company，New York，1921: 35-37.

②　John Maynard Keynes. The General Theory of Employment [J]. Quarterly Journal of Economics，1937，51(2): 209-223.

基础上，有学者进一步探讨了经济交易中的不确定性问题，特别是经济主体之间的经济决策互相影响，导致经济主体的行为不确定。然而，排除经济行为的不确定性，其他的则与经济主体的有限理性有关，应划归为经济参数不确定性的范畴。此外，部分学者把经济不确定性划分为外生性经济不确定性和内生性经济不确定性，前者主要是由自然环境变化的随机性或者消费偏好的不可预知性造成的，后者则主要是由经济主体的认知能力不足以及决策沟通的无效性等内部因素造成的，二者对经济发展的影响同样重要。外生性经济不确定性因外部性因素影响产生，与经济主体的认知能力以及经济发展的特性不相关，因而又称为经济环境不确定性。根据经济不确定性的程度差异，学者们进一步将其划分为发展前景明确的经济不确定性、发展前景明确程度较高的经济不确定性、发展前景明确程度较低的经济不确定性以及发展前景不明确的经济不确定性等类型。根据主客观程度的不同，经济不确定性又可划分为主观经济不确定性和客观经济不确定性，前者主要体现的是经济主体对经济发展时间性认知的不足，后者则主要体现的是经济发展结果的不可预知性。

随着经济不确定性理论的发展，借助非预期波动概念来规范经济不确定性的定义受到学者们的广泛关注。学者们指出由于经济主体受到知识储备不足、信息获取不完全等因素影响，不能准确地评估外生性影响因素和内生性影响因素等对经济发展造成的直接性影响或者间接性影响，从而导致经济不确定性的出现。一般而言，经济不确定性具有几方面的特性：一是它体现了经济发展的动态性，经济不确定性理论处于随机变动的状态而非稳定性状态；二是它体现了经济发展的多维性，经济不确定性包含了经济发展多维度的发展特征；三是它自身包含着发展性，随着经济主体认知能力的提升以及掌握信息更加全面，经济不确定性在某种程度上会出现适量缓解。由于经济不确定性体现的是不能精确估计的经济波动，因此可以理解为经济发展预期结果和实际结果的偏离程度。于是，通过衡量经济发展多维度指标体系中每项指标在不同时期的预期结果和实际结果的条件标准差并进行加权平均就可以在一定程度上衡量经济不确定性程度。分析经济不确定性的核心不是关注某些经济发展指标的不稳定程度，而是探究经济发展的不可预测程度是否在提升，亦即经济不确定性程度是否在提升。

综上所述，本书认为经济不确定性是由于经济主体的认知能力不足导致的经济发展结果呈现出的不可预知性，且不存在明确的概率分布特征。经济不确定性具有多维度属性，某一经济指标的非预期变动仅可以衡量经济不确定性的部分特征。因此，对经济不确定性的测评可以借助各类经济指标的预期结果和实际结果偏离程度的加权平均来进行。其中，经济不确定性的多维度属性体现在表征经济发展特征的政策、投资、生产、消费等多层次的不确定性。考虑到经济不确定性具有不可预知性，本书仅结合过去的经济发展数据来对历史经济不确定性进行数理分析，通过对过去的经济发展指标的非预期波动进行评估，进而描述历史经济不确定性的变动特征。结合前文可知，经济不确定性划分为外生性经济不确定性和内生性经济不确定性，二者在一定程度上相互影响。本书在分析经济不确定性时在形式上划分为经济增长不确定性和经济政策不确定性。毫无疑问，经济政策不确定性体现的是经济政策调整变动的不可预知性，其关注的是经济政策的波动。一般而言，经济政策不确定性主要关注政府主管部门的经济政策选择、经济政策的变动范围、经济政策生效时机等方面内容。经济增长不确定性主要来源于微观的企业、中观的产业以及宏观的行业等实际经济观测层面，经济政策不确定性则来源于经济政策的调整。前者需要剔除经济增长的周期性因素以及能够明确预知的因素的影响，后者同样需要剔除经济政策的经济稳定功能及其周期性的变动等因素。但是，不管是经济增长不确定性还是经济政策不确定性，都不仅仅是某一观测指标的非预期波动，都需要结合经济发展环境、社会政治制度等多方面来衡量它们的不确定性程度，或者说二者都是多方面观测指标的综合表征。

4.1.2　金融发展的概念界定

受到金融监管机制、财政税收体制、政治法律制度和科技发展水平等多重因素的影响，不同国家或地区的金融发展体系存在较大差异，具体表现为金融机构、金融市场以及金融制度等金融发展体系要素并未形成统一的发展模式。通常情况下，金融发展体系是一国或地区经济活动中资金流动的基本机制，是包括金融资产、金融中介以及金融市场等核心要素的统一整体。金融活动往往呈现出典型的外部性特征，需要政府主管部门建立配套的监管机制和政策体系来规范金融体系的发展。随着金融活动在经济发展过程中的参与程度逐步加深，金融体系降低交易成本的功能愈发显现。因此，学者们普遍认为推动金融体系发展的核心动力是经济主体降低经济活动中的交易成本以及市场摩擦程度。同时，金融体系的发展还有利于促进一国或地区金融资源配置的优化。以金融机构的信贷服务为例，投资者可以借助其对企业经营信息的披露来判别投资价值，加上政府监管部门建立的金融法律法规体系的辅助，可以有力地保护投资者的利益，提升投资者通过增加投资优化资产配置的意愿，同时也促进了金融机构信贷资源配置效率的提高。

金融发展体系在促进一国或地区经济增长方面的重要性已经广受认可，但是关于金融发展的概念界定学术界尚未形成统一意见。综合现有的金融发展理论来看，主要形成了以下几种金融发展概念观点：一是金融结构论。该观点认为金融发展本质上体现的是一国或地区金融机构的变化，而金融结构则是经济体系中金融工具和金融机构整体规模的重要表征。从金融结构的角度来界定金融发展符合经济发展事实，有效地简化了金融发展量化工作，促进了金融发展和经济增长关系探讨的深化。该观点容易造成金融机构经营规模的盲目扩张，且对金融发展质量问题重视程度不足。二是金融功能论。该观点认为金融体系的逐步健全与完善促进了资本积累速度的提升、资源配置效率的优化，有利于社会经济的持续平稳发展。在金融功能理念中，金融功能的稳定性程度高于金融机构，金融机构容易随着社会经济的发展、时间空间的差异而变动，但是其蕴含的核心金融功能则不会随之产生较大差异；推动金融功能落实的重要性程度高于金融结构发展，推动金融结构发展的核心动力来源于金融功能的不断实现与优化，金融机构持续创新、积极竞争有利于推动金融结构的发展，促进金融体系整体的功能优化和效率提升。金融功能很好地诠释了金融发展和经济增长的关系，对于指导欠发达国家或地区的金融发展具有重要意义。三是金融深化论。该观点的提出主要是为了解决欠发达国家或地区的金融抑制问题，提升金融自由化程度。该观点认为降低金融抑制和政府部门的行政干预程度，有利于通过利率和汇率等指标来观测经济市场中的资金供需实际情况，有利于降低通货膨胀程度并促进金融发展和经济增长之间的良性互动。在金融深化理念中，一国或地区金融资本的核心来源是居民储蓄。随着社会经济的不断发展，金融资产种类和规模不断提升。随着金融体系整体经营规模的不断得到提升，金融机构的细分程度及其专业化程度不断得到提升。四是金融全局论。该观点强调金融体系的整体性发展，包括经营规模的扩大和金融制度的健全。该观点认为金融发展属于动态过程，金融功能的逐步增强和金融体系的日益健全，有利于金融资源配置效率的提升和经济发展速度的提升。然而，在现实情况下，不同国家或地区的发展阶段、法规政策等存在较大差异，金融发展在某一国家或地区更多地体现为部分金融功能增强与健全的动态过程。

综合来看，金融发展囊括了金融规模、金融结构以及金融制度等多个维度，金融发展不仅要重视金融规模和金融效率的提升，还要降低金融管制程度，丰富金融机构类别，完善金融创新路径，推动经济金融的共同发展。因此，金融发展属于相对动态过程，不能一味强调金融规模的扩张，而忽视金融结构的完善和金融效率的提升。同时，不同国家和地区的社会体制、发展阶段不同，金融发展的具体表现也各具特色。金融发展的核心是通过金融功能的逐步健全而促进金融发展效率的提升，特别是金融机构、资本市场、金融工具以及金融管理机构等各要素在质与量上的共同发展。

关于金融发展的指标化问题学者们众说纷纭，综合国内外实证研究文献来看，金融深度指标使用比例较高。然而这一指标存在诸多问题，用以衡量金融发展存在不足，特别是对于法律制度、信息基础等尚不完善的欠发达国家而言。金融发展的根本目的是通过降低信息不对称程度和交易成本来推动经济水平的发展，金融发展指标需要很好地体现金融功能的发挥。结合学者们的研究成果，本书认为金融发展可以通过金融发展规模、金融发展效率、金融市场化等指标来衡量。

4.2 经济不确定性的测度

4.2.1 经济增长不确定性的测度

综合国内外研究文献可知，测度经济增长不确定性的主要方法包括 GARCH 族分析方法、随机波动分析方法和 Markov 向量自回归分析方法等。这些方法主要是通过筛除经济增长的可预期波动进而得到经济增长的非预期波动，并以此来衡量经济增长不确定性程度。因为对经济不确定性的根源和概念认识不同，学者们采用的经济不确定性度量方法也存在差异，对经济不确定性的测度结果也并不一致。本书的研究重点并不是对经济不确定性进行预测，而是结合历史数据的合理分析来筛选出经济发展的历史非预期波动数据。在经济增长不确定性测度方法的选择上，本书参考 Kyle Jurado、Sydney C. Ludvigson 和 Serena Ng（2015）的研究成果①，根据因子增广向量自回归模型来计算经济增长指标的非预期波动数据，并结合加权平均法来构建经济增长不确定性指数，从而达到描述经济增长不确定性的目的。

在该方法的分析框架中，需要处理众多的经济指标数据。我们通过计算单一经济指标的不确定性，即该经济指标的预期结果和实际结果的条件标准差，结合加权平均法来整合经济增长不确定性。这就要求筛选经济指标时能够把整体的经济增长不确定性有效体现出来，也就是说要发掘出经济指标的非预期波动数据的整体性趋势。经济增长不确定性不能简单地理解为某一或者部分经济指标的非预期波动数据，而是需要通过众多经济指标的非预期波动数据的加权平均处理来表达经济增长不确定性的整体性趋势。因此，在筛选经济指标时不仅要求尽可能地把符合模型度量的数据都囊括进来，还要求指标数据的时间跨度尽量地长。

1. 经济增长不确定性测度方法

在选取的因子增广向量自回归模型中，涉及因子模型、随机波动模型以及 Markov Chain Monte Carlo 参数估计等，现对这些基础模型进行简要介绍。

（1）因子模型

众所周知，直接通过少数经济指标数据是不能有效地分析大量经济指标数据间的相关性的。该方法则是通过构建经济指标数据的相关系数矩阵或者协方差矩阵来分析经济指标数据间的相关性。其中，经济指标数据的共同特征视为公共因子，经济指标数据的独有特征视为特殊因子。该方法要求经济指标数据间存在着相关关系，并通过在经济指标数据中筛选出不存在相关性的因子变量来描述经济指标数据的特征。由于经济指标数据的量纲存在较大差异，通常需要把经济指标数据进行标准化处理。假设经济指标数据包含 p 个变量，经过标准化处理的经济指标数据为 $Z = (Z_1, Z_2, \cdots, Z_p)'$，于是经济指标数据的因子模型结构的数学

---

① Kyle Jurado, Sydney C. Ludvigson, Serena Ng. Measuring Uncertainty [J]. American Economic Review, 2015, 105(3)：1177-1216.

表达式可以表示为:

$$\begin{cases} Z_1 = l_{11}F_1 + l_{12}F_2 + \cdots + l_{1m}F_m + \varepsilon_1 \\ Z_2 = l_{21}F_1 + l_{22}F_2 + \cdots + l_{2m}F_m + \varepsilon_2 \\ \qquad\qquad\qquad \cdots \\ Z_p = l_{p1}F_1 + l_{p2}F_2 + \cdots + l_{pm}F_m + \varepsilon_p \end{cases} \tag{4-1}$$

其中,F_1,F_2,$\cdots$,F_m 表示经济指标数据的公共因子,ε_1,ε_2,$\cdots$,ε_p 表示经济指标数据的特殊因子,且 ε_i 仅和第 i 个经济指标数据 Z_i 相关($i = 1$,2,$\cdots$,p),l_{ij} 表示第 i 个经济指标数据 Z_i 在第 j 个公共因子 F_j 上的因子载荷($j = 1$,2,$\cdots$,m),所有经济指标数据的因子载荷构成因子载荷矩阵 L。于是公式(4-1)可简记为:

$$Z = LF + \varepsilon \tag{4-2}$$

其中,$F = (F_1,\ F_2,\ \cdots,\ F_m)'$,$\varepsilon = (\varepsilon_1,\ \varepsilon_2,\ \cdots,\ \varepsilon_p)'$。考虑到经济指数数据的公共因子向量 F 属于不能直接观测的变量,若要可以验证的特定协方差矩阵,需要对经济指标数据的公共因子向量 F 和特殊因子向量 ε 进行一定的假设,这包括:

$$E(F) = 0 \quad \mathrm{cov}(F,\ F) = E(FF') = I \tag{4-3}$$

$$E(\varepsilon) = 0 \quad \mathrm{cov}(\varepsilon,\ \varepsilon) = E(\varepsilon\varepsilon') = \Psi = \begin{bmatrix} \varphi_1 & 0 & \cdots & 0 \\ 0 & \varphi_2 & \cdots & 0 \\ \vdots & \vdots & \ddots & \vdots \\ 0 & 0 & \cdots & \varphi_p \end{bmatrix} \tag{4-4}$$

同时,经济指标数据的公共因子向量 F 和特殊因子向量 ε 相互独立,满足

$$\mathrm{cov}(\varepsilon,\ F) = E(\varepsilon F') = 0 \tag{4-5}$$

如果公式(4-1)满足公式(4-3)、公式(4-4)以及公式(4-5)的假设条件,那么该经济指标数据的因子模型就属于正交因子模型。假设经济指标数据的协方差矩阵满足

$$\begin{aligned} \sum &= \mathrm{cov}(Z,\ Z) = E(ZZ') = E\big[\,(LF + \varepsilon)(LF + \varepsilon)'\,\big] \\ &= E\big\{(LF + \varepsilon)\big[(LF)' + \varepsilon'\big]\big\} = E\big[LF(LF)' + \varepsilon(LF)' + LF\varepsilon' + \varepsilon\varepsilon'\big] \\ &= LE(FF')L' + E(\varepsilon F')L' + LE(F\varepsilon') + E(\varepsilon\varepsilon') = LL' + \Psi \end{aligned} \tag{4-6}$$

$$\mathrm{cov}(Z,\ F) = E(ZF') = E\big[\,(LF + \varepsilon)F'\,\big] = LE(FF') + E(\varepsilon F') = L \tag{4-7}$$

根据公式（4-7）可得出：

$$\text{cov}(Z_i, F_j) = \text{cov}\left(\sum_{j=1}^{m} I_{ij}F_j + \varepsilon_i, F_j\right) = \text{cov}\left(\sum_{j=1}^{m} l_{ij}F_j, F_j\right) + \text{cov}(\varepsilon_i, F_j) = l_{ij}$$

$$(4-8)$$

考虑到第 i 个经济指标数据 Z_i 和第 j 个公共因子 F_j 的方差均是 1，那么第 i 个经济指标数据 Z_i 和第 j 个公共因子 F_j 的相关系数就是 l_{ij}，进一步结合公式（4-6）能够得出：

$$\text{var}(Z_i) \sum_{j=1}^{m} l_{ij} + \varphi_i \qquad (4-9)$$

假设 $\sum_{j=1}^{m} l_{ij} = h_i^2$，那么：

$$\text{var}(Z_i) = h_i^2 + \varphi_i = 1 \qquad (4-10)$$

其中，h_i^2 表示第 i 个经济指标数据 Z_i 的公共方差，即经济指标数据的公共因子 F 对第 i 个经济指标数据 Z_i 的方差做出的贡献，φ_i 则表示第 i 个经济指标数据 Z_i 的特殊方差。公共方差 h_i^2 体现的是第 i 个经济指标数据 Z_i 对经济指标数据的公共因子 F 的依赖程度。如果 $h_i^2 \to 1$ 且 $\varphi_i \to 0$，那么经济指标数据的公共因子 F 基本囊括了第 i 个经济指标数据 Z_i 的所有信息；如果 $h_i^2 \to 0$ 且 $\varphi_i \to 1$，那么经济指标数据的公共因子 F 对第 i 个经济指标数据 Z_i 的影响微乎其微，其信息特征基本都包含在特殊因子 ε_i 中。同样，经济指标数据的第 j 个公共因子 F_j 对经济指标数据 Z 的影响可以通过因子载荷矩阵 L 的第 j 列元素来体现，即：

$$g_j^2 = \sum_{i=1}^{p} l_{ij} \qquad (4-11)$$

其中，g_j^2 表示经济指标数据的第 j 个公共因子 F_j 对经济指标数据 Z 的方差贡献，用以体现该公共因子的重要性程度。通常情况下，g_j^2 越大，表明经济指标数据的第 j 个公共因子 F_j 对经济指标数据 Z 的方差贡献越大。

因子模型的核心是借助某种估计方法来确定经济指标数据的因子载荷矩阵 L。考虑到经济指标数据的公共因子 F 属于不能直接观测的变量，经济指标数据的因子载荷矩阵 L 的估计往往很复杂，目前学者们运用比较多的方法主要包括最小二乘估计法、极大似然估计法、主成分估计法等。本书主要运用主成分估计法来得到经济指标数据的因子载荷。通过主成分估计法确定经济指标数据因子载荷的过程如下。

假设经济指标数据 Z 从大至小得出 p 个主成分，将其记为 $Y = (Y_1, Y_2, \cdots, Y_p)$。那么经济指标数据 Z 与其主成分 Y 之间的关系可以表示为：

$$
\begin{bmatrix} Y_1 \\ Y_2 \\ \vdots \\ Y_p \end{bmatrix} = \begin{bmatrix} a_{11} & a_{12} & \cdots & a_{1p} \\ a_{21} & a_{22} & \cdots & a_{2p} \\ \vdots & \vdots & \ddots & \vdots \\ a_{p1} & a_{p2} & \cdots & a_{pp} \end{bmatrix} \begin{bmatrix} Z_1 \\ Z_2 \\ \cdots \\ Z_p \end{bmatrix} \tag{4-12}
$$

将矩阵 $\begin{bmatrix} a_{11} & a_{12} & \cdots & a_{1p} \\ a_{21} & a_{22} & \cdots & a_{2p} \\ \vdots & \vdots & \ddots & \vdots \\ a_{p1} & a_{p2} & \cdots & a_{pp} \end{bmatrix}$ 记为 A，矩阵 A 为正交矩阵，即满足 $AA' = E$，于是得出：

$$
Z = A'Y \tag{4-13}
$$

假设仅保留公式 (4-12) 中经济指标数据 Z 的前 m 个主成分，并将其他主成分用经济指标数据 Z 的特殊因子 ε 来表示，那么公式 (4-13) 将演变为：

$$
\begin{cases} Z_1 = a_{11}Y_1 + a_{21}Y_2 + \cdots + a_{m1}Y_m + \varepsilon_1 \\ Z_2 = a_{12}Y_1 + a_{22}Y_2 + \cdots + a_{m2}Y_m + \varepsilon_2 \\ \vdots \\ Z_p = a_{1p}Y_1 + a_{2p}Y_2 + \cdots + a_{mp}Y_m + \varepsilon_p \end{cases} \tag{4-14}
$$

显然，公式 (4-14) 和公式 (4-1) 具有形式上的一致性。由于经济指标数据 Z 的主成分 $Y_i = (i = 1, 2, \cdots, m)$ 是相互独立的，若要使得主成分 Y_i 满足关于经济指标数据 Z 的公共因子的假设条件，就要把主成分 Y_i 的方差转换为 1。考虑到主成分 Y_i 的方差是经济指标数据 Z 的方差协方差矩阵的特征向量值 λ_i，特征向量值 λ_i 越大，其所体现的经济指标数据 Z 的信息量也就越大，同时它们之间相互独立，因此可以得出：

$$
F_i = \frac{Y_i}{\sqrt{\lambda_i}} \quad l_{ij} = \sqrt{\lambda_i}\, a_{ij} \tag{4-15}
$$

在此基础上，公式 (4-14) 可以表示为：

$$\begin{cases} Z_1 = \sqrt{\lambda_1}\,a_{11}F_1 + \sqrt{\lambda_2}\,a_{21}F_2 + \cdots + \sqrt{\lambda_m}\,a_{m1}F_m + \varepsilon_1 \\ Z_2 = \sqrt{\lambda_1}\,a_{12}F_1 + \sqrt{\lambda_2}\,a_{22}F_2 + \cdots + \sqrt{\lambda_m}\,a_{m2}F_m + \varepsilon_2 \\ \quad\vdots \\ Z_p = \sqrt{\lambda_1}\,a_{1p}F_1 + \sqrt{\lambda_2}\,a_{2p}F_2 + \cdots + \sqrt{\lambda_m}\,a_{mp}F_m + \varepsilon_p \end{cases} \tag{4-16}$$

公式(4-16)符合因子模型关于经济指标数据 Z 的因子载荷矩阵的所有假设条件，由此可以得出经济指标数据 Z 的初始因子及其对应的因子载荷矩阵。

（2）随机波动模型

随机波动模型能够较为准确地描述经济指标数据的扩散过程，对经济指标数据的长期波动性具有较好的预测能力，且得出的经济指标数据的波动率序列具有较好的稳定性。随机波动模型的基本结构如下所示：

$$y_t = \sigma_t \varepsilon_t \quad (t = 1,\ 2,\ \cdots,\ T) \tag{4-17}$$

$$\ln\sigma_t^2 = \alpha + \beta\ln\sigma_{t-1}^2 + \eta_t \tag{4-18}$$

其中，y_t 表示经济指标数据减除均值的波动部分，是经济指标数据的残差序列，ε_t 和 η_t 相互独立，且满足 $\varepsilon_t \sim i.\,i.\,N(0,\ 1)$ 和 $\eta_t \sim i.\,i.\,N(0,\ \sigma_\eta^2)$，但是 σ_η^2 属于不可知的。α 和 β 均属于参数项，且 β 体现的是经济指标数据的当期波动对其未来波动的影响程度，通常情况下 $-1 < \beta < 1$。假设 $h_t = \ln\sigma_t^2$，那么公式(4-17)和公式(4-18)可以转化为：

$$y_t = \varepsilon_t e^{\frac{h_t}{2}} \tag{4-19}$$

$$h_t = \alpha + \beta h_{t-1} + \eta_t \tag{4-20}$$

通常情况下，随机波动模型的基本性质包括：

（a）y_t 属于经济指标数据的残差序列；

（b）h_t 序列的平稳性也就体现了经济指标数据残差序列 y_t 的平稳性；

（c）如果 η_t 序列服从正态分布，那么 h_t 序列必须满足如下关系：

$$E[\exp(\alpha h_t)] = \exp\left(\frac{\alpha^2 \sigma_h^2}{2}\right) \tag{4-21}$$

σ_h^2 表示 h_t 序列的方差；

（d）如果 η_t 序列服从正态分布，ε_t 序列具有有限方差，那么经济指标数据的残差序列 y_t 的方差可以表示为：

$$\mathrm{var}(y_t) = \sigma^2 \sigma_\varepsilon^2 \exp\left(\frac{\sigma_h^2}{2}\right) \quad \sigma^2 \in C \tag{4-22}$$

（e）如果 ε_t 序列存在四阶矩，那么经济指标数据的残差序列 y_t 的峰度可以表示为 $\kappa\exp(\sigma_h^2)$，ε_t 序列的峰度则为 κ；

（f）经济指标数据的残差序列 y_t 的奇数截距为 0；

（g）如果 ε_t 序列服从标准正态分布，那么经济指标数据的残差序列 y_t 的绝对值的 c 次方的均值与方差如下所示：

$$E(\,|\,y_t\,|^c\,) = \sigma^2 2^c \frac{\Gamma\left(\dfrac{c+1}{2}\right)}{\Gamma\left(\dfrac{1}{2}\right)} \exp\left(\frac{c^2\sigma_h^2}{8}\right) \tag{4-23}$$

$$\mathrm{var}(\,|\,y_t\,|^c\,) = \sigma^{2c} 2^c \exp\left(\frac{c^2\sigma_h^2}{2}\right) \left[\frac{\Gamma\left(\dfrac{2c+1}{2}\right)}{\Gamma\left(\dfrac{1}{2}\right)} - \left(\frac{\Gamma\left(\dfrac{c+1}{2}\right)}{\Gamma\left(\dfrac{1}{2}\right)}\right)^2\right] \tag{4-24}$$

其中，$\Gamma(0.5) = \pi^{0.5}$，$\Gamma(1) = 1$。

为了满足不同的经济金融问题的分析需求，学者们对随机波动模型进行了多种拓展，特别是为了解决经济金融时间序列数据的尖峰性和厚尾性特征，学者们建立了随机波动 $-t$ 分布模型、随机波动广义误差分布模型等。在随机波动 $-t$ 分布模型中，假设 ε_t 序列服从自由度为 ν、均值为 0 和方差为 1 的 t 分布，满足如下数学表达式：

$$f(\varepsilon_t) = [\pi(v-2)]^{\frac{1}{2}} \left(1 + \frac{\varepsilon_t^2}{v-2}\right)^{-\frac{v+1}{2}} \frac{\Gamma\left(\dfrac{v+1}{2}\right)}{\Gamma\left(\dfrac{v}{2}\right)} \tag{4-25}$$

在公式（4-25）中，如果自由度 $v < 4$，那么经济指标数据的残差序列 y_t 的峰度和 ε_t 序列的峰度不存在；如果自由度 $v > 4$，那么二者的峰度通常大于 3。在随机波动广义误差分布模型中，假设 ε_t 序列服从自由度为 c、均值为 0 和方差为 1 的广义误差分布，满足如下数学表达式：

$$f(\varepsilon_t) = \frac{c\exp\left[\dfrac{1}{2}\left(\dfrac{|\,\varepsilon_t\,|}{\lambda}\right)^c\right]}{\lambda\Gamma\left(\dfrac{1}{c}\right)2^{\frac{1+c}{c}}} \quad \lambda = \left[2^{\frac{-2}{c}} \frac{\Gamma\left(\dfrac{1}{c}\right)}{\Gamma\left(\dfrac{3}{c}\right)}\right]^{\frac{1}{2}} \quad 0 < c < 2 \tag{4-26}$$

在公式(4-26)中，经济指标数据的残差序列 y_t 的峰度和 ε_t 序列的峰度通常大于3，符合经济金融时间序列数据的尖峰厚尾特征。

（3）Markov Chain Monte Carlo 参数估计

Markov Chain Monte Carlo 参数估计是学者们当前在随机波动模型参数估计中应用较多的方法。假设经济指标数据 Z 的取值用状态空间 Θ 表示，Z^t 则表示其在时刻 t 的值。在平稳的随机过程中，状态空间 Θ 中数值的转换概率仅与经济指标数据 Z 当前的状态有关。换言之，Markov 随机变量的过去数值不影响转换概率，经济指标数据 Z 的当前状态是影响其未来变化的唯一因素。

在状态空间 Θ 时，假设经济指标数据的条件分布函数如下：

$$P(Z_h \mid Z_t, Z_{t-1}, \cdots) = P(Z_h \mid Z_t) \quad h > t \tag{4-27}$$

于是经济指标数据 Z 转换概率函数为：

$$P_t(\theta, h, \Delta) = P(Z_t \in \Delta \mid Z_t = \theta) \quad h > t \tag{4-28}$$

经济指标数据 Z 的平稳性要求其转换概率取决于时间 $h - t$，而不是时间 t。要实现经济指标数据 Z 分布的平稳性，就要进行大量的模拟运行。在经济指标数据 Z 平稳性的情况下，Markov 链具有不可约、非周期等特征，且符合可逆条件 $P_i(k, j)\pi_j^* = P_t(j, k)\pi_k^*$。Markov 链在运行一定时间 t 后会达到均衡水平，实现经济指标数据 Z 的平稳状态，即 Markov 链中的空间状态参数 Θ^t 和 Θ^{t+1} 趋向一致。当 Markov 分布实现平稳时，该方法产生的随机数值就与平稳分布相对应。

Markov Chain Monte Carlo 参数估计的核心是通过 Monte Carlo 积分来实现复杂概率分布函数的抽样，Metropolis-Hastings 算法是解决该问题的有效方法之一。Metropolis 抽样是通过近似分布来生成随机数值，同时其分布函数具有对称性，满足 $P = (\Theta_1, \Theta_2, \cdots, \Theta_n, \Phi \mid Z)$。Metropolis 抽样的具体步骤如下所示：

（a）抽样初值需要符合 $f(\Theta_1^{(0)}, \Theta_2^{(0)}, \cdots, \Theta_N^{(0)}, \Phi^{(0)} \mid Z) > 0$，以作为经济指标数据 Z 抽样开始条件；

（b）在经济指标数据 Z 当前空间状态 Θ_{t-1} 条件下，在跳跃分布密度中选择样本点 Θ_*，跳跃分布具有对称性，对任意的 i 和 j 应满足 $P(\Theta_i \mid \Theta_j) = P(\Theta_j \mid \Theta_i)$；

（c）度量经济指标数据 Z 的样本点 Θ_* 和当前空间状态 Θ_{t-1} 的密度比值，即

$$r = \frac{f(\Theta_* \mid Z)}{f(\Theta_{t-1} \mid Z)};$$

（d）若经济指标数据 Z 当前空间状态 Θ_{t-1} 跳跃至样本点 Θ_* 使得条件后验密度得以提高，那么将样本点 Θ_* 设定为空间状态 Θ_t 的概率为 $\min(r, 1)$；若经济指标数据 Z 当前空间状态 Θ_{t-1} 跳跃至样本点 Θ_* 使得条件后验密度得以减小，那么将样本点 Θ_* 设定为空间状态 Θ_t 的概率为密度比值 r；若经济指标数据 Z 当前空间状态 Θ_{t-1} 跳跃至样本点 Θ_* 使得条件后验密度不变，那么空间状态 Θ_t 就等于当前空间状态 Θ_{t-1}。

Metropolis 抽样经过 Hastings 的修正，拓展为 Metropolis-Hastings 算法。Hastings 的修正主要包括删除了跳跃分布的对称性条件，并将转换密度函数调整为统一形式，其调整的具体准则如下所示：

$$r = \frac{f(\Theta_* \mid Z)P(\Theta_* \mid \Theta_{t-1})}{f(\Theta_{t-1} \mid Z)P(\Theta_{t-1} \mid \Theta_*)} = \frac{f(\Theta_* \mid Z)P(\Theta_{t-1} \mid \Theta_*)}{f(\Theta_{t-1} \mid Z)P(\Theta_* \mid \Theta_{t-1})} \tag{4-29}$$

调整后的转换密度函数如下所示：

$$f(x \rightarrow y) = q(x, y)a(x, y) = q(x, y)\min\left[\frac{f(y)q(y, x)}{f(x)q(x, y)}, 1\right] \tag{4-30}$$

对任意的 x 和 y 来说，若存在 $q(x, y)a(x, y)f(x) = q(y, x)a(y, x)f(y)$，就证明对经济指标数据 Z 的分布抽样是平稳的。对于经济指标数据 Z 分布抽样的可逆性问题可通过以下情形来证明：

（a）如果 $q(x, y)f(x) = q(y, x)f(y)$，就说明 $a(x, y) = a(y, x) = 1$，因此经济指标数据 Z 的概率分布存在关系 $P(x, y)f(x) = P(y, x)f(y) = q(y, x)f(y)$，符合可逆性的要求；

（b）如果 $q(x, y)f(x) > q(y, x)f(y)$，就说明 $a(y, x) = 1$ 同时满足这一条件 $a(x, y) = f(y)q(y, x)/f(x)q(x, y) < 1$，因此经济指标数据 Z 的概率分布也必然存在关系 $P(x, y)f(x) = q(x, y)a(x, y)f(x) = q(y, x)f(y) = P(y, x)f(y)$，符合可逆性的要求；

（c）如果 $q(x, y)f(x) < q(y, x)f(y)$，就说明 $a(y, x) = 1$ 同时满足这一条件 $a(y, x) = f(y)q(x, y)/f(y)q(y, x) < 1$，因此经济指标数据 Z 的概率分布也必然存在关系 $P(y, x)f(y) = q(y, x)a(y, x)f(x) = q(x, y)f(x) = P(x, y)f(x)$，符合可逆性的要求。

综合以上分析可知，因子模型可以通过大量的经济指标数据来构建经济增长不确定性指数，从而避免了信息遗失的问题；随机波动模型则能够有效地处理经济指标数据的异常波动，确保经济增长不确定性数据序列的平稳性，充分体现经济增长不确定性的不可预知性；而 Markov Chain Monte Carlo 参数估计则能够很好地处理随机波动模型对经济不确定性指数的样本预测问题。

2. 经济增长不确定性测度框架设计

在上文经济增长不确定性测度方法的基础上，我们参考 Kyle Jurado、Sydney C. Ludvigson 和 Serena Ng（2015）的研究成果，构建经济增长不确定性测度框架。假设经济指标数据 $Z_t = (Z_{1t}, Z_{2t}, \cdots, Z_{Nt})'$ 为可采用变量且已转换成平稳序列，经济指标数据 Z_t 的近似因子结构可表示为：

$$Z_t = \Lambda^{F}_i{}' F_t + e^Z_{it} \tag{4-31}$$

其中，F_t 表示经济指标数据 Z_t 的潜在公共因子，$\Lambda^{F}_i{}'$ 表示经济指标数据 Z_t 的潜在因子载荷，e^Z_{it} 表示经济指标数据 Z_t 的误差项。经济指标数据 Z_t 的潜在公共因子的数量要远少于经济指标数据 Z_t 的数量，因子模型的核心是确定经济指标数据 Z_t 之间的相关系数结构和协方差矩阵结构。假设通过因子模型预测的 $h \geq 1$ 期的经济指标数据的变量序列为 Y_{jt}，于是有

$$Y_{jt+1} = \varphi^Y_j(L) Y_{jt} + \gamma^F_j(L) \hat{F}_t + \gamma^W_j(L) W_t + \upsilon^Y_{jt+1} \tag{4-32}$$

其中，$\varphi^Y_j(L)$、γ^F_j 和 γ^W_j 均为经济指标数据的有限多项式的 L 阶滞后算子，$\hat{F}_t$ 表示经济指标数据潜在公共因子 F_t 的一致性估计，而 W_t 则囊括了经济指标数据的主成分平方及其平方的主成分等非线性信息，在这种情况下不存在信息遗失问题。在该模型中，至为关键的是经济指标数据的预测序列前一期 Y_{jt} 的误差项、经济指标数据的潜在公共因子 F_{kt+1} 以及经济指标数据的附加预测器 W_{lt+1} 可以具有时变波动特征，分别用 σ^Y_{jt+1}、σ^F_{kt+1} 和 σ^W_{lt+1} 来表示，这就使得经济指标数据的预测序列 Y_{jt} 存在时变不确定性。如果经济指标数据的潜在公共因子具备动态自回归特征，就可以构建更为紧密的增广因子向量自回归模型，其数学结构如下所示：

$$\begin{pmatrix} X_t \\ Y_{jt} \end{pmatrix}_{r+1, q*1} = \begin{pmatrix} \psi^X_{qr*qr} & 0_{qr*q} \\ \Lambda'_j & \psi^Y_j \end{pmatrix} \begin{pmatrix} X_{t-1} \\ Y_{jt-1} \end{pmatrix} + \begin{pmatrix} \upsilon^X_t \\ \upsilon^Y_{jt} \end{pmatrix} \tag{4-33}$$

$$Y_{jt} = \psi^Y_j Y_{jt-1} + \upsilon^Y_{jt} \tag{4-34}$$

其中，$X_t = (\hat{F}'_t, W'_t)$ 囊括了经济指标数据的潜在公共因子 F_t 以及经济指标数据的附加预测器 W_t，Λ'_j 和 ψ_j^Y 均为经济指标数据的滞后多项式的系数函数，ψ^X 则是 X_t 的迭代自回归系数函数。假设 $X_t \equiv (X'_t, X'_{t-1}, \cdots, X'_{t-q+1})$，经济指标数据的预测序列 $Y_{jt} = (y_{jt}, y_{jt-1}, \cdots, y_{jt-q+1})$，通过公式（4-33）的迭代可以得到 $h \geqslant 1$ 期的经济指标数据的预测序列。由于经济指标数据的预测序列是平稳的，经济指标数据的滞后多项式的系数函数 ψ_j^Y 最大特征值得小于 1，经济指标数据的预测序列 Y_{jt} 的最优 h 期预测条件均值如下所示：

$$E_t(Y_{jt+h}) = (\psi_j^Y)^h Y_{jt} \tag{4-35}$$

经济指标数据的预测序列 Y_{jt} 的最优 h 期预测在时刻 t 的误差方差如下所示：

$$\Omega_{jt}^Y = E_t [Y_{jt+h} - E_t(Y_{jt+h})][Y_{jt+h} - E_t(Y_{jt+h})]' \tag{4-36}$$

通常情况下，经济指标数据的预测序列 Y_{jt} 的时变均方误差和经济指标数据的预测序列 Y_{jt} 及其附加预测器 X_t 遭遇冲击产生的时变方差高度相关。如果 $h = 1$，那么经济指标数据的预测序列 Y_{jt+1} 的误差方差为：

$$\Omega_{jt}^Y(1) = E_t(v_{jt+1}^Y v_{jt+1}^{Y\prime}) \tag{4-37}$$

如果 $h > 1$，那么经济指标数据的预测序列 Y_{jt+h} 的误差方差为：

$$\Omega_{jt}^Y(h) = \psi_{jt}^Y(h-1)\psi_{jt}^{Y\prime} + E_t(V_{jt+h}^Y V_{jt+h}^{Y\prime}) \tag{4-38}$$

如果 $h \to \infty$，那么经济指标数据的预测序列 Y_{jt} 的预测均值为无条件均值，同时其预测方差为无条件方差，这说明如果 h 足够大，那么经济指标数据的预测序列 Y_{jt} 的误差方差 $\Omega_{jt}^Y(h)$ 基本不变。

假设经济指标数据的预测序列 Y_{jt+h} 在时刻 t 的不确定性为 $U_{jt}^Y(h)$，它可以通过经济指标数据的预测序列 Y_{jt+h} 的误差方差的平方根计算得到，其计算公式为：

$$U_{jt}^Y(h) = \sqrt{1'_j \Omega_{jt}^Y(h) 1_j} \tag{4-39}$$

其中，1_j 表示的是选择向量。经济增长不确定性的测度是通过大量经济指标数据不确定性估计的加权平均计算得出，即 $\sum_{j=1}^{N_Y} W_j U_{jt}^Y(h)$。在这里通过等权重 $W_j = 1/N_Y$ 来进行加权平均计算。

综合学者们的理论研究成果来看，不确定性冲击对经济活动的影响是独立的。在这里通过随机波动来表达经济指标数据的预测序列 Y_j 及其附加预测器 X 对经济指标数据的预测序列 h 期的不确定性冲击，同时随机波动冲击后的时刻与经济指标数据的预测序列 Y_j 是相互独立的。对于经济指标数据的潜在公共因子 F_t 而言，假设潜在公共因子 F_t 序列相关，通过一阶自回归模型可以表示为：

$$F_t = \Phi^F F_{t-1} + v_t^F \tag{4-40}$$

假设 v_t^F 为存在 $(\sigma^F)^2$ 常数方差的鞍差，那么经济指标数据的预测序列 Y_j 的预测误差方差 $\Omega^F(h) = \Omega^F(h-1) + (\Phi^F)^{2(h-1)} (\sigma^F)^2$ 会随着 h 的增加而变大。假设对经济指标数据的潜在公共因子 F_t 的冲击属于时变随机波动，即 $v_t^F = \sigma_t^F \varepsilon_t^F$，那么对数随机波动存在自回归方程结构为：

$$\log(\sigma_t^F)^2 = \alpha^F + \beta^F \log(\sigma_{t-1}^F)^2 + \tau^F \eta_t^F \quad \eta_t^F \sim i.i.dN(0, 1) \tag{4-41}$$

由于随机波动当前时刻的冲击和下一时刻的冲击相互独立，该模型可进一步转换为：

$$E_t(\sigma_{t+h}^F)^2 = \exp\left(\alpha^F \sum_{s=0}^{h-1} (\beta^F)^s + \frac{(\tau^F)^2}{2} \sum_{s=0}^{h-1} (\beta^F)^{2s} + (\beta^F)^h \log(\sigma_t^F)^2 \right)$$
$$\tag{4-42}$$

其中，$\varepsilon_t^F \sim i.i.dN(0, 1)$，$E_t(v_{t+h}^F)^2 = E_t(\sigma_{t+h}^F)^2$。通过递归分析可进一步得出 $h > 1$ 时经济指标数据的预测序列 Y_{jt+h} 的误差方差，其数学表达式为：

$$\Omega_t^F(h) = \Phi^F \Omega_t^F(h-1) \Phi^{F\prime} + E_t(v_{t+h}^F v_{t+h}^{F\prime}) \tag{4-43}$$

其中，$\Omega_t^F(1) = E_t(v_{t+1}^F)$。那么，经济指标数据的潜在公共因子 F_t 在时刻 t 的前 h 期不可确定性的预测可以通过经济指标数据的潜在公共因子 F_t 的 h 阶预测误差方差的平方根计算得到，即

$$U_t^F(h) = \sqrt{1_F' \Omega_t^F(h) 1_F} \tag{4-44}$$

其中，1_F 表示的是选择向量。经济指标数据的潜在公共因子 F_t 的不可确定性主要取决于 $E_t(\sigma_{t+h}^F)^2$，同时其水平效应取决于 α^F，其规模效应取决于 τ^F，而其持久性效应则取决于 β^F。为进一步分析经济指标数据的附加预测器 X_t 的不确定性对经济指标数据的预测序列 Y_t 的不确定性的影响，假设随机波动模型仅存在一个附加预测器 $\hat{F}$，其数学表达式为：

$$y_{jt+1} = \phi_j^y y_{jt} + \gamma_j^F \hat{F}_t + v_{jt+1}^y \quad v_{jt+1}^y = \sigma_{jt+1}^y \varepsilon_{jt+1}^y \quad \varepsilon_{jt+1}^y \sim i.i.dN(0, 1) \tag{4-45}$$

同时满足

$$\log(\sigma_{jt+1}^y)^2 = \alpha_j^y + \beta_j^y \log(\sigma_{jt}^y)^2 + \tau_{jt}^y \eta_{t+1}^F \quad \eta_{t+1}^y \sim i.i.dN(0, 1) \tag{4-46}$$

如果 $h = 1$，那么经济指标数据的潜在公共因子 F_{t+1} 的预测误差 V_{jt+1}^F 和经济指标数据的预测序列 y_{jt} 的预测误差 v_{jt+1}^y 是相等的，同时 v_{jt+1}^y 和经济指标数据的潜在公共因子 F_{t+1} 前一期误差相互独立；如果 $h = 2$，那么经济指标数据的潜在公共因子 F_{t+2} 的预测误差为 $V_{jt+2}^F = \Phi^F V_{t+1}^F + v_{t+2}^F$，经济指标数据的预测序列 y_{jt} 的预测误差是 $V_{jt+2}^y = v_{jt+2}^y + \phi_j^y V_{jt+1}^y + \gamma_j^F V_{t+1}^F$，显然二者的预测误差与其前一期预测误差存在依赖关系，但是 V_{t+1}^y 和 V_{t+1}^F 是相互独立的；如果 $h = 3$，那么经济指标数据的潜在公共因子 F_{t+3} 的预测误差为 $V_{jt+3}^F = \Phi^F V_{t+2}^F + v_{t+3}^F$，经济指标数据的预测序列 y_{jt} 的预测误差是 $V_{jt+3}^y = v_{jt+3}^y + \phi_j^y V_{jt+2}^y + \gamma_j^F V_{t+2}^F$，不同于 $h = 2$ 时的情形，由于 V_{t+2}^y 与 V_{t+2}^F 都和 V_{t+1}^F 存在依赖关系，使得二者之间是存在相关关系的。以此类推，在一般情形下，如果经济指标数据的附加预测器为 $X_t = (\hat{F}'_t, W'_t)$，那么对经济指标数据的预测序列 Y_{jt+h} 的前 h 期预测误差方差进行分解，结果如下：

$$\Omega_{jt}^Y(h) = \Phi_j^Y \Omega_{jt}^Y(h-1) \Phi_j^{Y'} + \Omega_{jt}^X(h-1) + E_t(V_{jt+h}^Y V_{jt+h}^{Y'}) + 2\Phi_j^Y \Omega_{jt}^{YX}(h-1)$$

$$(4\text{-}47)$$

其中，$\Omega_{jt}^{YX}(h) = \mathrm{cov}(V_{jt+h}^Y V_{jt+h}^X)$。由于 $E_t(v_{jt+h}^y)^2 = E_t(\sigma_{jt+h}^y)^2$，$E_t(v_{jt+h}^F)^2 = E_t(\sigma_{jt+h}^F)^2$ 以及 $E_t(v_{jt+h}^W)^2 = E_t(\sigma_{jt+h}^W)^2$，可以通过计算得到 $E_t(V_{jt+h}^Y V_{jt+h}^{Y'})$。根据公式 (4-47) 可知，经济指标数据的不确定性由四部分组成，分别是经济指标数据的预测序列 Y_{jt+h} 预测误差方差的自回归部分、经济指标数据的附加预测器 X_t 的预测误差方差部分、经济指标数据的潜在公共因子 F_t 的随机波动部分以及经济指标数据的潜在公共因子 F_t 及其附加预测器 X_t 的协方差部分。预测经济指标数据的不确定性非常关键的步骤是确定经济指标数据的附加预测器 X_t 的预测误差方差 $\Omega_{jt}^X(h-1)$，而随机波动冲击的主要作用在经济指标数据的潜在公共因子 F_t 的预测序列上。从公式 (4-47) 可以看出，对公式右侧进行计算需要估计经济指标数据的潜在公共因子 F_t 及其附加预测器 X_t 的每一个变量。

3. 经济增长不确定性测度结果分析

经济增长不确定性的测度依赖于经济增长指标体系的构建，反映的是经济增长指标的共同的非预期波动趋势。在经济增长指标选取上，为符合增广因子向量自回归模型对数据的基本要求，经济增长指标的时间跨度要足够长，样本数量要足够多，因此本书主要以经济增长指标的月度和季度数据作为测算基础，其中经济增长指标的样本区间是 2000 年 1 月至 2021 年 12 月。同时，参照马丹、何雅兴和翁作义(2018)构建的宏观经济不确定性计算指标①，结合全国和省域经济增长指标数据的可获取性，建立全国 & 省域经济增长不确定性测算指标(表 4-1)。表中数据均来源于中经网统计数据库、国家统计局及各省(市、自治区)统计局网站。

表 4-1　全国 & 省域经济增长不确定性测算指标

类别	数量	经济指标	频次
国民经济核算	4	国内生产总值增速、第一产业增加值增速、第二产业增加值增速、第三产业增加值增速	季度
工业	4	规模以上工业增加值增速、规模以上工业产品产销量、规模以上工业利润总额、规模以上工业亏损总额	月度
投资	2	固定资产投资完成额、房地产开发投资完成额	月度
消费	1	社会消费品零售总额	月度
物价	5	居民消费价格指数、商品零售价格指数、农业生产资料价格指数、工业生产者购进价格指数、工业生产者出厂价格指数	月度
贸易	2	出口总额、进口总额	月度
财政	2	一般公共预算收入、一般公共预算支出	月度
金融	2	银行业机构本外币存款余额、银行业机构本外币贷款余额	月度

考虑到上述数据中包含季度数据，为保持数据频次的一致性，通过 X12 时间序列季度分解方法调整为月度数据；同时通过线性插值法来填补上述数据中的部分缺失数据问题。鉴于增广因子向量自回归模型对数据的平稳性要求，对上述所有数据均进行标准化处理。我们对经济增长不确定性测算指标数据进行 KMO 和 Bartlett 检验后发现，全国经济增长不确定性测算指标数据的 Kaiser-Meyer-Olkin 测量取样适当性值为 0.7275，这表明全国经济增长不确定性测算指标具有相关关

---

① 马丹，何雅兴，翁作义. 大维不可观测变量的中国宏观经济不确定性测度研究[J]. 统计研究，2018(10)：44-57.

系；其 Bartlett 球形检验的显著性为 0.0000，这表明全国经济增长不确定性测算指标可以通过因子分析进行降维处理。对于省域经济增长不确定性测算指标的 KMO 和 Bartlett 检验仅以广东省为例，其 Kaiser-Meyer-Olkin 测量取样适当性值和 Bartlett 球形检验的显著性分别为 0.7719、0.0000，这表明广东省经济增长不确定性测算指标具有相关关系且可以通过因子分析进行降维处理。

表 4-2　经济增长不确定性测算指标数据 KMO 和 Bartlett 检验结果

		全国	广东省
Kaiser-Meyer-Olkin	测量取样适当性	0.7275	0.7719
Bartlett 球形检验	近似卡方	5819.9532	3870.8163
	自由度	176	176
	显著性	0.0000	0.0000

按照经济增长不确定性测度框架，本书结合 MATLABR2016a 来合成经济增长不确定性指数，结果如图 4-1 所示。从图 4-1 可以看出，全国经济增长不确定性指数和广东省经济增长不确定性指数的波动情况大体一致。仅就全国经济增长不确定性指数而言，每次较大幅度的波动基本上都与国内外重大的社会经济事件相吻合。例如 2001 年 12 月中国加入世界贸易组织后经济增长不确定性指数的波动；2003 年 SRAS 疫情爆发后经济增长不确定性指数的波动；2004 年中国进入加息周期且 2005 年开始推进股份制改革后经济增长不确定性指数的波动；2008 年美国次贷危机前后经济增长不确定性指数的波动；2010 年后中国国内生产总值增长率逐年降低，经济增长不确定性指数开始攀升；2015—2016 年推行的股票发行注册制改革和汇率机制改革以及"股灾"的发生和股票市场熔断机制的尝试，都增加了中国经济增长的不确定性；特朗普当选美国总统后，中美贸易摩擦不断，中美贸易战逐步升级，同样增加了中国经济增长的不确定性等。

由于我们在后续关于高新技术产业创新增长的研究中采用的是年度指标数据，而测算的经济增长不确定性指数为月度数据，需要将其转换为年度数据。在这里通过几何平均法来把经济增长不确定性指数月度数据转换为年度数据，作为后续探讨经济增长不确定性和高新技术产业创新增长关系的基础。

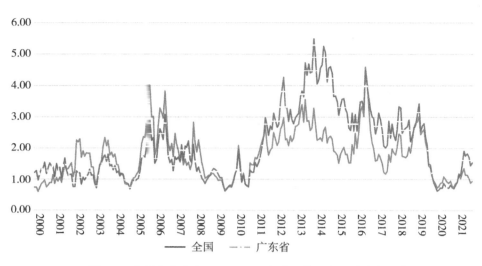

图 4-1　全国和广东省 2000—2021 年度经济增长不确定性指数

4.2.2　经济政策不确定性的测度

经济政策不确定性源于经济政策的决策主体、经济政策的调整范围以及经济政策的生效时机等。严格来讲，经济政策不确定性属于不可直接观测的变量。经济政策不确定性并非源自某项经济政策，而是整个经济政策体系的改变，需要结合社会经济环境、政治经济体制以及经济政策预测偏差等多方面来分析经济政策不确定性的特征规律。目前使用较为广泛的经济政策不确定性测度方法主要有代理指标法，例如波动率指数、信用利差以及官员变更等代理指标；主观感知法，例如问卷调查、专家问询等主观判断方法；文本检索法，例如 Scott R. Baker、Nicholas Bloom 和 Steven J. Davis（2016）通过新闻报道检索构建的 EPU 指数等①。

1. 全国经济政策不确定性

Scott R. Baker、Nicholas Bloom 和 Steven J. Davis（2016）构建的经济政策不确定性指数（EPU）由三大类别构成，其一是新闻指数，占比 50.00%，主要是借助

---

① Scott R. Baker, Nicholas Bloom, Steven J. Davis. Measuring Economic Policy Uncertainty [J]. The Quarterly Journal of Economics, 2016, 131(4): 1593-1636.

对大型报刊中和经济政策不确定性相关的文章数量进行统计来测度；其二是税法法条失效指数，占比 16.67%，主要是借助对失效的税法法条数量进行统计来测度；其三是经济预测偏差指数，占比 33.33%，主要是借助对 CPI 预测偏差和政府支出预测偏差进行统计来测度。其中，新闻指数的构建过程主要包括筛选新闻报刊；检索关键词并对相关文章数量进行统计，关键词包括经济、政策以及不确定性等；对统计结果进行标准化处理得出指数序列。对新闻报刊统计结果进行标准化处理的主要步骤包括：测算新闻报刊 i 在固定时间间隔内的时序方差 σ_i^2；把新闻报刊 i 在固定时间间隔内的统计频数除以其时序标准差 σ_i 得出标准化序列 Y_{it}；测算新闻报刊 i 的标准化序列 Y_{it} 的均值 Z_t；测算标准化序列 Y_{it} 的均值 Z_t 在固定时间间隔内的均值 M；标准化处理序列 Y_{it} 的均值 Z_t，即 $Z_t \times 100/M$，得出经济政策不确定性指数。

为测度中国的经济政策不确定性，Scott R. Baker、Nicholas Bloom 和 Steven J. Davis 按照新闻指数的构建方法，基于我国香港出版的《南华早报》相关文章统计数据编制了中国经济政策不确定性指数 EPU。鉴于 EPU 指数选取的样本较少，Yun Huang 和 Paul Luk（2020）参照其经济政策不确定性指数编制方法，将新闻报刊的选取范围扩大，囊括了《北京青年报》《广州日报》《解放日报》《人民日报·海外版》《上海晨报》《南方都市报》《新京报》《今晚报》《文汇报》和《羊城晚报》等 10 家报纸作为信息源，编制出新的中国经济政策不确定性指数（CEPU）[①]。该指数自 2000 年以来的时序图如图 4-2 所示。从图 4-2 可以看出，我国经济政策不确定性指数发生过几次大幅波动，特别是 2008 年以后我国经济政策不确定性出现了整体性提升。总体来看，引起我国经济政策不确定性指数波动的因素主要包括以下几种类型：一是国内重大政治事件，五年一次的中国共产党全国代表大会、全国人民代表大会以及中国人民政治协商会议，政府官员的更换通常会带来政策倾向的调整，提升了经济政策变动的可能性；二是国内重大经济事件，例如 2001 年成功加入世界贸易组织、始于 2004 年的加息周期、始于 2005 年的股权分置改革、2015 年股票发行注册制改革以及汇率机制改革、2015 年发生的"股灾"以及

---

① Yun Huang, Paul Luk. Measuring economic policy uncertainty in China [J]. China Economic Review, 2020, 59(2): 1-18.

2016 年股票市场熔断机制的尝试等；三是国内重大灾害事件，例如 2003 年发生的 SARS 疫情、2008 年发生的雪灾等，对我国经济发展带来重大不利影响，为了尽快恢复经济发展活力，政府部门调整经济政策的积极性得以提升；四是外部重大经济风险事件，例如 2008 年次贷危机、2012 年欧债债务危机等，这些经济风险事件对世界范围内的经济发展带来严重不利影响，为应对外部经济风险事件的冲击，政府部门频繁调整经济政策，刺激国内经济发展；五是国际经济外交关系波动，例如特朗普自当选美国总统以来，大搞"美国优先"外交政策，频繁设置贸易壁垒，对原有的国际经贸关系造成重大冲击，为应对美国在国际经贸问题设置的障碍，我国不断调整经济政策以促进国内消费需求提升，降低对外贸易依赖程度，确保国内经济的有序发展；六是外部"黑天鹅事件"，例如 2001 年美国"9·11"恐怖袭击事件、2016 年英国脱欧等，特别是前者对美国乃至全球经济造成重创，对我国经济发展及经济政策走向也造成很大影响。

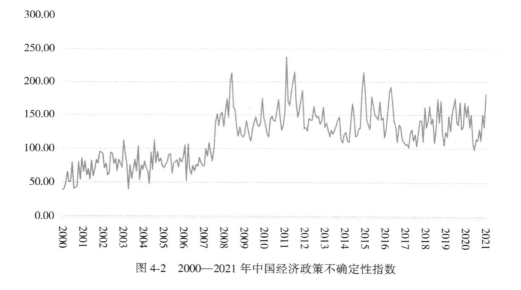

图 4-2 2000—2021 年中国经济政策不确定性指数

考虑到本研究中关于高新技术产业创新增长的指标数据为年度数据，而上述经济政策不确定性指数为月度数据，为了使二者能够相互匹配，我们通过几何平均法将经济政策不确定性指数月度数据转换为年度数据。同时，由于经济政策不确定性指数的数值较大且呈现离散状态，为进一步消除其影响，我们对转化后的经济政策不确定性指数年度数据进行对数化处理，并以此作为后文经济政策不确定性和高新技术产业创新增长关系实证研究的基础。

2. 省域经济政策不确定性

目前学者们构建的经济政策不确定性指数均是建立在全国层面数据的基础上，缺乏对各省域经济政策不确定性的数据描述。有鉴于此，我们参考陈德球等（2016）学者的研究方法，将官员变更作为衡量省域经济政策不确定性的指标①。众所周知，地方政府核心官员往往被赋予了很大的自由裁量权，其在地方经济发展中发挥着至关重要的作用，而核心官员的更迭通常都会带来经济政策的不确定性。产生这一现象的原因主要包括：一是因受到年龄因素、学历教育、工作履历和经济理念等多方面因素的影响，官员在地方任职期间的经济政策和经济决策呈现显著的差异性；二是官员在地方任职期间管辖众多核心资源，诸如土地资源、行政资源以及政策资源等，从而为其发挥主观能动性去调整经济政策、发展地方经济提供了便利；三是上级政府特别是中央政府的官员考核机制为地方官员到任后的经济政策调整创造了动机和诉求，从而更有效地做出和前任地方官员具有差异性的表现，获取更多的上级认可和晋升机遇。受到这些因素的影响，地方核心官员变更过程中通常都会出现新的经济政策取代旧的经济政策，甚至新旧经济政策表现出巨大的差异性。

综合上述分析，我们通过省域行政区划内地级市核心官员（包括市委书记和市长）的更迭比率来衡量该省域经济政策不确定性程度。测算各省域内地级市核心官员更迭比率的步骤如下：首先借助中国共产党新闻网（http：//www.cpcnews.cn/）、中国经济网（http：//www.ce.cn/）以及择城网（https：//www.hotelaah.com/）等网络平台搜集2000—2021年度全国31个省（市、自治区）的地级市核心官员每年更迭的数量，其中四大直辖市统计各城区区委书记与区长的更迭数量；其次，以各省（市、自治区）的地级市数量为基础，测算各省（市、自治

① 陈德球，金雅玲，董志勇. 政策不确定性、政治关联与企业创新效率[J]. 南开管理评论，2016（4）：27-35；陈德球，陈运森，董志勇. 政策不确定性、市场竞争与资本配置[J]. 金融研究，2017（11）：65-80.

95

区)的地方核心官员年度更迭比率。鉴于地级市的市委书记和市长在地方经济治理中几乎发挥着同等重要的作用，我们综合两个职位的更迭来统计地方核心官员的变更。同时，针对地级市市长升任地级市市委书记的情形，由于其经济治理方式以及经济政策倾向通常表现出延续性特征，在此不作为核心官员变更指标进行统计。此外，考虑到地方核心官员到任至其进行经济政策调整往往存在时间偏差，我们参考张军和高远(2007)的处理方式，把地方核心官员上半年的变更纳入当年度进行统计，而地方核心官员下半年的变更纳入下一年度进行统计。以广东省为例，2000—2021年度地方核心官员更迭比率如图4-3所示。从图4-3可以看出，广东省各年度地方核心官员更迭比率呈现较大波动，平均每年有45.89%的地方核心职位发生变动，特别是换届年前后地方核心官员更迭比率达到峰值。

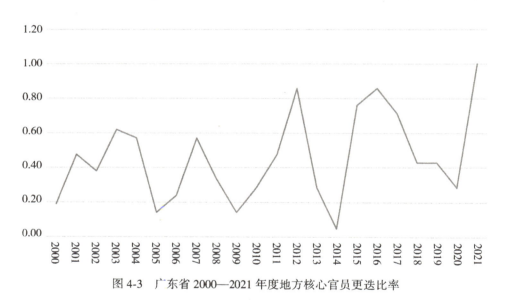

图4-3 广东省2000—2021年度地方核心官员更迭比率

4.3 金融发展的测度

为了科学有效地衡量金融发展水平，学者们先后构建了多种指标体系。例如金融相关比率指标，即通过一国或地区的金融资产总规模占其国内生产总值的比率来衡量；货币化深度指标，即通过一国或地区的广义货币总规模占其国内生产总值的比率来衡量；金融深度指标，即通过一国或地区的金融机构流动负债总规模占其国内生产总值的比率来衡量；股票市场指标，即通过一国或地区的股票总市值占其国内生产总值的比率来衡量等。综合金融发展理论体系以及学者们的研究成果，本书采用金融发展规模、金融发展效率、金融市场化等三个指标来衡量我国的金融发展水平。

4.3.1　金融发展规模

所谓金融发展规模通常情况下指的是一国或地区金融市场的发展规模，也有学者认为通过一国或地区中央银行资产规模、货币存款资产规模和其他金融机构资产规模占其国内生产总值的比重来测度金融发展规模。然而，在学者们的实证研究中，大多是通过一国或地区正规金融机构资产规模占其国内生产总值的比重来表征金融发展规模。同时通过一国或地区中央银行资产规模、货币存款资产规模和其他金融机构资产规模占其金融资产总规模的比重来表征金融发展相对规模水平。和中央银行以及其他金融机构比较来看，货币存款机构往往能发挥更为全面的金融职能，通过一国或地区的货币存款资产规模占其金融资产总规模的比重来衡量一国或地区的金融发展规模显得较为合理。需要注意的是经济发达国家与发展中国家在该指标中的差异性。通常情况下，经济发达国家金融开放程度要高于发展中国家。前者政府部门对金融的行政干预相对比较少，该指标可以有效地表征其金融发展规模水平；后者政府部门对金融的行政干预相对比较多，且银行机构在金融市场中居于绝对核心地位。受到政府部门行政干预的影响，发展中国家的金融机构在向市场主体提供金融服务时往往呈现出很大的不公平性。

考虑到我国金融发展实际情况以及数据的可得性，现以金融资产总规模占国内生产总值的比重来度量金融发展规模，其中金融资产又进一步分为信贷资产和股权资产，前者通过金融机构年末贷款总额来表示，后者通过上市公司年度总市值来表示。于是，金融发展规模指标的数学公式可以表示为：

$$\text{Fin\_size} = \frac{\text{Credit} + \text{Equity}}{\text{GDP}} \tag{4-48}$$

其中，Fin_size 表示一国或地区的金融发展规模，Credit 表示一国或地区的金融机构年末贷款总额，Equity 表示一国或地区的上市公司年度总市值。根据公式(4-48)测算的我国金融发展规模以及省域金融发展规模，结果如图4-4所示，其中省域金融发展规模仅以广东省为例。从图4-4可以看出，不管是中国金融发展规模指标还是广东省金融发展规模指标，整体上都呈现出震荡上升趋势。

图4-4 2000—2021年中国和广东省金融发展规模指标

4.3.2 金融发展效率

所谓金融发展效率主要指的是金融体系的资源配置效率。目前学者们对金融发展效率的测度主要是从金融功能论与银行结构论两个视角出发。前者在强调金融规模扩张的同时，更注重将低成本的金融资源投资到高收益的项目中，达到盈利水平的最优。然而，金融资源的投资效率往往不能直接度量，学者们通常结合私人信贷比率、资源配置比率等来间接予以衡量。采用私人部门的信贷比率主要是私人部门信贷的运用效率相对较高，因此一国或地区的私人部门信贷规模占其国内生产总值的比重常用来表征该国或地区的金融发展效率水平。后者强调的是金融资源的配置效率和金融机构之间的竞争程度或者说金融机构的集中程度存在的关联性。通常情况下，金融机构集中程度提升会削弱它们之间的竞争性，从而导致金融资源的配置效率降低。同时，国有金融机构的经营效率通常都会弱于非国有金融机构，通过非国有金融机构信贷资产规模所占比重也能在一定程度上衡量金融发展效率。

本书参照钟腾和汪昌云(2017)对金融发展效率的衡量方法①，通过一国或地区的资产形成额占其金融机构存款年度总规模的比重来测度金融发展效率。通常情况下，实体经济的发展运行离不开资本的积累，而资本积累往往又以固定资产与存货两项投资体现出来。金融机构通过积累储蓄存款并以资本形式输入到实体经济领域用来获取盈利。一国或地区的储蓄率水平及其投资转化率水平越高，则表明其金融资源增值能力越强，于是，金融发展效率指标的数学公式可以表示为：

$$\text{Fin\_eff} = \frac{\text{Property}}{\text{Deposit}} \tag{4-49}$$

其中，Fin_eff 表示一国或地区的金融发展效率，Property 表示一国或地区的年度资产形成总额，Deposit 表示一国或地区的金融机构年末存款总额。根据公式(4-49)可测算我国金融发展效率以及省域金融发展效率，结果如图 4-5 所示，

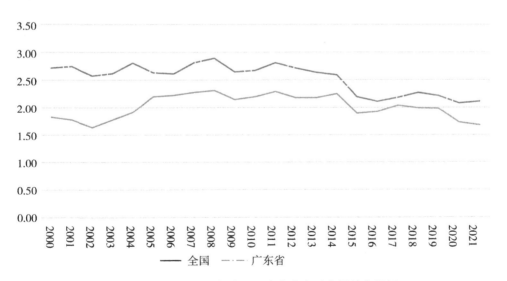

图 4-5 2000—2021 年中国和广东省金融发展效率指标

---

① 钟腾，汪昌云. 金融发展与企业创新产出——基于不同融资模式对比视角[J]. 金融研究，2017(12)：127-142.

其中省域金融发展效率仅以广东省为例。从图4-5可以看出，中国金融发展效率指标和广东省金融发展效率指标在2000—2011年期间整体震荡略有上升，自2011年后开始震荡下行，即金融发展效率有所降低。

4.3.3 金融市场化

现有的学术研究表明金融市场化对于提高居民储蓄比率、增加资金积累规模、提升居民消费水平以及激发社会创新需求都具有积极的正向作用。然而，在衡量一国或地区的金融发展水平时，金融市场化的度量往往存在较大难度。部分学者提出通过一国或地区的金融相关比率和国有金融相关比率的差值来衡量金融市场化水平。所谓金融相关率比率体现的是一国或地区的金融资产总规模占其国内生产总值的比重。关于金融资产总规模的衡量存在不同的标准，就我国实际情况而言，主要的金融资产集中在银行机构，而银行机构的存款和贷款又占据金融资产的绝大部分比重，因此通过银行机构的存款和贷款总额可以在一定程度上替代金融资产总规模指标。一国或地区的金融相关比率体现的是其整体的金融发展水平，而金融市场化则在一定程度上体现了金融市场的竞争程度和金融市场的发展效率。

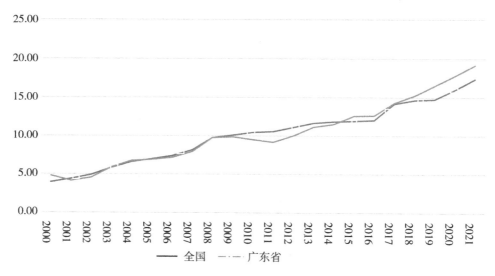

图4-6 2000—2021年中国和广东省金融市场化指标

关于金融市场化的度量，我们直接采用樊纲和王小鲁等编制的中国分省份市场化指数体系中的金融业市场化指标。该指标包含有金融业的竞争以及信贷资金分配市场化等两项重要衡量标准，对非国有金融机构所占比重及其存贷款综合能力进行了有效评价。同时，该指标经过了一定的时间检验，学者们对其认可程度也较高。根据樊纲和王小鲁等编制的中国金融市场化指标，得出我国金融市场化指数以及省域金融市场化指数，结果如图4-6所示，其中省域金融市场化指数仅以广东省为例。从图4-6可以看出，中国金融市场化指标和广东省金融市场化指标均呈现出上升趋势，即中国和广东省的金融市场化水平不断提升。

4.4 经济不确定性指数与金融发展指数比较分析

4.4.1 经济不确定性指数的比较分析

观测全国经济增长不确定性指数和经济政策不确定性指数可以发现，二者在某些时期呈现波动的一致性，在某些时期又存在明显的差异(图4-7)。结合表4-3全国经济增长不确定性指数和经济政策不确定性指数相关性分析结果来看，二者存在显著的正相关关系；但从二者相关系数的大小来看，二者的相关程度并不高。毫无疑问，全国经济增长不确定性指数和经济政策不确定性指数对重大社会经济事件都有所反应，但是二者对不同社会经济事件的反应程度存在明显差异。

表 4-3 全国经济增长不确定性指数和经济政策不确定性指数相关性分析

	Pearson	Kendall	Spearman
相关性	0.1480*	0.1102**	0.1652**
显著性	0.0163	0.0077	0.0073

＊表示在0.05水平(双尾)上显著相关，＊＊表示在0.01水平(双尾)上显著相关。

经济不确定性是表征宏观经济发展非预期波动的代理变量，体现的是宏观经济的随机性特征。为了体现经济不确定性和宏观经济发展之间的差异性，有必要分析经济不确定性和宏观经济变量之间的关联关系。限于篇幅，本书仅对全国经

图 4-7　2000—2021 年度全国经济增长不确定性指数和经济政策不确定性指数

济不确定性和宏观经济变量进行量化分析。考虑到数据统计周期的差异，在这里统一采用年度数据进行分析。

　　首先，本书对经济不确定性和宏观经济环境变量之间的关联性进行分析。在宏观经济环境变量的选取上，我们参考学者们认可程度比较高的变量指标来分析：一是国内生产总值增长率，国内生产总值是宏观经济发展水平的重要体现，然而国内生产总值的绝对值相对较大，且未剔除通货膨胀因素的影响，因此我们以国内生产总值增长率来作比较；二是失业率指标，考虑到我国仅统计了城镇登记失业人口数据，本书在这里通过城镇登记失业率作比较；三是通货膨胀率指标，结合学者们的实证研究，大多通过居民消费价格指数来体现我国的通货膨胀情况，本书也通过该指标作为通货膨胀率的替代作比较。从图 4-8 可以看出，2000—2021 年，我国经济增长不确定性指数和经济政策不确定性指数与宏观经济环境变量的波动趋势呈现出较大的差异性，这在一定程度上反映了经济不确定性指数和宏观经济环境变量所体现的宏观经济发展特征是不同的。

　　进一步结合表 4-4 全国经济不确定性指数和经济环境变量相关性分析结果来看，2000 年至 2021 年期间全国经济增长不确定性指数的波动和国内生产总值增长率、失业率以及通货膨胀率等宏观经济变量的波动不具有显著的关联性，这在

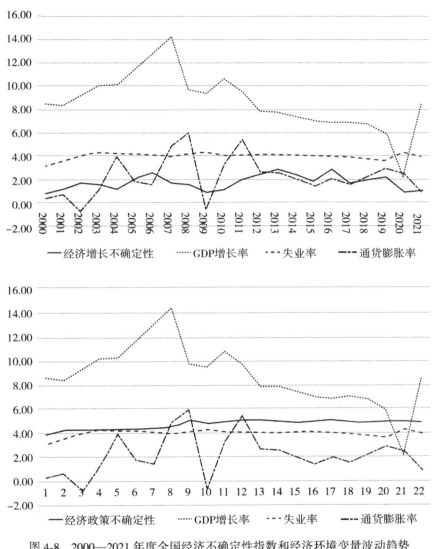

图 4-8 2000—2021 年度全国经济不确定性指数和经济环境变量波动趋势

一定程度上说明经济增长不确定性的波动和宏观经济发展形势不存在直接联系，经济增长不确定性的波动更多体现的是对社会经济风险因素的冲击。但是，全国经济政策不确定性指数的波动则和国内生产总值增长率、失业率以及通货膨胀率等宏观经济变量的波动呈现显著的关联性。进一步结合相关系数的大小来看，全国经济政策不确定性指数的波动和国内生产总值增长率呈现出负相关关系，和失业率以及通货膨胀率则呈现出正相关关系，这在一定程度上说明经济政策的波动主要是为了调剂和促进社会经济的发展。在经济发展形势良好的情形下，政府部门调整经济发展政策的积极性会降低，经济政策的不确定性也随之降低；反之，政府部门为刺激经济发展会提升经济政策调整的积极性，经济政策的不确定性也随之升高。

表 4-4　全国经济不确定性指数和经济环境变量相关性分析

		国内生产总值增长率	失业率	通货膨胀率
经济增长不确定性指数	Pearson 相关系数	0.0377	0.1523	0.1760
	Kendall 相关系数	−0.0996	−0.0667	0.1861
	Spearman 相关系数	−0.1643	−0.0936	0.2468
经济政策不确定性指数	Pearson 相关系数	−0.4499**	0.3881*	0.4040*
	Kendall 相关系数	−0.2468	0.1378	0.4199***
	Spearman 相关系数	−0.3800*	0.1895	0.5517***

　＊表示在 0.1 水平（双尾）上显著相关，＊＊表示在 0.05 水平（双尾）上显著相关，＊＊＊表示在 0.01 水平（双尾）上显著相关。

　　其次，本书对经济不确定性和宏观经济政策变量之间的关联性进行分析。众所周知，政府部门的宏观经济政策工具主要包括财政政策和货币政策。前者又有支出型和收入型之分，支出型财政政策以财政转移支付的形式来影响经济发展，而收入型财政政策则以税收政策的形式来影响经济发展。有鉴于此，我们主要通过财政支出增长率和税收增长率来反映我国财政政策的波动。后者的核心手段是以货币供应量的调整来影响经济发展，且利率也是使用较为频繁的货币政策工具。我们主要通过广义货币（M2）供应量增长率和实际利率来反映我国货币政策的波动。由于在实际中不存在实际利率的直接统计指标，我们参考其他学者的方法通过一年期贷款基准利率和通货膨胀率的差值来替代该指标。从图 4-9 可以看出，2000—2021 年，我国经济增长不确定性指数和经济政策不确定性指数与宏观经济政策变量的波动趋势同样呈现出较大的差异性。

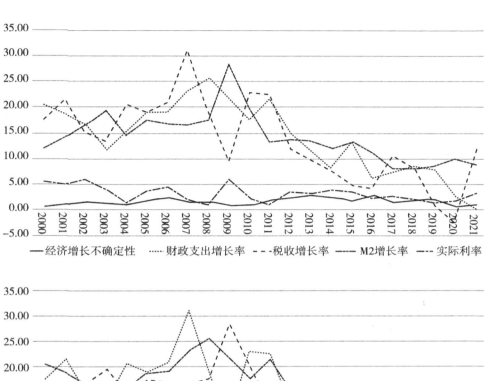

图 4-9　2000—2021 年度全国经济不确定性指数和经济政策变量波动趋势

从表 4-5 全国经济不确定性指数和经济政策变量相关性分析结果来看，2000 年至 2021 年全国经济增长不确定性指数的波动和财政支出增长率、税收收入增长率、广义货币供应量增长率以及实际利率等经济政策变量的波动不存在显著的关联性，这在一定程度上说明了经济增长不确定性的波动并不是宏观经济政策波动的直接体现。而全国经济政策不确定性指数的波动仅与税收收入增长率以及实际利率等经济政策变量的波动存在显著的关联性，与财政支出增长率以及广义货币供应量增长率等经济政策变量的波动则不存在显著的关联性。结合相关系数的大小来看，全国经济政策不确定性指数的波动和税收收入增长率以及实际利率呈现出负相关关系。税收收入增长率的降低往往和政府部门出台大量税收优惠政策有关，而实际利率的降低则是为了促进投融资而对基准利率的调整以及因国内通货膨胀率的上升导致的。这两种情形的出现意味着经济发展形势不理想，政府部门调整经济发展政策的必要性增强，经济政策的不确定性随之升高。

表 4-5　全国经济不确定性指数和经济政策变量相关性分析

		财政支出增长率	税收收入增长率	广义货币供应量增长率	实际利率
经济增长不确定性指数	Pearson 相关系数	-0.1306	-0.1685	-0.2176	-0.1254
	Kendall 相关系数	-0.1342	-0.1342	-0.1388	-0.0216
	Spearman 相关系数	-0.1846	-0.1813	-0.1790	-0.0503
经济政策不确定性指数	Pearson 相关系数	-0.3242	-0.4669**	-0.2003	-0.5433***
	Kendall 相关系数	-0.1429	-0.2468	-0.0954	-0.4286***
	Spearman 相关系数	-0.2038	-0.3360	-0.2282	-0.5878***

4.4.2　金融发展指数的比较分析

观测全国金融发展规模指数、金融发展效率指数以及金融市场化指数年度序列可以发现，三者间的波动趋势存在明显的差异性（图 4-10）。结合表 4-6 全国金融发展规模指数、金融发展效率指数以及金融市场化指数相关性分析结果，金融发展规模指数和金融发展效率指数存在显著的负相关关系，而和金融市场化指数存在显著的正相关关系；金融发展效率指数则和金融市场化指数存在显著的负相关关系。这表明随着金融发展规模的提升，金融市场化程度随之提高，金融发展效率反而降低了；同时，金融市场化程度的提升没有起到促进金融发展效率提高的作用。产生这一现象的原因主要是随着社会经济发展水平的提高，金融资源的规模不断攀升，金融资源的配置也更加多元化和市场化，同时也与金融资源的配置由投资领域向消费领域倾斜有关。

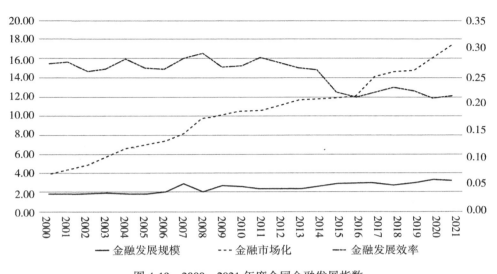

图 4-10　2000—2021 年度全国金融发展指数

表 4-6　全国金融发展指数相关性分析

		金融发展规模指数	金融发展效率指数
金融发展效率指数	Pearson 相关系数	−0.7630***	
	Kendall 相关系数	−0.5325***	—
	Spearman 相关系数	−0.6623***	
金融市场化指数	Pearson 相关系数	0.8828***	−0.7275***
	Kendall 相关系数	0.7229***	−0.4632***
	Spearman 相关系数	0.8938***	−0.6669***

　　金融发展是宏观经济发展的重要组成部分。在这里参照上文对金融发展指数和宏观经济变量之间的关联关系进行分析。根据图 4-11 可以看出，2000—2021年我国金融发展规模指数、金融发展效率指数和金融市场化指数的波动与宏观经济变量的波动趋势呈现出较大的差异性，这表明金融发展规模、金融发展效率和金融市场化程度与经济发展形势相关但并不一致。结合表 4-7 来看，2000—2021年全国金融发展规模指数和金融市场化指数的波动与国内生产总值增长率、财政支出增长率、税收收入增长率、广义货币供应量增长率以及实际利率等宏观经济

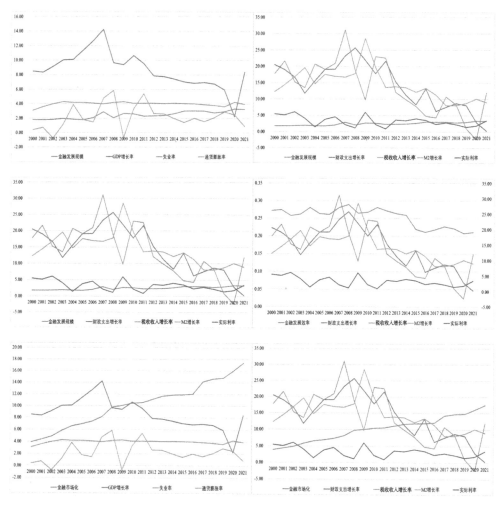

图 4-11　2000—2021 年度全国金融发展指数和宏观经济变量波动趋势

变量的波动存在显著的负相关关系，而与失业率以及通货膨胀率等宏观经济变量
的波动不存在显著的关联性；金融发展效率指数的波动与国内生产总值增长率、
通货膨胀率、财政支出增长率、税收收入增长率以及广义货币收入增长率等宏观
经济变量的波动存在显著的正相关关系，而与失业率以及实际利率等宏观经济变
量的波动不存在显著的关联性。随着经济发展规模的不断提升，经济金融化的趋
势越发明显，整体经济发展形势的波动并未制约金融发展规模的扩大以及金融市

场化进程的发展，导致经济发展中的避实就虚现象越发明显。大量的金融资源无法有效地投入实体经济发展领域，而是向金融市场、消费领域进行转移，反而制约了金融发展效率水平的提升。

表 4-7　全国金融发展指数和宏观经济变量相关性分析

		金融发展规模指数	金融发展效率指数	金融市场化指数
国内生产总值增长率	Pearson 相关系数	−0.4887**	0.6791***	−0.5953***
	Kendall 相关系数	−0.4026***	0.4719***	−0.5238***
	Spearman 相关系数	−0.5686***	0.6488***	−0.6962***
失业率	Pearson 相关系数	0.1000	0.0807	0.1564
	Kendall 相关系数	−0.1289	0.1645	−0.1912
	Spearman 相关系数	−0.1010	0.1884	−0.1265
通货膨胀率	Pearson 相关系数	0.0734	0.3257	0.1710
	Kendall 相关系数	0.0563	0.2900*	0.1429
	Spearman 相关系数	0.1462	0.3902*	0.2479
财政支出增长率	Pearson 相关系数	−0.6474***	0.8556***	−0.7146***
	Kendall 相关系数	−0.4719***	0.6797***	−0.5411***
	Spearman 相关系数	−0.6149***	0.8408***	−0.7211***
税收收入增长率	Pearson 相关系数	−0.5673***	0.7809***	−0.6419***
	Kendall 相关系数	−0.4545***	0.5584***	−0.4892***
	Spearman 相关系数	−0.6318***	0.7561***	−0.6883***
广义货币供应量增长率	Pearson 相关系数	−0.4173*	0.5965***	−0.5295**
	Kendall 相关系数	−0.3818**	0.4165***	−0.4946***
	Spearman 相关系数	−0.5738***	0.5964***	−0.7015***
实际利率	Pearson 相关系数	−0.3781*	0.1249	−0.4920**
	Kendall 相关系数	−0.2554*	−0.0736	−0.3420**
	Spearman 相关系数	−0.3710*	−0.1259	−0.4557**

5　经济不确定性、金融发展与高新技术产业创新增长的影响机制

经济不确定性和金融发展对高新技术产业创新增长的影响是多元化的，它们通过直接方式或者间接方式来作用于高新技术产业的投资、创新与产出等方面。本章试图以理论视角来探讨经济不确定性与高新技术产业创新增长的影响机制、金融发展与高新技术产业创新增长的影响机制等，进而为后文的实证分析做好铺垫。

5.1　经济不确定性与高新技术产业创新增长的影响机制

经济不确定性对高新技术产业创新增长的影响直接体现在其对高新技术产业的投资、创新与产出等方面。为便于理论分析，在这里对经济增长不确定性和经济政策不确定性不作区分，统一为经济不确定性。

5.1.1　经济不确定性对高新技术产业投资的影响机制

在现实经济环境中，随着经济不确定性程度的增强，高新技术产业投资决策会对高新基础产业发展未来预期的敏感性逐步提高。结合前文的理论可知，John Maynard Keynes 认为经济不确定性的长期效应对经济发展具有积极的影响。有鉴于此，本书重点分析经济不确定性对高新技术产业投资的短期影响机制，并结合实物期权理论和金融摩擦理论来进行分析。

1. 经济不确定性对高新技术产业投资的实物期权影响机制

根据实物期权理论，高新技术产业的投资机会可视为一种期权机制，如果现

实经济环境中的经济不确定性程度增强，投资决策主体会将该投资机会视为看跌期权，进而做出暂缓投资的决策行为。通常情况下，经济不确定性对高新技术产业投资的实物期权影响机制存在两项假设条件：一是高新技术产业投资市场属于完全竞争性的，高新技术产业的产品价格及其市场结构不会影响高新技术产业的投资行为；二是高新技术产业的投资机会不因投资决策主体暂缓投资而消失，即投资决策主体对高新技术产业的投资机会呈现垄断性。同时，经济不确定性对高新技术产业投资的实物期权影响机制还建立在高新技术产业投资行为的不可逆性基础之上。综合来看，高新技术产业投资机会的实物期权价值的体现需具备三项前提条件：一是高新基础产业投资行为的不可逆性，二是投资决策主体不存在因等待恰当的投资时机而失去投资机会，三是投资决策主体的决策行为会产生持续影响。因此，经济不确定性对高新技术产业投资的实物期权影响机制实际上就是和经济不确定性与高新技术产业投资不可逆性关联的实物期权价值。在现实的经济活动中，高新技术产业的投资存在部分不可逆性或者全部不可逆性，无论何种情形，在投资决策主体完成投资决策、落实投资行为后，要撤销其投资就必须承担高昂的成本和代价。当现实经济环境中的经济不确定性程度增强，投资决策主体无法掌握充足的高新技术产业投资回报信息，此时选择暂缓投资、等待恰当时机对其而言无疑是较优的决策选项。投资决策主体在舍弃高新技术产业的短期投资收益并等待新的投资时机的过程中，能够进一步搜集整合信息，为下一步的投资决策行为做好铺垫。如果在经济不确定性程度增强的条件下，投资决策主体实施了投资行为，虽然避免了投资等待的问题，但是一旦发生不利的市场情形，投资决策主体则无法撤销投资或者需要承担高昂的成本和代价。在高新技术产业投资的实物期权影响机制中，高新技术产业投资的不可逆性会对投资项目未来的资本结构及其现金流量等方面发挥作用。通常情况下，投资决策主体在进行投资决策时需要对立即执行投资行为和延期执行投资行为的投资回报进行充分对比，如果立即执行投资行为的回报优于延期执行投资行为的回报，那么投资决策主体就采取立即执行投资行为的策略。然而，在高新技术产业投资的不可逆性和经济不确定性程度增强的双重影响下，延期执行投资行为的回报往往优于立即执行投资行为的回报，投资决策主体在这种情况下就需要采取延期执行投资行为的策略，直至出现较好的投资时机。经济不确定性对高新技术产业投资的实物期权影响机制有效地解释了经济不确定性对高新技术产业投资决策的作用，当现实经济环境中的经济不确定性增强时，高新技术产业投资项目的回报阈值会随之提高，延期执行投资行为的实物期权价值也会随之提升，投资决策主体在此情况下会采用延缓投资的策略，导致高新技术产业整体上投资水平的降低。

经济不确定性对高新技术产业投资的实物期权影响机制的核心主要体现在延期执行投资行为的实物期权价值及其调整成本。假设高新技术产业投资项目的投资成本及其投资回报分别是 I 和 V，且高新技术产业投资项目的投资回报服从几何布朗运动，其数学表达式为：

$$dV = \alpha V dt + \sigma V dz \tag{5-1}$$

其中，α 指的是漂移百分比系数，σ 指的是高新技术产业投资项目投资回报的标准差，dz 指的是 Wiener 过程增量。公式（5-1）表明高新技术产业投资项目的当期投资回报是可知的，然而高新技术产业投资项目投资回报的未来波动则服从对数正态分布，同时高新技术产业投资项目投资回报的标准差呈现出随着时间线性增长的特征。在这里高新技术产业投资项目的投资机会视为实物期权，投资决策主体的投资决策行为就依赖于该实物期权的价值。假设高新技术产业投资项目的实物期权价值是 $F(V)$，该实物期权价值的最大化就是其期望现值的最大化，其数学表达式为：

$$F(V) = \max E\left[(V_T - I)\, e^{-rT}\right] \tag{5-2}$$

其中，V_T 指的是高新技术产业投资项目在时间 T 的投资回报，r 指的是投资决策主体期望的折现率。考虑到高新技术产业投资项目的实物期权价值 $F(V)$ 在投资决策主体执行投资行为之前未产生现金流，投资决策主体持有该实物期权的收益就体现在高新技术产业投资项目的资本增值上。于是，高新技术产业投资项目的实物期权价值 $F(V)$ 的最大化需要符合 Bellman 方程式，其数学表达式为：

$$\frac{1}{2}\sigma^2 V^2 F''(V) + \alpha V F'(V) - \rho V = 0 \tag{5-3}$$

同时，高新技术产业投资项目的实物期权价值 $F(V)$ 还须符合这些条件，即 $F(0) = 0$、$F(V^*) = V^* - I$、$F'(V^*) = 1$。在此基础上，可以得出高新技术产业投资项目的实物期权价值 $F(V)$ 的解，其数学表达式为：

$$F(V) = AV^\beta \tag{5-4}$$

为了保证高新技术产业投资项目的实物期权价值 $F(V)$ 的有界性，进一步假设 $\alpha < \rho$，且令 $\delta = \rho - \alpha$。于是，得出最优的高新技术产业投资项目的投资回报 V^*，其数学表达式为：

$$
\begin{cases}
V^* = \dfrac{\beta}{\beta - 1} I \\[2mm]
A = \dfrac{(\beta - 1)^{\beta-1}}{\beta^\beta I^{\beta-1}} \\[2mm]
\beta = \dfrac{1}{2} - \dfrac{\rho - \delta}{\sigma^2} + \sqrt{\left(\dfrac{\rho - \delta}{\sigma^2} - \dfrac{1}{2}\right)^2 + \dfrac{2\rho}{\sigma^2}}
\end{cases}
\tag{5-5}
$$

在公式(5-5)中，因为 $\beta > 1$，那么 $\beta/(\beta - 1) > 1$，因此最优的高新技术产业投资项目的投资回报要大于高新技术产业投资项目的投资成本，即 $V^* > I$。这表明高新技术产业投资项目的投资回报的不确定性 σ 导致高新技术产业投资项目的投资回报的临界值 V^* 变大，同时，高新技术产业投资项目延期投资的实物期权价值 $F(V)$ 大于 0。

考虑到上述模型中把经济不确定性视为不变的，为进一步探讨经济不确定性对高新技术产业投资的作用，我们把具有时变特征的不确定性和调整成本纳入模型中。假设高新技术产业投资项目的价值满足如下关系：

$$
R(X,\ L,\ K) = X^\gamma L^\alpha K^\beta \tag{5-6}
$$

其中，X 指的是高新技术产业投资项目生产和需求参数，为便于后续方程式的求解，假设高新技术产业投资项目生产和需求参数 $X = P^{(1-\alpha-\beta)/\gamma}$，于是高新技术产业投资项目的价值关系可进一步表示为：

$$
R(X,\ L,\ K) = \tilde{R}(P,\ L,\ K) = P^{(1-\alpha-\beta)} L^\alpha K^\beta \tag{5-7}
$$

假设高新技术产业投资项目生产和需求参数服从几何布朗运动，其平均位移是 μ，其方差是 σ_t^2，其数学表达式为：

$$
\begin{cases}
P_{t+1} = P(1 + \mu + \sigma_t V_t) & V_t \sim N(0,\ 1) \\[2mm]
\sigma_t = \sigma_{t-1} + \rho_\sigma(\sigma^* - \sigma_{t-1}) + \sigma_t W_t & W_t \sim N(0,\ 1)
\end{cases}
\tag{5-8}
$$

其中，σ^* 指的是高新技术产业投资项目生产和需求参数标准差 σ_t 的长期均值，ρ_σ 指的是高新技术产业投资项目生产和需求参数标准差长期均值 σ^* 的收敛率。

假设高新技术产业投资项目劳动资本和资产资本的调整成本都比较高，且高新技术产业投资项目的调整成本函数是 $C(P, L, K, I_L, I_K)$ ，那么，最优的高新技术产业投资项目的投资回报可以表示为：

$$V(P_t, L_t, K_t, \sigma_t) = \max_{I_{Lt}, I_{Kt}} \widetilde{R}(P_t, L_t + I_{Lt}, K_t + I_{Kt}) - C(P_t, L_t, K_t, I_{Lt}, I_{Kt})$$

$$+ \frac{1}{1+r} E[V(P_{t+1}, (L_t + I_{Lt})(1-\delta), (K_t + I_{Kt})(1-\delta), \sigma_{t+1})] \quad (5\text{-}9)$$

其中，r 指的是投资决策主体期望的折现率，δ 指的是高新技术产业投资项目的资产折旧率。对公式（5-9）两边除以高新技术产业投资项目劳动资本 L_t，公式（5-9）可进一步转换为：

$$V(P_t^*, 1, K_t^*, \sigma_t) = \max_{I_{Lt}, I_{Kt}} \widetilde{R}(P_t^*, 1 + I_{Lt}^*, K_t^* + I_{Kt}^*) - C(P_t^*, 1, K_t^*, I_{Lt}^*, I_{Kt}^*)$$

$$+ \frac{(1 + I_{Lt}^*)(1-\delta)}{1+r} E[V(P_{t+1}^*, 1, K_{t+1}^*, \sigma_{t+1})] \quad (5\text{-}10)$$

其中，$P_t^* = P_t/L_t$，$K_t^* = K_t/L_t$，$I_{Lt}^* = I_{Lt}/L_t$，$I_{Kt}^* = I_{Kt}/L_t$。从公式（5-10）可以看出，经济不确定性程度越高，投资决策主体对高新技术产业投资项目投资回报的要求越高，这进一步导致高新基础产业整体投资水平越低。

2. 经济不确定性对高新技术产业投资的金融摩擦影响机制

经济不确定性对高新技术产业投资的金融摩擦影响机制主要反映的是外部融资风险溢价的波动对高新技术产业投资的影响。相较于经济不确定性对高新技术产业投资的实物期权影响机制体现的是经济不确定性对高新技术产业投资的延期效应，经济不确定性对高新技术产业投资的金融摩擦机制体现的是经济不确定性对高新技术产业投资的融资约束效应。在金融摩擦机制下，高新技术产业投资项目的信息不完全性使得其融资成本升高，进而放大到对高新技术产业投资行为的影响，这就是金融摩擦的金融加速器效应。在金融摩擦机制的影响下，高新技术产业投资项目的外部融资成本相较于其内部融资成本更高，二者的差额就是高新技术产业投资项目的外部融资溢价，其是金融摩擦程度的具体表现。通常情况下，高新技术产业投资项目的风险越高，投资决策主体要求的投资回报就越高，从而导致高新技术产业投资项目的融资成本越高。在经济不确定性程度增加的情形下，金融机构出于风险规避的考量，往往要提高高新技术产业项目的融资利率及相应的违约金，导致高新技术产业项目的融资成本上升；特别是在宏观经济发展景气程度较低的时候，高新技术产业项目的运营成本随之上升，导致高新技术产业项目的破产风险也随之上升，进而影响高新技术产业的整体性发展。在经济不确定性程度降低的情形下，金融机构要求的融资利率往往较低，高新技术产业项目的融资成本随之降低，这对高新技术产业的投资是有利的。在经济不确定性以及融资约束的双重作用下，高新技术产业投资项目的边际收益会受到短期影响。然而，在经济不确定性的影响逐渐消除后，高新技术产业投资项目往往也不能及时获取充足的资本用于生产经营，换言之，金融摩擦效应放大了经济不确定性的不利影响。一般而言，经济不确定性对高新技术产业投资的金融摩擦效应存在两种作用方式：一是高新技术产业投资项目的信息不对称性导致的外部风险溢价，即高新技术产业投资项目的外部融资成本相较于其内部融资成本更高；二是高新技术产业投资项目的融资抵押约束，当经济不确定性程度增加时，会对高新技术产业投资项目的融资抵押造成不利影响。

通过把金融摩擦的金融加速器效应纳入高新技术企业投资项目的价值模型，可以分析经济不确定性对高新技术产业投资项目的融资行为的具体作用。假设高新技术产业投资项目的存活概率是 v，那么其期望存活期限是 $1/(1-v)$。这表明高新技术产业投资项目的净资产不能满足自身的资本需求，必须通过金融机构进行融资，这是金融加速器效应存在的必要条件。结合高新技术产业投资项目利润最大化的一阶条件可知，高新技术产业投资项目的外部融资需求方程成立的条件是高新技术产业投资的外部融资成本 $E_t(f_{t+1})$ 与其边际收益相等，其数学表达式为：

$$E_t(f_{t+1}) = E_t\left[\frac{z_{t+1} + (1-\delta) q_{t+1}}{q_t}\right] \tag{5-11}$$

其中，δ 指的是高新技术产业投资项目的资产折旧率，z_{t+1} 指的是高新技术产业投资项目单位资本的边际生产力，q_{t+1} 指的是高新技术产业投资项目单位资本的价格。

鉴于高新技术产业投资项目的信息不对称性，金融机构需要为核验高新技术产业投资项目的财务状况支付成本，这是存在金融摩擦的根源。高新技术产业投资项目在进行外部融资时，需要额外支付外部融资溢价。于是，公式（5-11）可进一步转换为：

$$E_t(f_{t+1}) = E_t\left[S\left(\frac{n_{t+1}}{q_t K_{t+1}}\right)\frac{R_t}{\pi_{t+1}}\right] \tag{5-12}$$

其中，$S(\cdot)$ 指的是高新技术产业投资项目的外部融资溢价函数，同时满足 $S'(\cdot)$ $= 0$ 和 $S(1) = 1$；K_{t+1} 指的是高新技术产业投资项目的资本存量，n_{t+1} 指的是高新技术产业投资项目的净资产，$n_{t+1}/q_t K_{t+1}$ 则是高新技术产业投资项目融资杠杆的倒数；R_t 指的是高新技术产业投资项目的外部融资成本，π_{t+1} 指的是高新技术产业投资项目的外部融资实际利率。外部融资溢价借助对高新技术产业投资项目的融资成本的影响，对高新技术产业投资的融资和运营决策发挥作用，从而引发金融加速器效应。假设高新技术产业投资项目的外部融资溢价函数 $S(\cdot)$ 属于幂函数，那么对公式（5-12）取对数后得到如下关系式：

$$\hat{f}_{t+1} = \hat{R}_t - \hat{\pi}_{t+1} + \psi(\hat{q}_t + \hat{K}_{t+1} - \hat{n}_{t+1}) \tag{5-13}$$

其中，$\hat{}$ 指的是公式（5-12）取对数后的变量，ψ 指的是高新技术产业投资项目的金融摩擦弹性系数，这是金融加速器效应的核心参数。由于高新技术产业投资项目的存活概率是 v，如果高新技术产业投资项目破产，其剩余价值则归投资决策主体所有，那么高新技术产业投资项目的净资产 n_{t+1} 可以表示为：

$$n_{t+1} = v[f_t q_{t-1} K_t - E_{t-1}(f_t)(q_{t-1}K_t - n_t)] + W_t^e \tag{5-14}$$

其中，W_t^e 指的是高新技术产业投资项目破产后的剩余价值。

假设投资决策主体对高新技术产业投资项目实现投资 I_t，且其投资效率函数是 $\Phi[(I_t - \delta K_t)/K_t]$，同时通过价格 q_t 进行投资转让。投资决策主体的投资效率函数满足 $\Phi'(\cdot) > 0$ 和 $\Phi''(\cdot) < 0$。在动态资本调整方程式的基础上，进一步假设投资决策主体的投资 I_t 的投资成本率是 $(\chi/2)(I_t/I_{t-1} - 1)^2$，那么投资决策主体要实现投资收益的最大化，高新技术产业投资项目的资本积累方程式应满足如下关系：

$$K_{t+1} = K_t + \Phi\left(\frac{I_t - \delta K_t}{K_t}\right)K_t \tag{5-15}$$

投资决策主体投资收益最大化方程式应满足如下关系：

$$\max_{I_t} E_t \left\{ \sum_{s=0}^{\infty} \beta_t^s \left[q_t \Phi \left(\frac{I_t - \delta K_t}{K_t} \right) K_t - I_t - \frac{\chi}{2} \left(\frac{I_t}{I_{t-1}} - 1 \right)^2 I_t \right] \right\} \qquad (5-16)$$

其中，β_t^s 指的是高新技术产业投资项目的相对随机折现系数。那么，对公式 (5-16) 的一阶条件进行求解，即可得出投资决策主体的最优投资水平，其数学表达式为：

$$E_t \left[q_t \Phi' \left(\frac{I_t - \delta K_t}{K_t} \right) K_t - 1 - \frac{\chi}{2} \left(\frac{I_t}{I_{t-1}} - 1 \right)^2 - \chi I_t \frac{\left(\frac{I_t}{I_{t-1}} - 1 \right)}{I_{t-1}} \right.$$

$$\left. + \frac{\beta \lambda_{t+1}}{\lambda_t} \chi I_{t+1} \left(\frac{I_t}{I_{t-1}} - 1 \right) \frac{I_{t+1}}{I_t^2} \right] = 0 \qquad (5-17)$$

其中，λ_t 指的是拉格朗日乘子。

随着经济不确定性程度的增加，高新技术产业投资项目的资产价格随之下降，导致高新技术产业投资项目的净资产价值下降、融资杠杆变高，进而使得金融机构对其融资行为提出更高的要求。此外，经济不确定性程度的增加，也使得高新技术产业投资项目的破产风险上升，为此金融机构借助提高利率水平、降低融资规模来进行风险规避。综合来看，经济不确定性的增加导致高新技术产业投资项目获取外部融资的难度进一步提升，且其外部融资的成本进一步提高，投资决策主体对高新技术产业投资项目进行投资的意愿降低，进而使得高新技术产业投资规模下降。

5.1.2 经济不确定性对高新技术产业创新的影响机制

创新是高新技术产业发展的核心动力，高新技术企业则是高新技术产业创新的主体，有效的创新活动关乎高新技术企业的价值优势和持续发展。而宏观经济环境的发展变化必然会影响高新技术企业的经济行为，特别是经济不确定性是影响高新技术企业进行管理决策的重要外部因素。创新活动本身具有高风险特征，高新技术企业在进行创新决策的全过程中始终会受到经济不确定性因素的影响。通常情况下，高新技术企业在结合经济不确定性因素进行创新决策的过程中要综合衡量发展机遇和风险规避问题，全面分析创新活动的成本投入及其收益产出，从有效提升自身综合实力的角度进行最佳的创新决策。

1. 从经济不确定性影响高新技术产业创新的风险视角分析

经济不确定性对高新技术产业的创新发展增加了不确定性因素，使得高新技术产业的创新风险升高，创新成本投入增加，进而对高新技术企业个体的创新决策产生影响。综合来看，从对高新技术产业创新增加风险的视角出发，经济不确定性通过以下几方面来影响高新技术企业的创新决策。

一是在经济不确定性程度增强时，高新技术企业创新决策过程中的信息等待价值不断升高。高新技术产业创新活动的成本投入呈现不可逆性特征，而且创新活动的周期性往往很长，创新成果的专用性也非常强，同时创新成果的可变现性又非常差，这就要求高新技术企业综合衡量其资产配置效率，充分考量创新活动的投入成本及其等待价值。在这种情形下，高新技术企业对创新活动会持有更为谨慎的态度，导致创新投资决策的延缓，期望经济不确定性程度的降低以及掌握更为充分的信息辅助决策。与此同时，创新活动信息分析处理难度往往非常高，创新成果从形成专利到能够工业化生产也要经历复杂的过程，这就使得创新投资收益呈现出不确定性程度高、变现周期长等特征。而随着经济不确定性程度的增强，高新技术企业对创新活动收益评估的难度也会不断提高。综合来看，经济不确定性导致高新技术企业创新投资的成本投入出现波动，尤其是高新技术企业创新投资的机会成本以及创新成果不能变现造成的沉没成本出现波动，进而经济不确定性程度的增强会对高新技术企业的创新投资起到抑制作用。

二是在经济不确定性程度增强时，融资环境也会对高新技术产业创新带来不利。高新技术产业的创新活动具有周期性长、可逆性程度低等特征，需要高新技术企业对其进行长期性的资金支持，而高新技术企业的经营资金很大一部分来源于外部融资，这就使得其对融资环境的变化非常敏感。随着经济不确定性程度的增强，高新技术企业资金配置效率下降，经营资金短缺风险上升，融资需求进一步提高。同时，经济不确定性程度的加剧使得高新技术企业的信息不对称程度进一步提高，导致高新技术企业内部融资成本和外部融资成本的差距进一步扩大。而金融机构受到经济不确定性程度增强的影响对融资资源的投放更加谨慎，对高新技术企业的信息评估，特别是其创新活动的信息评估难度加大，导致其对高新技术企业的融资审批要求更严格、审批周期更长、审批效率更低，使得高新技术企业获取融资资源难度进一步加大。经济不确定性程度的增加导致高新技术企业的经营稳定性程度降低，进而削弱了高新技术企业的偿债能力，加剧了其破产风险和融资违约风险，使得高新技术企业不管是通过银行等金融机构进行信贷融资还是通过资本市场进行债权融资，都要支付更高的风险溢价成本，导致高新技术企业可获取的外部融资规模下降、外部融资成本上升。但是，高新技术企业的创新活动离不开长期稳定的资金支持，高新技术企业为此要承担更大的经营资金压力和更高的资金周转成本，整体上导致高新技术企业创新投资成本的上升，这显然对高新技术企业的创新投资是非常不利的。

三是在经济不确定性程度增强时，会抑制高新技术产业产品市场的有效需求。在较为稳定的经济环境中，高新技术企业可以结合历史经验来评估产品市场需求的变化，合理配置经营资金资源，维持良性的创新资金投入，从而进行高效的运营管理和创新投资决策，确保企业产出满足产品市场的有效需求。然而，随着经济不确定性程度的增强，高新技术企业无法充分评估经济环境的波动程度，致使其难以继续根据历史经验来组织生产。随着产品市场需求不确定性程度的增加，其对高新技术企业产品销售带来较大冲击，加剧了高新技术企业经营的不稳定性，使得其盈利能力下降、经营资金短缺风险上升。与此同时，经济不确定性程度的增加还会对高新技术企业上游产业链的稳定性造成冲击，导致其生产成本上升，进一步降低其盈利能力。随着高新技术企业盈利能力的下降，高新技术企业不得不调整经营资金的配置，增加现有产品生产的资金配置比重，降低甚至暂缓创新资金的投入，从而抑制了高新技术企业创新活动的发展。

四是在经济不确定性程度增强时，高新技术企业为了维持短期盈余往往会采用降低创新资金投入的策略。随着高新技术企业公司治理结构的不断完善，应对内外部的业绩考核成为高新技术企业管理层不得不面对的问题。经济不确定性程度的增强，使得高新技术企业的销售状况及其经营资金面临较大压力，高新技术企业的经营业绩出现下滑。由于创新资金投入在短期内无法形成效益，高新技术企业通过降低创新资金的投入水平，可以使其盈利水平在短期内得以提升。然而，高新技术企业的创新活动有赖于持续稳定的资金投入的支撑，创新资金投入水平的下降必然会对高新技术企业创新活动的进程带来不利影响，导致其整体创新产出能力不足。

综上所述，经济不确定性程度的增强导致高新技术企业内外部经营环境恶化，对高新技术企业的创新投资成本、创新融资成本、产品市场有效需求以及短期经营业绩等造成不利影响，加之高新技术企业对未来预期合理评估的难度加大，高新技术企业只能对创新活动采取更为谨慎的态度，要么延缓新的创新投资决策，要么降低原有创新活动的资金投入，从而在整体上对高新技术产业创新活动形成抑制作用。

2. 从经济不确定性影响高新技术产业创新的机遇视角分析

经济不确定性不仅会为高新技术产业的创新发展带来风险，也会为其带来更好的机遇，对其创新产出带来有利影响。从对高新技术产业创新增加机遇的视角出发，经济不确定性通过以下几方面来影响高新技术企业的创新决策。

一是随着经济不确定性程度的增强，高新技术企业创新投资的增长期权价值提升，高新技术企业创新产出的预期收益随之增加。不确定性程度越高，越容易形成超额利润收益，这就是高新技术企业创新活动增长期权效应的体现。随着经济不确定性程度的增强，高新技术企业要在未来较长时期内提升自身价值，实现更好的经营业绩，就需要持续增加创新资金投入，以期实现更大的创新收益，促进高新技术企业的可持续发展。高新技术产业的发展对创新投资的依赖性非常高，从创新投资的增长期权效应角度出发，经济不确定性对促进高新技术产业投资具有积极影响。

二是随着经济不确定性程度的增强，高新技术企业的经营环境不断恶化。高新技术企业要破除其经营困境，就需要提高创新研发水平，提升自身的竞争优势。高新技术企业的创新活动具有高风险特征，虽然会对高新技术企业的生产经营带来一定程度的不确定性，但也会为其带来更高的未来收益。有鉴于此，高新技术企业为应对经济不确定性风险的冲击，提升自身的竞争优势，实现自身的长远发展，就需要不断增加创新投资，保持自身的强劲竞争力。因此，从创新投资的竞争优势效应角度出发，经济不确定性有利于高新技术企业的创新发展。

三是随着经济不确定性程度的增强，高新技术企业会提升其资金配置效率。

一方面经济不确定性程度的增强促使高新技术企业优化投资资金配置比重，提升创新投资的资金配置，而降低其他领域的投资比重，特别是金融资产和长期生产性投资的配置比重。另一方面经济不确定性也可能会为高新技术企业创造更大的利润空间，有利于高新技术企业加大创新投资。持续高效的创新投资是高新技术企业实现长远发展和保持市场竞争力的核心手段。在经济不确定性程度增强的影响下，高新技术企业要兼顾短期盈利能力的下降和自身长远发展的需求，将有限的资金资源合理地配置到创新投资中。

四是高新技术企业可以通过创新投资进行盈余管理，实现对经营业绩的修正。一方面鼓励创新是当前国家推动经济发展的核心战略，高新技术企业加大创新投入可以获取更多的政府财政税收扶持，增加高新技术企业的非生产性收益。同时，高新技术企业通过加大创新投入向外部传递积极信号，有利于其市场价值的提升，从而抵消经济不确定性程度增强带来的不利影响。另一方面经济不确定性导致高新技术企业的信息不对称性增强，高新技术企业通过加大创新投入来修正自身短期经营业绩不佳的状况。创新投入特殊的会计处理方式为高新技术企业掩盖短期经济业绩不佳提供了便利，从而避免高新技术企业的市场价值受到过度冲击。

综合以上分析，从风险视角来看，经济不确定性对高新技术产业创新形成了抑制作用；从机遇角度来看，经济不确定性则对高新技术产业创新形成了促进作用。经济不确定性影响高新技术产业创新的机制框架如图 5-1 所示。

5.1.3 经济不确定性对高新技术产业产出的影响机制

通常情况下，经济不确定性对高新技术产业产出的影响主要通过两种渠道来实现：一是经济不确定性导致高新技术产品需求的不确定性，二是经济不确定性导致高新技术产品价格的不确定性。在经济不确定性的影响下，高新技术企业需要结合可获取的信息进行充分评估，并以此为基础组织生产活动。对于高新技术企业而言，一方面要避免未来产品需求和产品价格下降，而自身生产过剩导致产品积压造成经营亏损；另一方面又要避免未来产品需求和产品价格上升，而自身生产不足导致产品供应不上造成各种潜在损失。

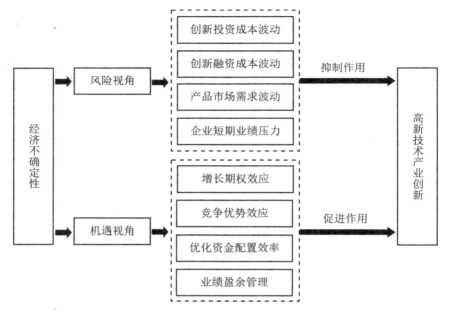

图 5-1 经济不确定性对高新技术产业创新的影响机制

1. 经济不确定性影响高新技术产业产出的需求渠道

在经济不确定性的影响下，高新技术产业产品消费主体对其未来收入和消费的预期同样存在不确定性。随着经济不确定性的增强，高新技术产业产品消费主体对于消费采取更为谨慎的态度，使得当前的消费需求下降。高新技术产业产品消费主体有效消费需求的下降传导到高新技术产业产品生产领域，必然会引起高新技术产业产出水平的下降。我们可借助效用函数的概念来探讨经济不确定性对高新技术产业产品消费主体有效需求的影响。假设高新技术产业产品消费主体的最优消费需求函数满足以下关系：

$$u'(c_t) = r\beta E[u'(c_{t+1})] \tag{5-18}$$

其中，$u(c_t)$ 指的是高新技术产业产品消费主体的消费需求效用函数，$u(c_t)$ 具有可加性，且满足 $u'(c_t) > 0$，$u''(c_t) < 0$，$u'''(c_t) > 0$；r 指的是无风险利率；β 指的是高新技术产业产品消费主体消费需求时间偏好因子，且满足 $0 < \beta < 1$。对公式（5-18）进行泰勒展开，结果如下所示：

$$u'(c_{t+1}) = u'(c_t) + u''(c_t)(c_{t+1} - c_t) + \frac{1}{2}u'''(c_t)(c_{t+1} - c_t)^2 + o(c_{t+1} - c_t)^2$$

$$(5-19)$$

由于公式(5-19)的高阶项 $o(c_{t+1} - c_t)^2$ 非常小，可以忽略不计。在此基础上将公式(5-19)代入公式(5-18)可以得出：

$$E_t\left(\frac{c_{t+1} - c_t}{c_t}\right) = \frac{1}{\gamma}\left(1 - \frac{1}{r\beta}\right) + \frac{\delta}{2}E_t\left[\left(\frac{c_{t+1} - c_t}{c_t}\right)^2\right]$$

$$(5-20)$$

其中，$\gamma = -c_t * (u''/u')$ 指的是高新技术产业产品消费主体的消费需求相对风险规避系数，$\delta = -c_t * (u'''/u')$ 指的是高新技术产业产品消费主体的消费需求相对谨慎系数。假设 $g = (c_{t+1} - c_t)/c_t$ 表示高新技术产业产品消费主体的消费需求增长率，那么公式(5-20)可进一步转换为：

$$E_t(g) = \frac{1}{\gamma}\left(1 - \frac{1}{r\beta}\right) + \frac{\delta}{2}E_t(g^2)$$

$$(5-21)$$

根据方差与期望的关系式，有 $D_t(g) = E_t(g^2) - [E_t(g)]^2$，将其代入公式(5-21)可以得出：

$$E_t(g) = \frac{1}{\gamma}\left(1 - \frac{1}{r\beta}\right) + \frac{\delta}{2}[E_t(g)]^2 + \frac{\delta}{2}D_t(g)$$

$$(5-22)$$

考虑到 $[E_t(g)]^2$ 非常小，可以忽略不计。那么公式(5-22)可以简化为：

$$E_t(g) = \frac{1}{\gamma}\left(1 - \frac{1}{r\beta}\right)^2 + \frac{\delta}{2}D_t(g)$$

$$(5-23)$$

在公式(5-23)中，$E_t(g)$ 指的是高新技术产业产品消费主体的平均消费需求增长率，$D_t(g)$ 指的是高新技术产业产品消费主体的消费需求增长率方差。从公式(5-23)可以看出，高新技术产业产品消费主体的预期消费需求增长率受到高新技术产业产品消费主体的消费需求增长率方差的影响。根据前文的条件可知，高新技术产业产品消费主体的消费需求相对风险规避系数 γ 大于0，而高新技术产业产品消费主体的消费需求相对谨慎系数 δ 小于0。若高新技术产业产品消费主体的消费需求增长率方差 $D_t(g)$ 升高，则表明高新技术产业产品消费主体的未来消费需求不确定性上升，高新技术产业产品消费主体倾向于降低消费需求水平以应对经济不确定性风险。随着产品市场消费需求的下降，高新技术企业需要调整产出规模，规避经济不确定性风险的冲击。

2. 经济不确定性影响高新技术产业产出的价格渠道

在经济不确定性影响下，高新技术企业为有效规避经营风险、实现经营效益最大化，需要根据掌握的全部信息对产品市场的价格波动进行较为准确的预测，并根据经济不确定性程度的发展变化以及其他随机干扰因素的演变不断进行修正。假设高新技术产业产品价格的波动符合以下随机过程：

$$\begin{cases} dS_t = \alpha(S_{t-1} + L_{t-1})\,dt + \sigma_t dW_t^1 \\ dL_t = \mu L_{t-1} dt + \tau dW_t^2 \end{cases} \tag{5-24}$$

其中，L_t 指的是经济不确定性对高新技术产业产品价格影响增量，W_t^1 和 W_t^2 分别指的是高新技术产业产品价格和经济不确定性对高新技术产业产品价格影响增量的 Wiener 过程增量，二者不相关。根据预期理论，高新技术产业产品的预期价格 S_{t+1} 是其当前价格 S_t 的无偏估计，且满足 $E_t(S_{t+1}) = E_t(S_{t+1}|I_t)$，$I_t$ 指的是高新技术企业在当前时刻 t 所掌握的全部信息。对公式（5-24）高新技术产业产品价格的随机过程两侧求解，于是公式（5-24）转换为：

$$\begin{cases} dE(S_t) = \alpha[E(S_{t-1}) + E(L_{t-1})]\,dt \\ dE(L_t) = \mu E(L_{t-1})\,dt \end{cases} \tag{5-25}$$

假设公式（5-25）的边界条件为：$t = t_0$，高新技术产业产品价格 $E(S_t) = S_{t0}$，经济不确定性对高新技术产业产品价格影响增量 $E(L_t) = L_{t0}$。于是，求解公式（5-25）可以得出：

$$\begin{cases} E(S_t) = \dfrac{\alpha}{\alpha + \mu} L_{t0}[e^{\mu(t_0-t)} + e^{\alpha(t_0-t)}] + S_{t0} e^{\alpha(t_0-t)} \\ E(L_t) = L_{t0} e^{\mu(t_0-t)} \end{cases} \tag{5-26}$$

由于 $E_t(S_{t+1}) = E_t(S_{t+1}|I_t) = E_t(S_{t+1}|S_t, L_t)$，根据公式（5-26）可进一步得出

$$E_t(S_{t+1}) = e^{\alpha}S_t + \frac{\alpha}{\alpha + \mu}(e^{\mu} + e^{\alpha})L_t \tag{5-27}$$

从公式（5-27）可以看出，当期的经济不确定性程度会对高新技术产业产品的未来预期价格产生影响。如果经济不确定性对高新技术产业产品价格影响增量 L_t 大于0，则意味着高新技术产业产品的未来预期价格会上升，此时高新技术企业需要扩大生产，增加产出，从而扩大自身的盈利空间；如果经济不确定性对高新

技术产业产品价格影响增量 L_t 小于 0，则意味着高新技术产业产品的未来预期价格会下降，此时高新技术企业需要缩减生产，减少产出，从而避免未来亏损幅度的扩大。

5.2　金融发展与高新技术产业创新增长的影响机制

不同于经济不确定性对高新技术产业创新增长的影响机制，金融发展对高新技术产业创新增长的影响主要是通过对高新技术产业融资环境的影响来实现的。根据融资方式的不同，金融发展对高新技术产业创新增长的影响涉及间接融资和直接融资两个层面。本节将从这两个层面出发对金融发展作用于高新技术产业创新增长的影响机制进行理论探讨。

5.2.1　金融发展影响高新技术产业创新增长的间接融资分析

所谓间接融资指的是资金盈余主体并不和高新技术产业融资主体建立直接的资金联系，而是通过金融机构以信贷资金等形式实现向高新技术产业融资主体的资金投放。一般而言，间接融资具有以下几方面的特点：一是高新技术产业资金供需的间接性，高新技术产业融资主体和资金供应主体通过金融机构建立联系，二者均与金融机构发生资金关系；二是风险管控的严格性，金融机构出于自身经营稳健性和降低违约风险的考虑，对高新技术产业融资主体的资质审查较为严格，对高新技术产业融资主体的信誉状况、资产状况、经营状况等要求较高；三是融资资金的可逆性，间接融资具有借贷属性，高新技术产业融资主体需要到期还本付息；四是金融机构的主导性，在间接融资关系中，高新技术产业融资主体作为资金需求方往往处于被动地位，而金融机构则掌握着资金投放的主导权。综合来看，金融发展通过间接融资方式影响高新技术产业创新增长的路径主要有两条：一是通过扩大间接融资规模，促进高新技术产业的资本积累；二是通过定向资金投放，促进高新技术产业的创新。

1. 间接融资对高新技术产业资本积累的影响

金融机构可通过扩大信贷资金的投放规模促进高新技术产业的资本积累来推

动高新技术产业的发展。间接融资对高新技术产业资本积累的作用机制主要体现在以下几方面：

一是金融机构对高新技术产业资本积累的融资中介作用。受到信息不对称和交易成本等因素的影响，资金盈余主体往往难以直接向高新技术产业融资主体供给资金，而金融机构通过整合社会盈余资金，借助自身的专业优势，筛选符合标准的高新技术产业融资主体进行信贷资金的投放，搭建起高新技术产业资金供需双方的桥梁。

二是金融机构的工作效率影响高新技术产业的资本积累效率。金融机构在向高新技术产业融资主体投放信贷资金的过程中，需要严格审查高新技术产业融资主体的资质。而金融机构的工作效率决定了其对高新技术产业融资主体资质审查周期的长短、资质审查的准确性以及信贷资金的投放规模。这会对高新技术产业融资需求的时效性、匹配性产生影响，进而影响到高新技术产业的资本积累效率。

三是金融机构基于风险角度管控高新技术产业信贷融资规模。高新技术产业投资项目具有高风险性特征，金融机构凭借自身的信息优势和规模优势，对高新技术产业投资项目进行风险研判，针对高新技术产业投资项目的风险特征确定合理的信贷资金投放规模，避免将信贷资金过多投入失败风险较高或者经营效率较低的高新技术产业投资项目上，进而促进信贷资金向高新技术产业资本积累的有效转化。

四是金融机构有助于提升优质高新技术产业投资项目的发展效率。金融机构的规模优势降低了高新技术产业投资项目的信息不对称程度，有利于筛选出发展前景良好的高新技术产业投资项目进行重点信贷资金扶持，促进其快速地实现生产和发展，进而提升高新技术产业资本积累的质量和效率。

2. 间接融资对高新技术产业创新的影响

金融发展水平的提升有助于规避金融机构和高新技术产业融资主体之间的逆向选择风险和道德风险，激励金融机构加大对高新技术产业创新的资金扶持力度，促进高新技术产业的产品和生产创新，推动高新技术产业的可持续发展。

在金融机构市场化发展水平较低的情况下，面对高新技术产业创新的高风险特征，金融机构为实现自身收益的最大化和降低资金风险的需要，通常会选择将信贷资源分配给风险水平相对较低、收益水平相对较高的项目上，而对高新技术产业创新融资缺乏信贷资金配置的积极性。随着金融机构市场化发展水平的逐步提升，金融机构的信息获取能力逐步增强，而高新技术产业创新项目的高风险特征往往也伴随着超额收益，使得高新技术产业创新融资逐步受到金融机构的青睐。金融机构的市场化发展促进了代理成本的下降，使得金融机构信贷资金的投放逐步向高新技术产业创新项目倾斜，有力地提升了高新技术产业创新活跃程度。同时，金融领域的体制机制改革和相关法律制度的完善也增加了高新技术产业创新融资的便利性。总体来看，间接融资促进高新技术产业创新的核心在于金融机构对高新技术产业创新项目的信息获取能力的增强和信息获取成本的降低、对高新技术产业创新项目评估筛选机制的健全以及自身信贷资源配置效率的提升。

5.2.2 金融发展影响高新技术产业创新增长的直接融资分析

所谓直接融资指的是资金盈余主体和高新技术产业融资主体建立直接的资金联系，而不需要借助金融机构的中介职能。一般而言，直接融资具有以下几方面的特点：一是促进社会资金直接投向高新技术产业领域，有利于高新技术产业融资成本的降低。二是有利于降低高新技术产业投资项目的风险。直接融资往往可以通过资本市场进行流通交易，降低了资金盈余主体的流动性风险和投资风险；高新技术企业通过直接融资方式将其经营风险进行了分散；直接融资方式优化了高新技术企业的资本结构，有利于降低高新技术企业的财务风险。三是直接融资信息披露机制要求严格，有利于高新技术企业优化公司治理结构。在高新技术企业的直接融资中，高新技术企业的所有信息都会通过资本市场的价格机制进行反馈，有助于投资者对高新技术企业的经营管理进行有效监督；资本市场的发展也有利于高新技术企业通过兼并重组的方式快速实现规模扩张和盈利能力的提升。四是直接融资有利于提升高新技术产业的资源配置效率，促进高新技术产业结构优化，加快高新技术产业创新步伐。

1. 直接融资对高新技术产业资本积累的影响

资本市场的发展对于扩大高新技术产业资本积累规模、提升高新技术产业资本积累速度、提高高新技术产业资本积累效率都具有积极作用。直接融资对高新技术产业资本积累的作用机制主要体现在以下几个方面：

一是资本市场的发展提升了直接融资的动员能力，降低了高新技术企业的融资成本，有利于高新技术企业以较低的成本、较快的速度获取发展所需资金，实现资本积累和生产扩张，促进高新技术产业的增长。

二是资本市场的发展有效地提升了高新技术产业投资的流动性。一方面资本市场的发展提升了高新技术产业投资进入和退出的便利性，提升了高新技术产业投资资产转换效率；另一方面资本市场的发展有利于高新技术产业进行分散投资，有效降低了投资风险。同时，对于高新技术产业而言，资本市场的发展为其提供了稳定的资金来源，有效规避了高新技术产业投资的提前退出风险，有利于高新技术产业稳步推进资本积累，实现持续发展。

三是资本市场的发展丰富了金融工具的种类，有利于高新技术产业融资主体结合自身需求匹配适宜的金融工具，这不仅有利于降低高新技术产业融资主体的融资成本，还有助于其快速获取发展所需资金，实现资本快速积累。

2. 直接融资对高新技术产业创新的影响

高新技术产业创新投资不足主要是由于高新技术产业创新活动的不确定性程度高以及高新技术产业创新融资成本高导致的。资本市场的发展能够有效地应对高新技术产业创新外部环境的变换，降低创新融资成本，引导市场对高新技术产业创新投资的持续关注。

高新技术产业创新活动在不同的阶段呈现出不同的风险特征。在高新技术产业创新活动前期阶段，信息处理成本提升了高新技术产业投资收益的不确定性程度。资本市场的信息揭示机制可以有效地传递高新技术产业创新活动信息，并通过资本供求关系以及价格与非价格因素予以体现。资本市场通过其信息显示功能，对高新技术产业创新活动的风险特征进行披露，资本市场参与主体结合高新技术产业创新活动的披露信息进行项目评估和投资决策。这不仅有利于资本市场参与主体投资效率的提升，还凸显了资本市场的资源配置功能，有利于为高新技术产业创新活动提供稳定的资金来源，提升高新技术产业创新投资效率和创新活动效率。

在高新技术产业创新活动中期阶段，对高新技术产业创新活动过程的监督与检查成本增加了高新技术产业创新投资代理履约的不确定性程度。高新技术产业创新活动关联着众多主体，各主体有必要适时对其创新活动过程进行监督与检查，以便及时了解高新技术产业创新活动进展，降低投资风险。资本市场的发展有效降低了对高新技术产业创新活动过程的监督与检查成本，资本市场的价格机制要求高新技术产业创新项目及时对其创新活动进展进行披露，从而接受市场有效监督、提升创新活动效率。

在高新技术产业创新活动后期阶段，高新技术产业创新活动成果的转让成本一旦过高则导致对高新技术产业创新投资的成本与收益回收无法实现。高新技术产业创新成果具有高风险和专用性属性，高新技术产业创新投资通过资本市场实现了分散，有效降低了单一投资主体的风险程度。同时，资本市场的发展也提高了高新技术产业创新成果的流动性，降低了高新技术产业创新成果的转让成本，有利于提升高新技术产业创新投资成本和收益的回收效率。

5.2.3 间接融资和直接融资对高新技术产业创新增长的作用比较

金融发展影响高新技术产业创新增长的间接融资方式和直接融资方式在促进高新技术产业创新增长上具有相似性，但二者也存在较大差异。为有效区分二者作用机制的差异性，本节分别从融资成本视角和信息不对称视角对二者进行比较。

1. 融资成本的差异性对高新技术产业创新增长的影响

假设高新技术产业既能够进行直接融资也能够进行间接融资，且高新技术产业投资项目的直接融资占其融资总规模的比重是 λ。在高新技术产业投资项目的间接融资方式中，金融机构往往要对其提供的信贷资金负责，高新技术产业投资项目信用违约所造成的损失要由提供信贷资金的金融机构自行承担，这就使得金融机构在向高新技术产业投资项目提供信贷资金的过程中对高新技术产业投资项目的资质及其资金运用实施严格审查与监督，由此产生的成本则会转嫁到高新技术产业投资项目的融资成本中，导致高新技术产业投资项目的间接融资成本相对较高。在高新技术产业投资项目的直接融资方式中，金融机构往往不需要对高新技术产业投资项目发行的有价证券负责，也不需要对融资资金的运用予以审查和监督，使得高新技术产业投资项目的直接融资成本相对较低。

假设高新技术产业投资项目的直接融资边际成本是 c_d，间接融资边际成本是 c_i，其融资总次数是 z_t，且每笔融资金额是固定值 b_t，于是，高新技术产业投资项目的直接融资成本 VC_d 可以表示为：

$$VC_d = \lambda c_d b_t z_t \tag{5-28}$$

高新技术产业投资项目的间接融资成本 VC_i 可以表示为：

$$VC_i = (1 - \lambda) c_i b_t z_t \tag{5-29}$$

高新技术产业投资项目的总融资成本可以表示为：

$$VC = [\lambda c_d + (1 - \lambda) c_i] b_t z_t \tag{5-30}$$

由于高新技术产业投资项目的直接融资边际成本 c_d 小于其间接融资边际成本 c_i，结合公式（5-30）可以看出，随着高新技术产业投资项目的直接融资比重 λ 的上升，高新技术产业投资项目的平均融资边际成本 $\lambda c_d + (1 - \lambda) c_i$ 会降低。那么，在高新技术产业投资项目融资总规模固定的情况下，高新技术产业投资项目的融资成本会降低；在高新技术产业投资项目融资成本固定的情况下，高新技术产业投资项目可获取的融资总规模会上升。因此，直接融资方式更有利于促进高新技术产业创新增长。

2. 信息不对称作用差异性对高新技术产业创新增长的影响

在高新技术产业投资项目的融资项目中普遍存在信息不对称问题，而信息不对称的存在极易引发逆向选择和道德风险。在高新技术产业投资项目的间接融资方式中，金融机构发挥了对高新技术产业投资项目的监督作用，在一定程度上规避了由信息不对称引发的逆向选择和道德风险。然而，高新技术产业投资项目的直接融资方式往往缺乏有效的监督主体，使得高新技术产业创新增长效率降低。

为进一步明晰高新技术产业投资项目的直接融资方式和间接融资方式因信息

不对称问题产生的差异性，本节结合博弈理论进行深入探讨。假设在高新技术产业投资项目融资体系中，博弈主体由高新技术企业、直接融资金融机构、间接融资金融机构以及资金盈余主体构成。

对于高新技术企业而言，有两类投资项目供其选择：一是高新技术产业投资项目 A，该项目投资成功概率是 a，相应的投资收益率是 r，高新技术企业在管理该项目的过程中不会获取额外收益；二是高新技术产业投资项目 B，该项目投资成功概率是 b，相应的投资收益率同样是 r，高新技术企业在管理该项目的过程中可获取额外收益 p。两类投资项目若投资失败，相应的收益率均为 0；同时，高新技术产业投资项目 A 的成功概率要高于高新技术产业投资项目 B，且高新技术产业投资项目 A 的净现值大于 0。

对于资金盈余主体而言，有三项方案供其选择：一是通过购买高新技术企业发行的有价证券参与高新技术产业投资项目的直接融资；二是通过把资金存入金融机构，参与高新技术产业投资项目的间接融资，并向间接融资金融机构支付代理费用 i；三是通过投资安全资产获取收益 γ。同时，资金盈余主体的投资收益满足以下关系：

$$rb - i < \gamma < ra - i \tag{5-31}$$

假设高新技术企业具有投资项目选择的自主权，在信息不对称因素的影响下，资金盈余主体无法确定高新技术企业选择的投资项目信息。在间接融资方式中，若间接融资金融机构要对高新技术产业投资项目进行监管，需要承担监管成本 c；在直接融资方式中，若直接融资金融机构建立强制信息披露机制，高新技术企业公布的信息才具有可信性。同时，资金盈余主体可以在直接融资方式和间接融资方式中零成本自由转换。于是，在高新技术产业投资项目中各博弈主体的博弈策略如表 5-1 所示。

表 5-1 高新技术产业投资项目博弈主体的博弈策略

博弈主体	博弈策略选项
资金盈余主体	直接融资、间接融资、安全资产
间接融资金融机构	项目监管、项目不监管

博弈主体	博弈策略选项
直接融资金融机构	强制信息披露、不强制信息披露
高新技术企业	投资项目 A、投资项目 B

　　根据上文的假设条件，高新技术企业的最优策略是选择高新技术产业投资项目 B，而资金盈余主体的最优策略是选择高新技术产业投资项目 A。在高新技术企业选择间接融资的情形下，如果间接融资金融机构进行项目监管，那么高新技术企业必然会选择高新技术产业投资项目 A。虽然高新技术产业投资项目 B 对高新技术企业更为有利，但是间接融资金融机构将不会为其提供信贷资金，导致高新技术企业的融资行为失败。如果间接融资金融机构不进行项目监管，那么高新技术企业会选择高新技术产业投资项目 B。然而，资金盈余主体无法获取相应收益，必然放弃间接融资方式，停止对高新技术产业投资项目的投资活动，同样会导致高新技术企业的融资行为失败。于是，在高新技术企业进行间接融资的情形下，博弈均衡的结果是高新技术企业选择高新技术产业投资项目 A，而间接融资金融机构则选择进行项目监管。

　　在高新技术企业选择直接融资的情形下，如果直接融资金融机构强制进行信息披露，那么高新技术企业必然会选择高新技术产业投资项目 A。如果高新技术企业选择高新技术产业投资项目 B，那么资金盈余主体不会购买高新技术企业发行的有价证券，导致高新技术企业的融资行为失败。如果高新技术企业公布虚假信息，必然会受到直接融资金融机构的惩罚。如果直接融资金融机构没有强制进行信息披露，那么高新技术企业会选择高新技术产业投资项目 B，而资金盈余主体则会放弃投资，同样会导致高新技术企业的融资行为失败。于是，在高新技术企业进行直接融资的情形下，博弈均衡的结果是高新技术企业选择高新技术产业投资项目 A，而直接融资金融机构则选择强制进行信息披露。

　　不难发现，无论高新技术企业选择进行直接融资还是选择进行间接融资，最终结果都是要选择高新技术产业投资项目 A 进行投资，从而使得高新技术产业得以持续发展。然而，高新技术产业投资项目的间接融资方式需要额外承担监管成本，相对而言直接融资方式对于促进高新技术产业发展更为有利。

5.3 经济不确定性、金融发展影响高新技术产业创新增长的综合效应

高新技术产业创新增长是高新技术产业投资、高新技术产业创新和高新技术产业产出的综合反映。其中，高新技术产业产出取决于高新技术产业的自主产出、市场消费水平以及边际消费倾向，高新技术产业投资取决于高新技术产业的自主投资、产出水平以及投资边际产出弹性，高新技术产业创新取决于高新技术产业的自主创新、产出水平以及创新边际产出弹性。假设高新技术产业在时间 t 的产出是 Y_t，其自主产出是 Y_0，市场消费水平是 C_t，其边际消费倾向是 λ。那么，高新技术产业产出函数可以表示为：

$$Y_t = Y_0 + \lambda C_t \tag{5-32}$$

高新技术产业在时间 t 的投资是 I_t，其自主投资是 I_0，其投资边际产出弹性系数是 μ。那么，高新技术产业投资函数可以表示为：

$$I_t = I_0 + \mu Y_t \tag{5-33}$$

高新技术产业在时间 t 的创新是 N_t，其自主创新是 N_0，其创新边际产出弹性系数是 ρ。那么，高新技术产业创新函数可以表示为：

$$N_t = N_0 + \rho Y_t \tag{5-34}$$

考虑到经济不确定性和金融发展对高新技术产业创新增长的影响，对高新技术产业的产出边际消费弹性系数 λ、投资边际产出弹性系数 μ 和创新边际产出弹性系数 ρ 分别添加一个调整参数，用以体现经济不确定性和金融发展带来的冲击。于是，高新技术产业的边际产出倾向 λ_t 可以表示为：

$$\lambda_t = \lambda(\delta_{\lambda,\,t},\ \delta_{\lambda,\,t-1}) = \bar{\lambda} + \frac{\delta_{\lambda,\,t}}{\delta_{\lambda,\,t-1}} \tag{5-35}$$

其中，$\delta_{\lambda,\,t}$ 指的是高新技术产业的产出边际消费弹性系数 λ 的调整参数，$\bar{\lambda}$ 指的是高新技术产业的产出边际消费弹性系数 λ 不受经济不确定性和金融发展冲击影响的部分。高新技术产业的投资边际产出弹性系数 μ_t 可以表示为：

$$\mu_t = \mu(\delta_{\mu,\,t},\ \delta_{\mu,\,t-1}) = \bar{\mu} + \frac{\delta_{\mu,\,t}}{\delta_{\mu,\,t-1}} \tag{5-36}$$

其中，$\delta_{\mu,t}$ 指的是高新技术产业的投资边际产出弹性系数 μ 的调整参数，$\bar{\mu}$ 指的是高新技术产业的投资边际产出弹性系数 μ 不受经济不确定性和金融发展冲击影响的部分。高新技术产业的创新边际产出弹性系数 ρ_t 可以表示为：

$$\rho_t = \rho(\delta_{\rho,t}, \delta_{\rho,t-1}) = \bar{\rho} + \frac{\delta_{\rho,t}}{\delta_{\rho,t-1}} \tag{5-37}$$

其中，$\delta_{\rho,t}$ 指的是高新技术产业的创新边际产出弹性系数 ρ 的调整参数，$\bar{\rho}$ 指的是高新技术产业的创新边际产出弹性系数 ρ 不受经济不确定性和金融发展冲击影响的部分。进一步假设高新技术产业的边际产出倾向调整参数 $\delta_{\lambda,t}$、投资边际产出弹性系数调整参数 $\delta_{\mu,t}$ 和创新边际产出弹性系数调整参数 $\delta_{\rho,t}$ 均服从几何布朗运动，它们的平均位移是 γ，方差是 σ_t^2，于是有

$$\begin{cases} \delta_{\lambda,t+1} = \delta_{\lambda,t} + \gamma\delta_{\lambda,t} + \sigma_t\delta_{\lambda,t}U_t & U_t \sim N(0,1) \\ \delta_{\mu,t+1} = \delta_{\mu,t} + \gamma\delta_{\mu,t} + \sigma_t\delta_{\mu,t}V_t & V_t \sim N(0,1) \\ \delta_{\rho,t+1} = \delta_{\rho,t} + \gamma\delta_{\rho,t} + \sigma_t\delta_{\rho,t}W_t & W_t \sim N(0,1) \end{cases} \tag{5-38}$$

其中，σ_t 体现的是经济不确定性和金融发展冲击，且 σ_t 服从 $AR(1)$ 过程，即：

$$\sigma_{t+1} = \sigma_t + \eta_\sigma(\bar{\sigma} - \sigma_t) + \sigma_t F_t \qquad F_t \sim N(0,1) \tag{5-39}$$

其中，$\bar{\sigma}$ 指的是经济不确定性和金融发展冲击 σ_t 的长期均值，η_σ 指的是经济不确定性和金融发展冲击 σ_t 到其长期均值 $\bar{\sigma}$ 的收敛率。同时，市场消费水平 C_t 也会受到经济不确定性和金融发展冲击 σ_t，且满足 $\partial C_t/\partial\sigma_t < 0, \partial^2 C_t/\partial\sigma_t^2 > 0$。于是，高新技术产业产出函数可进一步表示为：

$$Y_t = Y_0 + [\bar{\lambda} + (1 + \gamma + \sigma_t U_t)]C_t \tag{5-40}$$

高新技术产业投资函数可进一步表示为：

$$\begin{aligned} I_t &= I_0 + [\bar{\mu} + (1 + \gamma + \sigma_t V_t)]Y_t \\ &= I_0 + [\bar{\mu} + (1 + \gamma + \sigma_t V_t)]\{Y_0 + [\bar{\lambda} + (1 + \gamma + \sigma_t U_t)]C_t\} \\ &= I_0 + [\bar{\mu} + (1 + \gamma + \sigma_t V_t)]Y_0 + [\bar{\mu} + (1 + \gamma + \sigma_t V_t)] \\ &\quad [\bar{\lambda} + (1 + \gamma + \sigma_t U_t)]C_t \end{aligned} \tag{5-41}$$

高新技术产业创新函数可进一步表示为：

$$N_t = N_0 + [\,\bar{\rho} + (1 + \gamma + \sigma_t W_t)\,]\,Y_t$$

$$= N_0 + [\,\bar{\rho} + (1 + \gamma + \sigma_t W_t)\,]\,\{Y_0 + [\,\bar{\lambda} + (1 + \gamma + \sigma_t U_t)\,]\,C_t\}$$

$$= N_0 + [\,\bar{\rho} + (1 + \gamma + \sigma_t W_t)\,]\,Y_0 + [\,\bar{\rho} + (1 + \gamma + \sigma_t W_t)\,]$$

$$[\,\bar{\lambda} + (1 + \gamma + \sigma_t U_t)\,]\,C_t$$

$$(5\text{-}42)$$

为进一步分析高新技术产业产出、投资和创新对经济不确定性和金融发展冲击的响应程度，现分别求高新技术产业产出函数、投资函数和创新函数对经济不确定性和金融发展冲击 σ_t 的一阶偏导函数。其中，高新技术产业产出函数对经济不确定性和金融发展冲击 σ_t 的一阶偏导函数求解结果为：

$$\frac{\partial Y_t}{\partial \sigma_t} = U_t C_t + [\,\bar{\lambda} + (1 + \gamma + \sigma_t U_t)\,]\,\frac{\partial C_t}{\partial \sigma_t} = U_t C_t + (\bar{\lambda} + \delta_\lambda)\,\frac{\partial C_t}{\partial \sigma_t} \quad (5\text{-}43)$$

进一步求解高新技术产业产出函数对经济不确定性和金融发展冲击 σ_t 的二阶偏导函数，结果如下：

$$\frac{\partial^2 Y_t}{\partial \sigma_t^2} = 2U_t \frac{\partial C_t}{\partial \sigma_t} + [\,\bar{\lambda} + (1 + \gamma + \sigma_t U_t)\,]\,\frac{\partial^2 C_t}{\partial \sigma_t^2} = 2U_t \frac{\partial C_t}{\partial \sigma_t} + (\bar{\lambda} + \delta_\lambda)\,\frac{\partial^2 C_t}{\partial \sigma_t^2}$$

$$(5\text{-}44)$$

其中，$\delta_\lambda = 1 + \gamma + \sigma_t U_t$ 指的是高新技术产业的产出边际消费弹性系数 λ 的调整参数，体现的是经济不确定性和金融发展冲击对高新技术产业产出的消费反馈效应；U_t 指的是随机干扰项，体现的是在经济不确定性和金融发展冲击下可获取的有效信息（V_t、W_t 与之相同）。从公式（5-43）和公式（5-44）可以看出，经济不确定性和金融发展主要通过消费市场反馈机制和信息信任机制来影响高新技术产业的产出。

求解高新技术产业投资函数对经济不确定性和金融发展冲击 σ_t 的一阶偏导函数和二阶偏导函数，结果如下所示：

$$\frac{\partial I_t}{\partial \sigma_t} = V_t Y_0 + \{[\,\bar{\lambda} + (1 + \gamma + \sigma_t U_t)\,]\,V_t + [\,\bar{\mu} + (1 + \gamma + \sigma_t V_t)\,]\,U_t\}\,C_t$$

$$+ [\,\bar{\mu} + (1 + \gamma + \sigma_t V_t)\,]\,[\,\bar{\lambda} + (1 + \gamma + \sigma_t U_t)\,]\,\frac{\partial C_t}{\partial \sigma_t}$$

$$= V_t Y_0 + [\,(\bar{\lambda} + \delta_\lambda)\,V_t + (\bar{\mu} + \delta_\mu)\,]\,C_t + (\bar{\lambda} + \delta_\lambda)(\bar{\mu} + \delta_\mu)\,\frac{\partial C_t}{\partial \sigma_t}$$

$$(5\text{-}45)$$

$$
\begin{aligned}
\frac{\partial^2 I_t}{\partial \sigma_t^2} &= 2U_t V_t C_t + 2\{ V_t [\bar{\lambda} + (1 + \gamma + \sigma_t U_t)] + U_t [\bar{\mu} + (1 + \gamma + \sigma_t V_t)] \} \frac{\partial C_t}{\partial \sigma_t} \\
&\quad + [\bar{\mu} + (1 + \gamma + \sigma_t V_t)][\bar{\lambda} + (1 + \gamma + \sigma_t U_t)] \frac{\partial^2 C_t}{\partial \sigma_t^2} \\
&= 2U_t V_t C_t + 2[(\bar{\lambda} + \delta_\lambda) V_t + (\bar{\mu} + \delta_\mu)] \frac{\partial C_t}{\partial \sigma_t} + (\bar{\lambda} + \delta_\lambda)(\bar{\mu} + \delta_\mu) \frac{\partial^2 C_t}{\partial \sigma_t^2}
\end{aligned}
$$

$$(5\text{-}46)$$

其中，$\delta_\mu = 1 + \gamma + \sigma_t V$ 指的是高新技术产业的投资边际产出弹性系数 μ 的调整参数，体现的是经济不确定性和金融发展冲击对高新技术产业投资的实物期权效应和金融摩擦效应。从公式（5-45）和公式（5-46）可以看出，经济不确定性和金融发展主要通过实物期权机制、金融摩擦机制、消费市场反馈机制以及信息信任机制来影响高新技术产业的投资。

求解高新技术产业创新函数对经济不确定性和金融发展冲击 σ_t 的一阶偏导函数和二阶偏导函数，结果如下所示：

$$
\begin{aligned}
\frac{\partial N_t}{\partial \sigma_t} &= W_t Y_0 + \{ W_t [\bar{\lambda} + (1 + \gamma + \sigma_t U_t)] + U_t [\bar{\rho} + (1 + \gamma + \sigma_t W_t)] \} C_t \\
&\quad + [\bar{\rho} + (1 + \gamma + \sigma_t W_t)][\bar{\lambda} + (1 + \gamma + \sigma_t U_t)] \frac{\partial C_t}{\partial \sigma_t} \\
&= W_t Y_0 + [(\bar{\lambda} + \delta_\lambda) W_t + (\bar{\rho} + \delta_\rho)] C_t + (\bar{\lambda} + \delta_\lambda)(\bar{\rho} + \delta_\rho) \frac{\partial C_t}{\partial \sigma_t}
\end{aligned}
$$

$$(5\text{-}47)$$

$$
\begin{aligned}
\frac{\partial^2 N_t}{\partial \sigma_t^2} &= 2U_t W_t C_t + 2\{ W_t [\bar{\lambda} + (1 + \gamma + \sigma_t U_t)] + U_t [\bar{\rho} + (1 + \gamma + \sigma_t W_t)] \} \frac{\partial C_t}{\partial \sigma_t} \\
&\quad + [\bar{\rho} + (1 + \gamma + \sigma_t W_t)][\bar{\lambda} + (1 + \gamma + \sigma_t U_t)] \frac{\partial^2 C_t}{\partial \sigma_t^2} \\
&= 2U_t W_t C_t + 2[(\bar{\lambda} + \delta_\lambda) W_t + (\bar{\rho} + \delta_\rho)] \frac{\partial C_t}{\partial \sigma_t} + (\bar{\lambda} + \delta_\lambda)(\bar{\rho} + \delta_\rho) \frac{\partial^2 C_t}{\partial \sigma_t^2}
\end{aligned}
$$

$$(5\text{-}48)$$

其中，$\delta_\rho = 1 + \gamma + \sigma_t W_t$ 指的是高新技术产业的创新边际产出弹性系数 ρ 的调整参数，体现的是经济不确定性和金融发展冲击对高新技术产业投资的风险效应和机遇效应。从公式(5-47)和公式(5-48)可以看出，经济不确定性和金融发展主要通过风险机遇机制、消费市场反馈机制以及信息信任机制来影响高新技术产业的创新。

　　综合来看，经济不确定性和金融发展主要依赖于实物期权机制、金融摩擦机制、风险机遇机制、消费市场反馈机制以及信息信任机制等来影响高新技术产业的创新增长。当经济不确定性程度增强、金融发展水平下降时，经济主体对高新技术产业发展的评估愈发艰难，高新技术产业运营决策调整或者变更的风险进一步增加。追求收益最大化以及趋利避害行为是理性的经济主体的基本属性，这就要求对高新技术企业的运营采取更为谨慎的态度，包括暂缓对高新技术企业的投资或者大幅下调投资规模、降低高新技术企业创新支出规模或者停止新增创新项目、保持高新技术企业当前的生产状态或者裁员减产。受到经济不确定性程度增强和金融发展水平下降的影响，金融机构的信用违约风险提升，为补偿风险水平上升对自身经营效益的影响，金融机构会通过提升风险溢价向高新技术企业进行风险转嫁，导致高新技术企业的融资成本上升；同时，资本市场对高新技术企业市场价值预期下调，对高新技术企业的融资持更谨慎的态度，导致高新技术企业通过资本市场融资的难度加大，可实现的融资规模下降。高新技术产业产品消费市场主体也受到收入水平下降和融资制约的影响，对高新技术产品的消费能力下降，导致高新技术企业的产品销售难度加大，出现产品积压和销售资金回笼减缓等问题，使得高新技术企业的整体经营效益下降。总体而言，经济不确定性程度增强和金融发展水平下降会通过高新技术产业经营主体、金融机构和资本市场、高新技术产品消费市场下调未来的发展预期来制约高新技术产业创新增长。

　　当经济不确定性程度下降、金融发展水平上升时，经济主体对高新技术产业发展的预期更为乐观，高新技术产业运营决策的效率会更高。为实现更大的经营效益，高新技术企业会采取更为积极的运营策略，包括加大对高新技术企业的投资规模或者新增高新技术产业投资项目、提升高新技术企业创新支出水平或者新增高新技术产业创新项目、增员提产以提高高新技术企业当前的生产规模。经济不确定性程度的下降和金融发展水平的上升，也使得金融机构的信用违约风险下降，为实现经营规模的扩张和经营效益的提升，金融机构会降低对风险溢价的要求，促使高新技术企业的融资成本下降；而资本市场对高新技术企业市场价值的预期随之上升，对高新技术企业的直接融资采取更积极的态度，并逐步加大对高新技术企业直接融资的支持力度，从而使得高新技术企业通过资本市场融资变得相对容易，且可实现的融资规模进一步提升。高新技术产业产品消费市场主体也随着收入水平的提升和融资约束的降低而提升对高新技术产品的消费需求，促使高新技术企业的产品销售更为顺畅，产品积存不断减少，销售资金回笼速度不断提升，从而提升了高新技术企业的整体经营效益。总体来看，经济不确定性程度下降和金融发展水平上升通过高新技术产业经营主体、金融机构和资本市场、高新技术产品消费市场对未来发展预期的改善或者提升来促进高新技术产业创新增长。为更直观地表现经济不确定性和金融发展对高新技术产业创新增长的影响机制，现将其绘制成路线图，结果如图 5-2 所示。

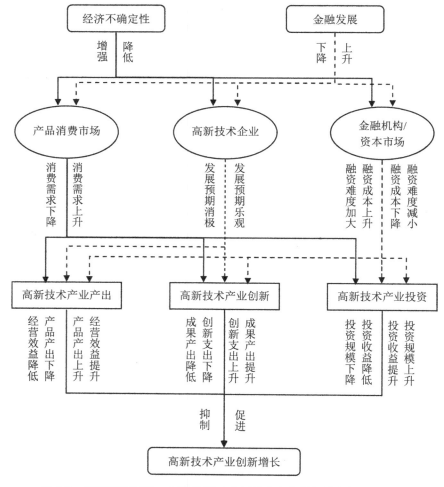

图 5-2　经济不确定性、金融发展对高新技术产业创新增长的影响机制

6 经济不确定性、金融发展和高新技术产业创新增长的相关性分析

在对经济不确定性、金融发展影响我国高新技术产业创新增长进行实证检验之前，有必要对全国以及各省(市、自治区)高新技术产业创新发展的现状进行分析，进而探讨经济不确定性、金融发展和高新技术产业创新增长的相关性及其协调耦合性，为经济不确定性、金融发展影响我国高新技术产业创新增长的实证检验作好铺垫。

6.1 我国高新技术产业发展现状

6.1.1 全国高新技术产业发展现状

1. 全国高新技术产业发展特征

高新技术产业是国民经济创新发展的生力军，为经济持续增长提供了强劲动力。随着大数据分析技术、云计算技术以及人工智能技术等的深入推广，高新技术产业的发展速度也逐步加快。然而，在国家创新战略环境下，高新技术产业的发展仍遇到发展瓶颈，寻求突破、持续发展成为我国高新技术产业亟待解决的问题。总体来看，我国高新技术产业发展呈现出以下几方面的特征：

一是高新技术产业总体规模持续上涨，发展速度逐步减缓。结合图 6-1 和图 6-2 可以看出，自 2000 年以来我国高新技术产业得到了长足发展。从高新技术企业数量来看，2000 年我国高新技术企业数量为 9835 家，仅占规模以上工业企业

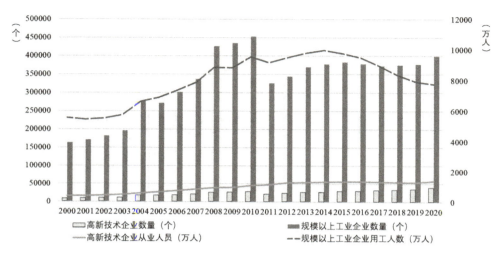

图 6-1 2000—2020 年度我国高新技术产业和工业经济发展趋势对比(一)

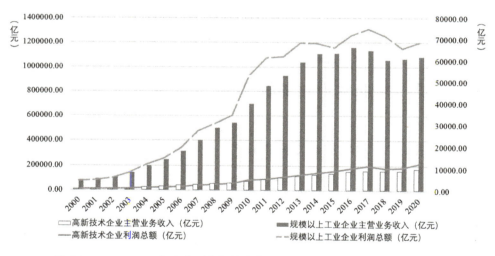

图 6-2 2000—2020 年度我国高新技术产业和工业经济发展趋势对比(二)

数量的 6.04%；到 2020 年我国高新技术企业数量达到了 40194 家，占规模以上工业企业数量的 10.06%；2000 年至 2020 年期间我国高新技术企业数量年均增长率达到了 7.29%。从高新技术企业从业人员来看，2000 年我国高新技术企业从业人员为 392.29 万人，仅占规模以上工业企业用工人数的 6.52%；到 2020 年我国高新技术企业从业人员达到了 1386.66 万人，占规模以上工业企业用工人数的

17.88%；2000 年至 2020 年期间我国高新技术企业从业人数年均增长率达到了 6.87%。从高新技术企业主营业务收入来看，2000 年我国高新技术企业主营业务收入为 10050.10 亿元，占规模以上工业企业主营业务收入的 11.94%；到 2020 年我国高新技术企业主营业务收入达到了 174613.10 亿元，占规模以上工业企业主营业务收入的 16.11%；2000 年至 2020 年期间我国高新技术企业主营业务收入年均增长率达到了 15.34%。从高新技术企业利润总额来看，2000 年我国高新技术企业利润总额为 673.10 亿元，占规模以上工业企业利润总额的 15.32%；到 2020 年我国高新技术企业利润总额达到了 12393.97 亿元，占规模以上工业企业利润总额的 18.10%；2000 年至 2020 年期间我国高新技术企业利润总额年均增长率达到了 15.68%。然而，不同时期我国高新技术产业的发展速度存在明显差异，特别是以 2014 年为分水岭，2014 年后我国高新技术产业发展速度明显减缓。以高新技术企业主营业务收入和利润总额为例，2000 年至 2013 年高新技术企业主营业务收入和利润总额年均增长率分别达到了 20.71% 和 20.04%，而 2014 年至 2020 年二者年均增长率仅有 6.01% 和 8.00%。同时，我国高新技术产业的发展始终受到欧美发达国家的威胁和制约，特别是欧美发达国家依托于其掌握的行业核心技术对我国高新技术产业实施经济制裁，导致我国高新技术产业"走出去"发展战略受阻。这就要求我国高新技术产业加快产业转型和技术创新步伐，逐步降低对欧美核心技术的过度依赖，形成一条以自主创新为核心的高质量发展路径。

二是高新技术产业创新投入水平持续增长，创新成果转化水平有待进一步提升。高新技术产业的发展有赖于持续创新的支撑，而 R&D 经费投入是高新技术产业创新的核心物质保障。R&D 经费投入是高新技术产业布局科技资源的直观体现，直接影响到高新技术产业的科技投入水平、自主创新能力以及综合竞争实力。结合图 6-3 和图 6-4 可以看出，自 2000 年以来我国高新技术产业研发支出不断攀升。其中，我国高新技术企业 R&D 经费内部支出从 2000 年的 111.04 亿元增长到 2020 年的 4649.09 亿元，高新技术企业 R&D 经费内部支出年均增长率达到了 20.53%；我国高新技术企业新产品开发经费支出从 2000 年的 117.79 亿元增长到 2020 年的 6152.37 亿元，高新技术企业新产品开发经费支出年均增长率达到了 21.87%。高新技术企业持续的高水平创新投入符合高新技术产业创新活

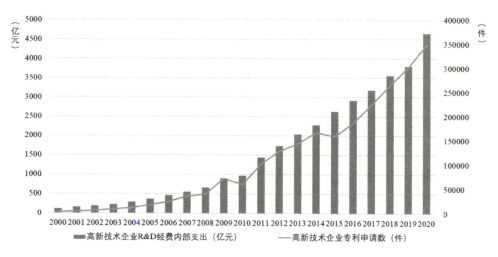

图 6-3 2000—2020 年度我国高新技术产业创新支出和创新产出发展趋势

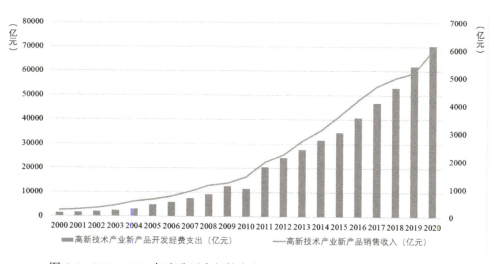

图 6-4 2000—2020 年度我国高新技术产业新产品开发支出和产出发展趋势

动的资金诉求，而如何高效地把创新成果转化为高新技术企业的有效生产力、实现创新活动的正向收益则是高新技术企业持续创新的动力源泉。2020 年我国高新技术企业专利申请数量达到了 348522 件，相较于 2000 年增长了 155.24 倍，年均增长率达到了 28.69%；而我国高新技术企业新产品销售收入则在 2020 年达到了 68549.14 亿元，相较于 2000 年仅增长了 27.60 倍，年均增长率仅为 18.04%；同时期我国高新技术企业主营业务收入仅增长 18.41 倍，年均增长率仅为 15.68%。无论是我国高新技术企业的新产品销售收入还是高新技术企业的主营业务收入均低于同时期高新技术企业 R&D 经费内部支出、新产品开发经费支出以及专利申请数量的增长水平。这在一定程度上表明我国高新技术产业创新成果转化效率尚显不足。为有效提升高新技术企业的创新积极性，提升高新技术企业创新成果转化效率，有必要进一步加强政策引导和扶持，并建立健全有效的风险投资机制，促进社会资本对具有高风险特征的高新技术产业创新活动提供有力支持。同时，进一步完善知识产权保护机制，不断强化高新技术企业的知识产权意识，促进高新技术企业以更长远、更具战略性的眼光来进行创新活动布局。

三是高新技术产业发展不均衡，不同区域和不同资本属性高新技术产业存在较大差距。首先，从高新技术产业的区域分布特征来看，东部地区无论在高新技术企业数量、高新技术企业从业人员、高新技术企业主营业务收入以及高新技术企业利润总额等生产经营指标还是在高新技术企业 R&D 经费内部支出、高新技术企业专利申请数量、高新技术企业新产品开发经费支出以及高新技术企业新产品销售收入等创新活动指标上均远超中西部地区。高新技术产业在东部地区的集聚发展进一步加大了区域间产业结构发展差异，对高新技术外溢效应的有效发挥形成了阻碍。由于在产业发展政策、地方营商环境以及资本人才吸纳能力等方面的优势，加之高新技术产业对资本、知识和技术的要求非常高，使得东部地区对高新技术产业的发展更具吸引力。受到地理空间的阻碍，东部地区形成的高新技术难以向中西部地区进行扩散，导致中西部地区无法借助东部地区形成的高新技术以及产业发展基础进行产业结构的升级。其次，从高新技术产业的资本属性分布特征来看，内资高新技术企业虽然在生产经营指标和创新活动指标等方面占据主导地位，但是内资高新技术企业包括国有和国有控股高新技术企业在生产经营效率和创新成果转化效率等方面都不及我国港澳台资高新技术企业和外资高新技术企业。受到自身技术水平和体制机制的影响，国有和国有控股高新技术企业的创新活动较依赖创新活动人员规模，而其他高新技术企业则更为依赖创新活动经费投入。特别是外资高新技术企业在技术积累以及资本实力等方面往往更具优势，使得其在高新技术产业创新活动中更容易占据战略制高点，导致内资高新技术企业难以在技术创新竞争中占据优势。

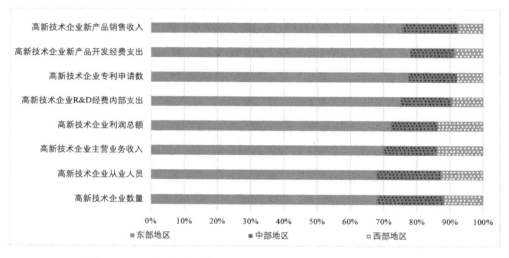

图 6-5　2020 年度我国高新技术产业主要指标（按区域分布特征）

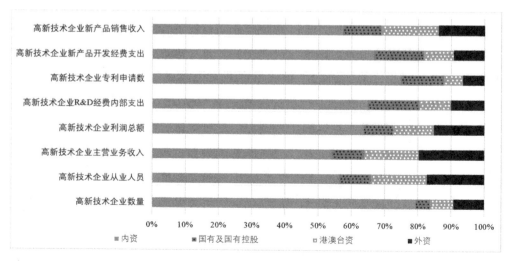

图 6-6　2020 年度我国高新技术产业主要指标（按资本属性分布特征）

2. 全国高新技术产业创新增长和经济发展间的关系

高新技术产业的发展有赖于国内经济发展的支撑，同时也促进了国内经济发展水平的提升。一方面，随着经济发展水平和工业发展水平的不断提升，人民对物质生活的要求进一步提高，这有利于扩大高新技术产业产品市场需求、提升高新技术产业创新升级的积极性；另一方面，高新技术产业通过经济价值创造、生产技术革新等路径也推动着国民经济的发展。有鉴于此，从统计学的角度对高新技术产业创新增长和经济发展间的关系进行简要分析显得十分必要。

从图 6-7 可以看出，2000 年至 2020 年我国高新技术产业主营业务收入占国内生产总值的比重、高新技术产业新产品销售收入占国内生产总值的比重、高新技术产业专利申请数量占全国专利申请数量的比重以及高新技术产业投资额占全社会固定资产投资的比重都呈现波动上升的趋势。其中，高新技术产业主营业务收入占国内生产总值的比重从 2000 年的 10.02%增长到 2020 年的 17.23%，其间存在较大的波动起伏；2000 年至 2006 年高新技术产业主营业务收入占国内生产总值的比重逐步上升，到 2006 年高新技术产业主营业务收入占国内生产总值的比重达到了 18.95%；2007 年至 2008 年高新技术产业主营业务收入占国内生产总值的比重略有下降，到 2008 年高新技术产业主营业务收入占国内生产总值的比

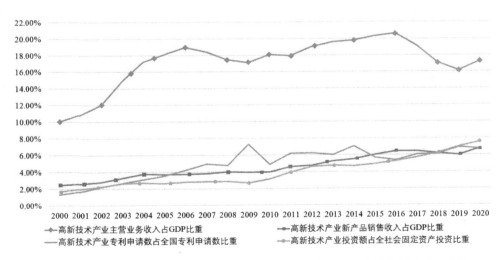

图 6-7　2000—2020 年度我国高新技术产业创新增长指标占经济发展指标比重变化趋势

重相较于 2006 年下降了 1.86%；2009 年至 2016 年高新技术产业主营业务收入占国内生产总值的比重重回上升趋势，到 2016 年高新技术产业主营业务收入占国内生产总值的比重达到了 20.61%，相较于 2008 年上升了 3.52%；2017 年至 2019 年高新技术产业主营业务收入占国内生产总值的比重下降幅度较大，到 2019 年高新技术产业主营业务收入占国内生产总值的比重相较 2016 年下降了 4.50%。高新技术产业专利申请数量占全国专利申请数量的比重从 2000 年的 1.32% 增长到 2020 年的 6.71%，其间也存在着起伏波动，其中 2009 年高新技术产业专利申请数量占全国专利申请数量的比重最高，达到了 7.30%。高新技术产业新产品销售收入占国内生产总值的比重和高新技术产业投资额占全社会固定资产投资的比重则呈现出稳步上升趋势，仅个别年份存在小幅回落，前者从 2000 年的 2.48% 增长到 2020 年的 6.76%，后者则从 2000 年的 1.71% 增长到 2020 年的 7.58%。综合以上数据可以看出，随着社会经济的发展，高新技术产业在国民经济发展中的重要性不断提升，无论从经济价值创造、经济投资还是从技术创新等角度来看，高新技术产业在促进社会经济发展方面的作用正在不断增强。

6.1.2 省域高新技术产业发展现状

1. 省域高新技术产业发展特征

不同于对全国高新技术产业发展特征的分析，本书对省域高新技术产业发展特征的研究更多是侧重于省域高新技术产业发展的差异性，综合学者们的研究成果，在探讨经济发展或者产业发展差异性的研究中大多采用泰尔指数、基尼系数以及对数离差均值等三种分析方法。其中，泰尔指数偏重于高新技术产业高层水平变动的分析，基尼系数偏重于高新技术产业中层水平变动的分析，而对数离差均值则偏重于低层水平变动的分析。因此，本节综合运用泰尔指数、基尼系数和对数离差均值来探讨我国省域高新技术产业发展的差异性。

泰尔指数的测算公式如下所示：

$$T = \frac{1}{n} \sum_{i=1}^{n} \frac{x_i}{\bar{x}} \ln \frac{x_i}{\bar{x}} \tag{6-1}$$

其中，n 指的是高新技术产业省域数量，x_i 指的是省域 i 高新技术产业发展水平，$\bar{x}$ 指的是各省域高新技术产业发展水平均值。

基尼系数的测算公式如下所示：

$$G = -\frac{n+1}{n} + \frac{2}{n^2} \sum_{i=1}^{n} i^* \frac{x_i}{\bar{x}} \tag{6-2}$$

其中，n 和 $\bar{x}$ 的含义和泰尔指数相同，x_i 指的是各省域高新技术产业发展水平升序排列后省域 i 高新技术产业发展水平，且满足 $0 < G < 1$。

对数离差均值的测算公式如下所示：

$$M = \frac{1}{n} \sum_{i=1}^{n} \ln \frac{x_i}{\bar{x}} \tag{6-3}$$

其中，n、x_i 和 $\bar{x}$ 的含义均与泰尔指数相同。

本书结合公式(6-1)、公式(6-2)和公式(6-3)来测度我国 30 个省(市、自治区，西藏除外)高新技术产业发展的差异性，测算结果如表 6-1 所示：

表 6-1　2000—2020 年度我国高新技术产业发展省域差异性测度统计结果

指标		泰尔指数	基尼系数	对数离差均值
高新技术产业主营业务收入	最大值	1.1237	0.7483	−0.9629
	最小值	0.7914	0.6313	−1.4762
	平均值	0.9226	0.6831	−1.1888
	标准差	0.1194	0.0430	0.1797
高新技术产业新产品销售收入	最大值	1.2059	0.7638	−1.2827
	最小值	0.9350	0.7014	−2.0505
	平均值	1.0538	0.7285	−1.6917
	标准差	0.0646	0.0181	0.2573
高新技术产业专利申请数量	最大值	1.6990	0.8142	−1.1808
	最小值	0.9523	0.6823	−1.8127
	平均值	1.1731	0.7325	−1.4254
	标准差	0.2109	0.0357	0.1831

指标		泰尔指数	基尼系数	对数离差均值
高新技术产业 投资额	最大值	0.6269	0.5880	−0.5662
	最小值	0.4223	0.4945	−0.8581
	平均值	0.5239	0.5375	−0.6883
	标准差	0.0699	0.0292	0.0986

从表 6-1 可以看出，我国高新技术产业发展省域差异性指数存在明显差距。从高新技术产业创新增长指标泰尔指数和基尼系数的角度来看，发展水平较高省份和发展水平中等省份的高新技术产业专利申请数量差异性最大，而高新技术产业投资额的差异性最小。从高新技术产业发展对数离差均值的角度来看，发展水平较低省份的高新技术产业投资额差异性最大，而高新技术产业新产品销售收入差异性最小。从高新技术企业主营业务收入、高新技术产业新产品销售收入以及高新技术产业专利申请数量的角度来看，发展水平较高省份的差异性最大，而发展水平较低省份的差异性最小；从高新技术产业投资额的角度来看，发展水平中等省份的差异性最大，发展水平较低省份的差异性最小。

进一步结合图 6-8 观察我国高新技术产业创新增长指标省域差异性变化趋势，可以发现，高新技术产业创新增长指标的泰尔指数和基尼系数变化趋势基本一致，整体上都呈现出先上升后下降的波动趋势；高新技术产业创新增长指标的对数离差均值则与之相反，整体呈现出先下降后上升的波动趋势。从高新技术产业主营业务收入的差异性来看，发展水平较高省份的差异性分别在 2004 年和 2015 年达到最大值和最小值，其泰尔指数值分别为 1.1237、0.7914；发展水平中等省份的差异性分别在 2004 年和 2019 年达到最大值和最小值，其基尼系数值分别为 0.7483、0.6313；发展水平较低省份的差异性分别在 2019 年和 2004 年达到最大值和最小值，其对数离差均值分别为 −0.9629、−1.4762。从高新技术产业新产品销售收入的差异性来看，发展水平较高省份的差异性分别在 2010 年和 2000 年达到最大值和最小值，其泰尔指数值分别为 1.2059、0.9350；发展水平中等省份的差异性分别在 2010 年和 2020 年达到最大值和最小值，其基尼系数值分别为 0.7638、0.7014；发展水平较低省份的差异性分别在 2018 年和 2008 年达

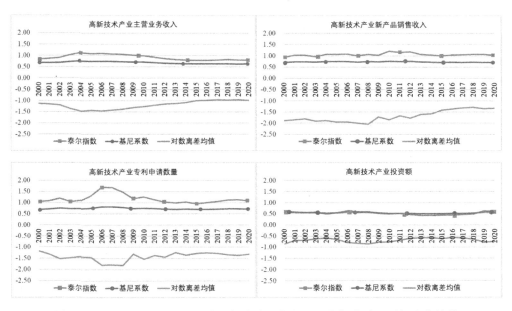

图 6-8　2000—2020 年度我国高新技术产业创新增长指标省域差异性变化趋势

到最大值和最小值，其对数离差均值分别为−1.2827、−2.0505。从高新技术产业专利申请数量的差异性来看，发展水平较高省份的差异性分别在 2006 年和 2015 年达到最大值和最小值，其泰尔指数值分别为 1.6990、0.9523；发展水平中等省份的差异性分别在 2006 年和 2020 年达到最大值和最小值，其基尼系数值分别为 0.8142、0.6823；发展水平较低省份的差异性分别在 2000 年和 2008 年达到最大值和最小值，其对数离差均值分别为−1.1808、−1.8127。从高新技术产业投资额的差异性来看，发展水平较高省份的差异性分别在 2000 年和 2014 年达到最大值和最小值，其泰尔指数值分别为 0.6269、0.4223；发展水平中等省份的差异性分别在 2000 年和 2014 年达到最大值和最小值，其基尼系数值分别为 0.5880、0.4945；发展水平较低省份的差异性分别在 2016 年和 2000 年达到最大值和最小值，其对数离差均值分别为−0.5662、−0.8581。这表明从不同角度来衡量高新技术产业发展的省域差异性，其变化趋势并不一致。同时，高新技术产业创新增长指标的泰尔指数和对数离差均值波动幅度较大，这表明发展水平较高的省份和发展水平较低的省份在高新技术产业发展中的差异性变化比较明显。

2. 省域高新技术产业创新增长和经济发展间的关系

为进一步探讨省域高新技术产业发展特征，我们对省域高新技术产业创新增长指标与其经济发展指标间的关系进行分析。表 6-2 测算了我国各省（市、自治区）高新技术产业主营业务收入占其国内生产总值比重、高新技术产业新产品销售收入占其国内生产总值比重、高新技术产业专利申请数量占其专利申请数量比重以及高新技术产业投资额占其固定资产投资比重。整体上来看，各省（市、自治区）高新技术产业创新增长指标占其经济发展指标比重的差异性非常大。其中，广东省高新技术产业主营业务收入占其国内生产总值比重、高新技术产业新产品销售收入占其国内生产总值比重以及高新技术产业专利申请数量占其专利申请数量比重均最高，分别达到了 45.15%、21.01%、13.64%；江苏省高新技术产业投资额占其固定资产投资比重最高，达到了 16.33%。新疆维吾尔自治区高新技术产业主营业务收入占其国内生产总值比重和高新技术产业新产品销售收入占其国内生产总值比重最低，分别仅为 1.26%、0.07%；海南省高新技术产业专利申请数量占其专利申请数量比重和高新技术产业投资额占其固定资产投资比重最低，分别仅为 0.81%、0.61%。

表 6-2　2020 年度我国省域高新技术产业创新增长指标占其经济发展指标比重

省域	高新技术产业主营业务收入占全省国内生产总值比重	高新技术产业新产品销售收入占全省国内生产总值比重	高新技术产业专利申请数量占全省专利申请数量比重	高新技术产业投资额占全省固定资产投资比重
北京	18.29%	6.92%	4.46%	3.45%
天津	20.96%	6.74%	4.00%	5.17%
河北	4.75%	1.99%	2.44%	2.81%
山西	7.79%	1.80%	2.20%	6.26%
内蒙古	2.43%	0.28%	1.67%	2.41%
辽宁	7.66%	1.54%	3.39%	2.05%
吉林	4.87%	1.27%	2.31%	3.87%

续表

省域	高新技术产业主营业务收入占全省国内生产总值比重	高新技术产业新产品销售收入占全省国内生产总值比重	高新技术产业专利申请数量占全省专利申请数量比重	高新技术产业投资额占全省固定资产投资比重
黑龙江	2.08%	1.25%	1.91%	2.78%
上海	20.31%	4.12%	5.22%	8.98%
江苏	26.45%	11.38%	7.07%	16.33%
浙江	15.67%	8.79%	5.34%	5.21%
安徽	13.03%	6.37%	6.68%	7.08%
福建	14.32%	5.18%	7.04%	4.35%
江西	24.07%	9.08%	8.00%	11.77%
山东	9.26%	3.33%	4.19%	5.60%
河南	11.93%	5.37%	3.76%	5.04%
湖北	10.53%	4.50%	8.33%	5.81%
湖南	10.10%	3.59%	5.58%	7.91%
广东	45.15%	21.01%	13.64%	5.52%
广西	6.50%	0.75%	1.88%	4.16%
海南	4.37%	0.26%	0.81%	0.61%
重庆	25.85%	6.86%	5.57%	8.68%
四川	19.45%	3.73%	7.87%	3.08%
贵州	5.46%	1.37%	3.85%	0.92%
云南	4.86%	1.62%	1.70%	0.62%
陕西	13.18%	2.11%	4.68%	4.22%
甘肃	3.20%	0.91%	0.92%	2.89%
青海	4.22%	1.73%	2.95%	2.10%
宁夏	5.69%	3.33%	3.11%	3.54%
新疆	1.26%	0.07%	0.91%	0.66%
平均值	12.12%	4.24%	4.38%	4.80%

为进一步比较我国省域高新技术产业创新增长指标占其经济发展指标比重的差异性，我们对 2000 年至 2020 年我国高新技术产业创新增长指标占经济发展指标比重省域差异性指数进行测算，结果如表 6-3 和图 6-9 所示。与高新技术产业创新增长指标的差异性略有不同，发展水平较高省份和发展水平中等省份的高新技术产业新产品销售收入占其国内生产总值比重的差异性最大，高新技术产业投资额占其固定资产投资比重的差异性最小；发展水平较低省份则与之恰好相反。从高新技术产业创新增长指标占经济发展指标比重省域差异性变化趋势来看，其与高新技术产业创新增长指标省域差异性变化趋势也存在较大差异。一方面是高新技术产业创新增长指标占经济发展指标比重省域差异性的绝对值有所下降；另一方面是高新技术产业创新增长指标占经济发展指标比重省域差异性的波动幅度有所下降。同时，发展水平较高省份和发展水平中等省份的高新技术产业创新增长指标占经济发展指标比重差异性整体呈现出波动下降的变化趋势，而发展水平较低省份则整体呈现出波动上升的变化趋势。这表明我国各省（市、自治区）高新技术产业的创新增长和其经济发展水平的提升存在着密不可分的关联关系。

表 6-3　2000—2020 年度我国高新技术产业创新增长指标占经济发展指标比重

省域差异性测度统计结果

指标		泰尔指数	基尼系数	对数离差均值
高新技术产业主营业务收入占全省国内生产总值比重	最大值	0.6671	0.6076	−0.2910
	最小值	0.2531	0.3910	−0.7263
	平均值	0.4350	0.4963	−0.4941
	标准差	0.1414	0.0754	0.1432
高新技术产业新产品销售收入占全省国内生产总值比重	最大值	1.1195	0.7371	−0.4804
	最小值	0.4090	0.4863	−1.4174
	平均值	0.7372	0.6241	−1.0142
	标准差	0.2394	0.0876	0.3597

续表

指标		泰尔指数	基尼系数	对数离差均值
高新技术产业专利申请数量占全省专利申请数量比重	最大值	0.3908	0.4863	-0.1787
	最小值	0.1685	0.3144	-0.5294
	平均值	0.2704	0.3900	-0.3231
	标准差	0.0808	0.0562	0.1211
高新技术产业投资额占全省固定资产投资比重	最大值	0.4295	0.4909	-0.1652
	最小值	0.1302	0.2729	-0.4853
	平均值	0.2167	0.3543	-0.2583
	标准差	0.0770	0.0536	0.0819

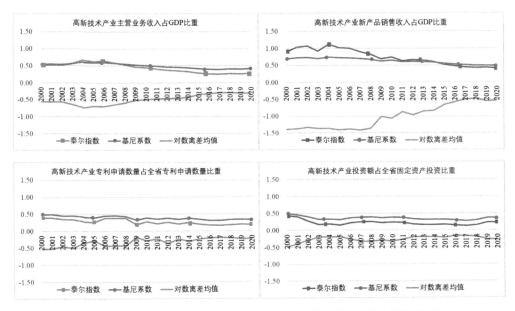

图6-9　2000—2020年度我国高新技术产业创新增长指标占经济发展
指标比重省域差异性变化趋势

6.2　经济不确定性、金融发展和高新技术产业创新增长相关性检验

6.2.1　经济不确定性和高新技术产业创新增长的相关性分析

本节对经济不确定性和高新技术产业创新增长的相关性检验从两个方面出发，一是对全国经济不确定性和高新技术产业创新增长时间序列数据的分析，二是对省域经济不确定性和高新技术产业创新增长面板时间序列数据的分析。

1. 全国经济不确定性和高新技术产业创新增长相关性检验

本节依托 Eviews 11 来检验我国经济不确定性和高新技术产业创新增长的相关性，结果如表 6-4 所示。

表 6-4　全国经济不确定性和高新技术产业创新增长相关性检验统计表

		经济增长不确定性	经济政策不确定性
高新技术产业主营业务收入	Pearson 相关系数	0.3562	0.7660 ***
	Kendall 秩相关系数	0.2286	0.5143 ***
	Spearman 秩相关系数	0.3429	0.6935 ***
高新技术产业新产品销售收入	Pearson 相关系数	0.2493	0.6668 ***
	Kendall 秩相关系数	0.2476	0.5333 ***
	Spearman 秩相关系数	0.3571	0.6974 ***
高新技术产业专利申请数量	Pearson 相关系数	0.2153	0.6511 ***
	Kendall 秩相关系数	0.2476	0.5143 ***
	Spearman 秩相关系数	0.3610	0.6831 ***
高新技术产业投资额	Pearson 相关系数	0.2149	0.6178 ***
	Kendall 秩相关系数	0.2476	0.5333 ***
	Spearman 秩相关系数	0.3571	0.6974 ***

注：＊＊＊表示在 0.01 水平（双尾）上显著相关。

从表 6-4 可知，高新技术产业创新增长指标和经济政策不确定性存在显著的相关关系。结合相关系数的绝对值来看，高新技术产业创新增长指标和经济增长不确定性的相关系数均在 0.21 以上，其与经济政策不确定性的相关系数均在 0.51 以上，这表明高新技术产业创新增长指标和经济不确定性存在较强的相互影响。

检验时间序列变量的因果关系通常采用 Granger 因果关系检验方法。本节依托 Eviews 11 对我国经济不确定性和高新技术产业创新增长进行 Granger 因果关系检验，结果如表 6-5 所示。

表 6-5 全国经济不确定性和高新技术产业创新增长 Granger 因果关系检验统计表

	高新技术产业主营业务收入	高新技术产业新产品销售收入	高新技术产业专利申请数量	高新技术产业投资额
高新技术产业创新增长不是引起经济增长不确定性的 Granger 原因	0.1918	0.0042	0.0068	0.0138
经济增长不确定性不是引起高新技术产业创新增长的 Granger 原因	0.5322	0.7998	0.0191	0.6936
高新技术产业创新增长不是引起经济政策不确定性的 Granger 原因	0.7775	0.3784	0.6083	0.3693
经济政策不确定性不是引起高新技术产业创新增长的 Granger 原因	5.1960**	2.4329	2.0287	5.6506**

注：** 表示在 0.05 水平上显著。

从表 6-5 可知，经济政策不确定性是引起高新技术产业主营业务收入和投资额变动的 Granger 原因的检验结果是显著的，而与其他变量间的 Granger 原因均未通过检验。这表明我国经济政策不确定性对高新技术产业的主营业务收入和投资额存在着显著的引导作用，对高新技术产业新产品销售收入和专利申请数量则不存在这种引导关系；而经济增长不确定性和高新技术产业创新增长指标间同样不存在这种引导关系。

2. 省域经济不确定性和高新技术产业创新增长相关性检验

本节依托 Stata 17.0 来检验省域经济不确定性和高新技术产业创新增长的相关性，结果如表 6-6 所示。

表 6-6　省域经济不确定性和高新技术产业创新增长相关性检验统计表

		经济增长不确定性	经济政策不确定性
高新技术产业主营业务收入	Pearson 相关系数	0.2431***	0.0207
	Kendall 秩相关系数	0.2028***	0.0201
	Spearman 秩相关系数	0.3005***	0.0294
高新技术产业新产品销售收入	Pearson 相关系数	0.1868***	0.0375
	Kendall 秩相关系数	0.1810***	0.0093
	Spearman 秩相关系数	0.2685***	0.0142
高新技术产业专利申请数量	Pearson 相关系数	0.1623***	0.0280
	Kendall 秩相关系数	0.2338***	0.0219
	Spearman 秩相关系数	0.3461***	0.0337
高新技术产业投资额	Pearson 相关系数	0.2693***	0.0497
	Kendall 秩相关系数	0.2503***	0.0355
	Spearman 秩相关系数	0.3741***	0.0527

注：***表示在 0.01 水平（双尾）上显著相关。

从表 6-6 可知，高新技术产业创新增长指标和经济增长不确定性存在显著的相关关系。结合相关系数的绝对值来看，高新技术产业创新增长指标和经济增长不确定性的相关系数在 0.16～0.38 之间，其与经济政策不确定性的相关系数均在 0.06 以下，这表明高新技术产业创新增长指标和经济增长不确定性存在一定程度的相互影响。

进一步对省域经济不确定性和高新技术产业创新增长进行 Granger 因果关系检验，结果如表 6-7 所示。从省域经济不确定性和高新技术产业创新增长 Granger 因果关系检验结果来看，经济增长不确定性是引起高新技术产业创新增长指标变动的 Granger 原因的检验结果是显著的，而经济政策不确定性与高新技术产业创新增长的 Granger 原因均未通过检验。这表明各省（市、自治区）经济增长不确定性对高新技术产业创新增长指标存在着显著的引导作用，而经济政策不确定性和高新技术产业创新增长指标间不存在这种引导关系。

表 6-7　省域经济不确定性和高新技术产业创新增长 Granger 因果关系检验统计表

	高新技术产业主营业务收入	高新技术产业新产品销售收入	高新技术产业专利申请数量	高新技术产业投资额
高新技术产业创新增长不是引起经济增长不确定性的 Granger 原因	2.6565***	1.3632	4.3962***	3.1155***
经济增长不确定性不是引起高新技术产业创新增长的 Granger 原因	3.1312***	6.3062***	2.5788***	6.5007***
高新技术产业创新增长不是引起经济政策不确定性的 Granger 原因	−0.7770	−0.4519	−0.5602	−0.2192
经济政策不确定性不是引起高新技术产业创新增长的 Granger 原因	−0.5761	0.1155	−1.5589	−1.3536

注：***表示在 0.01 水平上显著。

6.2.2　金融发展和高新技术产业创新增长的相关性分析

1. 全国金融发展和高新技术产业创新增长相关性检验

对我国金融发展和高新技术产业创新增长的相关性检验结果如表 6-8 所示。

从全国金融发展和高新技术产业创新增长指标的相关性检验结果来看，高新技术产业创新增长指标和金融发展指标之间存在显著的相关关系。结合相关系数的绝对值来看，高新技术产业创新增长指标和金融发展规模的相关系数均在 0.70 以上，其与金融发展效率的相关系数均在 −0.41 以下，其与金融市场化的相关系数均在 0.91 以上，这表明高新技术产业创新增长指标和金融发展存在较强的相互影响。

表 6-8　全国金融发展和高新技术产业创新增长相关性检验统计表

		金融发展规模	金融发展效率	金融市场化
高新技术产业主营业务收入	Pearson 相关系数	0.8732***	−0.7911***	0.9635***
	Kendall 秩相关系数	0.7238***	−0.4381***	0.9810***
	Spearman 秩相关系数	0.8844***	−0.6247***	0.9961***
高新技术产业新产品销售收入	Pearson 相关系数	0.8503***	−0.8512***	0.9382***
	Kendall 秩相关系数	0.7048***	−0.4190***	1.0000***
	Spearman 秩相关系数	0.8792***	−0.6182***	1.0000***
高新技术产业专利申请数量	Pearson 相关系数	0.8278***	−0.8120***	0.9349***
	Kendall 秩相关系数	0.7048***	−0.4190***	0.9810***
	Spearman 秩相关系数	0.8740***	−0.6143***	0.9974***
高新技术产业投资额	Pearson 相关系数	0.8204***	−0.8471***	0.9162***
	Kendall 秩相关系数	0.7048***	−0.4190***	1.0000***
	Spearman 秩相关系数	0.8792***	−0.6182***	1.0000***

注：***表示在 0.01 水平(双尾)上显著相关。

进一步对我国金融发展和高新技术产业创新增长进行 Granger 因果关系检验，结果如表 6-9 所示。从全国金融发展和高新技术产业创新增长 Granger 因果关系检验来看，金融发展规模是引起高新技术产业专利申请数量变动的 Granger 原因、金融发展效率是引起高新技术产业主营业务收入变动的 Granger 原因以及金融市场化是引起高新技术产业主营业务收入和新产品销售收入变动的 Granger 原因的检验结果是显著的，而与其他变量间的 Granger 原因均未通过检验。这表明金融发展规模对高新技术产业专利申请数量存在显著的引导作用，而对高新技术产业主营业务收入、新产品销售收入以及投资额不存在这种引导关系；金融发展效率对高新技术产业主营业务收入存在显著的引导作用，而对高新技术产业新产品销售收入、专利申请数量以及投资额不存在这种引导关系；金融市场化对高新技术产业主营业务收入和新产品销售收入存在显著的引导作用，而对高新技术产业专利申请数量和投资额不存在这种引导关系。

表 6-9　全国金融发展和高新技术产业创新增长 Granger 因果关系检验统计表

	高新技术产业主营业务收入	高新技术产业新产品销售收入	高新技术产业专利申请数量	高新技术产业投资额
高新技术产业创新增长不是引起金融发展规模的 Granger 原因	3.2507^*	2.2956	2.5860	2.4998
金融发展规模不是引起高新技术产业创新增长的 Granger 原因	1.1455	1.4195	8.3206^{***}	2.2836
高新技术产业创新增长不是引起金融发展效率的 Granger 原因	4.2997^{**}	4.2638^{**}	3.9382^{**}	13.4331^{***}
金融发展效率不是引起高新技术产业创新增长的 Granger 原因	4.0237^{**}	1.6596	1.8412	0.1691
高新技术产业创新增长不是引起金融市场化的 Granger 原因	0.9353	1.1754	1.1355	0.9568
金融市场化不是引起高新技术产业创新增长的 Granger 原因	17.1670^{***}	3.8461^{**}	1.4034	2.2942

注：**表示在 0.05 水平上显著，***表示在 0.01 水平上显著。

2. 省域金融发展和高新技术产业创新增长相关性检验

对省域金融发展和高新技术产业创新增长的相关性检验结果如表 6-10 所示。结合省域金融发展和高新技术产业创新增长指标的相关性检验结果来看，高新技术产业创新增长指标和金融发展指标之间存在较为显著的相关关系，仅个别变量间的相关性检验不显著。结合相关系数的绝对值来看，高新技术产业创新增长指标和金融发展规模的相关系数在 0.04~0.24 之间，其与金融发展效率的相关系数则存在着正负交替，其与金融市场化的相关系数基本都在 0.50 以上，这表明各省(市、自治区)高新技术产业创新增长指标和金融发展存在较强的相互影响。

表 6-10　省域金融发展和高新技术产业创新增长相关性检验统计表

		金融发展规模	金融发展效率	金融市场化
高新技术产业主营业务收入	Pearson 相关系数	0.0858**	−0.1698***	0.5858***
	Kendall 秩相关系数	0.0975***	0.0244	0.5471***
	Spearman 秩相关系数	0.1499***	0.0204	0.7404***
高新技术产业新产品销售收入	Pearson 相关系数	0.1052***	−0.1642***	0.5345***
	Kendall 秩相关系数	0.1310***	−0.0084	0.5325***
	Spearman 秩相关系数	0.1978***	−0.0294	0.7230***
高新技术产业专利申请数量	Pearson 相关系数	0.0885**	−0.1697***	0.4976***
	Kendall 秩相关系数	0.1549***	0.0752***	0.5889***
	Spearman 秩相关系数	0.2340***	0.0881**	0.7839***
高新技术产业投资额	Pearson 相关系数	0.0403	0.1883***	0.6029***
	Kendall 秩相关系数	0.0599**	0.2367***	0.5930***
	Spearman 秩相关系数	0.1003**	0.3546***	0.7843***

注：＊＊表示在 0.05 水平(双尾)上显著相关；＊＊＊表示在 0.01 水平(双尾)上显著相关。

进一步对省域金融发展和高新技术产业创新增长进行 Granger 因果关系检验，结果如表 6-11 所示。从省域金融发展和高新技术产业创新增长 Granger 因果关系检验来看，仅金融发展规模是引起高新技术产业投资额变动的 Granger 原因检验结果不显著，其他金融发展指标引起高新技术产业创新增长指标变动的 Granger 原因均是显著的。这表明各省(市、自治区)的金融发展指标对其高新技术产业创新增长指标存在显著的引导作用，仅金融发展规模对高新技术产业投资额不存在这种引导作用。

表 6-11　省域金融发展和高新技术产业创新增长 Granger 因果关系检验统计表

	高新技术产业主营业务收入	高新技术产业新产品销售收入	高新技术产业专利申请数量	高新技术产业投资额
高新技术产业创新增长不是引起金融发展规模的 Granger 原因	8.6629***	6.2326***	11.8393***	12.0510***
金融发展规模不是引起高新技术产业创新增长的 Granger 原因	2.9694***	2.9774***	3.4162***	0.1221
高新技术产业创新增长不是引起金融发展效率的 Granger 原因	1.0555	2.9405***	4.3328***	1.1480
金融发展效率不是引起高新技术产业创新增长的 Granger 原因	9.1002***	5.7792***	5.3563***	4.5676***
高新技术产业创新增长不是引起金融市场化的 Granger 原因	2.7361***	3.2581***	1.5773	3.3204***
金融市场化不是引起高新技术产业创新增长的 Granger 原因	3.2747***	4.0038***	3.9950***	2.9440***

注：***表示在 0.01 水平上显著。

6.2.3　经济不确定性、金融发展综合效应和高新技术产业创新增长的相关性分析

在经济不确定性和高新技术产业创新增长相关性分析以及金融发展和高新技术产业创新增长相关性分析的基础上，为进一步探讨经济不确定性、金融发展和高新技术产业创新增长的关系，本节结合向量自回归模型来检验经济不确定性、金融发展综合效应对高新技术产业创新增长的联动关系。

1. 经济不确定性、金融发展和高新技术产业创新增长联动关系

为确定经济不确定性、金融发展和高新技术产业创新增长之间是否存在长期的稳定性关系，本节首先对三者的数据序列进行 Johansen 协整检验，结果如表

6-12所示：

表 6-12　经济不确定性、金融发展和高新技术产业创新增长数据序列 Johansen 协整检验结果

（一）					
原假设（协整向量数量）	高新技术产业主营业务收入			高新技术产业新产品销售收入		
	特征值	迹统计量	λ-max 统计量	特征值	迹统计量	λ-max 统计量
0	0.9993	284.1270***	137.9209***	0.9930	181.0611***	94.1438***
至少 1 个	0.9930	146.2061***	94.1663***	0.8078	86.9173***	31.3369*
至少 2 个	0.7210	52.0398**	24.2535	0.7572	55.5804***	26.8986*
至少 3 个	0.6389	27.7864*	19.3525*	0.6330	28.6818*	19.0464*
至少 4 个	0.3365	8.4339	7.7932	0.3134	9.6354	7.1453
至少 5 个	0.0332	0.6407	0.6407	0.1228	2.4902	2.4902

（二）					
原假设（协整向量数量）	高新技术产业专利申请数量			高新技术产业投资额		
	特征值	迹统计量	λ-max 统计量	特征值	迹统计量	λ-max 统计量
0	0.9840	187.0205***	78.6223***	0.9817	187.8166***	76.0080***
至少 1 个	0.9361	108.3982***	52.2727***	0.9460	111.8086***	55.4399***
至少 2 个	0.7376	56.1255***	25.4173*	0.8392	56.3687***	34.7188***
至少 3 个	0.6642	30.7082**	20.7350*	0.5941	21.6499	17.1332
至少 4 个	0.3825	9.9732	9.1601	0.1986	4.5167	4.2064
至少 5 个	0.0419	0.8131	0.8131	0.0162	0.3103	0.3103

　　注：*表示在 0.1 水平上显著，**表示在 0.05 水平上显著，***表示在 0.01 水平上显著。

　　从经济不确定性、金融发展和高新技术产业创新增长数据序列 Johansen 协整检验结果来看，我国经济不确定性、金融发展和高新技术产业创新增长之间存在着长期性的均衡关系。其中，我国高新技术产业主营业务收入和经济不确定性、金融发展之间在 90% 的置信水平下存在一个协整向量；我国高新技术产业新产品

销售收入与专利申请数量和经济不确定性、金融发展之间在90%的置信水平下存在三个协整向量；我国高新技术产业投资额和经济不确定性、金融发展之间在90%的置信水平下存在两个协整向量。在进行向量自回归模型测算之前还需要进一步确定经济不确定性、金融发展和高新技术产业创新增长的滞后阶数，结果如表6-13所示。

表6-13 经济不确定性、金融发展和高新技术产业创新增长滞后阶数确认统计表

	Lag	LogL	LR	FPE	AIC	SC	HQ
高新技术产业主营业务收入	0	−202.2330	NA	133.2994	21.9193	22.2175	21.9698
	1	−94.0744	136.6215	0.0833	14.3236	16.4113	14.6770
	2	39.34353	84.2640*	1.47e−05*	4.0691*	7.9463*	4.7253*
高新技术产业新产品销售收入	0	−186.2650	NA	24.8225	20.2384	20.5367	20.2889
	1	−74.6742	140.9569*	0.0108	12.2815	14.3692	12.6348
	2	0.614819	47.5509	0.0009*	8.1458*	12.0230*	8.8020*
高新技术产业专利申请数量	0	−223.2690	NA	1220.3140	24.1335	24.4318	24.18402
	1	−114.9990	136.7617*	0.7535	16.5262	18.6139	16.8795
	2	−35.4776	50.2240	0.0388*	11.9450*	15.8222*	12.6012*
高新技术产业投资额	0	−182.2450	NA	16.2573	19.8152	20.1135	19.8657
	1	−52.9995	163.2570*	0.0011	9.9999	12.0876	10.3533
	2	23.95147	48.6006	7.45e−05*	5.6893*	9.5665*	6.3455*

结合表6-13滞后阶数确认检验标准，确定我国高新技术产业创新增长指标和经济不确定性、金融发展的向量自回归模型的最优滞后阶数均为2阶。在此基础上，本节设定全国高新技术产业创新增长和经济不确定性、金融发展的向量自回归模型阶数并进行向量自回归参数估计，进而借助脉冲响应分析、方差分解分析来探讨经济不确定性、金融发展对全国高新技术产业创新增长的影响。

（1）脉冲响应分析

经济不确定性、金融发展和高新技术产业创新增长脉冲响应（部分）如图6-10所示：

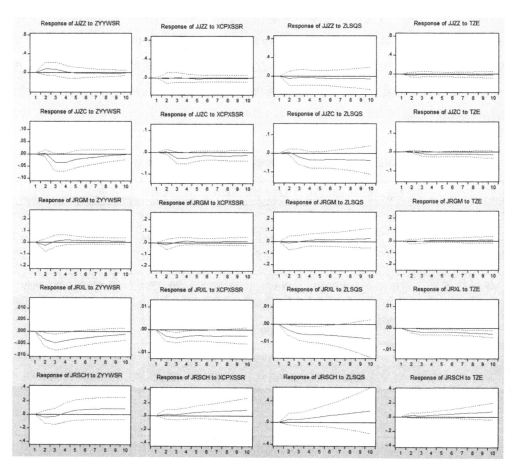

图6-10 经济不确定性、金融发展和高新技术产业创新增长脉冲响应图(部分)

结合经济不确定性、金融发展和高新技术产业创新增长脉冲响应结果可以得出以下结论：

①受到经济不确定性、金融发展的正向冲击后，高新技术产业主营业务收入的响应程度。受到经济不确定性冲击后，全国高新技术产业主营业务收入当期无反应，自第2期开始出现正向反应并逐步减小，至第5期转为负向反应。受到经济政策不确定性冲击后，全国高新技术产业主营业务收入自第2期出现正向反应，至第3期迅速转为负向反应且负向反应幅度逐步减小。受到金融发展规模冲击后，全国高新技术产业主营业务收入自第2期出现负向反应，至第3期转为正

向反应并在正向区间波动。受到金融发展效率冲击后，全国高新技术产业主营业务收入自第 2 期出现负向反应，且负向反应程度在第 3 期达到最大后逐步减小。受到金融市场化冲击后，全国高新技术产业主营业务收入自第 2 期出现负向反应且反应程度逐步减小，至第 4 期转为正向反应且反应程度逐步增大。

②受到经济不确定性、金融发展的正向冲击后，全国高新技术产业新产品销售收入的响应程度。受到经济增长不确定性冲击后，全国高新技术产业新产品销售收入当期无反应，自第 2 期出现负向反应，第 3 期转为正向反应后至第 4 期再次转为负向反应并在负向区间波动。受到经济政策不确定性冲击后，全国高新技术产业新产品销售收入自第 2 期出现正向反应，至第 3 期迅速转为负向反应且在负向区间波动。受到金融发展规模冲击后，全国高新技术产业新产品销售收入自第 2 期出现负向反应，至第 3 期转为正向反应并在正向区间波动。受到金融发展效率冲击后，全国高新技术产业新产品销售收入自第 2 期出现负向反应且在负向区间波动。受到金融市场化冲击后，全国高新技术产业新产品销售收入自第 2 期出现正向反应且整体正向反应程度逐步增大。

③受到经济不确定性、金融发展的正向冲击后，全国高新技术产业专利申请数量的响应程度。受到经济增长不确定性冲击后，全国高新技术产业专利申请数量当期无反应，自第 2 期出现负向反应并在负向区间波动。受到经济政策不确定性冲击后，全国高新技术产业专利申请数量自第 2 期开始出现正向反应，至第 3 期迅速转为负向反应且在负向区间波动。受到金融发展规模冲击后，全国高新技术产业专利申请数量自第 2 期出现负向反应，至第 3 期转为正向反应，第 4 期正向反应有所回落后正向反应程度逐步增大。受到金融发展效率冲击后，全国高新技术产业专利申请数量自第 2 期开始出现负向反应且负向反应程度逐步增大。受到金融市场化冲击后，全国高新技术产业专利申请数量自第 2 期开始正向反应且正向反应程度逐步增大。

④受到经济不确定性、金融发展的正向冲击后，全国高新技术产业投资额的响应程度。受到经济增长不确定性冲击后，全国高新技术产业投资额当期无反应，自第 2 期开始出现负向反应并逐步减小，至第 4 期负向反应达到最小。受到经济政策不确定性冲击后，全国高新技术产业投资额自第 2 期出现正向反应，至第 3 期迅速转为负向反应并在负向区间波动。受到金融发展规模冲击后，全国高

新技术产业投资额自第 2 期出现负向反应，至第 3 期转为正向反应且正向反应程度呈现波动上升趋势。受到金融发展效率冲击后，全国高新技术产业投资额自第 2 期出现负向反应，且负向反应程度呈现波动上升趋势。受到金融市场化冲击后，全国高新技术产业投资额自第 2 期出现正向反应且整体上正向反应程度逐步增大。

（2）方差分解分析

全国经济不确定性、金融发展和高新技术产业创新增长方差分解（部分）如图 6-11 所示。

结合全国经济不确定性、金融发展和高新技术产业创新增长方差分解结果可以得出以下结论：

①经济不确定性、金融发展的冲击对全国高新技术产业主营业务收入的影响程度。经济增长不确定性冲击对全国高新技术产业主营业务收入的期初影响程度是 2.79%，并逐步上升至 22.58%。经济政策不确定性冲击对全国高新技术产业主营业务收入的期初影响程度是 22.85%，逐步上升到 33.75% 后开始回落。金融发展规模冲击对全国高新技术产业主营业务收入的期初影响程度是 0.40%，并逐步上升至 8.11%。金融发展效率对全国高新技术产业主营业务收入的期初影响程度是 3.16%，并逐步下降至 0.62% 后开始有所回升。金融市场化对全国高新技术产业主营业务收入的期初影响程度是 0.52%，至第 3 期至最低程度仅为 0.19%，后逐步上升至 5.19%。全国高新技术产业主营业务收入自身的影响程度则从期初的 70.27% 逐步下降至 30.61%。

②经济不确定性、金融发展的冲击对全国高新技术产业新产品销售收入的影响程度。经济增长不确定性冲击对全国高新技术产业新产品销售收入的期初影响程度几乎为 0，自第 2 期开始逐步上升至 7.74%。经济政策不确定性冲击对全国高新技术产业新产品销售收入的期初影响程度是 28.37%，并逐步上升到 42.89%。金融发展规模冲击对全国高新技术产业新产品销售收入的期初影响程度是 2.87%，第 2 期下降至 1.74% 后逐步上升至 4.37%。金融发展效率对全国高新技术产业新产品销售收入的期初影响程度是 9.68%，达到最大影响程度 10.08% 后开始逐步下降。金融市场化对全国高新技术产业新产品销售收入的期初影响程度是 0.11%，并逐步上升到 2.67%。全国高新技术产业新产品销售收入

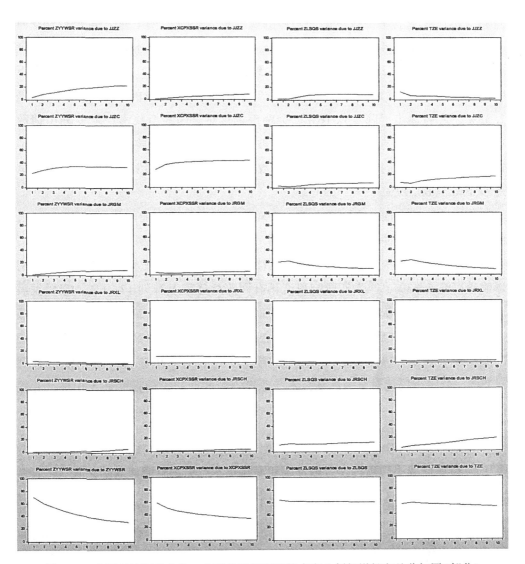

图6-11　全国经济不确定性、金融发展和高新技术产业创新增长方差分解图(部分)

自身的影响程度则从期初的58.96%逐步下降至33.72%。

③经济不确定性、金融发展的冲击对全国高新技术产业专利申请数量的影响程度。经济增长不确定性冲击对全国高新技术产业专利申请数量的期初影响程度是0.80%，逐步上升至8.35%后开始回落。经济政策不确定性冲击对全国

高新技术产业专利申请数量的期初影响程度是 2.20%，第 2 期下降至 1.16% 后开始稳步上升至 7.41%。金融发展规模冲击对全国高新技术产业专利申请数量的期初影响程度是 20.83%，第 2 期达到最大影响程度 22.13% 后开始逐步下降。金融发展效率对全国高新技术产业专利申请数量的期初影响程度是 2.33%，之后逐步下降至 0.16%。金融市场化对全国高新技术产业专利申请数量的期初影响程度是 9.53%，并呈现波动上升趋势，其影响程度逐步达到了 14.04%。全国高新技术产业专利申请数量自身的影响程度则从期初的 64.30% 逐步下降至 60.77%。

④经济不确定性、金融发展的冲击对全国高新技术产业投资额的影响程度。经济增长不确定性冲击对全国高新技术产业投资额的期初影响程度是 11.85%，并逐步下降至 1.44%。经济政策不确定性冲击对全国高新技术产业投资额的期初影响程度是 6.83%，第 2 期影响程度稍有回落后逐步上升到 17.46%。金融发展规模冲击对全国高新技术产业投资额的期初影响程度是 20.56%，第 2 期达到最大影响程度 22.85% 后开始逐步下降。金融发展效率对全国高新技术产业投资额的期初影响程度是 1.54%，第 2 期影响程度回落至 0.91% 后开始小幅上升到 2.38%。金融市场化对全国高新技术产业投资额的期初影响程度是 3.61%，并逐步上升至 19.33%。全国高新技术产业投资额自身的影响程度则从期初的 55.59% 上升至 57.96% 后开始稳步下降至 51.48%。

2. 省域经济不确定性、金融发展和高新技术产业创新增长联动关系

对省域经济不确定性、金融发展和高新技术产业创新增长的数据序列进行 Johansen 协整检验，结果如表 6-14 所示。从省域经济不确定性、金融发展和高新技术产业创新增长数据序列 Johansen 协整检验结果来看，各省(市、自治区)经济不确定性、金融发展和高新技术产业创新增长之间存在着长期性的均衡关系。其中，各省(市、自治区)高新技术产业主营业务收入、专利申请数量以及投资额和其经济不确定性、金融发展之间在 95% 的置信水平下存在两个协整向量，各省(市、自治区)高新技术产业新产品销售收入和其经济不确定性、金融发展之间在 95% 的置信水平下存在一个协整向量。

表 6-14　省域经济不确定性、金融发展和高新技术产业创新增长数据

序列 Johansen 协整检验结果

（一）				
原假设	高新技术产业主营业务收入		高新技术产业新产品销售收入	
（协整向量数量）	迹统计量	λ-max 统计量	迹统计量	λ-max 统计量
0	488.5043***	297.8665***	392.1569***	253.5893***
至少 1 个	245.7790***	154.6830***	187.1375***	123.8843***
至少 2 个	129.7491***	92.6756***	97.9361***	66.5795
至少 3 个	70.6962	51.1147	63.5590	44.0827
至少 4 个	54.7504	40.3558	54.4611	38.6089
至少 5 个	85.4460**	85.4460**	92.6946***	92.6946***
（二）				
原假设	高新技术产业专利申请数量		高新技术产业投资额	
（协整向量数量）	迹统计量	λ-max 统计量	迹统计量	λ-max 统计量
0	435.7220***	279.7524***	457.0244***	292.5279***
至少 1 个	208.2795***	130.1825***	220.4525***	139.6704***
至少 2 个	109.8817***	87.9806**	115.8662***	81.9043**
至少 3 个	58.1309	46.6287	67.2012	47.8111
至少 4 个	45.1331	36.8538	50.4018	40.5384
至少 5 个	73.4773	73.4773	85.0698**	85.0698**

注：** 表示在 0.05 水平上显著，*** 表示在 0.01 水平上显著。

　　进一步确定省域经济不确定性、金融发展和高新技术产业创新增长的滞后阶数，结果如表 6-15 所示。结合滞后阶数确认检验标准，各省（市、自治区）高新技术产业主营业务收入、新产品销售收入以及投资额和其经济不确定性、金融发展的向量自回归模型的最优滞后阶数是 2 阶；各省（市、自治区）高新技术产业专利申请数量和其经济不确定性、金融发展的向量自回归模型的最优滞后阶数是 4 阶。

表6-15 省域经济不确定性、金融发展和高新技术产业创新增长滞后阶数确认统计表

	Lag	AIC	SC	HQ
高新技术产业主营业务收入	1	23.2978	24.9446	23.9403
	2	21.4568*	23.4595*	22.2401*
	3	22.3437	24.7349	23.2813
	4	23.4795	26.2968	24.587
高新技术产业新产品销售收入	1	24.9205	26.5672	25.5630
	2	21.7799*	23.7826*	22.5631*
	3	22.0275	24.4187	22.9650
	4	22.8861	25.3074	23.9936
高新技术产业专利申请数量	1	31.3300	32.9767	31.9725
	2	26.0153	28.0181	26.7986
	3	25.2186	27.6098	26.1561
	4	24.3309*	27.1482*	25.4384*
高新技术产业投资额	1	20.2120	21.8588	20.8545
	2	18.7415*	20.7442*	19.5247*
	3	19.0200	21.4112	19.9575
	4	19.0094	21.8267	20.1168

本节在确定省域高新技术产业创新增长指标和经济不确定、金融发展的最优滞后阶数后进行向量自回归参数估计，进而借助脉冲响应分析、方差分解分析来探讨各省(市、自治区)经济不确定性、金融发展对其高新技术产业创新增长的影响。

（1）脉冲响应分析

各省(市、自治区)经济不确定性、金融发展和高新技术产业创新增长脉冲响应(部分)如图6-12所示。

结合各省(市、自治区)经济不确定性、金融发展和高新技术产业创新增长脉冲响应结果可以得出以下结论：

①受到经济不确定性、金融发展的正向冲击后，各省(市、自治区)高新技

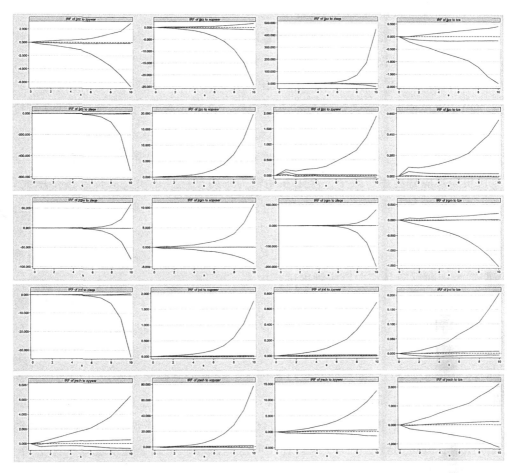

图 6-12　省域经济不确定性、金融发展和高新技术产业创新增长脉冲响应图(部分)

术产业主营业务收入的响应程度。受到经济增长不确定性冲击后，各省(市、自治区)高新技术产业主营业务收入出现负向反应且负向反应程度逐步扩大到第 5 期后开始回落。受到经济政策不确定性冲击后，各省(市、自治区)高新技术产业主营业务收入出现正向反应且正向反应程度逐步减小。受到金融发展规模冲击后，各省(市、自治区)高新技术产业主营业务收入出现正向反应且正向反应程度逐步减小至第 3 期后开始回升。受到金融发展效率冲击后，各省(市、自治区)高新技术产业主营业务收入出现正向反应且正向反应程度逐步增大。受到金融市场化冲击后，各省(市、自治区)高新技术产业主营业务收入出现负向反应并迅速转为正向反应且正向反应程度逐步增大。

②受到经济不确定性、金融发展的正向冲击后,各省(市、自治区)高新技术产业新产品销售收入的响应程度。受到经济增长不确定性冲击后,各省(市、自治区)高新技术产业新产品销售收入出现正向反应并迅速转为负向反应且负向反应程度逐步增大。受到经济政策不确定性冲击后,各省(市、自治区)高新技术产业新产品销售收入出现正向反应且整体上正向反应程度逐步增大。受到金融发展规模冲击后,各省(市、自治区)高新技术产业新产品销售收入出现负向反应且负向反应程度逐步减小,至第 6 期转为正向反应且正向反应程度逐步增大。受到金融发展效率冲击后,各省(市、自治区)高新技术产业新产品销售收入出现正向反应且正向反应程度逐步增大。受到金融市场化冲击后,各省(市、自治区)高新技术产业新产品销售收入出现负向反应且负向反应程度逐步减小,至第 3 期转为正向反应且正向反应程度逐步增大。

③受到经济不确定性、金融发展的正向冲击后,各省(市、自治区)高新技术产业专利申请数量的响应程度。受到经济增长不确定性冲击后,各省(市、自治区)高新技术产业专利申请数量出现负向反应且负向反应程度逐步减小,至第 3 期转为正向反应且正向反应程度逐步增大。受到经济政策不确定性冲击后,各省(市、自治区)高新技术产业专利申请数量出现负向反应且在负向区间波动。受到金融发展规模冲击后,各省(市、自治区)高新技术产业专利申请数量出现负向反应,并迅速转为正向反应且在正向区间波动。受到金融发展效率冲击后,各省(市、自治区)高新技术产业专利申请数量在 0 轴附近以极窄幅度上下波动。受到金融市场化冲击后,各省(市、自治区)高新技术产业专利申请数量出现正向反应且正向反应程度逐步减小,至第 8 期转为负向反应且负向反应程度逐步增大。

④受到经济不确定性、金融发展的正向冲击后,各省(市、自治区)高新技术产业投资额的响应程度。受到经济增长不确定性冲击后,各省(市、自治区)高新技术产业投资额出现负向反应且负向反应程度逐步增大,至第 5 期负向反应程度达到最大后再次呈现出负向反应程度减小的趋势。受到经济政策不确定性冲击后,各省(市、自治区)高新技术产业投资额出现正向反应且正向反应程度逐步减小,至第 6 期后趋于平稳。受到金融发展规模冲击后,各省(市、自治区)高

新技术产业投资额出现负向反应并在负向区间波动,至第 7 期转为正向反应且在正向区间波动。受到金融发展效率冲击后,各省(市、自治区)高新技术产业投资额自第 2 期出现正向反应且正向反应程度逐步增大。受到金融市场化冲击后,各省(市、自治区)高新技术产业投资额出现负向反应并迅速转为正向反应且正向反应程度逐步增大。

(2)方差分解分析

各省(市、自治区)经济不确定性、金融发展和高新技术产业创新增长方差分解(部分)如图 6-13 所示。

结合各省(市、自治区)经济不确定性、金融发展和高新技术产业创新增长方差分解结果可以得出以下结论:

①经济不确定性、金融发展的冲击对各省(市、自治区)高新技术产业主营业务收入的影响程度。经济增长不确定性冲击对各省(市、自治区)高新技术产业主营业务收入的影响程度可以忽略不计。经济政策不确定性冲击对各省(市、自治区)高新技术产业主营业务收入的期初影响程度是 4.60%,第 2 期影响程度达到 40.30%,之后逐步下降至 18.00%。金融发展规模冲击对各省(市、自治区)高新技术产业主营业务收入的影响程度在 1.00% 左右波动。金融发展效率对各省(市、自治区)高新技术产业主营业务收入的期初影响程度仅为 0.10%,第 2 期影响程度达到 55.50% 并逐步上升至 78.60%。金融市场化对各省(市、自治区)高新技术产业主营业务收入的期初影响程度是 26.40%,自第 2 期开始其影响程度降至 4.00% 以下。各省(市、自治区)高新技术产业主营业务收入自身的影响程度则从期初的 68.90% 迅速下降至 2.30%。

②经济不确定性、金融发展的冲击对各省(市、自治区)高新技术产业新产品销售收入的影响程度。经济增长不确定性冲击对各省(市、自治区)高新技术产业新产品销售收入的期初影响程度是 26.30%,自第 2 期开始迅速下降至 7.70% 以下。经济政策不确定性冲击对各省(市、自治区)高新技术产业新产品销售收入的期初影响程度是 29.50%,第 2 期影响程度达到 45.60%,之后开始逐步下降。金融发展规模冲击对各省(市、自治区)高新技术产业新产品销售收入的影响程度在 1.00% 左右波动。金融发展效率对各省(市、自治区)高新技术产业新产品销售收入的期初影响程度仅为 0.10%,第 2 期影响程度达到 44.00% 并逐

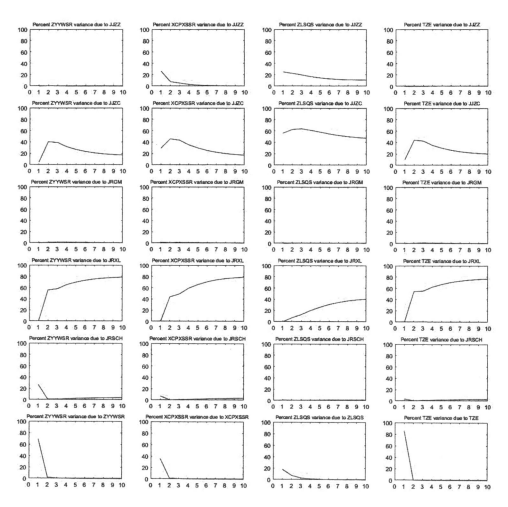

图 6-13　省域经济不确定性、金融发展和高新技术产业创新增长方差分解图(部分)

步上升至 74.00%。金融市场化对各省(市、自治区)高新技术产业新产品销售收入的期初影响程度是 7.10%，自第 2 期开始迅速下降至 3.30%以下。各省(市、自治区)高新技术产业新产品销售收入自身的影响程度则从期初的 35.80%迅速下降至 1.50%以下。

③经济不确定性、金融发展的冲击对各省(市、自治区)高新技术产业专利申请数量的影响程度。经济增长不确定性冲击对各省(市、自治区)高新技术产

业专利申请数量的期初影响程度是 25.10%，自第 2 起开始影响程度逐步下降至
10.80%。经济政策不确定性冲击对各省（市、自治区）高新技术产业专利申请数
量的期初影响程度是 56.10%，到第 3 期上升至 63.70% 后开始逐步下降。金融发
展规模冲击对各省（市、自治区）高新技术产业专利申请数量的影响程度可以忽
略不计。金融发展效率对各省（市、自治区）高新技术产业专利申请数量的期初
影响程度是 7.00%，自第 2 起开始影响程度逐步上升至 40.40%。金融市场化对
各省（市、自治区）高新技术产业专利申请数量的影响程度在 1.00% 左右波动。
各省（市、自治区）高新技术产业专利申请数量自身的影响程度则从期初的
17.90% 逐步下降至 0。

④经济不确定性、金融发展的冲击对各省（市、自治区）高新技术产业投资
额的影响程度。经济增长不确定性冲击对各省（市、自治区）高新技术产业投资
额的影响程度可以忽略不计。经济政策不确定性冲击对各省（市、自治区）高新
技术产业投资额的期初影响程度是 10.30%，第 2 期达到最大影响程度 44.20%，
之后开始逐步下降。金融发展规模冲击对各省（市、自治区）高新技术产业投资
额的影响程度在 1.00% 左右波动。金融发展效率对各省（市、自治区）高新技术
产业投资额的期初影响程度是 0.40%，第 2 期影响程度达到 54.300% 并逐步上升
至 76.80%。金融市场化对各省（市、自治区）高新技术产业投资额的期初影响程
度是 3.50%，以后各期影响程度在 2.00% 左右波动。各省（市、自治区）高新技
术产业投资额自身的影响程度则从期初的 85.70% 迅速下降至 0。

6.3 经济不确定性、金融发展和高新技术产业创新增长耦合协调性分析

为更好地探究经济不确定性、金融发展和高新技术产业创新增长的时空变化
特征，有必要对三者之间的耦合协调性进行分析。经济不确定性、金融发展和高
新技术产业创新增长体现的是市场供需、政策引导等综合效应的影响，结合耦合
协调理论，需要确定经济不确定性、金融发展以及高新技术产业创新增长的功效
函数。考虑到功效函数的取值范围为 [0，1]，为简化计算并保留经济不确定性、
金融发展以及高新技术产业创新增长测度指标的原始数据特征，本节将三者的功

效函数看做其测度指标到 [0，1] 的线性映射。以高新技术产业创新增长的效用函数为例，其测算步骤如下：

（1）为消除高新技术产业创新增长指标的量纲影响，可对高新技术产业指标数据进行标准化处理，其计算公式如下所示：

$$X_{ij} = \frac{x_{ij} - \min(x_j)}{\max(x_j) - \min(x_j)} \tag{6-4}$$

其中，x_{ij} 指的是第 i 省域高新技术产业创新增长第 j 指标的原始值，$i = 1，2，\cdots，30，j = 1，2，\cdots，4$；$\max(x_j)$ 和 $\min(x_j)$ 分别指的是各省域中高新技术产业创新增长第 j 指标的最大值和最小值。一般而言，X_{ij} 越大，表明其对高新技术产业创新增长效用函数的影响越高。

（2）通过线性加权法计算高新技术产业创新增长的效用函数，其计算公式如下所示：

$$U_i = \sum_{j=1}^{4} \omega_j X_{ij} \tag{6-5}$$

其中，ω_j 指的是高新技术产业创新增长第 j 指标的权重赋值，$\sum_{i=1}^{4} \omega_j = 1$。

为消除高新技术产业创新增长指标权重赋值的主观性影响，进一步结合熵值赋权法来测度高新技术产业创新增长指标的权重值，其计算过程如下所示：

（a）对高新技术产业创新增长指标的标准化数据进行比重转换，其计算公式如下所示：

$$P_{ij} = \frac{X_{ij}}{\sum_{j=1}^{4} X_{ij}} \tag{6-6}$$

（b）确定高新技术产业创新增长标准化指标的熵值，其计算公式如下所示：

$$E_j = \frac{\sum_{i=1}^{30} P_{ij} \ln P_{ij}}{\ln 30} \tag{6-7}$$

（c）确定高新技术产业创新增长标准化指标的权重值，其计算公式如下所示：

$$\omega_j = \frac{d_i}{\sum_{j=1}^{4} d_{ij}} \quad d_j = 1 - E_j \tag{6-8}$$

其中，d_j 指的是高新技术产业创新增长第 j 标准化指标的熵值信息效用价值。

通常情况下，多系统的耦合度测算模型的数学表达式可以表示为：

$$C = \left[\frac{\prod_{i=1}^{n} U_i}{\left(\sum_{i=1}^{n} U_i / n \right)^n} \right]^{\frac{1}{n}} \tag{6-9}$$

其中，C 指的是 n 个系统间的耦合度，U_i 指的是系统 i 的功效函数。一般而言，耦合度 C 越大则表明该 n 个系统间的互动状况越好。

多系统的耦合协调度测算模型的数学表达式可以表示为：

$$D = \sqrt{C \times T} \quad T = \sum_{i=1}^{n} a_i U_i \tag{6-10}$$

其中，D 指的是 n 个系统间的耦合协调度，T 指的是 n 个系统间的协调指数，a_i 是需要事先确定的系数，同时符合 $\sum_{i=1}^{n} a_i = 1$。结合学者们常用的系数确定方法，我们设定 $a_i = 1/n$。同时，结合学者们的研究成果确定耦合协调度等级以及对应的取值范围，结果如表 6-16 所示。

表 6-16 耦合协调度等级划分标准

序号	耦合协调度等级	耦合协调度区间	序号	耦合协调度等级	耦合协调度区间
1	极度失调	[0, 0.1)	6	勉强协调	[0.5, 0.6)
2	严重失调	[0.1, 0.2)	7	初级协调	[0.6, 0.7)
3	中度失调	[0.2, 0.3)	8	中级协调	[0.7, 0.8)
4	轻度失调	[0.3, 0.4)	9	良好协调	[0.8, 0.9)
5	濒临失调	[0.4, 0.5)	10	优质协调	[0.9, 1]

6.3.1 经济不确定性和高新技术产业创新增长的耦合协调性检验

根据公式(6-9)和公式(6-10)测算 2000 年至 2020 年各省（市、自治区）经济不确定性和高新技术产业创新增长之间的耦合度和耦合协调度，结果如表 6-17 和表 6-18 所示。

表 6-17　2020 年度省域经济不确定性和高新技术产业创新增长耦合度
与耦合协调度计算结果统计表

序号	省域	耦合度	耦合协调度	耦合协调度等级	序号	省域	耦合度	耦合协调度	耦合协调度等级
1	北京	0.9942	0.5725	勉强协调	16	河南	0.9899	0.5389	勉强协调
2	天津	0.9837	0.6250	初级协调	17	湖北	0.9432	0.4897	濒临失调
3	河北	0.8288	0.4543	濒临失调	18	湖南	0.9617	0.6343	初级协调
4	山西	0.7634	0.6147	初级协调	19	广东	0.8231	0.6591	初级协调
5	内蒙古	0.5400	0.4336	濒临失调	20	广西	0.9280	0.4139	濒临失调
6	辽宁	0.7716	0.5221	勉强协调	21	海南	0.3488	0.3320	轻度失调
7	吉林	0.6918	0.5384	勉强协调	22	重庆	0.9944	0.7015	中级协调
8	黑龙江	0.6790	0.4373	濒临失调	23	四川	0.9953	0.6013	初级协调
9	上海	0.9655	0.7024	中级协调	24	贵州	0.8260	0.4462	濒临失调
10	江苏	0.9995	0.8188	良好协调	25	云南	0.7764	0.3436	轻度失调
11	浙江	0.9970	0.5663	勉强协调	26	陕西	0.9892	0.5132	勉强协调
12	安徽	0.9400	0.7179	中级协调	27	甘肃	0.7533	0.3605	轻度失调
13	福建	0.9769	0.5063	勉强协调	28	青海	0.9845	0.3507	轻度失调
14	江西	0.9966	0.7161	中级协调	29	宁夏	0.9740	0.4429	濒临失调
15	山东	0.8912	0.6137	初级协调	30	新疆	0.1756	0.1737	严重失调

从表 6-17 来看，2020 年度我国各省（市、自治区）的经济不确定性和高新技术产业创新增长的耦合度表现较为理想，仅海南省和新疆维吾尔自治区的经济不确定性和高新技术产业创新增长耦合度低于 0.5。2020 年度我国各省（市、自治区）的经济不确定性和高新技术产业创新增长耦合度的平均值是 0.8494，其标准差是 0.1976。其中，江苏省经济不确定性和高新技术产业创新增长的耦合度最高，达到了 0.9995；而新疆维吾尔自治区经济不确定性和高新技术产业创新增长的耦合度最低，仅为 0.1756。从经济不确定性和高新技术产业创新增长的耦合协调度来看，18 个省份的经济不确定性和高新技术产业创新增长耦合协调度位于协调等级，12 个省份位于失调等级。2020 年度我国各省（市、自治区）的经济不

表 6-18 2000—2020 年度省域经济不确定性和高新技术产业创新增长耦合度

与耦合协调度平均值统计表

序号	省域	耦合度	耦合协调度	耦合协调度等级	序号	省域	耦合度	耦合协调度	耦合协调度等级
1	北京	0.9537	0.6232	初级协调	16	河南	0.9609	0.4825	濒临失调
2	天津	0.8897	0.6588	初级协调	17	湖北	0.9094	0.5572	勉强协调
3	河北	0.8345	0.4611	濒临失调	18	湖南	0.9424	0.4928	濒临失调
4	山西	0.7981	0.4517	濒临失调	19	广东	0.9184	0.7302	中级协调
5	内蒙古	0.6635	0.4016	濒临失调	20	广西	0.8474	0.4642	濒临失调
6	辽宁	0.8973	0.5200	勉强协调	21	海南	0.7431	0.4657	濒临失调
7	吉林	0.9315	0.5430	勉强协调	22	重庆	0.9488	0.5204	勉强协调
8	黑龙江	0.8537	0.4491	濒临失调	23	四川	0.9672	0.5854	勉强协调
9	上海	0.9247	0.6212	初级协调	24	贵州	0.9171	0.5220	勉强协调
10	江苏	0.9249	0.6624	初级协调	25	云南	0.7690	0.3964	轻度失调
11	浙江	0.9299	0.5482	勉强协调	26	陕西	0.9612	0.5412	勉强协调
12	安徽	0.9033	0.5161	勉强协调	27	甘肃	0.7473	0.4093	濒临失调
13	福建	0.9591	0.5815	勉强协调	28	青海	0.7590	0.3715	轻度失调
14	江西	0.9428	0.6126	初级协调	29	宁夏	0.7989	0.4318	濒临失调
15	山东	0.9187	0.5597	勉强协调	30	新疆	0.1860	0.1545	严重失调

确定性和高新技术产业创新增长耦合协调度的平均值是 0.5280，其标准差是 0.1399，各省（市、自治区）经济不确定性和高新技术产业创新增长耦合协调度的差异性低于其经济不确定性和高新技术产业创新增长耦合度。其中，江苏省经济不确定性和高新技术产业创新增长的耦合协调度表现最好，是 30 个省（市、自治区）中唯一达到良好协调等级的省份，而新疆维吾尔自治区表现最差，位于严重失调等级。同时，经济不确定性和高新技术产业的耦合度表现好，并不意味着其耦合协调度表现好。以湖北省为例，其经济确定性和高新技术产业的耦合度达到了 0.9432，而其经济确定性和高新技术产业的耦合协调度仅为 0.4897，位于濒临失调等级。通过观察 2020 年度各省（市、自治区）经济不确定性和高新技术产

业创新增长的功效函数发现，除湖北省和广东省外，其他省份经济不确定性的功效函数值普遍高于高新技术产业创新增长的功效函数值，这表明经济不确定性对各省(市、自治区)高新技术产业的创新增长形成了一定的阻碍作用。

从表6-18来看，2000年至2020年期间，除内蒙古自治区和新疆维吾尔自治区外，各省(市、自治区)的经济不确定性和高新技术产业创新增长的平均耦合度均达到了0.7以上。其中17个省份经济不确定性和高新技术产业创新增长的平均耦合度均达到了0.9以上。从经济不确定性和高新技术产业创新增长的耦合协调度来看，17个省分的平均耦合协调度位于协调等级，13个省份的平均耦合协调度位于失调等级。其中，广东省经济不确定性和高新技术产业创新增长的平均耦合协调度达到了口级协调等级，而新疆维吾尔自治区则位于严重失调等级。从2000年至2020年各省(市、自治区)经济不确定性和高新技术产业创新增长耦合度和耦合协调度的年度平均值的变化趋势来看(图6-14)，前者在(0.81，0.91)区间内波动，后者在(0.45，0.57)区间内波动。其中，2014年各省(市、自治区)经济不确定性和高新技术产业创新增长的平均耦合度最高，2001年平均耦合度最低；2013年各省(市、自治区)经济不确定性和高新技术产业创新增长的平均耦合协调度最高，2000年平均耦合协调度最低。2000年至2020年各省

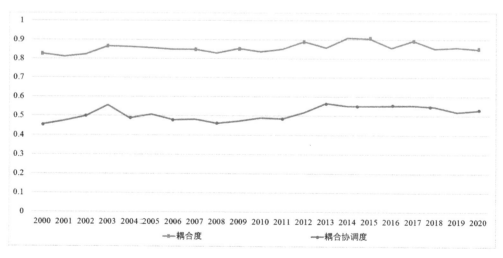

图6-14　2000—2020年度省域经济不确定性和高新技术产业创新增长耦合度
与耦合协调度平均值变化趋势

(市、自治区)经济不确定性和高新技术产业创新增长耦合度平均值是 0.8567，其标准差是 0.1841；各省(市、自治区)经济不确定性和高新技术产业创新增长耦合协调度平均值是 0.5112，其标准差是 0.1427；各省(市、自治区)经济不确定性和高新技术产业创新增长耦合协调度的绝对值及不同省份的差异程度均低于经济不确定性和高新技术产业创新增长耦合度，这表明各省(市、自治区)经济不确定性和高新技术产业创新增长的协同性相对较低。

6.3.2 金融发展和高新技术产业创新增长的耦合协调性检验

进一步测算 2000 年至 2020 年各省(市、自治区)金融发展和高新技术产业创新增长之间的耦合度和耦合协调度，结果如表 6-19 和表 6-20 所示。

表 6-19　2020 年度省域金融发展和高新技术产业创新增长耦合度
与耦合协调度计算结果统计表

序号	省域	耦合度	耦合协调度	耦合协调度等级	序号	省域	耦合度	耦合协调度	耦合协调度等级
1	北京	0.9918	0.5784	勉强协调	16	河南	0.9213	0.6160	初级协调
2	天津	0.9643	0.6536	初级协调	17	湖北	0.9959	0.6092	初级协调
3	河北	0.7723	0.4819	濒临失调	18	湖南	0.9476	0.6503	初级协调
4	山西	0.9963	0.4372	濒临失调	19	广东	0.9583	0.7853	中级协调
5	内蒙古	0.6765	0.3761	轻度失调	20	广西	0.7662	0.4983	濒临失调
6	辽宁	0.9011	0.4523	濒临失调	21	海南	0.4273	0.2974	中度失调
7	吉林	0.8455	0.4596	濒临失调	22	重庆	0.9992	0.6788	初级协调
8	黑龙江	0.8044	0.3852	轻度失调	23	四川	0.9924	0.6091	初级协调
9	上海	0.9999	0.6113	初级协调	24	贵州	0.7320	0.4914	濒临失调
10	江苏	0.9940	0.7633	中级协调	25	云南	0.6449	0.3922	轻度失调
11	浙江	0.9701	0.6662	初级协调	26	陕西	0.9752	0.5334	勉强协调
12	安徽	0.9787	0.6670	初级协调	27	甘肃	0.7481	0.3624	轻度失调
13	福建	0.9453	0.6685	初级协调	28	青海	0.8384	0.4356	濒临失调
14	江西	0.9993	0.7599	中级协调	29	宁夏	0.8941	0.5022	勉强协调
15	山东	0.9229	0.5886	勉强协调	30	新疆	0.1674	0.1779	严重失调

结合表 6-19 来看，2020 年度我国各省（市、自治区）的金融发展和高新技术产业创新增长的耦合度表现较为理想，同样只有海南省和新疆维吾尔自治区的金融发展和高新技术产业创新增长耦合度低于 0.5。2020 年度我国各省（市、自治区）的金融发展和高新技术产业创新增长耦合度的平均值是 0.8590，高于经济不确定性和高新技术产业创新增长的耦合度；其标准差是 0.1853，较经济不确定性和高新技术产业创新增长耦合度的标准差低，这表明各省（市、自治区）的金融发展和高新技术产业创新增长耦合度的差异性要小于其经济不确定性和高新技术产业创新增长耦合度的差异性。其中，上海市金融发展和高新技术产业创新增长的耦合度最高，达到了 0.9999；而新疆维吾尔自治区金融发展和高新技术产业创新增长的耦合度最低，仅为 0.1674。

表 6-20　2000—2020 年度省域金融发展和高新技术产业创新增长耦合度

与耦合协调度平均值统计表

序号	省域	耦合度	耦合协调度	耦合协调度等级	序号	省域	耦合度	耦合协调度	耦合协调度等级
1	北京	0.9943	0.6233	初级协调	16	河南	0.8968	0.5414	勉强协调
2	天津	0.9603	0.7082	中级协调	17	湖北	0.9710	0.5456	勉强协调
3	河北	0.8446	0.4742	濒临失调	18	湖南	0.9207	0.5279	勉强协调
4	山西	0.8662	0.4087	濒临失调	19	广东	0.9471	0.7512	中级协调
5	内蒙古	0.6529	0.4000	濒临失调	20	广西	0.8563	0.4658	濒临失调
6	辽宁	0.9321	0.5203	勉强协调	21	海南	0.8015	0.4226	濒临失调
7	吉林	0.9536	0.5472	勉强协调	22	重庆	0.9046	0.5670	勉强协调
8	黑龙江	0.9039	0.4042	濒临失调	23	四川	0.9905	0.5591	勉强协调
9	上海	0.9905	0.6864	初级协调	24	贵州	0.9393	0.5039	勉强协调
10	江苏	0.9871	0.7161	中级协调	25	云南	0.7687	0.3990	轻度失调
11	浙江	0.9107	0.5862	勉强协调	26	陕西	0.9857	0.5356	勉强协调
12	安徽	0.8901	0.5312	勉强协调	27	甘肃	0.8357	0.3688	轻度失调
13	福建	0.9726	0.6196	初级协调	28	青海	0.7263	0.3904	轻度失调
14	江西	0.9765	0.6144	初级协调	29	宁夏	0.7980	0.4869	濒临失调
15	山东	0.9548	0.6077	初级协调	30	新疆	0.1946	0.1545	严重失调

从金融发展和高新技术产业创新增长的耦合协调度来看，17 个省份的金融发展和高新技术产业创新增长耦合协调度位于协调等级，13 个省份位于失调等级。2020 年度我国各省(市、自治区)的金融发展和高新技术产业创新增长耦合协调度的平均值是 0.5396，其标准差是 0.1431，均高于经济不确定性和高新技术产业创新增长的耦合协调度，这表明各省(市、自治区)金融发展和高新技术产业创新增长耦合协调度的差异性要高于其经济不确定性和高新技术产业创新增长耦合协调度。其中，江苏省、江西省和广东省金融发展和高新技术产业创新增长的耦合协调度达到中级协调等级，而新疆维吾尔自治区表现最差，位于严重失调等级。

从表 6-20 来看，2000 年至 2020 年期间，除内蒙古自治区和新疆维吾尔自治区外，各省(市、自治区)的金融发展和高新技术产业创新增长的平均耦合度均达到了 0.7 以上，其中 18 个省份金融发展和高新技术产业创新增长的平均耦合度均达到了 0.9 以上。从金融发展和高新技术产业创新增长的耦合协调度来看，19 个省份的平均耦合协调度位于协调等级，11 个省份的平均耦合协调度位于失调等级。其中，江苏省和广东省金融发展和高新技术产业创新增长的平均耦合协调度达到了中级协调等级。从 2000 年至 2020 年各省(市、自治区)金融发展和高新技术产业创新增长耦合度和耦合协调度的年度平均值的变化趋势来看(图 6-15)，前者在(0.81，0.92)区间内波动，后者在(0.47，0.58)区间内波动。其中，2014 年各省(市、自治区)金融发展和高新技术产业创新增长的平均耦合度最高，2000 年平均耦合度最低；2015 年各省(市、自治区)金融发展和高新技术产业创新增长的平均耦合协调度最高，2001 年平均耦合协调度最低。2000 年至 2020 年各省(市、自治区)金融发展和高新技术产业创新增长耦合度平均值是 0.8776，其标准差是 0.1743；各省(市、自治区)金融发展和高新技术产业创新增长耦合协调度平均值是 0.5223，其标准差是 0.1377；各省(市、自治区)金融发展和高新技术产业创新增长的耦合度及耦合协调度略好于其经济不确定性和高新技术产业创新增长的耦合度及耦合协调度，这表明各省(市、自治区)金融发展和高新技术产业创新增长的协同性稍强于经济不确定性和高新技术产业创新增长的协同性。

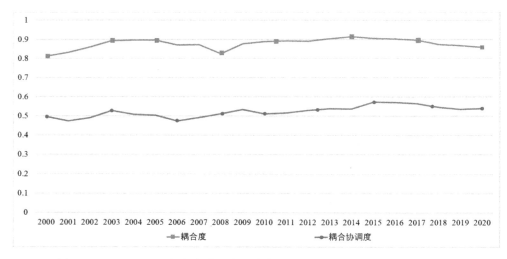

图 6-15　2000—2020 年度省域经济不确定性和高新技术产业创新增长耦合度
与耦合协调度平均值变化趋势

6.3.3　经济不确定性、金融发展和高新技术产业创新增长的耦合协调性检验

在前文的基础上，现进一步测算 2000 年至 2020 年各省(市、自治区)经济不确定性、金融发展和高新技术产业创新增长三者之间的耦合度和耦合协调度，结果如表 6-21 和表 6-22 所示。

从表 6-21 来看，2020 年度我国各省(市、自治区)的经济不确定性、金融发展和高新技术产业创新增长耦合度的平均值是 0.8600，高于经济不确定性和高新技术产业创新增长耦合度以及金融发展和高新技术产业创新增长耦合度；其标准差是 0.1551，低于经济不确定性和高新技术产业创新增长耦合度以及金融发展和高新技术产业创新增长耦合度。这表明各省(市、自治区)的经济不确定性、金融发展和高新技术产业创新增长三者间的耦合性更好，且其差异性更小。其中，重庆市经济不确定性、金融发展和高新技术产业创新增长的耦合度最高，达到了 0.9962；而新疆维吾尔自治区经济不确定性、金融发展和高新技术产业创新增长的耦合度最低，仅为 0.2916，是唯一耦合度低于 0.3 的省份。

表 6-21   2020 年度省域经济不确定性、金融发展和高新技术产业创新增长耦合度

与耦合协调度计算结果统计表

序号	省域	耦合度	耦合协调度	耦合协调度等级	序号	省域	耦合度	耦合协调度	耦合协调度等级
1	北京	0.9938	0.5869	勉强协调	16	河南	0.9425	0.6033	初级协调
2	天津	0.9757	0.6637	初级协调	17	湖北	0.9375	0.5348	勉强协调
3	河北	0.8355	0.5251	勉强协调	18	湖南	0.9613	0.6759	初级协调
4	山西	0.7758	0.5567	勉强协调	19	广东	0.8765	0.6653	初级协调
5	内蒙古	0.6630	0.4838	濒临失调	20	广西	0.8319	0.5000	勉强协调
6	辽宁	0.8406	0.5378	勉强协调	21	海南	0.4928	0.4106	濒临失调
7	吉林	0.7816	0.5640	勉强协调	22	重庆	0.9962	0.6985	初级协调
8	黑龙江	0.7724	0.4698	濒临失调	23	四川	0.9945	0.6164	初级协调
9	上海	0.9660	0.6694	初级协调	24	贵州	0.8106	0.5293	勉强协调
10	江苏	0.9929	0.7854	中级协调	25	云南	0.7463	0.4246	濒临失调
11	浙江	0.9608	0.6230	初级协调	26	陕西	0.9832	0.5397	勉强协调
12	安徽	0.9596	0.7253	中级协调	27	甘肃	0.8016	0.4126	濒临失调
13	福建	0.8996	0.5877	勉强协调	28	青海	0.8718	0.4174	濒临失调
14	江西	0.9952	0.7349	中级协调	29	宁夏	0.9263	0.5005	勉强协调
15	山东	0.9216	0.6476	初级协调	30	新疆	0.2916	0.2644	中度失调

从经济不确定性、金融发展和高新技术产业创新增长的耦合协调度来看，23
个省份的经济不确定性、金融发展和高新技术产业创新增长耦合协调度位于协调
等级，仅有 7 个省份位于失调等级。其中江苏省、安徽省和江西省经济不确定
性、金融发展和高新技术产业创新增长耦合协调度达到了中级协调等级。2020
年度我国各省（市、自治区）的经济不确定性、金融发展和高新技术产业创新增
长耦合协调度的平均值是 0.5651，高于经济不确定性和高新技术产业创新增长耦
合协调度以及金融发展和高新技术产业耦合协调度；其标准差是 0.1136，低于经
济不确定性和高新技术产业创新增长耦合协调度以及金融发展和高新技术产业耦

合协调度。这表明各省(市、自治区)经济不确定性、金融发展和高新技术产业创新增长三者间的耦合协调性有所上升,且其省域差异性程度有所下降。

表 6-22　2000—2020 年度省域经济不确定性、金融发展和高新技术产业创新增长
耦合度与耦合协调度平均值统计表

序号	省域	耦合度	耦合协调度	耦合协调度等级	序号	省域	耦合度	耦合协调度	耦合协调度等级
1	北京	0.9620	0.6269	初级协调	16	河南	0.9074	0.5342	勉强协调
2	天津	0.9065	0.6502	初级协调	17	湖北	0.9280	0.5708	勉强协调
3	河北	0.8468	0.5120	勉强协调	18	湖南	0.9248	0.5337	勉强协调
4	山西	0.8383	0.4722	濒临失调	19	广东	0.9301	0.6976	初级协调
5	内蒙古	0.6983	0.4689	濒临失调	20	广西	0.8216	0.5017	勉强协调
6	辽宁	0.9017	0.5496	勉强协调	21	海南	0.7870	0.4950	濒临失调
7	吉林	0.9314	0.5646	勉强协调	22	重庆	0.9007	0.5600	勉强协调
8	黑龙江	0.8760	0.4564	濒临失调	23	四川	0.9661	0.5800	勉强协调
9	上海	0.9409	0.6340	初级协调	24	贵州	0.9232	0.5398	勉强协调
10	江苏	0.9391	0.6699	初级协调	25	云南	0.7747	0.4426	濒临失调
11	浙江	0.9125	0.5998	勉强协调	26	陕西	0.9594	0.5442	勉强协调
12	安徽	0.9034	0.5546	勉强协调	27	甘肃	0.7923	0.4339	濒临失调
13	福建	0.9398	0.6095	初级协调	28	青海	0.7716	0.4296	濒临失调
14	江西	0.9548	0.6248	初级协调	29	宁夏	0.7763	0.4926	濒临失调
15	山东	0.9125	0.5993	勉强协调	30	新疆	0.2798	0.2229	中度失调

从表 6-22 来看,除内蒙古自治区和新疆维吾尔自治区外,各省(市、自治区)的经济不确定性、金融发展和高新技术产业创新增长的平均耦合度均达到了 0.7 以上,其中 19 个省份经济不确定性、金融发展和高新技术产业创新增长的平均耦合度均达到了 0.9 以上。从经济不确定性、金融发展和高新技术产业创新增

长的耦合协调度来看，21 个省份的平均耦合协调度位于协调等级，仅有 9 个省份的平均耦合协调度位于失调等级。从 2000 年至 2020 年各省（市、自治区）经济不确定性、金融发展和高新技术产业创新增长耦合度和耦合协调度的年度平均值的变化趋势来看（图 6-16），前者在（0.81，0.91）区间内波动，后者在（0.50，0.59）区间内波动。其中，2015 年各省（市、自治区）经济不确定性、金融发展和高新技术产业创新增长的平均耦合度最高，2008 年其平均耦合度最低；2017 年各省（市、自治区）经济不确定性、金融发展和高新技术产业创新增长的平均耦合协调度最高，2006 年其平均耦合协调度最低。2000 年至 2020 年各省（市、自治区）经济不确定性、金融发展和高新技术产业创新增长耦合协调度平均值是 0.8636，其标准差是 0.1569；各省（市、自治区）金融发展和高新技术产业创新增长耦合协调度平均值是 0.5223，其标准差是 0.1377；各省（市、自治区）经济不确定性、金融发展和高新技术产业创新增长的平均耦合度低于其金融发展和高新技术产业创新增长的平均耦合度，高于其经济不确定性和高新技术产业创新增长的平均耦合度，但其省域差异性相较于二者均要低；各省（市、自治区）经济不确定性、金融发展和高新技术产业创新增长的耦合协调度要好于其经济不确定

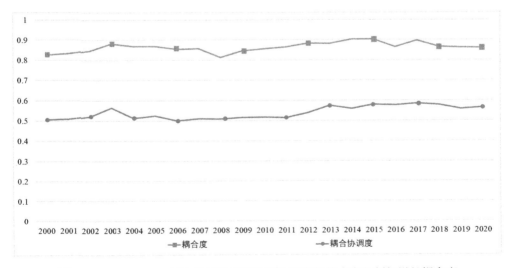

图 6-16   2000—2020 年度省域经济不确定性和高新技术产业创新增长耦合度
与耦合协调度平均值变化趋势

性和高新技术产业创新增长的耦合协调度以及金融发展和高新技术产业创新增长的耦合协调度。综合来看，各省（市、自治区）高新技术产业创新增长和经济不确定性、金融发展之间的协同互动还需要不断完善和加强。

7 经济不确定性、金融发展影响高新技术产业创新增长的实证检验

7.1 计量模型设定

7.1.1 模型设计

本节对经济不确定性、金融发展影响高新技术产业创新增长的实证检验主要从高新技术产业产出、高新技术产业创新以及高新技术产业投资三个方面来进行，因此需要针对这三个方面分别设计计量模型。

1. 经济不确定性、金融发展影响高新技术产业产出的模型设计

生产函数是探究生产要素投入和经济产出之间关系的重要方法，其中 Cobb-Douglas 生产函数应用最为广泛。高新技术产业产出的 Cobb-Douglas 生产函数的一般形式可以表示为：

$$Y = AK^{\alpha}L^{\beta} \tag{7-1}$$

其中，Y 指的是高新技术产业产出，A 指的是高新技术产业的综合技术水平，K 指的是高新技术产业的资本要素投入，L 指的是高新技术产业的劳动要素投入，α 指的是高新技术产业资本要素投入产出弹性，β 指的是高新技术产业劳动要素投入产出弹性。对公式(7-1)两边取自然对数，可将其转换为线性形式，其数学表达式为：

$$\ln Y = \ln A + \alpha \ln K + \beta \ln L \tag{7-2}$$

在公式（7-2）的基础上，本节将影响高新技术产业产出的各项因素纳入模型，建立全国经济不确定性、金融发展影响高新技术产业产出的时间序列计量模型，其数学表达式为：

$$\ln NHI_t = \alpha_0 + \alpha_1 \ln PAK_t + \alpha_2 \ln PAL_t + \beta_1 \ln EGU_t + \beta_2 \ln EPU_t$$
$$+ \gamma_1 \ln FDS_t + \gamma_2 \ln FDE_t + \gamma_3 \ln FIL_t + \lambda \ln X_t + \varepsilon_t \quad (7-3)$$

为便于区分，以 NHI_t 表示全国高新技术产业在第 t 年的产出水平。其他变量的含义分别是：PAK_t 表示全国高新技术产业在第 t 年的生产活动资本要素存量，PAL_t 表示全国高新技术产业在第 t 年的生产活动劳动要素投入；EGU_t 表示全国第 t 年的经济增长不确定性指数，EPU_t 表示全国第 t 年的经济政策不确定性指数；FDS_t 表示全国第 t 年的金融发展规模指数，FDE_t 表示全国第 t 年的金融发展效率指数，FIL_t 表示全国第 t 年的金融市场化指数；X_t 表示全国第 t 年对高新技术产业产出产生影响的其他外生变量指标，ε_t 表示随机干扰项。综合学者们的研究成果，本节选定的影响高新技术产业产出的其他外生变量指标主要包括经济发展水平 GDP_t、经济基础设施水平 INF_t、工业化水平 IND_t、对外开放程度 OPE_t、教育发展水平 EDU_t、城镇化发展水平 URB_t 等。把这些外生变量指标带入公式（7-3），全国经济不确定性、金融发展影响高新技术产业产出的时间序列计量模型可进一步表示为：

$$\ln NHI_t = \alpha_0 + \alpha_1 \ln PAK_t + \alpha_2 \ln PAL_t + \beta_1 \ln EGU_t + \beta_2 \ln EPU_t$$
$$+ \gamma_1 \ln FDS_t + \gamma_2 \ln FDE_t + \gamma_3 \ln FIL_t + \lambda_1 \ln GDP_t + \lambda_2 \ln INF_t \quad (7-4)$$
$$+ \lambda_3 \ln IND_t + \lambda_4 \ln OPE_t + \lambda_5 \ln EDU_t + \lambda_6 \ln URB_t + \varepsilon_t$$

在公式（7-4）中，经济增长不确定性指数 EGU_t、经济政策不确定性指数 EPU_t、金融发展规模指数 FDS_t、金融发展效率指数 FDE_t、金融市场化指数 FIL_t、工业化水平 IND_t、对外开放程度 OPE_t、教育发展水平 EDU_t、城镇化发展水平 URB_t 等变量指标均为相对值数据。为避免异方差性对模型估计结果的潜在影响，通常在计量经济学模型中仅对绝对值变量指标数据进行自然对数处理，而不必对相对值变量指标数据进行自然对数处理。有鉴于此，我们将公式（7-4）调整为半对数时间序列模型，结果如下所示：

$$\ln NHI_t = \alpha_0 + \alpha_1 \ln PAK_t + \alpha_2 \ln PAL_t + \beta_1 EGU_t + \beta_2 EPU_t + \gamma_1 FDS_t$$
$$+ \gamma_2 FDE_t + \gamma_3 FIL_t + \lambda_1 \ln GDP_t + \lambda_2 \ln INF_t + \lambda_3 IND_t \qquad (7\text{-}5)$$
$$+ \lambda_4 OPE_t + \lambda_5 EDU_t + \lambda_6 URB_t + \varepsilon_t$$

对全国经济不确定性、金融发展影响高新技术产业产出的时间序列计量模型进行拓展，可建立省域经济不确定性、金融发展影响高新技术产业产出的面板序列计量模型，其数学表达式如下所示：

$$\ln NHI_{it} = \alpha_0 + \alpha_1 \ln PAK_{it} + \alpha_2 \ln PAL_{it} + \beta_1 EGU_{it} + \beta_2 EPU_{it} + \gamma_1 FDS_{it}$$
$$+ \gamma_2 FDE_{it} + \gamma_3 FIL_{it} + \lambda_1 \ln GDP_{it} + \lambda_2 \ln INF_{it} + \lambda_3 IND_{it} \qquad (7\text{-}6)$$
$$+ \lambda_4 OPE_{it} + \lambda_5 EDU_{it} + \lambda_6 URB_{it} + \varepsilon_{it}$$

其中，$(\cdot)_{it}$ 表示省域 i 在第 t 年的相应变量指标，其经济学含义和全国经济不确定性、金融发展影响高新技术产业产出的时间序列计量模型一致。

2. 经济不确定性、金融发展影响高新技术产业创新的模型设计

参照全国经济不确定性、金融发展影响高新技术产业产出的时间序列计量模型形式，可构建全国经济不确定性、金融发展影响高新技术产业创新的时间序列计量模型，其表达式如下所示：

$$\ln INN_t = \alpha_0 + \alpha_1 \ln IAK_t + \alpha_2 \ln IAL_t + \beta_1 EGU_t + \beta_2 EPU_t + \gamma_1 FDS_t$$
$$+ \gamma_2 FDE_t + \gamma_3 FIL_t + \lambda_1 \ln GDP_t + \lambda_2 \ln INF_t + \lambda_3 IND_t \qquad (7\text{-}7)$$
$$+ \lambda_4 OPE_t + \lambda_5 EDU_t + \lambda_6 URB_t + \varepsilon_t$$

其中，INN_t 表示全国高新技术产业在第 t 年的创新产出水平，IAK_t 表示全国高新技术产业在第 t 年的创新活动资本要素存量，IAL_t 表示全国高新技术产业在第 t 年的创新活动劳动要素投入；其他变量指标的经济学含义和全国经济不确定性、金融发展影响高新技术产业产出的时间序列计量模型一致。

参照省域经济不确定性、金融发展影响高新技术产业产出的面板序列计量模型形式，可构建省域经济不确定性、金融发展影响高新技术产业创新的面板序列计量模型，其表达式如下所示：

$$\ln INN_{it} = \alpha_0 + \alpha_1 \ln IAK_{it} + \alpha_2 \ln IAL_{it} + \beta_1 EGU_{it} + \beta_2 EPU_{it} + \gamma_1 FDS_{it}$$
$$+ \gamma_2 FDE_{it} + \gamma_3 FIL_{it} + \lambda_1 \ln GDP_{it} + \lambda_2 \ln INF_{it} + \lambda_3 IND_{it} \qquad (7\text{-}8)$$
$$+ \lambda_4 OPE_{it} + \lambda_5 EDU_{it} + \lambda_6 URB_{it} + \varepsilon_{it}$$

其中，$(\cdot)_{it}$ 表示省域 i 在第 t 年的相应变量指标，其经济学含义和全国经济不确定性、金融发展影响高新技术产业创新的时间序列计量模型一致。

3. 经济不确定性、金融发展影响高新技术产业投资的模型设计

不同于经济不确定性、金融发展影响高新技术产业产出和创新的计量模型，经济不确定性、金融发展影响高新技术产业投资的计量模型建立在自回归模型的基础上。其中，全国经济不确定性、金融发展影响高新技术产业投资的自回归计量模型的表达式为：

$$\ln INV_t = \alpha \ln INV_{t-1} + \beta_1 EGU_t + \beta_2 EPU_t + \gamma_1 FDS_t + \gamma_2 FDE_t + \gamma_3 FIL_t$$
$$+ \lambda_1 \ln GDP_t + \lambda_2 \ln INF_t + \lambda_3 IND_t + \lambda_4 OPE_t + \lambda_5 EDU_t \qquad (7\text{-}9)$$
$$+ \lambda_6 URB_t + \varepsilon_t$$

其中，INV_t 表示全国高新技术产业在第 t 年的投资水平；其他变量指标的经济学含义和全国经济不确定性、金融发展影响高新技术产业产出的时间序列计量模型一致。

省域经济不确定性、金融发展影响高新技术产业创新的自回归计量模型，其表达式为：

$$\ln INV_{it} = \alpha \ln INV_{it-1} + \beta_1 EGU_{it} + \beta_2 EPU_{it} + \gamma_1 FDS_{it} + \gamma_2 FDE_{it}$$
$$+ \gamma_3 FIL_{it} + \lambda_1 \ln GDP_{it} + \lambda_2 \ln INF_{it} + \lambda_3 IND_{it} + \lambda_4 OPE_{it} \qquad (7\text{-}10)$$
$$+ \lambda_5 EDU_{it} + \lambda_6 URB_{it} + \varepsilon_{it}$$

其中，$(\cdot)_{it}$ 表示省域 i 在第 t 年的相应变量指标，其经济学含义和全国经济不确定性、金融发展影响高新技术产业投资的自回归计量模型一致。

7.1.2 指标和数据

结合上节构建的高新技术产业创新增长计量模型，本章涉及的变量指标主要包括三大类型：一是被解释变量指标，包括高新技术产业产出（NHI）、高新技术产业创新（INN）、高新技术产业投资（INV）等；二是核心解释变量指标，包括高新技术产业生产活动资本要素存量（PAK）、高新技术产业生产活动劳动要素投入（PAL）、高新技术产业创新活动资本要素存量（IAK）、高新技术产业创新活动劳动要素投入（IAL），经济增长不确定性（EGU）、经济政策不确定性（EPU），金融发展规模（FDS）、金融发展效率（FDE）、金融市场化（FIL）等；三是控制变量指标，包括经济发展水平（GDP）、经济基础设施水平（INF）、工业化水平（IND）、对外开放程度（OPE）、教育发展水平（EDU）、城镇化发展水平（URB）等。

1. 被解释变量指标

高新技术产业产出（NHI）。我们以高新技术产业主营业务收入来表征全国和各省（市、自治区）的高新技术产业产出规模。

高新技术产业创新（INN）。高新技术产业的创新活动成果主要通过专利申请数量和新产品销售收入两个方面来体现。因此，我们用高新技术产业专利申请数量和新产品销售收入两个维度来表征全国和各省（市、自治区）高新技术产业的创新产出，并分别以 $INN1$ 和 $INN2$ 来表示。

高新技术产业投资（INV）。高新技术产业的投资最终会以固定资产的形式体现出来，因此我们以高新技术产业固定资产投资额来表征全国和各省（市、自治区）高新技术产业创新活动投资。

2. 核心解释变量指标

高新技术产业生产活动资本要素存量（PAK）。根据张同斌、高铁梅（2014）文章中测算高新技术产业研发存量的方法①，结合公式 $PAK_0 = INV_0/(g + \delta)$ 可测算出全国和各省（市、自治区）高新技术产业生产活动的初始资本要素存量。其中 INV_0 指的是全国和各省（市、自治区）高新技术产业计算基期的投资额，g 指

---

① 张同斌，高铁梅. 研发存量、知识溢出效应和产出空间依赖性对我国高新技术产业产出的影响［J］. 系统工程理论与实践，2014，34（7）：1739-1748.

的是高新技术产业投资额的年均增长率，δ 指的是高新技术产业生产活动资本要素存量的折旧率，进而根据永续盘存法并结合公式 $PAK_t = (1 - \delta) PAK_{t-1} + INV_t$ 来测算全国和各省(市、自治区)高新技术产业历年的生产活动资本要素存量。综合比较学者们采用的资本折旧率数据，本节参考张军、吴桂英、张吉鹏测算的固定资产综合折旧率①，选定 9.60% 作为高新技术产业生产活动资本要素存量的折旧率。在此基础上，通过固定资产价格指数来对全国和各省(市、自治区)高新技术产业的生产活动资本要素存量数据进行修正，以消除价格波动因素带来的影响。

高新技术产业生产活动劳动要素投入（PAL）。根据经济分析理论，劳动要素投入和资本要素投入都属于推动高新技术产业发展的核心要素。本节以高新技术产业年度平均从业人数来表征全国和各省(市、自治区)高新技术产业生产活动的劳动要素投入。

高新技术产业创新活动资本要素存量（IAK）。高新技术产业创新活动的资本投入分为 R&D 活动经费、新产品开发经费。其中，R&D 活动经费投入对应的创新活动成果主要体现在高新技术产业专利申请数量上，新产品开发经费对应的创新活动成果则主要体现在高新技术产业新产品销售收入上。因此，本节分别从两个维度来测算全国和各省(市、自治区)高新技术产业创新活动资本要素存量，并分别用 IAK1 和 IAK2 来表示，以便于和高新技术产业创新产出相对应。其中，为避免 R&D 活动经费的重复计算，我们以高新技术产业 R&D 经费内部支出为基准。高新技术产业创新活动资本要素存量的测算方法和高新技术产业生产活动资本要素存量测算方法相一致。

高新技术产业创新活动劳动要素投入（IAL）。不同于高新技术产业生产活动劳动要素投入，高新技术产业创新活动劳动要素投入需要以科技活动 R&D 人员为基础，我们以高新技术产业 R&D 活动人员折合全时当量来表征全国和各省(市、自治区)高新技术产业创新活动的劳动要素投入。

---

① 张军，吴桂英，张吉鹏. 中国省际物质资本存量估算：1952—2000[J]. 经济研究，2004(10)：35-44.

经济增长不确定性(*EGU*)。我们根据前文经济增长不确定性指数的测算方法来计算全国和各省(市、自治区)的经济增长不确定性指数。

经济政策不确定性(*EPU*)。我们根据前文经济政策不确定性指数的测算方法来计算全国和各省(市、自治区)的经济政策不确定性指数。

金融发展规模(*FDS*)。我们根据前文金融发展规模指数的测算方法来计算全国和各省(市、自治区)的金融发展规模指数。

金融发展效率(*FDE*)。我们根据前文金融发展效率指数的测算方法来计算全国和各省(市、自治区)的金融发展效率指数。

金融市场化(*FIL*)。我们采用樊纲、王小鲁公布的中国市场化指数中的金融市场化指数作为全国和各省(市、自治区)的金融市场化指数。

3. 控制变量指标

经济发展水平(GDP)。衡量一个国家或地区经济发展水平的方法比较多,主要分为总量类衡量指标和人均类衡量指标。总量类衡量指标以国内生产总值应用较为广泛,而人均类衡量指标则以人均国内生产总值的认可度最高。从现有关于高新技术产业发展的研究文献来看,通过国内生产总值这一总量类衡量指标来进行分析的比重较高。因此,我们以国内生产总值来衡量全国和各省(市、自治区)的经济发展水平。

经济基础设施水平(*INF*)。高新技术产业的发展离不开经济基础设施的有力支撑。根据金戈(2016)的分析,经济基础设施由公共设施、公共工程以及交通设施等构成,涉及"电力、煤气及水的生产和供应业""地质勘查业、水利管理业""交通运输、仓储及邮电通信业"等行业类别(旧行业划分标准),或者"电力、燃气及水的生产和供应业""交通运输、仓储和邮政业""信息传输、计算机服务与软件业""水利、环境和公共设施管理业"等行业类别(新行业划分标准)①。我们以上述行业的全社会股东资产投资数据为基础,综合金戈(2016)和张同斌、高铁梅(2014)的测算方法,以1996年为基期(全社会固定资产投资分行业统计数据始于1996年),来测算全国和各省(市、自治区)经济基础设施水平。其中,经济

---

① 金戈. 中国基础设施与非基础设施资本存量及其产出弹性估算[J]. 经济研究,2016(5):41-56.

基础设施资本折旧率采用金戈(2016)的测算结果,设定为9.21%。

工业化水平(IND)。高新技术产业是工业经济的重要组成部分,高新技术产业的发展和工业经济的发展存在相辅相成的关系。衡量一个国家或地区工业化水平的指标比较多,例如第二三产业增加值占国内生产总值的比重、非农产业就业人数占就业总人数的比重等。我们以工业增加值为基础,通过工业增加值占国内生产总值的比重来表征全国和各省(市、自治区)的工业化水平。

对外开放程度(OPE)。对外开放程度是衡量一个国家或地区经济开放程度的重要指标,对外开放程度主要从两方面予以反映:一是资本开放程度,二是贸易开放程度。前者可以通过外商直接投资实际利用总额占国内生产总值的比重来衡量,后者则可以通过进出口贸易总额占国内生产总值的比重来衡量。无论是外商直接投资还是进出口贸易都对我国经济发展产生了重要的影响。其中,外商直接投资实际利用总额通常都以美元计价,我们采用各年末美元兑人民币的中间价来折算。用国内生产总值来衡量全国和各省(市、自治区)对外开放程度的计算公式是$OPE = \omega_1 OPE^C + \omega_2 OPE^{I\&E}$。其中,$OPE^C$指的是资本开放程度,$OPE^{I\&E}$指的是贸易开放程度,$\omega_1$和$\omega_2$分别指的是资本开放程度和贸易开放程度的权重系数,并结合熵值赋权法来计算。

教育发展水平(EDU)。教育发展水平的测度较为复杂,涉及教育层级、教育设施、教育资源等多个方面。由于我们重点研究的是高新技术产业的发展问题而非详细探究全国乃至各省(市、自治区)的教育发展水平,同时考虑到高等教育和高新技术产业发展的关联程度更高,因此,我们以普通高等院校在校生数量占总人口的比重来表征全国和各省(市、自治区)的教育发展水平。

城镇化发展水平(URB)。一般而言,城镇人口比重、非农人口比重、城镇用地比重等指标都可以用来测度一国或地区的城镇化发展水平。从现有关于城镇化发展水平的研究文献来看,人口城镇化比重的应用最为广泛。因此,我们以人口城镇化比重,即年末城镇常住人口占其总人口的比重来衡量全国和各省(市、自治区)的城镇化发展水平。

结合样本数据的完整性,我们最终以全国以及30个省(市、自治区,西藏除外)作为研究对象。我们在实证过程中采用的原始数据主要来源于《中国高技术产业统计年鉴》、中经网统计数据库、EPS全球统计数据/分析平台等。其中,各变量指标的描述性统计结果见表7-1和表7-2。

表7-1 全国高新技术产业创新增长计量分析变量指标描述性统计

变量名称	最大值	最小值	平均值	中位数	标准差
高新技术产业产出（NHI_t）	174613.10	10050.10	84607.72	74482.80	57317.51
高新技术产业创新（$INN1_t$）	348522	2245	109503.95	71337	106863.78
高新技术产业创新（$INN2_t$）	68549.14	2483.82	25242.76	16364.76	21513.30
高新技术产业投资（INV_t）	39981.30	562.95	12404.07	6944.73	12471.74
生产活动资本要素存量（PAK_t）	179318.23	2040.01	49533.16	23568.28	54695.99
生产活动劳动要素投入（PAL_t）	1386.66	392.29	979.84	1092.23	366.43
创新活动资本要素存量（$IAK1_t$）	21852.79	314.30	6705.27	3766.73	6768.36
创新活动资本要素存量（$IAK2_t$）	27990.51	386.75	8103.46	4242.16	8549.28
创新活动劳动要素投入（IAL_t）	990314.30	91573.00	460420.19	399073.90	299493.84
经济增长不确定性（EGU_t）	2.8584	0.8013	1.7675	1.7484	0.6274
经济政策不确定性（EPU_t）	5.0955	3.9312	4.7025	4.8418	0.3450
金融发展规模（FDS_t）	3.3268	1.7775	2.4303	2.3842	0.5004
金融发展效率（FDE_t）	0.2894	0.2081	0.2549	0.2632	0.0258
金融市场化（FIL_t）	16.0043	3.9270	9.8555	10.4570	3.5799
经济发展水平（GDP_t）	1013567.00	100280.14	468502.53	412119.26	307060.52
经济基础设施水平（INF_t）	143031.39	8795.38	55006.41	41016.85	44220.30
工业化水平（IND_t）	0.4203	0.3087	0.3779	0.3956	0.0368
对外开放程度（OPE_t）	0.6663	0.3277	0.4689	0.4499	0.1122
教育发展水平（EDU_t）	0.0233	0.0044	0.0151	0.0166	0.0053
城镇化发展水平（URB_t）	0.6389	0.3622	0.5016	0.4995	0.0871

表7-2 省域高新技术产业创新增长计量分析变量指标描述性统计

变量名称	最大值	最小值	平均值	中位数	标准差
高新技术产业产出（NHI_{it}）	50184.50	2.40	2813.70	663.65	5995.26
高新技术产业创新（$INN1_{it}$）	131935	1	3649.77	414	11252.34
高新技术产业创新（$INN2_{it}$）	23358.38332	4.96	841.44	129.76	2292.07

变量名称	最大值	最小值	平均值	中位数	标准差
高新技术产业投资（INV_{it}）	8701.59	0.19	397.55	119.19	755.35
生产活动资本要素存量（PAK_{it}）	27970.56	0.61	1327.35	395.59	2443.61
生产活动劳动要素投入（PAL_{it}）	401.53	0.29	32.66	14.74	63.43
创新活动资本要素存量（$IAK1_{it}$）	4133.25	1.67	109.67	14.12	334.69
创新活动资本要素存量（$IAK2_{it}$）	10289.30	0.02	270.15	40.15	818.70
创新活动劳动要素投入（IAL_{it}）	320478.90	5.69	15347.10	4887.23	34569.83
经济增长不确定性（EGU_{it}）	7.6639	0.5382	2.0393	1.6637	1.1902
经济政策不确定性（EPU_{it}）	1.4444	0.0000	0.4412	0.4167	0.2912
金融发展规模（FDS_{it}）	21.4754	0.6303	1.8195	1.5152	1.3965
金融发展效率（FDE_{it}）	1.0799	0.0400	0.4275	0.4151	0.1827
金融市场化（FIL_{it}）	23.2800	0.2700	10.0842	9.4050	5.0026
经济发展水平（GDP_{it}）	111151.63	263.68	15619.29	9992.27	17476.70
经济基础设施水平（INF_{it}）	14799.03	37.08	2390.73	1234.26	2788.90
工业化水平（IND_{it}）	0.9970	0.6209	0.8805	0.8856	0.0656
对外开放程度（OPE_{it}）	0.7104	0.0033	0.1375	0.0661	0.1530
教育发展水平（EDU_{it}）	0.0413	0.0021	0.0159	0.0162	0.0074
城镇化发展水平（URB_{it}）	0.9377	0.2110	0.5197	0.5088	0.1539

7.2 经济不确定性、金融发展影响高新技术产业产出的实证分析

7.2.1 全国经济不确定性、金融发展对高新技术产业产出影响的实证检验

在对全国经济不确定性、金融发展影响高新技术产业产出的时间序列计量模型进行估计之前，需要对变量指标的平稳性进行检验，检验结果如表7-3所示：

表 7-3　全国经济不确定性、金融发展影响高新技术产业产出时间序列计量模型
变量指标平稳性检验结果统计表

变量名称	检验选项	ADF 检验	PP 检验
高新技术产业产出 （NHI_t）	C	-5.2631^{***}	-4.9278^{***}
	T&C	-0.2693	-0.0667
	None	0.9813	3.6535
高新技术产业创新 （$INN1_t$）	C	-5.1289^{***}	-5.4532^{***}
	T&C	-1.6471	-1.5335
	None	0.7217	3.7152
生产活动资本要素存 量（PAK_t）	C	-3.0378^{*}	-3.4576^{**}
	T&C	0.6164	1.1358
	None	-0.5051	8.0513
生产活动劳动要素投 入（PAL_t）	C	-2.8341^{*}	-2.6803^{*}
	T&C	-0.9064	-0.1107
	None	0.8365	2.6243
经济增长不确定性 （EGU_t）	C	-3.0225^{**}	-3.0122^{*}
	T&C	-2.6842	-2.6793
	None	-0.7723	-0.5982
经济政策不确定性 （EPU_t）	C	-2.3477	-2.4125
	T&C	-2.4009	-2.4285
	None	1.1458	1.5655
金融发展规模（FDS_t）	C	-1.3048	-0.8599
	T&C	-4.1727^{**}	-4.1652^{**}
	None	1.2173	3.1469
金融发展效率（FDE_t）	C	-0.6990	-0.5108
	T&C	-1.8932	-1.6719
	None	-1.0238	-1.7621^{*}
金融市场化（FIL_t）	C	0.1644	0.3998
	T&C	-2.4311	-2.4076
	None	4.3556	4.7653

变量名称	检验选项	ADF 检验	PP 检验
经济发展水平（GDP_t）	C	−2.9109*	−2.6593*
	T&C	0.8070	0.8070
	None	−0.1854	7.3932
经济基础设施水平（INF_t）	C	−3.8820**	−2.7415*
	T&C	−0.8287	−0.0020
	None	−1.1746	9.2773
工业化水平（IND_t）	C	1.1623	0.7479
	T&C	−1.2357	−1.2357
	None	−2.2320**	−1.7394*
对外开放程度（OPE_t）	C	−0.5789	−0.9393
	T&C	−3.3909*	−3.1320*
	None	−0.5586	−0.5467
教育发展水平（EDU_t）	C	0.6038	−2.2652
	T&C	−3.2716	−1.9967
	None	1.5860	2.6857
城镇化发展水平（URB_t）	C	−0.5161	−0.4897
	T&C	−2.2936	−1.6713
	None	−0.6915	14.0263

注：*表示在 0.1 水平上显著，**表示在 0.05 水平上显著，***表示在 0.01 水平上显著。

从表 7-3 的检验结果来看，在 Augmented Dickey-Fuller Test 和 Phillips-Perron Test 检验原则下，全国高新技术产业产出（NHI_t）、高新技术产业生产活动资本要素存量（PAK_t）、高新技术产业生产活动劳动要素投入（PAL_t）、经济增长不确定性指数（EGU_t）、金融发展规模指数（FDS_t）、经济发展水平（GDP_t）、经济基础设施水平（INF_t）、工业化水平（IND_t）、对外开放程度（OPE_t）等变量指标不存在单位根，属于平稳时间序列。然而，经济政策不确定性指数（EPU_t）、金融发展效率指数(FDE_t)、金融市场化指数(FIL_t)、教育发展水平(EDU_t)、城镇化发展水平(URB_t)等五个变量指标则存在单位根,属于非平稳时间序列。进一步对这五个指标变量的一阶差分进行平稳性检验,结果如表7-4所示。从这五个变量指标一阶差分的平稳性检验结果来看,它们都不存在单位根,属于平稳时间序列。

表7-4 全国经济不确定性、金融发展影响高新技术产业产出时间序列计量模型
变量指标一阶差分平稳性检验结果统计表(部分)

变量名称	检验选项	ADF 检验	PP 检验
经济政策不确定性（EPU_t）	C	−5.0999***	−5.5376***
	T&C	−4.9887***	−6.9788***
	None	−4.9871***	−5.0620***
金融发展效率（FDE_t）	C	−4.7151***	−5.1951***
	T&C	−5.1833***	−7.1203***
	None	−4.0990***	−4.0859***
金融市场化（FIL_t）	C	−4.4478***	−5.3017***
	T&C	−4.3001**	−5.0036***
	None	−2.1411**	−2.0060**
教育发展水平（EDU_t）	C	−1.8333	−1.9275
	T&C	−2.2462	−2.0891
	None	−1.8779*	−1.9747**
城镇化发展水平（URB_t）	C	−3.4335**	−3.3971**
	T&C	−3.3494*	−3.3151*
	None	−0.4051	−0.6421

注:*表示在0.1水平上显著,**表示在0.05水平上显著,***表示在0.01水平上显著。

在变量指标平稳性检验的基础上,对全国经济不确定性、金融发展影响高新技术产业产出时间序列计量模型进行参数估计,结果如表7-5所示。

表 7-5 全国经济不确定性、金融发展影响高新技术产业产出时间序列

计量模型参数估计结果统计表

变量名称	回归系数	标准误差
常数项(C)	1.9962***	0.6315
生产活动资本要素存量(PAK_t)	1.2485***	0.0069
生产活动劳动要素投入(PAL_t)	0.4556***	0.0869
经济增长不确定性(EGU_t)	−0.0120**	0.0057
经济政策不确定性(EPU_t)	0.2164***	0.0402
金融发展规模(FDS_t)	0.1130***	0.0209
金融发展效率(FDE_t)	−0.5562	0.7909
金融市场化(FIL_t)	−0.0128	0.0090
经济发展水平(GDP_t)	−0.9634***	0.0069
经济基础设施水平(INF_t)	0.4814***	0.0208
工业化水平(IND_t)	5.6584***	1.7107
对外开放程度(OPE_t)	0.7516***	0.1213
教育发展水平(EDU_t)	−49.1834***	17.5788
城镇化发展水平(URB_t)	−4.1729***	1.5040
R-squared	0.9994	
Adjusted R-squared	0.9982	

注：** 表示在 0.05 水平上显著，*** 表示在 0.01 水平上显著。

从表 7-5 的结果来看，其 R-squared 是 0.9994，Adjusted R-squared 是 0.9982，这表明在该时间序列计量模型中各解释变量指标对全国高新技术产业产出的解释程度达到了 99.82%，可以确定该时间序列计量模型的拟合效果良好。因此，全国经济不确定性、金融发展影响高新技术产业产出时间序列计量模型可以对全国高新技术产业产出的特征进行较为准确的描述，且该时间序列计量模型的估计结果的可信程度也比较高。

从经济不确定性变量指标的参数估计结果来看，经济增长不确定性指数和经

济政策不确定性指数在全国经济不确定性、金融发展影响高新技术产业产出时间序列计量模型中的回归系数都是显著的。其中，经济增长不确定性指数的回归系数小于 0，这表明经济增长不确定性因素对全国高新技术产业产出存在负向抑制作用；而经济政策不确定性指数的回归系数大于 0，这表明经济政策不确定性因素对全国高新技术产业产出存在正向促进作用。通常情况下，经济不确定性通过影响经济主体对未来的预期来作用于其生产经营决策。其中，随着经济增长不确定性的提升，经济主体对未来经济发展形势的预期偏向悲观，进而对高新技术产业的生产经营采取更为谨慎的策略；而随着经济政策不确定性的提升，往往伴随着更多正向型经济政策的出台，特别是高新技术产业属于国家重点支持的产业发展领域，因此经济主体往往对经济政策变动的预期偏向乐观，进而对高新技术产业的生产经营采取较为积极的策略。

从金融发展变量指标的参数估计结果来看，仅金融发展规模指数在全国经济不确定性、金融发展影响高新技术产业产出时间序列计量模型中的回归系数是显著的，而金融发展效率指数和金融市场化指数的回归系数不显著。其中，金融发展规模指数的回归系数大于 0，这表明金融发展规模因素对全国高新技术产业产出存在正向促进作用；而金融发展效率因素和金融市场化因素则对全国高新技术产业产出不存在明显的影响。金融发展规模的提升，意味着存在更多的金融资源可以投入到高新技术产业的生产经营中，有利于促进高新技术产业的发展。然而，经济发展规模的提升，并没有带来金融发展效率的提高。从前文的分析可知，在样本观察期内，我国金融发展效率整体上呈现下降的趋势，这也在一定程度上影响了金融发展效率对高新技术产业产出的作用效果。金融市场化水平的提升，有利于提高经济主体资本投资的自主性，然而经济主体的风险偏好特征和高新技术产业的高风险-高收益特征存在一定的矛盾，这在一定程度上影响了金融市场化对高新技术产业产出的作用效果。

从影响全国高新技术产业产出的其他变量指标来看，高新技术产业生产活动资本要素存量和生产活动劳动要素投入在全国经济不确定性、金融发展影响高新技术产业产出时间序列计量模型中的回归系数都是显著的，且二者都大于 0，这与经济学基本理论相符。其他控制变量指标的回归系数也都是显著的。其中，经济基础设施水平、工业化水平以及对外开放程度的回归系数都大于 0，这表明经济基础设施水平、工业化水平以及对外开放程度的提升对全国高新技术产业产出存在明显的促进作用；而经济发展水平、教育发展水平和城镇化发展水平的回归系数都小于 0，这表明经济发展水平、教育发展水平和城镇化发展水平并没有发挥出对高新技术产业发展的促进作用。健康有序的经济发展环境、完善高效的经济基础设施是高新技术产业发展的根本性保障，对于促进高新技术产业的发展壮大具有极为关键的影响。然而，随着我国经济发展水平、教育发展水平和城镇化发展水平的不断提升，如何加强高新技术产业发展和经济发展的协同性、加快高新技术产业发展所需的专业性人才的培养、激发国内高新技术产业产品市场需求是当前我国高新技术产业发展过程中亟须解决的问题。

7.2.2 省域经济不确定性、金融发展对高新技术产业产出影响的实证检验

在对省域经济不确定性、金融发展影响高新技术产业产出的面板序列计量模型进行估计之前，同样需要对变量指标的平稳性进行检验，检验结果如表 7-6 所示。

表 7-6 省域经济不确定性、金融发展影响高新技术产业产出面板序列计量模型变量指标平稳性检验结果统计表

变量名称	检验选项	LLC 检验	IPS 检验	ADF 检验	PP 检验
高新技术产业产出（NHI_{it}）	C	-10.4072^{***}	-5.6086^{***}	200.9010^{***}	140.5760^{***}
	T&C	-3.1588^{***}	0.3241	70.1557	26.3811
	None	12.2669		8.9360	1.0339
生产活动资本要素存量（PAK_{it}）	C	-11.5538^{***}	-2.7999^{***}	119.2780^{***}	98.9266^{***}
	T&C	-3.4897^{***}	1.2564	76.8392^{*}	32.3115
	None	8.0314		4.4552	1.6413
生产活动劳动要素投入（PAL_{it}）	C	-2.4890^{***}	1.6805	69.6092	53.9591
	T&C	-5.9067^{***}	-0.7496	85.4459^{**}	31.4964
	None	7.0018		23.9707	24.2062

续表

变量名称	检验选项	LLC 检验	IPS 检验	ADF 检验	PP 检验
经济增长不确定性 (EGU_{it})	C	−3.2521***	−3.7925***	97.1458***	77.6266*
	T&C	2.3572	−2.6242***	85.5470**	31.0388
	None	−4.2636***		64.1189	62.6066
经济政策不确定性 (EPU_{it})	C	−21.0097***	−20.2680***	428.9790***	715.8780***
	T&C	−17.2216***	−7.3788***	338.4640***	670.6670***
	None	−3.3733***		71.4933	160.2430***
金融发展规模 (FDS_{it})	C	1.2376	2.5365	56.0903	54.8341
	T&C	−8.6371***	−4.6843***	127.9080***	135.5920***
	None	4.1248		16.1405	13.5157
金融发展效率 (FDE_{it})	C	−4.2387***	−0.9484	65.4865	42.2847
	T&C	3.3869	2.5631	62.0427	44.4290
	None	0.9423		44.9492	60.2646
金融市场化 (FIL_{it})	C	−0.8158	3.9355	28.2568	31.1400
	T&C	−3.2899***	−2.7904***	96.5590***	88.8053***
	None	11.6234		3.6767	3.1477
经济发展水平 (GDP_{it})	C	−14.4636***	−6.1627***	139.4240***	136.3860***
	T&C	8.4565	12.9918	4.5364	0.6224
	None	5.7290		14.1230	0.0014
经济基础设施水平 (INF_{it})	C	−12.9840***	−4.8204***	118.8630***	78.3964*
	T&C	9.7383	9.9070	16.2312	2.0659
	None	7.0919		32.9241	0.7688

续表

变量名称	检验选项	LLC 检验	IPS 检验	ADF 检验	PP 检验
工业化水平（IND_{it}）	C	1.4894	3.1893	38.0090	19.8950
	T&C	-0.8038	3.5049	61.4456	13.2895
	None	-4.1724***		78.6971*	67.1871
对外开放程度（OPE_t）	C	-0.1295	1.3228	40.5087	55.5660
	T&C	-3.2722***	-2.6553***	90.7038***	76.6808*
	None	-0.1295		42.1413	41.4573
教育发展水平（EDU_{it}）	C	0.7346	2.4017	71.3962	113.6940***
	T&C	-4.9358***	-3.4942***	126.6890***	44.7612
	None	6.6652		8.6931	1.5409
城镇化发展水平（URB_{it}）	C	-0.6486	5.8534	295.2270***	39.5650
	T&C	19.0450***	-6.7991***	97.3751***	76.5451*
	None	25.7840		2.5892	0.4743

注：*表示在 0.1 水平上显著，**表示在 0.05 水平上显著，***表示在 0.01 水平上显著。

从表 7-6 省域经济不确定性、金融发展影响高新技术产业产出面板序列计量模型变量指标平稳性检验结果来看，在 Levin Lin Chu Test、Im Pesaran Shin Test、ADF-Fisher Test 和 PP-Fisher Test 检验原则下，省域高新技术产业产出（NHI_{it}）、高新技术产业生产活动资本要素存量（PAK_{it}）、经济增长不确定性（EGU_{it}）、经济政策不确定性（EPU_{it}）、金融发展规模（FDS_{it}）、金融市场化（FIL_{it}）、经济发展水平（GDP_{it}）、经济基础设施水平（INF_{it}）、对外开放程度（OPE_t）、城镇化发展水平（URB_{it}）等变量指标不存在单位根，属于平稳面板序列。然而，高新技术产业生产活动劳动要素投入（PAL_{it}）、金融发展效率（FDE_{it}）、工业化水平（IND_{it}）等三个变量指标则存在单位根，属于非平稳面板序列。进一步对这三个指标变量的一阶差分进行平稳性检验，结果如表 7-7 所示。从这三个变量指标一阶差分的平稳性检验结果来看，它们都不存在单位根，属于平稳面板序列。

表 7-7　省域经济不确定性、金融发展影响高新技术产业产出面板序列计量模型

变量指标一阶差分平稳性检验结果统计表（部分）

变量名称	检验选项	LLC 检验	IPS 检验	ADF 检验	PP 检验
生产活动劳动要素投入（PAL_{it}）	C	−11.5725***	−11.1632***	237.0130***	244.0670***
	T&C	−10.8348***	−11.5012***	227.1050***	252.3030***
	None	−12.1340***		225.5260***	297.5240***
金融发展效率（FDE_{it}）	C	−6.5646***	−7.5542***	165.0050***	183.0530***
	T&C	−9.3497***	−7.5444***	164.9670***	172.6310***
	None	−12.3747***		256.4130***	282.1170***
工业化水平（IND_{it}）	C	−8.9674***	−7.3254***	165.7850***	182.9090***
	T&C	−10.1728***	−8.7959***	185.0020***	215.2390***
	None	−14.6433***		301.0060***	313.9740***

注：***表示在 0.01 水平上显著。

在变量指标平稳性检验的基础上，对省域经济不确定性、金融发展影响高新技术产业产出面板序列计量模型进行参数估计。一般而言，面板序列计量模型分为固定效应、随机效应以及混合效应三种类型，省域经济不确定性、金融发展影响高新技术产业产出面板序列计量模型固定效应优于随机效应。有鉴于此，我们结合省域经济不确定性、金融发展影响高新技术产业产出面板序列计量模型固定效应来进行参数估计，结果如表 7-8 所示。

表 7-8　省域经济不确定性、金融发展影响高新技术产业产出面板序列

计量模型固定效应参数估计结果统计表

变量名称	回归系数	标准误差
常数项（C）	−2.0992***	0.2766
生产活动资本要素存量（PAK_{it}）	0.1413***	0.0198
生产活动劳动要素投入（PAL_{it}）	0.7212***	0.0266
经济增长不确定性（EGU_{it}）	0.0253***	0.0080

变量名称	回归系数	标准误差
经济政策不确定性（EPU_{it}）	0.0083	0.0285
金融发展规模（FDS_{it}）	0.0026	0.0102
金融发展效率（FDE_{it}）	0.2396*	0.1469
金融市场化（FIL_{it}）	-0.0154***	0.0041
经济发展水平（GDP_{it}）	0.4871***	0.0602
经济基础设施水平（INF_{it}）	0.0429	0.0579
工业化水平（IND_{it}）	0.1484*	0.0808
对外开放程度（OPE_{it}）	1.0556***	0.1727
教育发展水平（EDU_{it}）	8.5293**	3.9529
城镇化发展水平（URB_{it}）	1.6419***	0.2508
sigma_u	0.4816	
sigma_e	0.1914	
rho	0.8636	
corr(u_i, Xb)	-0.7170	
F Test	309.63***	

注：＊表示在 0.1 水平上显著，＊＊表示在 0.05 水平上显著，＊＊＊表示在 0.01 水平上显著。

从表 7-8 的结果来看，其 sigma_u 是 0.4816，sigma_e 是 0.1914，rho 是 0.8636，表明该面板序列计量模型符合扰动项的方差主要来源于个体效应的变动；其 corr(u_i, Xb)是-0.7170，F Test 是 309.63。根据这些参数估计统计量来分析，省域经济不确定性、金融发展影响高新技术产业产出面板序列计量模型的拟合程度比较高，可以实现对各省(市、自治区)高新技术产业产出特征的准确描述，同时该面板序列计量模型参数估计结果的可信程度也比较高。

从经济不确定性和金融发展变量指标的参数估计结果来看，各省(市、自治区)经济增长不确定性指数、金融发展效率指数以及金融市场化指数在省域经济不确定性、金融发展影响高新技术产业产出面板序列计量模型中的回归系数是显著的。其中，经济增长不确定性指数、金融发展效率指数的回归系数大于 0，这表明各省(市、自治区)经济增长不确定性因素、金融发展效率因素对其高新技术产业产出存在正向促进作用；而金融市场化指数的回归系数小于 0，这表明各省(市、自治区)金融市场化因素对其高新技术产业产出存在负向抑制作用。同时，各省(市、自治区)高新技术产业产出对其经济政策不确定性因素、金融发展规模因素的变动并不敏感。一般而言，各省(市、自治区)高新技术产业，特别是大中型高新技术企业是当地政府重点关注和服务的对象，地方性经济政策的变动对其影响相对较小。而金融市场体系在全国范围内是联通的，可以实现金融资源的跨区域调配，因此，各省(市、自治区)金融发展规模的变动对当地高新技术产业产出的影响程度在一定程度上遭到削弱。

从影响省域高新技术产业产出的其他变量指标来看，各省(市、自治区)高新技术产业生产活动资本要素存量和生产活动劳动要素投入在省域经济不确定性、金融发展影响高新技术产业产出面板序列计量模型中的回归系数都是显著的，且二者都大于 0，这表明随着各省(市、自治区)高新技术产业生产活动资本要素和劳动要素投入的不断加大，其高新技术产业发展规模得以有效提升。各省(市、自治区)经济发展水平、工业化水平、对外开放程度、教育发展水平以及城镇化发展水平等控制变量指标的回归系数也都是显著的，且这些控制变量指标的回归系数都大于 0，这表明各省(市、自治区)经济发展水平、工业化水平、对外开放程度、教育发展水平以及城镇化发展水平的提升都有利于促进其高新技术产业发展规模扩大。然而，各省(市、自治区)高新技术产业产出对其经济基础设施水平的变动并不敏感。但是，各省(市、自治区)高新技术产业的发展也离不开其经济基础设施的有力支撑。

7.2.3　经济不确定性、金融发展影响高新技术产业产出的资本属性差异性分析

经济不确定性、金融发展对高新技术产业产出的影响往往会因其资本属性不同而存在差异。为探究这一差异性，我们分别从全国层面和省域层面对不同资本属性高新技术产业产出进行计量分析。

1. 全国层面资本属性差异性分析

我们首先分别对全国内资、国有及国有控股以及外资(含港澳台)高新技术产业产出进行时间序列计量模型参数估计,结果如表7-9所示。

表7-9　全国不同资本属性高新技术产业产出时间序列计量模型参数估计结果统计表

变量名称	内资	国有及国有控股	外资(含港澳台)
常数项(C)	6.5220***	−11.5975***	6.1046***
生产活动资本要素存量(PAK_t)	0.7933***	−0.0181	−0.2532
生产活动劳动要素投入(PAL_t)	0.0931	2.3124***	0.8333***
经济增长不确定性(EGU_t)	0.0612***	0.0006	0.0514
经济政策不确定性(EPU_t)	0.4116***	−0.1953	0.0875
金融发展规模(FDS_t)	0.2387***	−0.1222***	0.1036*
金融发展效率(FDE_t)	0.8002*	−2.1792	1.5820**
金融市场化(FIL_t)	0.0415***	0.0289	0.0264
经济发展水平(GDP_t)	−2.0642***	1.9224	−0.8262***
经济基础设施水平(INF_t)	1.5746***	−1.2101	0.8208***
工业化水平(IND_t)	7.5314***	−3.2824*	0.0768
对外开放程度(OPE_t)	−0.3519	0.6026***	0.3940***
教育发展水平(EDU_t)	−80.8722***	61.5540**	−1.1908
城镇化发展水平(URB_t)	1.1493	−2.0216	3.7747**
R-squared	1.0000	0.9999	0.9998
Adjusted R-squared	0.9996	0.9989	0.9988

注:*表示在0.1水平上显著,**表示在0.05水平上显著,***表示在0.01水平上显著。

从表7-9全国不同资本属性高新技术产业产出时间序列计量模型参数估计结果来看,内资、国有及国有控股以及外资(含港澳台)高新技术产业产出时间序列计量模型 Adjusted R-squared 分别是 0.9996、0.9989、0.9988，这表明在该时间序列计量模型中各解释变量指标对全国内资、国有及国有控股以及外资(含港澳台)高新技术产业产出的解释程度分别达到了 99.96%、99.89%、99.88%，可以确定该时间序列计量模型的拟合效果良好，该时间序列计量模型的估计结果的可信程度也比较高。

从经济不确定性变量指标的参数估计结果来看，经济增长不确定性指数和经济政策不确定性指数仅在内资高新技术产业产出中的回归系数是显著的，且二者的回归系数都大于0。这表明经济增长不确定性和经济政策不确定性对内资高新技术产业产出存在正向促进作用，而对国有及国有控股以及外资(含港澳台)高新技术产业产出则不存在显著的影响。内资高新技术产业对经济不确定性的波动更为敏感，并随着经济不确定性程度的变化适时调整生产经营决策。国有及国有控股高新技术产业则因其特殊的经济地位而更容易获取政府扶持，且其生产经营决策也容易受到政府行政干预的影响，使得其生产经营决策反而不易受到经济不确定性的影响。外资(含港澳台)高新技术产业的发展有赖于其较为完善的全球供销产业链，在国内市场产品受到经济不确定性影响而发生波动时，可以快速地在全球范围内寻找产品市场，从而使得其生产经营决策同样对经济不确定性的变化不敏感。

从金融发展变量指标的参数估计结果来看，金融发展规模指数、金融发展效率指数以及金融市场化指数在内资高新技术产业产出中的回归系数都是显著的，且三者的回归系数都大于0。这表明金融发展规模、金融发展效率以及金融市场化对内资高新技术产业产出存在正向促进作用。随着金融发展水平的提升，内资高新技术产业进行生产经营融资更为便利，无论是融资规模、融资成本还是融资渠道都有所改善。仅金融发展规模指数在国有及国有控股高新技术产业产出中的回归系数是显著的，且其回归系数小于0。这表明金融发展规模的提升，并没有发挥促进国有及国有控股高新技术产业产出扩大的作用，一方面是国有及国有控股高新技术产业的生产经营决策效率相对较低，融资诉求相对稳定；另一方面是随着金融发展规模的提升，有更多的金融资源向其他资本属性的高新技术产业倾斜，降低了国有及国有控股高新技术产业生产经营融资的比重。金融发展规模指数和金融发展效率指数在外资(含港澳台)高新技术产业产出中的回归系数是显著的，且二者的回归系数都大于0，这表明金融发展规模和金融发展效率对外资（含港澳台）高新技术产业产出存在正向促进作用。无论是国有及国有控股高新技术产业还是外资（含港澳台）高新技术产业都对金融市场化不敏感，前者主要是由于其生产经营融资大多受到政府部门行政干预，后者则可以在国外金融市场获得较多的金融资源支持。

　　从影响高新技术产业产出的其他变量指标来看，高新技术产业生产活动资本要素存量在内资高新技术产业产出中的回归系数是显著的，且其回归系数大于0；高新技术产业生产活动劳动要素投入在国有及国有控股高新技术产业产出和外资（含港澳台）高新技术产业产出中的回归系数是显著的，且其回归系数大于0。这表明内资高新技术产业生产活动对资本要素的投入更为敏感，而国有及国有控股高新技术产业和外资（含港澳台）高新技术产业生产活动对劳动要素的投入更为敏感。经济发展水平在内资高新技术产业产出和外资（含港澳台）高新技术产业产出中的回归系数是显著的，且其回归系数小于0，这表明经济发展水平与内资高新技术产业以及外资（含港澳台）高新技术产业发展水平的协同性有待提升。经济基础设施水平在内资高新技术产业产出和外资（含港澳台）高新技术产业产出中的回归系数是显著的，且其回归系数大于0，这表明经济基础设施水平的提升有利于促进内资高新技术产业以及外资（含港澳台）高新技术产业的发展。工业化水平在内资高新技术产业产出和国有及国有控股高新技术产业产出中的回归系数是显著的，但前者的回归系数大于0，而后者的回归系数小于0。这表明工业化水平的提升有利于促进内资高新技术产业的发展，而对国有及国有控股高新技术产业的发展则起到相反的作用。对外开放程度在国有及国有控股高新技术产业产出和外资（含港澳台）高新技术产业产出中的回归系数是显著的，且其回归系数大于0，这表明对外开放程度的提升有利于促进国有及国有控股高新技术产业和外资（含港澳台）高新技术产业的发展。教育发展水平在内资高新技术产业产出和国有及国有控股高新技术产业产出中的回归系数是显著的，但前者的回归系数小于0，而后者的回归系数大于0。这表明教育发展水平的提升有利于促进国有及国有控股高新技术产业的发展，而对内资高新技术产业的发展则起到相反的作用。城镇化发展水平在外资（含港澳台）高新技术产业产出中的回归系数是显著的，且其回归系数大于0，这表明城镇化发展水平的提升有利于促进外资(含港澳台)高新技术产业的发展。

2. 省域层面资本属性差异性分析

在对省域内资、国有及国有控股以及外资(含港澳台)高新技术产业产出进行面板序列计量模型参数估计之前,首先要确定其对应的面板序列计量模型类别,其检验结果如表7-10所示。

表 7-10　省域不同资本属性高新技术产业产出面板序列计量模型选择检验统计表

	检验类别	内资	国有及国有控股	外资(含港澳台)
固定效应 or 混合效应	F Test	23.37***	14.28***	4.69***
随机效应 or 混合效应	LM Test	331.52***	348.67***	73.38***
固定效应 or 随机效应	Hausman Test	79.44***	35.71***	20.95
模型选择结果		固定效应	固定效应	随机效应

注:***表示在0.01水平上显著。

从表7-10省域不同资本属性高新技术产业产出面板序列计量模型选择检验结果来看,各省(市、自治区)内资高新技术产业和国有及国有控股高新技术产业的产出适用固定效应面板序列计量模型,而外资(含港澳台)高新技术产业产出则适用随机效应面板序列计量模型。现分别对各省(市、自治区)内资高新技术产业、国有及国有控股高新技术产业和外资(含港澳台)高新技术产业产出面板序列计量模型进行参数估计,结果如表7-11所示。

表 7-11　省域不同资本属性高新技术产业产出面板序列计量模型参数估计结果统计表

变量名称	内资	国有及国有控股	外资(含港澳台)
常数项(C)	−2.4965***	0.5806	−1.3503
生产活动资本要素存量(PAK_{it})	0.1472***	0.0759***	0.0692*
生产活动劳动要素投入(PAL_{it})	1.1017***	0.9644***	0.9682***
经济增长不确定性(EGU_{it})	0.0138*	0.0324***	0.0338***

续表

变量名称	内资	国有及国有控股	外资（含港澳台）
经济政策不确定性（EPU_{it}）	0.0278	0.0464	−0.0483
金融发展规模（FDS_{it}）	0.0153	−0.0183	0.0747*
金融发展效率（FDE_{it}）	−0.2627*	−1.0300***	0.9333**
金融市场化（FIL_{it}）	−0.0108**	−0.0028	−0.0018
经济发展水平（GDP_{it}）	0.5508***	0.1246	0.5281**
经济基础设施水平（INF_{it}）	0.1051*	0.2665***	−0.2226*
工业化水平（IND_{it}）	0.3417***	0.0251	−0.4633*
对外开放程度（OPE_{it}）	−0.2365	−0.6954*	0.4616
教育发展水平（EDU_{it}）	−18.4614**	−1.5837	−22.1360
城镇化发展水平（URB_{it}）	−0.1252	1.0868*	3.8038*
sigma_u	0.7341	0.7747	0.2036
sigma_e	0.1462	0.2427	0.3440
rho	0.9619	0.9107	0.2594
corr(u_i, Xb)	−0.8894	−0.8543	0.0000
F Test/ Wald chi2	428.43***	110.48***	4403.67***

注：*表示在0.1水平上显著，**表示在0.05水平上显著，***表示在0.01水平上显著。

从表7-11省域不同资本属性高新技术产业产出面板序列计量模型参数估计结果来看，各省（市、自治区）内资高新技术产业、国有及国有控股高新技术产业和外资（含港澳台）高新技术产业产出面板序列计量模型F检验统计量分别是428.43、110.48、4403.67，三者在0.01的水平上都是显著的，这表明省域经济不确定性、金融发展影响高新技术产业产出面板序列计量模型对各省（市、自治区）不同资本属性的高新技术产业产出特征的描述较为准确，其参数估计结果具有较高的可信性。

从经济不确定性和金融发展变量指标的参数估计结果来看，各省（市、自治区)经济增长不确定性指数在省域不同资本属性经济不确定性、金融发展影响高新技术产业产出面板序列计量模型中的回归系数是显著的,且其回归系数均大于0,这表明各省(市、自治区)经济增长不确定性因素对内资高新技术产业、国有及国有控股高新技术产业以及外资(含港澳台)高新技术产业产出均具有正向促进作用。同时,各省(市、自治区)内资高新技术产业、国有及国有控股高新技术产业以及外资(含港澳台)高新技术产业都对经济政策不确定性因素不敏感。金融发展指标变量在各省(市、自治区)不同资本属性高新技术产业产出中的影响存在较大差异。其中,各省(市、自治区)金融发展规模因素对其外资(含港澳台)高新技术产业产出具有正向促进作用,而内资高新技术产业和国有及国有控股高新技术产业产出则对其不敏感。各省(市、自治区)金融发展效率因素对其内资高新技术产业和国有及国有控股高新技术产业产出存在负向抑制作用,而对其外资(含港澳台)高新技术产业产出则具有正向促进作用。各省(市、自治区)金融市场化因素对其内资高新技术产业产出存在负向抑制作用,而国有及国有控股高新技术产业和外资(含港澳台)高新技术产业产出则对其不敏感。

从影响省域不同资本属性高新技术产业产出的其他变量指标来看,各省(市、自治区)内资高新技术产业、国有及国有控股高新技术产业和外资(含港澳台)高新技术产业的资本要素存量和劳动要素投入都对其产出具有正向促进作用。各省(市、自治区)经济发展水平、经济基础设施水平以及工业化水平对其内资高新技术产业产出表现出正向促进作用;经济基础设施水平以及城镇化发展水平对其国有及国有控股高新技术产业产出表现出正向促进作用;经济发展水平以及城镇化发展水平对其外资(含港澳台)高新技术产业产出表现出正向促进作用。各省(市、自治区)教育发展水平对其内资高新技术产业产出表现出负向抑制作用;对外开放程度对其国有及国有控股高新技术产业产出表现出负向抑制作用;经济基础设施水平以及工业化水平对其外资(含港澳台)高新技术产业产出表现出负向抑制作用。各省(市、自治区)内资高新技术产业产出对其对外开放程度以及城镇化发展水平不敏感;国有及国有控股高新技术产业产出对其经济发展水平、工业化水平以及教育发展水平不敏感;外资(含港澳台)高新技术产业对其对外开放程度以及教育发展水平不敏感。

7.2.4　经济不确定性、金融发展影响高新技术产业产出的区域差异性分析

考虑到我国不同地区经济发展的巨大差异性，我们有必要从区域角度对经济不确定性、金融发展影响高新技术产业产出的差异性进行探讨。整体上，我国各省(市、自治区)按照地理区位被划分为东部地区、中部地区以及西部地区等三大地理分区。其中，东部地区主要包括北京市、天津市、河北省、辽宁省、上海市、江苏省、浙江省、福建省、山东省、广东省、广西壮族自治区、海南省等12个省(市、自治区)，中部地区主要包括山西省、内蒙古自治区、吉林省、黑龙江省、安徽省、江西省、河南省、湖北省、湖南省等9个省(自治区)，西部地区主要包括重庆市、四川省、贵州省、云南省、陕西省、甘肃省、青海省、宁夏回族自治区、新疆维吾尔自治区等9个省(市、自治区，样本中不含西藏自治区)。在对各地区高新技术产业产出进行面板序列计量模型参数估计之前，首先要确定其对应的面板序列计量模型类别，其检验结果如表7-12所示。

表7-12　省域分区域高新技术产业产出面板序列计量模型选择检验统计表

	检验类别	东部地区	中部地区	西部地区
固定效应 or 混合效应	F Test	13.44***	7.86***	22.05***
随机效应 or 混合效应	LM Test	0.00	0.00	0.00
固定效应 or 随机效应	Hausman Test	93.88***	47.87***	89.89***
模型选择结果		固定效应	固定效应	固定效应

注：***表示在0.01水平上显著。

从表7-12的检验结果可看出，东部地区高新技术产业、中部地区高新技术产业以及西部地区高新技术产业的产出适用固定效应面板序列计量模型。现分别对东部地区高新技术产业、中部地区高新技术产业以及西部地区高新技术产业产出面板序列计量模型进行参数估计，结果如表7-13所示。

表 7-13 省域分区域高新技术产业产出面板序列计量模型参数估计结果统计表

变量名称	东部地区	中部地区	西部地区
常数项(C)	-0.3942	-2.1644***	-1.3844**
生产活动资本要素存量(PAK_{it})	0.1230***	0.0380	0.1618***
生产活动劳动要素投入(PAL_{it})	0.7483***	0.8507***	0.8254***
经济增长不确定性(EGU_{it})	0.0284**	0.0980***	0.0355*
经济政策不确定性(EPU_{it})	0.0360	0.0873*	-0.0117
金融发展规模(FDS_{it})	-0.0033	-0.1327*	0.1298**
金融发展效率(FDE_{it})	1.5531***	1.3941***	0.5863*
金融市场化(FIL_{it})	0.0162***	-0.0061	0.0402***
经济发展水平(GDP_{it})	0.5187***	0.6249***	0.2602*
经济基础设施水平(INF_{it})	-0.3150***	-0.2585***	0.1362
工业化水平(IND_{it})	-0.4424**	-0.1905	0.1278**
对外开放程度(OPE_{it})	1.0422***	-0.5362	-0.9978
教育发展水平(EDU_{it})	21.6783***	28.3307***	-17.5899***
城镇化发展水平(URB_{it})	1.2423***	2.4688***	1.9339***
sigma_u	0.4141	0.2828	0.5267
sigma_e	0.1691	0.1613	0.1653
rho	0.8571	0.7545	0.9103
corr(u_i, Xb)	-0.6628	-0.4659	-0.6005
F Test/ Wald chi2	499.49***	834.59***	728.15***

注：*表示在 0.1 水平上显著，**表示在 0.05 水平上显著，***表示在 0.01 水平上显著。

从表 7-13 省域分区域高新技术产业产出面板序列计量模型参数估计结果来看，东部地区高新技术产业、中部地区高新技术产业以及西部地区高新技术产业产出面板序列计量模型 F 检验统计量分别是 499.49、834.59、728.15，三者在 0.01 的水平上都是显著的，这表明省域经济不确定性、金融发展影响高新技术产业产出面板序列计量模型对不同地区的高新技术产业产出特征的描述较为准确，其参数估计结果也具有较高的可信性。

从经济不确定性和金融发展变量指标的参数估计结果来看，经济增长不确定性指数在省域分区域高新技术产业产出面板序列计量模型中的回归系数是显著的，且其回归系数都是大于 0，这表明东部地区、中部地区以及西部地区的经济增长不确定性因素对其高新技术产业产出都具有正向促进作用。经济政策不确定性指数在中部地区高新技术产业产出面板序列计量模型中的回归系数是显著的，这表明中部地区经济政策不确定性因素对其高新技术产业产出具有正向促进作用，而东部地区高新技术产业和西部地区高新技术产业产出对其经济政策不确定性因素的变动不敏感。金融发展变量指标在不同地区高新技术产业产出中的影响表现出明显的差异性。其中，东部地区高新技术产业产出对其金融发展规模因素的变动不敏感，中部地区金融发展规模因素对其高新技术产业产出表现出负向抑制作用，而西部地区金融发展规模因素对其高新技术产业产出表现出正向促进作用。东部地区、中部地区以及西部地区的金融发展效率因素对其高新技术产业产出均表现出正向促进作用。东部地区和西部地区的金融市场化因素对其高新技术产业产出表现出正向促进作用，而中部地区的高新技术产业产出对其金融市场化因素的变动不敏感。由于不同地区经济发展水平和金融发展水平存在巨大差异，维护各地区经济发展和金融发展的稳定，提升经济发展和金融发展的效率与质量，对于促进各地区高新技术产业的发展具有重要意义。

从影响省域分区域高新技术产业产出的其他变量指标来看，东部地区、中部地区以及西部地区的经济发展水平和城镇化发展水平对其高新技术产业产出均表现出正向促进作用；东部地区和中部地区的经济基础设施水平对其高新技术产业产出表现出负向抑制作用，而西部地区高新技术产业产出对其经济基础设施水平的变动不敏感；东部地区的工业化水平对其高新技术产业产出表现出负向抑制作用，西部地区的工业化水平对其高新技术产业产出表现出正向促进作用，而中部地区高新技术产业产出对其工业化水平的变动不敏感；东部地区的对外开放程度对其高新技术产业产出表现出正向促进作用，而中部地区高新技术产业和西部地区高新技术产业产出对其对外开放程度的变动不敏感；东部地区和中部地区的教育发展水平对其高新技术产业表现出正向促进作用，而西部地区的教育发展水平则对其高新技术产业产出表现出负向抑制作用。由于不同地区经济发展结构不同，东部地区无论是整体经济发展水平、经济基础设施发展水平、对外开放程度、教育发展水平以及城镇化发展水平都具有明显的优势，东部地区在夯实自身优势的基础要进一步加大以高新技术产业为核心的中高端工业经济的扶持力度，稳固其在全国乃至全球范围内的产业发展优势。中部地区和西部地区则需要继续加大经济基础设施和社会基础设施的建设力度，承接东部地区的产业转移，同时谋求符合自身特色的高新技术产业发展道路。

7.3　经济不确定性、金融发展影响高新技术产业创新的实证分析

7.3.1　全国经济不确定性、金融发展对高新技术产业创新影响的实证检验

在对全国经济不确定性、金融发展影响高新技术产业创新的时间序列计量模型进行估计之前，首先对变量指标的平稳性进行检验，检验结果如表 7-14 所示。

表 7-14　全国经济不确定性、金融发展影响高新技术产业创新时间序列计量模型
变量指标平稳性检验结果统计表（部分）

变量名称	检验选项	ADF 检验	PP 检验
高新技术产业创新（$INN1_t$）	C	−5.1289***	−5.4532***
	T&C	−1.6471	−1.5335
	None	0.7217	3.7152
高新技术产业创新（$INN2_t$）	C	−3.4494**	−6.0479***
	T&C	−0.2918	1.9114
	None	8.4105	6.6609
创新活动资本要素存量（$IAK1_t$）	C	−2.7543*	−7.6814***
	T&C	−0.1716	−0.3033
	None	0.3554	5.9937

续表

变量名称	检验选项	ADF 检验	PP 检验
创新活动资本要素存量（IAK2ₜ）	C	−3.8081**	−3.0777**
	T&C	1.3730	1.2582
	None	−0.2187	6.9792
创新活动劳动要素投入（IALₜ）	C	−1.2185	−1.3306
	T&C	−2.9850	−1.0497
	None	4.5222	4.2979
创新活动劳动要素投入（IALₜ）（一阶差分）	C	−1.8417	−4.9075***
	T&C	−5.1291***	−5.0560***
	None	−1.0430	−2.8329***

注：**表示在 0.05 水平上显著，***表示在 0.01 水平上显著。

根据表 7-14 的检验结果，在 Augmented Dickey-Fuller Test 和 Phillips-Perron Test 检验原则下，全国高新技术产业创新（$INN1_t$）、高新技术产业创新（$INN2_t$）、高新技术产业创新活动资本要素存量（$IAK1_t$）以及高新技术产业创新活动资本要素存量（$IAK2_t$）等变量指标不存在单位根，属于平稳时间序列。然而，高新技术产业创新活动劳动要素投入（IAL_t）存在单位根，属于非平稳时间序列。对其一阶差分进行平稳性检验，结果显示其一阶差分不存在单位根，属于平稳时间序列。在变量指标平稳性检验的基础上，对全国经济不确定性、金融发展影响高新技术产业创新时间序列计量模型进行参数估计，结果如表 7-5 所示。

表 7-15　全国经济不确定性、金融发展影响高新技术产业创新时间序列
计量模型参数估计结果统计表

变量名称	专利申请数量		新产品销售收入	
	回归系数	标准误差	回归系数	标准误差
常数项（C）	6.4650***	0.7068	5.0975***	0.3866
创新活动资本要素存量（IAK）	2.8118***	0.0000	0.9544***	0.0070

变量名称	专利申请数量		新产品销售收入	
	回归系数	标准误差	回归系数	标准误差
创新活动劳动要素投入（IAL_t）	−0.0250	0.0527	0.7724***	0.0693
经济增长不确定性（EGU_t）	−0.0111	0.0618	−0.0450***	0.0113
经济政策不确定性（EPU_t）	−0.6051***	0.1614	0.1723***	0.0360
金融发展规模（FDS_t）	−0.0758	0.0814	−0.0047	0.0255
金融发展效率（FDE_t）	−0.6652	1.9927	1.3714**	0.6429
金融市场化（FIL_t）	−0.0500*	0.0309	−0.0116	0.0128
经济发展水平（GDP_t）	2.1597***	0.0009	−1.0175***	0.0009
经济基础设施水平（INF_t）	−4.6332***	0.0000	0.1339***	0.0192
工业化水平（IND_t）	12.0928***	3.7568	−1.3770***	0.5285
对外开放程度（OPE_t）	−3.9089***	0.6175	1.1459***	0.1852
教育发展水平（EDU_t）	99.2986***	13.6857	−80.0633***	11.3678
城镇化发展水平（URB_t）	4.9196***	1.3937	6.5372***	0.1942
R-squared	0.9993		0.9995	
Adjusted R-squared	0.9979		0.9986	

注：*表示在0.1水平上显著，**表示在0.05水平上显著，***表示在0.01水平上显著。

从表7-15的参数估计结果来看，以高新技术产业专利申请数量为被解释变量的时间序列计量模型的 R-squared 是0.9993，Adjusted R-squared 是0.9979，这表明在该时间序列计量模型中各解释变量指标对全国高新技术产业创新（专利申请数量）的解释程度达到了99.79%，可以确定该时间序列计量模型的拟合效果良好；以高新技术产业新产品销售收入为被解释变量的时间序列计量模型的 R-squared 是0.9995，Adjusted R-squared 是0.9986，这表明在该时间序列计量模型中各解释变量指标对全国高新技术产业创新（新产品销售收入）的解释程度达到了99.86%，可以确定该时间序列计量模型的拟合效果良好。因此，全国经济不确定性、金融发展影响高新技术产业创新时间序列计量模型可以对全国高新技产业创新的特征进行较为准确的描述，其估计结果也具有较高的可信性。

从经济不确定性变量指标的参数估计结果来看，经济增长不确定性指数和经济政策不确定性指数对全国高新技术产业创新的影响存在较大差异。其中，经济增长不确定性因素对全国高新技术产业专利申请数量不存在显著影响，而对全国高新技术产业新产品销售收入则存在显著的负向抑制作用；经济政策不确定性因素对全国高新技术产业专利申请数量存在显著的负向抑制作用，而对全国高新技术产业新产品销售收入则存在显著的正向促进作用。在高新技术产业创新活动中，专利研发活动的风险高、周期更长，但专利研发活动却是高新技术产业保持创新增长活力以及提升核心竞争力的关键所在，因此它对经济增长不确定性因素的短期波动并不敏感；而经济政策不确定因素的波动往往会对后续较长时期内的产业发展格局造成较大影响，在经济政策信息明朗之前，高新技术产业出于规避风险的考量会降低专利研发活动的投入，导致高新技术产业专利产出水平的下降。在高新术产业创新活动中，新产品的销售更多地要依赖于产品市场的需求提升。经济增长不确定性因素往往会对产品市场的消费需求产生抑制作用，而经济政策不确定性因素则倾向于刺激新的产品销售需求的产生。从金融发展变量指标的参数估计结果来看，金融发展规模指数、金融发展效率指数以及金融市场化指数对全国高新技术产业创新的影响相对较弱。仅金融市场化因素对全国高新技术产业专利申请数量存在显著的负向抑制作用，金融发展效率因素对全国高新技术产业新产品销售收入存在显著的正向促进作用。由于金融发展指标变量往往是通过融资途径来间接影响高新技术产业创新，而高新技术产业创新活动往往需要持续稳定的创新活动资本投入，金融发展因素的细微波动难以对高新技术产业创新活动资本投入形成较大的冲击，这在一定程度上削弱了金融发展因素对高新技术产业创新活动资本投入的影响力度。

从影响全国高新技术产业创新的其他变量指标来看，高新技术产业创新活动资本要素存量对全国高新技术产业专利申请数量存在显著的正向促进作用，而高新技术产业创新活动劳动要素投入对其则不存在显著的影响，这表明以专利申请数量为衡量标准的高新技术产业创新活动更多是依赖于持续稳定的创新资本投入。高新技术产业创新活动资本要素存量和劳动要素投入对全国高新技术产业新产品销售收入均存在显著的正向促进作用，这表明对以囊括产品生产环节的新产品销售收入为衡量标准的高新技术产业创新活动而言，创新资本投入和劳动要素投入对其增长同样重要。其他控制变量指标对高新技术产业创新也都存在显著的影响。然而，除城镇化发展水平指标外，其他控制变量指标对以专利申请数量为衡量标准的高新技术产业创新活动和以新产品销售收入为衡量标准的高新技术产业创新活动的影响效果却是相反的。其中，经济发展水平、工业化水平、教育发展水平以及城镇化发展水平的提升更有利于以专利申请数量为衡量标准的高新技术产业创新活动的发展；而经济基础设施水平、对外开放程度以及城镇化发展水平的提升更有利于以新产品销售收入为衡量标准的高新技术产业创新活动的发展，导致这一现象的原因和高新技术产业创新活动从形成专利到转化为生产力之间的时间错位有关。

7.3.2 省域经济不确定性、金融发展对高新技术产业创新影响的实证检验

对省域经济不确定性、金融发展影响高新技术产业创新的变量指标进行平稳性检验，检验结果如表 7-16 所示。

表 7-16 省域经济不确定性、金融发展影响高新技术产业创新面板序列计量模型

变量指标平稳性检验结果统计表（部分）

变量名称	检验选项	LLC 检验	IPS 检验	ADF 检验	PP 检验
高新技术产业创新 （$INN1_{it}$）	C	−11.2158***	−3.7193***	111.8060***	99.8878***
	T&C	−6.9717***	−4.3215***	134.5960***	126.3850***
	None	10.7706		5.3051	4.0840
高新技术产业创新 （$INN2_{it}$）	C	−2.5868***	1.6478	53.2348	59.6953
	T&C	−4.5001***	−4.5388***	144.7750***	136.1870***
	None	11.5477		19.5248	18.8691
创新活动资本要素 存量（$IAK1_{it}$）	C	−7.7684***	2.6228	116.4240***	362.6010***
	T&C	−9.4343***	−4.4093***	118.2540***	97.7250***
	None	7.4934		27.7441	29.4258

续表

变量名称	检验选项	LLC 检验	IPS 检验	ADF 检验	PP 检验
创新活动资本要素存量（$IAK2_{it}$）	C	-7.4427^{***}	-2.2195^{**}	95.9557^{***}	113.7530^{***}
	T&C	0.1188	0.7459	58.7520	19.0739
	None	3.5350		30.4689	10.2298
创新活动劳动要素投入（IAL_{it}）	C	-7.1749^{***}	-0.9675	71.1292	89.0251^{***}
	T&C	-2.6152^{***}	-1.4402^{*}	79.3757	88.2797^{**}
	None	9.6166		6.4436	3.8373

注：* 表示在 0.1 水平上显著，** 表示在 0.05 水平上显著，*** 表示在 0.01 水平上显著。

从表 7-16 的检验结果来看，在 Levin Lin Chu Test、Im Pesaran Shin Test、ADF-Fisher Test 和 PP-Fisher Test 检验原则下，省域高新技术产业创新（$INN1_{it}$）、高新技术产业创新（$INN2_{it}$）、创新活动资本要素存量（$IAK1_{it}$）、创新活动资本要素存量（$IAK2_{it}$）、创新活动劳动要素投入（IAL_{it}）等变量指标不存在单位根，属于平稳面板序列。在变量指标平稳性检验的基础上，我们对省域经济不确定性、金融发展影响高新技术产业创新面板序列计量模型进行参数估计，其固定效应参数估计结果如表 7-17 所示。

表 7-17　省域经济不确定性、金融发展影响高新技术产业创新面板序列计量模型固定效应参数估计结果统计表

变量名称	专利申请数量		新产品销售收入	
	回归系数	标准误差	回归系数	标准误差
常数项（C）	-5.1421^{***}	0.7779	2.5222^{***}	0.9784
创新活动资本要素存量（IAK_{it}）	0.1389^{***}	0.0496	0.8184^{***}	0.0658
创新活动劳动要素投入（IAL_{it}）	0.4002^{***}	0.0437	0.5204^{***}	0.0819
经济增长不确定性（EGU_{it}）	0.0634^{**}	0.0251	-0.0116	0.0264
经济政策不确定性（EPU_{it}）	-0.0367	0.0901	-0.0763	0.0937

续表

变量名称	专利申请数量		新产品销售收入	
	回归系数	标准误差	回归系数	标准误差
金融发展规模（FDS_{it}）	0.0585**	0.0298	-0.0081	0.0329
金融发展效率（FDE_{it}）	-0.9352**	0.4232	0.1719	0.4773
金融市场化（FIL_{it}）	0.0538***	0.0116	-0.0204	0.0131
经济发展水平（GDP_{it}）	0.4459***	0.1627	-0.5753***	0.1960
经济基础设施水平（INF_{it}）	0.3664**	0.1497	0.3749**	0.1705
工业化水平（IND_{it}）	0.4383**	0.1969	-0.5237**	0.2509
对外开放程度（OPE_{it}）	1.1429***	0.4030	1.4262***	0.5343
教育发展水平（EDU_{it}）	40.1361***	9.9637	-7.1802	12.1624
城镇化发展水平（URB_{it}）	-0.9133	0.5883	1.5085**	0.7347
sigma_u	0.6475		0.7629	
sigma_e	0.6127		0.6584	
rho	0.5276		0.5732	
corr(u_i, Xb)	-0.4194		-0.4820	
F Test	322.81***		206.89***	

注：**表示在 0.05 水平上显著，***表示在 0.01 水平上显著。

从表7-17 省域经济不确定性、金融发展影响高新技术产业创新面板序列计量模型固定效应参数估计结果来看，以高新技术产业专利申请数量为被解释变量的面板序列计量模型的 sigma_u 是 0.6475，sigma_e 是 0.6127，rho 是 0.5276，表明该面板序列计量模型符合扰动项的方差约 53% 来源于个体效应的变动，其 corr(u_i, Xb) 是 -0.4194，F Test 是 322.81，可以确定该面板序列计量模型的拟合效果良好；以高新技术产业新产品销售收入为被解释变量的面板序列计量模型的 sigma_u 是 0.7629，sigma_e 是 0.6584，rho 是 0.5732，表明该面板序列计量模型符合扰动项的方差约 58% 来源于个体效应的变动，其 corr(u_i, Xb) 是 -0.4820，F Test 是 206.89，可以确定该面板序列计量模型的拟合效果良好。因此，省域经济不确定性、金融发展影响高新技术产业创新面板序列计量模型可以实现对各省（市、自治区)高新技术产业创新特征的准确描述,其估计结果也具有较高的可信性。

从经济不确定性和金融发展变量指标的参数估计结果来看,经济不确定性变量指标和金融发展变量指标对各省(市、自治区)高新技术产业专利申请数量和新产品销售收入的影响存在较大差异。其中,经济增长不确定性因素对各省(市、自治区)高新技术产业专利申请数量存在显著的正向促进作用,而对各省(市、自治区)高新技术产业新产品销售收入不存在显著影响;经济政策不确定性因素对各省(市、自治区)高新技术产业专利申请数量和新产品销售收入不存在显著影响。金融发展规模因素对各省(市、自治区)高新技术产业专利申请数量存在显著的正向促进作用,而对各省(市、自治区)高新技术产业新产品销售收入不存在显著影响;金融发展效率因素对各省(市、自治区)高新技术产业专利申请数量存在显著的负向抑制作用,而对各省(市、自治区)高新技术产业新产品销售收入不存在显著影响;金融市场化因素对各省(市、自治区)高新技术产业专利申请数量存在显著的正向促进作用,而对各省(市、自治区)高新技术产业新产品销售收入不存在显著影响。在各省(市、自治区)高新技术产业创新活动中,专利研发阶段更多地受到其经济发展和金融发展水平的影响,这主要是各省(市、自治区)的经济发展水平和金融发展水平对其创新活动中的资本要素和劳动要素的投入会产生较为直接的影响。而在各省(市、自治区)高新技术产业新产品销售阶段,其销售收入的实现取决于全国乃至全球范围内产品市场消费需求的影响,对各省(市、自治区)自身经济发展和金融发展的波动反而不敏感。

从影响省域高新技术产业创新的其他变量指标来看,无论是从高新技术产业专利申请数量的角度来衡量还是从高新技术产业新产品销售收入的角度来衡量,各省(市、自治区)高新技术产业创新活动资本要素存量和劳动要素投入对其高新技术产业创新都存在显著的正向促进作用。这表明各省(市、自治区)提升其高新技术产业创新活动资本要素存量和劳动要素投入是提升其高新技术产业创新能力的重要支撑。其他控制变量指标大部分对各省(市、自治区)高新技术产业创新存在显著影响。其中,各省(市、自治区)的经济发展水平、经济基础设施水平、工业化水平、对外开放程度以及教育发展水平对其高新技术产业专利申请数量存在显著的正向促进作用,而城镇化发展水平对其高新技术产业专利申请数量则不存在显著影响;各省(市、自治区)的经济基础设施水平、对外开放程度以及城镇化发展水平对其高新技术产业新产品销售收入存在显著的正向促进作用，经济发展水平以及工业化水平对其高新技术产业新产品销售收入存在显著的负向抑制作用，而教育发展水平对其高新技术产业新产品销售收入不存在显著影响。

7.3.3 经济不确定性、金融发展影响高新技术产业创新的资本属性差异性分析

同样地，经济不确定性、金融发展对高新技术产业创新的影响也会因资本属性不同而有所差异，为此分别从全国层面和省域层面对不同资本属性高新技术产业创新进行计量分析。

1. 全国层面资本属性差异性分析

我们分别对全国内资、国有及国有控股以及外资（含港澳台）高新技术产业创新进行时间序列计量模型参数估计，结果如表 7-18 所示。

表 7-18 全国不同资本属性高新技术产业创新时间序列计量
模型参数估计结果统计表

（一）专利申请数量			
变量名称	内资	国有及国有控股	外资（含港澳台）
常数项（C）	25.6585**	45.6501***	−12.0845***
创新活动资本要素存量（$IAK1_t$）	−0.5441	1.2915*	0.3422***
创新活动劳动要素投入（IAL_t）	0.2583	1.6399***	0.8514***
经济增长不确定性（EGU_t）	0.2465	−0.1969	−0.1080***
经济政策不确定性（EPU_t）	0.7446**	1.5659**	−0.6419***
金融发展规模（FDS_t）	0.5313	0.5640	−0.3560***
金融发展效率（FDE_t）	12.9119*	24.2134***	−0.0932
金融市场化（FIL_t）	0.2133	0.1148	−0.1647***
经济发展水平（GDP_t）	−5.6766***	−16.4066***	2.4591***
经济基础设施水平（INF_t）	2.7191*	9.3636***	−1.5714***
工业化水平（IND_t）	7.8421	28.2207*	−1.0789

续表

(一)专利申请数量			
变量名称	内资	国有及国有控股	外资(含港澳台)
对外开放程度(OPE_t)	-0.0786	1.1926	-1.2070***
教育发展水平(EDU_t)	-8.6834	-37.3757	98.7516***
城镇化发展水平(URB_t)	32.7142**	41.2871**	-0.5851
R-squared	0.9933	0.9555	0.9991
Adjusted R-squared	0.9809	0.8730	0.9973
(二)新产品销售收入			
变量名称	内资	国有及国有控股	外资(含港澳台)
常数项(C)	-10.1493***	-2.6660	1.5868
创新活动资本要素存量($IAK2_t$)	-0.2623	0.9568***	-4.5967***
创新活动劳动要素投入(IAL_t)	1.5400***	1.8728***	3.7119***
经济增长不确定性(EGU_t)	-0.0249	-0.0110	0.1828***
经济政策不确定性(EPU_t)	0.5122***	-0.1731	-0.0047
金融发展规模(FDS_t)	-0.1918	-0.0462	-0.0380
金融发展效率(FDE_t)	-6.2513***	-2.9033	6.9567***
金融市场化(FIL_t)	0.0631	-0.0179	-0.0097
经济发展水平(GDP_t)	3.7026***	1.1953***	-0.2250
经济基础设施水平(INF_t)	-3.0976***	-2.4783***	1.5711***
工业化水平(IND_t)	-6.5654**	4.6700***	-24.9327***
对外开放程度(OPE_t)	-0.3453	-1.2117	0.0310
教育发展水平(EDU_t)	1.2415	-21.7232	338.2963***
城镇化发展水平(URB_t)	6.6425	13.1243***	14.1452*
R-squared	0.9994	0.9966	0.9804
Adjusted R-squared	0.9984	0.9902	0.9439

注：*表示在0.1水平上显著，**表示在0.05水平上显著，***表示在0.01水平上显著。

从表7-18的统计结果来看，以高新技术产业专利申请数量为被解释变量的内资、国有及国有控股以及外资（含港澳台）高新技术产业创新时间序列计量模型 Adjusted R-squared 分别是 0.9809、0.8730、0.9973，这表明在该时间序列计量模型中各解释变量指标对全国内资、国有及国有控股以及外资（含港澳台）高新技术产业创新（专利申请数量）的解释程度分别达到了 98.09%、87.30%、99.73%，可以确定该时间序列计量模型的拟合效果良好；以高新技术产业新产品销售收入为被解释变量的内资、国有及国有控股以及外资（含港澳台）高新技术产业创新时间序列计量模型 Adjusted R-squared 分别是 0.9984、0.9902、0.9439，这表明在该时间序列计量模型中各解释变量指标对全国内资、国有及国有控股以及外资（含港澳台）高新技术产业创新（新产品销售收入）的解释程度分别达到了 99.84%、99.02%、94.39%，可以确定该时间序列计量模型的拟合效果良好。因此，全国经济不确定性、金融发展影响高新技术产业创新时间序列计量模型估计结果具有较高的可信性。

从经济不确定性变量指标的参数估计结果来看，经济增长不确定性因素仅对全国外资（含港澳台）高新技术产业专利申请数量存在显著的负向抑制作用，而对全国内资高新技术产业和国有及国有控股高新技术产业专利申请数量不存在显著影响；经济增长不确定性因素仅对全国外资（含港澳台）高新技术产业新产品销售收入存在显著的正向促进作用，而对全国内资高新技术产业和国有及国有控股高新技术产业新产品销售收入不存在显著影响。经济政策不确定性因素对全国内资高新技术产业和国有及国有控股高新技术产业专利申请数量存在显著的正向促进作用，而对全国外资（含港澳台）高新技术产业专利申请数量存在显著的负向抑制作用；经济政策不确定性因素仅对全国内资高新技术产业新产品销售收入存在显著的正向促进作用，而对全国国有及国有控股高新技术产业和外资（含港澳台）高新技术产业新产品销售收入不存在显著影响；从金融发展变量指标的参数估计结果来看，金融发展规模因素和金融市场化因素仅对全国外资（含港澳台）高新技术产业专利申请数量存在显著的负向抑制作用，而对全国内资高新技术产业和国有及国有控股高新技术产业专利申请数量不存在显著影响；金融发展效率因素对全国内资高新技术产业和国有及国有控股高新技术产业专利申请数量存在显著的正向促进作用，而对全国外资（含港澳台）高新技术产业专利申请数量不存在显著影响；金融发展规模因素和金融市场化因素对全国内资高新技术产业、国有及国有控股高新技术产业以及外资(含港澳台)高新技术产业新产品销售收入均不存在显著影响；金融发展效率因素对全国内资高新技术产业新产品销售收入存在显著的负向抑制作用，对全国外资(含港澳台)高新技术产业新产品销售收入存在显著的正向促进作用，对全国国有及国有控股高新技术产业新产品销售收入则不存在显著影响。

从影响全国高新技术产业创新的其他变量指标来看，高新技术产业创新活动资本要素存量和劳动要素投入对全国内资高新技术产业专利申请数量不存在显著影响，而对全国国有及国有控股高新技术产业以及外资(含港澳台)高新技术产业专利申请数量存在显著的正向促进作用。高新技术产业创新活动资本要素存量对全国内资高新技术产业新产品销售收入不存在显著影响，对全国国有及国有控股高新技术产业新产品销售收入存在显著的正向促进作用，对全国外资(含港澳台)高新技术产业新产品销售收入则存在显著的负向抑制作用；高新技术产业创新活动劳动要素投入对全国内资高新技术产业、国有及国有控股高新技术产业以及外资(含港澳台)高新技术产业新产品销售收入均存在显著的正向促进作用。在影响高新技术产业创新的控制变量指标中，经济发展水平对全国内资高新技术产业和国有及国有控股高新技术产业专利申请数量存在显著的负向抑制作用，而对全国外资(含港澳台)高新技术产业专利申请数量则存在显著的正向促进作用；经济发展水平对全国内资高新技术产业和国有及国有控股高新技术产业新产品销售收入存在显著的正向促进作用，而对全国外资(含港澳台)高新技术产业新产品销售收入则不存在显著影响。经济基础设施水平对全国内资高新技术产业和国有及国有控股高新技术产业专利申请数量存在显著的正向促进作用，而对全国外资(含港澳台)高新技术产业专利申请数量则存在显著的负向抑制作用；经济基础设施水平对全国内资高新技术产业、国有及国有控股高新技术产业以及外资(含港澳台)高新技术产业新产品销售收入的影响效果与其专利申请数量恰好相反。工业化水平对全国国有及国有控股高新技术产业专利申请数量存在显著的正向促进作用，而对全国内资高新技术产业和外资(含港澳台)高新技术产业专利申请数量不存在显著影响；工业化水平对全国内资高新技术产业和外资(含港澳台)高新技术产业存在显著的负向抑制作用，而对全国国有及国有控股高新技术产业专利申请数量存在显著的正向促进作用。对外开放程度对全国外资(含港澳台)高新技术产业专利申请数量存在显著的负向抑制作用,而对全国内资高新技术产业和国有及国有控股高新技术产业专利申请数量则不存在显著影响;对外开放程度对全国内资高新技术产业、国有及国有控股高新技术产业以及外资(含港澳台)高新技术产业新产品销售收入均不存在显著影响。教育发展水平对全国外资(含港澳台)高新技术产业专利申请数量和新产品销售收入均存在显著的正向促进作用,而对全国内资高新技术产业和国有及国有控股高新技术产业专利申请数量和新产品销售收入均不存在显著影响。城镇化发展水平对全国内资高新技术产业和国有及国有控股高新技术产业专利申请数量存在显著的正向促进作用,而对全国外资(含港澳台)高新技术产业专利申请数量则不存在显著影响;城镇化发展水平对全国国有及国有控股高新技术产业和外资(含港澳台)高新技术产业新产品销售收入存在显著的正向促进作用,而对全国内资高新技术产业新产品销售收入则不存在显著影响。

2. 省域层面资本属性差异性分析

对省域内资、国有及国有控股以及外资(含港澳台)高新技术产业创新面板序列计量模型类别选择进行检验,其检验结果如表 7-19 所示。

表 7-19　省域不同资本属性高新技术产业创新面板序列计量模型选择检验统计表

		检验类别	内资	国有及国有控股	外资(含港澳台)
专利申请数量	固定效应 or 混合效应	F Test	7.01***	11.70***	10.74***
	随机效应 or 混合效应	LM Test	58.16***	294.70***	232.18***
	固定效应 or 随机效应	Hausman Test	53.68***	32.05***	43.46***
	模型选择结果		固定效应	固定效应	固定效应
新产品销售收入	固定效应 or 混合效应	F Test	9.86***	6.60***	9.20***
	随机效应 or 混合效应	LM Test	115.51***	128.88***	211.68***
	固定效应 or 随机效应	Hausman Test	53.51***	15.10	20.95
	模型选择结果		固定效应	随机效应	随机效应

注:***表示在 0.01 水平上显著。

从表7-19省域不同资本属性高新技术产业创新面板序列计量模型选择检验结果来看，以高新技术产业专利申请数量为被解释变量的各省(市、自治区)内资高新技术产业、国有及国有控股高新技术产业以及外资(含港澳台)高新技术产业的创新适用固定效应面板序列计量模型；以高新技术产业新产品销售收入为被解释变量的各省(市、自治区)内资高新技术产业的创新适用固定效应面板序列计量模型，而国有及国有控股高新技术产业以及外资(含港澳台)高新技术产业的创新适用随机效应面板序列计量模型。现分别对各省(市、自治区)内资高新技术产业、国有及国有控股高新技术产业和外资(含港澳台)高新技术产业创新面板序列计量模型进行参数估计，结果如表7-20所示。

表7-20　省域不同资本属性高新技术产业创新面板序列计量
模型参数估计结果统计表

(一)专利申请数量			
变量名称	内资	国有及国有控股	外资(含港澳台)
常数项(C)	-9.5433***	-4.4014*	-2.0761
创新活动资本要素存量($AK1_{it}$)	0.0927	0.4957***	0.4126***
创新活动劳动要素投入(AL_{it})	0.7050***	0.3323***	0.0441
经济增长不确定性(EGU_{it})	-0.0360*	-0.0501**	-0.0575*
经济政策不确定性(EPU_{it})	-0.0981	0.0122	-0.0094
金融发展规模(FDS_{it})	-0.0143	0.0521	-0.0386
金融发展效率(FDE_{it})	-0.4049	-0.4384	1.3671*
金融市场化(FIL_{it})	0.0076	-0.0303*	0.0053
经济发展水平(GDP_{it})	1.1969***	0.8640**	0.7129*
经济基础设施水平(INF_{it})	0.0616	-0.2053	-0.0441
工业化水平(IND_{it})	-2.5472***	-1.1576***	-1.3462
对外开放程度(OPE_{it})	2.6186***	2.8294***	2.7741**
教育发展水平(EDU_{it})	-51.5270**	-79.1254***	0.0299*
城镇化发展水平(URB_{it})	-0.2626	2.5380	-2.3313
sigma_u	1.0867	0.8807	1.3250

续表

（一）专利申请数量			
变量名称	内资	国有及国有控股	外资（含港澳台）
sigma_e	0.4117	0.5299	0.7639
rho	0.8745	0.7342	0.7505
corr(u_i，Xb)	−0.7793	−0.4769	0.0078
F Test	122.68***	34.79***	13.57***
（二）新产品销售收入			
变量名称	内资	国有及国有控股	外资（含港澳台）
常数项（C）	6.7503**	4.5817*	4.3038*
创新活动资本要素存量（$IAK2_{it}$）	0.6257***	0.7318***	1.1141***
创新活动劳动要素投入（IAL_{it}）	1.5704***	0.5984***	0.3569***
经济增长不确定性（EGU_{it}）	−0.0405*	−0.0020	0.0279
经济政策不确定性（EPU_{it}）	0.0544	0.2192	0.3020*
金融发展规模（FDS_{it}）	−0.0685	0.0019	0.2087*
金融发展效率（FDE_{it}）	−0.3777	−1.0768	0.8989
金融市场化（FIL_{it}）	−0.0449**	−0.0075	0.0233
经济发展水平（GDP_{it}）	−0.9361**	−1.0014**	−0.2856
经济基础设施水平（INF_{it}）	0.4097*	0.8168***	−0.1599
工业化水平（IND_{it}）	−4.6934***	−0.0888	1.4182**
对外开放程度（OPE_{it}）	0.7094	0.4419	0.3179
教育发展水平（EDU_{it}）	−69.3208**	47.4443	42.6391*
城镇化发展水平（URB_{it}）	3.3862*	−1.7016	−4.8049**
sigma_u	1.4166	0.5252	0.7776
sigma_e	0.6118	0.7250	0.9381
rho	0.8431	0.3442	0.4072
corr(u_i，Xb)	−0.7854	0.0000	0.0000
F Test/ Wald chi2	75.48***	793.66***	795.76***

注：*表示在0.1水平上显著，**表示在0.05水平上显著，***表示在0.01水平上显著。

　　从表 7-20 省域不同资本属性高新技术产业创新面板序列计量模型参数估计结果来看，各省（市、自治区）以高新技术产业专利申请数量为被解释变量的内资高新技术产业、国有及国有控股高新技术产业和外资（含港澳台）高新技术产业创新面板序列计量模型 F 检验统计量分别是 122.68、34.79、13.57，三者在 0.01 的水平上都是显著的，可以确定该面板序列计量模型的拟合效果良好；各省（市、自治区）以高新技术产业新产品销售收入为被解释变量的内资高新技术产业、国有及国有控股高新技术产业和外资（含港澳台）高新技术产业创新面板序列计量模型 F（或 Wald chi2）检验统计量分别是 75.48、793.66、795.76，三者在 0.01 的水平上都是显著的，可以确定该面板序列计量模型的拟合效果良好。因此，省域经济不确定性、金融发展影响高新技术产业创新面板序列计量模型对各省（市、自治区）不同资本属性的高新技术产业创新特征的描述较为准确，其参数估计结果具有较高的可信性。

　　从经济不确定性和金融发展变量指标的参数估计结果来看，经济增长不确定性因素对各省（市、自治区）内资高新技术产业、国有及国有控股高新技术产业以及外资（含港澳台）高新技术产业专利申请数量均存在显著的负向抑制作用，而经济政策不确定性因素则对其均不存在显著影响；经济增长不确定性因素仅对各省（市、自治区）内资高新技术产业新产品销售收入存在显著的负向抑制作用，经济政策不确定性因素仅对各省（市、自治区）国有及国有控股高新技术产业和外资（含港澳台）高新技术产业新产品销售收入存在显著的正向促进作用。金融发展规模因素对各省（市、自治区）内资高新技术产业、国有及国有控股高新技术产业以及外资（含港澳台）高新技术产业专利申请数量均不存在显著影响，金融发展效率因素仅对各省（市、自治区）外资（含港澳台）高新技术产业专利申请数量存在显著的正向促进作用，金融市场化因素仅对各省（市、自治区）国有及国有控股高新技术产业专利申请数量存在显著的负向抑制作用；金融发展规模因素仅对各省（市、自治区）外资（含港澳台）高新技术产业新产品销售收入存在显著的正向促进作用，金融发展效率因素对各省（市、自治区）内资高新技术产业、国有及国有控股高新技术产业以及外资（含港澳台）高新技术产业新产品销售收入均不存在显著影响，金融市场化因素仅对各省（市、自治区）内资高新技术产业新产品销售收入存在显著的负向抑制作用。

从影响全国高新技术产业创新的其他变量指标来看，高新技术产业创新活动资本要素存量对各省(市、自治区)国有及国有控股高新技术产业和外资(含港澳台)高新技术产业专利申请数量存在显著的正向促进作用，高新技术产业劳动要素投入对各省(市、自治区)内资高新技术产业和国有及国有控股高新技术产业专利申请数量存在显著的正向促进作用。高新技术产业创新活动资本要素存量和劳动要素投入对各省(市、自治区)内资高新技术产业、国有及国有控股高新技术产业以及外资(含港澳台)高新技术产业新产品销售收入均存在显著的正向促进作用。在影响高新技术产业创新的控制变量指标中，经济发展水平和对外开放程度对各省(市、自治区)内资高新技术产业、国有及国有控股高新技术产业以及外资(含港澳台)高新技术产业专利申请数量均存在显著的正向促进作用；经济基础设施水平和城镇化发展水平对各省(市、自治区)内资高新技术产业、国有及国有控股高新技术产业以及外资(含港澳台)高新技术产业专利申请数量均不存在显著影响；工业化水平对各省(市、自治区)内资高新技术产业和国有及国有控股高新技术产业专利申请数量存在显著的负向抑制作用；教育发展水平对各省(市、自治区)内资高新技术产业和国有及国有控股高新技术产业专利申请数量存在显著的负向抑制作用，而对各省(市、自治区)外资(含港澳台)高新技术产业专利申请数量则存在显著的正向促进作用。经济发展水平仅对各省(市、自治区)内资高新技术产业和国有及国有控股高新技术产业新产品销售收入存在显著的负向抑制作用；经济基础设施水平仅对各省(市、自治区)内资高新技术产业和国有及国有控股高新技术产业新产品销售收入存在显著的正向促进作用；工业化水平和教育发展水平仅对各省(市、自治区)内资高新技术产业新产品销售收入存在显著的负向抑制作用，仅对各省(市、自治区)外资(含港澳台)高新技术产业新产品销售收入存在显著的正向促进作用；对外开放程度对各省(市、自治区)内资高新技术产业、国有及国有控股高新技术产业以及外资(含港澳台)高新技术产业新产品销售收入均不存在显著影响；城镇化发展水平仅对各省(市、自治区)内资高新技术产业新产品销售收入存在显著的正向促进作用，仅对各省(市、自治区)外资(含港澳台)高新技术产业新产品销售收入存在显著的负向抑制作用。

7.3.4 经济不确定性、金融发展影响高新技术产业创新的区域差异性分析

对东部地区、中部地区和西部地区高新技术产业创新面板序列计量模型类别选择进行检验，其检验结果如表 7-21 所示。

表 7-21　省域分区域高新技术产业创新面板序列计量模型选择检验统计表

		检验类别	东部地区	中部地区	西部地区
专利申请数量	固定效应 or 混合效应	F Test	12.21***	4.49***	6.46***
	随机效应 or 混合效应	LM Test	0.00	0.00	0.00
	固定效应 or 随机效应	Hausman Test	77.06***	30.99***	41.38***
	模型选择结果		固定效应	固定效应	固定效应
新产品销售收入	固定效应 or 混合效应	F Test	14.29***	2.25**	7.20***
	随机效应 or 混合效应	LM Test	0.00	0.00	0.00
	固定效应 or 随机效应	Hausman Test	97.36***	17.02**	44.89***
	模型选择结果		固定效应	固定效应	固定效应

注：** 表示在 0.05 水平上显著，*** 表示在 0.01 水平上显著。

从表 7-21 的检验结果来看，无论是以高新技术产业专利申请数量为被解释变量，还是以高新技术产业新产品销售收入为被解释变量，东部地区高新技术产业、中部地区高新技术产业以及西部地区高新技术产业的创新均适用固定效应面板序列计量模型。现分别对东部地区高新技术产业、中部地区高新技术产业以及西部地区高新技术产业创新面板序列计量模型进行参数估计，结果如表 7-22 所示。

表 7-22　省域分区域高新技术产业创新面板序列计量模型参数估计结果统计表

(一) 专利申请数量			
变量名称	东部地区	中部地区	西部地区
常数项(C)	-16.2012***	-12.1547***	-6.8946***

续表

（一）专利申请数量			
变量名称	东部地区	中部地区	西部地区
创新活动资本要素存量（$IAK1_{it}$）	-0.4448***	0.3602***	0.2124**
创新活动劳动要素投入（IAL_{it}）	0.3112***	0.2076*	0.4035***
经济增长不确定性（EGU_{it}）	0.0518*	-0.0890*	0.0957*
经济政策不确定性（EPU_{it}）	-0.0867	-0.0617	0.1074
金融发展规模（FDS_{it}）	0.0044	-0.1393	0.5985***
金融发展效率（FDE_{it}）	-2.6803***	-1.2453*	1.8269*
金融市场化（FIL_{it}）	0.0285*	-0.0559*	0.0642**
经济发展水平（GDP_{it}）	1.9763***	1.3301**	1.0834**
经济基础设施水平（INF_{it}）	0.3981*	0.3869	-0.4063
工业化水平（IND_{it}）	0.2828	0.9488*	0.2011
对外开放程度（OPE_{it}）	1.4432***	6.5538*	3.1913
教育发展水平（EDU_{it}）	56.0631***	-43.2004*	6.6355
城镇化发展水平（URB_{it}）	-1.0734	3.5717*	-1.5908
sigma_u	0.6819	0.4944	1.0261
sigma_e	0.4656	0.6227	0.6545
rho	0.6820	0.3866	0.7108
corr(u_i, Xb)	-0.4303	0.0483	-0.4737
F Test	221.40***	121.94***	66.69***
（二）新产品销售收入			
变量名称	东部地区	中部地区	西部地区
常数项（C）	8.4718***	-2.3970	2.2949
创新活动资本要素存量（$IAK2_{it}$）	1.2981***	0.7213***	0.6644***
创新活动劳动要素投入（IAL_{it}）	0.8273***	0.5862***	0.2689*
经济增长不确定性（EGU_{it}）	-0.0839***	0.0992*	-0.0128
经济政策不确定性（EPU_{it}）	-0.0740	-0.1017	-0.0921
金融发展规模（FDS_{it}）	0.1053***	-0.0022	-0.6731***

续表

(二)新产品销售收入			
变量名称	东部地区	中部地区	西部地区
金融发展效率（FDE_{it}）	2.1169**	−0.5720	−1.6563*
金融市场化（FIL_{it}）	−0.0374***	0.1109***	0.0975***
经济发展水平（GDP_{it}）	−1.0853***	0.3358	−0.5831
经济基础设施水平（INF_{it}）	−0.2423	−0.1698	0.7202*
工业化水平（IND_{it}）	1.3214***	1.4659***	−0.5891***
对外开放程度（OPE_{it}）	−1.3508**	−5.1011*	−4.1555
教育发展水平（EDU_{it}）	13.1251	−36.5325*	−46.0184*
城镇化发展水平（URB_{it}）	0.0681	0.7051	3.3167*
sigma_u	0.9651	0.4698	1.2343
sigma_e	0.4511	0.6198	0.7621
rho	0.8207	0.3649	0.7240
corr(u_i, Xb)	−0.4518	−0.5372	−0.0136
F Test	116.32***	111.34***	46.25***

注：*表示在0.1水平上显著，**表示在0.05水平上显著，***表示在0.01水平上显著。

从表7-22的统计结果来看，以高新技术产业专利申请数量为被解释变量的东部地区高新技术产业、中部地区高新技术产业和西部地区高新技术产业创新面板序列计量模型F检验统计量分别是221.40、121.94、66.69，三者在0.01的水平上都是显著的，可以确定该面板序列计量模型的拟合效果良好；以高新技术产业新产品销售收入为被解释变量的东部地区高新技术产业、中部地区高新技术产业和西部地区高新技术产业创新面板序列计量模型F检验统计量分别是116.32、111.34、46.25，三者在0.01的水平上都是显著的，可以确定该面板序列计量模型的拟合效果良好。因此，省域经济不确定性、金融发展影响高新技术产业创新面板序列计量模型对不同地区的高新技术产业创新特征的描述较为准确，其参数估计结果具有较高的可信性。

从经济不确定性和金融发展变量指标的参数估计结果来看，经济增长不确定性因素对东部地区高新技术产业和西部地区高新技术产业专利申请数量存在显著的正向促进作用，而对中部地区高新技术产业专利申请数量则存在显著的负向抑制作用；经济增长不确定性因素对东部地区高新技术产业新产品销售收入存在显著的负向抑制作用，对中部地区高新技术产业新产品销售收入存在显著的正向促进作用，对西部地区高新技术产业新产品销售收入则不存在显著影响。经济政策不确定性因素对东部地区高新技术产业、中部地区高新技术产业和西部地区高新技术产业专利申请数量和新产品销售收入均不存在显著影响。金融发展效率因素仅对西部地区高新技术产业专利申请数量存在显著的正向促进作用，仅对东部地区高新技术产业新产品销售收入存在显著的正向促进作用，仅对西部地区高新技术产业新产品销售收入存在显著的负向抑制作用。金融发展效率因素对东部地区高新技术产业和中部地区高新技术产业专利申请数量存在显著的负向抑制作用，对东部地区高新技术产业新产品销售收入存在显著的正向促进作用，对西部地区高新技术产业新产品销售收入存在显著的负向抑制作用。金融市场化因素对东部地区高新技术产业和西部地区高新技术产业专利申请数量存在显著的正向促进作用，对中部地区高新技术产业专利申请数量存在显著的负向抑制作用，对东部地区高新技术产业新产品销售收入存在显著的负向抑制作用，对中部地区高新技术产业和西部地区高新技术产业新产品销售收入存在显著的正向促进作用。

从影响全国高新技术产业创新的其他变量指标来看，高新技术产业创新活动资本要素存量对东部地区高新技术产业专利申请数量存在显著的负向抑制作用，对中部地区高新技术产业和西部地区高新技术产业专利申请数量存在显著的正向促进作用；高新技术产业创新活动劳动要素投入对东部地区高新技术产业、中部地区高新技术产业和西部地区高新技术产业专利申请数量均存在显著的正向促进作用。高新技术产业创新活动资本要素存量和劳动要素投入对东部地区高新技术产业、中部地区高新技术产业和西部地区高新技术产业新产品销售收入均存在显著的正向促进作用。在影响高新技术产业创新的控制变量指标中，经济发展水平对东部地区高新技术产业、中部地区高新技术产业和西部地区高新技术产业专利申请数量均存在显著的正向促进作用；经济基础设施水平仅对东部地区高新技术产业专利申请数量存在显著的正向促进作用；工业化水平和城镇化发展水平仅对中部地区高新技术产业专利申请数量存在显著的正向促进作用；对外开放程度仅对东部地区高新技术产业和中部地区高新技术产业专利申请数量存在显著的正向促进作用；教育发展水平仅对东部地区高新技术产业专利申请数量存在显著的正向促进作用，仅对中部地区高新技术产业专利申请数量存在显著的负向抑制作用。经济发展水平仅对东部地区高新技术产业新产品销售收入存在显著的负向抑制作用；经济基础设施水平和城镇化发展水平仅对西部地区高新技术产业新产品销售收入存在显著的正向促进作用；工业化水平对东部地区高新技术产业和中部地区高新技术产业新产品销售收入存在显著的正向促进作用，对西部地区高新技术产业新产品销售收入存在显著的负向抑制作用；对外开放程度仅对东部地区高新技术产业和中部地区高新技术产业新产品销售收入存在显著的负向抑制作用；教育发展水平仅对中部地区高新技术产业和西部地区高新技术产业新产品销售收入存在显著的负向抑制作用。

7.4 经济不确定性、金融发展影响高新技术产业投资的实证分析

7.4.1 全国经济不确定性、金融发展对高新技术产业投资影响的实证检验

我们首先对全国经济不确定性、金融发展影响高新技术产业投资的变量指标进行平稳性检验，检验结果如表 7-23 所示。

表 7-23　全国经济不确定性、金融发展影响高新技术产业投资时间序列计量模型

变量指标平稳性检验结果统计表（部分）

变量名称	检验选项	ADF 检验	PP 检验
高新技术产业投资（INV_t）	C	-2.1074	-3.1283^{**}
	T&C	-1.0008	-0.5574
	None	1.0791	5.5006

续表

变量名称	检验选项	ADF 检验	PP 检验
高新技术产业投资 INV_t （一阶差分）	C	−5.0039***	−5.3449***
	T&C	−2.9125	−2.9125
	None	−1.1204	−1.1090

注：** 表示在 0.05 水平上显著，*** 表示在 0.01 水平上显著。

根据表 7-23 的检验结果，在 Augmented Dickey-Fuller Test 和 Phillips-Perron Test 检验原则下，全国高新技术产业投资（INV_t）存在单位根，但其一阶差分不存在单位根，属于平稳时间序列。在此基础上，对全国经济不确定性、金融发展影响高新技术产业投资时间序列计量模型进行参数估计，结果如表 7-24 所示。

表 7-24 全国经济不确定性、金融发展影响高新技术产业投资时间序列计量模型参数估计结果统计表

变量名称	回归系数	标准误差
常数项（C）	4.6669***	0.2175
高新技术产业投资（INV_{t-1}）	0.6423***	0.0204
经济增长不确定性（EGU_t）	0.0247	0.1186
经济政策不确定性（EPU_t）	0.3199***	0.1175
金融发展规模（FDS_t）	0.1334*	0.0792
金融发展效率（FDE_t）	3.7805**	1.5413
金融市场化（FIL_t）	−0.0100	0.0923
经济发展水平（GDP_t）	−2.7932***	0.0000
经济基础设施水平（INF_t）	1.8706***	0.0000
工业化水平（IND_t）	12.3543***	0.3159
对外开放程度（OPE_t）	−0.3710	0.3414
教育发展水平（EDU_t）	−41.7080	57.0570

变量名称	回归系数	标准误差
城镇化发展水平（URB_t）	16.0203 ***	0.0156
R-squared	0.9993	
Adjusted R-squared	0.9981	

注：* 表示在 0.1 水平上显著，** 表示在 0.05 水平上显著，*** 表示在 0.01 水平上显著。

从表 7-24 的统计结果来看，其 R-squared 是 0.9993，Adjusted R-squared 是 0.9981，这表明在该时间序列计量模型中各解释变量指标对全国高新技术产业投资的解释程度达到了 99.81%，可以确定该时间序列计量模型的拟合效果良好。因此，全国经济不确定性、金融发展影响高新技术产业投资时间序列计量模型可以对全国高新技术产业投资的特征进行较为准确的描述，其估计结果也具有较高的可信性。

从经济不确定性变量指标的参数估计结果来看，经济增长不确定性因素对全国高新技术产业投资不存在显著影响，而经济政策不确定性因素则对全国高新技术产业投资存在显著的正向促进作用。随着全国经济发展水平的提升，工业制造业在经济发展中的重要性不断凸显，特别是以高新技术产业为核心的高端工业制造业关乎国民经济的长远稳定发展。随着国家经济政策不断向高新技术产业领域倾斜，高新技术产业投资规模也不断上升，这就使得短期的经济增长不确定性扰动因素对高新技术产业投资的影响程度逐步降低，而经济政策不确定性因素对其影响程度逐步上升，特别是经济政策的波动往往预示着新的高新技术产业投资领域和投资机会，从而使得经济政策不确定性因素对高新技术产业投资的引领作用逐步显现。从金融发展变量指标的参数估计结果来看，金融发展规模因素、金融发展效率因素对全国高新技术产业投资存在显著的正向促进作用，而金融市场化因素则对全国高新技术产业投资不存在显著的影响。随着金融发展规模水平的提升，意味着存在更多的金融资源向高新技术产业投资领域倾斜，而金融发展效率水平的提升，则意味着高新技术产业融资成本的降低，也有利于高新技术产业整体投资水平的提升。

从影响全国高新技术产业投资的其他变量指标来看，高新技术产业上一期的投资规模对全国高新技术产业当期投资规模存在显著的正向促进作用，这表明高新技术产业投资活动具有一定的持续性。在影响高新技术产业投资的控制变量指标中，经济基础设施水平、工业化水平以及城镇化发展水平对全国高新技术产业投资都存在显著的正向促进作用，经济发展水平对全国高新技术产业投资存在显著的负向抑制作用，而对外开放程度以及教育发展水平对全国高新技术产业投资则不存在显著影响。经济发展水平、经济基础设施水平、工业化水平以及城镇化发展水平是高新技术产业投资依赖的基础条件，强化它们和高新技术产业投资之间的协同性对于高新技术产业创新增长具有重要意义。

7.4.2 省域经济不确定性、金融发展对高新技术产业投资影响的实证检验

我们首先对省域经济不确定性、金融发展影响高新技术产业投资的变量指标进行平稳性检验，检验结果如表7-25所示。

表 7-25 省域经济不确定性、金融发展影响高新技术产业投资面板序列计量模型
变量指标平稳性检验结果统计表（部分）

变量名称	检验选项	LLC 检验	IPS 检验	ADF 检验	PP 检验
高新技术产业投资（INV_{it}）	C	−8.3638***	−1.1113	79.7440**	258.8250***
	T&C	−0.3993	0.8259	70.0724	63.5143
	None	10.9238		6.9484	2.7800
高新技术产业投资（INV_{it}）（一阶差分）	C	−8.7700***	−8.1339***	182.7550***	336.270***
	T&C	−6.3693***	−6.3511***	145.4710***	313.9570***
	None	−10.1875***		216.7010***	329.0840***

注：** 表示在 0.05 水平上显著，*** 表示在 0.01 水平上显著。

根据表 7-25 的检验结果，在 Levin Lin Chu Test、Im Pesaran Shin Test、ADF-

Fisher Test 和 PP-Fisher Test 检验原则下，省域高新技术产业投资 INV_{it} 存在单位根，但其一阶差分不存在单位根，属于平稳时间序列。在此基础上，对省域经济不确定性、金融发展影响高新技术产业投资面板序列计量模型进行参数估计，其固定效应参数估计结果如表 7-26 所示。

表 7-26　省域经济不确定性、金融发展影响高新技术产业投资面板序列
计量模型固定效应参数估计结果统计表

变量名称	回归系数	标准误差
常数项（C）	-1.3565^{***}	0.2666
高新技术产业投资（INV_{it-1}）	0.7983^{***}	0.0320
经济增长不确定性（EGU_{it}）	-0.0108^{*}	0.0075
经济政策不确定性（EPU_{it}）	-0.0019	0.0396
金融发展规模（FDS_{it}）	-0.0360^{***}	0.0063
金融发展效率（FDE_{it}）	0.4516^{***}	0.1658
金融市场化（FIL_{it}）	-0.0001	0.0039
经济发展水平（GDP_{it}）	0.2540^{***}	0.0578
经济基础设施水平（INF_{it}）	-0.0159	0.0839
工业化水平（IND_{it}）	0.1151^{*}	0.0817
对外开放程度（OPE_{it}）	0.1814	0.1830
教育发展水平（EDU_{it}）	6.8399^{**}	3.1510
城镇化发展水平（URB_{it}）	-0.0250	0.2373
sigma_u	0.2645	
sigma_e	0.3182	
rho	0.4087	
corr(u_i, Xb)	0.1776	
F Test	837.64^{***}	

注：*表示在 0.1 水平上显著，**表示在 0.05 水平上显著，***表示在 0.01 水平上显著。

从表7-26省域经济不确定性、金融发展影响高新技术产业投资面板序列计量模型固定效应参数估计结果来看，其 sigma_u 是 0.2645，sigma_e 是 0.3182，rho 是 0.4087，表明该面板序列计量模型符合扰动项的方差约41%来源于个体效应的变动；其 corr(u_i，Xb) 是 0.1776，F Test 是 837.64，可以确定该面板序列计量模型的拟合效果良好。因此，省域经济不确定性、金融发展影响高新技术产业投资面板序列计量模型可以实现对各省(市、自治区)高新技术产业投资特征的准确描述，其估计结果也具有较高的可信性。

从经济不确定性和金融发展变量指标的参数估计结果来看，经济增长不确定性因素对各省(市、自治区)高新技术产业投资存在显著的负向抑制作用，而经济政策不确定性因素则对各省(市、自治区)高新技术产业投资不存在显著影响；金融发展规模因素对各省(市、自治区)高新技术产业投资存在显著的负向抑制作用，金融发展效率因素对各省(市、自治区)高新技术产业投资存在显著的正向促进作用，而金融市场化因素对各省(市、自治区)高新技术产业投资不存在显著影响。经济增长不确定性的波动会对高新技术产业的投资收益产生影响，随着经济不确定性程度的提升，高新技术产业投资规模随之减缓或降低。金融发展规模的提升，意味着可支配的金融资源规模的扩大，理论上来讲应该有利于促进高新技术产业的投资，然而各省(市、自治区)高新技术产业投资的实证数据恰恰得出了相反的结论，这表明各省(市、自治区)并没有随着金融发展规模的提升而向高新技术产业投资领域进行金融资源的倾斜。金融发展效率的提升有效地降低了各省(市、自治区)高新技术产业投资的融资成本，对于促进各省(市、自治区)高新技术产业投资规模的扩张具有积极意义。

从影响省域高新技术产业投资的其他变量指标来看，仅经济发展水平、工业化水平以及教育发展水平对各省(市、自治区)高新技术产业投资存在显著的正向促进作用，而经济基础设施水平、对外开放程度以及城镇化发展水平对各省(市、自治区)高新技术产业投资不存在显著影响。这表明各省(市、自治区)提升其经济发展水平、提高工业制造业在当地经济发展中的比重以及大力发展教育事业特别是高等教育事业对于促进当地高新技术产业投资规模的扩张具有非常重要的意义。

7.4.3 经济不确定性、金融发展影响高新技术产业投资的资本属性差异性分析

类似地，经济不确定性、金融发展对高新技术产业投资的影响也会因资本属性不同而有所差异，为此我们分别从全国层面和省域层面对不同资本属性高新技术产业投资进行计量分析。

1. 全国层面资本属性差异性分析

我们分别对全国内资、国有及国有控股以及外资（含港澳台）高新技术产业投资进行时间序列计量模型参数估计，结果如表 7-27 所示。

表 7-27 全国不同资本属性高新技术产业投资时间序列计量模型

参数估计结果统计表

变量名称	内资	国有及国有控股	外资（含港澳台）
常数项（C）	−8.4353***	−28.1842***	12.9542***
高新技术产业投资（INV_{t-1}）	0.3665***	−0.1294***	0.1708*
经济增长不确定性（EGU_t）	−0.0965***	−0.2504*	0.1720***
经济政策不确定性（EPU_t）	−0.1360**	−2.3956***	0.7521***
金融发展规模（FDS_t）	−0.2397***	−0.5892*	0.4498**
金融发展效率（FDE_t）	3.8466***	−36.5558***	−2.0340
金融市场化（FIL_t）	−0.1467***	0.4978**	0.1946**
经济发展水平（GDP_t）	−1.3138***	18.6372***	−1.2993***
经济基础设施水平（INF_t）	2.6112***	−20.6990***	−1.1912***
工业化水平（IND_t）	6.7715***	5.4916	10.3001***
对外开放程度（OPE_t）	−0.0397**	−4.6232***	−0.0425
教育发展水平（EDU_t）	65.9684***	−282.7700***	−146.2919**
城镇化发展水平（URB_t）	2.7708*	75.6229***	28.9455***

变量名称	内资	国有及国有控股	外资(含港澳台)
R-squared	0.9992	0.9848	0.9966
Adjusted R-squared	0.9979	0.9586	0.9908

注：＊表示在 0.1 水平上显著，＊＊表示在 0.05 水平上显著，＊＊＊表示在 0.01 水平上显著。

从表 7-27 的统计结果来看，内资、国有及国有控股以及外资(含港澳台)高新技术产业投资时间序列计量模型 Adjusted R-squared 分别是 0.9979、0.9586、0.9908，这表明在该时间序列计量模型中各解释变量指标对全国内资、国有及国有控股以及外资(含港澳台)高新技术产业投资的解释程度分别达到了 99.79%、95.86%、99.08%，可以确定该时间序列计量模型的拟合效果良好，该时间序列计量模型的估计结果的可信程度也比较高。

从经济不确定性变量指标的参数估计结果来看，经济增长不确定性因素和经济政策不确定性因素对全国内资高新技术产业和国有及国有控股高新技术产业投资均存在显著的负向抑制作用，而对全国外资(含港澳台)高新技术产业投资存在显著的正向促进作用。从金融发展变量指标的参数估计结果来看，金融发展规模因素对全国内资高新技术产业和国有及国有控股高新技术产业投资存在显著的负向抑制作用，而对全国外资(含港澳台)高新技术产业投资存在显著的正向促进作用；金融发展效率因素对全国内资高新技术产业投资存在显著的正向促进作用，对国有及国有控股高新技术产业投资存在显著的负向抑制作用，对全国外资(含港澳台)高新技术产业投资则不存在显著影响；金融市场化因素对全国内资高新技术产业投资存在显著的负向抑制作用，而对全国国有及国有控股高新技术产业和外资(含港澳台)高新技术产业投资存在显著的正向促进作用。

从影响全国高新技术产业投资的其他变量指标来看，高新技术产业上一期的投资规模对全国内资高新技术产业和外资(含港澳台)高新技术产业当期投资存在显著的正向促进作用，对全国国有及国有控股高新技术产业当期投资则存在显著的负向抑制作用。在影响高新技术产业投资的控制变量指标中，经济发展水平对全国内资高新技术产业和外资(含港澳台)高新技术产业投资存在显著的负向抑制作用,对全国国有及国有控股高新技术产业投资则存在显著的正向促进作用。经济基础设施水平和教育发展水平对全国内资高新技术产业投资存在显著的正向促进作用,而对全国国有及国有控股高新技术产业和外资(含港澳台)高新技术产业投资存在显著的负向抑制作用。工业化水平对全国内资高新技术产业和外资(含港澳台)高新技术产业投资存在显著的正向促进作用,对全国国有及国有控股高新技术产业投资则不存在显著影响。对外开放程度对全国内资高新技术产业和国有及国有控股高新技术产业投资存在显著的负向抑制作用,对全国外资(含港澳台)高新技术产业投资则不存在显著影响。城镇化发展水平对全国内资高新技术产业、国有及国有控股高新技术产业以及外资(含港澳台)高新技术产业投资均存在显著的正向促进作用。

2. 省域层面资本属性差异性分析

对省域内资、国有及国有控股以及外资(含港澳台)高新技术产业投资面板序列计量模型类别选择进行检验,其检验结果如表 7-28 所示。

表 7-28　省域不同资本属性高新技术产业投资面板序列计量
模型选择检验统计表

	检验类别	内资	国有及国有控股	外资(含港澳台)
固定效应 or 混合效应	F Test	3.09***	4.16***	2.52***
随机效应 or 混合效应	LM Test	0.00	0.00	0.00
固定效应 or 随机效应	Hausman Test	61.94***	91.43***	60.54***
模型选择结果		固定效应	固定效应	固定效应

注:***表示在 0.01 水平上显著。

从表 7-28 的检验结果来看,各省(市、自治区)内资高新技术产业、国有及国有控股高新技术产业以及外资(含港澳台)高新技术产业的投资均适用固定效应面板序列计量模型。我们分别对各省(市、自治区)内资高新技术产业、国有及国有控股高新技术产业和外资(含港澳台)高新技术产业投资面板序列计量模型进行参数估计，结果如表7-29所示。

表7-29 省域不同资本属性高新技术产业投资面板序列计量模型参数估计结果统计表

变量名称	内资	国有及国有控股	外资(含港澳台)
常数项(C)	−1.2266***	−4.1739***	−3.1213***
高新技术产业投资(INV_{it-1})	0.7542***	0.6146***	0.8255***
经济增长不确定性(EGU_{it})	−0.0177*	−0.1077***	0.0546*
经济政策不确定性(EPU_{it})	−0.0494	0.3480**	0.2182*
金融发展规模(FDS_{it})	−0.0262	0.1549**	−0.0691
金融发展效率(FDE_{it})	0.5034***	−0.5929	0.4192
金融市场化(FIL_{it})	0.0096*	0.0469***	−0.0008
经济发展水平(GDP_{it})	0.1964***	0.0028	0.3773*
经济基础设施水平(INF_{it})	0.0698	0.6116***	−0.1014
工业化水平(IND_{it})	0.3120***	−0.4125*	0.0684
对外开放程度(OPE_{it})	0.9063***	−2.5653***	1.1721*
教育发展水平(EDU_{it})	19.0498***	17.9955	26.9747*
城镇化发展水平(URB_{it})	−1.0245***	1.3972*	−0.1866
sigma_u	0.3308	2.0158	1.1078
sigma_e	0.2665	0.8050	0.8244
rho	0.6064	0.8624	0.6436
corr(u_i, Xb)	0.4081	−0.7988	0.1624
F Test	112.65***	87.83***	16.04***

注：*表示在0.1水平上显著，**表示在0.05水平上显著，***表示在0.01水平上显著。

从表7-29的统计结果来看，各省(市、自治区)内资高新技术产业、国有及国有控股高新技术产业和外资(含港澳台)高新技术产业投资面板序列计量模型F检验统计量分别是112.65、87.83、16.04，三者在0.01的水平上都是显著的，这表明省域经济不确定性、金融发展影响高新技术产业投资面板序列计量模型对各省(市、自治区)不同资本属性的高新技术产业投资特征的描述较为准确，其参数估计结果具有较高的可信性。

从经济不确定性和金融发展变量指标的参数估计结果来看，经济增长不确定性因素对各省(市、自治区)内资高新技术产业和国有及国有控股高新技术产业投资存在显著的负向抑制作用，对各省(市、自治区)外资(含港澳台)高新技术产业投资存在显著的正向促进作用；经济政策不确定性因素对各省(市、自治区)国有及国有控股高新技术产业和外资(含港澳台)高新技术产业投资存在显著的正向促进作用，而对各省(市、自治区)内资高新技术产业投资不存在显著影响。金融发展规模因素对各省(市、自治区)国有及国有控股高新技术产业投资存在显著的正向促进作用，而对各省(市、自治区)内资高新技术产业和外资(含港澳台)高新技术产业投资不存在显著影响；金融发展效率因素对各省(市、自治区)内资高新技术产业投资存在显著的正向促进作用，而对各省(市、自治区)国有及国有控股高新技术产业和外资(含港澳台)高新技术产业投资则不存在显著影响；金融市场化因素对各省(市、自治区)内资高新技术产业和国有及国有控股高新技术产业投资存在显著的正向促进作用，对各省(市、自治区)外资(含港澳台)高新技术产业投资则不存在显著影响。

从影响全国高新技术产业投资的其他变量指标来看，高新技术产业上一期的投资规模对各省(市、自治区)内资高新技术产业、国有及国有控股高新技术产业以及外资(含港澳台)高新技术产业当期投资均存在显著的正向促进作用。在影响高新技术产业投资的控制变量指标中，经济发展水平和教育发展水平对各省(市、自治区)内资高新技术产业和外资(含港澳台)高新技术产业投资均存在显著的正向促进作用，而对各省(市、自治区)国有及国有控股高新技术产业投资不存在显著影响。经济基础设施水平对各省(市、自治区)国有及国有控股高新技术产业投资存在显著的正向促进作用，而对各省(市、自治区)内资高新技术产业和外资(含港澳台)高新技术产业投资则不存在显著影响。工业化水平对各省(市、自治区)内资高新技术产业投资存在显著的正向促进作用,对各省(市、自治区)国有及国有控股高新技术产业投资存在显著的负向抑制作用,对各省(市、自治区)外资(含港澳台)高新技术产业投资则不存在显著影响。对外开放程度对各省(市、自治区)内资高新技术产业和外资(含港澳台)高新技术产业投资均存在显著的正向促进作用,而对各省(市、自治区)国有及国有控股高新技术产业投资则存在显著的负向抑制作用。城镇化发展水平对各省(市、自治区)内资高新技术产业、国有及国有控股高新技术产业和外资(含港澳台)高新技术产业投资的影响效果与对外开放程度恰好相反。

7.4.4　经济不确定性、金融发展影响高新技术产业投资的区域差异性分析

我们首先对东部地区、中部地区和西部地区高新技术产业投资面板序列计量模型类别选择进行检验,其检验结果如表 7-30 所示。

表 7-30　省域分区域高新技术产业投资面板序列计量
模型选择检验统计表

	检验类别	东部地区	中部地区	西部地区
固定效应 or 混合效应	F Test	4.29***	4.70***	3.74***
随机效应 or 混合效应	LM Test	0.00	0.00	0.00
固定效应 or 随机效应	Hausman Test	40.38***	31.92***	26.48***
模型选择结果		固定效应	固定效应	固定效应

注：＊＊＊表示在 0.01 水平上显著。

从表 7-30 省域分区高新技术产业投资面板序列计量模型选择检验结果来看,东部地区高新技术产业、中部地区高新技术产业以及西部地区高新技术产业的投资均适用固定效应面板序列计量模型。我们分别对东部地区高新技术产业、中部地区高新技术产业以及西部地区高新技术产业投资面板序列计量模型进行参数估计,结果如表 7-31 所示。

表 7-31 省域分区域高新技术产业投资面板序列计量模型

参数估计结果统计表

变量名称	东部地区	中部地区	西部地区
常数项（C）	−1.6449*	−3.2146***	−2.7510***
高新技术产业投资（INV_{it-1}）	0.5051***	0.6095***	0.7915***
经济增长不确定性（EGU_{it}）	−0.0010	−0.0053	0.0260
经济政策不确定性（EPU_{it}）	−0.0256	0.0353	0.0425
金融发展规模（FDS_{it}）	−0.0432***	−0.0227	−0.0065
金融发展效率（FDE_{it}）	0.7973***	0.5613*	0.4836
金融市场化（FIL_{it}）	0.0304***	−0.0167	−0.0360**
经济发展水平（GDP_{it}）	0.1108	0.4196*	0.6442**
经济基础设施水平（INF_{it}）	0.4231***	−0.0070	−0.3994*
工业化水平（IND_{it}）	−0.8472**	0.1108	0.1089
对外开放程度（OPE_{it}）	1.1218***	0.3063	−1.9950
教育发展水平（EDU_{it}）	−22.7133**	−1.8437	5.2300
城镇化发展水平（URB_{it}）	0.1354	2.8510***	2.0806**
sigma_u	0.2945	0.2943	0.4552
sigma_e	0.2733	0.2225	0.4214
rho	0.5372	0.6363	0.5385
corr(u_i, Xb)	0.1051	0.1406	0.3816
F Test	340.60***	633.36***	159.57***

注：*表示在 0.1 水平上显著，**表示在 0.05 水平上显著，***表示在 0.01 水平上显著。

从表 7-31 省域分区域高新技术产业投资面板序列计量模型参数估计结果来看，东部地区高新技术产业、中部地区高新技术产业以及西部地区高新技术产业投资面板序列计量模型 F 检验统计量分别是 340.60、633.36、159.57，三者在0.01 的水平上都是显著的，这表明省域经济不确定性、金融发展影响高新技术产业投资面板序列计量模型对不同地区的高新技术产业投资特征的描述较为准确，其参数估计结果也具有较高的可信性。

从经济不确定性和金融发展变量指标的参数估计结果来看，经济增长不确定性因素和经济政策不确定性因素对东部地区高新技术产业、中部地区高新技术产业和西部地区高新技术产业投资均不存在显著影响。金融发展规模因素仅对东部地区高新技术产业投资存在显著的负向抑制作用，而对中部地区高新技术产业和西部地区高新技术产业投资均不存在显著影响；金融发展效率因素对东部地区高新技术产业和中部地区高新技术产业投资存在显著的正向促进作用，而对西部地区高新技术产业投资不存在显著影响；金融市场化因素对东部地区高新技术产业投资存在显著的正向促进作用，对西部地区高新技术产业投资存在显著的负向抑制作用，对中部地区高新技术产业投资则不存在显著影响。

从影响全国高新技术产业创新的其他变量指标来看，高新技术产业上一期的投资规模对东部地区高新技术产业、中部地区高新技术产业和西部地区高新技术产业当期投资均存在显著的正向促进影响。在影响高新技术产业投资的控制变量指标中，经济发展水平和城镇化发展水平对中部地区高新技术产业和西部地区高新技术产业投资均存在显著的正向促进影响，而对东部地区高新技术产业投资则不存在显著影响。经济基础设施水平对东部地区高新技术产业投资存在显著的正向促进作用，对西部地区高新技术产业投资存在显著的负向促进作用，而对中部地区高新技术产业投资则不存在显著影响。工业化水平和教育发展水平仅对东部地区高新技术产业存在显著的负向抑制作用，而对中部地区高新技术产业和西部地区高新技术产业投资则不存在显著影响。对外开放程度仅对东部地区高新技术产业存在显著的正向促进作用，而对中部地区高新技术产业和西部地区高新技术产业投资则不存在显著影响。

8 经济不确定性、金融发展对高新技术产业创新增长动力影响分析

结合经济学基础理论，经济发展的动力源自其全要素生产率和技术进步率的提升。同样地，高新技术产业创新增长动力也依赖于其全要素生产率和技术进步率。因此，本章主要围绕高新技术产业的全要素生产率和技术进步率来探讨高新技术产业创新增长动力问题。

8.1 高新技术产业创新增长动力测度

8.1.1 高新技术产业创新增长动力测度方法

测度高新技术产业创新增长动力即测算高新技术产业创新增长的全要素生产率和技术进步率。综合现有的研究文献，其主要包含两大类测度方法，一是以随机前沿分析方法为代表的参数测度方法，一是以数据包络分析方法为代表的非参数测度方法。参数测度方法往往要基于生产函数来分析，选取不同的生产函数往往会产生差异极大的测度结果；非参数测度方法则不需要依托生产函数，也不需要权衡投入产出变量指标的量纲差异，排除了生产函数因素对测度结果的影响。因此，本章基于 DEA-Malmquist 指数分析方法来测度我国以及各省（市、自治区）高新技术产业的创新增长动力。

1. DEA 分析方法

DEA 分析方法主要通过所有评价单元来建立生产体系的前沿面，并依托某

一评价单元至前沿面的最小距离来分析其生产的有效性问题。在 DEA 分析方法的数学模型中，CCR 模型和 BCC 模型是其最基础、最核心且应用最广泛的两种模型方法。

（1）CCR 模型

CCR 模型主要是基于规模报酬不变的假设条件来测度评价单元的生产效率。假设我国高新技术产业生产体系包含 n 个评价单元，且该生产体系由 m 个投入要素和 s 个产出要素组成。其中，x_{ij} 指的是高新技术产业生产体系中第 j 个评价单元的第 i 个投入要素，y_{rj} 指的是高新技术产业生产体系中第 j 个评价单元的第 r 个产出要素，v_i 指的是高新技术产业生产体系中第 i 个投入要素的权重值，u_r 指的是高新技术产业生产体系中第 r 个产出要素的权重值。于是，第 j_0 个评价单元的技术效率可表示为：

$$
\max\left(\frac{\sum_{r=1}^{s} u_r y_{rj_0}}{\sum_{i=1}^{m} v_i x_{ij_0}}\right)
$$

$$
s.t.\ \sum_{r=1}^{s} u_r y_{rj} - \sum_{i=1}^{m} v_i x_{ij} \leqslant 0 \quad j = 1, 2, \cdots, n \tag{8-1}
$$

$$
v_i \geqslant 0 \quad i = 1, 2, \cdots, m
$$

$$
u_r \leqslant 0 \quad r = 1, 2, \cdots, s
$$

通过 Charnes-Cooper 转换，将公式（8-1）调整为等价的线性规划模型。假设 $t = 1 \big/ \sum_{i=1}^{m} v_i x_{ij_0}$，$\mu_r = t u_r$，$\omega_i = t v_i$，那么，公式（8-1）可以调整为：

$$
\max\left(\sum_{r=1}^{s} \mu_r y_{rj_0}\right)
$$

$$
s.t.\ \sum_{r=1}^{s} \mu_r y_{rj} - \sum_{i=1}^{m} \omega_i x_{ij} \leqslant 0 \quad j = 1, 2, \cdots, n
$$

$$
\sum_{i=1}^{m} \omega_i x_{ij_0} = 1 \tag{8-2}
$$

$$
\omega_i \geqslant 0 \quad i = 1, 2, \cdots, m
$$

$$
\mu_r \leqslant 0 \quad r = 1, 2, \cdots, s
$$

根据线性规划对偶理论，公式（8-2）的对偶形式可以表示为：

$$\min\theta$$

$$s.\,t.\ \sum_{j=1}^{n}\lambda_j x_{ij} + s_i^- = \theta x_{ij_0}$$

$$\sum_{j=1}^{n}\lambda_j y_{rj} - s_r^+ = y_{rj_0} \tag{8-3}$$

$$\lambda_j \geqslant 0 \quad j = 1,\ 2,\ \cdots,\ n$$

$$s_i^- \geqslant 0 \quad i = 1,\ 2,\ \cdots,\ m$$

$$s_r^+ \geqslant 0 \quad r = 1,\ 2,\ \cdots,\ s$$

（2）BCC 模型

BCC 模型主要是基于规模报酬可变的假设条件来测度评价单元的生产效率。在该模型中，第 j_0 个评价单元的技术效率可表示为：

$$\max\left(\frac{\sum\limits_{r=1}^{s} u_r y_{rj_0} + \mu_0}{\sum\limits_{i=1}^{m} v_i x_{ij_0}}\right)$$

$$s.\,t.\ \sum_{r=1}^{s} u_r y_{rj} + \mu_0 - \sum_{i=1}^{m} v_i x_{ij} \leqslant 0 \quad j = 1,\ 2,\ \cdots,\ n \tag{8-4}$$

$$v_i \geqslant 0 \quad i = 1,\ 2,\ \cdots,\ m$$

$$u_r \leqslant 0 \quad r = 1,\ 2,\ \cdots,\ s$$

通过 Charnes-Cooper 转换，将公式(8-4) 调整为等价的线性规划模型。同样地，假设 $t = 1\big/\sum\limits_{i=1}^{m} v_i x_{ij_0}$，$\mu_r = t u_r$，$\omega_i = t v_i$，$\eta_0 = t\mu_0$，那么，公式(8-4) 可以调整为：

$$\max\left(\sum_{r=1}^{s} \mu_r y_{rj_0} + \eta_0\right)$$

$$s.\,t.\ \sum_{r=1}^{s} \mu_r y_{rj} + \eta_0 - \sum_{i=1}^{m} \omega_i x_{ij} \leqslant 0 \quad j = 1,\ 2,\ \cdots,\ n$$

$$\sum_{i=1}^{m} \omega_i x_{ij_0} = 1 \tag{8-5}$$

$$\omega_i \geqslant 0 \quad i = 1,\ 2,\ \cdots,\ m$$

$$\mu_r \leqslant 0 \quad r = 1,\ 2,\ \cdots,\ s$$

其中，η_0 指的是高新技术产业生产体系的规模要素。根据线性规划对偶理论，公式（8-5）的对偶形式可以表示为：

$$\min\theta$$

$$s.t. \sum_{j=1}^{n} \lambda_j x_{ij} + s_i^- = \theta x_{ij_0}$$

$$\sum_{j=1}^{n} \lambda_j y_{rj} - s_r^+ = y_{rj_0}$$

$$\sum_{j=1}^{n} \lambda_j = 1 \tag{8-6}$$

$$\lambda_j \geqslant 0 \quad j = 1,\ 2,\ \cdots,\ n$$

$$s_i^- \geqslant 0 \quad i = 1,\ 2,\ \cdots,\ m$$

$$s_r^+ \geqslant 0 \quad r = 1,\ 2,\ \cdots,\ s$$

2. Malmquist 指数分析方法

Malmquist 指数分析方法在分析经济领域投入产出有效性的动态波动及其波动趋势等方面应用较为广泛。考虑到参考集的差异，Malmquist 指数有同期 Malmquist 指数和全局 Malmquist 指数之分。

（1）同期 Malmquist 指数

假设在高新技术产业生产体系中，投入要素 x' 转化为产出要素 y' 的生产技术是 S'。于是，高新技术产业生产体系在时期 t 的投入距离函数可以表示为：

$$D'(x^t,\ y^t) = \inf\{\theta: (\theta x^t,\ y^t) \in S'\} \tag{8-7}$$

进一步，建立在高新技术产业生产技术 S' 基础上的投入距离函数为：

$$[D'(y^t,\ x^t)]^{-1} = F'(y^t,\ x^t \mid C,\ S') \tag{8-8}$$

其中，$F'(y^t,\ x^t \mid C,\ S')$ 指的是高新技术产业基于投入要素的技术效率。与此同时，可以得出建立在高新技术产业生产技术 S^{t+1} 基础上的时期 $t+1$ 的投入距离函数 $D^{t+1}(x^{t+1},\ y^{t+1})$。

同样，建立在高新技术产业生产技术 S' 基础上的时期 $t+1$ 的跨期投入距离函数 $D'(x^{t+1},\ y^{t+1})$ 和建立在高新技术产业生产技术 S^{t+1} 基础上的时期 t 的跨期投入

距离函数 $D^{t+1}(x^t, y^t)$ 可以分别表示为：

$$D^t(x^{t+1}, y^{t+1}) = \inf\{\theta: (\theta x^{t+1}, y^{t+1}) \in S^t\} \tag{8-9}$$

$$D^{t+1}(x^t, y^t) = \inf\{\theta: (\theta x^t, y^t) \in S^{t+1}\} \tag{8-10}$$

结合以上投入距离函数，可以得出高新技术产业同期 Malmquist 指数，其数学表达式为：

$$M_C^S(x^{t+1}, y^{t+1}, x^t, y^t) = \left[\frac{D^t(x^t, y^t)}{D^t(x^{t+1}, y^{t+1})} \times \frac{D^{t+1}(x^t, y^t)}{D^{t+1}(x^{t+1}, y^{t+1})}\right]^{\frac{1}{2}} \tag{8-11}$$

在高新技术产业生产体系规模报酬不变的基础上，高新技术产业同期 Malmquist 指数可以进一步表示为：

$$M_C^S(x^{t+1}, y^{t+1}, x^t, y^t) = \frac{D^t(x^t, y^t)}{D^{t+1}(x^{t+1}, y^{t+1})}$$

$$\times \left[\frac{D^{t+1}(x^{t+1}, y^{t+1})}{D^t(x^{t+1}, y^{t+1})} \times \frac{D^{t+1}(x^t, y^t)}{D^t(x^t, y^t)}\right]^{\frac{1}{2}} \tag{8-12}$$

欲对高新技术产业同期 Malmquist 指数进行分解，可令 EC 表示高新技术产业生产体系中评价单元的技术效率变动指数，可对高新技术产业生产体系中评价单元从时期 t 到时期 $t+1$ 的技术效率波动进行衡量。于是，高新技术产业技术效率变动指数 EC 可以表示为：

$$EC = \frac{D^t(x^t, y^t)}{D^{t+1}(x^{t+1}, y^{t+1})} \tag{8-13}$$

令 TC 表示高新技术产业生产体系中评价单元的技术进步指数，可对高新技术产业生产体系中评价单元从时期 t 到时期 $t+1$ 的生产边界波动进行衡量。于是，高新技术产业技术进步指数 TC 可以表示为：

$$TC = \left[\frac{D^{t+1}(x^{t+1}, y^{t+1})}{D^t(x^{t+1}, y^{t+1})} \times \frac{D^{t+1}(x^t, y^t)}{D^t(x^t, y^t)}\right]^{\frac{1}{2}} \tag{8-14}$$

在高新技术产业生产体系规模报酬可变的基础上，可进一步对高新技术产业技术效率变动指数 EC 进行分解，将其转化为高新技术产业纯技术效率变动指数 ΔPTE 与高新技术产业规模报酬变动指数 ΔSE 的乘积，即

$$EC = \Delta PTE \times \Delta SE \tag{8-15}$$

其中，高新技术产业纯技术效率变动指数 ΔPTE 与高新技术产业规模报酬变动指

数 ΔSE 可以分别表示为：

$$\Delta PTE = \frac{D^t(x^t, \ y^t \mid VRS)}{D^{t+1}(x^{t+1}, \ y^{t+1} \mid VRS)} \tag{8-16}$$

$$\Delta SE = \frac{D^{t+1}(x^{t+1}, \ y^{t+1} \mid VRS)}{D^{t+1}(x^{t+1}, \ y^{t+1} \mid CRS)} \times \frac{D^t(x^t, \ y^t \mid CRS)}{D^t(x^t, \ y^t \mid VRS)} \tag{8-17}$$

因此，高新技术产业同期 Malmquist 指数可以进一步转化为：

$$M_C^S(x^{t+1}, \ y^{t+1}, \ x^t, \ y^t) = EC \times TC = \Delta PTE \times \Delta SE \times TC \tag{8-18}$$

（2）全局 Malmquist 指数

假设在高新技术产业生产体系中，投入要素 x^t 转化为产出要素 y^t 的全局生产技术是 S。于是，高新技术产业生产体系在时期 t 的投入距离函数可以表示为：

$$D_G^t(x^t, \ y^t) = \inf\{\theta: \ (\theta x^t, \ y^t) \in S\} \tag{8-19}$$

进一步，建立在高新技术产业全局生产技术 S 基础上的投入距离函数可以表示为：

$$[D_G^t(y^t, \ x^t)]^{-1} = F^t(y^t, \ x^t \mid C, \ S) \tag{8-20}$$

其中，$F^t(y^t, \ x^t \mid C, \ S)$ 指的是高新技术产业基于投入要素的技术效率。以此类推，可以得出建立在高新技术产业全局生产技术 S 基础上的时期 $t+1$ 的投入距离函数 $D_G^{t+1}(x^{t+1}, \ y^{t+1})$，考虑到仅存在一个高新技术产业全局生产技术 S，没有生产技术的跨期问题，那么，高新技术产业全局 Malmquist 指数可以表示为：

$$M_C^G(x^{t+1}, \ y^{t+1}, \ x^t, \ y^t) = \frac{D_G^t(x^t, \ y^t)}{D_G^{t+1}(x^{t+1}, \ y^{t+1})} \tag{8-21}$$

将高新技术产业全局 Malmquist 指数分解为高新技术产业技术效率变动指数 EC 和高新技术产业全局技术进步指数 GTC，具体分解过程如下所示：

$$
\begin{aligned}
& M_C^G(x^{t+1}, \ y^{t+1}, \ x^t, \ y^t) \\
&= \frac{D^t(x^t, \ y^t)}{D^{t+1}(x^{t+1}, \ y^{t+1})} \times \left[\frac{D_G^t(x^t, \ y^t)}{D_G^{t+1}(x^{t+1}, \ y^{t+1})} \times \frac{D^{t+1}(x^{t+1}, \ y^{t+1})}{D^t(x^t, \ y^t)} \right] \\
&= \frac{D^t(x^t, \ y^t)}{D^{t+1}(x^{t+1}, \ y^{t+1})} \times \frac{D_G^t(x^t, \ y^t) / D^t(x^t, \ y^t)}{D_G^{t+1}(x^{t+1}, \ y^{t+1}) / D^{t+1}(x^{t+1}, \ y^{t+1})} \\
&= EC \times \frac{BPG(x^t, \ y^t)}{BPG(x^{t+1}, \ y^{t+1})} \\
&= EC \times GTC
\end{aligned} \tag{8-22}
$$

其中，$BPG(x^t，y^t)$ 指的是高新技术产业在时期 t 的生产技术 S^t 与其全局生产技术 S 之间的差距。因此，高新技术产业全局 Malmquist 指数与同期 Malmquist 指数的比值即为高新技术产业不同时期生产技术之间差距的几何平均值，即：

$$\frac{M_C^G(x^{t+1}，y^{t+1}，x^t，y^t)}{M_C^S(x^{t+1}，y^{t+1}，x^t，y^t)}$$

$$= \left[\frac{D_G^t(x^t，y^t)／D^t(x^t，y^t)}{D^{t+1}(x^{t+1}，y^{t+1})／D^t(x^{t+1}，y^{t+1})} \times \frac{D_G^t(x^t，y^t)／D^{t+1}(x^t，y^t)}{D_G^{t+1}(x^{t+1}，y^{t+1})／D_G^{t+1}(x^{t+1}，y^{t+1})} \right]^{\frac{1}{2}}$$

$$= \left[\frac{BPG^t(x^t，y^t)}{BPG^t(x^{t+1}，y^{t+1})} \times \frac{BPG^{t+1}(x^t，y^t)}{BPG^{t+1}(x^{t+1}，y^{t+1})} \right]^{\frac{1}{2}}$$

$$(8-23)$$

3. 基于 DEA 数据包络分析的 Malmquist 指数测度

结合前文 DEA 分析方法的阐述，我们采用 CCR 模型和 BCC 模型来测度高新技术产业同期 Malmquist 指数的距离函数及其全局 Malmquist 指数的距离函数。

（1）同期 Malmquist 指数距离函数测度

在规模报酬不变的假设条件下，高新技术产业生产体系第 j_0 个评价单元在时期 t、生产技术 S^t 下的距离函数 $D^t(x_{j_0}^t，y_{j_0}^t)$ 的测算模型可以表示为：

$$\min\theta = \left[D^t(x_{j_0}^t，y_{j_0}^t) \right]^{-1}$$

$$s.\ t.\ \sum_{j=1}^{n} \lambda_j x_{ij}^t + s_i^- = \theta x_{ij_0}^t$$

$$\sum_{j=1}^{n} \lambda_j y_{rj}^t - s_r^+ = y_{rj_0}^t$$

$$(8-24)$$

$$\lambda_j \geq 0 \quad j = 1，2，\cdots，n$$

$$s_i^- \geq 0 \quad i = 1，2，\cdots，m$$

$$s_r^+ \geq 0 \quad r = 1，2，\cdots，s$$

以此类推，可以得出高新技术产业生产体系第 j_0 个评价单元在时期 $t+1$、生产技术 S^{t+1} 下的距离函数 $D^{t+1}(x_{j_0}^{t+1}，y_{j_0}^{t+1})$ 的测算模型。

在规模报酬不变的假设条件下，高新技术产业生产体系第 j_0 个评价单元在时期 $t+1$、生产技术 S^t 下的距离函数 $D^t(x_{j_0}^{t+1}, y_{j_0}^{t+1})$ 的测算模型可以表示为：

$$\min\theta = [D^t(x_{j_0}^{t+1}, y_{j_0}^{t+1})]^{-1}$$

$$s.\ t.\ \sum_{j=1}^{n}\lambda_j x_{ij}^t + s_i^- = \theta x_{ij_0}^{t+4}$$

$$\sum_{j=1}^{n}\lambda_j y_{rj}^t - s_r^+ = y_{rj_0}^{t+1} \tag{8-25}$$

$$\lambda_j \geqslant 0 \quad j=1,2,\cdots,n$$

$$s_i^- \geqslant 0 \quad i=1,2,\cdots,m$$

$$s_r^+ \geqslant 0 \quad r=1,2,\cdots,s$$

以此类推，可以得出高新技术产业生产体系第 j_0 个评价单元在时期 t、生产技术 S^{t+1} 下的距离函数 $D^{t+1}(x_{j_0}^t, y_{j_0}^t)$ 的测算模型。

同样，可以得出在规模报酬可变的假设条件下，高新技术产业生产体系第 j_0 个评价单元的同期 Malmquist 指数距离函数。

（2）全局 Malmquist 指数距离函数测度

高新技术产业生产体系第 j_0 个评价单元在时期 t、全局生产技术 S 下的距离函数 $D_G^t(x_{j_0}^t, y_{j_0}^t)$ 的测算模型可以表示为：

$$\min\theta = [D_G^t(x_{j_0}^t, y_{j_0}^t)]^{-1}$$

$$s.\ t.\ \sum_{t=1}^{T}\sum_{j=1}^{n}\lambda_j^t x_{ij}^t + s_i^- = \theta x_{ij_0}^t$$

$$\sum_{t=1}^{T}\sum_{j=1}^{n}\lambda_j^t y_{rj}^t - s_r^+ = y_{rj_0}^t \tag{8-26}$$

$$\lambda_j^t \geqslant 0 \quad j=1,2,\cdots,n$$

$$s_i^- \geqslant 0 \quad i=1,2,\cdots,m$$

$$s_r^+ \geqslant 0 \quad r=1,2,\cdots,s$$

以此类推，可以得出高新技术产业生产体系第 j_0 个评价单元在时期 $t+1$、全局生产技术 S 下的距离函数 $D_G^{t+1}(x_{j_0}^{t+1}, y_{j_0}^{t+1})$ 的测算模型。

8.1.2 高新技术产业生产活动增长动力测算

要实现对我国高新技术产业生产活动全要素生产率和技术进步率的准确测度，需要建立科学合理的高新技术产业生产活动投入产出指标体系。结合生产函数理论和现有的研究文献，本节高新技术产业生产活动的投入指标可选择高新技术产业生产活动资本要素存量（PAK）和高新技术产业生产活动劳动要素投入（PAL），其产出指标选择高新技术产业产出（NHI）、高新技术产业利润（NHP）。其中，高新技术产业利润（NHP）以高新技术产业利润总额来表征，其他变量指标的含义和测算方法和第 7 章对应指标相同。同时，为确保前后研究样本的相同，本节仍以全国及 30 个省（市、自治区，西藏除外）作为研究对象，且研究期间仍选用 2000—2020 年，数据来源也与前文相同。在此基础上，根据前文高新技术产业创新增长动力测度模型，运用 MATLAB2016a 测算我国高新技术产业生产活动全要素生产率和技术进步率，测算结果如表 8-1 和表 8-2 所示。

表 8-1 2019—2020 年我国高新技术产业生产活动 Malmquist 指数测度结果统计表

省域	GM	EC	GTC	M	TC	PEC	SEC
北京	1.0000	1.0000	1.0000	0.9153	0.9153	1.0000	1.0000
天津	1.0383	0.9208	1.1276	0.8869	0.9631	0.9193	1.0016
河北	1.0209	0.8087	1.2624	0.7836	0.9689	0.8261	0.9790
山西	0.8983	0.7967	1.1276	0.8869	1.1132	0.7907	1.0076
内蒙古	1.1010	0.9764	1.1276	0.8869	0.9083	0.9358	1.0434
辽宁	1.2322	1.2990	0.9485	0.9882	0.7607	1.3088	0.9926
吉林	0.9375	0.5965	1.5718	0.6362	1.0667	0.6393	0.9330
黑龙江	0.8967	0.8065	1.1119	0.8640	1.0713	0.8558	0.9423
上海	1.0380	0.9695	1.0707	0.9666	0.9970	0.9581	1.0120

续表

省域	GM	EC	GTC	M	TC	PEC	SEC
江苏	1.0668	0.9462	1.1275	0.8869	0.9374	1.0356	0.9136
浙江	1.1302	0.9767	1.1572	0.8465	0.8667	1.2168	0.8027
安徽	1.0480	0.9294	1.1276	0.8869	0.9542	0.9254	1.0044
福建	0.9424	0.8358	1.1276	0.8827	1.0562	0.8930	0.9359
江西	1.0545	0.9352	1.1276	0.8869	0.9483	0.9335	1.0018
山东	1.1560	1.0252	1.1276	0.8702	0.8488	1.4084	0.7279
河南	1.0108	0.8964	1.1276	0.8869	0.9893	0.8649	1.0364
湖北	0.8930	0.7919	1.1276	0.8869	1.1199	0.7936	0.9979
湖南	0.9023	0.8002	1.1276	0.8789	1.0984	0.7917	1.0108
广东	1.1265	1.6461	0.6843	1.3498	0.8200	1.0000	1.6461
广西	0.8484	0.7524	1.1276	0.8869	1.1787	0.7586	0.9918
海南	0.7956	0.6768	1.1756	0.8487	1.2540	1.0000	0.6768
重庆	0.8662	0.7682	1.1276	0.8869	1.1545	0.7682	1.0000
四川	1.0512	0.9323	1.1276	0.8869	0.9513	1.0089	0.9241
贵州	0.8960	0.7946	1.1276	0.8869	1.1161	0.8955	0.8873
云南	1.4243	1.0000	1.4243	0.6329	0.6329	1.0000	1.0000
陕西	1.1035	0.9787	1.1276	0.8772	0.8963	0.9658	1.0134
甘肃	0.9571	0.6337	1.5105	0.6803	1.0735	0.8068	0.7854
青海	1.1549	1.0243	1.1276	0.8843	0.8633	1.0000	1.0243
宁夏	1.1680	0.9611	1.2153	0.7622	0.7930	0.8823	1.0893
新疆	1.5204	1.3484	1.1276	0.8371	0.6208	0.8924	1.5110
全国	1.0209	0.9055	1.1274	0.8870	0.9796	1.0000	0.9055

从表 8-1 列示的 2019—2020 年我国高新技术产业生产活动 Malmquist 指数测度结果来看，全国层面高新技术产业生产活动全局 Malmquist 指数是 1.0209，17

个省(市、自治区)高新技术产业生产活动全局 Malmquist 指数高于全国水平。其中，新疆维吾尔自治区高新技术产业生产活动全局 Malmquist 指数最高，达到了 1.5204；海南省高新技术产业生产活动全局 Malmquist 指数最低，仅为 0.7956。2019—2020 年全国层面高新技术产业生产活动同期 Malmquist 指数是 0.8870，仅有 4 个省(市、自治区)高新技术产业生产活动同期 Malmquist 指数高于全国水平。其中，广东省高新技术产业生产活动同期 Malmquist 指数最高，达到了 1.3498；吉林省高新技术产业生产活动同期 Malmquist 指数最低，仅为 0.6329。2019—2020 年全国层面高新技术产业生产活动技术效率变动指数(EC)是 0.9055，17 个省(市、自治区)高新技术产业生产活动技术效率变动指数(EC)高于全国水平。其中，广东省高新技术产业生产活动技术效率变动指数(EC)最高，达到了 1.6461；吉林省高新技术产业生产活动技术效率变动指数(EC)最低，仅为 0.5965。2019—2020 年全国层面高新技术产业生产活动全局技术进步指数(GTC)是 1.1274，25 个省(市、自治区)高新技术产业生产活动全局技术进步指数(GTC)高于全国水平。其中，吉林省高新技术产业生产活动全局技术进步指数(GTC)最高，达到了 1.5718；广东省高新技术产业生产活动全局技术进步指数(GTC)最低，仅为 0.6843。2019—2020 年全国层面高新技术产业生产活动同期技术进步指数(TC)是 0.9796，13 个省(市、自治区)高新技术产业生产活动同期技术进步指数(TC)高于全国水平。其中，海南省高新技术产业生产活动同期技术进步指数(TC)最高，达到了 1.2540；新疆维吾尔自治区高新技术产业生产活动同期技术进步指数(TC)最低，仅为 0.6208。2019—2020 年全国层面高新技术产业生产活动纯技术效率变动指数(PEC)是 1.000，10 个省(市、自治区)高新技术产业生产活动纯技术效率变动指数(PEC)高于全国水平。其中，山东省高新技术产业生产活动纯技术效率变动指数(PEC)最高，达到了 1.4084；吉林省高新技术产业生产活动纯技术效率变动指数(PEC)最低，仅为 0.6393。2019—2020 年全国层面高新技术产业生产活动规模报酬变动指数(SEC)是 0.9055，25 个省(市、自治区)高新技术产业生产活动规模报酬变动指数(SEC)高于全国水平。其中，广东省高新技术产业生产活动规模报酬变动指数(SEC)最高，达到了 1.6461；海南省高新技术产业生产活动规模报酬变动指数(SEC)最低，仅为 0.6768。

表 8-2   2000—2020 年我国高新技术产业生产活动 Malmquist 指数平均值统计表

省域	GM	EC	GTC	M	TC	PEC	SEC
北京	1.0561	1.0011	1.0468	0.9324	0.9337	1.0010	1.0000
天津	1.0352	0.9818	1.0551	0.9391	0.9684	0.9828	0.9986
河北	1.0447	1.0453	1.0272	0.9223	0.9146	1.0498	1.0033
山西	1.2626	1.0569	1.2959	0.9620	0.9782	1.0664	1.0055
内蒙古	1.0789	1.1311	1.0485	0.9312	0.9601	1.0596	1.0215
辽宁	1.0545	1.0509	1.0301	0.9320	0.9102	1.0587	1.0013
吉林	1.3239	1.0804	1.3127	0.9320	0.9033	1.0767	1.0079
黑龙江	1.0401	1.0354	1.0378	0.9190	0.9382	1.0411	0.9911
上海	1.1630	0.9979	1.1941	0.9396	0.9475	0.9944	1.0065
江苏	1.1822	0.9794	1.2838	0.9450	0.9757	1.0015	0.9779
浙江	1.0290	1.0160	1.0319	0.9697	0.9797	1.0494	0.9766
安徽	1.1612	1.0361	1.1318	0.9355	0.9267	1.0366	1.0041
福建	1.0167	0.9887	1.0407	0.9532	0.9714	0.9981	0.9938
江西	1.1628	0.9929	1.1870	0.9446	1.0289	0.9898	1.0007
山东	1.0419	1.0259	1.0313	0.9307	0.9182	1.0576	0.9919
河南	1.3702	1.0385	1.3073	0.9461	0.9500	1.0442	1.0057
湖北	1.0404	1.0302	1.0267	0.9420	0.9444	1.0402	1.0045
湖南	1.1651	1.0479	1.1510	0.9268	0.9003	1.0383	1.0102
广东	1.3736	1.0563	1.4047	1.0129	0.9753	1.0153	1.0419
广西	1.0366	1.0298	1.0220	0.9481	0.9941	1.0263	1.0098
海南	1.1435	1.0426	1.0872	0.9214	0.9270	1.0038	1.0373
重庆	1.0506	1.0343	1.0272	0.9610	0.9531	1.0285	1.0057
四川	1.0735	1.0575	1.0317	0.9392	0.8977	1.0741	0.9913
贵州	1.4124	1.0378	1.3927	0.9642	0.9608	1.0480	0.9952
云南	1.0689	1.0502	1.0389	0.9246	0.9558	1.0474	1.0174
陕西	1.2644	1.0671	1.2167	0.9414	0.8952	1.0720	1.0014
甘肃	1.2322	1.0940	1.2298	0.9396	0.8957	1.1042	1.0221
青海	1.5941	1.0938	1.7224	0.9521	0.9600	1.0000	1.0938
宁夏	1.5286	1.1539	1.5499	0.9410	0.9542	1.0343	1.1021

续表

省域	GM	EC	GTC	M	TC	PEC	SEC
新疆	1.1582	1.0751	1.2005	0.9394	1.0452	1.0031	1.0892
全国	1.0827	1.0168	1.0834	0.9476	0.9346	1.0000	1.0168

从表 8-2 列示的统计结果来看，全国层面高新技术产业生产活动全局 Malmquist 指数平均值是 1.0827；30 个省(市、自治区)高新技术产业生产活动全局 Malmquist 指数平均值均大于 1，且 16 个省(市、自治区)高新技术产业生产活动全局 Malmquist 指数平均值高于全国水平。2000—2020 年全国层面高新技术产业生产活动同期 Malmquist 指数平均值是 0.9476；仅广东省高新技术产业生产活动同期 Malmquist 指数平均值大于 1，且仅有 8 个省(市、自治区)高新技术产业生产活动同期 Malmquist 指数平均值高于全国水平。2000—2020 年全国层面高新技术产业生产活动技术效率变动指数(EC)平均值是 1.0168；25 个省(市、自治区)高新技术产业生产活动技术效率变动指数(EC)平均值均大于 1，且 23 个省(市、自治区)高新技术产业生产活动技术效率变动指数(EC)平均值高于全国水平。2000—2020 年全国层面高新技术产业生产活动全局技术进步指数(GTC)平均值是 1.0834；30 个省(市、自治区)高新技术产业生产活动全局技术进步指数(GTC)平均值均大于 1，且 16 个省(市、自治区)高新技术产业生产活动全局技术进步指数(GTC)平均值高于全国水平。2000—2020 年全国层面高新技术产业生产活动同期技术进步指数(TC)平均值是 0.9346；仅江西省和新疆维吾尔自治区高新技术产业生产活动同期技术进步指数(TC)平均值均大于 1，且 19 个省(市、自治区)高新技术产业生产活动同期技术进步指数(TC)平均值高于全国水平。2000—2020 年全国层面高新技术产业生产活动纯技术效率变动指数(PEC)平均值是 1.000；25 个省(市、自治区)高新技术产业生产活动纯技术效率变动指数(PEC)平均值大于 1，且 25 个省(市、自治区)高新技术产业生产活动纯技术效率变动指数(PEC)平均值高于全国水平。2000—2020 年全国层面高新技术产业生产活动规模报酬变动指数(SEC)平均值是 1.0168；21 个省(市、自治区)高新技术产业生产活动规模报酬变动指数(SEC)平均值大于 1，且仅有 8 个省(市、自治区)高新技术产业生产活动规模报酬变动指数(SEC)平均值高于全国水平。

8.1.3 高新技术产业创新活动增长动力测算

本节对高新技术产业创新活动的投入指标选择高新技术产业创新活动资本要素存量 *LAK1*、资本要素存量 *LAK2* 和高新技术产业创新活动劳动要素投入 *LAL*，其产出指标选择高新技术产业创新 *INN*1 和创新 *INN*2，其含义和测算方法和第 7 章对应指标相同。在此基础上，根据前文高新技术产业创新增长动力测度模型，运用 MATLAB2016a 测算我国高新技术产业创新活动全要素生产率和技术进步率，测算结果如表 8-3 和表 8-4 所示。

表 8-3　2019—2020 年我国高新技术产业创新活动 Malmquist 指数测度结果统计表

省域	GM	EC	GTC	M	TC	PEC	SEC
北京	1.1554	0.6564	1.7601	0.8313	1.2665	0.5726	1.1464
天津	3.1690	1.8578	1.7058	2.8250	1.5206	1.4000	1.3270
河北	2.2271	1.5960	1.3954	1.0523	0.6594	1.4127	1.1297
山西	0.2276	2.1317	0.1068	1.2199	0.5723	2.9978	0.7111
内蒙古	1.8092	1.1773	1.5368	0.6679	0.5673	1.6390	0.7183
辽宁	0.4109	0.5926	0.6934	0.6142	1.0364	0.8252	0.7182
吉林	0.2787	0.5856	0.4760	0.3751	0.6404	0.7243	0.8086
黑龙江	0.5346	0.7063	0.7569	0.4648	0.6581	0.6815	1.0364
上海	0.3866	0.6489	0.5958	0.9879	1.5226	0.6914	0.9385
江苏	0.4907	0.6522	0.7524	0.9076	1.3917	0.6796	0.9597
浙江	0.7834	0.5619	1.3941	1.4117	2.5123	0.5562	1.0103
安徽	0.7753	0.5022	1.5437	0.8515	1.6953	0.6735	0.7457
福建	1.1275	0.7333	1.5375	0.6673	0.9100	0.8636	0.8492
江西	2.7746	1.3835	2.0054	0.9741	0.7041	1.5067	0.9183
山东	0.8914	1.1280	0.7902	0.6437	0.5707	1.5250	0.7397
河南	2.1983	2.1972	1.0005	1.3265	0.6037	2.1914	1.0027
湖北	0.8514	0.8721	0.9763	0.8897	1.0202	0.8688	1.0038
湖南	1.5064	1.4505	1.0386	1.8222	1.2563	1.1543	1.2566

续表

省域	GM	EC	GTC	M	TC	PEC	SEC
广东	1.0542	0.7877	1.3383	0.9980	1.2669	0.7307	1.0780
广西	0.9121	1.1563	0.7888	1.0149	0.8777	1.0000	1.1563
海南	1.1258	1.1958	0.9415	1.0217	0.8544	1.2248	0.9763
重庆	0.6795	0.6794	1.0000	1.0479	1.5423	0.6756	1.0057
四川	1.3150	1.1977	1.0979	1.1269	0.9409	1.4534	0.8241
贵州	0.7838	0.8297	0.9446	2.1737	2.6198	0.8357	0.9928
云南	3.3215	0.3122	10.6382	0.5209	1.6685	0.4240	0.7364
陕西	1.4240	1.3140	1.0837	0.9941	0.7566	1.2339	1.0649
甘肃	0.7978	0.8511	0.9374	2.5477	2.9935	0.9337	0.9116
青海	0.1507	0.5425	0.2777	0.9212	1.6980	0.5755	0.9426
宁夏	0.1529	3.0945	0.0494	0.7144	0.2309	1.4291	2.1654
新疆	0.3505	0.4369	0.8024	1.0089	2.3094	0.4933	0.8857
全国	2.1851	0.5147	4.2456	0.8376	1.6274	0.4560	1.1288

从表 8-3 列示的 2019—2020 年我国高新技术产业创新活动 Malmquist 指数测度结果来看，全国层面高新技术产业创新活动全局 Malmquist 指数是 2.1851，仅有 5 个省(市、自治区)高新技术产业创新活动全局 Malmquist 指数高于全国水平。其中，云南省高新技术产业创新活动全局 Malmquist 指数最高，达到了 3.3215；宁夏回族自治区高新技术产业创新活动全局 Malmquist 指数最低，仅为 0.1529。2019—2020 年全国层面高新技术产业创新活动同期 Malmquist 指数是 0.8376，21 个省(市、自治区)高新技术产业创新活动同期 Malmquist 指数高于全国水平。其中，天津市高新技术产业创新活动同期 Malmquist 指数最高，达到了 2.8250；吉林省高新技术产业创新活动同期 Malmquist 指数最低，仅为 0.3751。2019—2020 年全国层面高新技术产业创新活动技术效率变动指数(EC)是 0.5147，27 个省(市、自治区)高新技术产业创新活动技术效率变动指数(EC)高于全国水平。其中，宁夏回族自治区高新技术产业创新活动技术效率变动指数(EC)最高，达到了 3.0945；云南省高新技术产业创新活动技术效率变动指数(EC)最低，仅为

0.3122。2019—2020 年全国层面高新技术产业创新活动全局技术进步指数(GTC)是 4.2456，仅云南省高新技术产业创新活动全局技术进步指数(GTC)高于全国水平。其中，云南省高新技术产业创新活动全局技术进步指数(GTC)最高，达到了10.6382；宁夏回族自治区高新技术产业创新活动全局技术进步指数(GTC)最低，仅为 0.0494。2019—2020 年全国层面高新技术产业创新活动同期技术进步指数(TC)是 1.6274，仅有 7 个省(市、自治区)高新技术产业创新活动同期技术进步指数(TC)高于全国水平。其中，甘肃省高新技术产业创新活动同期技术进步指数(TC)最高，达到了 2.9935；宁夏回族自治区高新技术产业创新活动同期技术进步指数(TC)最低，仅为 0.2309。2019—2020 年全国层面高新技术产业创新活动纯技术效率变动指数(PEC)是 0.4560，29 个省(市、自治区)高新技术产业创新活动纯技术效率变动指数(PEC)高于全国水平。其中，山西省高新技术产业创新活动纯技术效率变动指数(PEC)最高，达到了 2.9978；云南省高新技术产业创新活动纯技术效率变动指数(PEC)最低，仅为 0.4240。2019—2020 年全国层面高新技术产业创新活动规模报酬变动指数(SEC)是 1.1288，仅有 6 个省(市、自治区)高新技术产业创新活动规模报酬变动指数(SEC)高于全国水平。其中，宁夏回族自治区高新技术产业创新活动规模报酬变动指数(SEC)最高，达到了2.1654；山西省高新技术产业创新活动规模报酬变动指数(SEC)最低，仅为 0.7111。

表 8-4　2000—2020 年我国高新技术产业创新活动 Malmquist 指数平均值统计表

省域	GM	EC	GTC	M	TC	PEC	SEC
北京	1.4487	1.1668	1.2591	1.2532	1.4939	1.1116	1.0788
天津	1.6178	1.2833	2.1669	1.2341	1.5026	1.6292	1.3424
河北	1.1611	1.5635	1.4566	1.0536	1.3018	1.2937	1.0965
山西	1.3348	1.1815	1.5052	1.0967	1.2728	1.4248	1.2747
内蒙古	1.3478	1.1609	1.4374	1.1325	1.2793	1.0925	1.0779
辽宁	1.7055	1.6190	2.2255	1.1972	1.7500	1.4859	1.0314
吉林	1.2946	1.0894	1.2743	1.2266	1.3277	1.0913	1.0136
黑龙江	1.3918	1.1683	1.3421	1.2674	1.3213	1.2147	1.0282

续表

省域	GM	EC	GTC	M	TC	PEC	SEC
上海	1.1865	1.5245	2.3302	1.0838	1.5370	1.1994	1.1425
江苏	1.2527	1.3159	1.4431	1.2124	1.3718	1.2972	1.0282
浙江	1.3421	1.2769	2.0861	1.1519	1.5860	1.2995	1.0294
安徽	1.4330	1.3750	2.0602	1.0063	1.2179	1.1745	1.1715
福建	1.1754	1.1637	1.6277	1.0180	1.2124	1.1547	1.0838
江西	2.2966	1.3926	2.5571	1.0622	1.3897	1.3879	1.0064
山东	1.2810	1.3456	1.7548	1.1331	1.1947	1.4125	1.0027
河南	1.4202	1.4056	2.4183	1.1786	1.4988	1.3661	1.0442
湖北	1.2505	1.1711	1.5652	1.3119	1.3150	1.1051	1.0899
湖南	1.5761	1.6721	1.3732	1.0647	1.3637	1.4410	1.0262
广东	1.3237	1.4378	2.3036	1.2185	1.2623	1.5647	1.0240
广西	1.4095	1.5172	1.7689	0.9971	1.3006	1.5330	1.0063
海南	1.5028	1.0662	1.3864	1.1179	1.1251	1.0868	1.0008
重庆	1.4084	1.6038	1.9562	1.3086	1.5893	1.4118	1.2131
四川	1.4041	1.2234	1.2710	1.0766	1.0729	1.2920	1.0468
贵州	1.6137	1.6804	3.0051	1.2133	1.5287	1.5436	1.2156
云南	1.3703	1.1322	2.0722	1.0578	1.3092	1.1006	1.0948
陕西	1.4147	1.4867	1.9028	1.0833	1.2220	1.6378	1.0655
甘肃	1.2631	1.1662	1.4081	1.2146	1.2100	1.2340	1.0633
青海	1.4816	1.7401	2.5200	1.1758	1.7983	1.8413	1.2596
宁夏	1.2935	1.3882	1.6628	1.2451	1.5982	1.1612	1.1192
新疆	1.4767	1.3708	1.7467	1.1674	1.4047	1.4936	1.6716
全国	1.5214	1.3006	2.4436	1.1519	1.0025	1.2104	1.0677

从表 8-4 列示的 2000—2020 年我国高新技术产业创新活动 Malmquist 指数平均值统计结果来看，全国层面高新技术产业创新活动全局 Malmquist 指数平均值是 1.5214；30 个省（市、自治区）高新技术产业创新活动全局 Malmquist 指数平均值均大于 1，且仅有 5 个省（市、自治区）高新技术产业创新活动全局 Malmquist

指数平均值高于全国水平。2000—2020 年全国层面高新技术产业创新活动同期 Malmquist 指数平均值是 1.1519；29 个省(市、自治区)高新技术产业创新活动同期 Malmquist 指数平均值大于 1，且 16 个省(市、自治区)高新技术产业创新活动同期 Malmquist 指数平均值高于全国水平。2000—2020 年全国层面高新技术产业创新活动技术效率变动指数(EC)平均值是 1.3006；30 个省(市、自治区)高新技术产业创新活动技术效率变动指数(EC)平均值均大于 1，且 17 个省(市、自治区)高新技术产业创新活动技术效率变动指数(EC)平均值高于全国水平。2000—2020 年全国层面高新技术产业创新活动全局技术进步指数(GTC)平均值是 2.4436；30 个省(市、自治区)高新技术产业创新活动全局技术进步指数(GTC)平均值均大于 1，且仅有江西省、贵州省和青海省高新技术产业创新活动全局技术进步指数(GTC)平均值高于全国水平。2000—2020 年全国层面高新技术产业创新活动同期技术进步指数(TC)平均值是 1.0025；30 个省(市、自治区)高新技术产业创新活动同期技术进步指数(TC)平均值均大于 1，且 30 个省(市、自治区)高新技术产业创新活动同期技术进步指数(TC)平均值均高于全国水平。2000—2020 年全国层面高新技术产业创新活动纯技术效率变动指数(PEC)平均值是 1.2104；30 个省(市、自治区)高新技术产业创新活动纯技术效率变动指数(PEC)平均值均大于 1，且 20 个省(市、自治区)高新技术产业创新活动纯技术效率变动指数(PEC)平均值高于全国水平。2000—2020 年全国层面高新技术产业创新活动规模报酬变动指数(SEC)平均值是 1.0677；30 个省(市、自治区)高新技术产业创新活动规模报酬变动指数(SEC)平均值均大于 1，且 15 个省(市、自治区)高新技术产业创新活动规模报酬变动指数(SEC)平均值高于全国水平。

8.2 经济不确定性、金融发展影响高新技术产业创新增长动力的计量模型设计

比较我国高新技术产业全局 Malmquist 指数及同期 Malmquist 指数可以发现，它们之间存在明显差异。鉴于高新技术产业全局 Malmquist 指数可以较全面地体现样本观察期间高新技术产业创新增长动力的波动情况，因此本节我们分别采用高新技术产业的全局 Malmquist 指数和全局技术进步指数(GTC)来衡量我国高新

技术产业创新增长的全要素生产率和技术进步率。

8.2.1 计量模型设计

为全面检验经济不确定性和金融发展对我国高新技术产业创新增长动力的影响，我们以高新技术产业生产活动和创新活动的全要素生产率及其技术进步率为被解释变量构建计量经济学模型。

1. 全国高新技术产业创新增长动力影响因素时间序列计量模型

结合前文的论述，我们对高新技术产业创新增长的分析包含了高新技术产业的生产活动和创新活动，因此构建经济不确定性和金融发展影响全国高新技术产业创新增长动力的时间序列计量模型也分别从这两方面出发进行分析。

（1）全国高新技术产业生产活动全要素生产率

经济不确定性和金融发展影响全国高新技术产业生产活动全要素生产率的时间序列计量模型的数学表达式可以表示为：

$$GM_t^{nhi} = \alpha_0 + \alpha_1 pak_t + \alpha_2 pal_t + \beta_1 EGU_t + \beta_2 EPU_t + \gamma_1 FDS_t$$
$$+ \gamma_2 FDE_t + \gamma_3 FIL_t + \lambda x_t + \varepsilon_t \tag{8-27}$$

其中，GM_t^{nhi} 表示全国高新技术产业生产活动在第 t 年的全要素生产率，pak_t 表示全国高新技术产业在第 t 年的生产活动资本要素存量增长率，pal_t 表示全国高新技术产业在第 t 年的生产活动劳动要素投入增长率；EGU_t 表示全国第 t 年的经济增长不确定性指数，EPU_t 表示全国第 t 年的经济政策不确定性指数；FDS_t 表示全国第 t 年的金融发展规模指数，FDE_t 表示全国第 t 年的金融发展效率指数，FIL_t 表示全国第 t 年的金融市场化指数；x_t 表示全国第 t 年对高新技术产业生产活动全要素生产率产生影响的其他外生变量指标，ε_t 表示随机干扰项。结合前文的分析，影响高新技术产业生产活动全要素生产率的其他外生变量指标主要包括经济发展水平增长率 gdp_t、经济基础设施水平增长率 inf_t、工业化水平增长率 ind_t、对外开放程度变动率 ope_t、教育发展水平增长率 edu_t、城镇化发展水平增长率 urb_t 等。于是，经济不确定性和金融发展影响全国高新技术产业生产活动全要素生产率的时间序列计量模型可进一步表示为：

$$GM_t^{nhi} = \alpha_0 + \alpha_1 pak_t + \alpha_2 pal_t + \beta_1 EGU_t + \beta_2 EPU_t + \gamma_1 FDS_t + \gamma_2 FDE_t$$
$$+ \gamma_3 FIL_t + \lambda_1 gap_t + \lambda_2 inf_t + \lambda_3 ind_t + \lambda_4 ope_t + \lambda_5 edu_t + \lambda_6 urb_t + \varepsilon_t$$

$$(8\text{-}28)$$

（2）全国高新技术产业生产活动技术进步率

同样，经济不确定性和金融发展影响全国高新技术产业生产活动技术进步率的时间序列计量模型的数学表达式可以表示为：

$$GTC_t^{nhi} = \alpha_0 + \alpha_1 pak_t + \alpha_2 pal_t + \beta_1 EGU_t + \beta_2 EPU_t + \gamma_1 FDS_t + \gamma_2 FDE_t$$
$$+ \gamma_3 FIL_t + \lambda_1 gap_t + \lambda_2 inf_t + \lambda_3 ind_t + \lambda_4 ope_t + \lambda_5 edu_t + \lambda_6 urb_t + \varepsilon_t$$

$$(8\text{-}29)$$

其中，GTC_t^{nhi} 表示全国高新技术产业生产活动在第 t 年的技术进步率，其他变量指标的经济学含义和经济不确定性和金融发展影响全国高新技术产业生产活动全要素生产率的时间序列计量模型一致。

（3）全国高新技术产业创新活动全要素生产率

经济不确定性和金融发展影响全国高新技术产业创新活动全要素生产率的时间序列计量模型的数学表达式可以表示为：

$$GM_t^{inn} = \alpha_0 + \alpha_1 iak_t + \alpha_2 ial_t + \beta_1 EGU_t + \beta_2 EPU_t + \gamma_1 FDS_t + \gamma_2 FDE_t + \gamma_3 FIL_t$$
$$+ \lambda_1 gap_t + \lambda_2 inf_t + \lambda_3 ind_t + \lambda_4 ope_t + \lambda_5 edu_t + \lambda_6 urb_t + \varepsilon_t$$

$$(8\text{-}30)$$

其中，GM_t^{inn} 表示全国高新技术产业创新活动在第 t 年的全要素生产率，iak_t 表示全国高新技术产业在第 t 年的创新活动资本要素存量增长率，ial_t 表示全国高新技术产业在第 t 年的创新活动劳动要素投入增长率，其他变量指标的经济学含义和经济不确定性和金融发展影响全国高新技术产业生产活动全要素生产率的时间序列计量模型一致。

（4）全国高新技术产业创新活动技术进步率

经济不确定性和金融发展影响全国高新技术产业创新活动技术进步率的时间序列计量模型的数学表达式可以表示为：

$$GTC_t^{inn} = \alpha_0 + \alpha_1 iak_t + \alpha_2 ial_t + \beta_1 EGU_t + \beta_2 EPU_t + \gamma_1 FDS_t + \gamma_2 FDE_t$$

$$+ \gamma_3 FIL_t + \lambda_1 gap_t + \lambda_2 inf_t + \lambda_3 ind_t + \lambda_4 ope_t + \lambda_5 edu_t + \lambda_6 urb_t + \varepsilon_t$$

$$(8-31)$$

其中，GTC_t^{inn} 表示全国高新技术产业创新活动在第 t 年的技术进步率，其他变量指标的经济学含义和经济不确定性和金融发展影响全国高新技术产业创新活动全要素生产率的时间序列计量模型一致。

2. 省域高新技术产业创新增长动力影响因素时间序列计量模型

同样，我们也分别从省域高新技术产业生产活动和创新活动两个方面来构建经济不确定性和金融发展影响省域高新技术产业创新增长动力的面板序列计量模型。

（1）省域高新技术产业生产活动全要素生产率

经济不确定性和金融发展影响省域高新技术产业生产活动全要素生产率的面板序列计量模型可以表示为：

$$GM_{it}^{nhi} = \alpha_0 + \alpha_1 pak_{it} + \alpha_2 pal_{it} + \beta_1 EGU_{it} + \beta_2 EPU_{it} + \gamma_1 FDS_{it} + \gamma_2 FDE_{it}$$

$$+ \gamma_3 FIL_{it} + \lambda_1 gap_{it} + \lambda_2 inf_{it} + \lambda_3 ind_{it} + \lambda_4 ope_{it} + \lambda_5 edu_{it} + \lambda_6 urb_{it} + \varepsilon_{it}$$

$$(8-32)$$

其中，$(\cdot)_{it}$ 表示省域 i 在第 t 年的相应变量指标，其经济学含义和经济不确定性和金融发展影响全国高新技术产业生产活动全要素生产率的时间序列计量模型一致。

（2）省域高新技术产业生产活动技术进步率

经济不确定性和金融发展影响省域高新技术产业生产活动技术进步率的面板序列计量模型的数学表达式可以表示为：

$$GTC_{it}^{nhi} = \alpha_0 + \alpha_1 pak_{it} + \alpha_2 pal_{it} + \beta_1 EGU_{it} + \beta_2 EPU_{it} + \gamma_1 FDS_{it} + \gamma_2 FDE_{it}$$

$$+ \gamma_3 FIL_{it} + \lambda_1 gap_{it} + \lambda_2 inf_{it} + \lambda_3 ind_{it} + \lambda_4 ope_{it} + \lambda_5 edu_{it} + \lambda_6 urb_{it} + \varepsilon_{it}$$

$$(8-33)$$

其中，$(\cdot)_{it}$ 表示省域 i 在第 t 年的相应变量指标，其经济学含义和经济不确定性和金融发展影响全国高新技术产业生产活动技术进步率的时间序列计量模型一致。

（3）省域高新技术产业创新活动全要素生产率

经济不确定性和金融发展影响省域高新技术产业创新活动全要素生产率的面板序列计量模型的数学表达式可以表示为：

$$GM_{it}^{inn} = \alpha_0 + \alpha_1 iak_{it} + \alpha_2 ial_{it} + \beta_1 EGU_{it} + \beta_2 EPU_{it} + \gamma_1 FDS_{it} + \gamma_2 FDE_{it}$$

$$+ \gamma_3 FIL_{it} + \lambda_1 gap_{it} + \lambda_2 inf_{it} + \lambda_3 ind_{it} + \lambda_4 ope_{it} + \lambda_5 edu_{it} + \lambda_6 urb_{it} + \varepsilon_{it}$$

$$(8-34)$$

其中，$(\cdot)_{it}$ 表示省域 i 在第 t 年的相应变量指标，其经济学含义和经济不确定性和金融发展影响全国高新技术产业创新活动全要素生产率的时间序列计量模型一致。

（4）省域高新技术产业创新活动技术进步率

经济不确定性和金融发展影响省域高新技术产业创新活动技术进步率的面板序列计量模型的数学表达式可以表示为：

$$GTC_{it}^{inn} = \alpha_0 + \alpha_1 iak_{it} + \alpha_2 ial_{it} + \beta_1 EGU_{it} + \beta_2 EPU_{it} + \gamma_1 FDS_{it} + \gamma_2 FDE_{it}$$

$$+ \gamma_3 FIL_{it} + \lambda_1 gap_{it} + \lambda_2 inf_{it} + \lambda_3 ind_{it} + \lambda_4 ope_{it} + \lambda_5 edu_{it} + \lambda_6 urb_{it} + \varepsilon_{it}$$

$$(8-35)$$

其中，$(\cdot)_{it}$ 表示省域 i 在第 t 年的相应变量指标，其经济学含义和经济不确定性和金融发展影响全国高新技术产业创新活动技术进步率的时间序列计量模型一致。

8.2.2 变量指标

除经济增长不确定性（EGU）、经济政策不确定性（EPU），金融发展规模（FDS）、金融发展效率（FDL）、金融市场化（FIL）等核心指标外，影响高新技术产业创新增长动力的因素比较多，我们结合前文影响高新技术产业创新增长的变量指标体系来构建影响我国高新技术产业创新增长动力的变量指标体系。

高新技术产业生产活动资本要素存量增长率（pak）。假设全国或各省域当年和上一年的高新技术产业生产活动资本要素存量分别是 PAK_0 和 PAK_{-1}，那么高新技术产业生产活动资本要素存量增长率(pak)的计算公式是 $pak = (PAK_0 - PAK_{-1})/PAK_{-1}$。其中，全国或各省域高新技术产业生产活动资本要素存量(PAK)的计算方法同第 7 章。

高新技术产业生产活动劳动要素投入增长率(pal)、高新技术产业创新活动劳动要素投入增长率(ial)、经济基础设施水平增长率(inf)、工业化水平增长率(ind)、对外开放程度变动率(ope)、教育发展水平增长率(edu)、城镇化发展水平增长率(urb)等变量指标的测算方法和高新技术产业生产活动资本要素存量增长率(pak)测算方法相同，在此不予赘述。

高新技术产业创新活动资本要素存量增长率(iak)。根据前文的分析，高新技术产业创新活动资本要素存量分为基于 R&D 活动经费的高新技术产业创新活动资本要素存量（$LAK1$）和基于新产品开发经费的高新技术产业创新活动资本要素存量($LAK2$)。首先参照高新技术产业生产活动资本要素存量增长率(pak)的测算方法，测算出基于 R&D 活动经费的高新技术产业创新活动资本要素存量增长率($iak1$)和基于新产品开发经费的高新技术产业创新活动资本要素存量增长率($iak2$)。其次结合熵值赋权法来测算高新技术产业创新活动资本要素存量增长率(iak)，其测算公式是 $iak = \omega_1 iak1 + \omega_2 iak2$，$\omega_1$ 和 ω_2 分别指的是基于 R&D 活动经费的高新技术产业创新活动资本要素存量增长率($iak1$)和基于新产品开发经费的高新技术产业创新活动资本要素存量增长率($iak2$)的权重系数。

经济发展水平增长率(gdp_t)。全国和各省域的经济发展水平增长率通过全国和各省域国内生产总值增长率来表征。

结合上文对各变量指标的阐述，现对其进行描述性统计，结果如表 8-5 和表 8-6 所示。

表 8-5　全国高新技术产业创新增长动力计量分析变量指标描述性统计

变量名称	最大值	最小值	平均值	中位数	标准差
生产活动全要素生产率（GM_t^{nhi}）	2.9581	0.3997	1.0827	1.0472	0.5307
生产活动技术进步率（GTC_t^{nhi}）	2.8176	0.4094	1.0834	1.0168	0.5660
创新活动全要素生产率（GM_t^{inn}）	4.4385	0.1110	1.5214	1.2560	1.1720

续表

变量名称	最大值	最小值	平均值	中位数	标准差
创新活动技术进步率（GTC_t^{inn}）	10.9095	0.0288	2.4436	1.3443	2.9823
生产活动资本要素存量增长率（pak_t）	0.3323	0.1634	0.2519	0.2649	0.0520
生产活动劳动要素投入增长率（pal_t）	0.2296	−0.0225	0.0672	0.0571	0.0682
创新活动资本要素存量增长率（iak_t）	0.3277	0.1473	0.2391	0.2604	0.0592
创新活动劳动要素投入增长率（ial_t）	0.4331	−0.0549	0.1334	0.0854	0.1326
经济增长不确定性（EGU_t）	2.8584	0.8710	1.8158	1.7717	0.6023
经济政策不确定性（EPU_t）	5.0955	4.2885	4.7411	4.8448	0.3040
金融发展规模（FDS_t）	3.3268	1.7775	2.4614	2.4918	0.4921
金融发展效率（FDE_t）	0.2894	0.2081	0.2540	0.2624	0.0261
金融市场化（FIL_t）	16.0043	4.3810	10.1519	10.5015	3.3982
经济发展水平增长率（gdp_t）	0.1470	0.0191	0.0874	0.0858	0.0277
经济基础设施水平增长率（inf_t）	0.2119	0.0791	0.1502	0.1587	0.0361
工业化水平增长率（ind_t）	0.0264	−0.0587	−0.0128	−0.0121	0.0232
对外开放程度变动率（ope_t）	0.1903	−0.2292	−0.0083	−0.0184	0.0975
教育发展水平增长率（edu_t）	0.2841	0.0157	0.0900	0.0614	0.0848
城镇化发展水平增长率（urb_t）	0.0398	0.0188	0.0288	0.0286	0.0064

表 8-6 省域高新技术产业创新增长动力计量分析变量指标描述性统计

变量名称	最大值	最小值	平均值	中位数	标准差
生产活动全要素生产率（GM_{it}^{nhi}）	8.7787	0.1035	1.1722	1.0496	0.8523
生产活动技术进步率（GTC_{it}^{nhi}）	11.1467	0.0789	1.1721	1.0502	0.9710
创新活动全要素生产率（GM_{it}^{inn}）	9.2343	0.1092	1.4159	1.0103	1.3156

变量名称	最大值	最小值	平均值	中位数	标准差
创新活动技术进步率（GTC_{it}^{inn}）	23.5502	0.0355	1.8296	1.0001	2.6212
生产活动资本要素存量增长率（pak_{it}）	3.8814	-0.7703	0.3052	0.2572	0.4750
生产活动劳动要素投入增长率（pal_{it}）	0.6342	-0.4851	0.0565	0.0428	0.1286
创新活动资本要素存量增长率（iak_{it}）	5.5981	-0.0429	0.2796	0.2386	0.2740
创新活动劳动要素投入增长率（ial_{it}）	13.1864	-0.8653	0.2407	0.1119	0.8704
经济增长不确定性（EGU_{it}）	7.6639	0.5382	2.0667	1.6991	1.2072
经济政策不确定性（EPU_{it}）	1.4444	0.0000	0.4470	0.4286	0.2920
金融发展规模（FDS_{it}）	21.4754	0.6303	1.8312	1.5239	1.4234
金融发展效率（FDE_{it}）	1.0799	0.0400	0.4342	0.4232	0.1840
金融市场化（FIL_{it}）	23.2800	0.8500	10.3855	9.6100	4.9215
经济发展水平增长率（gdp_{it}）	0.2380	-0.0500	0.1014	0.1020	0.0346
经济基础设施水平增长率（inf_{it}）	0.8769	-0.7787	0.1744	0.1660	0.1569
工业化水平增长率（ind_{it}）	0.2939	-0.4733	-0.0078	-0.0081	0.0746
对外开放程度变动率（ope_{it}）	0.6807	-0.5910	0.0094	0.0066	0.1498
教育发展水平增长率（edu_{it}）	0.5077	-0.0513	0.0914	0.0643	0.0929
城镇化发展水平增长率（urb_{it}）	0.1312	-0.1009	0.0277	0.0251	0.0204

在对经济不确定性、金融发展影响全国高新技术产业创新增长动力的时间序列计量模型和经济不确定性、金融发展影响省域高新技术产业创新增长动力的面板序列计量模型估计之前，有必要对变量指标的平稳性进行检验，检验结果如表8-7和表8-8所示。

表 8-7　经济不确定性、金融发展影响全国高新技术产业创新增长动力

时间序列计量模型变量指标平稳性检验结果统计表

变量名称	检验选项	ADF 检验	PP 检验
生产活动全要素生产率（GM_t^{nhi}）	C	-5.6823^{***}	-7.4255^{***}
	T&C	-5.4868^{***}	-7.2054^{***}
	None	-0.2943	-1.4184
生产活动技术进步率（GTC_t^{nhi}）	C	-5.1419^{***}	-10.6727^{***}
	T&C	-4.9343^{***}	-9.4021^{***}
	None	-0.0525	-1.5802
创新活动全要素生产率（GM_t^{inn}）	C	-8.4580^{***}	-8.4580^{***}
	T&C	-8.6560^{***}	-10.5232^{***}
	None	-0.4798	-2.9399^{***}
创新活动技术进步率（GTC_t^{inn}）	C	-5.8154^{***}	-5.6949^{***}
	T&C	-6.3054^{***}	-6.4546^{***}
	None	-1.3150	-3.4742^{***}
生产活动资本要素存量增长率（pak_t）	C	-0.4531	-0.4531
	T&C	-2.6440	-2.1830
	None	-0.9467	-0.9467
生产活动资本要素存量增长率（pak_t）（一阶差分）	C	-3.0558^{**}	-3.0077^{*}
	T&C	-3.0272	-2.9887
	None	-2.9789^{***}	-2.9780^{***}
生产活动劳动要素投入增长率（pal_t）	C	-1.3948	-2.4499
	T&C	-4.0543^{**}	-4.2491^{**}
	None	-0.9132	-1.3277
创新活动资本要素存量增长率（iak_t）	C	-0.5324	-1.3062
	T&C	-3.4855^{*}	-3.4823^{*}
	None	-1.5876	-1.9149^{*}
创新活动劳动要素投入增长率（ial_t）	C	-1.8243	-4.9375^{***}
	T&C	-5.2159^{***}	-5.1276^{***}
	None	-1.0574	-2.9478^{***}

续表

变量名称	检验选项	ADF 检验	PP 检验
经济发展水平增长率（gdp_t）	C	−0.4297	−0.2347
	T&C	−2.3936	−2.0197
	None	−0.8331	−0.8364
经济发展水平增长率（gdp_t）（一阶差分）	C	−3.7871**	−3.6667**
	T&C	−4.1673**	−5.6051***
	None	−3.7470***	−3.6393***
经济基础设施水平增长率（inf_t）	C	−0.0851	−0.5981
	T&C	−1.2717	−1.9322
	None	−0.5273	−0.5167
经济基础设施水平增长率（inf_t）（一阶差分）	C	−2.4170	−2.3590
	T&C	−4.3816**	−5.7070***
	None	−2.4336**	−2.3739**
工业化水平增长率（ind_t）	C	−2.5975	−2.5975
	T&C	−3.5028*	−3.4954*
	None	−2.2100**	−2.2100**
对外开放程度变动率（ope_t）	C	−2.8453*	−2.8453*
	T&C	−3.3094*	−3.3094*
	None	−2.9168***	−2.9168***
教育发展水平增长率（edu_t）	C	−2.1273	−3.5062**
	T&C	−0.4701	1.0799
	None	−1.7048*	−4.1314***
城镇化发展水平增长率（urb_t）	C	−0.1720	−1.8233
	T&C	−3.7378**	−3.7663**
	None	−2.3112**	−2.2925**

注：* 表示在 0.1 水平上显著，** 表示在 0.05 水平上显著，*** 表示在 0.01 水平上显著。

根据表 8-7 的检验结果，在 Augmented Dickey-Fuller Test 和 Phillips-Perron

Test 检验原则下，全国生产活动全要素生产率（GM_t^{nhi}）、生产活动技术进步率（GTC_t^{nhi}）、创新活动全要素生产率（GM_t^{inn}）、创新活动技术进步率（GTC_t^{inn}）、生产活动劳动要素投入增长率（pal_t）、创新活动资本要素存量增长率（iak_t）、创新活动劳动要素投入增长率（ial_t）、工业化水平增长率（ind_t）、对外开放程度变动率（ope_t）、教育发展水平增长率（edu_t）、城镇化发展水平增长率（urb_t）等变量指标不存在单位根，属于平稳时间序列。然而，全国生产活动资本要素存量增长率（pak_t）、经济发展水平增长率（gdp_t）、经济基础设施水平增长率（inf_t）等三个变量指标则存在单位根，属于非平稳时间序列。进一步对这三个指标变量的一阶差分进行平稳性检验，发现它们都不存在单位根，属于平稳时间序列。

表 8-8　经济不确定性、金融发展影响省域高新技术产业创新增长动力
面板序列计量模型变量指标平稳性检验结果统计表

变量名称	检验选项	LLC 检验	IPS 检验	ADF 检验	PP 检验
生产活动全要素生产率（GM_{it}^{nhi}）	C	−27.2917***	−22.6288***	728.2870***	536.3580***
	T&C	−19.6455***	−19.8584***	323.0130***	420.2440***
	None	−2.4471***		106.6930***	145.227***
生产活动技术进步率（GTC_{it}^{nhi}）	C	−29.4803***	−23.7333***	1016.1100***	525.0390***
	T&C	−34.3098***	−24.4980***	314.2060***	407.2630***
	None	0.1965		63.1054	149.5960***
创新活动全要素生产率（GM_{it}^{inn}）	C	−27.2823***	−25.3232***	535.7900***	755.7120***
	T&C	−21.6538***	−20.7760***	395.2680***	564.1630***
	None	−7.5705***		148.1820***	280.7100***
创新活动技术进步率（GTC_{it}^{inn}）	C	−23.4330***	−20.6408***	441.7980***	550.0460***
	T&C	−19.9061***	−19.0994***	365.7430***	485.5190***
	None	−13.1355***		257.5650***	345.4190***
生产活动资本要素存量增长率（pak_{it}）	C	−9.3633***	−10.5364***	227.4510***	259.7080***
	T&C	−9.7133***	−10.6388***	212.2930***	271.3440***
	None	−11.9274***		234.6600***	257.6120***

续表

变量名称	检验选项	LLC 检验	IPS 检验	ADF 检验	PP 检验
生产活动劳动要素投入增长率（pal_{it}）	C	−10.7190***	−10.2426***	226.8840***	245.3660***
	T&C	−11.2303***	−11.5360***	227.6340***	254.2240***
	None	−12.1318***		206.5640***	296.8010***
创新活动资本要素存量增长率（iak_{it}）	C	−4.0885***	−5.7360***	151.1430***	195.3270***
	T&C	−9.7581***	−10.1374***	202.5110***	235.1430***
	None	−7.8898***		124.6010***	133.0170***
创新活动劳动要素投入增长率（ial_{it}）	C	−22.8195***	−20.3231***	426.9830***	526.5660***
	T&C	−18.8649***	−18.9805***	357.7690***	426.6640***
	None	−18.6775***		394.3200***	515.1740***
经济发展水平增长率（gdp_{it}）	C	9.1023	9.2857	8.7160	5.4463
	T&C	−4.2429***	0.7909	61.0786	128.9670***
	None	−5.0824***		77.9382*	68.2175
经济发展水平增长率（gdp_{it}）（一阶差分）	C	−11.2620***	−10.9760***	232.5510***	239.9250***
	T&C	−12.3853***	−12.2562***	241.1420***	334.6330***
	None	−15.4098***		310.9960***	351.7820***
经济基础设施水平增长率（inf_{it}）	C	5.5544	0.4919	57.2532	233.0900***
	T&C	−5.4715***	−7.4022***	188.6630***	267.9010***
	None	−4.6739***		79.2111**	165.3040***
工业化水平增长率（ind_{it}）	C	−8.9389***	−6.7739***	159.1430***	171.7890***
	T&C	−10.5132***	−10.4400***	205.5570***	238.1420***
	None	−14.0580***		287.0960***	298.3060***
对外开放程度变动率（ope_{it}）	C	−15.9323***	−12.7713***	265.3480***	271.8500***
	T&C	−15.7513***	−11.5481***	226.4300***	277.3460***
	None	−18.2405***		398.3860***	405.8670***
教育发展水平增长率（edu_{it}）	C	−12.2392***	−9.3618***	204.9150***	275.9390***
	T&C	−1.9831**	5.5866	44.6096	79.8836**
	None	−18.3721***		325.5670***	364.9400***

续表

变量名称	检验选项	LLC 检验	IPS 检验	ADF 检验	PP 检验
城镇化发展水平增长率（urb_{it}）	C	−21.5936***	−13.8313***	261.3340***	238.7500***
	T&C	−9.9187***	−9.3356***	191.5780***	257.0130***
	None	−12.4231***		133.9040***	145.2730***

注：*表示在 0.1 水平上显著，**表示在 0.05 水平上显著，***表示在 0.01 水平上显著。

根据表 8-8 的检验结果，在 Levin Lin Chu Test、Im Pesaran Shin Test、ADF-Fisher Test 和 PP-Fisher Test 检验原则下，省域生产活动全要素生产率（GM_{it}^{nhi}）、生产活动技术进步率（GTC_{it}^{nhi}）、创新活动全要素生产率（GM_{it}^{inn}）、创新活动技术进步率（GTC_{it}^{inn}）、生产活动资本要素存量增长率（pak_{it}）、生产活动劳动要素投入增长率（pal_{it}）、创新活动资本要素存量增长率（iak_{it}）、创新活动劳动要素投入增长率（ial_{it}）、经济基础设施水平增长率（inf_{it}）、工业化水平增长率（ind_{it}）、对外开放程度变动率（ope_{it}）、教育发展水平增长率（edu_{it}）、城镇化发展水平增长率（urb_{it}）等变量指标不存在单位根，属于平稳面板序列。然而，省域经济发展水平增长率（gdp_{it}）则存在单位根，属于非平稳面板序列。进一步对其一阶差分进行平稳性检验发现，省域经济发展水平增长率（gdp_{it}）一阶差分不存在单位根，属于平稳面板序列。

8.3 经济不确定性、金融发展影响高新技术产业生产活动增长动力的实证分析

8.3.1 全国经济不确定性、金融发展影响高新技术产业生产活动增长动力的实证检验

在前文变量指标平稳性检验的基础上，本节对全国经济不确定、金融发展影响高新技术产业生产活动增长动力时间序列计量模型进行参数估计，结果如表 8-9 所示。

表 8-9　经济不确定性、金融发展影响全国高新技术产业生产活动增长动力

时间序列计量模型参数估计结果统计表

变量名称	全要素生产率		技术进步率	
	回归系数	标准误差	回归系数	标准误差
常数项（C）	2.0686**	1.0406	1.5309***	0.1475
生产活动资本要素存量增长率（pak_t）	−0.6600	1.0164	−0.9357***	0.1063
生产活动劳动要素投入增长率（pal_t）	−0.5618	0.6566	0.8274***	0.0778
经济增长不确定性（EGU_t）	−0.1578**	0.0802	0.0284***	0.0081
经济政策不确定性（EPU_t）	0.3570***	0.1285	−0.0917***	0.0307
金融发展规模（FDS_t）	−0.0948	0.2499	−0.1452***	0.0231
金融发展效率（FDE_t）	1.6792	4.1177	0.6181**	0.2476
金融市场化（FIL_t）	−0.1178***	0.0347	0.0229***	0.0052
经济发展水平增长率（gdp_t）	0.7458	3.4046	0.1915	0.1319
经济基础设施水平增长率（inf_t）	−4.0793***	1.1794	−1.4148*	0.2490
工业化水平增长率（ind_t）	−2.1967	4.0604	0.6326**	0.3343
对外开放程度变动率（ope_t）	0.6620	0.5661	−0.6886***	0.1738
教育发展水平增长率（edu_t）	−2.4942***	0.7068	−0.4328***	0.1115
城镇化发展水平增长率（urb_t）	−1.9665***	0.7509	5.9497***	0.9677
R-squared	0.8536		0.9284	
Adjusted R-squared	0.7471		0.8734	

注：*表示在 0.1 水平上显著，**表示在 0.05 水平上显著，***表示在 0.01 水平上显著。

从表 8-9 的统计结果来看，以高新技术产业生产活动全要素生产率为被解释变量的时间序列计量模型的 R-squared 是 0.8536，Adjusted R-squared 是 0.7471，这表明在该时间序列计量模型中各解释变量指标对全国高新技术产业生产活动增长动力（全要素生产率）的解释程度达到了 74.71%，可以确定该时间序列计量模

型的拟合效果良好；以高新技术产业生产活动技术进步率为被解释变量的时间序列计量模型的 R-squared 是 0.9284，Adjusted R-squared 是 0.8734，这表明在该时间序列计量模型中各解释变量指标对全国高新技术产业生产活动增长动力（技术进步率）的解释程度达到了 87.34%，可以确定该时间序列计量模型的拟合效果良好。因此，经济不确定性、金融发展影响高新技术产业生产活动增长动力时间序列计量模型可以对全国高新技术产业生产活动增长动力的特征进行较为准确的描述，其估计结果也具有较高的可信性。

从经济不确定性指标的参数估计结果来看，经济增长不确定性指数和经济政策不确定性指数对全国高新技术产业生产活动增长动力的影响并不一致。其中，经济增长不确定性指数对全国高新技术产业生产活动全要素生产率存在显著的负向抑制作用，对全国高新技术产业生产活动技术进步率则存在显著的正向促进作用；经济政策不确定性指数对全国高新技术产业生产活动增长动力的影响与经济增长不确定指数恰好相反。经济增长不确定性指数通过影响高新技术产业产品市场的有效需求和价格水平对高新技术产业生产活动增长动力发挥作用，而经济政策不确定性指数则主要是通过影响高新技术产业生产活动综合税费水平来对高新技术产业生产活动增长动力发挥作用。随着经济增长不确定性水平的上升，高新技术产业产品市场有效需求和价格水平下降，进而导致在投入水平不变的情况下其全要素生产率的降低。为了确保企业自身的有序发展，高新技术企业往往寻求通过技术革新来提高生产效率，降低生产成本，从而使得高新技术产业生产活动技术进步率有所提升。作为国家大力支持的重点产业发展领域，经济政策不确定性对高新技术产业往往具有利好效应，特别是随着高新技术产业生产活动综合税费水平的降低，其全要素生产率必然会有所提升；而随着高新技术产业合理利润空间得以保持，其寻求技术革新的积极性会随之降低，从而导致其技术进步率所有下降。

从金融发展变量指标的参数估计结果来看，金融发展规模指数、金融发展效率指数对全国高新技术产业生产活动全要素生产率不存在显著影响，金融市场化指数则对全国高新技术产业生产活动全要素生产率存在显著的负向抑制作用；金融发展规模指数对全国高新技术产业生产活动技术进步率存在显著的负向抑制作用，金融发展效率指数和金融市场化指数则对全国高新技术产业生产活动技术进步率存在显著的正向促进作用。金融发展指标变量主要是通过影响高新技术产业生产活动的融资效率来影响其增长动力，高新技术企业生产活动融资效率的提升有助于其生产效率的提升。然而，高新技术企业生产活动的融资效率易受宏观经济环境的影响，特别是经济不确定性程度增强时，其融资效率往往会随之降低。

从影响全国高新技术产业生产活动增长动力的其他变量指标来看，高新技术产业生产活动资本要素存量增长率和劳动要素投入增长率对全国高新技术产业生产活动全要素生产率均不存在显著影响；高新技术产业生产活动资本要素存量增长率对全国高新技术产业生产活动技术进步率存在显著的负向抑制作用，而高新技术产业生产活动劳动要素投入增长率则对其存在显著的正向促进作用。这表明全国高新技术产业生产活动资本要素存量和劳动要素投入因素主要通过技术进步路径来影响高新技术产业生产活动增长动力。然而，全国高新技术产业生产活动资本要素存量增长速度越快，表明高新技术产业进入的技术门槛相对降低，对生产活动技术进步的推动作用反而减弱；而劳动要素投入增长速度越快，则激励企业重视生产活动技术进步提升劳动效率，节约劳动成本支出。其他控制变量指标对全国高新技术产业生产活动增长动力的影响也存在较大差异。其中，经济基础设施水平增长率、教育发展水平增长率以及城镇化发展水平增长率对全国高新技术产业生产活动全要素生产率存在显著的负向抑制作用，经济发展水平增长率、工业化水平增长率以及对外开放程度变动率对其则不存在显著影响。经济基础设施水平增长率、对外开放程度变动率以及教育发展水平增长率对全国高新技术产业生产活动技术进步率存在显著的负向抑制作用，工业化水平增长率和城镇化发展水平增长率对其存在显著的正向促进作用，经济发展水平增长率对其则不存在显著影响。

8.3.2 省域经济不确定性、金融发展影响高新技术产业生产活动增长动力的实证检验

对省域经济不确定性、金融发展影响高新技术产业生产活动增长动力面板序列计量模型类别选择进行检验，其检验结果如表8-10所示。

表 8-10 省域高新技术产业生产活动增长动力面板序列计量模型选择检验统计表

	检验类别	全要素生产率	技术进步率
固定效应 or 混合效应	F Test	0.57	0.40
随机效应 or 混合效应	LM Test	0.00	0.00
固定效应 or 随机效应	Hausman Test	11.11	7.62
模型选择结果		混合效应	混合效应

从表 8-10 省域高新技术产业生产活动增长动力面板序列计量模型选择检验结果来看，无论以高新技术产业生产活动全要素生产率为被解释变量，还是以高新技术产业生产活动技术进步率为被解释变量，各省(市、自治区)高新技术产业生产活动增长动力均使用混合效应面板序列计量模型。我们进一步对各省(市、自治区)高新技术产业生产活动增长动力面板序列计量模型进行参数估计，结果如表 8-11 所示。

表 8-11 省域经济不确定性、金融发展影响高新技术产业生产活动增长动力
面板序列计量模型参数估计结果统计表

变量名称	全要素生产率		技术进步率	
	回归系数	标准误差	回归系数	标准误差
常数项(C)	0.9050***	0.0315	0.8745***	0.0669
生产活动资本要素存量增长率(pak_{it})	−0.0189***	0.0061	0.1480***	0.0474
生产活动劳动要素投入增长率(pal_{it})	−0.0576*	0.0305	−0.0554	0.0832
经济增长不确定性(EGU_{it})	−0.0031	0.0034	0.0106*	0.0055
经济政策不确定性(EPU_{it})	0.0332*	0.0164	0.0546**	0.0245
金融发展规模(FDS_{it})	−0.0036**	0.0017	0.0017	0.0043
金融发展效率(FDE_{it})	−0.0602**	0.0224	−0.0074	0.0569
金融市场化(FIL_{it})	0.0009	0.0014	0.0030**	0.0014
经济发展水平增长率(gdp_{it})	0.2939*	0.1633	−0.5806*	0.3313

续表

变量名称	全要素生产率		技术进步率	
	回归系数	标准误差	回归系数	标准误差
经济基础设施水平增长率（inf_{it}）	0.1159***	0.0374	−0.1135*	0.0612
工业化水平增长率（ind_{it}）	−0.1719***	0.0441	−0.2367*	0.1367
对外开放程度变动率（ope_{it}）	−0.0554*	0.0315	−0.0624	0.0733
教育发展水平增长率（edu_{it}）	0.0144	0.0619	0.5711***	0.1450
城镇化发展水平增长率（urb_{it}）	0.3910*	0.2064	−0.3603	0.3946
R-squared	0.5421		0.7344	
F Test	50.28***		59.68***	

注：＊表示在 0.1 水平上显著，＊＊表示在 0.05 水平上显著，＊＊＊表示在 0.01 水平上显著。

从表 8-11 省域经济不确定性、金融发展影响高新技术产业生产活动增长动力面板序列计量模型参数估计结果来看，以高新技术产业生产活动全要素生产率为被解释变量和以高新技术产业生产活动技术进步率为被解释变量的各省（市、自治区）高新技术产业生产活动增长动力面板序列计量模型 F 检验统计量分别是 50.28、59.68，二者在 0.01 的水平上都是显著的，可以确定该面板序列计量模型的拟合效果良好。其中，以高新技术产业生产活动全要素生产率为被解释变量的各省（市、自治区）高新技术产业生产活动增长动力面板序列计量模型的 R-squared 是 0.5421，这表明该面板序列计量模型中各解释变量对各省（市、自治区）高新技术产业生产活动全要素生产率的解释程度为 54.21%；以高新技术产业生产活动技术进步率为被解释变量的各省（市、自治区）高新技术产业生产活动增长动力面板序列计量模型 R-squared 是 0.7344，这表明该面板序列计量模型中各解释变量对各省（市、自治区）高新技术产业生产活动技术进步率的解释程度为 73.44%。相比较而言，各解释变量对各省（市、自治区）高新技术产业生产活动技术进步率的解释能力优于生产活动全要素生产率。综合来看，省域经济不确定性、金融发展影响高新技术产业生产活动增长动力面板序列模型能够对各省（市、自治区）高新技术产业生产活动增长动力的特征进行较为准确的描述。

从经济不确定性和金融发展变量指标的参数估计结果来看，经济不确定性变量指标和金融发展变量指标对各省(市、自治区)高新技术产业生产活动全要素生产率和技术进步率的影响存在较大差异。其中，经济增长不确定性指数对各省(市、自治区)高新技术产业生产活动全要素生产率不存在显著影响，而经济政策不确定指数对各省(市、自治区)高新技术产业生产活动全要素生产率则存在显著的正向促进作用；经济增长不确定性指数和经济政策不确定性指数对各省(市、自治区)高新技术产业生产活动技术进步率均存在显著的正向促进作用。金融发展规模指数和金融发展效率指数对各省(市、自治区)高新技术产业生产活动全要素生产率存在显著的负向抑制作用，而对各省(市、自治区)高新技术产业生产活动技术进步率不存在显著影响；金融市场化指数对各省(市、自治区)高新技术产业生产活动全要素生产率不存在显著影响，而对各省(市、自治区)高新技术产业生产活动技术进步率存在显著的正向促进作用。在高新技术产业发展过程中，各省(市、自治区)对高新技术产业生产活动的关注程度比较高，特别是地方性的经济政策对优质的高新技术企业存在较大的倾斜性，使得地方经济政策和高新技术产业发展形成了良性互动。虽然各省(市、自治区)金融发展水平存在较大差异，但是高新技术企业特别是优质的高新技术企业在融资方面往往不会受到地域壁垒的限制，这使得金融发展因素对高新技术产业生产活动增长动力的影响相对较弱。

从影响省域高新技术产业生产活动增长动力的其他变量指标来看，各省(市、自治区)高新技术产业生产活动资本要素存量增长率及其劳动要素投入增长率对高新技术产业生产活动全要素生产率均存在显著的负向抑制作用，这表明高新技术产业生产活动要素投入的增长反而制约了高新技术产业生产活动全要素生产率的提升；各省(市、自治区)高新技术产业生产活动资本要素存量增长率对高新技术产业生产活动技术进步率均存在显著的正向促进作用，而劳动要素投入增长率对高新技术产业生产活动技术进步率不存在显著影响。其他控制变量指标对各省(市、自治区)高新技术产业生产活动全要素生产率及其技术进步率的影响也存在明显差异。其中，经济发展水平增长率、经济基础设施水平增长率和城镇化发展水平增长率对各省(市、自治区)高新技术产业生产活动全要素生产率存在显著的正向促进作用，工业化水平增长率和对外开放程度变动率对其则存在显著的负向抑制作用，教育发展水平增长率则对其不存在显著影响；经济发展水平增长率、经济基础设施水平增长率和工业化水平增长率对各省（市、自治区）高新技术产业生产活动技术进步率存在显著的负向抑制作用，教育发展水平增长率对其则存在显著的正向促进作用，对外开放程度变动率和城镇化发展水平增长率则对其不存在显著影响。

8.3.3　经济不确定性、金融发展影响高新技术产业生产活动增长动力的资本属性差异性分析

为进一步探究经济不确定性、金融发展对不同资本属性高新技术产业生产活动增长动力影响的差异性，我们分别从全国层面和省域层面对不同资本属性高新技术产业生产活动增长动力进行计量分析。

1. 全国层面资本属性差异性分析

我们首先对全国经济不确定性、金融发展影响不同资本属性高新技术产业生产活动增长动力的时间序列计量模型进行参数估计，其结果如表 8-12 所示。

表 8-12　全国不同资本属性高新技术产业生产活动增长动力时间

序列计量模型参数估计结果统计表

(一)全要素生产率			
变量名称	内资	国有及国有控股	外资(含港澳台)
常数项(C)	3.4725***	1.4306***	-3.0972***
生产活动资本要素存量增长率（pak_t）	-0.0513	-0.2816*	0.5721**
生产活动劳动要素投入增长率（pal_t）	0.1063	1.2026*	-1.5262***
经济增长不确定性（EGU_t）	-0.1290***	-0.3602***	-0.0779*
经济政策不确定性（EPU_t）	-0.0068	-0.6640***	0.5847***
金融发展规模（FDS_t）	0.1142***	-0.7699***	-0.0235

续表

（一）全要素生产率			
变量名称	内资	国有及国有控股	外资（含港澳台）
金融发展效率（FDE_t）	4.6677***	-7.9789*	2.2146*
金融市场化（FIL_t）	-0.1512***	-0.2014***	0.0120
经济发展水平增长率（gdp_t）	-2.6641	6.8046	1.0370
经济基础设施水平增长率（inf_t）	-5.6779**	-5.1213**	0.3829
工业化水平增长率（ind_t）	0.6301	3.7611	-1.7917*
对外开放程度变动率（ope_t）	-0.0629	0.5351	0.8768***
教育发展水平增长率（edu_t）	-3.7172***	-1.2794***	1.2016
城镇化发展水平增长率（urb_t）	-2.5809	-3.0729**	1.7150***
R-squared	0.9378	0.9334	0.9878
Adjusted R-squared	0.8486	0.8116	0.9614
（二）技术进步率			
变量名称	内资	国有及国有控股	外资（含港澳台）
常数项（C）	-1.3638***	1.4095***	1.5716***
生产活动资本要素存量增长率（pak_t）	2.6258*	0.0619***	0.5935***
生产活动劳动要素投入增长率（pal_t）	-1.2784***	-0.4554***	-0.2810**
经济增长不确定性（EGU_t）	0.4000**	0.0301**	-0.0981***
经济政策不确定性（EPU_t）	1.7171***	0.1001*	0.0143
金融发展规模（FDS_t）	3.3929***	-0.3019*	-0.0895***
金融发展效率（FDE_t）	1.8625**	-3.7345***	0.6367
金融市场化（FIL_t）	-0.4761***	0.0193	-0.0186***
经济发展水平增长率（gdp_t）	5.1184	3.4028**	-0.3077
经济基础设施水平增长率（inf_t）	-5.9777	-0.6244*	-0.6532***
工业化水平增长率（ind_t）	-1.5682	-3.5727***	-1.9424***

续表

（二）技术进步率			
变量名称	内资	国有及国有控股	外资（含港澳台）
对外开放程度变动率（ope_t）	2.9561*	−0.2041***	0.7009***
教育发展水平增长率（edu_t）	7.1346*	1.3665***	−1.6286***
城镇化发展水平增长率（urb_t）	−7.8052**	4.4575	−2.6427***
R-squared	0.9368	0.9794	0.9435
Adjusted R-squared	0.8167	0.9348	0.8271

注：*表示在0.1水平上显著，**表示在0.05水平上显著，***表示在0.01水平上显著。

从表8-12全国不同资本属性高新技术产业生产活动增长动力时间序列计量模型参数估计结果来看，内资、国有及国有控股以及外资（含港澳台）高新技术产业生产活动全要素生产率时间序列计量模型Adjusted R-squared分别是0.8486、0.8116、0.9614，这表明在该时间序列计量模型中各解释变量指标对全国内资、国有及国有控股以及外资（含港澳台）高新技术产业生产活动全要素生产率的解释程度分别达到了84.86%、81.16%、96.14%；内资、国有及国有控股以及外资（含港澳台）高新技术产业生产活动技术进步率时间序列计量模型Adjusted R-squared分别是0.8167、0.9348、0.8271，这表明在该时间序列计量模型中各解释变量指标对全国内资、国有及国有控股以及外资（含港澳台）高新技术产业生产活动技术进步率的解释程度分别达到了81.67%、93.48%、82.71%。综合来看，全国不同资本属性高新技术产业生产活动增长动力时间序列计量模型的拟合效果良好。

从经济不确定性变量指标的参数估计结果来看，经济增长不确定性指数对全国内资、国有及国有控股以及外资（含港澳台）高新技术产业生产活动全要素生产率均存在显著的负向抑制作用；经济政策不确定性指数对全国内资高新技术产业生产活动全要素生产率不存在显著影响，对全国国有及国有控股高新技术产业生产活动全要素生产率存在显著的负向抑制作用，对全国外资（含港澳台）高新技术产业生产活动全要素生产率存在显著的正向促进作用。经济增长不确定性指数对全国内资和国有及国有控股高新技术产业生产活动技术进步率存在显著的正向促进作用，对全国外资(含港澳台)高新技术产业生产活动技术进步率存在显著的负向抑制作用；经济政策不确定性指数对全国内资和国有及国有控股高新技术产业生产活动技术进步率存在显著的正向促进作用，对全国外资(含港澳台)高新技术产业生产活动技术进步率则不存在显著影响。显而易见，经济不确定性因素对全国不同资本属性高新技术产业生产活动增长动力的影响存在明显差异，特别是对全国外资(含港澳台)高新技术产业生产活动增长动力的影响明显不同于其他资本属性高新技术产业。

从金融发展变量指标的参数估计结果来看，金融发展规模指数和金融发展效率指数对全国内资高新技术产业生产活动全要素生产率存在显著的正向促进作用，金融市场化指数则对全国内资高新技术产业生产活动全要素生产率存在显著的负向抑制作用；金融发展规模指数、金融发展效率指数和金融市场化指数对全国国有及国有控股高新技术产业生产活动全要素生产率均存在显著的负向抑制作用；金融发展效率指数对全国外资(含港澳台)高新技术产业生产活动全要素生产率存在显著的正向促进作用，而金融发展规模指数和金融市场化指数则对全国外资(含港澳台)高新技术产业生产活动全要素生产率不存在显著影响。金融发展规模指数和金融发展效率指数对全国内资高新技术产业生产活动技术进步率存在显著的正向促进作用，金融市场化指数则对全国内资高新技术产业生产活动技术进步率存在显著的负向抑制作用；金融发展规模指数和金融发展效率指数对全国国有及国有控股高新技术产业生产活动技术进步率存在显著的负向抑制作用，金融市场化指数则对全国国有及国有控股高新技术产业生产活动技术进步率不存在显著影响；金融发展规模指数和金融市场化指数对全国外资(含港澳台)高新技术产业生产活动技术进步率存在显著的负向抑制作用，金融发展效率指数则对全国外资(含港澳台)高新技术产业生产活动技术进步率不存在显著影响。同样，金融发展因素对全国不同资本属性高新技术产业生产活动增长动力影响的差异性非常明显。

从影响全国高新技术产业生产活动增长动力的其他变量指标来看，高新技术产业生产活动资本要素存量增长率对全国内资高新技术产业生产活动全要素生产率不存在显著影响，对全国国有及国有控股高新技术产业生产活动全要素生产率存在显著的负向抑制作用，对全国外资(含港澳台)高新技术产业生产活动全要素生产率存在显著的正向促进作用；对全国内资、国有及国有控股以及外资(含港澳台)高新技术产业生产活动技术进步率均存在显著的正向促进作用。高新技术产业生产活动劳动要素投入增长率对全国内资高新技术产业生产活动全要素生产率不存在显著影响，对全国国有及国有控股高新技术产业生产活动全要素生产率存在显著的正向促进作用，对全国外资(含港澳台)高新技术产业生产活动全要素生产率存在显著的负向抑制作用；对全国内资、国有及国有控股以及外资(含港澳台)高新技术产业生产活动技术进步率均存在显著的负向抑制作用。经济发展水平增长率仅对全国国有及国有控股高新技术产业生产活动技术进步率存在显著的正向促进作用。经济基础设施水平增长率对全国内资和国有及国有控股高新技术产业生产活动全要素生产率存在显著的负向抑制作用，对全国内资和国有及国有控股和外资(含港澳台)高新技术产业生产活动技术进步率存在显著的负向抑制作用。工业化水平增长率对全国外资(含港澳台)高新技术产业生产活动全要素生产率存在显著的负向抑制作用，对全国国有及国有控股和外资(含港澳台)高新技术产业生产活动技术进步率存在显著的负向抑制作用。对外开放程度变动率对全国外资(含港澳台)高新技术产业生产活动全要素生产率存在显著的正向促进作用，对全国国有及国有控股高新技术产业生产活动技术进步率存在显著的负向抑制作用，对全国外资(含港澳台)高新技术产业生产活动技术进步率存在显著的正向促进作用。教育发展水平增长率对全国国有及国有控股高新技术产业全要素生产率存在显著的负向抑制作用，对全国内资和国有及国有控股高新技术产业生产活动技术进步率存在显著的正向促进作用，对全国外资(含港澳台)高新技术产业生产活动技术进步率存在显著的负向抑制作用。城镇化发展水平增长率对全国国有及国有控股高新技术产业生产活动全要素生产率存在显著的负向抑制作用，对全国外资(含港澳台)高新技术产业生产活动全要素生产率存在显著的正向促进作用，对全国内资和外资(含港澳台)高新技术产业生产活动技术进步率存在显著的负向抑制作用。

2. 省域层面资本属性差异性分析

对省域内资、国有及国有控股以及外资(含港澳台)高新技术产业生产活动增长动力面板序列计量模型类别选择进行检验，其检验结果如表 8-13 所示。

表 8-13 省域不同资本属性高新技术产业生产活动增长动力面板
序列计量模型选择检验统计表

		检验类别	内资	国有及国有控股	外资(含港澳台)
全要素生产率	固定效应 or 混合效应	F Test	0.34	1.31	0.29
	随机效应 or 混合效应	LM Test	0.00	0.00	0.00
	固定效应 or 随机效应	Hausman Test	5.78	27.19**	5.21
	模型选择结果		混合效应	混合效应	混合效应
技术进步率	固定效应 or 混合效应	F Test	0.40	1.07	0.36
	随机效应 or 混合效应	LM Test	0.00	0.00	0.00
	固定效应 or 随机效应	Hausman Test	7.70	20.88*	5.95
	模型选择结果		混合效应	混合效应	混合效应

注：*表示在 0.1 水平上显著，**表示在 0.05 水平上显著。

从表 8-13 的检验结果来看，在以高新技术产业生产活动全要素生产率及其
技术进步率为被解释变量的情况下，各省(市、自治区)内资、国有及国有控股
以及外资(含港澳台)高新技术产业生产活动增长动力均适用混合效应面板序列
计量模型。在此基础上，对各省(市、自治区)不同资本属性高新技术产业生产
活动增长动力面板序列计量模型进行参数估计，结果如表 8-14 所示。

表 8-14 省域不同资本属性高新技术产业生产活动增长动力面板序列计量
模型参数估计结果统计表

(一)全要素生产率			
变量名称	内资	国有及国有控股	外资(含港澳台)
常数项(C)	0.8174***	0.6982***	1.0236***
生产活动资本要素存量增长率(pak_{it})	0.0895**	−0.0051	−0.0681***
生产活动劳动要素投入增长率(pal_{it})	0.0688	−0.0271	0.1514***

续表

（一）全要素生产率			
变量名称	内资	国有及国有控股	外资（含港澳台）
经济增长不确定性（EGU_{it}）	0.0476*	−0.0458***	0.0392*
经济政策不确定性（EPU_{it}）	0.0835***	0.1676***	−0.0696
金融发展规模（FDS_{it}）	0.0040	0.0331**	0.0966***
金融发展效率（FDE_{it}）	−0.0443*	0.3131***	0.0149
金融市场化（FIL_{it}）	0.0007	−0.0010	−0.0140**
经济发展水平增长率（gdp_{it}）	0.2581*	1.1878**	2.0735*
经济基础设施水平增长率（inf_{it}）	0.1424**	0.0595	−0.4182*
工业化水平增长率（ind_{it}）	−0.4024***	−0.3927*	0.3896
对外开放程度变动率（ope_{it}）	−0.1989***	−0.6566***	−0.2940*
教育发展水平增长率（edu_{it}）	−0.1917	−1.0278**	0.4698
城镇化发展水平增长率（urb_{it}）	−0.1328	1.2940***	−0.5100
R-squared	0.7216	0.7015	0.7048
F Test	67.23***	56.49***	97.45***
（二）技术进步率			
变量名称	内资	国有及国有控股	外资（含港澳台）
常数项（C）	1.0970***	0.8830***	1.2771***
生产活动资本要素存量增长率（pak_{it}）	0.1414***	0.1328***	−0.0358*
生产活动劳动要素投入增长率（pal_{it}）	0.0956*	−0.1139*	−0.0098*
经济增长不确定性（EGU_{it}）	0.0123*	−0.0137*	0.0470*
经济政策不确定性（EPU_{it}）	−0.0220	−0.0301	0.0428
金融发展规模（FDS_{it}）	−0.0145**	0.0447*	0.0580**
金融发展效率（FDE_{it}）	−0.0903*	−0.1135*	−0.1670
金融市场化（FIL_{it}）	−0.0007	−0.0066**	−0.0197**

续表

(二) 技术进步率			
变量名称	内资	国有及国有控股	外资(含港澳台)
经济发展水平增长率 (gdp_{it})	-1.6095^{***}	0.3105	2.1619^{*}
经济基础设施水平增长率 (inf_{it})	-0.0089	0.3528^{**}	-0.7618^{***}
工业化水平增长率 (ind_{it})	-0.3479^{***}	-0.4950^{*}	0.7268^{*}
对外开放程度变动率 (ope_{it})	0.1014^{**}	0.1944^{*}	-0.2562^{*}
教育发展水平增长率 (edu_{it})	0.2673	-0.2896	1.5777^{*}
城镇化发展水平增长率 (urb_{it})	-0.7234^{*}	3.2937^{*}	-1.4926
R-squared	0.7437	0.5486	0.5231
F Test	55.98^{***}	52.09^{***}	69.86^{***}

注: *表示在0.1水平上显著, **表示在0.05水平上显著, ***表示在0.01水平上显著。

从表8-14省域不同资本属性高新技术产业生产活动增长动力面板序列计量模型参数估计结果来看,以高新技术产业生产活动全要素生产率为被解释变量的各省(市、自治区)内资、国有及国有控股以及外资(含港澳台)高新技术产业生产活动增长动力面板序列计量模型 F 检验统计量分别是 67.23、56.49、97.45,以高新技术产业生产活动技术进步率为被解释变量的各省(市、自治区)内资、国有及国有控股以及外资(含港澳台)高新技术产业生产活动增长动力面板序列计量模型 F 检验统计量分别是 55.98、52.09、69.86,它们在 0.01 的水平上都是显著的,可以确定该面板序列计量模型的拟合效果良好。其中,以高新技术产业生产活动全要素生产率为被解释变量的各省(市、自治区)内资、国有及国有控股以及外资(含港澳台)高新技术产业生产活动增长动力面板序列计量模型的 R-squared 分别是 0.7216、0.7015、0.7048,这表明该面板序列计量模型中各解释变量对各省(市、自治区)内资、国有及国有控股以及外资(含港澳台)高新技术产业生产活动全要素生产率的解释程度分别为 72.16%、70.15%、70.48%;以高新技术产业生产活动技术进步率为被解释变量的各省(市、自治区)内资、国有及国有控股以及外资(含港澳台)高新技术产业生产活动增长动力面板序列计量模型的 R-squared 分别是 0.7437、0.5486、0.5231,这表明该面板序列计量模型中各解释变量对各省(市、自治区)内资、国有及国有控股以及外资(含港澳台)高新技术产业生产活动技术进步率的解释程度分别为 74.37%、54.86%、52.31%。综合来看,省域经济不确定性、金融发展影响高新技术产业生产活动增长动力面板序列模型能够对各省(市、自治区)内资、国有及国有控股以及外资(含港澳台)高新技术产业生产活动增长动力的特征进行较为准确的描述。

从经济不确定性变量指标的参数估计结果来看,经济增长不确定性指数对各省(市、自治区)内资和外资(含港澳台)高新技术产业生产活动全要素生产率及其技术进步率存在显著的正向促进作用,对各省(市、自治区)国有及国有控股高新技术产业生产活动全要素生产率及其技术进步率存在显著的负向抑制作用。经济政策不确定性指数对各省(市、自治区)内资和国有及国有控股高新技术产业生产活动全要素生产率存在显著的正向促进作用,对各省(市、自治区)外资(含港澳台)高新技术产业生产活动全要素生产率不存在显著影响,对各省(市、自治区)内资、国有及国有控股以及外资(含港澳台)高新技术产业生产活动技术进步率同样不存在显著影响。

从金融发展变量指标的参数估计结果来看,金融发展规模指数对各省(市、自治区)内资高新技术产业生产活动全要素生产率不存在显著影响,对各省(市、自治区)内资高新技术产业生产活动技术进步率存在显著的负向抑制作用,对各省(市、自治区)国有及国有控股和外资(含港澳台)高新技术产业生产活动全要素生产率及其技术进步率存在显著的正向促进作用。金融发展效率指数对各省(市、自治区)内资高新技术产业生产活动全要素生产率存在显著的负向抑制作用,对各省(市、自治区)国有及国有控股高新技术产业生产活动全要素生产率存在显著的正向促进作用,对各省(市、自治区)内资和国有及国有控股高新技术产业生产活动技术进步率存在显著的负向抑制作用,对各省(市、自治区)外资(含港澳台)高新技术产业生产活动全要素生产率及其技术进步率不存在显著影响。金融市场化指数对各省(市、自治区)内资高新技术产业生产活动全要素生产率及其技术进步率不存在显著影响,对各省(市、自治区)国有及国有控股高新技术产业生产活动全要素生产率不存在显著影响,对各省(市、自治区)国有及国有控股高新技术产业生产活动技术进步率存在显著的负向抑制作用,对各省(市、自治区)外资(含港澳台)高新技术产业生产活动全要素生产率及其技术进步率存在显著的负向抑制作用。

从影响省域不同资本属性高新技术产业生产活动增长动力的其他变量指标来看，各省(市、自治区)内资高新技术产业生产活动资本要素存量增长率对其全要素生产率及其技术进步率存在显著的正向促进作用；各省(市、自治区)国有及国有控股高新技术产业生产活动资本要素存量增长率对其全要素生产率不存在显著影响，对其技术进步率存在显著的正向促进作用；各省(市、自治区)外资(含港澳台)高新技术产业生产活动资本要素存量增长率对其全要素生产率及其技术进步率存在显著的负向抑制作用。各省(市、自治区)内资高新技术产业生产活动劳动要素投入增长率对其全要素生产率不存在显著影响，对其技术进步率存在显著的正向促进作用；各省(市、自治区)国有及国有控股高新技术产业生产活动劳动要素投入增长率对其全要素生产率不存在显著影响，对其技术进步率存在显著的负向抑制作用；各省(市、自治区)外资(含港澳台)高新技术产业生产活动劳动要素投入增长率对其全要素生产率存在显著的正向促进作用，对其技术进步率存在显著的负向抑制作用。其他控制变量指标对各省(市、自治区)不同资本属性高新技术产业生产活动全要素生产率及其技术进步率的影响同样存在较大差异。其中，经济发展水平增长率对各省(市、自治区)内资、国有及国有控股以及外资(含港澳台)高新技术产业生产活动全要素生产率存在显著的正向促进作用，对各省(市、自治区)内资高新技术产业生产活动技术进步率存在显著的负向抑制作用，对各省(市、自治区)外资(含港澳台)高新技术产业生产活动技术进步率存在显著的正向促进作用。经济基础设施水平增长率对各省(市、自治区)内资高新技术产业生产活动全要素生产率存在显著的正向促进作用，对各省(市、自治区)国有及国有控股高新技术产业生产活动技术进步率存在显著的正向促进作用，对各省(市、自治区)外资(含港澳台)高新技术产业生产活动全要素生产率及其技术进步率存在显著的负向抑制作用。工业化水平增长率对各省(市、自治区)内资和国有及国有控股高新技术产业生产活动全要素生产率及其技术进步率存在显著的负向抑制作用，对各省(市、自治区)外资(含港澳台)高新技术产业生产活动技术进步率存在显著的正向促进作用。对外开放程度变动率对各省(市、自治区)内资、国有及国有控股以及外资(含港澳台)高新技术产业生产活动全要素生产率存在显著的负向抑制作用，对各省(市、自治区)内资和国有及国有控股高新技术产业生产活动技术进步率存在显著的正向促进作用，对各省(市、自治区)外资(含港澳台)高新技术产业生产活动技术进步率存在显著的负向抑制作用。教育发展水平增长率对各省(市、自治区)国有及国有控股高新技术产业生产活动全要素生产率存在显著的负向抑制作用，对各省(市、自治区)外资(含港澳台)高新技术产业生产活动技术进步率存在显著的正向促进作用。城镇化发展水平增长率对各省(市、自治区)国有及国有控股高新技术产业生产活动全要素生产率及技术进步率存在显著的正向促进作用。

8.3.4　经济不确定性、金融发展影响高新技术产业生产活动增长动力的区域差异性分析

现对东部地区、中部地区和西部地区高新技术产业生产活动增长动力面板序列计量模型类别选择进行检验，其检验结果如表 8-15 所示。

表 8-15　省域分区域高新技术产业生产活动增长动力面板序列
计量模型选择检验统计表

		检验类别	东部地区	中部地区	西部地区
全要素生产率	固定效应 or 混合效应	F Test	0.46	0.17	0.69
	随机效应 or 混合效应	LM Test	0.00	0.00	0.00
	固定效应 or 随机效应	Hausman Test	5.22	9.28	5.59
	模型选择结果		混合效应	混合效应	混合效应
技术进步率	固定效应 or 混合效应	F Test	0.76	0.69	0.34
	随机效应 or 混合效应	LM Test	0.00	0.00	0.00
	固定效应 or 随机效应	Hausman Test	8.41	5.64	2.84
	模型选择结果		混合效应	混合效应	混合效应

从表 8-15 的检验结果来看，无论是以高新技术生产活动全要素生产率为被解释变量，还是以高新技术产业生产活动技术进步率为被解释变量，东部地区高新技术产业、中部地区高新技术产业以及西部地区高新技术产业生产活动增长动力均适用混合效应面板序列计量模型。在此基础上，我们分别对东部地区高新技

术产业、中部地区高新技术产业以及西部地区高新技术产业生产活动增长动力面板序列计量模型进行参数估计，结果如表 8-16 所示。

表 8-16 省域分区域高新技术产业生产活动增长动力面板序列计量模型参数估计结果统计表

（一）全要素生产率			
变量名称	东部地区	中部地区	西部地区
常数项（C）	0.8535***	0.9521***	0.9044***
生产活动资本要素存量增长率（pak_{it}）	−0.0158	−0.0246*	−0.0191***
生产活动劳动要素投入增长率（pal_{it}）	−0.1053*	0.0423	−0.0139
经济增长不确定性（EGU_{it}）	−0.0075*	0.0014	−0.0145*
经济政策不确定性（EPU_{it}）	0.0486**	0.0395*	0.0133
金融发展规模（FDS_{it}）	−0.0025	−0.0205*	−0.0065
金融发展效率（FDE_{it}）	−0.1007**	0.0140	0.0111
金融市场化（FIL_{it}）	0.0046**	−0.0036***	−0.0048**
经济发展水平增长率（gdp_{it}）	0.4049*	−0.0522	0.5948***
经济基础设施水平增长率（inf_{it}）	0.1111**	0.0893*	0.1087**
工业化水平增长率（ind_{it}）	−0.1080	−0.0974	−0.2827***
对外开放程度变动率（ope_{it}）	−0.1936***	−0.0597	0.0257
教育发展水平增长率（edu_{it}）	0.1692*	0.0382	0.0126
城镇化发展水平增长率（urb_{it}）	0.2076	0.2872	0.3485
R-squared	0.5804	0.5782	0.6248
F Test	52.62***	48.03***	66.93***
（二）技术进步率			
变量名称	东部地区	中部地区	西部地区
常数项（C）	0.8711***	0.7508***	0.9911***
生产活动资本要素存量增长率（pak_{it}）	0.1382***	0.1296*	0.1458**

续表

(二)技术进步率			
变量名称	东部地区	中部地区	西部地区
生产活动劳动要素投入增长率(pal_{it})	-0.2625^{**}	0.1024	-0.0233
经济增长不确定性(EGU_{it})	0.0015	0.0164^{*}	0.0053
经济政策不确定性(EPU_{it})	0.0487^{*}	0.1405^{***}	0.0168
金融发展规模(FDS_{it})	-0.0069^{*}	0.0258	-0.0346^{*}
金融发展效率(FDE_{it})	-0.0977^{*}	0.1437^{***}	0.0909
金融市场化(FIL_{it})	0.0029^{*}	0.0004	-0.0023
经济发展水平增长率(gdp_{it})	0.1549	-1.1795^{*}	-1.2933^{**}
经济基础设施水平增长率(inf_{it})	0.0883^{*}	-0.2730^{**}	-0.1243^{*}
工业化水平增长率(ind_{it})	-0.7730^{***}	0.3896^{*}	-0.3424^{***}
对外开放程度变动率(ope_{it})	-0.1118^{*}	0.1077	-0.1120^{*}
教育发展水平增长率(edu_{it})	0.3671^{***}	0.8777^{***}	0.7696^{**}
城镇化发展水平增长率(urb_{it})	-0.9275^{**}	0.7545^{*}	0.1467
R-squared	0.7204	0.6967	0.6561
F Test	74.68^{***}	72.49^{***}	86.33^{***}

注：*表示在 0.1 水平上显著，**表示在 0.05 水平上显著，***表示在 0.01 水平上显著。

从表 8-16 的统计结果来看，以高新技术产业生产活动全要素生产率为被解释变量的东部地区、中部地区以及西部地区高新技术产业生产活动增长动力面板序列计量模型 F 检验统计量分别是 52.62、48.03、66.93，以高新技术产业生产活动技术进步率为被解释变量的东部地区、中部地区以及西部地区高新技术产业生产活动增长动力面板序列计量模型 F 检验统计量分别是 74.68、72.49、86.33，它们在 0.01 的水平上都是显著的，可以确定该面板序列计量模型的拟合效果良好。其中，以高新技术产业生产活动全要素生产率为被解释变量的东部地区、中部地区以及西部地区高新技术产业生产活动增长动力面板序列计量模型的 R-squared 分别是 0.5804、0.5782、0.6248，这表明该面板序列计量模型中各解释变量对东部地区、中部地区以及西部地区高新技术产业生产活动全要素生产率的解释程度分别为 58.04%、57.82%、62.48%；以高新技术产业生产活动技术进步率为被解释变量的东部地区、中部地区以及西部地区高新技术产业生产活动增长动力面板序列计量模型的 R-squared 分别是 0.7204、0.6967、0.6561，这表明该面板序列计量模型中各解释变量对东部地区、中部地区以及西部地区高新技术产业生产活动技术进步率的解释程度分别为 72.04%、69.67%、65.61%。综合来看，省域经济不确定性、金融发展影响高新技术产业生产活动增长动力面板序列模型能够对东部地区、中部地区以及西部地区高新技术产业生产活动增长动力的特征进行较为准确的描述，各解释变量对东部地区、中部地区以及西部地区高新技术产业生产活动技术进步率的解释能力优于其生产活动全要素生产率。

从经济不确定性变量指标的参数估计结果来看，经济增长不确定性指数对东部地区和西部地区高新技术产业生产活动全要素生产率存在显著的负向抑制作用，对中部地区高新技术产业生产活动全要素生产率则不存在显著影响；对中部地区高新技术产业生产活动技术进步率存在显著的正向促进作用，对东部地区和西部地区高新技术产业生产活动技术进步率则不存在显著影响。经济政策不确定性指数对东部地区和中部地区高新技术产业生产活动全要素生产率及其技术进步率存在显著的正向促进作用，对西部地区高新技术产业生产活动全要素生产率及技术进步率则不存在显著影响。

从金融发展变量指标的参数估计结果来看，金融发展规模指数对东部地区和西部地区高新技术产业生产活动全要素生产率不存在显著影响，对中部地区高新技术产业生产活动全要素生产率存在显著的负向抑制作用；对东部地区和西部地区高新技术产业生产活动技术进步率存在显著的负向抑制作用，对中部地区高新技术产业生产活动技术进步率则不存在显著影响。金融发展效率指数对东部地区高新技术产业生产活动全要素生产率存在显著的负向抑制作用，对中部地区和西部地区高新技术产业生产活动全要素生产率则不存在显著影响；对东部地区高新技术产业生产活动技术进步率存在显著的负向抑制作用，对中部地区高新技术产业生产活动技术进步率存在显著的正向促进作用，对西部地区高新技术产业生产活动技术进步率则不存在显著影响。金融市场化指数对东部地区高新技术产业生产活动全要素生产率存在显著的正向促进作用，对中部地区和西部地区高新技术产业生产活动全要素生产率存在显著的负向抑制作用；对东部地区高新技术产业生产活动技术进步率存在显著的正向促进作用，对中部地区和西部地区高新技术产业生产活动技术进步率则不存在显著影响。

从影响省域分区域高新技术产业生产活动增长动力的其他变量指标来看，东部地区高新技术产业生产活动资本要素存量增长率对其全要素增长率不存在显著影响，西部地区高新技术产业生产活动资本要素存量增长率对其全要素增长率则存在显著的负向抑制作用；东部地区、中部地区和西部地区高新技术产业生产活动资本要素存量增长率对其技术进步率均存在显著的正向促进作用。东部地区高新技术产业生产活动劳动要素投入增长率对其全要素生产率及其技术进步率存在显著的负向抑制作用，中部地区和西部地区高新技术产业生产活动劳动要素投入增长率对其全要素生产率及其技术进步率则不存在显著影响。其他控制变量指标对不同地区高新技术产业生产活动全要素生产率及其技术进步率的影响同样存在较大差异。其中，经济发展水平增长率对东部地区和西部地区高新技术产业生产活动全要素生产率存在显著的正向促进作用，对中部地区和西部地区高新技术产业生产活动技术进步率存在显著的负向抑制作用。经济基础设施水平增长率对东部地区、中部地区和西部地区高新技术产业生产活动全要素生产率存在显著的正向促进作用，对东部地区高新技术产业生产活动技术进步率存在显著的正向促进作用，对中部地区和西部地区高新技术产业生产活动技术进步率存在显著的负向抑制作用。工业化水平增长率对东部地区高新技术产业生产活动技术进步率存在显著的负向抑制作用，对中部地区高新技术产业生产活动技术进步率存在显著的正向促进作用，对西部地区高新技术产业生产活动全要素生产率及其技术进步率存在显著的负向抑制作用。对外开放程度变动率对东部地区和中部地区高新技术产业生产活动全要素生产率存在显著的负向抑制作用，对东部地区和西部地区高新技术产业生产活动技术进步率存在显著的负向抑制作用。教育发展水平增长率对东部地区高新技术产业生产活动全要素生产率存在显著的正向促进作用，对东部地区、中部地区和西部地区高新技术产业生产活动技术进步率存在显著的正向促进作用。城镇化发展水平增长率对东部地区高新技术产业生产活动技术进步率存在显著的负向抑制作用，对中部地区高新技术产业生产活动技术进步率存在显著的正向促进作用。

8.4 经济不确定性、金融发展影响高新技术产业创新活动增长动力的实证分析

8.4.1 全国经济不确定性、金融发展影响高新技术产业创新活动增长动力的实证检验

在前文变量指标平稳性检验的基础上，现对全国经济不确定性、金融发展影响高新技术产业创新活动增长动力时间序列计量模型进行参数估计，结果如表8-17所示。

表8-17 经济不确定性、金融发展影响全国高新技术产业创新活动增长
动力时间序列计量模型参数估计结果统计表

变量名称	全要素生产率		技术进步率	
	回归系数	标准误差	回归系数	标准误差
常数项（C）	1.3786***	0.0979	−1.26677**	0.6335
创新活动资本要素存量增长率（iak_t）	−2.1350***	0.7980	1.5693*	0.8704
创新活动劳动要素投入增长率（ial_t）	1.0759***	0.4935	−1.6919**	0.6981
经济增长不确定性（EGU_t）	−0.3550***	0.0826	0.2650**	0.1393
经济政策不确定性（EPU_t）	−0.1269	0.2224	−0.0803	0.1956
金融发展规模（FDS_t）	−1.6100***	0.2724	0.1281	0.3087
金融发展效率（FDE_t）	−1.95652***	0.4103	−4.9002	5.5281
金融市场化（FIL_t）	0.0461	0.0346	0.5782**	0.2298
经济发展水平增长率（gdp_t）	0.6722*	0.4053	−1.6081*	0.9470
经济基础设施水平增长率（inf_t）	1.5599***	0.6836	2.5041***	0.4436

续表

变量名称	全要素生产率		技术进步率	
	回归系数	标准误差	回归系数	标准误差
工业化水平增长率（ind_t）	−2.0733***	0.2353	−2.2066	2.6288
对外开放程度变动率（ope_t）	1.4574***	0.4414	1.7014**	0.6809
教育发展水平增长率（edu_t）	−1.4582***	0.5056	1.5576***	0.3083
城镇化发展水平增长率（urb_t）	7.0063***	1.6542	6.7500*	4.5494
R-squared	0.9423		0.9481	
Adjusted R-squared	0.8256		0.8022	

注：*表示在 0.1 水平上显著，**表示在 0.05 水平上显著，***表示在 0.01 水平上显著。

从表 8-17 的统计结果来看，以高新技术产业创新活动全要素生产率为被解释变量的时间序列计量模型的 R-squared 是 0.9423，Adjusted R-squared 是 0.8256，这表明在该时间序列计量模型中各解释变量指标对全国高新技术产业创新活动全要素生产率的解释程度达到了 82.56%，可以确定该时间序列计量模型的拟合效果良好；以高新技术产业创新活动技术进步率为被解释变量的时间序列计量模型的 R-squared 是 0.9481，Adjusted R-squared 是 0.8022，这表明在该时间序列计量模型中各解释变量指标对全国高新技术产业创新活动技术进步率的解释程度达到了 80.22%，可以确定该时间序列计量模型的拟合效果良好。因此，经济不确定性、金融发展影响高新技术产业创新活动增长动力时间序列计量模型可以对全国高新技术产业创新活动增长动力的特征进行较为准确的描述。

从经济不确定性指标的参数估计结果来看，经济增长不确定性指数对全国高新技术产业创新活动全要素生产率存在显著的负向抑制作用，而其对全国高新技术产业创新活动技术进步率则存在显著的正向促进作用；经济政策不确定性指数对全国高新技术产业创新活动全要素生产率及技术进步率均不存在显著影响。高新技术产业创新活动往往具有风险高、周期长等特征，是高新技术产业持续高效发展和提升行业竞争能力的关键环节。经济增长不确定性因素通常会对高新技术产业创新活动要素投入成本和创新应用造成影响，而经济政策不确定性则通常不会引起高新技术产业创新活动的短期波动。

从金融发展变量指标的参数估计结果来看，金融发展规模指数和金融发展效率指数对全国高新技术产业创新活动全要素生产率存在显著的负向抑制作用，金融市场化指数则对全国高新技术产业创新活动全要素生产率不存在显著影响；金融发展规模指数和金融发展效率指数对全国高新技术产业创新活动技术进步率不存在显著影响，金融市场化指数则对全国高新技术产业创新活动技术进步率存在显著的正向促进作用。金融发展指标变量对高新技术产业创新活动的影响同样依赖于融资路径。然而，高新技术产业创新活动的高风险、长周期特征往往会导致其融资成本偏高，金融发展规模的扩张和金融发展效率的提升反而没有起到缓解高新技术企业创新活动高融资成本的压力，使得高新技术产业创新活动的融资效率未能得到有效提升。

从影响全国高新技术产业创新活动增长动力的其他变量指标来看，高新技术产业创新活动资本要素存量增长率对全国高新技术产业创新活动全要素生产率存在显著的负向抑制作用，而其对全国高新技术产业创新活动技术进步率则存在显著的正向促进作用；高新技术产业创新活动劳动要素投入增长率对全国高新技术产业创新活动增长动力的影响与高新技术产业创新活动资本要素存量增长率恰好相反。高新技术产业创新活动资本要素存量增长率越高，高新技术产业创新活动劳动投入单位产出水平越高，这体现在高新技术产业创新活动技术进步率的提升上；高新技术产业创新活动劳动要素投入增长率越高，高新技术产业资本要素单位产出水平越高，这体现在高新技术产业创新活动全要素生产率的提升上。然而，高新技术产业创新活动资本要素存量和劳动要素投入的增长不能是单方面的，各方面的因素需要相互匹配，才能有效地提升高新技术产业创新活动增长动力。

其他控制变量指标对全国高新技术产业创新活动增长动力影响的差异性相对较小。其中，经济发展水平增长率、经济基础设施水平增长率、对外开放程度变动率以及城镇化发展水平增长率对全国高新技术产业创新活动全要素生产率存在显著的正向促进作用，工业化水平增长率和教育发展水平增长率对其则存在显著的负向抑制作用。经济发展水平增长率对全国高新技术产业创新活动技术进步率存在显著的负向抑制作用，经济基础设施水平增长率、对外开放程度变动率、教育发展水平增长率和城镇化发展水平增长率对其则存在显著的正向促进作用。

8.4.2 省域经济不确定性、金融发展影响高新技术产业创新活动增长动力的实证检验

现对省域经济不确定性、金融发展影响高新技术产业创新活动增长动力面板序列计量模型类别选择进行检验，其检验结果如表 8-18 所示。

表 8-18 省域高新技术产业创新活动增长动力面板序列计量模型选择检验统计表

	检验类别	全要素生产率	技术进步率
固定效应 or 混合效应	F Test	0.56	0.71
随机效应 or 混合效应	LM Test	0.00	0.00
固定效应 or 随机效应	Hausman Test	7.78	12.94
模型选择结果		混合效应	混合效应

从表 8-18 的检验结果来看，无论以高新技术产业创新活动全要素生产率为被解释变量，还是以高新技术产业创新活动技术进步率为被解释变量，各省(市、自治区)高新技术产业创新活动增长动力均使用混合效应面板序列计量模型。进一步对各省(市、自治区)高新技术产业创新活动增长动力面板序列计量模型进行参数估计，结果如表 8-19 所示。

表 8-19 省域经济不确定性、金融发展影响高新技术产业创新活动增长动力
面板序列计量模型参数估计结果统计表

变量名称	全要素生产率		技术进步率	
	回归系数	标准误差	回归系数	标准误差
常数项(C)	0.9051***	0.2966	0.8068*	0.4398
创新活动资本要素存量增长率 (iak_{it})	−0.1944*	0.1037	−0.1713*	0.0972
创新活动劳动要素投入增长率 (ial_{it})	0.0907	0.1107	0.0173	0.1026

续表

变量名称	全要素生产率		技术进步率	
	回归系数	标准误差	回归系数	标准误差
经济增长不确定性（EGU_{it}）	0.0275	0.0419	0.0247	0.0828
经济政策不确定性（EPU_{it}）	0.4904**	0.2124	0.7290**	0.2831
金融发展规模（FDS_{it}）	0.0740***	0.0194	0.0083	0.0568
金融发展效率（FDE_{it}）	0.2833*	0.1673	−0.4517	0.5395
金融市场化（FIL_{it}）	−0.0220**	0.0078	−0.0006	0.0211
经济发展水平增长率（gdp_{it}）	−0.1149	1.5720	0.4648*	0.2778
经济基础设施水平增长率（inf_{it}）	0.0798	0.4360	−0.5894	0.6897
工业化水平增长率（ind_{it}）	0.9451*	0.5197	1.9862**	0.9075
对外开放程度变动率（ope_{it}）	−0.3384*	0.1785	−0.9806*	0.5095
教育发展水平增长率（edu_{it}）	1.6029**	0.6884	1.3587**	0.5794
城镇化发展水平增长率（urb_{it}）	1.1515	2.2264	1.9131*	0.9014
R-squared	0.5322		0.5372	
F Test	65.54***		52.61***	

注：*表示在0.1水平上显著，**表示在0.05水平上显著，***表示在0.01水平上显著。

从表8-19的统计结果来看，以高新技术产业创新活动全要素生产率为被解释变量和以高新技术产业创新活动技术进步率为被解释变量的各省（市、自治区）高新技术产业创新活动增长动力面板序列计量模型F检验统计量分别是65.54、52.61，二者在0.01的水平上都是显著的，可以确定该面板序列计量模型的拟合效果良好。其中，以高新技术产业创新活动全要素生产率为被解释变量的各省（市、自治区）高新技术产业创新活动增长动力面板序列计量模型的R-squared是0.5322，这表明该面板序列计量模型中各解释变量对各省（市、自治区）高新技术产业创新活动全要素生产率的解释程度为53.22%；以高新技术产业创新活动技术进步率为被解释变量的各省(市、自治区)高新技术产业创新活动增长动力面板序列计量模型 R-squared 是 0.5372，这表明该面板序列计量模型中各解释变量对各省(市、自治区)高新技术产业创新活动技术进步率的解释程度为 53.72%。综合来看，省域经济不确定性、金融发展影响高新技术产业创新活动增长动力面板序列模型能够对各省(市、自治区)高新技术产业创新活动增长动力的特征进行较为准确的描述。

从经济不确定性和金融发展变量指标的参数估计结果来看，经济不确定性变量指标和金融发展变量指标对各省(市、自治区)高新技术产业创新活动全要素生产率和技术进步率的影响略有差异。其中，经济增长不确定性指数对各省(市、自治区)高新技术产业创新活动全要素生产率及技术进步率不存在显著影响，经济政策不确定指数对各省(市、自治区)高新技术产业创新活动全要素生产率及其技术进步率则存在显著的正向促进作用。金融发展规模指数和金融发展效率指数对各省(市、自治区)高新技术产业创新活动全要素生产率存在显著的正向促进作用，对各省(市、自治区)高新技术产业创新活动技术进步率则不存在显著影响；金融市场化指数对各省(市、自治区)高新技术产业创新活动全要素生产率存在显著的负向抑制作用，对各省(市、自治区)高新技术产业创新活动技术进步率则不存在显著影响。在高新技术产业发展过程中，各省(市、自治区)对高新技术产业创新活动同样高度关注，特别是地方性的经济政策对优质的高新技术企业存在较大的倾斜性，使得地方经济政策和高新技术产业创新研发形成了良性互动。各省(市、自治区)金融发展水平虽然不尽相同，但是受到地方支持高新技术产业创新研发方面政策的影响，在支持高新技术产业创新增长方面表现出一定的趋同性。

从影响省域高新技术产业创新活动增长动力的其他变量指标来看，各省(市、自治区)高新技术产业创新活动资本要素存量增长率对高新技术产业创新活动全要素生产率及其技术进步率存在显著的负向抑制作用，各省(市、自治区)高新技术产业创新活动劳动要素投入增长率对高新技术产业创新活动全要素生产率及技术进步率不存在显著影响。这表明各省(市、自治区)高新技术产业创新活动资本要素存量增长速度相对较快，而其劳动要素投入增长速度相对滞后，影响了各省(市、自治区)高新技术产业创新活动增长动力的提升。其他控制变量指标对各省(市、自治区)高新技术产业创新活动全要素生产率及技术进步率的影响存在差异。其中,经济发展水平增长率、经济基础设施水平增长率和城镇化发展水平增长率对各省(市、自治区)高新技术产业创新活动全要素生产率不存在显著影响,工业化水平增长率和教育发展水平增长率对各省(市、自治区)高新技术产业创新活动全要素生产率存在显著的正向促进作用,对外开放程度变动率对各省(市、自治区)高新技术产业创新活动全要素生产率则存在显著的负向抑制作用。经济发展水平增长率、工业化水平增长率、教育发展水平增长率和城镇化发展水平增长率对各省(市、自治区)高新技术产业创新活动技术进步率存在显著的正向促进作用,对外开放程度变动率则对各省(市、自治区)高新技术产业创新活动技术进步率存在显著的负向抑制作用。

8.4.3 经济不确定性、金融发展影响高新技术产业创新活动增长动力的资本属性差异性分析

同样,本节我们分别从全国层面和省域层面对不同资本属性高新技术产业创新活动增长动力进行计量分析。

1. 全国层面资本属性差异性分析

我们首先对全国经济不确定性、金融发展影响不同资本属性高新技术产业创新活动增长动力的时间序列计量模型进行参数估计,其结果如表8-20所示。

表8-20 全国不同资本属性高新技术产业创新活动增长动力时间序列

计量模型参数估计结果统计表

(一)全要素生产率			
变量名称	内资	国有及国有控股	外资(含港澳台)
常数项(C)	2.2159 ***	5.4773 ***	3.5324 ***
创新活动资本要素存量增长率 (iak_t)	3.4676 ***	8.2612	4.7597
创新活动劳动要素投入增长率 (ial_t)	2.1119 ***	−1.7363	−4.2624

续表

(一)全要素生产率			
变量名称	内资	国有及国有控股	外资(含港澳台)
经济增长不确定性(EGU_t)	1.5981***	−2.1673**	−2.1452*
经济政策不确定性(EPU_t)	−4.3360***	−3.2548***	−3.2845**
金融发展规模(FDS_t)	3.2348***	−1.6867*	−0.9190
金融发展效率(FDE_t)	−6.1607***	−4.9040	−3.4127
金融市场化(FIL_t)	−0.5273***	−1.0706***	−0.5440
经济发展水平增长率(gdp_t)	−7.2843***	−2.5714	7.3387
经济基础设施水平增长率(inf_t)	5.8068***	−3.7460**	−3.0905*
工业化水平增长率(ind_t)	3.3230***	−2.0603	−7.6268*
对外开放程度变动率(ope_t)	−4.3786**	6.5474	7.0338
教育发展水平增长率(edu_t)	3.4672***	−4.6189***	−2.9016***
城镇化发展水平增长率(urb_t)	−10.8316***	−5.3003*	−1.5471
R-squared	0.9418	0.9371	0.9359
Adjusted R-squared	0.8131	0.7990	0.8102
(二)技术进步率			
变量名称	内资	国有及国有控股	外资(含港澳台)
常数项(C)	−3.6599***	2.7248***	−3.5942***
创新活动资本要素存量增长率(iak_t)	2.5716	3.8507	−4.0912*
创新活动劳动要素投入增长率(ial_t)	2.0178**	−3.6428*	0.2274*
经济增长不确定性(EGU_t)	1.9958***	−0.2776	0.7254***
经济政策不确定性(EPU_t)	0.3491	−3.5464**	8.0930***
金融发展规模(FDS_t)	1.8401	−2.2514*	0.5090
金融发展效率(FDE_t)	−2.1461	−7.6023	−11.7431
金融市场化(FIL_t)	0.9371*	0.0908	−0.1478
经济发展水平增长率(gdp_t)	−3.3577	−2.2008	4.1982***

续表

(二) 技术进步率			
变量名称	内资	国有及国有控股	外资(含港澳台)
经济基础设施水平增长率 (inf_t)	1.1252***	-3.3001	-4.3383
工业化水平增长率 (ind_t)	-5.3801	1.8261	4.2873***
对外开放程度变动率 (ope_t)	0.7611	-5.3356*	-8.4898***
教育发展水平增长率 (edu_t)	6.4069***	-1.8182**	2.9646***
城镇化发展水平增长率 (urb_t)	-5.1329	5.5239	-2.8136***
R-squared	0.9471	0.9598	0.9777
Adjusted R-squared	0.8676	0.8722	0.9245

注：*表示在 0.1 水平上显著，**表示在 0.05 水平上显著，***表示在 0.01 水平上显著。

从表 8-20 的统计结果来看，内资、国有及国有控股以及外资(含港澳台)高新技术产业创新活动全要素生产率时间序列计量模型 Adjusted R-squared 分别是 0.8131、0.7990、0.8102，这表明在该时间序列计量模型中各解释变量指标对全国内资、国有及国有控股以及外资(含港澳台)高新技术产业创新活动全要素生产率的解释程度分别达到了 81.31%、79.90%、81.02%；内资、国有及国有控股以及外资(含港澳台)高新技术产业创新活动技术进步率时间序列计量模型 Adjusted R-squared 分别是 0.8676、0.8722、0.9245，这表明在该时间序列计量模型中各解释变量指标对全国内资、国有及国有控股以及外资(含港澳台)高新技术产业创新活动技术进步率的解释程度分别达到了 86.76%、87.22%、92.45%。综合来看，全国不同资本属性高新技术产业创新活动增长动力时间序列计量模型的拟合效果良好，且各解释变量对全国不同资本属性高新技术产业创新活动技术进步率的解释能力优于其创新活动全要素生产率。

从经济不确定性变量指标的参数估计结果来看，经济增长不确定性指数对全国内资高新技术产业创新活动全要素生产率存在显著的正向促进作用，对全国国有及国有控股和外资(含港澳台)高新技术产业创新活动全要素生产率存在显著的负向抑制作用；经济政策不确定性指数对全国内资、国有及国有控股以及外资

（含港澳台）高新技术产业创新活动全要素生产率均存在显著的负向抑制作用。经济增长不确定性指数对全国内资和外资（含港澳台）高新技术产业创新活动技术进步率存在显著的正向促进作用，对全国国有及国有控股高新技术产业创新活动技术进步率则不存在显著影响；经济政策不确定性指数对全国内资高新技术产业创新活动技术进步率不存在显著影响，对全国国有及国有控股高新技术产业创新活动技术进步率存在显著的负向抑制作用，对全国外资（含港澳台）高新技术产业创新活动技术进步率存在显著的正向促进作用。

从金融发展变量指标的参数估计结果来看，金融发展规模指数对全国内资高新技术产业创新活动全要素生产率存在显著的正向促进作用，对全国国有及国有控股高新技术产业创新活动全要素生产率存在显著的负向抑制作用，对全国外资（含港澳台）高新技术产业创新活动全要素生产率则不存在显著影响；其对全国内资和外资（含港澳台）高新技术产业创新活动技术进步率不存在显著影响，对全国国有及国有控股高新技术产业创新活动技术进步率存在显著的负向抑制作用。金融发展效率指数对全国内资高新技术产业创新活动全要素生产率存在显著的负向抑制作用，对全国国有及国有控股和外资（含港澳台）高新技术产业创新活动全要素生产率则不存在显著影响；其对全国内资、国有及国有控股以及外资（含港澳台）高新技术产业创新活动技术进步率均不存在显著影响。金融市场化指数对全国内资和国有及国有控股高新技术产业创新活动全要素生产率存在显著的负向抑制作用，对全国外资（含港澳台）高新技术产业创新活动全要素生产率则不存在显著影响；其对全国内资高新技术产业创新活动技术进步率存在显著的正向促进作用，对全国国有及国有控股和外资（含港澳台）高新技术产业创新活动技术进步率则不存在显著影响。

从影响全国高新技术产业创新活动增长动力的其他变量指标来看，高新技术产业创新活动资本要素存量增长率及其劳动要素投入增长率对全国内资高新技术产业创新活动全要素生产率存在显著的正向促进作用，对全国国有及国有控股和外资（含港澳台）高新技术产业创新活动全要素生产率则不存在显著影响。新技术产业创新活动资本要素存量增长率对全国内资和国有及国有控股高新技术产业创新活动技术进步率不存在显著影响，对全国外资（含港澳台）高新技术产业创新活动技术进步率则存在显著的负向抑制作用；高新技术产业创新活动劳动要素投入增长率对全国内资和外资（含港澳台）高新技术产业创新活动技术进步率存在显著的正向促进作用，对全国国有及国有控股高新技术产业创新活动技术进步率则存在显著的负向抑制作用。经济发展水平增长率对全国内资高新技术产业创新活动全要素生产率存在显著的负向抑制作用，对全国外资(含港澳台)高新技术产业创新活动技术进步率存在显著的正向促进作用。经济基础设施水平增长率对全国内资高新技术产业创新活动全要素生产率及其技术进步率存在显著的正向促进作用，对全国国有及国有控股和外资(含港澳台)高新技术产业创新活动全要素生产率存在显著的负向抑制作用。工业化水平增长率对全国内资高新技术产业创新活动全要素生产率存在显著的正向促进作用，对全国外资(含港澳台)高新技术产业创新活动全要素生产率存在显著的负向抑制作用，对全国外资(含港澳台)高新技术产业创新活动技术进步率存在显著的正向促进作用。对外开放程度变动率对全国内资高新技术产业创新活动全要素生产率存在显著的负向抑制作用，对全国外资(含港澳台)高新技术产业创新活动技术进步率存在显著的负向抑制作用。教育发展水平增长率对全国内资高新技术产业创新活动全要素生产率及其技术进步率存在显著的正向促进作用，对全国国有及国有控股高新技术产业创新活动全要素生产率及其技术进步率存在显著的负向抑制作用，对全国外资(含港澳台)高新技术产业创新活动全要素生产率存在显著的负向抑制作用，对全国外资(含港澳台)高新技术产业创新活动技术进步率存在显著的正向促进作用。城镇化发展水平增长率对全国内资和国有及国有控股高新技术产业创新活动全要素生产率存在显著的负向抑制作用，对全国外资(含港澳台)高新技术产业创新活动技术进步率存在显著的负向抑制作用。

2. 省域层面资本属性差异性分析

对省域内资、国有及国有控股以及外资(含港澳台)高新技术产业创新活动增长动力面板序列计量模型类别选择进行检验，其检验结果如表8-21所示。

从表8-21的检验结果来看，在分别以高新技术产业创新活动全要素生产率及技术进步率为被解释变量的情况下，各省(市、自治区)内资、国有及国有控股以及外资(含港澳台)高新技术产业创新活动增长动力均适用混合效应面板序列计量模型。在此基础上，对各省(市、自治区)不同资本属性高新技术产业创新活动增长动力面板序列计量模型进行参数估计，结果如表8-22所示。

表 8-21　省域不同资本属性高新技术产业创新活动增长动力面板序列

计量模型选择检验统计表

		检验类别	内资	国有及国有控股	外资(含港澳台)
全要素生产率	固定效应 or 混合效应	F Test	0.45	0.47	0.39
	随机效应 or 混合效应	LM Test	0.00	0.00	0.00
	固定效应 or 随机效应	Hausman Test	4.13	4.15	6.81
	模型选择结果		混合效应	混合效应	混合效应
技术进步率	固定效应 or 混合效应	F Test	0.71	0.45	0.98
	随机效应 or 混合效应	LM Test	0.00	0.00	0.27
	固定效应 or 随机效应	Hausman Test	11.13	6.81	11.05
	模型选择结果		混合效应	混合效应	混合效应

表 8-22　省域不同资本属性高新技术产业创新活动增长动力面板

序列计量模型参数估计结果统计表

(一)全要素生产率			
变量名称	内资	国有及国有控股	外资(含港澳台)
常数项(C)	0.9742***	0.5394*	1.7786***
创新活动资本要素存量增长率(iak_{it})	−0.2937***	−0.4266**	0.1323
创新活动劳动要素投入增长率(ial_{it})	0.0494*	0.0936	−0.0033*
经济增长不确定性(EGU_{it})	0.0126*	0.1303**	0.1026***
经济政策不确定性(EPU_{it})	−0.0438	0.2796*	−0.2484
金融发展规模(FDS_{it})	0.0167*	−0.0112	−0.0736**
金融发展效率(FDE_{it})	0.0428	0.9892***	−0.0022
金融市场化(FIL_{it})	−0.0073**	0.0069	0.0356***
经济发展水平增长率(gdp_{it})	1.9264***	4.0284*	−6.8785***
经济基础设施水平增长率(inf_{it})	0.3094***	−1.4883**	−0.3768*
工业化水平增长率(ind_{it})	−0.2018	1.8649**	1.8634***

续表

(一)全要素生产率			
变量名称	内资	国有及国有控股	外资(含港澳台)
对外开放程度变动率(ope_{it})	-0.3613**	0.2589	1.3805***
教育发展水平增长率(edu_{it})	0.5872	1.0497	-2.5757*
城镇化发展水平增长率(urb_{it})	-2.4576*	-4.8490*	2.0790
R-squared	0.5463	0.5423	0.5538
F Test	53.29***	52.40***	54.24***

(二)技术进步率			
变量名称	内资	国有及国有控股	外资(含港澳台)
常数项(C)	1.9151***	-1.2852*	1.4371***
创新活动资本要素存量增长率(iak_{it})	-0.3775*	-0.4429	0.0885*
创新活动劳动要素投入增长率(ial_{it})	0.1403	-0.0334	0.0026
经济增长不确定性(EGU_{it})	-0.0502**	0.2401**	-0.0480*
经济政策不确定性(EPU_{it})	-0.2540**	0.4162	-0.2850**
金融发展规模(FDS_{it})	-0.0245	0.3674**	-0.0211
金融发展效率(FDE_{it})	-0.1315	2.7797***	-0.0430
金融市场化(FIL_{it})	-0.0138*	0.0582**	0.0047
经济发展水平增长率(gdp_{it})	-2.2489*	3.6996	1.0911
经济基础设施水平增长率(inf_{it})	0.2119	-0.1734	-1.1296**
工业化水平增长率(ind_{it})	0.3499	4.3213***	-1.1403*
对外开放程度变动率(ope_{it})	-0.1750	0.9335	-0.2050
教育发展水平增长率(edu_{it})	0.6700	3.6729	2.1156*
城镇化发展水平增长率(urb_{it})	0.6226	-7.4867*	1.6339*
R-squared	0.5241	0.5188	0.5553
F Test	52.61***	51.48***	52.55***

注:*表示在0.1水平上显著,**表示在0.05水平上显著,***表示在0.01水平上显著。

　　从表8-22的统计结果来看，以高新技术产业创新活动全要素生产率为被解释变量的各省（市、自治区）内资、国有及国有控股以及外资（含港澳台）高新技术产业创新活动增长动力面板序列计量模型 F 检验统计量分别为 53.29、52.40、54.24，以高新技术产业创新活动技术进步率为被解释变量的各省（市、自治区）内资、国有及国有控股以及外资（含港澳台）高新技术产业创新活动增长动力面板序列计量模型 F 检验统计量分别为 52.61、51.48、52.55，它们在 0.01 的水平上都是显著的，可以确定该面板序列计量模型的拟合效果良好。其中，以高新技术产业创新活动全要素生产率为被解释变量的各省（市、自治区）内资、国有及国有控股以及外资（含港澳台）高新技术产业创新活动增长动力面板序列计量模型的 R-squared 分别为 0.5463、0.5423、0.5538，这表明该面板序列计量模型中各解释变量对各省（市、自治区）内资、国有及国有控股以及外资（含港澳台）高新技术产业创新活动全要素生产率的解释程度分别为 54.63%、54.23%、55.38%；以高新技术产业创新活动技术进步率为被解释变量的各省（市、自治区）内资、国有及国有控股以及外资（含港澳台）高新技术产业创新活动增长动力面板序列计量模型的 R-squared 分别为 0.5241、0.5188、0.5553，这表明该面板序列计量模型中各解释变量对各省（市、自治区）内资、国有及国有控股以及外资（含港澳台）高新技术产业创新活动技术进步率的解释程度分别为 52.41%、51.88%、55.53%。综合来看，省域经济不确定性、金融发展影响高新技术产业创新活动增长动力面板序列模型能够对各省（市、自治区）内资、国有及国有控股以及外资（含港澳台）高新技术产业创新活动增长动力的特征进行较为准确的描述。

　　从经济不确定性变量指标的参数估计结果来看，经济增长不确定性指数对各省（市、自治区）内资、国有及国有控股以及外资（含港澳台）高新技术产业创新活动全要素生产率均存在显著的正向促进作用；其对各省（市、自治区）内资和外资（含港澳台）高新技术产业创新活动技术进步率存在显著的负向抑制作用，对各省（市、自治区）国有及国有控股高新技术产业创新活动技术进步率存在显著的正向促进作用。经济政策不确定性指数对各省（市、自治区）内资和外资（含港澳台）高新技术产业创新活动全要素生产率不存在显著影响，对各省（市、自治区）国有及国有控股高新技术产业创新活动全要素生产率存在显著的正向促进作用；其对各省(市、自治区)内资和外资(含港澳台)高新技术产业创新活动技术进步率存在显著的负向抑制作用，对各省(市、自治区)国有及国有控股高新技术产业创新活动技术进步率则不存在显著影响。

从金融发展变量指标的参数估计结果来看，金融发展规模指数对各省(市、自治区)内资高新技术产业创新活动全要素生产率存在显著的正向促进作用，对各省(市、自治区)国有及国有控股高新技术产业创新活动全要素生产率不存在显著影响，对各省(市、自治区)外资(含港澳台)高新技术产业创新活动全要素生产率存在显著的负向抑制作用；其对各省(市、自治区)内资和外资(含港澳台)高新技术产业创新活动技术进步率不存在显著影响，对各省(市、自治区)国有及国有控股高新技术产业创新活动技术进步率存在显著的正向促进作用。金融发展效率指数对各省(市、自治区)内资和外资(含港澳台)高新技术产业创新活动全要素生产率及其技术进步率不存在显著影响，对各省(市、自治区)国有及国有控股高新技术产业创新活动全要素生产率及其技术进步率存在显著的正向促进作用。金融市场化指数对各省(市、自治区)内资高新技术产业创新活动全要素生产率存在显著的负向抑制作用，对各省(市、自治区)国有及国有控股高新技术产业创新活动全要素生产率不存在显著影响，对各省(市、自治区)外资(含港澳台)高新技术产业创新活动全要素生产率存在显著的正向促进作用；其对各省(市、自治区)内资高新技术产业创新活动技术进步率存在显著的负向抑制作用，对各省(市、自治区)国有及国有控股高新技术产业创新活动技术进步率存在显著的正向促进作用，对各省(市、自治区)外资(含港澳台)高新技术产业创新活动技术进步率则不存在显著影响。

从影响省域不同资本属性高新技术产业创新活动增长动力的其他变量指标来看，各省(市、自治区)内资高新技术产业创新活动资本要素存量增长率对其全要素生产率及其技术进步率存在显著的负向抑制作用；各省(市、自治区)国有及国有控股高新技术产业创新活动资本要素存量增长率对其全要素生产率存在负向抑制作用，对其技术进步率则不存在显著影响；各省(市、自治区)外资(含港澳台)高新技术产业创新活动资本要素存量增长率对其全要素生产率不存在显著影响，对其技术进步率存在显著的正向促进作用。各省(市、自治区)内资高新技术产业创新活动劳动要素投入增长率对其全要素生产率存在显著的正向促进作用，对其技术进步率则不存在显著影响；各省（市、自治区）国有及国有控股高新技术产业创新活动劳动要素投入增长率对其全要素生产率及其技术进步率均不存在显著影响；各省（市、自治区）外资（含港澳台）高新技术产业创新活动劳动要素投入增长率对其全要素生产率存在显著的负向抑制作用，对其技术进步率则不存在显著影响。其他控制变量指标对各省（市、自治区）不同资本属性高新技术产业创新活动全要素生产率及其技术进步率影响的差异性较为明显。其中，经济发展水平增长率对各省（市、自治区）内资和国有及国有控股高新技术产业创新活动全要素生产率存在显著的正向促进作用，对外资（含港澳台）高新技术产业创新活动全要素生产率存在显著的负向抑制作用，对各省（市、自治区）内资高新技术产业创新活动技术进步率存在显著的负向抑制作用。经济基础设施水平增长率对各省（市、自治区）内资高新技术产业创新活动全要素生产率存在显著的正向促进作用，对各省（市、自治区）国有及国有控股和外资（含港澳台）高新技术产业创新活动全要素生产率存在显著的负向抑制作用，对各省（市、自治区）外资（含港澳台）高新技术产业创新活动技术进步率存在显著的负向抑制作用。工业化水平增长率对各省（市、自治区）国有及国有控股和外资（含港澳台）高新技术产业创新活动全要素生产率存在显著的正向促进作用，对各省（市、自治区）国有及国有控股高新技术产业创新活动技术进步率存在显著的正向促进作用，对各省（市、自治区）外资（含港澳台）高新技术产业创新活动技术进步率存在显著的负向抑制作用。对外开放程度变动率对各省（市、自治区）内资高新技术产业创新活动全要素生产率存在显著的负向抑制作用，对各省（市、自治区）外资（含港澳台）高新技术产业创新活动全要素生产率存在显著的正向促进作用。教育发展水平增长率对各省（市、自治区）外资（含港澳台）高新技术产业创新活动全要素生产率存在显著的负向抑制作用，对各省（市、自治区）外资（含港澳台）高新技术产业创新活动技术进步率存在显著的正向促进作用。城镇化发展水平增长率对各省（市、自治区）内资和国有及国有控股高新技术产业创新活动全要素生产率存在显著的负向抑制作用，对各省（市、自治区）国有及国有控股高新技术产业创新活动技术进步率存在显著的负向抑制作用，对各省（市、自治区）外资（含港澳台）高新技术产业创新活动技术进步率存在显著的正向促进作用。

8.4.4 经济不确定性、金融发展影响高新技术产业创新活动增长动力的区域差异性分析

现对东部地区、中部地区和西部地区高新技术产业创新活动增长动力面板序列计量模型类别选择进行检验,其检验结果如表 8-23 所示。

表 8-23 省域分区域高新技术产业创新活动增长动力面板序列
计量模型选择检验统计表

		检验类别	东部地区	中部地区	西部地区
全要素生产率	固定效应 or 混合效应	F Test	0.31	1.16	0.29
	随机效应 or 混合效应	LM Test	0.00	0.00	0.00
	固定效应 or 随机效应	Hausman Test	3.50	9.22	2.38
	模型选择结果		混合效应	混合效应	混合效应
技术进步率	固定效应 or 混合效应	F Test	0.48	1.19	0.44
	随机效应 or 混合效应	LM Test	0.00	0.00	0.00
	固定效应 or 随机效应	Hausman Test	5.45	9.40	3.61
	模型选择结果		混合效应	混合效应	混合效应

从表 8-23 的检验结果来看,无论是以高新技术产生创新活动全要素生产率为被解释变量,还是以高新技术产业创新活动技术进步率为被解释变量,东部地区高新技术产业、中部地区高新技术产业以及西部地区高新技术产业创新活动增长动力均适用混合效应面板序列计量模型。在此基础上,分别对东部地区高新技术产业、中部地区高新技术产业以及西部地区高新技术产业创新活动增长动力面板序列计量模型进行参数估计,结果如表 8-24 所示。

表 8-24 省域分区域高新技术产业创新活动增长动力面板序列计量模型
参数估计结果统计表

(一)全要素生产率			
变量名称	东部地区	中部地区	西部地区
常数项(C)	0.7567*	2.1662***	0.9740***

（一）全要素生产率			
变量名称	东部地区	中部地区	西部地区
创新活动资本要素存量增长率（iak_{it}）	−0.4454*	−1.7572***	−0.2016***
创新活动劳动要素投入增长率（ial_{it}）	−0.0262	0.5795***	0.0491*
经济增长不确定性（EGU_{it}）	0.0099	0.0670	0.0098
经济政策不确定性（EPU_{it}）	0.2689*	0.9220**	−0.1633*
金融发展规模（FDS_{it}）	0.0831***	−0.1758	−0.0226
金融发展效率（FDE_{it}）	0.3984*	0.9386*	0.7006**
金融市场化（FIL_{it}）	−0.0055	−0.0823***	0.0086*
经济发展水平增长率（gdp_{it}）	1.7750*	−5.3110*	0.4981
经济基础设施水平增长率（inf_{it}）	0.3183	−0.8384*	−0.3772**
工业化水平增长率（ind_{it}）	0.1343	2.1228**	0.1329
对外开放程度变动率（ope_{it}）	−0.6443*	0.3766	−0.0613
教育发展水平增长率（edu_{it}）	2.4708**	−0.8051	0.1270
城镇化发展水平增长率（urb_{it}）	−3.7993**	3.3568**	−1.4453
R-squared	0.5601	0.6378	0.5494
F Test	57.44***	83.31***	58.79***
（二）技术进步率			
变量名称	东部地区	中部地区	西部地区
常数项（C）	1.8054***	1.4269*	0.0672
创新活动资本要素存量增长率（iak_{it}）	−0.2271	−2.6045**	−0.3599***
创新活动劳动要素投入增长率（ial_{it}）	0.0637**	0.4735**	−0.0916*
经济增长不确定性（EGU_{it}）	−0.0519*	0.2215***	−0.0416
经济政策不确定性（EPU_{it}）	0.2066	1.9040***	−0.2413

续表

（二）技术进步率			
变量名称	东部地区	中部地区	西部地区
金融发展规模（FDS_{it}）	−0.0155	−0.1087	0.4926***
金融发展效率（FDE_{it}）	−0.4182***	0.1641	−0.0800
金融市场化（FIL_{it}）	−0.0192*	−0.0863*	0.0189*
经济发展水平增长率（gdp_{it}）	1.3890	−2.9973	6.6344***
经济基础设施水平增长率（inf_{it}）	0.4878	−0.8504	0.0542
工业化水平增长率（ind_{it}）	−1.0911*	2.9575**	1.0035*
对外开放程度变动率（ope_{it}）	1.4418**	0.7515	−0.1769
教育发展水平增长率（edu_{it}）	−1.1576*	0.4357	1.7745**
城镇化发展水平增长率（urb_{it}）	−2.7447*	9.3035**	−5.2618*
R-squared	0.5422	0.6770	0.5692
F Test	53.51***	83.63***	60.76***

注：＊表示在 0.1 水平上显著，＊＊表示在 0.05 水平上显著，＊＊＊表示在 0.01 水平上显著。

从表 8-24 的统计结果来看，以高新技术产业创新活动全要素生产率为被解释变量的东部地区、中部地区以及西部地区高新技术产业创新活动增长动力面板序列计量模型 F 检验统计量分别是 57.44、83.31、58.79，以高新技术产业创新活动技术进步率为被解释变量的东部地区、中部地区以及西部地区高新技术产业创新活动增长动力面板序列计量模型 F 检验统计量分别是 53.51、83.63、60.76，它们在 0.01 的水平上都是显著的，可以确定该面板序列计量模型的拟合效果良好。其中，以高新技术产业创新活动全要素生产率为被解释变量的东部地区、中部地区以及西部地区高新技术产业创新活动增长动力面板序列计量模型的 R-squared 分别是 0.5601、0.6378、0.5494，这表明该面板序列计量模型中各解释变量对东部地区、中部地区以及西部地区高新技术产业创新活动全要素生产率的解释程度分别为 56.01%、63.78%、54.94%；以高新技术产业创新活动技术进步率为被解释变量的东部地区、中部地区以及西部地区高新技术产业创新活动增长动力面板序列计量模型的 R-squared 分别是 0.5422、0.6770、0.5692，这表明该面板序列计量模型中各解释变量对东部地区、中部地区以及西部地区高新技术产业创新活动技术进步率的解释程度分别为 54.22%、67.70%、56.92%。综合来看，省域经济不确定性、金融发展影响高新技术产业创新活动增长动力面板序列模型能够对东部地区、中部地区以及西部地区高新技术产业创新活动增长动力的特征进行较为准确的描述。

从经济不确定性变量指标的参数估计结果来看，经济增长不确定性指数对东部地区、中部地区以及西部地区高新技术产业创新活动全要素生产率不存在显著影响；其对东部地区高新技术产业创新活动技术进步率存在显著的负向抑制作用，对中部地区高新技术产业创新活动技术进步率存在显著的正向促进作用，对西部地区高新技术产业创新活动技术进步率则不存在显著影响。经济政策不确定性指数对东部地区和中部地区高新技术产业创新活动全要素生产率存在显著的正向促进作用，对西部地区高新技术产业创新活动全要素生产率存在显著的负向抑制作用；其对东部地区和西部地区高新技术产业创新活动技术进步率不存在显著影响，对中部地区高新技术产业创新活动技术进步率存在显著的正向促进作用。

从金融发展变量指标的参数估计结果来看，金融发展规模指数对东部地区高新技术产业创新活动全要素生产率存在显著的正向促进作用，对中部地区和西部地区高新技术产业创新活动全要素生产率不存在显著影响；其对东部地区和中部地区高新技术产业创新活动技术进步率不存在显著影响，对西部地区高新技术产业创新活动技术进步率存在显著的正向促进作用。金融发展效率指数对东部地区、中部地区以及西部地区高新技术产业创新活动全要素生产率存在显著的正向促进作用；其对东部地区高新技术产业创新活动技术进步率存在显著的负向抑制作用，对中部地区和西部地区高新技术产业创新活动技术进步率则不存在显著影响。金融市场化指数对东部地区高新技术产业创新活动全要素生产率不存在显著影响，对东部地区高新技术产业创新活动技术进步率存在显著的负向抑制作用，对中部地区高新技术产业创新活动全要素生产率及其技术进步率存在显著的负向抑制作用，对西部地区高新技术产业创新活动全要素生产率及其技术进步率存在显著的正向促进作用。

从影响省域分区域高新技术产业创新活动增长动力的其他变量指标来看，东部地区高新技术产业创新活动资本要素存量增长率对其全要素增长率存在显著的负向抑制作用，对其技术进步率则不存在显著影响；中部地区和西部地区高新技术产业创新活动资本要素存量增长率对其全要素增长率及其技术进步率存在显著的负向抑制作用。东部地区高新技术产业创新活动劳动要素投入增长率对其全要素生产率不存在显著影响，对其技术进步率则存在显著的正向促进作用；中部地区高新技术产业创新活动劳动要素投入增长率对其全要素生产率及其技术进步率存在显著的正向促进作用；西部地区高新技术产业创新活动劳动要素投入增长率对其全要素生产率存在显著的正向促进作用，对其技术进步率则存在显著的负向抑制作用。其他控制变量指标对不同地区高新技术产业创新活动全要素生产率及技术进步率影响的差异性较大。其中，经济发展水平增长率对东部地区高新技术产业创新活动全要素生产率存在显著的正向促进作用，对中部地区高新技术产业创新活动全要素生产率存在显著的负向抑制作用，对西部地区高新技术产业创新活动技术进步率存在显著的正向促进作用。经济基础设施水平增长率对西部地区高新技术产业创新活动全要素生产率存在显著的负向抑制作用。工业化水平增长率对中部地区高新技术产业创新活动全要素生产率存在显著的正向促进作用，对东部地区高新技术产业创新活动技术进步率存在显著的负向抑制作用，对中部地区和西部地区高新技术产业创新活动技术进步率存在显著的正向促进作用。对外开放程度变动率对东部地区高新技术产业创新活动全要素生产率存在显著的负向抑制作用，对东部地区高新技术产业创新活动技术进步率存在显著的正向促进作用。教育发展水平增长率对东部地区高新技术产业创新活动全要素生产率存在显著的正向促进作用，对东部地区高新技术产业创新活动技术进步率存在显著的负向抑制作用，对西部地区高新技术产业创新活动技术进步率存在显著的正向促进作用。城镇化发展水平增长率对东部地区高新技术产业创新活动全要素生产率及其技术进步率存在显著的负向抑制作用，对中部地区高新技术产业创新活动全要素生产率及其技术进步率存在显著的正向促进作用，对西部地区高新技术产业创新活动技术进步率存在显著的负向抑制作用。

9 经济不确定性、金融发展对高新技术产业创新增长空间溢出效应的影响分析

9.1 省域高新技术产业创新增长空间关联效应分析

9.1.1 空间关联效应计量模型

检验经济变量指标空间关联效应的方法比较多，其中使用较为广泛的是 Moran 指数检验法、Geary 指数检验法和 Getis-Ord 指数检验法。其中，Moran 指数检验法的核心要旨是探究相互邻近的区域在某一经济变量指标上的相互关系，通常表现为相似、相异或相互独立。Moran 指数检验法的数学表达式为：

$$I = \frac{\sum\limits_{i=1}^{n}\sum\limits_{j=1}^{n}\omega_{ij}(x_i - \bar{x})(x_j - \bar{x})}{S^2 \sum\limits_{i=1}^{n}\sum\limits_{j=1}^{n}\omega_{ij}} \tag{9-1}$$

其中，$\{x_i\}_{i=1}^{n}$ 指的是区域内某经济变量指标的空间序列，$S^2 = \sum\limits_{i=1}^{n}(x_i - \bar{x})^2/n$ 指的是该经济变量指标空间序列的方差，ω_{ij} 指的是区域 i 和区域 j 的空间距离，是空间权重矩阵 W 中位于 (i, j) 的元素，而 $\sum\limits_{i=1}^{n}\sum\limits_{j=1}^{n}\omega_{ij}$ 指的是空间权重矩阵 W 中所有元素之和。Moran 指数 I 的取值通常位于区间 $[-1, 1]$，若 Moran 指数 I 大于 0 则表明该经济变量指标空间序列呈现空间正相关关系，若 Moran 指数 I 小于 0 则表明该经济变量指标空间序列呈现空间负相关关系，Moran 指数 I 等于 0 则表明该经济变量指标空间序列不存在空间相关关系。一般而言，Moran 指数 I 的绝对值越

大则表明该经济变量指标空间序列的空间自相关性越强。考虑到公式(9-1)测度的是该经济变量指标空间序列的整体空间集聚效应,因此称其为全局 Moran 指数。要实现对某地区附近空间集聚效应的检验,可以通过局部 Moran 指数来实现,其数学表达式为:

$$I_i = \frac{(x_i - \bar{x}) \sum_{j=1}^{n} \omega_{ij}(x_j - \bar{x})}{S^2} \tag{9-2}$$

其中,各变量指标的含义同公式(9-1)一致。一般而言,若局部 Moran 指数 I 大于 0 则表明该地区经济变量指标的高值(或者低值)由与其相邻的高值(或者低值)环绕;反之,则表明该地区经济变量指标的高值(或者低值)由与其相邻的低值(或者高值)环绕。

Geary 指数检验法也称 Geary 相邻比率检验法,Geary 指数 C 的数学表达式如下所示:

$$C = \frac{(n-1) \sum_{i=1}^{n} \sum_{j=1}^{n} \omega_{ij}(x_i - x_j)^2}{2 \left(\sum_{i=1}^{n} \sum_{j=1}^{n} \omega_{ij} \right) \left[\sum_{i=1}^{n} \omega_{ij}(x_i - x_j)^2 \right]} \tag{9-3}$$

其中,$(x_i - x_j)^2$ 是 Geary 指数 C 的核心。通常情况下,Geary 指数 C 的取值范围位于 $[0, 2]$。若 Geary 指数 C 大于 1 则表明该经济变量指标空间序列呈现空间负相关关系,若 Geary 指数 C 小于 1 则表明该经济变量指标空间序列呈现空间正相关关系,若 Geary 指数 C 等于 1 则表明该经济变量指标空间序列不存在空间相关关系。显然,Geary 指数 C 的变动方向和 Moran 指数 I 正好相反。而在局部空间自相关效应的检验中,Geary 指数 C 比 Moran 指数 I 更敏感。然而,无论是 Geary 指数 C 还是 Moran 指数 I 都不能有效地对经济变量指标的冷热区域进行甄别,这无疑成为二者的一大缺陷。Getis-Ord 指数检验法的提出则有效解决了这一问题。Getis-Ord 指数 G 的数学表达式为:

$$G = \frac{\sum_{i=1}^{n} \sum_{j=1}^{n} \omega_{ij} x_i x_j}{\sum_{i=1}^{n} \sum_{j=1}^{n} x_i x_j} \tag{9-4}$$

其中,Getis-Ord 指数 G 要求经济变量指标空间序列值都要大于 0,且空间权重矩

阵 W 是非标准化的对称矩阵，空间权重矩阵 W 权重元素均为 0 或者 1。通常情况下，经济变量指标高值集聚地区的 Getis-Ord 指数 G 比较大，反之亦然。Getis-Ord 指数 G 的均值可以表示为：

$$E(G) = \frac{\sum_{i=1}^{n} \sum_{j=1}^{n} \omega_{ij}}{n(n-1)} \tag{9-5}$$

若 Getis-Ord 指数 G 大于均值则表明存在高值集聚的热点地区，若 Getis-Ord 指数 G 小于均值则表明存在低值集聚的冷点地区。进一步检验某地区的冷热点划分可以通过局部 Getis-Ord 指数 G 来实现。局部 Getis-Ord 指数 G_i 的数学表达式为：

$$G_i = \frac{\sum_{j=1}^{n} \omega_{ij} x_j}{\sum_{j=1}^{n} x_j} \tag{9-6}$$

在对上述空间关联效应检验方法的阐述中，涉及了空间计量分析中非常重要的一个概念——空间权重矩阵 W，用以实现对经济变量指标之间空间依赖程度及其关联程度的衡量。因此，有效地设置空间权重矩阵 W 对经济变量指标的空间计量分析具有至关重要的影响。通过查阅学者们的研究成果，设置空间权重矩阵 W 的方法基本上分为两大类：其一是结合地理区位特征来对权重元素进行赋值，其二是结合社会经济特征来对权重元素赋值。其中，结合地理区位特征来对空间权重矩阵 W 进行权重元素赋值的方法还可以进一步细分，一是结合地理连接关系来对权重元素进行赋值，二是结合地理空间距离来对权重元素进行赋值。结合地理连接关系对空间权重矩阵 W 进行权重元素赋值主要研判各地区是否存在直接的空间连接关系。一般而言，存在直接空间连接关系的地区之间的权重元素赋值为 1，不存在直接空间连接关系的地区之间的权重元素赋值为 0，且各地区自身对应的权重元素同样赋值为 0。因此，基于地理连接关系的空间权重矩阵 W 可以表示为：

$$\omega_{ij} = \begin{cases} 1 & i \text{ 和 } j \text{ 直接连接} \\ 0 & i \text{ 和 } j \text{ 不直接连接} \quad i = j \end{cases} \tag{9-7}$$

　　毫无疑问，基于地理连接关系来对空间权重矩阵 W 进行权重元素赋值非常简单。但是，该方法默认相连地区之间的空间关联效应及其影响程度是相同的，并不能有效地体现地区之间的空间关联效应及其影响程度的差异性。为解决该方法的弊端，通过引入 Tobler(1970) 的地理学定律，即事物之间总存在某种关联性，且该关联性会因事物之间距离的缩短而增强，衍生出基于地理空间距离的空间权重矩阵 W 权重元素赋值方法。该方法结合地区之间核心城市空间地理距离来对空间权重矩阵 W 权重元素进行赋值，因此，基于地理空间距离的空间权重矩阵 W 可以表示为：

$$\omega_{ij} = \begin{cases} \dfrac{1}{d_{ij}^2} & i \neq j \\ 0 & i = j \end{cases} \tag{9-8}$$

其中，d_{ij} 指的是两地区核心城市之间的公路距离。因此，若两地区核心城市之间的公路距离越短，则表明两地区之间的联系越紧密。

　　随着邻近经济学理论的发展，学者们指出经济体之间的空间关联效应不仅依托于其地理位置关系，更与其组织邻近关系存在紧密联系。各地区经济发展状况、社会文化特征、产业资产禀赋以及经济基础设施水平等多方面的相互影响对高新技术产业创新增长的意义更大。基于地理区位特征来对空间权重矩阵 W 权重元素进行赋值的方法具有一定的片面性，忽略了各区域在经济社会发展过程中的关联互动。因此，结合各地区的经济社会关系特征来对空间权重矩阵 W 权重元素进行赋值可以在一定程度上弥补这一不足。在学者们选用的经济社会关系特征指标中，采用较多的是各地区的资本形成总额。考虑到空间权重矩阵 W 权重元素赋值方式的差异性，基于经济社会关系特征的空间权重矩阵 W 可进一步划分为经济协动空间权重矩阵和经济距离空间权重矩阵。其中，经济协动空间权重矩阵 W 的数学表达式为：

$$\omega_{ij} = \begin{cases} \dfrac{1}{std(\varepsilon)} & i \neq j \\ 0 & i = j \end{cases} \tag{9-9}$$

$$y_{it} = \alpha + \beta y_{jt} + \varepsilon_t \tag{9-10}$$

其中，y_{it} 指的是相应地区在第 t 时的资本形成总额，ε_t 指的是随机误差项，$std(\varepsilon)$ 指的是随机误差项 ε_t 的标准差。结合公式(9-9)来看，如果两地区之间资本形成总额存在较强的相关性，那么随机误差项 ε_t 的标准差就比较小，而两地区之间的空间权重系数反而越大。经济协动空间权重矩阵 W 的适应能力较好，依托两地区的经济协动关系来研判其相关性进而探究经济变量指标间的空间关联效应更具有现实意义。

但是，经济协动空间权重矩阵 W 仅考虑了各地区之间的经济协动关系，而忽略了各地区的空间地理关系。于是，学者们综合各地区的资本形成总额及空间距离因素建立了经济距离空间权重矩阵 W。经济距离空间权重矩阵 W 的数学表达式为：

$$\omega_{ij} = \begin{cases} \dfrac{1}{d_{ij}^2} \dfrac{\bar{y}_j}{\bar{y}} & i \neq j \\ 0 & i = j \end{cases} \tag{9-11}$$

其中，d_{ij} 指的是两地区之间的空间距离，$\bar{y}_j$ 指的是该地区在统计期间的资本形成总额均值，$\bar{y}$ 指的是所有地区在统计期间的资本形成总额均值。

比较空间权重矩阵 W 的不同赋值方法可以看出，基于地理区位特征的空间权重矩阵 W 权重元素的赋值相对固定，而基于经济社会关系特征的空间权重矩阵 W 权重元素的赋值显然会因经济社会的发展而不断变动。相对而言，基于经济社会关系特征的空间权重矩阵 W 能够更好地表现经济变量指标的空间关联特征。

9.1.2 省域高新技术产业产出空间自相关性检验

基于上述空间关联效应计量方法的分析，考虑到 Getis-Ord 指数检验法对空间权重矩阵的特殊要求，本节仅采用 Moran 指数检验法和 Geary 指数检验法对省域高新技术产业创新增长空间自相关性进行检验。根据空间自相关性检验方法，本节首先对各省(市、自治区)高新技术产业产出的空间自相关性进行 Moran 检验和 Geary 检验，其检验结果如表9-1所示。

表 9-1 2000—2020 年省域高新技术产业产出空间自相关性检验结果统计表

年份	地理位置矩阵		地理距离矩阵		经济协动矩阵		经济距离矩阵	
	Moran	Geary	Moran	Geary	Moran	Geary	Moran	Geary
2000	0.309***	0.628***	0.292***	0.634***	0.031***	0.906**	0.309***	0.591***
2001	0.298***	0.633***	0.272***	0.646***	0.032***	0.908**	0.293***	0.602***
2002	0.314***	0.613***	0.270***	0.641***	0.031***	0.911**	0.293***	0.597***
2003	0.309***	0.616***	0.267***	0.637***	0.031***	0.914**	0.290***	0.595***
2004	0.323***	0.611***	0.288***	0.643***	0.031***	0.919**	0.309***	0.600***
2005	0.319***	0.616**	0.292***	0.635***	0.033***	0.918**	0.312***	0.596***
2006	0.329***	0.605***	0.308***	0.622***	0.033***	0.922**	0.327***	0.586***
2007	0.314***	0.620***	0.304***	0.615***	0.036***	0.918**	0.323***	0.578***
2008	0.331***	0.603***	0.307***	0.605***	0.040***	0.910**	0.328***	0.567***
2009	0.332***	0.602***	0.310***	0.594***	0.041***	0.908**	0.331***	0.557***
2010	0.356***	0.584***	0.320***	0.584***	0.044***	0.906**	0.342***	0.547***
2011	0.359***	0.578***	0.335***	0.565***	0.050***	0.899***	0.358***	0.528***
2012	0.394***	0.535***	0.319***	0.561***	0.049***	0.902***	0.341***	0.531***
2013	0.360***	0.560***	0.309***	0.553***	0.048***	0.906***	0.331***	0.526***
2014	0.364***	0.557***	0.317***	0.543***	0.047***	0.909***	0.336***	0.520***
2015	0.368***	0.583***	0.333***	0.534***	0.053***	0.903***	0.354***	0.510***
2016	0.362***	0.600***	0.329***	0.532***	0.055***	0.900***	0.351***	0.508***
2017	0.377***	0.603***	0.353***	0.525***	0.056***	0.903***	0.376***	0.499***
2018	0.392***	0.603***	0.373***	0.523***	0.056***	0.903***	0.401***	0.493***
2019	0.404***	0.584***	0.356***	0.521***	0.058***	0.901***	0.388***	0.489***
2020	0.392***	0.599***	0.371***	0.518***	0.063***	0.897***	0.407***	0.482***

注：**表示在 0.05 水平上显著，***表示在 0.01 水平上显著。

从表 9-1 的检验结果来看，在不同的空间权重矩阵条件下，各省(市、自治区)高新技术产业产出的 Moran 指数和 Geary 指数均是显著的。然而，根据不同空间权重矩阵测算出的各省(市、自治区)高新技术产业产出的 Moran 指数和

Geary 指数存在着明显差异。其中，基于地理位置空间权重矩阵 Moran 指数的最大值是 0.404、最小值是 0.298、平均值是 0.348、标准差是 0.032，Geary 指数的最大值是 0.633、最小值是 0.535、平均值是 0.597、标准差是 0.024；基于地理距离空间权重矩阵的 Moran 指数的最大值是 0.373、最小值是 0.267、平均值是 0.315、标准差是 0.030，Geary 指数的最大值是 0.646、最小值是 0.518、平均值是 0.582、标准差是 0.047；基于经济协动空间权重矩阵的 Moran 指数的最大值是 0.063、最小值是 0.031、平均值是 0.044、标准差是 0.010，Geary 指数的最大值是 0.922、最小值是 0.897、平均值是 0.908、标准差是 0.007；基于经济距离空间权重矩阵的 Moran 指数的最大值是 0.407、最小值是 0.290、平均值是 0.338、标准差是 0.033，Geary 指数的最大值是 0.602、最小值是 0.482、平均值是 0.548、标准差是 0.041。这表明各省（市、自治区）高新技术产业产出存在着正向的空间相关性。

为进一步直观反映各省（市、自治区）高新技术产业产出的空间集聚态势，需要绘制各省（市、自治区）高新技术产业产出在不同空间权重矩阵下的 Moran 散点图。限于篇幅，本书仅绘出 2020 年度各省（市、自治区）高新技术产业产出的 Moran 散点图（图 9-1）。

从图 9-1 省域高新技术产业产出 Moran 散点图来看，在地理位置空间权重矩阵下，2020 年度北京、天津、上海、江苏、浙江、安徽、福建、江西、山东、河南、湖北、湖南、广东、重庆等 14 个省（市、自治区）的高新技术产业产出位于第一象限 High-High 集聚地区，河北、广西、海南、贵州、云南等 5 个省（市、自治区）的高新技术产业产出位于第二象限 Low-High 集聚地区，山西、内蒙古、辽宁、吉林、黑龙江、甘肃、青海、宁夏、新疆等 9 个省（市、自治区）的高新技术产业产出位于第三象限 Low-Low 集聚地区，四川、山西等 2 个省（市、自治区）的高新技术产业产出位于第四象限 High-Low 集聚地区。

在地理距离空间权重矩阵下，2020 年度北京、天津、上海、江苏、浙江、安徽、福建、江西、山东、河南、湖北、湖南、广东、重庆、四川等 15 个省（市、自治区）的高新技术产业产出位于第一象限 High-High 集聚地区，河北、山西、广西、贵州、云南等 5 个省（市、自治区）的高新技术产业产出位于第二象限 Low-High 集聚地区，内蒙古、辽宁、吉林、黑龙江、海南、甘肃、青海、宁夏、

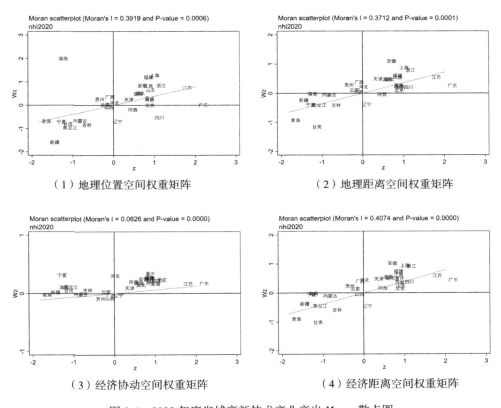

图 9-1　2020 年度省域高新技术产业产出 Moran 散点图

新疆等 9 个省(市、自治区)的高新技术产业产出位于第三象限 Low-Low 集聚地区，陕西省的高新技术产业产出位于第四象限 High-Low 集聚地区。

在经济协动空间权重矩阵下，2020 年度北京、天津、上海、江苏、浙江、安徽、福建、江西、山东、河南、湖北、湖南、广东、重庆、四川、陕西等 16 个省(市、自治区)的高新技术产业产出位于第一象限 High-High 集聚地区，河北、内蒙古、吉林、黑龙江、海南、云南、甘肃、宁夏、新疆等 9 个省(市、自治区)的高新技术产业产出位于第二象限 Low-High 集聚地区，山西、辽宁、广西、贵州、青海等 5 个省(市、自治区)的高新技术产业产出位于第三象限 Low-Low 集聚地区。

在经济距离空间权重矩阵下，2020 年度北京、天津、上海、江苏、浙江、安徽、福建、江西、山东、河南、湖北、湖南、广东、重庆、四川、陕西等 16 个省(市、自治区)的高新技术产业产出位于第一象限 High-High 集聚地区,河北、广西、贵州、云南等 4 个省(市、自治区)的高新技术产业产出位于第二象限 Low-High 集聚地区,山西、内蒙古、辽宁、吉林、黑龙江、海南、甘肃、青海、宁夏、新疆等 10 个省(市、自治区)的高新技术产业产出位于第三象限 Low-Low 集聚地区。

总体而言,无论在哪一类空间权重矩阵下,各省(市、自治区)大部分位于 High-High 集聚地区和 Low-Low 集聚地区,这表明各省(市、自治区)高新技术产业产出整体上呈现出正向空间相关分布特征。

9.1.3 省域高新技术产业产出创新自相关性检验

根据空间自相关性检验方法,我们对各省(市、自治区)高新技术产业创新的空间自相关性进行 Moran 检验和 Geary 检验,其检验结果如表 9-2 和表 9-3 所示。

表 9-2 2000—2020 年省域高新技术产业创新(专利申请数量)
空间自相关性检验结果统计表

年份	地理位置矩阵		地理距离矩阵		经济协动矩阵		经济距离矩阵	
	Moran	Geary	Moran	Geary	Moran	Geary	Moran	Geary
2000	0.014	1.006	0.097	0.725**	0.011**	0.928*	0.138*	0.677***
2001	0.039	0.954	0.050	0.773*	0.022***	0.911**	0.099	0.707**
2002	0.162	0.846	0.221**	0.609***	0.033***	0.887***	0.242***	0.564***
2003	0.168*	0.817	0.213**	0.594***	0.016***	0.904**	0.223**	0.563***
2004	0.139	0.853	0.200**	0.687***	0.015**	0.907**	0.223**	0.638***
2005	0.056	0.909	0.170**	0.686**	0.013**	0.913*	0.190**	0.645***
2006	0.041	1.041	0.125	0.672**	0.012**	0.924*	0.143*	0.639***
2007	0.157	0.992	0.157*	0.698**	0.017**	0.913*	0.179**	0.645**
2008	0.179*	0.898	0.225**	0.653***	0.033***	0.879***	0.251***	0.597***
2009	0.345***	0.673**	0.323***	0.612***	0.032***	0.918**	0.342***	0.575***

年份	地理位置矩阵		地理距离矩阵		经济协动矩阵		经济距离矩阵	
	Moran	Geary	Moran	Geary	Moran	Geary	Moran	Geary
2010	0.310***	0.713**	0.255***	0.633***	0.039***	0.908**	0.281***	0.593***
2011	0.383***	0.641***	0.316***	0.620***	0.048***	0.888***	0.340***	0.577***
2012	0.395***	0.587***	0.265***	0.635***	0.047***	0.868***	0.297***	0.582***
2013	0.383***	0.658***	0.321***	0.613***	0.053***	0.876***	0.348***	0.565***
2014	0.380***	0.628***	0.315***	0.626***	0.048***	0.885***	0.341***	0.580***
2015	0.363***	0.636***	0.352***	0.602***	0.054***	0.894***	0.377***	0.563***
2016	0.378***	0.662***	0.308***	0.604***	0.068***	0.885***	0.353***	0.549***
2017	0.302***	0.669**	0.324***	0.563***	0.059***	0.909***	0.362***	0.526***
2018	0.331***	0.664**	0.319***	0.543***	0.063***	0.905***	0.363***	0.503***
2019	0.319***	0.663**	0.328***	0.517***	0.067***	0.893***	0.377***	0.468***
2020	0.336***	0.658***	0.315***	0.496***	0.066***	0.894***	0.393***	0.454***

注：*表示在0.1水平上显著，**表示在0.05水平上显著，***表示在0.01水平上显著。

从表9-2的检验结果来看，在不同的空间权重矩阵条件下，各省（市、自治区）高新技术产业创新（专利申请数量）的 Moran 指数和 Geary 指数绝大部分是显著的。然而，根据不同空间权重矩阵测算出的各省（市、自治区）高新技术产业创新（专利申请数量）的 Moran 指数和 Geary 指数存在着明显差异。其中，基于地理位置空间权重矩阵的 Moran 指数的最大值是0.395、最小值是0.014、平均值是0.247、标准差是0.131，Geary 指数的最大值是1.041、最小值是0.587、平均值是0.770、标准差是0.144；基于地理距离空间权重矩阵的 Moran 指数的最大值是0.352、最小值是0.05、平均值是0.248、标准差是0.085，Geary 指数的最大值是0.773、最小值是0.496、平均值是0.627、标准差是0.065；基于经济协动空间权重矩阵的 Moran 指数的最大值是0.068、最小值是0.011、平均值是0.039、标准差是0.020，Geary 指数的最大值是0.928、最小值是0.868、平均值是0.899、标准差是0.016；基于经济距离空间权重矩阵的 Moran 指数的最大值是0.393、最小值是0.099、平均值是0.279、标准差是0.089，Geary 指数的最大值是 0.707、最小值是 0.454、平均值是 0.581、标准差是 0.062。这表明各省（市、自治区）高新技术产业创新（专利申请数量）存在着正向的空间相关性。

表 9-3　2000—2020 年省域高新技术产业创新（新产品销售收入）
空间自相关性检验结果统计表

年份	地理位置矩阵		地理距离矩阵		经济协动矩阵		经济距离矩阵	
	Moran	Geary	Moran	Geary	Moran	Geary	Moran	Geary
2000	0.121	0.832	0.133*	0.795	0.037***	0.853**	0.172**	0.716*
2001	0.217**	0.861	0.180**	0.735**	0.022***	0.889*	0.200**	0.675**
2002	0.197*	0.795	0.200**	0.669***	0.022***	0.893*	0.213**	0.619***
2003	0.183*	0.811	0.237***	0.627***	0.031***	0.884*	0.255***	0.579***
2004	0.247**	0.694**	0.272***	0.648***	0.033***	0.900***	0.291***	0.605***
2005	0.052	0.804	0.222**	0.487***	0.027***	0.897*	0.235***	0.454***
2006	0.080	0.783	0.236***	0.481***	0.031***	0.891*	0.252***	0.444***
2007	0.130	0.808	0.238***	0.565***	0.029***	0.879*	0.249***	0.521***
2008	0.203*	0.795	0.222**	0.646***	0.043**	0.859**	0.251***	0.581***
2009	0.330***	0.638**	0.306***	0.646***	0.054*	0.859**	0.334***	0.585***
2010	0.267**	0.662**	0.264***	0.647**	0.041*	0.869**	0.289***	0.595***
2011	0.288***	0.692**	0.301***	0.627**	0.053*	0.877**	0.328***	0.578***
2012	0.389***	0.542***	0.275***	0.588**	0.054*	0.872***	0.313***	0.539***
2013	0.376***	0.580***	0.315***	0.587**	0.055*	0.883**	0.350***	0.540***
2014	0.367***	0.589***	0.296***	0.586**	0.064**	0.869**	0.337***	0.531***
2015	0.302***	0.664**	0.310***	0.577**	0.075**	0.875**	0.356***	0.523***
2016	0.229**	0.716**	0.282***	0.548***	0.071**	0.887**	0.329***	0.496***
2017	0.270**	0.688**	0.299***	0.558***	0.070**	0.892**	0.346***	0.515***
2018	0.294***	0.666**	0.322***	0.531***	0.066**	0.897**	0.371***	0.489***
2019	0.301***	0.680**	0.303***	0.475***	0.075**	0.872**	0.350***	0.427***
2020	0.338***	0.642***	0.302***	0.489***	0.072**	0.875**	0.349***	0.441***

注：*表示在 0.1 水平上显著，**表示在 0.05 水平上显著，***表示在 0.01 水平上显著。

从表9-3的检验结果来看，在不同的空间权重矩阵条件下，各省(市、自治区)高新技术产业创新(新产品销售收入)的 Moran 指数和 Geary 指数大部分是显著的。然而，根据不同空间权重矩阵测算出的各省(市、自治区)高新技术产业创新(新产品销售收入)的 Moran 指数和 Geary 指数存在着明显差异。其中，基于地理位置空间权重矩阵的 Moran 指数的最大值是 0.389、最小值是 0.052、平均值是 0.247、标准差是 0.093，Geary 指数的最大值是 0.861、最小值是 0.542、平均值是 0.712、标准差是 0.088；基于地理距离空间权重矩阵的 Moran 指数的最大值是 0.322、最小值是 0.133、平均值是 0.263、标准差是 0.049，Geary 指数的最大值是 0.795、最小值是 0.475、平均值是 0.596、标准差是 0.081；基于经济协动空间权重矩阵的 Moran 指数的最大值是 0.075、最小值是 0.022、平均值是 0.049、标准差是 0.018，Geary 指数的最大值是 0.900、最小值是 0.853、平均值是 0.880、标准差是 0.013；基于经济距离空间权重矩阵的 Moran 指数的最大值是 0.371、最小值是 0.172、平均值是 0.294、标准差是 0.057，Geary 指数的最大值是 0.716、最小值是 0.427、平均值是 0.545、标准差是 0.074。这表明各省(市、自治区)高新技术产业创新(新产品销售收入)存在着正向的空间相关性。

为进一步直观反映各省(市、自治区)高新技术产业创新的空间集聚态势，需要绘制各省(市、自治区)高新技术产业创新在不同空间权重矩阵下的 Moran 散点图。限于篇幅，本节仅绘出 2020 年度各省(市、自治区)高新技术产业创新的 Moran 散点图，如图 9-2 和图 9-3 所示。

从图 9-2 省域高新技术产业创新(专利申请数量)Moran 散点图来看，在地理位置空间权重矩阵下，2020 年度北京、天津、上海、江苏、浙江、安徽、福建、江西、山东、河南、湖北、湖南、重庆等 13 个省(市、自治区)的高新技术产业创新(专利申请数量)位于第一象限 High-High 集聚地区，河北、广西、海南、贵州等 4 个省(市、自治区)的高新技术产业创新(专利申请数量)位于第二象限 Low-High 集聚地区，山西、内蒙古、辽宁、吉林、黑龙江、云南、甘肃、青海、宁夏、新疆等 10 个省(市、自治区)的高新技术产业创新(专利申请数量)位于第三象限 Low-Low 集聚地区，广东、四川、陕西等 3 个省(市、自治区)的高新技术产业创新(专利申请数量)位于第四象限 High-Low 集聚地区。

在地理距离空间权重矩阵下，2020 年度北京、天津、上海、江苏、浙江、

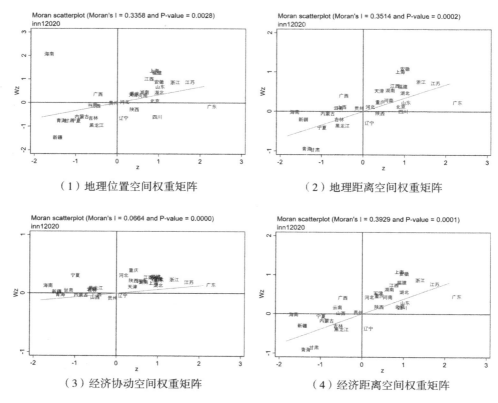

（1）地理位置空间权重矩阵　　　　　（2）地理距离空间权重矩阵

（3）经济协动空间权重矩阵　　　　　（4）经济距离空间权重矩阵

图9-2　2020年度省域高新技术产业创新（专利申请数量）Moran散点图

安徽、福建、江西、山东、河南、湖北、湖南、广东、重庆、四川等15个省（市、自治区）的高新技术产业创新（专利申请数量）位于第一象限High-High集聚地区，河北、山西、广西、贵州、云南等5个省（市、自治区）的高新技术产业创新（专利申请数量）位于第二象限Low-High集聚地区，内蒙古、辽宁、吉林、黑龙江、海南、甘肃、青海、宁夏、新疆等9个省（市、自治区）的高新技术产业创新（专利申请数量）位于第三象限Low-Low集聚地区，陕西省的高新技术产业创新（专利申请数量）位于第四象限High-Low集聚地区。

　　在经济协动空间权重矩阵下，2020年度北京、天津、上海、江苏、浙江、安徽、福建、江西、山东、河南、湖北、湖南、广东、重庆、四川、陕西等16个省（市、自治区）的高新技术产业创新（专利申请数量）位于第一象限High-High

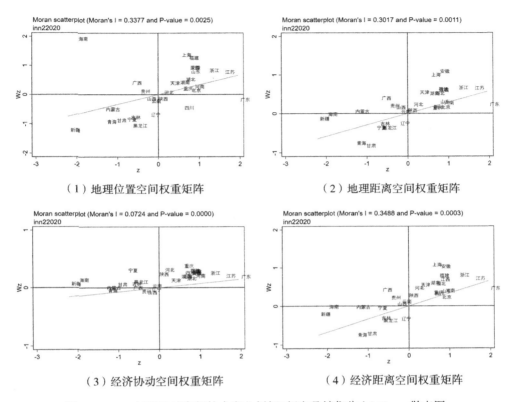

图 9-3 2020 年度省域高新技术产业创新(新产品销售收入)Moran 散点图

集聚地区,河北、吉林、黑龙江、海南、云南、甘肃、宁夏、新疆等 8 个省(市、自治区)的高新技术产业创新(专利申请数量)位于第二象限 Low-High 集聚地区,山西、内蒙古、辽宁、广西、贵州、青海等 6 个省(市、自治区)的高新技术产业创新(专利申请数量)位于第三象限 Low-Low 集聚地区。

在经济距离空间权重矩阵下,2020 年度北京、天津、上海、江苏、浙江、安徽、福建、江西、山东、河南、湖北、湖南、广东、重庆、四川、陕西等 16 个省(市、自治区)的高新技术产业创新(专利申请数量)位于第一象限 High-High 集聚地区,河北、山西、广西、贵州、云南等 5 个省(市、自治区)的高新技术产业创新(专利申请数量)位于第二象限 Low-High 集聚地区,内蒙古、辽宁、吉林、黑龙江、海南、甘肃、青海、宁夏、新疆等 9 个省(市、自治区)的高新技术产业创新(专利申请数量)位于第三象限 Low-Low 集聚地区。

　　总体而言,无论在哪一类空间权重矩阵下,各省(市、自治区)大部分位于 High-High 集聚地区和 Low-Low 集聚地区,这表明各省(市、自治区)高新技术产业创新(专利申请数量)整体上呈现出正向空间相关分布特征。

　　从图 9-3 省域高新技术产业创新(新产品销售收入)Moran 散点图来看,在地理位置空间权重矩阵下,2020 年度北京、天津、河北、上海、江苏、浙江、安徽、福建、江西、山东、河南、湖北、湖南、重庆等 14 个省(市、自治区)的高新技术产业创新(新产品销售收入)位于第一象限 High-High 集聚地区,广西、海南、贵州等 3 个省(市、自治区)的高新技术产业创新(新产品销售收入)位于第二象限 Low-High 集聚地区,山西、内蒙古、辽宁、吉林、黑龙江、云南、陕西、甘肃、青海、宁夏、新疆等 11 个省(市、自治区)的高新技术产业创新(新产品销售收入)位于第三象限 Low-Low 集聚地区,广东、四川等 2 个省(市、自治区)的高新技术产业创新(新产品销售收入)位于第四象限 High-Low 集聚地区。

　　在地理距离空间权重矩阵下,2020 年度北京、天津、河北、上海、江苏、浙江、安徽、福建、江西、山东、河南、湖北、湖南、广东、重庆、四川等 16 个省(市、自治区)的高新技术产业创新(新产品销售收入)位于第一象限 High-High 集聚地区,山西、内蒙古、广西、贵州、云南、陕西等 6 个省(市、自治区)的高新技术产业创新(新产品销售收入)位于第二象限 Low-High 集聚地区,辽宁、吉林、黑龙江、海南、甘肃、青海、宁夏、新疆等 8 个省(市、自治区)的高新技术产业创新(新产品销售收入)位于第三象限 Low-Low 集聚地区。

　　在经济协动空间权重矩阵下,2020 年度北京、天津、河北、上海、江苏、浙江、安徽、福建、江西、山东、河南、湖北、湖南、广东、重庆、四川等 16 个省(市、自治区)的高新技术产业创新(新产品销售收入)位于第一象限 High-High 集聚地区,内蒙古、吉林、黑龙江、广西、海南、云南、陕西、甘肃、宁夏、新疆等 10 个省(市、自治区)的高新技术产业创新(新产品销售收入)位于第二象限 Low-High 集聚地区,山西、辽宁、贵州、青海等 4 个省(市、自治区)的高新技术产业创新(新产品销售收入)位于第三象限 Low-Low 集聚地区。

　　在经济距离空间权重矩阵下,2020 年度北京、天津、河北、上海、江苏、浙江、安徽、福建、江西、山东、河南、湖北、湖南、广东、重庆、四川等 16

个省(市、自治区)的高新技术产业创新(新产品销售收入)位于第一象限 High-High 集聚地区,山西、广西、贵州、云南、陕西等 5 个省(市、自治区)的高新技术产业创新(新产品销售收入)位于第二象限 Low-High 集聚地区,内蒙古、辽宁、吉林、黑龙江、海南、甘肃、青海、宁夏、新疆等 9 个省(市、自治区)的高新技术产业创新(新产品销售收入)位于第三象限 Low-Low 集聚地区。

总体而言,无论在哪一类空间权重矩阵下,各省(市、自治区)大部分位于 High-High 集聚地区和 Low-Low 集聚地区,这表明各省(市、自治区)高新技术产业创新(新产品销售收入)整体上呈现出正向空间相关分布特征。

9.1.4　省域高新技术产业投资空间自相关性检验

根据空间自相关性检验方法,本节首先对各省(市、自治区)高新技术产业投资的空间自相关性进行 Moran 检验和 Geary 检验,其检验结果如表 9-4 所示。

表 9-4　2000—2020 年省域高新技术产业投资空间自相关性检验结果统计表

年份	地理位置矩阵		地理距离矩阵		经济协动矩阵		经济距离矩阵	
	Moran	Geary	Moran	Geary	Moran	Geary	Moran	Geary
2000	0.206*	0.718**	0.179**	0.713**	0.032***	0.895***	0.207**	0.666***
2001	0.109	0.813	0.166*	0.705**	0.018**	0.914**	0.185**	0.669***
2002	0.190*	0.723**	0.267***	0.632***	0.013**	0.929*	0.269***	0.615***
2003	0.297***	0.628***	0.239***	0.645***	0.027***	0.912**	0.262***	0.610***
2004	0.258**	0.636***	0.270***	0.577***	0.042***	0.902**	0.285***	0.547***
2005	0.279**	0.628***	0.267***	0.634***	0.049***	0.913**	0.297***	0.601***
2006	0.275**	0.648**	0.305***	0.539***	0.061***	0.874**	0.334***	0.500***
2007	0.244**	0.641**	0.284***	0.490***	0.063***	0.867**	0.316***	0.449***
2008	0.241**	0.638***	0.281***	0.490***	0.055***	0.876**	0.309***	0.454***
2009	0.322***	0.553***	0.271***	0.550***	0.048***	0.890**	0.302***	0.515***
2010	0.338***	0.538***	0.313***	0.537***	0.053***	0.889**	0.340***	0.504***
2011	0.328***	0.557***	0.344***	0.542***	0.050***	0.906**	0.365***	0.517***
2012	0.282***	0.610***	0.305***	0.583***	0.045***	0.923*	0.336***	0.556***

续表

年份	地理位置矩阵		地理距离矩阵		经济协动矩阵		经济距离矩阵	
	Moran	Geary	Moran	Geary	Moran	Geary	Moran	Geary
2013	0.293***	0.587***	0.270***	0.603***	0.044***	0.927*	0.306***	0.577***
2014	0.261***	0.614***	0.246***	0.646***	0.028***	0.958	0.277***	0.630***
2015	0.239**	0.638***	0.229**	0.609***	0.040***	0.939*	0.272***	0.582***
2016	0.260**	0.633***	0.254***	0.579***	0.060***	0.912***	0.309***	0.540***
2017	0.259**	0.632***	0.244***	0.586***	0.062***	0.910***	0.300***	0.547***
2018	0.263**	0.628***	0.285***	0.523***	0.047***	0.926**	0.331***	0.492***
2019	0.257**	0.630***	0.286***	0.514***	0.048***	0.915***	0.328***	0.473***
2020	0.327***	0.568***	0.308***	0.516***	0.063***	0.894***	0.357***	0.470***

注：*表示在 0.1 水平上显著；**表示在 0.05 水平上显著，***表示在 0.01 水平上显著。

从表 9-4 的检验结果来看，在不同的空间权重矩阵条件下，各省(市、自治区)高新技术产业投资的 Moran 指数和 Geary 指数均是显著的。然而，根据不同空间权重矩阵测算出的各省(市、自治区)高新技术产业投资的 Moran 指数和 Geary 指数存在着明显差异。其中，基于地理位置空间权重矩阵的 Moran 指数的最大值是 0.338、最小值是 0.109、平均值是 0.263、标准差是 0.051，Geary 指数的最大值是 0.813、最小值是 0.538、平均值是 0.631、标准差是 0.060；基于地理距离空间权重矩阵的 Moran 指数的最大值是 0.344、最小值是 0.166、平均值是 0.267、标准差是 0.041，Geary 指数的最大值是 0.713、最小值是 0.490、平均值是 0.582、标准差是 0.063；基于经济协动空间权重矩阵的 Moran 指数的最大值是 0.063、最小值是 0.013、平均值是 0.045、标准差是 0.014，Geary 指数的最大值是 0.958、最小值是 0.867、平均值是 0.908、标准差是 0.022；基于经济距离空间权重矩阵的 Moran 指数的最大值是 0.365、最小值是 0.185、平均值是 0.299、标准差是 0.043，Geary 指数的最大值是 0.669、最小值是 0.449、平均值是 0.548、标准差是 0.065。这表明各省(市、自治区)高新技术产业投资存在着正向的空间相关性。

为进一步直观反映各省(市、自治区)高新技术产业投资的空间集聚态势，需要绘制各省(市、自治区)高新技术产业投资在不同空间权重矩阵下的 Moran 散点图。限于篇幅，现仅绘出 2020 年度各省(市、自治区)高新技术产业投资的 Moran 散点图，如图9-4所示。

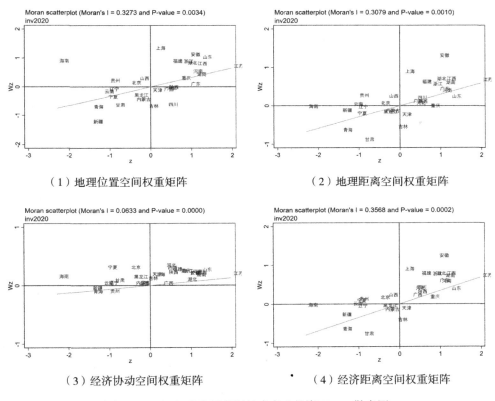

图9-4 2020年度省域高新技术产业投资 Moran 散点图

从图9-4省域高新技术产业投资 Moran 散点图来看，在地理位置空间权重矩阵下，2020 年度上海、江苏、浙江、安徽、福建、江西、山东、河南、湖北、湖南、广东、重庆、陕西等13个省(市、自治区)的高新技术产业投资位于第一象限 High-High 集聚地区，北京、山西、海南、贵州等4个省(市、自治区)的高新技术产业投资位于第二象限 Low-High 集聚地区，天津、内蒙古、辽宁、吉林、黑龙江、云南、甘肃、青海、宁夏、新疆等 10 个省(市、自治区)的高新技术产业投资位于第三象限 Low-Low 集聚地区,河北、广西、四川等 3 个省(市、自治区)的高新技术产业投资位于第四象限 High-Low 集聚地区。

在地理距离空间权重矩阵下,2020 年度河北、上海、江苏、浙江、安徽、福建、江西、山东、河南、湖北、湖南、广东、广西、重庆、四川、陕西等 16 个省(市、自治区)的高新技术产业投资位于第一象限 High-High 集聚地区,北京、山西、贵州、云南等 4 个省(市、自治区)的高新技术产业投资位于第二象限 Low-High 集聚地区,天津、内蒙古、辽宁、吉林、黑龙江、海南、甘肃、青海、宁夏、新疆等 10 个省(市、自治区)的高新技术产业投资位于第三象限 Low-Low 集聚地区,陕西省的高新技术产业投资位于第四象限 High-Low 集聚地区。

在经济协动空间权重矩阵下,2020 年度河北、上海、江苏、浙江、安徽、福建、江西、山东、河南、湖北、湖南、广东、广西、重庆、四川、陕西等 16 个省(市、自治区)的高新技术产业投资位于第一象限 High-High 集聚地区,北京、天津、山西、内蒙古、辽宁、吉林、黑龙江、海南、云南、甘肃、宁夏等 11 个省(市、自治区)的高新技术产业投资位于第二象限 Low-High 集聚地区,贵州、青海、新疆等 3 个省(市、自治区)的高新技术产业投资位于第三象限 Low-Low 集聚地区。

在经济距离空间权重矩阵下,2020 年度河北、上海、江苏、浙江、安徽、福建、江西、山东、河南、湖北、湖南、广东、广西、重庆、四川、陕西等 16 个省(市、自治区)的高新技术产业投资位于第一象限 High-High 集聚地区,北京、山西、贵州、云南、宁夏等 5 个省(市、自治区)的高新技术产业投资位于第二象限 Low-High 集聚地区,天津、内蒙古、辽宁、吉林、黑龙江、海南、甘肃、青海、新疆等 9 个省(市、自治区)的高新技术产业投资位于第三象限 Low-Low 集聚地区。

总体而言,无论在哪一类空间权重矩阵下,各省(市、自治区)大部分位于 High-High 集聚地区和 Low-Low 集聚地区,这表明各省(市、自治区)高新技术产业投资整体上呈现出正向空间相关分布特征。

9.2 经济不确定性、金融发展影响高新技术产业创新增长空间溢出效应的计量模型设计

9.2.1 空间溢出效应计量模型设计

结合空间计量经济学应用研究文献，空间计量模型有多种类型，其中，使用较为广泛的空间计量模型主要包括空间滞后模型、空间误差模型以及空间杜宾模型。空间滞后模型侧重于分析被解释变量的空间相关性。在空间滞后模型中往往需要纳入滞后因子 WY 进行分析，其数学表达式为：

$$Y = \rho WY + \beta X + \varepsilon \tag{9-12}$$

其中，Y 指的是经济因变量，X 指的是外生自变量，W 指的是空间权重矩阵，WY 指的是滞后处理的经济因变量，ε 指的是随机误差项，ρ 指的是空间自回归系数，衡量的是各地区的经济因变量对其他地区经济因变量的影响程度。

不同于空间滞后模型，空间误差模型并未因空间相关性因素的影响而改变模型结构，该模型主要借助其在随机误差项中建立的空间结构模块来解构空间相关性，其数学表达式为：

$$Y = \beta X + \xi$$
$$\xi = \lambda W\xi + \varepsilon \tag{9-13}$$
$$\varepsilon : N(0, \sigma^2 I_n)$$

其中，Y、X、W 和 ε 的经济学含义和公式(9-12)相同，λ 指的是经济因变量的空间误差系数，衡量的是各地区经济因变量的空间依赖关系。鉴于空间误差模型是借助随机误差项来衡量区域间经济因变量的空间依赖性，因此该模型也是通过其他地区经济因变量的误差冲击对此地区经济因变量的作用效果来进行分析。

空间杜宾模型兼顾了空间滞后模型和空间误差模型的特征，同时对经济因变量和外生自变量的空间相关性进行分析。该模型的数学表达式为：

$$Y = \rho WY + \beta X + \delta WX + \varepsilon \tag{9-14}$$

然而，上述空间计量模型并不能直接分析外生自变量对经济因变量的空间效应。若要实现对经济因变量区域内部溢出效应和区域外部溢出效应的分解，需要

结合 James Sage 和 Kelley Pace(2009) 建立的偏微分方法把经济因变量的总溢出效应分解为直接效应(区域内部溢出效应) 和间接效应(区域外部溢出效应)①。假设空间计量模型的一般数学表达式为：

$$Y = \alpha I_n + \rho WY + \beta X + \delta WX + \varepsilon \tag{9-15}$$

借助移项转换，空间计量模型(9-15) 可以调整为：

$$(I_n - \rho W)Y = \alpha I_n + \beta X + \delta WX + \varepsilon \tag{9-16}$$

$$Y = \sum_{k=1}^{n} S_k(W)X_k + \alpha V(W)I_n + V(W)\varepsilon \tag{9-17}$$

其中，$S_k(W) = V(W)(\beta_k I_n + \delta_k W)$，$V(W) = (I_n - \rho W)^{-1} = I_n + \rho W + (\rho W)^2 + (\rho W)^3 + \cdots$。

为清晰地表达 $S_k(W)$ 所发挥的作用，将公式(9-17) 进一步转换为向量形式，其数学表达式为：

$$
\begin{bmatrix} Y_1 \\ Y_2 \\ \vdots \\ Y_n \end{bmatrix} = \sum_{k=1}^{n} \begin{bmatrix} S_k(W)_{11} & S_k(W)_{12} & L & S_k(W)_{1n} \\ S_k(W)_{21} & S_k(W)_{22} & L & S_k(W)_{2n} \\ \vdots & \vdots & \ddots & \vdots \\ S_k(W)_{n1} & S_k(W)_{n2} & L & S_k(W)_{nk} \end{bmatrix} \begin{bmatrix} X_{1k} \\ X_{2k} \\ \vdots \\ X_{nk} \end{bmatrix} + \alpha V(W)I_n + V(W)\varepsilon
$$

$$\tag{9-18}$$

结合公式(9-18) 来看，地区 i 的空间计量模型可以表示为：

$$Y_i = \sum_{k=1}^{n} [S_k(W)_{i1}X_{1k} + S_k(W)_{i2}X_{2k} + \cdots + S_k(W)_{in}X_{nk}] + \alpha V(W)I_n + V(W)\varepsilon_i$$

$$\tag{9-19}$$

对公式(9-19) 中地区 i 的经济因变量 Y_i 分别求解区域内部外生自变量 X_{ik} 和其他区域 j 的外生自变量 X_{ij} 的偏导数，结果如下：

$$\frac{\partial Y_i}{\partial X_{ik}} = S_k(W)_{ii} \tag{9-20}$$

$$\frac{\partial Y_i}{\partial X_{jk}} = S_k(W)_{ij} \tag{9-21}$$

---

① James Sage, Kelley Pace. Introduction to Spatial Econometrics[M]. Boca Raton, US: CRC Press Taylor &Francis Group, 2009.

其中，$S_k(W)_{ii}$ 指的是地区 i 的外生自变量 X_{ik} 对本地区经济因变量 Y_i 的影响程度，体现的是区域内部溢出效应；$S_k(W)_{ij}$ 指的是其他区域 j 的外生自变量 X_{jk} 对本地区经济因变量 Y_i 的影响程度，体现的是区域外部溢出效应。

在此基础上，结合前文构建的省域经济不确定性、金融发展影响高新技术产业创新增长面板序列计量模型，来构建省域高新技术产业创新增长空间面板序列计量经济学模型，其数学表达式如下：

（1）省域高新技术产业产出空间滞后模型

$$
\begin{aligned}
\ln NHI_{it} = {} & \rho W(\ln NHI_{it}) + \beta_1 \ln PAK_{it} + \beta_2 \ln PAL_{it} + \beta_3 EGU_{it} + \beta_4 EPU_{it} \\
& + \beta_5 PDS_{it} + \beta_6 FDE_{it} + \beta_7 FIL_{it} + \beta_8 \ln GDP_{it} + \beta_9 \ln INF_{it} + \beta_{10} IND_{it} \\
& + \beta_{11} OPE_{it} + \beta_{12} EDU_{it} + \beta_{13} URB_{it} + \varepsilon_{it}
\end{aligned} \tag{9-22}
$$

（2）省域高新技术产业产出空间误差模型

$$
\begin{aligned}
\ln NHI_{it} = {} & \beta_1 \ln PAK_{it} + \beta_2 \ln PAL_{it} + \beta_3 EGU_{it} + \beta_4 EPU_{it} + \beta_5 PDS_{it} \\
& + \beta_6 FDE_{it} + \beta_7 FIL_{it} + \beta_8 \ln GDP_{it} + \beta_9 \ln INF_{it} + \beta_{10} IND_{it} \\
& + \beta_{11} OPE_{it} + \beta_{12} EDU_{it} + \beta_{13} URB_{it} + \lambda W\xi_{it} + \varepsilon_{it}
\end{aligned} \tag{9-23}
$$

（3）省域高新技术产业产出空间杜宾模型

$$
\begin{aligned}
\ln NHI_{it} = {} & \rho W(\ln NHI_{it}) + \beta_1 \ln PAK_{it} + \beta_2 \ln PAL_{it} + \beta_3 EGU_{it} + \beta_4 EPU_{it} \\
& + \beta_5 PDS_{it} + \beta_6 FDE_{it} + \beta_7 FIL_{it} + \beta_8 \ln GDP_{it} + \beta_9 \ln INF_{it} + \beta_{10} IND_{it} \\
& + \beta_{11} OPE_{it} + \beta_{12} EDU_{it} + \beta_{13} URB_{it} + \delta_1 W(\ln PAK_{it}) + \delta_2 W(\ln PAL_{it}) \\
& + \delta_3 W(EGU_{it}) + \delta_4 W(EPU_{it}) + \delta_5 W(FDS_{it}) + \delta_6 W(FDE_{it}) \\
& + \delta_7 W(FIL_{it}) + \delta_8 W(\ln GDP_{it}) + \delta_9 W(\ln INF_{it}) + \delta_{10} W(IND_{it}) \\
& + \delta_{11} W(OPE_{it}) + \delta_{12} W(EDU_{it}) + \delta_{13} W(URB_{it}) + \varepsilon_{it}
\end{aligned} \tag{9-24}
$$

（4）省域高新技术产业创新空间滞后模型

$$
\begin{aligned}
\ln NHI_{it} = {} & \rho W(\ln INN_{it}) + \beta_1 \ln IAK_{it} + \beta_2 \ln LAL_{it} + \beta_3 EGU_{it} + \beta_4 EPU_{it} \\
& + \beta_5 PDS_{it} + \beta_6 FDE_{it} + \beta_7 FIL_{it} + \beta_8 \ln GDP_{it} + \beta_9 \ln INF_{it} + \beta_{10} IND_{it} \\
& + \beta_{11} OPE_{it} + \beta_{12} EDU_{it} + \delta_{13} URB_{it} + \varepsilon_{it}
\end{aligned} \tag{9-25}
$$

（5）省域高新技术产业创新空间误差模型

$$
\begin{aligned}
\ln INN_{it} = {} & \beta_1 \ln LAK_{it} + \beta_2 \ln LAL_{it} + \beta_3 EGU_{it} + \beta_4 EPU_{it} + \beta_5 PDS_{it} \\
& + \beta_6 FDE_{it} + \beta_7 FIL_{it} + \beta_8 \ln GDP_{it} + \beta_9 \ln INF_{it} + \beta_{10} IND_{it} \\
& + \beta_{11} OPE_{it} + \beta_{12} EDU_{it} + \beta_{13} URB_{it} + \lambda W\xi_{it} + \varepsilon_{it}
\end{aligned} \tag{9-26}
$$

（6）省域高新技术产业创新空间杜宾模型

$$
\begin{aligned}
\mathrm{In}INN_{it} = {} & \rho W(\mathrm{In}INN_{it}) + \beta_1\mathrm{In}LAK_{it} + \beta_2\mathrm{In}LAL_{it} + \beta_3EGU_{it} + \beta_4EPU_{it} \\
& + \beta_5PDS_{it} + \beta_6FDE_{it} + \beta_7FIL_{it} + \beta_8\mathrm{In}GDP_{it} + \beta_9\mathrm{In}INF_{it} + \beta_{10}IND_{it} \\
& + \beta_{11}OPE_{it} + \beta_{12}EDU_{it} + \beta_{13}URB_{it} + \delta_1W(\mathrm{In}LAK_{it}) + \delta_2W(\mathrm{In}LAL_{it}) \\
& + \delta_3W(EGU_{it}) + \delta_4W(EPU_{it}) + \delta_5W(FDS_{it}) + \delta_6W(FDE_{it}) \\
& + \delta_7W(FIL_{it}) + \delta_8W(\mathrm{In}GDP_{it}) + \delta_9W(\mathrm{In}INF_{it}) + \delta_{10}W(IND_{it}) \\
& + \delta_{11}W(OPE_{it}) + \delta_{12}W(EDU_{it}) + \delta_{13}W(URB_{it}) + \varepsilon_{it}
\end{aligned}
\tag{9-27}
$$

（7）省域高新技术产业投资空间滞后模型

$$
\begin{aligned}
\mathrm{In}INV_{it} = {} & \rho W(\mathrm{In}INV_{it}) + \beta_1\mathrm{In}INV_{it-1} + \beta_2EGU_{it} + \beta_3EPU_{it} + \beta_4FDS_{it} \\
& + \beta_5PDE_{it} + \beta_6FIL_{it} + \beta_7\mathrm{In}GDP_{it} + \beta_8\mathrm{In}INF_{it} + \beta_9IND_{it} \\
& + \beta_{10}OPE_{it} + \beta_{11}EDU_{it} + \beta_{12}URB_{it} + \varepsilon_{it}
\end{aligned}
\tag{9-28}
$$

（8）省域高新技术产业投资空间误差模型

$$
\begin{aligned}
\mathrm{In}INV_{it} = {} & \beta_1\mathrm{In}INV_{it-1} + \beta_2EGU_{it} + \beta_3EPU_{it} + \beta_4FDS_{it} + \beta_5PDE_{it} \\
& + \beta_6FIL_{it} + \beta_7\mathrm{In}GDP_{it} + \beta_8\mathrm{In}INF_{it} + \beta_9IND_{it} + \beta_{10}OPE_{it} \\
& + \beta_{11}EDU_{it} + \beta_{12}URB_{it} + \lambda W\xi_{it} + \varepsilon_{it}
\end{aligned}
\tag{9-29}
$$

（9）省域高新技术产业投资空间杜宾模型

$$
\begin{aligned}
\mathrm{In}INV_{it} = {} & \rho W(\mathrm{In}INV_{it}) + \beta_1\mathrm{In}INV_{it-1} + \beta_2EGU_{it} + \beta_3EPU_{it} + \beta_4FDS_{it} \\
& + \beta_5PDE_{it} + \beta_6FIL_{it} + \beta_7\mathrm{In}GDP_{it} + \beta_8\mathrm{In}INF_{it} + \beta_9IND_{it} \\
& + \beta_{10}OPE_{it} + \beta_{11}EDU_{it} + \beta_{12}URB_{it} + \delta_1W(\mathrm{In}LNV_{it-1}) + \delta_2W(EGU_{it}) \\
& + \delta_3W(EGU_{it}) + \delta_4W(FDS_{it}) + \delta_5W(FDE_{it}) + \delta_6W(FIL_{it}) \\
& + \delta_7W(\mathrm{In}GDP_{it}) + \delta_8W(\mathrm{In}INF_{it}) + \delta_9W(IND_{it}) + \delta_{10}W(OPE_{it}) \\
& + \delta_{11}W(EDU_{it}) + \delta_{12}W(URB_{it}) + \varepsilon_{it}
\end{aligned}
\tag{9-30}
$$

9.2.2　变量指标

上述模型中各变量指标的描述性统计分析、平稳性检验已经在前文进行了详细分析，在此不予赘述。考虑到空间计量模型的特殊性，我们对各变量指标的空间自相关性进行检验，检验结果见表9-5和书后附录附表1至附表16。

表 9-5 2020 年省域高新技术产业创新增长外生变量空间自相关性检验结果统计表

（一）				
变量名称	地理位置矩阵		地理距离矩阵	
	Moran	Geary	Moran	Geary
生产活动资本要素存量（PAK_{it}）	0.327***	0.568***	0.308***	0.516***
生产活动劳动要素投入（PAL_{it}）	0.383***	0.619***	0.360***	0.512***
创新活动资本要素存量（$IAK1_{it}$）	0.317***	0.662**	0.295***	0.616***
创新活动资本要素存量（$IAK2_{it}$）	0.336***	0.663**	0.296***	0.590***
创新活动劳动要素投入（IAL_{it}）	0.372***	0.622***	0.341***	0.520***
经济增长不确定性（EGU_{it}）	0.076	0.859	0.023	0.952
经济政策不确定性（EPU_{it}）	0.220**	0.645***	0.142*	0.646***
金融发展规模（FDS_{it}）	0.184**	0.663*	0.202***	1.022
金融发展效率（FDE_{it}）	0.173*	0.745*	0.117	0.907
金融市场化（FIL_{it}）	0.446***	0.567***	0.234***	0.782*
经济发展水平（GDP_{it}）	0.231**	0.707**	0.326***	0.582***
经济基础设施水平（INF_{it}）	0.174*	0.724**	0.258***	0.650***
工业化水平（IND_{it}）	−0.132	1.196	0.327***	0.712*
对外开放程度（OPE_{it}）	0.391***	0.574***	0.329***	0.709**
教育发展水平（EDU_{it}）	0.177*	0.741*	0.162**	0.959
城镇化发展水平（URB_{it}）	0.372***	0.516***	0.323***	0.770*
（二）				
变量名称	经济协动矩阵		经济距离矩阵	
	Moran	Geary	Moran	Geary
生产活动资本要素存量（PAK_{it}）	0.063***	0.894***	0.357***	0.470***
生产活动劳动要素投入（PAL_{it}）	0.056***	0.906***	0.393***	0.482***

续表

变量名称	经济协动矩阵		经济距离矩阵	
	Moran	Geary	Moran	Geary
创新活动资本要素存量（$IAK1_{it}$）	0.051***	0.889***	0.327***	0.569***
创新活动资本要素存量（$IAK2_{it}$）	0.061***	0.890***	0.336***	0.540***
创新活动劳动要素投入（IAL_{it}）	0.061***	0.888***	0.382***	0.475***
经济增长不确定性（EGU_{it}）	−0.045	0.999	−0.010	0.971
经济政策不确定性（EPU_{it}）	0.004	0.923	0.163*	0.609***
金融发展规模（FDS_{it}）	−0.015	0.986	0.212***	0.941
金融发展效率（FDE_{it}）	−0.005	0.923**	0.145*	0.811
金融市场化（FIL_{it}）	0.027***	0.948	0.288***	0.734**
经济发展水平（GDP_{it}）	0.030***	0.940	0.349***	0.563***
经济基础设施水平（INF_{it}）	0.017***	0.948	0.294***	0.604***
工业化水平（IND_{it}）	−0.039	0.919	0.292***	0.672*
对外开放程度（OPE_{it}）	0.009***	0.925	0.336***	0.646**
教育发展水平（EDU_{it}）	−0.024	0.989	0.144*	0.971
城镇化发展水平（URB_{it}）	−0.005	0.935	0.311***	0.715**

注：*表示在 0.1 水平上显著，**表示在 0.05 水平上显著，***表示在 0.01 水平上显著。

从表 9-5 和附表 1 至附表 16 省域高新技术产业创新增长外生变量空间自相关性检验结果来看，各省（市、自治区）高新技术产业创新增长外生变量指标都存在一定程度的空间自相关性。其中，各省（市、自治区）高新技术产业生产活动资本要素存量、生产活动劳动要素投入、创新活动资本要素存量（专利申请数量）、创新活动资本要素存量（新产品销售收入）、创新活动劳动要素投入、金融市场化、经济发展水平、经济基础设施水平、对外开放程度、教育发展水平、城镇化发展水平等变量指标在绝大部分年份都存在显著的正向空间自相关性；而经济增长不确定性、经济政策不确定性、金融发展规模、金融发展效率、工业化水平等变量指标仅在少量年份存在显著的正向空间自相关性。

9.3 经济不确定性、金融发展影响高新技术产业产出空间溢出效应的实证分析

9.3.1 省域高新技术产业产出空间溢出效应的实证检验

从前文的分析可知,空间计量经济学模型的种类比较多。在对各省(市、自治区)经济不确定性、金融发展影响高新技术产业产出空间溢出效应进行实证检验之前,需要确定空间计量经济学模型的类别。因此,需要对省域经济不确定性、金融发展影响高新技术产业产出空间溢出效应进行检验,常用的检验方法包括 LM 检验、Wald 检验和 LR 检验等。在不同空间权重矩阵下,省域经济不确定性、金融发展影响高新技术产业产出空间溢出效应计量模型的检验结果见表9-6。

表 9-6 省域高新技术产业产出空间依赖性检验结果统计表

		地理位置矩阵	地理距离矩阵	经济协动矩阵	经济距离矩阵
LM 检验	LM-Error	31.555***	4.763**	1.221	7.738***
	Robust LM-Error	34.287***	6.069**	1.006	8.349***
	LM-Lag	4.510**	18.938***	29.369***	3.857**
	Robust LM-Lag	7.242***	20.243***	29.154***	4.468**
Wald 检验	Chi2-Error	102.07***	223.38***	54.46***	222.44***
	Chi2-Lag	57.09***	117.80***	40.03***	127.70***
LR 检验	LR-Error	98.08***	152.66***	47.36***	152.20***
	LR-Lag	101.78***	166.02***	40.94***	158.46***

注:**表示在 0.05 水平上显著,***表示在 0.01 水平上显著。

从表 9-6 的检验结果来看,在地理位置矩阵、地理距离矩阵和经济距离矩阵等空间权重矩阵下,根据 LM 检验原则、Wald 检验原则以及 LR 检验原则,省域高新技术产业产出空间溢出效应计量模型既可以选择空间误差模型也可以选择空

间滞后模型。在经济协动矩阵等空间权重矩阵下，根据 LM 检验原则，省域高新技术产业产出空间溢出效应计量模型可以选择空间滞后模型；根据 Wald 检验原则以及 LR 检验原则，省域高新技术产业产出空间溢出效应计量模型既可以选择空间误差模型也可以选择空间滞后模型。综合来看，在这四类空间权重矩阵中，省域经济不确定性、金融发展影响高新技术产业产出空间溢出效应计量模型选择空间杜宾模型更为合吾。通常情况下，空间面板计量模型包含四种模型形式：随机效应空间计量模型、区域固定效应空间计量模型、时间固定效应空间计量模型以及区域时间双向固定效应空间计量模型。因此，需要通过检验进一步确定省域经济不确定性、金融发展影响高新技术产业产出空间溢出效应空间杜宾模型的具体模型形式，其检验结果如表 9-7 所示。

表 9-7　省域高新技术产业产出空间溢出效应计量模型选择检验结果统计表

	检验类别	地理位置矩阵	地理距离矩阵	经济协动矩阵	经济距离矩阵
区域固定效应 or 双向固定效应	LR Test	40.43***	43.32***	35.87***	46.72***
时间固定效应 or 双向固定效应	LR Test	405.50***	550.25***	437.06***	565.93***
固定效应 or 随机效应	Hausman Test	−83.79	−18.31	155.62***	−37.83

注：***表示在 0.01 水平上显著。

从表 9-7 省域高新技术产业产出空间溢出效应计量模型选择检验结果来看，在地理位置矩阵、地理距离矩阵和经济距离矩阵等空间权重矩阵下，省域高新技术产业产出空间溢出效应空间杜宾模型应选择区域时间双向固定效应模型形式；在经济协动矩阵空间权重矩阵下，省域高新技术产业产出空间溢出效应空间杜宾模型应选择随机效应模型形式。在此基础上，对不同空间权重矩阵下省域经济不确定性、金融发展影响高新技术产业产出空间溢出效应空间杜宾模型进行参数估计，其结果如表 9-8 所示。

表 9-8 省域高新技术产业产出空间溢出效应计量模型参数估计结果统计表

	变量名称	地理位置矩阵	地理距离矩阵	经济协动矩阵	经济距离矩阵
Main	生产活动资本要素存量（PAK_{it}）	0.0541***	0.0404**	0.0671***	0.0367**
	生产活动劳动要素投入（PAL_{it}）	0.9939***	0.9753***	0.8571***	0.9938**
	经济增长不确定性（EGU_{it}）	−0.0119*	−0.0113*	−0.0145*	−0.0123*
	经济政策不确定性（EPU_{it}）	−0.0111	0.0146	−0.0334	0.0084
	金融发展规模（FDS_{it}）	−0.0022	0.0017	−0.0007	0.0014
	金融发展效率（FDE_{it}）	0.4104***	0.4684***	0.3340*	0.5576**
	金融市场化（FIL_{it}）	−0.0198***	−0.0090**	−0.0235***	−0.0101**
	经济发展水平（GDP_{it}）	0.2079**	0.5418***	0.5557***	0.5782***
	经济基础设施水平（INF_{it}）	−0.0060	−0.0394	−0.0220	−0.0780
	工业化水平（IND_{it}）	0.3443***	0.4051***	0.5929***	0.4122***
	对外开放程度（OPE_{it}）	1.3572***	1.6815***	1.2028***	1.7026***
	教育发展水平（EDU_{it}）	6.8328*	11.3778**	7.0879*	10.3061**
	城镇化发展水平（URB_{it}）	0.6062***	−0.2467	0.9051**	0.0102
Wx	生产活动资本要素存量（PAK_{it}）	0.0578*	0.1462***	−0.2088	0.1617***
	生产活动劳动要素投入（PAL_{it}）	−0.4660***	−0.7450***	−0.4178*	−0.7747***
	经济增长不确定性（EGU_{it}）	0.0357***	0.0153**	−0.1752*	0.0199*
	经济政策不确定性（EPU_{it}）	0.0377	−0.0012	−0.0270	0.0004
	金融发展规模（FDS_{it}）	−0.0323*	−0.0002	0.1875	−0.0003
	金融发展效率（FDE_{it}）	−0.4953**	−0.2874	−4.8467**	−0.4505*
	金融市场化（FIL_{it}）	0.0030	−0.0102	−0.1126**	−0.0120
	经济发展水平（GDP_{it}）	0.0581	−0.3779***	3.8518***	−0.3484***
	经济基础设施水平（INF_{it}）	0.2485***	0.2397**	0.3788	0.2800***
	工业化水平（IND_{it}）	−0.1858	−0.2204	5.0367***	−0.2193
	对外开放程度（OPE_{it}）	0.2130	−0.6790*	−6.6179**	−0.5981*
	教育发展水平（EDU_{it}）	−16.4990**	−17.3742**	29.9209	−20.1222***
	城镇化发展水平（URB_{it}）	1.9313***	2.6143***	−5.9865	1.9757***

续表

变量名称		地理位置矩阵	地理距离矩阵	经济协动矩阵	经济距离矩阵
Spatial	rho	0.1345 **	0.2539 ***	−0.7122 ***	0.2547 ***
Variance	sigma2_e	0.0279 ***	0.0253 ***	0.0275 ***	0.0256 ***
	R-squared	0.9711	0.9541	0.9510	0.9530
	Log-likelihood	231.6909 ***	261.0384 ***	230.7153 ***	257.0092 ***

注: * 表示在 0.1 水平上显著, ** 表示在 0.05 水平上显著, *** 表示在 0.01 水平上显著。

从表 9-8 的统计结果来看, 在地理位置矩阵、地理距离矩阵、经济协动矩阵和经济距离矩阵等空间权重矩阵下, 以高新技术产业产出为被解释变量的空间溢出效应计量模型的 Log-likelihood 统计量分别是 231.6909、261.0384、230.7153 和 257.0092, 它们在 0.01 的水平上都是显著的, 可以确定该空间溢出效应计量模型的拟合效果良好。其中, 在上述四类空间权重矩阵下, 各省(市、自治区)高新技术产业空间溢出效应计量模型的 R-squared 分别是 0.9711、0.9541、0.9510 和 0.9530, 这表明该空间溢出效应计量模型中各解释变量对各省(市、自治区)高新技术产业产出的解释程度分别为 97.11%、95.41%、95.10% 和95.30%。从各省(市、自治区)高新技术产业产出空间溢出效应计量模型的空间自相关系数来看, 在地理位置矩阵、地理距离矩阵和经济距离矩阵等空间权重矩阵下, 各省(市、自治区)高新技术产业产出对其他地区高新技术产业产出存在显著的正向促进作用, 而在经济协动矩阵等空间权重矩阵下, 各省(市、自治区)高新技术产业产出对其他地区高新技术产业产出存在显著的负向抑制作用。

从经济不确定性和金融发展变量指标的参数估计结果来看, 在地理位置矩阵、地理距离矩阵、经济协动矩阵和经济距离矩阵等空间权重矩阵下, 经济增长不确定性指数和金融市场化指数对各省(市、自治区)高新技术产业产出存在显著的负向抑制作用, 金融发展效率指数对各省(市、自治区)高新技术产业产出存在显著的正向促进作用, 经济政策不确定性指数和金融发展规模指数对各省(市、自治区)高新技术产业产出不存在显著影响。

进一步观察经济不确定性和金融发展变量指标空间滞后项的参数估计结果发现，在地理位置空间权重矩阵下，经济增长不确定指数的空间滞后项对各省(市、自治区)高新技术产业产出存在显著的正向促进作用，金融发展规模指数和金融发展效率指数的空间滞后项对各省(市、自治区)高新技术产业产出存在显著的负向抑制作用，经济政策不确定性指数和金融市场化指数的空间滞后项对各省(市、自治区)高新技术产业产出则不存在显著影响；在地理距离空间权重矩阵下，经济增长不确定指数的空间滞后项对各省(市、自治区)高新技术产业产出存在显著的正向促进作用，经济政策不确定性指数、金融发展规模指数、金融发展效率指数和金融市场化指数的空间滞后项对各省(市、自治区)高新技术产业产出则不存在显著影响；在经济协动空间权重矩阵下，经济增长不确定指数、金融发展效率指数和金融市场化指数的空间滞后项对各省(市、自治区)高新技术产业产出存在显著的负向抑制作用，经济政策不确定性指数和金融发展规模指数的空间滞后项对各省(市、自治区)高新技术产业产出则不存在显著影响；在经济距离空间权重矩阵下，经济增长不确定指数的空间滞后项对各省(市、自治区)高新技术产业产出存在显著的正向促进作用，金融发展效率指数的空间滞后项对各省(市、自治区)高新技术产业产出存在显著的负向抑制作用，经济政策不确定性指数、金融发展规模指数和金融市场化指数的空间滞后项对各省(市、自治区)高新技术产业产出则不存在显著影响。

从影响省域高新技术产业产出的其他变量指标来看，在地理位置矩阵、地理距离矩阵、经济协动矩阵和经济距离矩阵等空间权重矩阵下，高新技术产业生产活动资本要素存量、生产活动劳动要素投入、经济发展水平、工业化水平、对外开放程度、教育发展水平等指标变量对各省(市、自治区)高新技术产业产出存在显著的正向促进作用，经济基础设施水平对各省(市、自治区)高新技术产业产出则不存在显著影响；城镇化发展水平仅在地理位置矩阵和经济协动矩阵等空间权重矩阵下对各省(市、自治区)高新技术产业产出存在显著的正向促进作用，在地理距离矩阵和经济距离矩阵等空间权重矩阵下对各省(市、自治区)高新技术产业产出则不存在显著影响。

进一步观察各控制变量指标空间滞后项的参数估计结果发现，在地理位置空间权重矩阵下，高新技术产业生产活动资本要素存量、经济基础设施水平和城镇化发展水平等指标变量的空间滞后项对各省(市、自治区)高新技术产业产出存在显著的正向促进作用,高新技术产业生产活动劳动要素投入和教育发展水平等指标变量的空间滞后项对各省(市、自治区)高新技术产业产出存在显著的负向抑制作用,经济发展水平、工业化水平和对外开放程度等指标变量的空间滞后项对各省(市、自治区)高新技术产业产出则不存在显著影响;在地理距离矩阵和经济距离矩阵等空间权重矩阵下,高新技术产业生产活动资本要素存量、经济基础设施水平和城镇化发展水平等指标变量的空间滞后项对各省(市、自治区)高新技术产业产出存在显著的正向促进作用,高新技术产业生产活动劳动要素投入、经济发展水平、对外开放程度和教育发展水平等指标变量的空间滞后项对各省(市、自治区)高新技术产业产出存在显著的负向抑制作用,工业化水平的空间滞后项对各省(市、自治区)高新技术产业产出则不存在显著影响;在经济协动空间权重矩阵下,经济发展水平和工业化水平等指标变量的空间滞后项对各省(市、自治区)高新技术产业产出存在显著的正向促进作用,高新技术产业生产活动劳动要素投入和对外开放程度等指标变量的空间滞后项对各省(市、自治区)高新技术产业产出存在显著的负向抑制作用,高新技术产业生产活动资本要素存量、经济基础设施水平、教育发展水平和城镇化发展水平等指标变量的空间滞后项对各省(市、自治区)高新技术产业产出则不存在显著影响。

鉴于在省域高新技术产业产出空间溢出效应计量模型中,经济不确定性、金融发展以及控制变量指标空间滞后项的参数估计结果部分显著不等于0,现进一步对各省(市、自治区)高新技术产业产出的空间溢出效应进行分解,其分解结果见表9-9。

表9-9 省域高新技术产业产出空间溢出效应分解结果统计表

	变量名称	地理位置矩阵	地理距离矩阵	经济协动矩阵	经济距离矩阵
Direct	生产活动资本要素存量(PAK_{it})	0.0565 ***	0.0485 ***	0.0712 ***	0.0456 ***
	生产活动劳动要素投入(PAL_{it})	0.9796 ***	0.9474 ***	0.8712 ***	0.9645 ***
	经济增长不确定性(EGJ_{it})	−0.0199 *	0.0123 *	−0.0148 *	−0.0131 *

续表

变量名称		地理位置 矩阵	地理距离 矩阵	经济协动 矩阵	经济距离 矩阵
Direct	经济政策不确定性（EPU_{it}）	-0.0078	0.0168	-0.0315	0.0106
	金融发展规模（FDS_{it}）	-0.0051	0.0001	-0.0061	-0.0003
	金融发展效率（FDE_{it}）	0.3996***	0.4618***	0.3298**	0.5441***
	金融市场化（FIL_{it}）	-0.0194***	-0.0093**	-0.0216***	-0.0105***
	经济发展水平（GDP_{it}）	0.1981**	0.5217***	0.4858***	0.5599***
	经济基础设施水平（INF_{it}）	0.0023	-0.0273	-0.0320	-0.0643
	工业化水平（IND_{it}）	0.3380***	0.3967***	0.5127***	0.4036***
	对外开放程度（OPE_{it}）	1.3884***	1.6808***	1.3755***	1.7066***
	教育发展水平（EDU_{it}）	5.9996	10.6833**	6.4245	9.4563*
	城镇化发展水平（URB_{it}）	0.6725**	-0.1277	1.0374***	0.1003
Indirect	生产活动资本要素存量（PAK_{it}）	0.0773**	0.2009***	-0.1392	0.2197***
	生产活动劳动要素投入（PAL_{it}）	-0.3683***	-0.6177***	-0.6393**	-0.6492***
	经济增长不确定性（EGU_{it}）	0.0379**	0.0168*	-0.0998*	0.0124*
	经济政策不确定性（EPU_{it}）	0.0428	0.0060	0.0196	0.0059
	金融发展规模（FDS_{it}）	-0.0347*	0.0016	0.1127	0.0016
	金融发展效率（FDE_{it}）	-0.5187**	-0.2550	-3.2659**	-0.4302*
	金融市场化（FIL_{it}）	0.0001	-0.0157*	-0.0583*	-0.0184*
	经济发展水平（GDP_{it}）	0.0949	-0.3143**	2.1241***	-0.2658***
	经济基础设施水平（INF_{it}）	0.2841***	0.2994***	0.2986	0.3381
	工业化水平（IND_{it}）	-0.1529	-0.1417	2.8590***	-0.1372
	对外开放程度（OPE_{it}）	0.4163	-0.3410	-4.7483**	-0.2325**
	教育发展水平（EDU_{it}）	-17.2597**	-18.1671**	13.2011	-21.9945***
	城镇化发展水平（URB_{it}）	2.2391***	3.1423***	-4.2219	2.4309
Total	生产活动资本要素存量（PAK_{it}）	0.1338***	0.2494***	-0.0681	0.2653***
	生产活动劳动要素投入（PAL_{it}）	0.6113***	0.3297***	0.2319	0.3153***
	经济增长不确定性（EGU_{it}）	0.0279**	0.0191*	-0.1106*	0.0122*

续表

	变量名称	地理位置矩阵	地理距离矩阵	经济协动矩阵	经济距离矩阵
Total	经济政策不确定性（EPU_{it}）	0.0350	0.0228	-0.0119	0.0165
	金融发展规模（FDS_{it}）	-0.0397*	0.0016	0.1067	0.0013
	金融发展效率（FDE_{it}）	-0.1191	0.2068	-2.9362**	0.1139
	金融市场化（FIL_{it}）	-0.0194***	-0.0250**	-0.0799**	-0.0289***
	经济发展水平（GDP_{it}）	0.2930**	0.2074	2.6098***	0.2942*
	经济基础设施水平（INF_{it}）	0.2864***	0.2722**	0.2666	0.2738**
	工业化水平（IND_{it}）	0.1851	0.2549	3.3717***	0.2664
	对外开放程度（OPE_{it}）	1.8047***	1.3398***	-3.3729	1.4741***
	教育发展水平（EDU_{it}）	-11.2601	-7.4837	19.6257	-12.5382
	城镇化发展水平（URB_{it}）	2.9116***	3.0146***	-3.1844	2.5312***

注：*表示在0.1水平上显著，**表示在0.05水平上显著，***表示在0.01水平上显著。

从各省（市、自治区）高新技术产业产出的直接空间溢出效应来看，在地理位置矩阵、经济协动矩阵和经济距离矩阵等空间权重矩阵下，各省（市、自治区）经济增长不确定性指数对本地区高新技术产业产出具有显著的负向内部溢出效应；在地理距离空间权重矩阵下，各省（市、自治区）经济增长不确定性指数对本地区高新技术产业产出具有显著的正向内部溢出效应。在地理位置矩阵、地理距离矩阵、经济协动矩阵和经济距离矩阵等空间权重矩阵下，各省（市、自治区）经济政策不确定性指数和金融发展规模指数对本地区高新技术产业产出内部溢出效应不存在显著影响，金融发展效率指数对本地区高新技术产业产出具有显著的正向内部溢出效应，金融市场化指数对本地区高新技术产业产出具有显著的负向内部溢出效应。

在地理位置矩阵、地理距离矩阵、经济协动矩阵和经济距离矩阵等空间权重矩阵下，各省（市、自治区）高新技术产业生产活动资本要素存量、高新技术产业生产活动劳动要素投入、经济发展水平、工业化水平和对外开放程度等指标变量对本地区高新技术产业产出具有显著的正向内部溢出效应，经济基础设施水平对本地区高新技术产业产出内部溢出效应不存在显著影响。各省（市、自治区）教育发展水平在地理距离矩阵和经济距离矩阵等空间权重矩阵下对本地区高新技术产业产出具有显著的正向内部溢出效应，在地理位置矩阵和经济协动矩阵等空间权重矩阵下对本地区高新技术产业产出内部溢出效应不存在显著影响；各省（市、自治区）城镇化发展水平在地理位置矩阵和经济协动矩阵等空间权重矩阵下对本地区高新技术产业产出具有显著的正向内部溢出效应，在地理距离矩阵和经济距离矩阵等空间权重矩阵下对本地区高新技术产业产出内部溢出效应不存在显著影响。

从各省（市、自治区）高新技术产业产出的间接空间溢出效应来看，在地理位置空间权重矩阵下，各省（市、自治区）经济增长不确定性指数对其他地区高新技术产业产出具有显著的正向外部溢出效应，金融发展规模指数和金融发展效率指数对其他地区高新技术产业产出具有显著的负向外部溢出效应，经济政策不确定性指数和金融市场化指数对其他地区高新技术产业产出的外部溢出效应不存在显著影响；在地理距离空间权重矩阵下，各省（市、自治区）经济增长不确定性指数对其他地区高新技术产业产出具有显著的正向外部溢出效应，金融市场化指数对其他地区高新技术产业产出具有显著的负向外部溢出效应，经济政策不确定性指数、金融发展规模指数和金融发展效率指数对其他地区高新技术产业产出的外部溢出效应不存在显著影响；在经济协动空间权重矩阵下，各省（市、自治区）经济增长不确定性指数、金融发展效率指数和金融市场化指数对其他地区高新技术产业产出具有显著的负向外部溢出效应，经济政策不确定性指数和金融发展规模指数对其他地区高新技术产业产出的外部溢出效应不存在显著影响；在经济距离空间权重矩阵下，各省（市、自治区）经济增长不确定性指数对其他地区高新技术产业产出具有显著的正向外部溢出效应，金融发展效率指数和金融市场化指数对其他地区高新技术产业产出具有显著的负向外部溢出效应，经济政策不确定性指数和金融发展规模指数对其他地区高新技术产业产出的外部溢出效应不存在显著影响。

在地理位置空间权重矩阵下，各省（市、自治区）高新技术产业生产活动资本要素存量、经济基础设施水平和城镇化发展水平等指标变量对其他地区高新技术产业产出具有显著的正向外部溢出效应，高新技术产业生产活动劳动要素投入和教育发展水平等指标变量对其他地区高新技术产业产出具有显著的负向外部溢出效应，经济发展水平、工业化水平和对外开放程度等指标变量对其他地区高新技术产业产出的外部溢出效应不存在显著影响；在地理距离空间权重矩阵下，各省（市、自治区）高新技术产业生产活动资本要素存量、经济基础设施水平和城镇化发展水平等指标变量对其他地区高新技术产业产出具有显著的正向外部溢出效应，高新技术产业生产活动劳动要素投入、经济发展水平和教育发展水平等指标变量对其他地区高新技术产业产出具有显著的负向外部溢出效应，工业化水平和对外开放程度等指标变量对其他地区高新技术产业产出的外部溢出效应不存在显著影响；在经济协动空间权重矩阵下，各省（市、自治区）经济发展水平和工业化水平等指标变量对其他地区高新技术产业产出具有显著的正向外部溢出效应，高新技术产业生产活动劳动要素投入和对外开放程度等指标变量对其他地区高新技术产业产出具有显著的负向外部溢出效应，高新技术产业生产活动资本要素存量、经济基础设施水平、教育发展水平和城镇化发展水平等指标变量对其他地区高新技术产业产出的外部溢出效应不存在显著影响；在经济距离空间权重矩阵下，各省（市、自治区）高新技术产业生产活动资本要素存量对其他地区高新技术产业产出具有显著的正向外部溢出效应，高新技术产业生产活动劳动要素投入、经济发展水平、对外开放程度和教育发展水平等指标变量对其他地区高新技术产业产出具有显著的负向外部溢出效应，经济基础设施水平、工业化水平和城镇化发展水平等指标变量对其他地区高新技术产业产出的外部溢出效应不存在显著影响。

从各省（市、自治区）高新技术产业产出的总空间溢出效应来看，经济增长不确定性指数在地理位置矩阵、地理距离矩阵和经济距离矩阵等空间权重矩阵下对各省（市、自治区）高新技术产业产出具有显著的正向总溢出效应，而在经济协动空间权重矩阵下对各省（市、自治区）高新技术产业产出具有显著的负向总溢出效应；经济政策不确定性指数在这四类空间权重矩阵下对各省（市、自治区）高新技术产业产出的总溢出效应均不存在显著影响；金融发展规模指数在地理位置空间权重矩阵下对各省(市、自治区)高新技术产业产出具有显著的负向总溢出效应,在其他空间权重矩阵下对各省(市、自治区)高新技术产业产出的总溢出效应均不存在显著影响;金融发展效率指数在经济协动矩阵空间权重矩阵下对各省(市、自治区)高新技术产业具有显著的负向总溢出效应,而在地理距离空间权重矩阵下对各省(市、自治区)高新技术产业产出的总溢出效应则不存在显著影响;金融市场化指数在地理位置矩阵、地理距离矩阵、经济协动矩阵和经济距离矩阵等空间权重矩阵下对各省(市、自治区)高新技术产业具有显著的负向总溢出效应。

各省(市、自治区)高新技术产业生产活动资本要素存量、生产活动劳动要素投入、经济基础设施水平、对外开放程度和城镇化发展水平等指标变量在地理位置矩阵、地理距离矩阵和经济距离矩阵等空间权重矩阵下对各省(市、自治区)高新技术产业产出具有显著的正向总溢出效应,而在经济协动空间权重矩阵下对各省(市、自治区)高新技术产业产出的总溢出效应则不存在显著影响;经济发展水平在地理位置矩阵、经济协动矩阵和经济距离矩阵等空间权重矩阵下对各省(市、自治区)高新技术产业产出具有显著的正向总溢出效应,而在地理距离空间权重矩阵下对各省(市、自治区)高新技术产业产出的总溢出效应则不存在显著影响;工业化水平在经济协动空间权重矩阵下对各省(市、自治区)高新技术产业产出具有显著的正向总溢出效应,在其他空间权重矩阵下对各省(市、自治区)高新技术产业产出的总溢出效应均不存在显著影响;教育发展水平在这四类空间权重矩阵下对各省(市、自治区)高新技术产业产出的总溢出效应均不存在显著影响。

9.3.2 基于地理位置空间权重矩阵的高新技术产业产出空间溢出效应区域差异性分析

限于篇幅,在地理位置矩阵和地理距离矩阵两类空间权重矩阵中仅选择地理位置空间权重矩阵进行高新技术产业产出空间溢出效应区域差异性分析。在地理位置空间权重矩阵下,东部地区、中部地区和西部地区经济不确定性、金融发展影响高新技术产业产出空间溢出效应计量模型的检验结果如表9-10所示。

表 9-10 基于地理位置空间权重矩阵的省域分区域高新技术产业产出

空间依赖性检验结果统计表

		东部地区	中部地区	西部地区
LM 检验	LM-Error	0.098	2.915*	0.614
	Robust LM-Error	0.055	2.793*	1.384
	LM-Lag	0.994	0.184	3.345*
	Robust LM-Lag	0.951	0.063	4.114**
Wald 检验	Chi2-Error	66.12***	57.46***	19.48*
	Chi2-Lag	60.41***	129.41***	36.57***
LR 检验	LR-Error	58.34***	54.87***	7.20
	LR-Lag	54.42***	93.73***	32.19***

注：*表示在 0.1 水平上显著，**表示在 0.05 水平上显著，***表示在 0.01 水平上显著。

从表 9-10 的检验结果来看，在 LM 检验原则下，东部地区高新技术产业产出空间溢出效应计量模型既不适用空间误差模型也不适用空间滞后模型，中部地区则适用空间误差模型，西部地区则适用空间滞后模型；在 Wald 检验原则下，东部地区、中部地区和西部地区高新技术产业产出空间溢出效应计量模型既适用空间误差模型也适用空间滞后模型；在 LR 检验原则下，东部地区和中部地区高新技术产业产出空间溢出效应计量模型既适用空间误差模型也适用空间滞后模型，而西部地区则适用空间滞后模型。综合来看，东部地区、中部地区和西部地区高新技术产业产出在地理位置空间权重矩阵下的空间溢出效应计量模型选择空间杜宾模型较为合适。进一步对东部地区、中部地区和西部地区高新技术产业产出在地理位置空间权重矩阵下的空间溢出效应空间杜宾模型的具体形式进行检验，结果如表 9-11 所示。

从表 9-11 的检验结果来看，东部地区高新技术产业产出空间溢出效应空间杜宾模型应选择随机效应模型形式，中部地区和西部地区高新技术产业产出空间溢出效应空间杜宾模型应选择双向固定效应模型形式。在此基础上，对地理位置空间权重矩阵下东部地区、中部地区和西部地区经济不确定性、金融发展影响高新技术产业产出空间溢出效应空间杜宾模型进行参数估计，其结果如表 9-12 所示。

表 9-11 基于地理位置空间权重矩阵的省域分区域高新技术产业产出

空间溢出效应计量模型选择检验结果统计表

	检验类别	东部地区	中部地区	西部地区
区域固定效应 or 双向固定效应	LR Test	43.46***	59.86***	47.85***
时间固定效应 or 双向固定效应	LR Test	208.73***	47.92***	51.51***
固定效应 or 随机效应	Hausman Test	31.70***	−58.56	−15.12

注：***表示在 0.01 水平上显著。

表 9-12 基于地理位置空间权重矩阵的省域分区域高新技术产业产出

空间溢出效应计量模型参数估计结果统计表

	变量名称	东部地区	中部地区	西部地区
Main	生产活动资本要素存量（PAK_{it}）	0.0773***	0.0242	0.0593**
	生产活动劳动要素投入（PAL_{it}）	0.8952***	0.9862***	0.9361***
	经济增长不确定性（EGU_{it}）	−0.0261***	0.0556***	−0.0367**
	经济政策不确定性（EPU_{it}）	−0.0024	0.0332	−0.0584*
	金融发展规模（FDS_{it}）	0.0179**	−0.1649**	0.0303
	金融发展效率（FDE_{it}）	0.6698***	0.6415***	−1.5399***
	金融市场化（FIL_{it}）	−0.0148**	0.0144*	0.0134
	经济发展水平（GDP_{it}）	−0.1012	0.1124	−0.0651
	经济基础设施水平（INF_{it}）	−0.0965	−0.3302***	0.3997***
	工业化水平（IND_{it}）	1.1260***	1.2228***	0.0116
	对外开放程度（OPE_{it}）	1.2268***	2.0658**	1.0734*
	教育发展水平（EDU_{it}）	4.4901	52.6270***	−12.8254*
	城镇化发展水平（URB_{it}）	1.3230***	0.0486	1.1641**

续表

	变量名称	东部地区	中部地区	西部地区
	生产活动资本要素存量（PAK_{it}）	0.1041**	0.1415**	0.0162
	生产活动劳动要素投入（PAL_{it}）	−0.0281	0.7531***	−0.1095
	经济增长不确定性（EGU_{it}）	0.0496***	−0.0286	−0.0495*
	经济政策不确定性（EPU_{it}）	0.0327	0.0312	−0.2318**
	金融发展规模（FDS_{it}）	−0.0227*	−0.2155*	−0.2416**
	金融发展效率（FDE_{it}）	0.3411	−0.5728	−1.5017*
Wx	金融市场化（FIL_{it}）	0.0093	0.0699***	0.0756***
	经济发展水平（GDP_{it}）	−0.0921	−0.7952**	−0.0241
	经济基础设施水平（INF_{it}）	0.0795	−0.2023	0.4393*
	工业化水平（IND_{it}）	−2.1289***	1.7148***	0.3219
	对外开放程度（OPE_{it}）	−1.1839***	5.2310**	0.2494
	教育发展水平（EDU_{it}）	14.3467**	29.8733***	62.3353***
	城镇化发展水平（URB_{it}）	0.3816	−1.1749*	−7.8340***
Spatial	rho	0.2478***	−0.4775***	−0.0693
Variance	sigma2_e	0.0137***	0.0129***	0.0185***
	R-squared	0.9770	0.9229	0.9494
	Log-likelihood	179.6673***	136.2469***	97.4615***

注：*表示在 0.1 水平上显著，**表示在 0.05 水平上显著，***表示在 0.01 水平上显著。

从表 9-12 的统计结果来看，东部地区、中部地区和西部地区以高新技术产业产出为被解释变量的空间溢出效应计量模型的 Log-likelihood 统计量分别是 179.6673、136.2469 和 97.4615，它们在 0.01 的水平上都是显著的，可以确定该空间溢出效应计量模型的拟合效果良好。其中，该空间溢出效应计量模型中各解释变量对东部地区、中部地区和西部地区高新技术产业产出的解释程度分别为 97.70%、92.29% 和 94.94%。从东部地区、中部地区和西部地区高新技术产业产出空间溢出效应计量模型的空间自相关系数来看，东部地区各省（市、自治区)高新技术产业产出对其他地区高新技术产业产出存在显著的正向促进作用,中部地区各省(市、自治区)高新技术产业产出对其他地区高新技术产业产出存在显著的负向抑制作用,而西部地区各省(市、自治区)高新技术产业产出对其他地区高新技术产业产出则不存在显著影响。

从经济不确定性和金融发展变量指标的参数估计结果来看,经济增长不确定性指数对东部地区和西部地区高新技术产业产出存在显著的负向抑制作用,对中部地区高新技术产业产出存在显著的正向促进作用;经济政策不确定性指数仅对西部地区高新技术产业产出存在显著的负向抑制作用;金融发展规模指数对东部地区高新技术产业产出存在显著的正向促进作用,对中部地区高新技术产业产出存在显著的负向抑制作用;金融发展效率指数对东部地区和中部地区高新技术产业产出存在显著的正向促进作用,对西部地区高新技术产业产出存在显著的负向抑制作用;金融市场化指数对东部地区高新技术产业产出存在显著的负向抑制作用,对中部地区高新技术产业产出存在显著的正向促进作用。进一步观察经济不确定性和金融发展变量指标空间滞后项的参数估计结果发现,经济增长不确定指数的空间滞后项对东部地区高新技术产业产出存在显著的正向促进作用,对西部地区高新技术产业产出存在显著的负向抑制作用;经济政策不确定性指数和金融发展效率指数的空间滞后项仅对西部地区高新技术产业产出存在显著的负向抑制作用;金融发展规模指数的空间滞后项对东部地区、中部地区和西部地区高新技术产业产出均存在显著的负向抑制作用;金融市场化指数的空间滞后项对中部地区和西部地区高新技术产业产出存在显著的正向促进作用。

从影响省域高新技术产业产出的其他变量指标来看,高新技术产业生产活动资本要素存量和城镇化发展水平对东部地区和西部地区高新技术产业产出存在显著的正向促进作用;高新技术产业生产活动劳动要素投入和对外开放程度对东部地区、中部地区和西部地区高新技术产业产出均存在显著的正向促进作用;经济发展水平对东部地区、中部地区和西部地区高新技术产业产出均不存在显著影响;经济基础设施水平对中部地区高新技术产业产出存在显著的负向抑制作用,对西部地区高新技术产业产出则存在显著的正向促进作用;工业化水平对东部地区和中部地区高新技术产业产出存在显著的正向促进作用;教育发展水平对中部地区高新技术产业产出存在显著的正向促进作用,对西部地区高新技术产业产出则存在显著的负向抑制作用。进一步观察各控制变量指标空间滞后项的参数估计结果可发现，高新技术产业生产活动资本要素存量的空间滞后项对东部地区和中部地区高新技术产业产出存在显著的正向促进作用；高新技术产业生产活动劳动要素投入的空间滞后项仅对中部地区高新技术产业产出存在显著的正向促进作用；经济发展水平的空间滞后项仅对中部地区高新技术产业产出存在显著的负向抑制作用；经济基础设施水平的空间滞后项仅对西部地区高新技术产业产出存在显著的正向促进作用；工业化水平的空间滞后项对东部地区高新技术产业产出存在显著的负向抑制作用，对中部地区和西部地区高新技术产业产出存在显著的正向促进作用；对外开放程度的空间滞后项对东部地区高新技术产业产出存在显著的负向抑制作用，对中部地区高新技术产业产出存在显著的正向促进作用；教育发展水平的空间滞后项对东部地区、中部地区和西部地区高新技术产业产出均存在显著的正向促进作用；城镇化发展水平的空间滞后项对中部地区和西部地区高新技术产业产出存在显著的负向抑制作用。

考虑到在基于地理位置空间权重矩阵的省域分区域高新技术产业产出空间溢出效应计量模型中，经济不确定性、金融发展以及控制变量指标空间滞后项的参数估计结果部分显著不等于0，现进一步对东部地区、中部地区和西部地区高新技术产业产出的空间溢出效应进行分解，其分解结果如表9-13所示。

表9-13 基于地理位置空间权重矩阵的省域分区域高新技术产业产出空间溢出效应分解结果统计表

	变量名称	东部地区	中部地区	西部地区
Direct	生产活动资本要素存量（PAK_{it}）	0.0920***	0.0016	0.0589**
	生产活动劳动要素投入（PAL_{it}）	0.9109**	0.9321***	0.9358***
	经济增长不确定性（EG_{it}）	−0.0206***	0.0664***	−0.0345**
	经济政策不确定性（EP_{it}）	0.0037	0.0340	−0.0506
	金融发展规模（FDS_{it}）	0.0145*	−0.1574**	0.0277
	金融发展效率（FDE_{it}）	0.7275***	0.7841***	−1.5286***
	金融市场化（FIL_{it}）	−0.0137**	0.0034	0.0129

续表

	变量名称	东部地区	中部地区	西部地区
Direct	经济发展水平（GDP_{it}）	−0.1313	0.2516**	−0.0827
	经济基础设施水平（INF_{it}）	−0.0896	−0.3151***	0.4137***
	工业化水平（IND_{it}）	0.9151***	1.0492***	0.0032
	对外开放程度（OPE_{it}）	1.1431***	1.3793*	1.0800*
	教育发展水平（EDU_{it}）	6.1092	52.3610***	−14.3829**
	城镇化发展水平（URB_{it}）	1.3973***	0.2280	1.3105***
Indirect	生产活动资本要素存量（PAK_{it}）	0.1554***	0.1173**	0.0205
	生产活动劳动要素投入（PAL_{it}）	0.2431**	0.2409***	−0.1749*
	经济增长不确定性（EGU_{it}）	0.0531***	−0.0445*	−0.0446*
	经济政策不确定性（EPU_{it}）	0.0433	0.0163	−0.2104**
	金融发展规模（FDS_{it}）	−0.0217*	−0.1170	−0.2274*
	金融发展效率（FDE_{it}）	0.5624	−0.7800**	−1.3866*
	金融市场化（FIL_{it}）	0.0066	0.0540***	0.0727***
	经济发展水平（GDP_{it}）	−0.1506	−0.7332***	−0.0347
	经济基础设施水平（INF_{it}）	0.0837	−0.0259	0.4100
	工业化水平（IND_{it}）	−2.2602***	0.9497***	0.2903*
	对外开放程度（OPE_{it}）	−1.0972***	3.5275*	0.2008
	教育发展水平（EDU_{it}）	19.5209**	2.1160	60.1709***
	城镇化发展水平（URB_{it}）	0.7660*	−0.9697*	−7.5629***
Total	生产活动资本要素存量（PAK_{it}）	0.2474***	0.1189**	0.0794
	生产活动劳动要素投入（PAL_{it}）	1.1540***	1.1730***	0.7609***
	经济增长不确定性（EGU_{it}）	0.0325**	0.0219	−0.0791**
	经济政策不确定性（EPU_{it}）	0.0470	0.0503	−0.2610**
	金融发展规模（FDS_{it}）	−0.0072	−0.2744**	−0.1998*
	金融发展效率（FDE_{it}）	1.2899**	0.0041	−2.9153***
	金融市场化（FIL_{it}）	−0.0071	0.0575***	0.0856***
	经济发展水平（GDP_{it}）	−0.2818*	−0.4816**	−0.1174

	变量名称	东部地区	中部地区	西部地区
Total	经济基础设施水平（INF_{it}）	−0.0058	−0.3410**	0.8237**
	工业化水平（IND_{it}）	−1.3451***	1.9990***	0.2934
	对外开放程度（OPE_{it}）	0.0458	4.9068***	1.2808
	教育发展水平（EDU_{it}）	25.6301***	54.4770***	45.7880**
	城镇化发展水平（URB_{it}）	2.1633***	−0.7416	−6.2524***

注：* 表示在 0.1 水平上显著，** 表示在 0.05 水平上显著，*** 表示在 0.01 水平上显著。

从表 9-13 的统计结果来看，东部地区和西部地区各省（市、自治区）经济增长不确定性指数对本地区高新技术产业产出具有显著的负向内部溢出效应，中部地区各省（市、自治区）经济增长不确定性指数对本地区高新技术产业产出具有显著的正向内部溢出效应；东部地区、中部地区和西部地区各省（市、自治区）经济政策不确定性指数对本地区高新技术产业产出内部溢出效应均不存在显著影响；东部地区各省（市、自治区）金融发展规模指数对本地区高新技术产业产出具有显著的正向内部溢出效应，中部地区各省（市、自治区）金融发展规模指数对本地区高新技术产业产出具有显著的负向内部溢出效应；东部地区和中部地区各省（市、自治区）金融发展效率指数对本地区高新技术产业产出具有显著的正向内部溢出效应，西部地区各省（市、自治区）经济增长不确定性指数对本地区高新技术产业产出具有显著的负向内部溢出效应；仅东部地区各省（市、自治区）金融市场化指数对本地区高新技术产业产出具有显著的负向内部溢出效应。

东部地区和西部地区各省（市、自治区）高新技术产业生产活动资本要素存量以及城镇化发展水平对本地区高新技术产业产出具有显著的正向内部溢出效应；东部地区、中部地区和西部地区各省（市、自治区）高新技术产业生产活动劳动要素投入以及对外开放程度对本地区高新技术产业产出具有显著的正向内部溢出效应；中部地区各省（市、自治区）经济发展水平对本地区高新技术产业产出具有显著的正向内部溢出效应；中部地区各省（市、自治区）经济基础设施水平对本地区高新技术产业产出具有显著的负向内部溢出效应，西部地区各省（市、自治区)经济基础设施水平对本地区高新技术产业产出具有显著的正向内部溢出效应;东部地区和中部地区各省(市、自治区)工业化水平对本地区高新技术产业产出具有显著的正向内部溢出效应;中部地区各省(市、自治区)教育发展水平对本地区高新技术产业产出具有显著的正向内部溢出效应,西部地区各省(市、自治区)教育发展水平对本地区高新技术产业产出具有显著的负向内部溢出效应。

从基于地理位置空间权重矩阵的省域分区域高新技术产业产出的间接空间溢出效应来看,东部地区各省(市、自治区)经济增长不确定性指数对其他地区高新技术产业产出具有显著的正向外部溢出效应,中部地区和西部地区各省(市、自治区)经济增长不确定性指数对其他地区高新技术产业产出具有显著的负向外部溢出效应;仅西部地区各省(市、自治区)经济政策不确定性指数对其他地区高新技术产业产出具有显著的负向外部溢出效应;东部地区和西部地区各省(市、自治区)金融发展规模指数对其他地区高新技术产业产出具有显著的负向外部溢出效应;中部地区和西部地区各省(市、自治区)金融发展效率指数对其他地区高新技术产业产出具有显著的负向外部溢出效应;中部地区和西部地区各省(市、自治区)金融市场化指数对其他地区高新技术产业产出具有显著的正向外部溢出效应。

东部地区和中部地区各省(市、自治区)高新技术产业生产活动资本要素存量、生产活动劳动要素投入等指标变量对其他地区高新技术产业产出具有显著的正向外部溢出效应,西部地区各省(市、自治区)高新技术产业生产活动劳动要素投入对其他地区高新技术产业产出具有显著的负向外部溢出效应;仅中部地区各省(市、自治区)经济发展水平对其他地区高新技术产业产出具有显著的负向外部溢出效应;东部地区、中部地区和西部地区各省(市、自治区)经济基础设施水平对其他地区高新技术产业产出的外部溢出效应均不存在显著影响;东部地区各省(市、自治区)工业化水平对其他地区高新技术产业产出具有显著的负向外部溢出效应,中部地区和西部地区各省(市、自治区)工业化水平对其他地区高新技术产业产出具有显著的正向外部溢出效应;东部地区各省(市、自治区)对外开放程度对其他地区高新技术产业产出具有显著的负向外部溢出效应,中部地区各省(市、自治区)对外开放程度对其他地区高新技术产业产出具有显著的正向外部溢出效应;东部地区和西部地区各省(市、自治区)教育发展水平对其他地区高新技术产业产出具有显著的正向外部溢出效应；东部地区各省(市、自治区)城镇化发展水平对其他地区高新技术产业产出具有显著的正向外部溢出效应，中部地区和西部地区各省(市、自治区)城镇化发展水平对其他地区高新技术产业产出具有显著的负向外部溢出效应。

从基于地理位置空间权重矩阵的省域分区域高新技术产业产出的总空间溢出效应来看，东部地区各省(市、自治区)经济增长不确定性指数和金融发展效率指数对各地区高新技术产业产出具有显著的正向总溢出效应，西部地区各省(市、自治区)经济增长不确定性指数和金融发展效率指数对各地区高新技术产业产出具有显著的负向总溢出效应；仅西部地区各省(市、自治区)经济政策不确定性指数对各地区高新技术产业产出具有显著的负向总溢出效应；中部地区和西部地区各省(市、自治区)金融发展规模指数对各地区高新技术产业产出具有显著的负向总溢出效应；中部地区和西部地区各省(市、自治区)金融市场化指数对各地区高新技术产业产出具有显著的正向总溢出效应。

东部地区各省(市、自治区)高新技术产业生产活动资本要素存量、生产活动劳动要素投入、教育发展水平和城镇化发展水平等指标变量对各地区高新技术产业产出具有显著的正向总溢出效应，经济发展水平和工业化水平等指标变量对各地区高新技术产业产出具有显著的负向总溢出效应；中部地区各省(市、自治区)高新技术产业生产活动资本要素存量、生产活动劳动要素投入、工业化水平、对外开放程度和教育发展水平等指标变量对各地区高新技术产业产出具有显著的正向总溢出效应，经济发展水平和经济基础设施水平等指标变量对各地区高新技术产业产出具有显著的负向总溢出效应；西部地区各省(市、自治区)高新技术产业生产活动劳动要素投入、经济基础设施水平和教育发展水平等指标变量对各地区高新技术产业产出具有显著的正向总溢出效应，城镇化发展水平对各地区高新技术产业产出具有显著的负向总溢出效应。

9.3.3 基于经济距离空间权重矩阵的高新技术产业产出空间溢出效应区域差异性分析

在经济协动矩阵和经济距离矩阵两类空间权重矩阵中本书仅选择经济距离空间权重矩阵进行高新技术产业产出空间溢出效应区域差异性分析。在经济距离空间权重矩阵下，东部地区、中部地区和西部地区经济不确定性、金融发展影响其高新技术产业产出空间溢出效应计量模型的检验结果如表 9-14 所示。

表 9-14 基于经济距离空间权重矩阵的省域分区域高新技术产业产出

空间依赖性检验结果统计表

		东部地区	中部地区	西部地区
LM 检验	LM-Error	2.325	0.026	1.240
	Robust LM-Error	2.140	0.107	0.547
	LM-Lag	1.056	8.969***	9.403***
	Robust LM-Lag	0.871	9.050***	8.711***
Wald 检验	Chi2-Error	37.37***	105.69***	45.67***
	Chi2-Lag	36.85***	145.36***	29.33***
LR 检验	LR-Error	35.97***	85.92***	39.88***
	LR-Lag	65.37***	105.58***	30.70***

注：***表示在 0.01 水平上显著。

从表 9-14 的检验结果来看，在 LM 检验原则下，东部地区高新技术产业产出空间溢出效应计量模型既不适用空间误差模型也不适用空间滞后模型，中部地区和西部地区则适用空间滞后模型；在 Wald 检验原则和 LR 检验原则下，东部地区、中部地区和西部地区高新技术产业产出空间溢出效应计量模型既适用空间误差模型也适用空间滞后模型。综合来看，东部地区、中部地区和西部地区高新技术产业产出在经济距离空间权重矩阵下的空间溢出效应计量模型选择空间杜宾模型较为合适。我们进一步对东部地区、中部地区和西部地区高新技术产业产出在经济距离空间权重矩阵下的空间溢出效应空间杜宾模型的具体形式进行检验，结果如表 9-15 所示。

从表 9-15 的检验结果来看，东部地区高新技术产业产出空间溢出效应空间杜宾模型应选择随机效应模型形式，中部地区和西部地区高新技术产业产出空间溢出效应空间杜宾模型应选择双向固定效应模型形式。在此基础上，对在经济距离空间权重矩阵下东部地区、中部地区和西部地区经济不确定性、金融发展影响高新技术产业产出空间溢出效应空间杜宾模型进行参数估计，结果如表9-16所示。

表 9-15 基于经济距离空间权重矩阵的省域分区域高新技术产业产出
空间溢出效应计量模型选择检验结果统计表

	检验类别	东部地区	中部地区	西部地区
区域固定效应 or 双向固定效应	LR Test	−78.38	43.84***	41.30***
时间固定效应 or 双向固定效应	LR Test	199.53***	100.38***	42.02***
固定效应 or 随机效应	Hausman Test	147.68***	−0.71	−83.68

注：*** 表示在 0.01 水平上显著。

表 9-16 基于经济距离空间权重矩阵的省域分区域高新技术产业产出
空间溢出效应计量模型参数估计结果统计表

	变量名称	东部地区	中部地区	西部地区
Main	生产活动资本要素存量（PAK_{it}）	0.1086***	−0.0453*	0.0821***
	生产活动劳动要素投入（PAL_{it}）	0.8906***	1.1179***	0.8531***
	经济增长不确定性（EGU_{it}）	−0.0123*	0.0641***	−0.0366**
	经济政策不确定性（EPU_{it}）	−0.0008	0.0476*	−0.0229
	金融发展规模（FDS_{it}）	0.0133*	−0.2137***	0.0372
	金融发展效率（FDE_{it}）	0.5973***	0.1340	−1.4508***
	金融市场化（FIL_{it}）	−0.0204***	−0.0019	0.0029
	经济发展水平（GDP_{it}）	0.5766***	−0.1975	0.1943*
	经济基础设施水平（INF_{it}）	−0.1360*	0.0159	0.1210
	工业化水平（IND_{it}）	0.7988***	1.1988***	0.1376***
	对外开放程度（OPE_{it}）	1.3981***	−0.5204	1.9866***
	教育发展水平（EDU_{it}）	26.2086***	54.7460***	23.7184***
	城镇化发展水平（URB_{it}）	−0.6163*	−2.1089***	−2.0655***

续表

变量名称		东部地区	中部地区	西部地区
Wx	生产活动资本要素存量（PAK_{it}）	0.1729***	0.3459***	0.0706
	生产活动劳动要素投入（PAL_{it}）	−0.2045*	0.0543	−0.1335
	经济增长不确定性（EGU_{it}）	0.0322***	0.0571***	−0.0824***
	经济政策不确定性（EPU_{it}）	0.0808*	−0.0843*	−0.0840
	金融发展规模（FDS_{it}）	−0.0205**	0.3251***	0.0426
	金融发展效率（FDE_{it}）	1.1665**	−1.2269***	−1.9823***
	金融市场化（FIL_{it}）	0.0215**	0.0562***	−0.0155
	经济发展水平（GDP_{it}）	−0.3251**	0.9339***	0.0177
	经济基础设施水平（INF_{it}）	−0.0607	−0.0822	0.4132*
	工业化水平（IND_{it}）	−1.1426***	−0.3041	−0.0477
	对外开放程度（OPE_{it}）	−0.9462***	1.4753	−2.5066*
	教育发展水平（EDU_{it}）	−5.5893	−36.7422***	100.4444***
	城镇化发展水平（URB_{it}）	0.7149	−3.6041***	−5.3753***
Spatial Variance	rho	0.1094	−0.1253*	0.0276
	sigma2_e	0.0176***	0.0123***	0.0189***
	R-squared	0.9268	0.9115	0.9698
	Log-likelihood	151.2657***	146.5768***	104.7226***

注：*表示在0.1水平上显著，**表示在0.05水平上显著，***表示在0.01水平上显著。

从表9-16的统计结果来看，东部地区、中部地区和西部地区以高新技术产业产出为被解释变量的空间溢出效应计量模型的Log-likelihood统计量分别是151.2657、146.5768和104.7226，它们在0.01的水平上都是显著的，可以确定该空间溢出效应计量模型的拟合效果良好。其中，该空间溢出效应计量模型中各解释变量对东部地区、中部地区和西部地区高新技术产业产出的解释程度分别为92.68%、91.15%和96.98%。从东部地区、中部地区和西部地区高新技术产业产出空间溢出效应计量模型的空间自相关系数来看，东部地区和西部地区各省（市、自治区）高新技术产业产出对其他地区高新技术产业产出不存在显著影响，中部地区各省（市、自治区）高新技术产业产出对其他地区高新技术产业产出存在显著的负向抑制作用。

从经济不确定性和金融发展变量指标的参数估计结果来看,金融发展规模指数和金融发展效率指数对东部地区高新技术产业产出存在显著的正向促进作用,经济增长不确定性指数和金融市场化指数对东部地区高新技术产业产出存在显著的负向抑制作用;经济增长不确定性指数和经济政策不确定性指数对中部地区高新技术产业产出存在显著的正向促进作用,金融发展规模指数对中部地区高新技术产业产出存在显著的负向抑制作用;经济增长不确定性指数和金融发展效率指数对西部地区高新技术产业产出存在显著的负向抑制作用。进一步观察经济不确定性和金融发展变量指标空间滞后项的参数估计结果发现,经济增长不确定性指数、经济政策不确定性指数、金融发展效率指数和金融市场化指数的空间滞后项对东部地区高新技术产业产出存在显著的正向促进作用,金融发展规模指数的空间滞后项对东部地区高新技术产业产出存在显著的负向抑制作用;经济增长不确定性指数、金融发展规模指数和金融市场化指数的空间滞后项对中部地区高新技术产业产出存在显著的正向促进作用,经济政策不确定性指数和金融发展效率指数的空间滞后项对中部地区高新技术产业产出存在显著的负向抑制作用;经济增长不确定性指数和金融发展效率指数的空间滞后项对西部地区高新技术产业产出存在显著的负向抑制作用。

从影响省域高新技术产业产出的其他变量指标来看,高新技术产业生产活动资本要素存量、生产活动劳动要素投入、经济发展水平、工业化水平、对外开放程度和教育发展水平对东部地区高新技术产业产出存在显著的正向促进作用,经济基础设施水平和城镇化发展水平对东部地区高新技术产业产出存在显著的负向抑制作用;高新技术产业劳动要素投入、工业化水平和教育发展水平对中部地区高新技术产业产出存在显著的正向促进作用,高新技术产业资本要素存量和城镇化发展水平对中部地区高新技术产业产出存在显著的负向抑制作用;高新技术产业生产活动资本要素存量、生产活动劳动要素投入、经济发展水平、工业化水平、对外开放程度和教育发展水平对西部地区高新技术产业产出存在显著的正向促进作用,城镇化发展水平对西部地区高新技术产业产出存在显著的负向抑制作用。进一步观察各控制变量指标空间滞后项的参数估计结果发现,高新技术产业生产活动资本要素存量的空间滞后项对东部地区高新技术产业产出存在显著的正向促进作用,高新技术产业劳动要素投入、经济发展水平、工业化水平和对外开放程度的空间滞后项对东部地区高新技术产业产出存在显著的负向抑制作用；高新技术产业生产活动资本要素存量和经济发展水平的空间滞后项对中部地区高新技术产业产出存在显著的正向促进作用，教育发展水平和城镇化发展水平的空间滞后项对中部地区高新技术产业产出存在显著的负向抑制作用；经济基础设施水平和教育发展水平的空间滞后项对西部地区高新技术产业产出存在显著的正向促进作用，对外开放程度和城镇化发展水平的空间滞后项对西部地区高新技术产业产出存在显著的负向抑制作用。

考虑到在基于经济距离空间权重矩阵的省域分区域高新技术产业产出空间溢出效应计量模型中，经济不确定性、金融发展以及控制变量指标空间滞后项的参数估计结果部分显著不等于0，现进一步对东部地区、中部地区和西部地区高新技术产业产出的空间溢出效应进行分解，其分解结果如表9-17所示。

表9-17　基于经济距离空间权重矩阵的省域分区域高新技术产业产出空间溢出效应分解结果统计表

	变量名称	东部地区	中部地区	西部地区
Direct	生产活动资本要素存量（PAK_{it}）	0.1153***	−0.0609*	0.0815***
	生产活动劳动要素投入（PAL_{it}）	0.8802***	1.1155***	0.8504***
	经济增长不确定性（EGU_{it}）	−0.0107	0.0634***	−0.0346**
	经济政策不确定性（EPU_{it}）	0.0041	0.0542*	−0.0182
	金融发展规模（FDS_{it}）	0.0111	−0.2466***	0.0280
	金融发展效率（FDE_{it}）	0.6448***	0.1918	−1.4533***
	金融市场化（FIL_{it}）	−0.0195***	−0.0042	0.0036
	经济发展水平（GDP_{it}）	0.5605***	−0.2857	0.1730
	经济基础设施水平（INF_{it}）	−0.1364*	0.0230	0.1386
	工业化水平（IND_{it}）	0.7486***	1.2396***	0.1418***
	对外开放程度（OPE_{it}）	1.3825***	−0.6039	2.0404***
	教育发展水平（EDU_{it}）	26.2950***	56.1919***	23.5485***
	城镇化发展水平（URB_{it}）	−0.6096*	−2.0291**	−2.0933***

续表

变量名称		东部地区	中部地区	西部地区
Indirect	生产活动资本要素存量（PAK_{it}）	0.1924***	0.3351***	0.0818
	生产活动劳动要素投入（PAL_{it}）	−0.1034	−0.0753	−0.1735*
	经济增长不确定性（EGU_{it}）	0.0310***	0.0454***	−0.0776**
	经济政策不确定性（EPU_{it}）	0.0851*	−0.0842**	−0.0781
	金融发展规模（FDS_{it}）	−0.0184*	0.3513***	0.0436
	金融发展效率（FDE_{it}）	1.1724**	−1.1938***	−2.0108***
	金融市场化（FIL_{it}）	0.0194**	0.0537***	−0.0149
	经济发展水平（GDP_{it}）	−0.2835*	0.9283***	−0.0088
	经济基础设施水平（INF_{it}）	−0.0581	−0.0780	0.4370*
	工业化水平（IND_{it}）	−1.0460***	−0.4150*	−0.0724
	对外开放程度（OPE_{it}）	−0.8065***	1.4968	−2.5136*
	教育发展水平（EDU_{it}）	−2.3933	−41.0442***	98.4638***
	城镇化发展水平（URB_{it}）	0.5250	−3.1034***	−5.3050***
Total	生产活动资本要素存量（PAK_{it}）	0.3077***	0.2742***	0.1633**
	生产活动劳动要素投入（PAL_{it}）	0.7768***	1.0402***	0.6768***
	经济增长不确定性（EGU_{it}）	0.0204*	0.1088***	−0.1122***
	经济政策不确定性（EPU_{it}）	0.0892*	−0.0299	−0.0964
	金融发展规模（FDS_{it}）	−0.0073	0.1047*	0.0716
	金融发展效率（FDE_{it}）	1.8173***	−1.0020***	−3.4641***
	金融市场化（FIL_{it}）	−0.0001	0.0496***	−0.0112
	经济发展水平（GDP_{it}）	0.2770*	0.6425***	0.1641
	经济基础设施水平（INF_{it}）	−0.1946	−0.0550	0.5756*
	工业化水平（IND_{it}）	−0.2974	0.8245***	0.0695
	对外开放程度（OPE_{it}）	0.5759*	0.8929	−0.4732
	教育发展水平（EDU_{it}）	23.9017***	15.1477*	122.0124***
	城镇化发展水平（URB_{it}）	−0.0846	−5.1325***	−7.3983***

注：*表示在 0.1 水平上显著，**表示在 0.05 水平上显著，***表示在 0.01 水平上显著。

从基于经济距离空间权重矩阵的省域分区域高新技术产业产出的直接空间溢出效应来看，中部地区各省(市、自治区)经济增长不确定性指数对本地区高新技术产业产出具有显著的正向内部溢出效应，西部地区各省(市、自治区)经济增长不确定性指数对本地区高新技术产业产出具有显著的负向内部溢出效应；仅中部地区各省(市、自治区)经济政策不确定性指数对本地区高新技术产业产出具有显著的正向内部溢出效应；仅中部地区各省(市、自治区)金融发展规模指数对本地区高新技术产业产出具有显著的负向内部溢出效应；东部地区各省(市、自治区)金融发展效率指数对本地区高新技术产业产出具有显著的正向内部溢出效应，西部地区各省(市、自治区)金融发展效率指数对本地区高新技术产业产出具有显著的负向内部溢出效应；仅东部地区各省(市、自治区)金融市场化指数对本地区高新技术产业产出具有显著的负向内部溢出效应。

东部地区各省(市、自治区)高新技术产业生产活动资本要素存量、生产活动劳动要素投入、经济发展水平、工业化水平、对外开放程度和教育发展水平对本地区高新技术产业产出具有显著的正向内部溢出效应，经济基础设施水平和城镇化发展水平对本地区高新技术产业产出具有显著的负向内部溢出效应；中部地区各省(市、自治区)高新技术产业生产活动劳动要素投入、工业化水平和教育发展水平对本地区高新技术产业产出具有显著的正向内部溢出效应，高新技术产业生产活动资本要素存量和城镇化发展水平对本地区高新技术产业产出均具有显著的负向内部溢出效应；西部地区各省(市、自治区)高新技术产业生产活动资本要素存量、生产活动劳动要素投入、工业化水平、对外开放程度和教育发展水平对本地区高新技术产业产出具有显著的正向内部溢出效应，城镇化发展水平对本地区高新技术产业产出具有显著的负向内部溢出效应。

从基于经济距离空间权重矩阵的省域分区域高新技术产业产出的间接空间溢出效应来看，东部地区和中部地区各省(市、自治区)经济增长不确定性指数对其他地区高新技术产业产出具有显著的正向外部溢出效应，西部地区各省(市、自治区)经济增长不确定性指数对其他地区高新技术产业产出具有显著的负向外部溢出效应；中部地区各省(市、自治区)经济政策不确定性指数对其他地区高新技术产业产出具有显著的正向外部溢出效应，中部地区各省(市、自治区)经济政策不确定性指数对其他地区高新技术产业产出具有显著的负向外部溢出效应；中部地区各省(市、自治区)金融发展规模指数对其他地区高新技术产业产出具有显著的正向外部溢出效应，东部地区各省(市、自治区)金融发展规模指数对其他地区高新技术产业产出具有显著的负向外部溢出效应；东部地区各省(市、自治区)金融发展效率指数对其他地区高新技术产业产出具有显著的正向外部溢出效应，中部地区和西部地区各省(市、自治区)金融发展效率指数对其他地区高新技术产业产出具有显著的负向外部溢出效应；东部地区和中部地区各省(市、自治区)金融市场化指数对其他地区高新技术产业产出具有显著的正向外部溢出效应。

东部地区各省(市、自治区)高新技术产业生产活动资本要素存量对其他地区高新技术产业产出具有显著的正向外部溢出效应，经济发展水平、工业化水平和对外开放程度对其他地区高新技术产业产出具有显著的负向外部溢出效应；中部地区各省(市、自治区)高新技术产业生产活动资本要素存量和经济发展水平对其他地区高新技术产业产出具有显著的正向外部溢出效应，工业化水平、教育发展水平和城镇化发展水平对其他地区高新技术产业产出具有显著的负向外部溢出效应；西部地区各省(市、自治区)经济基础设施水平和教育发展水平对其他地区高新技术产业产出具有显著的正向外部溢出效应，高新技术产业生产活动劳动要素投入、外开放程度和城镇化发展水平对其他地区高新技术产业产出具有显著的负向外部溢出效应。

从基于地理位置空间权重矩阵的省域分区域高新技术产业产出的总空间溢出效应来看，东部地区和中部地区各省(市、自治区)经济增长不确定性指数对各地区高新技术产业产出具有显著的正向总溢出效应，西部地区各省(市、自治区)经济增长不确定性指数对各地区高新技术产业产出具有显著的负向总溢出效应；仅东部地区各省(市、自治区)经济政策不确定性指数对各地区高新技术产业产出具有显著的正向总溢出效应；仅中部地区各省(市、自治区)金融发展规模指数和金融市场化指数对各地区高新技术产业产出具有显著的正向总溢出效应；东部地区各省(市、自治区)金融发展效率指数对各地区高新技术产业产出具有显著的正向总溢出效应，中部地区和西部地区各省(市、自治区)金融发展效率指数对各地区高新技术产业产出具有显著的负向总溢出效应。

东部地区各省(市、自治区)高新技术产业生产活动资本要素存量、生产活

动劳动要素投入、经济发展水平、对外开放程度和教育发展水平等指标变量对各
地区高新技术产业产出具有显著的正向总溢出效应；中部地区各省（市、自治
区）高新技术产业生产活动资本要素存量、生产活动劳动要素投入、经济发展水
平、工业化水平和教育发展水平等指标变量对各地区高新技术产业产出具有显著
的正向总溢出效应，城镇化发展水平对各地区高新技术产业产出具有显著的负向
总溢出效应；西部地区各省（市、自治区）高新技术产业生产活动资本要素存量、
生产活动劳动要素投入、经济基础设施水平和教育发展水平等指标变量对各地区
高新技术产业产出具有显著的正向总溢出效应，城镇化发展水平对各地区高新技
术产业产出具有显著的负向总溢出效应。

9.4 经济不确定性、金融发展影响高新技术产业创新溢出效应的实证分析

9.4.1 省域高新技术产业创新空间溢出效应的实证检验

1. 以专利申请数量衡量高新技术产业创新

在不同空间权重矩阵下，省域经济不确定性、金融发展影响其高新技术产业
创新（专利申请数量）空间溢出效应计量模型的检验结果如表 9-18 所示。

表 9-18 省域高新技术产业创新（专利申请数量）空间依赖性

检验结果统计表

		地理位置矩阵	地理距离矩阵	经济协动矩阵	经济距离矩阵
LM 检验	LM-Error	31.848***	1.469	12.860***	0.085
	Robust LM-Error	33.959***	2.352	11.374***	0.043
	LM-Lag	0.004	3.228*	20.348***	0.370
	Robust LM-Lag	2.115	4.112**	18.861***	0.329

续表

		地理位置 矩阵	地理距离 矩阵	经济协动 矩阵	经济距离 矩阵
Wald 检验	Chi2-Error	51. 56***	67. 63***	37. 67***	75. 29***
	Chi2-Lag	51. 49***	68. 89***	39. 86***	77. 18***
LR 检验	LR-Error	50. 50***	63. 10***	34. 82***	70. 16***
	LR-Lag	49. 57***	64. 51***	37. 75***	71. 45***

注：*表示在 0.1 水平上显著，**表示在 0.05 水平上显著，***表示在 0.01 水平上显著。

从表 9-18 省域高新技术产业创新(专利申请数量)空间依赖性检验结果来看，按照 LM 检验原则，省域高新技术产业创新(专利申请数量)在地理位置空间权重矩阵下的空间溢出效应计量模型可以选择空间误差模型，在地理距离空间权重矩阵下的空间溢出效应计量模型可以选择空间滞后模型，在经济协动空间权重矩阵下的空间溢出效应计量模型既可以选择空间误差模型也可以选择空间滞后模型，在经济距离空间权重矩阵下的空间溢出效应计量模型既不可以选择空间误差模型也不可以选择空间滞后模型；按照 Wald 检验原则和 LR 检验原则，省域高新技术产业创新(专利申请数量)在上述四类空间权重矩阵下的空间溢出效应计量模型既可以选择空间误差模型也可以选择空间滞后模型。综合来看，在上述四类空间权重矩阵中，省域经济不确定性、金融发展影响其高新技术产业创新(专利申请数量)空间溢出效应计量模型选择空间杜宾模型更为合适。进一步对省域高新技术产业创新(专利申请数量)在上述四类空间权重矩阵下的空间溢出效应空间杜宾模型的具体形式进行检验，结果如表 9-19 所示。

从表 9-19 省域高新技术产业创新(专利申请数量)空间溢出效应计量模型选择检验结果来看，在地理位置矩阵和经济距离矩阵空间权重矩阵下，省域高新技术产业创新(专利申请数量)空间溢出效应空间杜宾模型应选择随机效应模型形式；在地理距离矩阵和经济协动矩阵空间权重矩阵下，省域高新技术产业创新(专利申请数量)空间溢出效应空间杜宾模型应选择双向固定效应模型形式。在此基础上，对上述四类空间权重矩阵下省域经济不确定性、金融发展影响其高新技术产业创新(专利申请数量)空间溢出效应空间杜宾模型进行参数估计，其结果如表9-20所示。

表9-19 省域高新技术产业创新(专利申请数量)空间溢出效应

计量模型选择检验结果统计表

	检验类别	地理位置矩阵	地理距离矩阵	经济协动矩阵	经济距离矩阵
区域固定效应 or 双向固定效应	LR Test	40.81***	46.22***	73.25***	47.91***
时间固定效应 or 双向固定效应	LR Test	159.70***	173.24***	174.84***	160.09***
固定效应 or 随机效应	Hausman Test	35.82***	−267.95	−241.23	110.34***

注：＊＊＊表示在0.01水平上显著。

表9-20 省域高新技术产业创新(专利申请数量)空间溢出效应计量模型

参数估计结果统计表

	变量名称	地理位置矩阵	地理距离矩阵	经济协动矩阵	经济距离矩阵
Main	创新活动资本要素存量（$IAK1_{it}$)	0.2356***	−0.0486	0.2364***	−0.0532
	创新活动劳动要素投入（IAL_{it})	0.4779***	0.3600***	0.4301***	0.3644***
	经济增长不确定性（EGU_{it})	0.0489*	0.0299	−0.0164	0.0365*
	经济政策不确定性（EPU_{it})	0.0964	0.0927	0.0676	0.0802
	金融发展规模（FDS_{it})	0.0497*	0.0249	0.0773**	0.0208
	金融发展效率（FDE_{it})	−0.7590*	−2.0432***	0.0121	−2.0453***
	金融市场化（FIL_{it})	−0.0007	0.0057	0.0483***	0.0004
	经济发展水平（GDP_{it})	−0.0143	0.9928***	0.2588*	1.0191***
	经济基础设施水平（INF_{it})	0.3292**	0.5254***	0.1060	0.5644***
	工业化水平（IND_{it})	0.3266**	0.8241***	0.1157	0.7708***
	对外开放程度（OPE_{it})	2.8016***	1.4874***	2.6703***	1.4645**
	教育发展水平（EDU_{it})	−4.1222	39.6184***	3.0300	35.3734**
	城镇化发展水平（URB_{it})	−0.4840	0.0749	−1.8330***	0.1608

续表

	变量名称	地理位置矩阵	地理距离矩阵	经济协动矩阵	经济距离矩阵
Wx	创新活动资本要素存量（$IAK1_{it}$）	0.2183*	0.2677*	1.2135*	0.3817***
	创新活动劳动要素投入（IAL_{it}）	0.1213	0.4977***	−1.3805**	0.4891***
	经济增长不确定性（EGU_{it}）	0.1022*	0.0498	−1.2484***	0.0378
	经济政策不确定性（EPU_{it}）	0.0992	−0.3800***	0.7195	−0.3255**
	金融发展规模（FDS_{it}）	−0.0087	−0.0187	0.4648	−0.0233
	金融发展效率（FDE_{it}）	2.6307***	−0.0370	13.3520***	0.4079
	金融市场化（FIL_{it}）	0.0112	0.1243***	0.5028***	0.1087***
	经济发展水平（GDP_{it}）	0.5952*	−1.4850***	3.5964*	−1.4302***
	经济基础设施水平（INF_{it}）	−1.0967***	−0.3806	−4.0839*	−0.6065*
	工业化水平（IND_{it}）	0.4580*	2.4544***	−0.7208	2.7562***
	对外开放程度（OPE_{it}）	−0.3496	−2.1195**	5.0296	−2.7172**
	教育发展水平（EDU_{it}）	15.5048	39.5567*	57.8000	51.7896**
	城镇化发展水平（URB_{it}）	−3.3017***	0.8193	−15.7539**	0.7623
Spatial	rho	−0.0369	0.0225	−0.3373*	0.0121
Variance	sigma2_e	0.3147***	0.3123***	0.3779***	0.3098***
	R-squared	0.8558	0.8325	0.8388	0.8032
	Log-likelihood	−590.7249***	−527.4579***	−598.9078***	−524.8157***

注：*表示在0.1水平上显著，**表示在0.05水平上显著，***表示在0.01水平上显著。

从表9-20省域高新技术产业创新（专利申请数量）空间溢出效应计量模型参数估计结果来看，在地理位置矩阵、地理距离矩阵、经济协动矩阵和经济距离矩阵等空间权重矩阵下，以高新技术产业创新（专利申请数量）为被解释变量的空间溢出效应计量模型的 Log-likelihood 统计量分别是−590.7249、−527.4579、−598.9078和−524.8157，它们在0.01的水平上都是显著的，可以确定该空间溢出效应计量模型的拟合效果良好。其中，在上述四类空间权重矩阵下，各省（市、自治区)高新技术产业空间溢出效应计量模型的 R-squared 分别是 0.8558、0.8325、0.8388 和 0.8032,这表明该空间溢出效应计量模型中各解释变量对各省(市、自治区)高新技术产业创新(专利申请数量)的解释程度分别为 85.58%、83.25%、83.88% 和 80.32%。从各省(市、自治区)高新技术产业创新(专利申请数量)空间溢出效应计量模型的空间自相关系数来看,在地理位置矩阵、地理距离矩阵和经济距离矩阵等空间权重矩阵下,各省(市、自治区)高新技术产业创新(专利申请数量)对其他地区高新技术产业创新(专利申请数量)不存在显著影响,而在经济协动空间权重矩阵下,各省(市、自治区)高新技术产业创新(专利申请数量)对其他地区高新技术产业创新(专利申请数量)存在显著的负向抑制作用。

从经济不确定性和金融发展变量指标的参数估计结果来看,在地理位置空间权重矩阵下,经济增长不确定性指数和金融发展规模指数对各省(市、自治区)高新技术产业创新(专利申请数量)存在显著的正向促进作用,金融发展效率指数对各省(市、自治区)高新技术产业创新(专利申请数量)存在显著的负向抑制作用,经济政策不确定性指数和金融市场化指数对各省(市、自治区)高新技术产业创新(专利申请数量)不存在显著影响;在地理距离空间权重矩阵下,金融发展效率指数对各省(市、自治区)高新技术产业创新(专利申请数量)存在显著的负向抑制作用,经济增长不确定性指数、经济政策不确定性指数、金融发展规模指数和金融市场化指数对各省(市、自治区)高新技术产业创新(专利申请数量)不存在显著影响;在经济协动空间权重矩阵下,金融发展规模指数和金融市场化指数对各省(市、自治区)高新技术产业创新(专利申请数量)存在显著的正向促进作用,经济增长不确定性指数、经济政策不确定性指数和金融发展效率指数对各省(市、自治区)高新技术产业创新(专利申请数量)不存在显著影响;在经济距离空间权重矩阵下,经济增长不确定性指数对各省(市、自治区)高新技术产业创新(专利申请数量)存在显著的正向促进作用,金融发展效率指数对各省(市、自治区)高新技术产业创新(专利申请数量)存在显著的负向抑制作用,经济政策不确定性指数、金融发展规模指数和金融市场化指数对各省(市、自治区)高新技术产业创新(专利申请数量)不存在显著影响。进一步观察经济不确定性和金融发展变量指标空间滞后项的参数估计结果发现,在地理位置空间权重矩阵下，经济增长不确定指数的空间滞后项对各省(市、自治区)高新技术产业创新(专利申请数量)存在显著的正向促进作用，金融发展效率指数的空间滞后项对各省(市、自治区)高新技术产业创新(专利申请数量)存在显著的正向抑制作用，经济政策不确定性指数、金融发展规模指数和金融市场化指数的空间滞后项对各省(市、自治区)高新技术产业创新(专利申请数量)则不存在显著影响；在地理距离矩阵和经济距离矩阵等空间权重矩阵下，经济政策不确定指数的空间滞后项对各省(市、自治区)高新技术产业创新(专利申请数量)存在显著的负向抑制作用，金融市场化指数的空间滞后项对各省(市、自治区)高新技术产业创新(专利申请数量)存在显著的正向促进作用，经济增长不确定性指数、金融发展规模指数和金融发展效率指数的空间滞后项对各省(市、自治区)高新技术产业创新(专利申请数量)则不存在显著影响；在经济协动空间权重矩阵下，经济增长不确定指数的空间滞后项对各省(市、自治区)高新技术产业创新(专利申请数量)存在显著的负向抑制作用，金融发展效率指数和金融市场化指数的空间滞后项对各省(市、自治区)高新技术产业创新(专利申请数量)存在显著的正向促进作用，经济政策不确定性指数和金融发展规模指数的空间滞后项对各省(市、自治区)高新技术产业创新(专利申请数量)不存在显著影响。

从影响省域高新技术产业创新(专利申请数量)的其他变量指标来看，在地理位置空间权重矩阵下，高新技术产业创新活动资本要素存量(R&D活动经费投入)、创新活动劳动要素投入、经济基础设施水平、工业化水平和对外开放程度等指标变量对各省(市、自治区)高新技术产业创新(专利申请数量)存在显著的正向促进作用，经济发展水平、教育发展水平和城镇化发展水平等指标变量对各省(市、自治区)高新技术产业创新(专利申请数量)则不存在显著影响；在地理距离矩阵和经济距离矩阵等空间权重矩阵下，高新技术产业创新活动劳动要素投入、经济发展水平、经济基础设施水平、工业化水平、对外开放程度和教育发展水平等指标变量对各省(市、自治区)高新技术产业创新(专利申请数量)存在显著的正向促进作用，高新技术产业创新活动资本要素存量(R&D活动经费投入)和城镇化发展水平等指标变量对各省(市、自治区)高新技术产业创新(专利申请数量)则不存在显著影响；在经济协动空间权重矩阵下，高新技术产业创新活动资本要素存量(R&D活动经费投入)、创新活动劳动要素投入、经济发展水平和对外开放程度等指标变量对各省(市、自治区)高新技术产业创新(专利申请数量)存在显著的正向促进作用,城镇化发展水平等指标变量对各省(市、自治区)高新技术产业创新(专利申请数量)存在显著的负向抑制作用,经济基础设施水平、工业化水平和教育发展水平等指标变量对各省(市、自治区)高新技术产业创新(专利申请数量)则不存在显著影响。进一步观察各控制变量指标空间滞后项的参数估计结果发现,在地理位置空间权重矩阵下高新技术产业创新活动资本要素存量(R&D 活动经费投入)、经济发展水平和工业化水平等指标变量的空间滞后项对各省(市、自治区)高新技术产业创新(专利申请数量)存在显著的正向促进作用,经济基础设施水平和城镇化发展水平等指标变量的空间滞后项对各省(市、自治区)高新技术产业创新(专利申请数量)存在显著的负向抑制作用,高新技术产业创新活动劳动要素投入、对外开放程度和教育发展水平等指标变量的空间滞后项对各省(市、自治区)高新技术产业创新(专利申请数量)不存在显著影响;在地理距离空间权重矩阵下,高新技术产业创新活动资本要素存量(R&D 活动经费投入)、创新活动劳动要素投入、工业化水平和教育发展水平等指标变量的空间滞后项对各省(市、自治区)高新技术产业创新(专利申请数量)存在显著的正向促进作用,经济发展水平和对外开放程度等指标变量的空间滞后项对各省(市、自治区)高新技术产业创新(专利申请数量)存在显著的负向抑制作用,经济基础设施水平和城镇化发展水平等指标变量的空间滞后项对各省(市、自治区)高新技术产业创新(专利申请数量)不存在显著影响;在经济协动空间权重矩阵下,高新技术产业创新活动资本要素存量(R&D 活动经费投入)和经济发展水平等指标变量的空间滞后项对各省(市、自治区)高新技术产业创新(专利申请数量)存在显著的正向促进作用,高新技术产业创新活动劳动要素投入、经济基础设施水平和城镇化发展水平等指标变量的空间滞后项对各省(市、自治区)高新技术产业创新(专利申请数量)存在显著的负向抑制作用,工业化水平、对外开放程度和教育发展水平等指标变量的空间滞后项对各省(市、自治区)高新技术产业创新(专利申请数量)不存在显著影响;在经济距离空间权重矩阵下高新技术产业创新活动资本要素存量(R&D 活动经费投入)、创新活动劳动要素投入、工业化水平和教育发展水平等指标变量的空间滞后项对各省(市、自治区)高新技术产业创新(专利申请数量)存在显著的正向促进作用,经济发展水平、经济基础设施水平和对外开放程度等指标变量的空间滞后项对各省(市、自治区)高新技术产业创新(专利申请数量)存在显著的负向抑制作用,城镇化发展水平等指标变量的空间滞后项对各省(市、自治区)高新技术产业创新(专利申请数量)不存在显著影响。

　　鉴于在省域高新技术产业创新(专利申请数量)空间溢出效应计量模型中,经济不确定性、金融发展以及控制变量指标空间滞后项的参数估计结果部分显著不等于0,本书进一步对各省(市、自治区)高新技术产业创新(专利申请数量)的空间溢出效应进行分解,其分解结果如表9-21所示。

表 9-21　省域高新技术产业创新(专利申请数量)空间溢出
效应分解结果统计表

	变量名称	地理位置矩阵	地理距离矩阵	经济协动矩阵	经济距离矩阵
Direct	创新活动资本要素存量($IAK1_{it}$)	0.2358***	−0.0467	0.2256***	−0.0513
	创新活动劳动要素投入(IAL_{it})	0.4744***	0.3576***	0.4421***	0.3610***
	经济增长不确定性(EGU_{it})	0.0513*	0.0329	−0.0021	0.0393*
	经济政策不确定性(EPU_{it})	0.1042	0.0974	0.0684	0.0857
	金融发展规模(FDS_{it})	0.0443*	0.0188	0.0667*	0.0147
	金融发展效率(FDE_{it})	−0.7555**	−2.0322***	−0.1047	−2.0307***
	金融市场化(FIL_{it})	−0.0006	0.0071	0.0432***	0.0016
	经济发展水平(GDP_{it})	−0.0216	0.9614***	0.2185*	0.9902***
	经济基础设施水平(INF_{it})	0.3340**	0.5250***	0.1487	0.5637***
	工业化水平(IND_{it})	0.3165**	0.8269***	0.1065	0.7700***
	对外开放程度(OPE_{it})	2.8797***	1.5050***	2.7474***	1.4842**
	教育发展水平(EDU_{it})	−4.0280	39.9724**	2.6150	35.7147**
	城镇化发展水平(URB_{it})	−0.5321	0.0457	−1.7496***	0.1222

续表

变量名称		地理位置 矩阵	地理距离 矩阵	经济协动 矩阵	经济距离 矩阵
Indirect	创新活动资本要素存量（$IAK1_{it}$）	0.2353 **	0.2847 **	0.9519 *	0.3948 ***
	创新活动劳动要素投入（IAL_{it}）	0.1077	0.5084 ***	-1.2813 **	0.4917 ***
	经济增长不确定性（EGU_{it}）	0.1049 *	0.0487	-0.9424 **	0.0365
	经济政策不确定性（EPU_{it}）	0.1195	-0.3655 ***	0.6666	-0.3100 ***
Indirect	金融发展规模（FDS_{it}）	-0.0074	-0.0141	0.3150	-0.0186
	金融发展效率（FDE_{it}）	2.5475 ***	-0.1972	10.0744 **	0.2585
	金融市场化（FIL_{it}）	0.0127	0.1223 ***	0.3915 ***	0.1051 ***
	经济发展水平（GDP_{it}）	0.5171 *	-1.5026 ***	2.3744	-1.4455 ***
	经济基础设施水平（INF_{it}）	-1.0261 ***	-0.3256	-2.8282 *	-0.5488 *
	工业化水平（IND_{it}）	0.4111 *	2.4940 ***	-1.0208	2.7655 ***
	对外开放程度（OPE_{it}）	-0.4415	-2.1149 *	3.7223	-2.7117 **
	教育发展水平（EDU_{it}）	13.2128	39.4030 *	29.7646	50.7369 **
	城镇化发展水平（URB_{it}）	-3.1602 ***	0.7503	-11.3546 *	0.7126
Total	创新活动资本要素存量（$IAK1_{it}$）	0.4711 ***	0.2380 *	1.1775 **	0.3435 ***
	创新活动劳动要素投入（IAL_{it}）	0.5821 ***	0.8659 ***	-0.8392 *	0.8527 ***
	经济增长不确定性（EGU_{it}）	0.1562 **	0.0816 **	-0.9445 **	0.0758 **
	经济政策不确定性（EPU_{it}）	0.2237	-0.2681 *	0.7350	-0.2242 *
	金融发展规模（FDS_{it}）	0.0369	0.0048	0.3816	-0.0039
	金融发展效率（FDE_{it}）	1.7920 **	-2.2295 **	9.9696 **	-1.7721 **
	金融市场化（FIL_{it}）	0.0121	0.1294 ***	0.4347 ***	0.1067 ***
	经济发展水平（GDP_{it}）	0.4955 *	-0.5412 *	2.5929 *	-0.4553
	经济基础设施水平（INF_{it}）	-0.6921 **	0.1994	-2.6795 *	0.0149
	工业化水平（IND_{it}）	0.7275 **	3.3209 ***	-0.9143	3.5355 ***
	对外开放程度（OPE_{it}）	2.4382 ***	-0.6098	6.4698	-1.2275
	教育发展水平（EDU_{it}）	9.1847	79.3755 ***	32.3796	86.4516 ***
	城镇化发展水平（URB_{it}）	-3.6924 ***	0.7959	-13.1042 *	0.8347

注：*表示在0.1水平上显著，**表示在0.05水平上显著，***表示在0.01水平上显著。

从各省(市、自治区)高新技术产业创新(专利申请数量)的直接空间溢出效应来看,在地理位置空间权重矩阵下,各省(市、自治区)经济增长不确定性指数和金融发展规模指数对本地区高新技术产业创新(专利申请数量)具有显著的正向内部溢出效应,金融发展效率指数对本地区高新技术产业创新(专利申请数量)具有显著的负向内部溢出效应,经济政策不确定性指数和金融市场化指数对本地区高新技术产业创新(专利申请数量)内部溢出效应不存在显著影响。在地理距离空间权重矩阵下,各省(市、自治区)金融发展效率指数对本地区高新技术产业创新(专利申请数量)具有显著的负向内部溢出效应,经济增长不确定性指数、经济政策不确定性指数、金融发展规模指数和金融市场化指数对本地区高新技术产业创新(专利申请数量)内部溢出效应不存在显著影响。在经济协动空间权重矩阵下,各省(市、自治区)金融发展规模指数和金融市场化指数对本地区高新技术产业创新(专利申请数量)具有显著的正向内部溢出效应,经济增长不确定性指数、经济政策不确定性指数和金融发展效率指数对本地区高新技术产业创新(专利申请数量)内部溢出效应不存在显著影响。在经济距离空间权重矩阵下,各省(市、自治区)经济增长不确定性指数对本地区高新技术产业创新(专利申请数量)具有显著的正向内部溢出效应,金融发展效率指数对本地区高新技术产业创新(专利申请数量)具有显著的负向内部溢出效应,经济政策不确定性指数、金融发展规模指数和金融市场化指数对本地区高新技术产业创新(专利申请数量)内部溢出效应不存在显著影响。

在地理位置空间权重矩阵下,各省(市、自治区)高新技术产业创新活动资本要素存量(R&D活动经费投入)、创新活动劳动要素投入、经济基础设施水平、工业化水平和对外开放程度等指标变量对本地区高新技术产业创新(专利申请数量)具有显著的正向内部溢出效应,经济发展水平、教育发展水平和城镇化发展水平等指标变量对本地区高新技术产业创新(专利申请数量)内部溢出效应不存在显著影响。在地理距离矩阵和经济距离矩阵等空间权重矩阵下,各省(市、自治区)高新技术产业创新活动劳动要素投入、经济发展水平、经济基础设施水平、工业化水平、对外开放程度等指标变量对本地区高新技术产业创新(专利申请数量)具有显著的正向内部溢出效应,高新技术产业创新活动资本要素存量(R&D活动经费投入)和城镇化发展水平等指标变量对本地区高新技术产业创新(专利申请数量)内部溢出效应不存在显著影响。在经济协动空间权重矩阵下,高新技术产业创新活动资本要素存量(R&D 活动经费投入)、高新技术产业创新活动劳动要素投入、经济发展水平和对外开放程度等指标变量对本地区高新技术产业创新(专利申请数量)具有显著的正向内部溢出效应,城镇化发展水平对本地区高新技术产业创新(专利申请数量)具有显著的负向内部溢出效应,经济基础设施水平、工业化水平和教育发展水平等指标变量对本地区高新技术产业创新(专利申请数量)内部溢出效应不存在显著影响。

从各省(市、自治区)高新技术产业创新(专利申请数量)的间接空间溢出效应来看,在地理位置空间权重矩阵下,各省(市、自治区)经济增长不确定性指数和金融发展效率指数对其他地区高新技术产业创新(专利申请数量)具有显著的正向外部溢出效应,经济政策不确定性指数、金融发展规模指数、金融市场化指数对其他地区高新技术产业创新(专利申请数量)的外部溢出效应不存在显著影响。在地理距离矩阵和经济距离矩阵等空间权重矩阵下,各省(市、自治区)金融市场化指数对其他地区高新技术产业创新(专利申请数量)具有显著的正向外部溢出效应,经济政策不确定性指数对其他地区高新技术产业创新(专利申请数量)具有显著的负向外部溢出效应,经济增长不确定性指数、金融发展规模指数、金融发展效率指数对其他地区高新技术产业创新(专利申请数量)的外部溢出效应不存在显著影响。在经济协动空间权重矩阵下,各省(市、自治区)金融发展效率指数、金融市场化指数对其他地区高新技术产业创新(专利申请数量)具有显著的正向外部溢出效应,经济增长不确定性指数对其他地区高新技术产业创新(专利申请数量)具有显著的负向外部溢出效应,经济政策不确定性指数、金融发展规模指数对其他地区高新技术产业创新(专利申请数量)的外部溢出效应不存在显著影响。

在地理位置空间权重矩阵下,各省(市、自治区)高新技术产业创新活动资本要素存量(R&D 活动经费投入)、经济发展水平和工业化水平等指标变量对其他地区高新技术产业创新(专利申请数量)具有显著的正向外部溢出效应,经济基础设施水平和城镇化发展水平等指标变量对其他地区高新技术产业创新(专利申请数量)具有显著的负向外部溢出效应,高新技术产业创新活动劳动要素投入、对外开放程度和教育发展水平等指标变量对其他地区高新技术产业创新(专利申请数量)的外部溢出效应不存在显著影响。在地理距离空间权重矩阵下,各省(市、自治区)高新技术产业创新活动资本要素存量(R&D 活动经费投入)、创新活动劳动要素投入、工业化水平和教育发展水平等指标变量对其他地区高新技术产业创新(专利申请数量)具有显著的正向外部溢出效应,经济发展水平和对外开放程度等指标变量对其他地区高新技术产业创新(专利申请数量)具有显著的负向外部溢出效应,经济基础设施水平和城镇化发展水平等指标变量对其他地区高新技术产业创新(专利申请数量)的外部溢出效应不存在显著影响。在经济协动空间权重矩阵下,各省(市、自治区)高新技术产业创新活动资本要素存量(R&D 活动经费投入)对其他地区高新技术产业创新(专利申请数量)具有显著的正向外部溢出效应,高新技术产业创新活动劳动要素投入、经济基础设施水平和城镇化发展水平等指标变量对其他地区高新技术产业创新(专利申请数量)具有显著的负向外部溢出效应,经济发展水平、工业化水平、对外开放程度和教育发展水平等指标变量对其他地区高新技术产业创新(专利申请数量)的外部溢出效应不存在显著影响。在经济距离空间权重矩阵下,各省(市、自治区)高新技术产业创新活动资本要素存量(R&D 活动经费投入)、创新活动劳动要素投入和工业化水平等指标变量对其他地区高新技术产业创新(专利申请数量)具有显著的正向外部溢出效应,经济发展水平、经济基础设施水平、对外开放程度等指标变量对其他地区高新技术产业创新(专利申请数量)具有显著的负向外部溢出效应,城镇化发展水平对其他地区高新技术产业创新(专利申请数量)的外部溢出效应不存在显著影响。

从各省(市、自治区)高新技术产业创新(专利申请数量)的总空间溢出效应来看,在地理位置空间权重矩阵下,各省(市、自治区)经济增长不确定性指数和金融发展效率指数对各省(市、自治区)高新技术产业创新(专利申请数量)具有显著的正向总溢出效应,经济政策不确定性指数、金融发展规模指数和金融市场化指数对各省(市、自治区)高新技术产业创新(专利申请数量)的总溢出效应均不存在显著影响。在地理距离矩阵和经济距离矩阵等空间权重矩阵下,各省(市、自治区)经济增长不确定性指数和金融市场化指数对各省(市、自治区)高新技术产业创新(专利申请数量)具有显著的正向总溢出效应,经济政策不确定性指数和金融发展效率指数对各省(市、自治区)高新技术产业创新(专利申请数量)具有显著的负向总溢出效应,金融发展规模指数对各省(市、自治区)高新技术产业创新(专利申请数量)的总溢出效应不存在显著影响。在经济协动空间权重矩阵下,各省(市、自治区)金融发展效率指数和金融市场化指数对各省(市、自治区)高新技术产业创新(专利申请数量)具有显著的正向总溢出效应,经济增长不确定性指数对各省(市、自治区)高新技术产业创新(专利申请数量)具有显著的负向总溢出效应,经济政策不确定性指数和金融发展规模指数对各省(市、自治区)高新技术产业创新(专利申请数量)的总溢出效应均不存在显著影响。

在地理位置空间权重矩阵下,各省(市、自治区)高新技术产业创新活动资本要素存量(R&D 活动经费投入)、创新活动劳动要素投入、经济发展水平、工业化水平和对外开放程度等指标变量对各省(市、自治区)高新技术产业创新(专利申请数量)具有显著的正向总溢出效应,经济基础设施水平和城镇化发展水平等指标变量对各省(市、自治区)高新技术产业创新(专利申请数量)具有显著的负向总溢出效应,教育发展水平对各省(市、自治区)高新技术产业创新(专利申请数量)的总溢出效应则不存在显著影响。在地理距离空间权重矩阵下,各省(市、自治区)高新技术产业创新活动资本要素存量(R&D 活动经费投入)、创新活动劳动要素投入、工业化水平和教育发展水平等指标变量对各省(市、自治区)高新技术产业创新(专利申请数量)具有显著的正向总溢出效应,经济发展水平对各省(市、自治区)高新技术产业创新(专利申请数量)具有显著的负向总溢出效应,经济基础设施水平、对外开放程度和城镇化发展水平等指标变量对各省(市、自治区)高新技术产业创新(专利申请数量)的总溢出效应则不存在显著影响。在经济协动空间权重矩阵下,各省(市、自治区)高新技术产业创新活动资本要素存量(R&D 活动经费投入)和经济发展水平等指标变量对各省(市、自治区)高新技术产业创新(专利申请数量)具有显著的正向总溢出效应,高新技术产业创新活动劳动要素投入、经济基础设施水平和城镇化发展水平等指标变量对各省(市、自治区)高新技术产业创新(专利申请数量)具有显著的负向总溢出效应,工业化水平、对外开放程度和教育发展水平等指标变量对各省(市、自治区)高新技术产业创新(专利申请数量)的总溢出效应则不存在显著影响。在经济距离空间权重矩阵下,各省(市、自治区)高新技术产业创新活动资本要素存量(R&D 活动经费投入)、高新技术产业创新活动劳动要素投入、工业化水平和教育发展水平等指标变量对各省(市、自治区)高新技术产业创新(专利申请数量)具有显著的正向总溢出效应,经济发展水平、经济基础设施水平、对外开放程度和城镇化发展水平等指标变量对各省(市、自治区)高新技术产业创新(专利申请数量)的总溢出效应则不存在显著影响。

2. 以新产品销售收入衡量高新技术产业创新

在不同空间权重矩阵下，省域经济不确定性、金融发展影响其高新技术产业创新（新产品销售收入）空间溢出效应计量模型的检验结果如表9-22所示。

表 9-22　省域高新技术产业创新（新产品销售收入）空间依赖性
检验结果统计表

		地理位置矩阵	地理距离矩阵	经济协动矩阵	经济距离矩阵
LM 检验	LM-Error	4.159**	0.312	2.947*	0.091
	Robust LM-Error	3.528*	0.234	4.095**	0.975
	LM-Lag	0.653	21.192***	17.098***	46.877***
	Robust LM-Lag	0.021	21.114***	18.245***	47.762***
Wald 检验	Chi2-Error	75.40***	59.31***	51.73***	62.94***
	Chi2-Lag	71.66***	55.30***	37.55***	55.04***
LR 检验	LR-Error	70.97***	54.93***	48.28***	58.05***
	LR-Lag	67.36***	52.84***	35.88***	52.94***

注：*表示在0.1水平上显著，**表示在0.05水平上显著，***表示在0.01水平上显著。

从表9-22省域高新技术产业创新（新产品销售收入）空间依赖性检验结果来看，按照 LM 检验原则，省域高新技术产业创新（新产品销售收入）在地理位置空间权重矩阵下的空间溢出效应计量模型可以选择空间误差模型，在地理距离矩阵和经济距离矩阵等空间权重矩阵下的空间溢出效应计量模型可以选择空间滞后模型，在经济协动空间权重矩阵下的空间溢出效应计量模型既可以选择空间误差模型也可以选择空间滞后模型；按照 Wald 检验原则和 LR 检验原则，省域高新技术产业创新（新产品销售收入）在上述四类空间权重矩阵下的空间溢出效应计量模型既可以选择空间误差模型也可以选择空间滞后模型。综合来看，在上述四类空间权重矩阵下，省域经济不确定性、金融发展影响其高新技术产业创新（新产品销售收入)空间溢出效应计量模型选择空间杜宾模型更为合适。进一步对省域高新技术产业创新(新产品销售收入)在上述四类空间权重矩阵下的空间溢出效应空间杜宾模型的具体形式进行检验,结果如表9-23所示。

表 9-23 省域高新技术产业创新(新产品销售收入)空间溢出效应

计量模型选择检验结果统计表

	检验类别	地理位置矩阵	地理距离矩阵	经济协动矩阵	经济距离矩阵
区域固定效应 or 双向固定效应	LR Test	34.38***	38.14***	56.04***	40.42***
时间固定效应 or 双向固定效应	LR Test	247.89***	232.40***	311.62***	234.40***
固定效应 or 随机效应	Hausman Test	70.17***	24.32**	91.77***	68.70***

注: ** 表示在 0.05 水平上显著, *** 表示在 0.01 水平上显著。

从表9-23省域高新技术产业创新(新产品销售收入)空间溢出效应计量模型选择检验结果来看,在上述四类空间权重矩阵下,省域高新技术产业创新(新产品销售收入)空间溢出效应空间杜宾模型应选择随机效应模型形式。在此基础上,对上述四类空间权重矩阵下省域经济不确定性、金融发展影响其高新技术产业创新(新产品销售收入)空间溢出效应空间杜宾模型进行参数估计,其结果如表9-24所示。

表 9-24 省域高新技术产业创新(新产品销售收入)空间溢出效应计量模型

参数估计结果统计表

	变量名称	地理位置矩阵	地理距离矩阵	经济协动矩阵	经济距离矩阵
	创新活动资本要素存量($IAK2_{it}$)	1.0899***	1.0263***	0.8242***	1.0025***
Main	创新活动劳动要素投入(IAL_{it})	0.4426***	0.4424***	0.2724***	0.4763***
	经济增长不确定性(EGU_{it})	−0.0528*	−0.0223	−0.0313	−0.0340

续表

变量名称		地理位置矩阵	地理距离矩阵	经济协动矩阵	经济距离矩阵
Main	经济政策不确定性（EPU_{it}）	−0.1139	−0.0921	−0.2426*	−0.1041
	金融发展规模（FDS_{it}）	0.0119	0.0053	0.0182	0.0069
	金融发展效率（FDE_{it}）	−0.3778	0.3082	0.3483	0.3049
	金融市场化（FIL_{it}）	−0.0300*	0.0211*	0.0229*	0.0169
	经济发展水平（GDP_{it}）	0.7241*	0.8956**	−0.1667	0.9650***
	经济基础设施水平（INF_{it}）	0.4614**	0.2120	0.2547*	0.2501
	工业化水平（IND_{it}）	−0.6574*	−0.3007	0.6090***	−0.1649
	对外开放程度（OPE_{it}）	1.3783*	1.4537**	1.8197***	1.3652**
	教育发展水平（EDU_{it}）	6.7785	18.5639	21.0767**	12.1996
	城镇化发展水平（URB_{it}）	2.8910**	0.7773	−0.5768	1.1460
Wx	创新活动资本要素存量（$IAK1_{it}$）	0.5688**	0.6816***	1.6261**	0.6537***
	创新活动劳动要素投入（IAL_{it}）	−1.0940***	−0.9210***	3.1517**	−0.9663***
	经济增长不确定性（EGU_{it}）	0.0425	−0.0550	−0.4499	−0.0207
	经济政策不确定性（EPU_{it}）	0.0910	−0.1497	−0.7951	−0.1350
	金融发展规模（FDS_{it}）	−0.0684	−0.0081	−0.6178	−0.0050
	金融发展效率（FDE_{it}）	0.9356	−0.5278	13.2502**	−0.3553
	金融市场化（FIL_{it}）	0.0648**	−0.0679*	−0.1667	−0.0471*
	经济发展水平（GDP_{it}）	−0.4523	−1.5781***	3.4611	−1.5647**
	经济基础设施水平（INF_{it}）	0.1047	0.1331	−9.3509***	−0.0457
	工业化水平（IND_{it}）	−2.6768***	−1.1573*	13.2520***	−1.0004*
	对外开放程度（OPE_{it}）	−2.0335*	−0.1605	−8.9665	−0.4293
	教育发展水平（EDU_{it}）	106.5397***	40.5432	−27.4391	76.1649**
	城镇化发展水平（URB_{it}）	3.3485*	8.2090***	−4.3632	7.1674**
Spatial Variance	rho	−0.1817***	−0.2079***	−0.5265**	−0.1913***
	sigma2_e	0.3400***	0.3477***	0.3706***	0.3461***
	R-squared	0.8443	0.8416	0.8519	0.8069
	Log-likelihood	−556.9469***	−563.3977***	−585.5101***	−561.6712***

注：*表示在 0.1 水平上显著，**表示在 0.05 水平上显著，***表示在 0.01 水平上显著。

从表9-24省域高新技术产业创新(新产品销售收入)空间溢出效应计量模型参数估计结果来看,在地理位置矩阵、地理距离矩阵、经济协动矩阵和经济距离矩阵等空间权重矩阵下,以高新技术产业创新(新产品销售收入)为被解释变量的空间溢出效应计量模型的 Log-likelihood 统计量分别是 −556.9496、−563.3977、−585.5101 和−561.6712,它们在 0.01 的水平上都是显著的,可以确定该空间溢出效应计量模型的拟合效果良好。其中,在上述四类空间权重矩阵下,各省(市、自治区)高新技术产业空间溢出效应计量模型的 R-squared 分别是 0.8443、0.8416、0.8519 和 0.8069,这表明该空间溢出效应计量模型中各解释变量对各省(市、自治区)高新技术产业创新(新产品销售收入)的解释程度分别为 84.43%、84.16%、85.19%和 80.69%。从各省(市、自治区)高新技术产业创新(新产品销售收入)空间溢出效应计量模型的空间自相关系数来看,在上述四类空间权重矩阵下,各省(市、自治区)高新技术产业创新(新产品销售收入)对其他地区高新技术产业创新(新产品销售收入)存在显著的负向抑制作用。

从经济不确定性和金融发展变量指标的参数估计结果来看,在地理位置空间权重矩阵下,经济增长不确定性指数和金融市场化指数对各省(市、自治区)高新技术产业创新(新产品销售收入)存在显著的负向抑制作用,经济政策不确定性指数、金融发展规模指数和金融发展效率指数对各省(市、自治区)高新技术产业创新(新产品销售收入)不存在显著影响;在地理距离空间权重矩阵下,金融市场化指数对各省(市、自治区)高新技术产业创新(新产品销售收入)存在显著的正向促进作用,经济增长不确定性指数、经济政策不确定性指数、金融发展规模指数和金融发展效率指数对各省(市、自治区)高新技术产业创新(新产品销售收入)不存在显著影响;在经济协动空间权重矩阵下,金融市场化指数对各省(市、自治区)高新技术产业创新(新产品销售收入)存在显著的正向促进作用,经济政策不确定性指数对各省(市、自治区)高新技术产业创新(新产品销售收入)存在显著的负向抑制作用,经济增长不确定性指数、金融发展规模指数和金融发展效率指数对各省(市、自治区)高新技术产业创新(新产品销售收入)不存在显著影响;在经济距离空间权重矩阵下,经济增长不确定性指数、经济政策不确定性指数、金融发展规模指数、金融发展效率指数和金融市场化指数对各省(市、自治区)高新技术产业创新(新产品销售收入)均不存在显著影响。进一步观察经济不确定性和金融发展变量指标空间滞后项的参数估计结果发现，经济增长不确定性指数、经济政策不确定性指数和金融发展规模指数在上述四类空间权重矩阵下的空间滞后项对各省(市、自治区)高新技术产业创新(新产品销售收入)均不存在显著影响；金融发展效率指数在经济协动空间权重矩阵下的空间滞后项对各省(市、自治区)高新技术产业创新(新产品销售收入)存在显著的正向促进作用，在地理位置矩阵、地理距离矩阵和经济距离矩阵等空间权重矩阵下的空间滞后项对各省(市、自治区)高新技术产业创新(新产品销售收入)则不存在显著影响；金融市场化指数在地理位置空间权重矩阵下的空间滞后项对各省(市、自治区)高新技术产业创新(新产品销售收入)存在显著的正向促进作用，在地理距离矩阵和经济距离矩阵等空间权重矩阵下的空间滞后项对各省(市、自治区)高新技术产业创新(新产品销售收入)存在显著的负向抑制作用，在经济协动空间权重矩阵下的空间滞后项对各省(市、自治区)高新技术产业创新(新产品销售收入)则不存在显著影响。

从影响省域高新技术产业创新(新产品销售收入)的其他变量指标来看，在地理位置空间权重矩阵下，高新技术产业创新活动资本要素存量(新产品开发经费)、创新活动劳动要素投入、经济发展水平、经济基础设施水平、对外开放程度和城镇化发展水平等指标变量对各省(市、自治区)高新技术产业创新(新产品销售收入)存在显著的正向促进作用，工业化水平对各省(市、自治区)高新技术产业创新(新产品销售收入)存在显著的负向抑制作用，教育发展水平对各省(市、自治区)高新技术产业创新(新产品销售收入)则不存在显著影响；在地理距离矩阵和经济距离矩阵等空间权重矩阵下，高新技术产业创新活动资本要素存量(新产品开发经费)、创新活动劳动要素投入、经济发展水平和对外开放程度等指标变量对各省(市、自治区)高新技术产业创新(新产品销售收入)存在显著的正向促进作用，经济基础设施水平、工业化水平、教育发展水平、城镇化发展水平等指标变量对各省(市、自治区)高新技术产业创新(新产品销售收入)则不存在显著影响；在经济协动空间权重矩阵下，高新技术产业创新活动资本要素存量(新产品开发经费)、创新活动劳动要素投入、经济基础设施水平、工业化水平、对外开放程度和教育发展水平等指标变量对各省(市、自治区)高新技术产业创新(新产品销售收入)存在显著的正向促进作用，经济发展水平和城镇化发展水平等指标变量对各省(市、自治区)高新技术产业创新(新产品销售收入)则不存在显著影响。进一步观察各控制变量指标空间滞后项的参数估计结果发现，在地理位置空间权重矩阵下高新技术产业创新活动资本要素存量(新产品开发经费)、教育发展水平和城镇化发展水平等指标变量的空间滞后项对各省(市、自治区)高新技术产业创新(新产品销售收入)存在显著的正向促进作用，高新技术产业创新活动劳动要素投入、工业化水平和对外开放程度等指标变量的空间滞后项对各省(市、自治区)高新技术产业创新(新产品销售收入)存在显著的负向抑制作用，经济发展水平和经济基础设施水平等指标变量的空间滞后项对各省(市、自治区)高新技术产业创新(新产品销售收入)不存在显著影响；在地理距离空间权重矩阵下，高新技术产业创新活动资本要素存量(新产品开发经费)和城镇化发展水平等指标变量的空间滞后项对各省(市、自治区)高新技术产业创新(新产品销售收入)存在显著的正向促进作用，高新技术产业创新活动劳动要素投入、经济发展水平和工业化水平等指标变量的空间滞后项对各省(市、自治区)高新技术产业创新(新产品销售收入)存在显著的负向抑制作用，经济基础设施水平、对外开放程度和教育发展水平等指标变量的空间滞后项对各省(市、自治区)高新技术产业创新(新产品销售收入)不存在显著影响；在经济协动空间权重矩阵下，高新技术产业创新活动资本要素存量(新产品开发经费)、创新活动劳动要素投入和工业化水平等指标变量的空间滞后项对各省(市、自治区)高新技术产业创新(新产品销售收入)存在显著的正向促进作用，经济基础设施水平的空间滞后项对各省(市、自治区)高新技术产业创新(新产品销售收入)存在显著的负向抑制作用，经济发展水平、对外开放程度、教育发展水平和城镇化发展水平等指标变量的空间滞后项对各省(市、自治区)高新技术产业创新(新产品销售收入)不存在显著影响。在经济距离空间权重矩阵下高新技术产业创新活动资本要素存量(新产品开发经费)、教育发展水平和城镇化发展水平等指标变量的空间滞后项对各省(市、自治区)高新技术产业创新(新产品销售收入)存在显著的正向促进作用，高新技术产业创新活动劳动要素投入、经济发展水平和工业化水平等指标变量的空间滞后项对各省(市、自治区)高新技术产业创新(新产品销售收入)存在显著的负向抑制作用，经济基础设施水平和对外开放程度和等指标变量的空间滞后项对各省(市、自治区)高新技术产业创新(新产品销售收入)不存在显著影响。

　　鉴于在省域高新技术产业创新(新产品销售收入)空间溢出效应计量模型中，经济不确定性、金融发展以及控制变量指标空间滞后项的参数估计结果部分显著不等于0，我们进一步对各省(市、自治区)高新技术产业创新(新产品销售收入)的空间溢出效应进行分解，其分解结果如表9-25所示。

表 9-25　省域高新技术产业创新(新产品销售收入)空间溢出
效应分解结果统计表

	变量名称	地理位置矩阵	地理距离矩阵	经济协动矩阵	经济距离矩阵
Direct	创新活动资本要素存量($IAK2_{it}$)	1.0747***	1.0093***	0.8076***	0.9870***
	创新活动劳动要素投入(IAL_{it})	0.4793***	0.4669***	0.2226***	0.4991***
	经济增长不确定性(EGU_{it})	−0.0520*	−0.0174	−0.0226	−0.0304
	经济政策不确定性(EPU_{it})	−0.1112	−0.0795	−0.2248*	−0.0923
	金融发展规模(FDS_{it})	0.0081	−0.0013	0.0198	0.0002
	金融发展效率(FDE_{it})	−0.3959	0.3530	0.1869	0.3436
	金融市场化(FIL_{it})	−0.0316*	0.0248*	0.0253**	0.0196*
	经济发展水平(GDP_{it})	0.7046*	0.9153***	−0.2176	0.9754***
	经济基础设施水平(INF_{it})	0.4554**	0.2026	0.3892**	0.2469
	工业化水平(IND_{it})	−0.5503*	−0.2550	0.4143**	−0.1290*
	对外开放程度(OPE_{it})	1.5582*	1.5509**	2.0914***	1.4707
	教育发展水平(EDU_{it})	1.4409	16.5014	21.9064**	8.9358**
	城镇化发展水平(URB_{it})	2.7594**	0.4332	−0.5918	0.8517**
Indirect	创新活动资本要素存量($IAK2_{it}$)	0.3381*	0.4209**	0.8649*	0.4233***
	创新活动劳动要素投入(IAL_{it})	−1.0383***	−0.8397***	1.9591**	−0.8867***
	经济增长不确定性(EGU_{it})	0.0473	−0.0411	−0.2641	−0.0104
	经济政策不确定性(EPU_{it})	0.1211	−0.0780	−0.3209	−0.0667
	金融发展规模(FDS_{it})	−0.0566	−0.0032	−0.4645	−0.0009
	金融发展效率(FDE_{it})	0.8103	−0.5419	8.5450**	−0.3882

	变量名称	地理位置矩阵	地理距离矩阵	经济协动矩阵	经济距离矩阵
Indirect	金融市场化（FIL_{it}）	0.0613**	−0.0618*	−0.1068	−0.0446
	经济发展水平（GDP_{it}）	−0.5117	−1.5489***	2.0934	−1.5547***
	经济基础设施水平（INF_{it}）	0.0489	0.0897	−6.1080***	−0.0675
	工业化水平（IND_{it}）	−2.2911***	−0.8881*	8.6351***	−0.7859
	对外开放程度（OPE_{it}）	−2.1084**	−0.3951	−6.4483	−0.6019*
	教育发展水平（EDU_{it}）	91.1647***	27.6637	−42.2893	59.6648
	城镇化发展水平（URB_{it}）	2.6166*	7.0658***	−1.9735	6.2631
Total	创新活动资本要素存量（$IAK2_{it}$）	1.4129***	1.4301***	1.6725***	1.4104**
	创新活动劳动要素投入（IAL_{it}）	−0.5589**	−0.3728*	2.1817**	−0.3876***
	经济增长不确定性（EGU_{it}）	−0.0048	−0.0585	−0.2866	−0.0408
	经济政策不确定性（EPU_{it}）	0.0099	−0.1575	−0.5457	−0.1591
	金融发展规模（FDS_{it}）	−0.0486	−0.0045	−0.4447	−0.0007
	金融发展效率（FDE_{it}）	0.4144	−0.1888	8.7319**	−0.0447
	金融市场化（FIL_{it}）	0.0297*	−0.0370*	−0.0815	−0.0250*
	经济发展水平（GDP_{it}）	0.1929	−0.6337	1.8757	−0.5794***
	经济基础设施水平（INF_{it}）	0.5043	0.2924	−5.7188***	0.1794
	工业化水平（IND_{it}）	−2.8413***	−1.1430*	9.0494***	−0.9148
	对外开放程度（OPE_{it}）	−0.5503	1.1558	−4.3568	0.8689
	教育发展水平（EDU_{it}）	92.6056***	44.1651*	−20.3830	68.6006**
	城镇化发展水平（URB_{it}）	5.3759***	7.4990***	−2.5653	7.1148***

注：*表示在 0.1 水平上显著，**表示在 0.05 水平上显著，***表示在 0.01 水平上显著。

从各省（市、自治区）高新技术产业创新（新产品销售收入）的直接空间溢出效应来看，在地理位置空间权重矩阵下，各省（市、自治区）经济增长不确定性指数和金融市场化指数对本地区高新技术产业创新（新产品销售收入）具有显著的负向内部溢出效应，经济政策不确定性指数、金融发展规模指数和金融发展效率指数对本地区高新技术产业创新（新产品销售收入）内部溢出效应不存在显著影响。在地理距离矩阵和经济距离矩阵等空间权重矩阵下，各省（市、自治区）金融市场化指数对本地区高新技术产业创新（新产品销售收入）具有显著的正向内部溢出效应，经济增长不确定性指数、经济政策不确定性指数、金融发展规模指数和金融发展效率指数对本地区高新技术产业创新（新产品销售收入）内部溢出效应不存在显著影响。在经济协动空间权重矩阵下，各省（市、自治区）金融市场化指数对本地区高新技术产业创新（新产品销售收入）具有显著的正向内部溢出效应，经济政策不确定性指数对本地区高新技术产业创新（新产品销售收入）具有显著的负向内部溢出效应，经济增长不确定性指数、金融发展规模指数和金融发展效率指数对本地区高新技术产业创新（新产品销售收入）内部溢出效应不存在显著影响。

　　在地理位置空间权重矩阵下，各省（市、自治区）高新技术产业创新活动资本要素存量（新产品开发经费）、创新活动劳动要素投入、经济发展水平、经济基础设施水平、对外开放程度和城镇化发展水平等指标变量对本地区高新技术产业创新（新产品销售收入）具有显著的正向内部溢出效应，工业化水平对本地区高新技术产业创新（新产品销售收入）具有显著的负向内部溢出效应，教育发展水平对本地区高新技术产业创新（新产品销售收入）内部溢出效应不存在显著影响。在地理距离空间权重矩阵下，各省（市、自治区）高新技术产业创新活动资本要素存量（新产品开发经费）、创新活动劳动要素投入、经济发展水平和对外开放程度等指标变量对本地区高新技术产业创新（新产品销售收入）具有显著的正向内部溢出效应，经济基础设施水平、工业化水平、教育发展水平和城镇化发展水平等指标变量对本地区高新技术产业创新（新产品销售收入）内部溢出效应不存在显著影响。在经济协动空间权重矩阵下，高新技术产业创新活动资本要素存量（新产品开发经费）、创新活动劳动要素投入、经济基础设施水平、工业化水平、对外开放程度和教育发展水平等指标变量对本地区高新技术产业创新（新产品销售收入）具有显著的正向内部溢出效应，经济发展水平和城镇化发展水平等指标变量对本地区高新技术产业创新（新产品销售收入）内部溢出效应不存在显著影响。在经济距离空间权重矩阵下，各省（市、自治区）高新技术产业创新活动资本要素存量（新产品开发经费）、创新活动劳动要素投入、经济发展水平、教育发展水平和城镇化发展水平等指标变量对本地区高新技术产业创新(新产品销售收入)具有显著的正向内部溢出效应,工业化水平对本地区高新技术产业创新(新产品销售收入)具有显著的负向内部溢出效应,经济基础设施水平和对外开放程度等指标变量对本地区高新技术产业创新(新产品销售收入)内部溢出效应不存在显著影响。

从各省(市、自治区)高新技术产业创新(新产品销售收入)的间接空间溢出效应来看,在地理位置矩阵和地理距离矩阵等空间权重矩阵下,各省(市、自治区)金融市场化指数对其他地区高新技术产业创新(新产品销售收入)具有显著的外部溢出效应,经济增长不确定性指数、经济政策不确定性指数、金融发展规模指数和金融发展效率指数对其他地区高新技术产业创新(新产品销售收入)的外部溢出效应不存在显著影响。在经济协动空间权重矩阵下,各省(市、自治区)金融发展效率指数对其他地区高新技术产业创新(新产品销售收入)具有显著的正向外部溢出效应,经济增长不确定性指数、经济政策不确定性指数、金融发展规模指数和金融市场化指数对其他地区高新技术产业创新(新产品销售收入)的外部溢出效应不存在显著影响。在经济距离空间权重矩阵下,各省(市、自治区)经济增长不确定性指数、经济政策不确定性指数、金融发展规模指数、金融发展效率指数和金融市场化指数对其他地区高新技术产业创新(新产品销售收入)的外部溢出效应不存在显著影响。

在地理位置空间权重矩阵下,各省(市、自治区)高新技术产业创新活动资本要素存量(新产品开发经费)、教育发展水平和城镇化发展水平等指标变量对其他地区高新技术产业创新(新产品销售收入)具有显著的正向外部溢出效应,高新技术产业创新活动劳动要素投入、工业化水平和对外开放程度等指标变量对其他地区高新技术产业创新(新产品销售收入)具有显著的负向外部溢出效应,经济发展水平和经济基础设施水平等指标变量对其他地区高新技术产业创新(新产品销售收入)的外部溢出效应不存在显著影响。在地理距离空间权重矩阵下,各省(市、自治区)高新技术产业创新活动资本要素存量(新产品开发经费)和城镇化发展水平等指标变量对其他地区高新技术产业创新(新产品销售收入)具有显著的正向外部溢出效应,高新技术产业创新活动劳动要素投入、经济发展水平和工业化水平等指标变量对其他地区高新技术产业创新(新产品销售收入)具有显著的负向外部溢出效应,经济基础设施水平、对外开放程度和教育发展水平等指标变量对其他地区高新技术产业创新(新产品销售收入)的外部溢出效应不存在显著影响。在经济协动空间权重矩阵下,各省(市、自治区)高新技术产业创新活动资本要素存量(新产品开发经费)、创新活动劳动要素投入和工业化水平等指标变量对其他地区高新技术产业创新(新产品销售收入)具有显著的正向外部溢出效应,经济基础设施水平对其他地区高新技术产业创新(新产品销售收入)具有显著的负向外部溢出效应,经济发展水平、对外开放程度、教育发展水平和城镇化发展水平等指标变量对其他地区高新技术产业创新(新产品销售收入)的外部溢出效应不存在显著影响。在经济距离空间权重矩阵下,各省(市、自治区)高新技术产业创新活动资本要素存量(新产品开发经费)对其他地区高新技术产业创新(新产品销售收入)具有显著的正向外部溢出效应,高新技术产业创新活动劳动要素投入、经济发展水平和对外开放程度等指标变量对其他地区高新技术产业创新(新产品销售收入)具有显著的负向外部溢出效应,经济基础设施水平、工业化水平、教育发展水平和城镇化发展水平等指标变量对其他地区高新技术产业创新(新产品销售收入)的外部溢出效应不存在显著影响。

从各省(市、自治区)高新技术产业创新(新产品销售收入)的总空间溢出效应来看,经济增长不确定性指数、经济政策不确定性指数和金融发展规模指数在上述四类空间权重矩阵下对各省(市、自治区)高新技术产业创新(新产品销售收入)的总溢出效应均不存在显著影响;金融发展效率指数在经济协动空间权重矩阵下对各省(市、自治区)高新技术产业创新(新产品销售收入)具有显著的正向总溢出效应,在地理位置矩阵、地理距离矩阵和经济距离矩阵等空间权重矩阵下对各省(市、自治区)高新技术产业创新(新产品销售收入)的总溢出效应均不存在显著影响;金融市场化指数在地理位置空间权重矩阵下对各省(市、自治区)高新技术产业创新(新产品销售收入)具有显著的正向总溢出效应,在地理距离矩阵和经济距离矩阵等空间权重矩阵下对各省(市、自治区)高新技术产业创新(新产品销售收入)具有显著的负向总溢出效应,在经济协动空间权重矩阵下对各省(市、自治区)高新技术产业创新(新产品销售收入)的总溢出效应均不存在显著影响。

在地理位置矩阵和地理距离矩阵等空间权重矩阵下，各省（市、自治区）高新技术产业创新活动资本要素存量（新产品开发经费）、教育发展水平和城镇化发展水平等指标变量对各省（市、自治区）高新技术产业创新（新产品销售收入）具有显著的正向总溢出效应，高新技术产业创新活动劳动要素投入和工业化水平等指标变量对各省（市、自治区）高新技术产业创新（新产品销售收入）具有显著的负向总溢出效应，经济发展水平、经济基础设施水平和对外开放程度等指标变量对各省（市、自治区）高新技术产业创新（新产品销售收入）的总溢出效应则不存在显著影响。

在经济协动空间权重矩阵下，各省（市、自治区）高新技术产业创新活动资本要素存量（新产品开发经费）、创新活动劳动要素投入和工业化水平等指标变量对各省（市、自治区）高新技术产业创新（新产品销售收入）具有显著的正向总溢出效应，经济基础设施水平对各省（市、自治区）高新技术产业创新（新产品销售收入）具有显著的负向总溢出效应，经济发展水平、对外开放程度、教育发展水平和城镇化发展水平等指标变量对各省（市、自治区）高新技术产业创新（新产品销售收入）的总溢出效应则不存在显著影响。在经济距离空间权重矩阵下，各省（市、自治区）高新技术产业创新活动资本要素存量（新产品开发经费）、教育发展水平和城镇化发展水平等指标变量对各省（市、自治区）高新技术产业创新（新产品销售收入）具有显著的正向总溢出效应，高新技术产业创新活动劳动要素投入和经济发展水平等指标变量对各省（市、自治区）高新技术产业创新（新产品销售收入）具有显著的负向总溢出效应，经济基础设施水平、工业化水平和对外开放程度等指标变量对各省（市、自治区）高新技术产业创新（新产品销售收入）的总溢出效应则不存在显著影响。

9.4.2 基于地理距离空间权重矩阵的高新技术产业创新空间溢出效应区域差异性分析

1. 以专利申请数量衡量高新技术产业创新

限于篇幅，在地理位置矩阵和地理距离矩阵两类空间权重矩阵中仅选择地理距离空间权重矩阵进行高新技术产业创新空间溢出效应区域差异性分析。在地理距离空间权重矩阵下，东部地区、中部地区和西部地区经济不确定性、金融发展影响高新技术产业创新（专利申请数量）空间溢出效应计量模型的检验结果如表9-26 所示。

表 9-26　基于地理距离空间权重矩阵的省域分区域高新技术产业创新

（专利申请数量）空间依赖性检验结果统计表

		东部地区	中部地区	西部地区
LM 检验	LM-Error	0.768	0.725	0.978
	Robust LM-Error	0.580	0.005	3.995**
	LM-Lag	0.428	6.710***	1.398
	Robust LM-Lag	0.240	5.990**	4.415**
Wald 检验	Chi2-Error	18.81	30.50***	47.72***
	Chi2-Lag	19.69	29.09***	49.27***
LR 检验	LR-Error	−12.77	28.23***	42.60***
	LR-Lag	15.49	27.38**	44.57***

注：** 表示在 0.05 水平上显著，*** 表示在 0.01 水平上显著。

从表 9-26 的检验结果来看，在 LM 检验原则下，东部地区高新技术产业创新（专利申请数量）空间溢出效应计量模型既不适用空间误差模型也不适用空间滞后模型，中部地区则适用空间滞后模型，西部地区则既适用空间误差模型也适用空间滞后模型；在 Wald 检验原则和 LR 检验原则下，东部地区高新技术产业创新（专利申请数量）空间溢出效应计量模型既不适用空间误差模型也不适用空间滞后模型，中部地区和西部地区则既适用空间误差模型也适用空间滞后模型。综合来看，东部地区、中部地区和西部地区高新技术产业创新（专利申请数量）在地理位置空间权重矩阵下的空间溢出效应计量模型选择空间杜宾模型较为合适。进一步对东部地区、中部地区和西部地区高新技术产业创新（专利申请数量）在地理距离空间权重矩阵下的空间溢出效应空间杜宾模型的具体形式进行检验，结果如表 9-27 所示。

表 9-27　基于地理距离空间权重矩阵的省域分区域高新技术产业创新

(专利申请数量)空间溢出效应计量模型选择检验结果统计表

	检验类别	东部地区	中部地区	西部地区
区域固定效应 or 双向固定效应	LR Test	51.02***	79.37***	54.41***
时间固定效应 or 双向固定效应	LR Test	127.30***	45.46***	53.33***
固定效应 or 随机效应	Hausman Test	68.67***	513.97***	20.81*

注：*表示在 0.1 水平上显著，***表示在 0.01 水平上显著。

从表 9-27 的检验结果来看，东部地区、中部地区和西部地区高新技术产业创新(专利申请数量)空间溢出效应空间杜宾模型应选择随机效应模型形式。在此基础上，对在地理位置距离空间权重矩阵下东部地区、中部地区和西部地区经济不确定性、金融发展影响高新技术产业创新(专利申请数量)空间溢出效应空间杜宾模型进行参数估计，其结果如表 9-28 所示。

表 9-28　基于地理距离空间权重矩阵的省域分区域高新技术产业创新

(专利申请数量)空间溢出效应计量模型参数估计结果统计表

	变量名称	东部地区	中部地区	西部地区
Main	创新活动资本要素存量($IAK1_{it}$)	-0.3791***	0.7454***	0.1504*
	创新活动劳动要素投入(IAL_{it})	0.1638**	0.0678	0.4326***
	经济增长不确定性(EGU_{it})	0.0734**	0.0862	-0.0512
	经济政策不确定性(EPU_{it})	-0.0978	0.0498	0.1137
	金融发展规模(FDS_{it})	0.0083	0.4755*	0.3900**
	金融发展效率(FDE_{it})	-2.6868***	-2.0615**	-2.0692*
	金融市场化(FIL_{it})	0.0486**	0.0757*	0.0378
	经济发展水平(GDP_{it})	0.9904**	0.8418**	0.2460
	经济基础设施水平(INF_{it})	0.7307***	0.5070*	-0.0029
	工业化水平(IND_{it})	-0.5773	0.1163	0.2122
	对外开放程度(OPE_{it})	1.4454**	3.9192	4.9727*

续表

	变量名称	东部地区	中部地区	西部地区
Main	教育发展水平（EDU_{it}）	25.7746*	−82.7772**	92.1663***
	城镇化发展水平（URB_{it}）	−0.9901	4.2778***	−7.5001***
Wx	创新活动资本要素存量（$IAK1_{it}$）	0.2658	0.9553***	0.5941***
	创新活动劳动要素投入（IAL_{it}）	−0.4374**	−0.2510	0.4598**
	经济增长不确定性（EGU_{it}）	0.0034	0.2017	−0.0816
	经济政策不确定性（EPU_{it}）	0.0206	−0.4565*	−0.5638*
	金融发展规模（FDS_{it}）	−0.0173	0.1188	0.0932
	金融发展效率（FDE_{it}）	−2.6786*	−3.1413*	−5.4126*
	金融市场化（FIL_{it}）	−0.0016	0.1407*	−0.0453
	经济发展水平（GDP_{it}）	−0.9345*	0.9154	−0.4366
	经济基础设施水平（INF_{it}）	1.0328**	0.3922	−0.0240
	工业化水平（IND_{it}）	−2.0425**	1.3206	1.0800
	对外开放程度（OPE_{it}）	0.7837	−2.7948	8.3866
	教育发展水平（EDU_{it}）	26.5010	−92.3635	−1.2503
	城镇化发展水平（URB_{it}）	−3.7299*	6.7442***	5.6169*
Spatial	rho	−0.1775	−0.3521***	−0.2878***
Variance	sigma2_e	0.1156***	0.1909***	0.3001***
	R-squared	0.8247	0.8270	0.8747
	Log-likelihood	−116.7590***	−123.4179***	−154.9173***

注：*表示在 0.1 水平上显著，**表示在 0.05 水平上显著，***表示在 0.01 水平上显著。

从表 9-28 的统计结果来看，东部地区、中部地区和西部地区以高新技术产业创新（专利申请数量）为被解释变量的空间溢出效应计量模型的 Log-likelihood 统计量分别是−116.7590、−123.4179 和−154.9173，它们在 0.01 的水平上都是显著的，可以确定该空间溢出效应计量模型的拟合效果良好。其中，该空间溢出效应计量模型中各解释变量对东部地区、中部地区和西部地区高新技术产业创新

(专利申请数量)的解释程度分别为 82.47%、82.70% 和 87.47%。从东部地区、中部地区和西部地区高新技术产业创新(专利申请数量)空间溢出效应计量模型的空间自相关系数来看,东部地区各省(市、自治区)高新技术产业创新(专利申请数量)对其他地区高新技术产业创新(专利申请数量)不存在显著影响,中部地区和西部地区各省(市、自治区)高新技术产业创新(专利申请数量)对其他地区高新技术产业创新(专利申请数量)存在显著的负向抑制作用。

从经济不确定性和金融发展变量指标的参数估计结果来看,经济增长不确定性指数和金融市场化指数对东部地区高新技术产业创新(专利申请数量)存在显著的正向促进作用,金融发展效率指数对东部地区高新技术产业创新(专利申请数量)存在显著的负向抑制作用;金融发展规模指数和金融市场化指数对中部地区高新技术产业创新(专利申请数量)存在显著的正向促进作用,金融发展效率指数对中部地区高新技术产业创新(专利申请数量)存在显著的负向抑制作用;金融发展规模指数对西部地区高新技术产业创新(专利申请数量)存在显著的正向促进作用,金融发展效率指数对西部地区高新技术产业创新(专利申请数量)存在显著的负向抑制作用。进一步观察经济不确定性和金融发展变量指标空间滞后项的参数估计结果发现,仅金融发展效率指数的空间滞后项对东部地区高新技术产业创新(专利申请数量)存在显著的负向抑制作用;金融市场化指数的空间滞后项对中部地区高新技术产业创新(专利申请数量)存在显著的正向促进作用,经济政策不确定性指数和金融发展效率指数的空间滞后项对中部地区高新技术产业创新(专利申请数量)存在显著的负向抑制作用;经济政策不确定性指数和金融发展效率指数的空间滞后项对西部地区高新技术产业创新(专利申请数量)存在显著的负向抑制作用。

从影响省域高新技术产业创新(专利申请数量)的其他变量指标来看,高新技术产业创新活动劳动要素投入、经济发展水平、经济基础设施水平、对外开放程度和教育发展水平对东部地区高新技术产业创新(专利申请数量)存在显著的正向促进作用,高新技术产业创新活动资本要素存量(R&D 活动经费投入)对东部地区高新技术产业创新(专利申请数量)存在显著的负向抑制作用;高新技术产业创新活动资本要素存量(R&D 活动经费投入)、经济发展水平、经济基础设施水平和城镇化发展水平对中部地区高新技术产业创新(专利申请数量)存在显著的正向促进作用，教育发展水平对中部地区高新技术产业创新(专利申请数量)存在显著的负向抑制作用；高新技术产业创新活动资本要素存量(R&D 活动经费投入)、创新活动劳动要素投入、对外开放程度和教育发展水平对西部地区高新技术产业创新(专利申请数量)存在显著的正向促进作用，城镇化发展水平对西部地区高新技术产业创新(专利申请数量)存在显著的负向抑制作用。进一步观察各控制变量指标空间滞后项的参数估计结果发现，经济基础设施水平的空间滞后项对东部地区高新技术产业创新(专利申请数量)存在显著的正向促进作用，高新技术产业创新活动劳动要素投入、经济发展水平、工业化水平和城镇化发展水平的空间滞后项对东部地区高新技术产业创新(专利申请数量)存在显著的负向抑制作用；高新技术产业创新活动资本要素存量(R&D 活动经费投入)和城镇化发展水平的空间滞后项对中部地区高新技术产业创新(专利申请数量)存在显著的正向促进作用；高新技术产业创新活动资本要素存量(R&D 活动经费投入)、创新活动劳动要素投入和城镇化发展水平的空间滞后项对西部地区高新技术产业创新(专利申请数量)存在显著的正向促进作用。

考虑到在基于地理距离空间权重矩阵的省域分区域高新技术产业创新(专利申请数量)空间溢出效应计量模型中，经济不确定性、金融发展以及控制变量指标空间滞后项的参数估计结果部分显著不等于 0，现进一步对东部地区、中部地区和西部地区高新技术产业创新(专利申请数量)的空间溢出效应进行分解，其分解结果如表 9-29 所示。

表 9-29 基于地理距离空间权重矩阵的省域分区域高新技术产业创新

(专利申请数量)空间溢出效应分解结果统计表

	变量名称	东部地区	中部地区	西部地区
Direct	创新活动资本要素存量($IAK1_{it}$)	-0.3996^{***}	0.6662^{***}	0.1041
	创新活动劳动要素投入(IAL_{it})	0.1779^{***}	0.0914	0.3987^{***}
	经济增长不确定性(EGU_{it})	0.0778^{**}	0.0722	-0.0406
	经济政策不确定性(EPU_{it})	-0.0936	0.1167	0.1788
	金融发展规模(FDS_{it})	0.0041	0.4208^{*}	0.3580^{*}

续表

变量名称		东部地区	中部地区	西部地区
Direct	金融发展效率（FDE_{it}）	−2.5927***	−1.8282**	−1.6750*
	金融市场化（FIL_{it}）	0.0506**	0.0605*	0.0449*
	经济发展水平（GDP_{it}）	1.0013**	0.7095*	0.2148
	经济基础设施水平（INF_{it}）	0.6962***	0.5242*	0.0605
	工业化水平（IND_{it}）	−0.4858	0.0144	0.1295
	对外开放程度（OPE_{it}）	1.4765**	4.3457	4.2763*
	教育发展水平（EDU_{it}）	24.0042*	−72.4101**	95.0131***
	城镇化发展水平（URB_{it}）	−0.8398	3.4770***	−8.2313***
Indirect	创新活动资本要素存量（$IAK1_{it}$）	0.3120*	0.6099**	0.4984***
	创新活动劳动要素投入（IAL_{it}）	−0.4146**	−0.2381*	0.2942*
	经济增长不确定性（EGU_{it}）	−0.0053	0.1578	−0.0554
	经济政策不确定性（EPU_{it}）	0.0522	−0.3823*	−0.4941*
	金融发展规模（FDS_{it}）	−0.0163	0.0074	−0.0071
	金融发展效率（FDE_{it}）	−2.0912*	−2.1689*	−4.3960*
	金融市场化（FIL_{it}）	−0.0093	0.1045*	−0.0459
	经济发展水平（GDP_{it}）	−1.0057**	0.5291	−0.5813
	经济基础设施水平（INF_{it}）	0.8139*	0.2265	0.0975
	工业化水平（IND_{it}）	−1.6149*	1.1426	0.8538
	对外开放程度（OPE_{it}）	0.4224	−3.8448	6.0022
	教育发展水平（EDU_{it}）	17.4280	−61.1014	−28.6739
	城镇化发展水平（URB_{it}）	−3.0768*	4.7539**	7.0445**
Total	创新活动资本要素存量（$IAK1_{it}$）	−0.0876	1.2761***	0.6025***
	创新活动劳动要素投入（IAL_{it}）	−0.2367	−0.1467	0.6928***
	经济增长不确定性（EGU_{it}）	0.0724	0.2300*	−0.0960
	经济政策不确定性（EPU_{it}）	−0.0414	−0.2657	−0.3153
	金融发展规模（FDS_{it}）	−0.0122	0.4281	0.3509
	金融发展效率（FDE_{it}）	−4.6839***	−3.9971**	−6.0710***

续表

	变量名称	东部地区	中部地区	西部地区
Total	金融市场化（FIL_{it}）	0.0413*	0.1650*	-0.0010
	经济发展水平（GDP_{it}）	-0.0044	1.2386*	-0.3664
	经济基础设施水平（INF_{it}）	1.5101***	0.7507	0.1581
	工业化水平（IND_{it}）	-2.1007*	1.1570	0.9834*
	对外开放程度（OPE_{it}）	1.8989*	0.5009	10.2785*
	教育发展水平（EDU_{it}）	41.4322*	-133.5115*	66.3392
	城镇化发展水平（URB_{it}）	-3.9166*	8.2310***	-1.1868

注：*表示在 0.1 水平上显著，**表示在 0.05 水平上显著，***表示在 0.01 水平上显著。

从基于地理距离空间权重矩阵的省域分区域高新技术产业创新（专利申请数量）的直接空间溢出效应来看，仅东部地区各省（市、自治区）经济增长不确定性指数对本地区高新技术产业创新（专利申请数量）具有显著的正向内部溢出效应；东部地区、中部地区和西部地区各省（市、自治区）经济政策不确定性指数对本地区高新技术产业创新（专利申请数量）内部溢出效应均不存在显著影响；中部地区和西部地区各省（市、自治区）金融发展规模指数对本地区高新技术产业创新（专利申请数量）具有显著的正向内部溢出效应；东部地区、中部地区和西部地区各省（市、自治区）金融发展效率指数对本地区高新技术产业创新（专利申请数量）均具有显著的负向内部溢出效应；东部地区、中部地区和西部地区各省（市、自治区）金融市场化指数对本地区高新技术产业创新（专利申请数量）均具有显著的正向内部溢出效应。

东部地区各省（市、自治区）高新技术产业创新活动劳动要素投入、经济发展水平、经济基础设施水平、对外开放程度和教育发展水平对本地区高新技术产业创新（专利申请数量）具有显著的正向内部溢出效应，高新技术产业创新活动资本要素存量（R&D 活动经费投入）对本地区高新技术产业创新（专利申请数量）具有显著的负向内部溢出效应；中部地区各省（市、自治区）高新技术产业创新活动资本要素存量（R&D 活动经费投入）、经济发展水平、经济基础设施水平和城镇化发展水平对本地区高新技术产业创新(专利申请数量)具有显著的正向内部溢出效应,教育发展水平对本地区高新技术产业创新(专利申请数量)具有显著的负向内部溢出效应;西部地区各省(市、自治区)高新技术产业创新活动劳动要素投入、对外开放程度和教育发展水平对本地区高新技术产业创新(专利申请数量)具有显著的正向内部溢出效应,城镇化发展水平对本地区高新技术产业创新(专利申请数量)具有显著的负向内部溢出效应。

从基于地理距离空间权重矩阵的省域分区域高新技术产业创新(专利申请数量)的间接空间溢出效应来看,东部地区、中部地区和西部地区各省(市、自治区)经济增长不确定性指数以及金融发展规模指数对其他地区高新技术产业创新(专利申请数量)外部溢出效应均不存在显著影响;中部地区和西部地区各省(市、自治区)经济政策不确定性指数对其他地区高新技术产业创新(专利申请数量)具有显著的负向外部溢出效应;东部地区、中部地区和西部地区各省(市、自治区)金融发展效率指数对其他地区高新技术产业创新(专利申请数量)均具有显著的负向外部溢出效应;仅中部地区各省(市、自治区)金融市场化指数对其他地区高新技术产业创新(专利申请数量)具有显著的正向外部溢出效应。

东部地区各省(市、自治区)高新技术产业创新活动资本要素存量(R&D 活动经费投入)和经济基础设施水平对其他地区高新技术产业创新(专利申请数量)具有显著的正向外部溢出效应,高新技术产业创新活动劳动要素投入、经济发展水平、工业化水平和城镇化发展水平对其他地区高新技术产业创新(专利申请数量)具有显著的负向外部溢出效应;中部地区各省(市、自治区)高新技术产业创新活动资本要素存量(R&D 活动经费投入)和城镇化发展水平对其他地区高新技术产业创新(专利申请数量)具有显著的正向外部溢出效应,高新技术产业创新活动劳动要素投入对其他地区高新技术产业创新(专利申请数量)具有显著的负向外部溢出效应;西部地区各省(市、自治区)高新技术产业创新活动资本要素存量(R&D 活动经费投入)、创新活动劳动要素投入和城镇化发展水平对其他地区高新技术产业创新(专利申请数量)具有显著的正向外部溢出效应。

从基于地理距离空间权重矩阵的省域分区域高新技术产业创新(专利申请数量)的总空间溢出效应来看,仅中部地区各省(市、自治区)经济增长不确定性指数对各地区高新技术产业创新(专利申请数量)具有显著的正向总溢出效应;东部地区、中部地区和西部地区各省(市、自治区)经济政策不确定性指数以及金融发展规模指数对各地区高新技术产业创新(专利申请数量)总溢出效应均不存在显著影响;东部地区、中部地区和西部地区各省(市、自治区)金融发展效率指数对各地区高新技术产业创新(专利申请数量)具有显著的负向总溢出效应;东部地区和中部地区各省(市、自治区)金融市场化指数对各地区高新技术产业创新(专利申请数量)具有显著的正向总溢出效应。

东部地区各省(市、自治区)经济基础设施水平、对外开放程度和教育发展水平等指标变量对各地区高新技术产业创新(专利申请数量)具有显著的正向总溢出效应,工业化水平和城镇化发展水平等指标变量对各地区高新技术产业创新(专利申请数量)具有显著的负向总溢出效应;中部地区各省(市、自治区)高新技术产业创新活动资本要素存量(R&D活动经费投入)、经济发展水平和城镇化发展水平等指标变量对各地区高新技术产业创新(专利申请数量)具有显著的正向总溢出效应,教育发展水平对各地区高新技术产业创新(专利申请数量)具有显著的负向总溢出效应。西部地区各省(市、自治区)高新技术产业创新活动资本要素存量(R&D活动经费投入)、创新活动劳动要素投入、工业化水平和对外开放程度等指标变量对各地区高新技术产业创新(专利申请数量)具有显著的正向总溢出效应。

2. 以新产品销售收入衡量高新技术产业创新

在地理距离空间权重矩阵下,东部地区、中部地区和西部地区经济不确定性、金融发展影响高新技术产业创新(新产品销售收入)空间溢出效应计量模型的检验结果如表9-30所示。

从表9-30的检验结果来看,在LM检验原则下,东部地区高新技术产业创新(新产品销售收入)空间溢出效应计量模型适用空间滞后模型,中部地区则既不适用空间误差模型也不适用空间滞后模型,西部地区则既适用空间误差模型也适用空间滞后模型;在Wald检验原则和LR检验原则下,东部地区、中部地区和西部地区高新技术产业创新(新产品销售收入)空间溢出效应计量模型则既适用空间误差模型也适用空间滞后模型。综合来看,东部地区、中部地区和西部地区高新技术产业创新(新产品销售收入)在地理距离空间权重矩阵下的空间溢出效应计量模型选择空间杜宾模型较为合适。进一步对东部地区、中部地区和西部地区高新技术产业创新(新产品销售收入)在地理距离空间权重矩阵下的空间溢出效应空间杜宾模型的具体形式进行检验,结果如表 9-31 所示。

表 9-30 基于地理距离空间权重矩阵的省域分区域高新技术产业创新
(新产品销售收入)空间依赖性检验结果统计表

		东部地区	中部地区	西部地区
LM 检验	LM-Error	0.226	1.428	1.132
	Robust LM-Error	2.919	1.279	8.305***
	LM-Lag	25.231***	0.155	3.722*
	Robust LM-Lag	27.924***	0.006	10.894***
Wald 检验	Chi2-Error	62.56***	41.18***	48.39***
	Chi2-Lag	70.35***	43.52***	46.70***
LR 检验	LR-Error	53.24***	39.39***	43.94***
	LR-Lag	54.44***	39.73***	43.07***

注:*表示在 0.1 水平上显著, ***表示在 0.01 水平上显著。

表 9-31 基于地理距离空间权重矩阵的省域分区域高新技术产业创新
(新产品销售收入)空间溢出效应计量模型选择检验结果统计表

	检验类别	东部地区	中部地区	西部地区
区域固定效应 or 双向固定效应	LR Test	75.33***	43.53***	53.05***
时间固定效应 or 双向固定效应	LR Test	101.61***	32.28***	55.09***
固定效应 or 随机效应	Hausman Test	237.89***	162.28***	−104.91

注:***表示在 0.01 水平上显著。

从表 9-31 的检验结果来看,东部地区和中部地区高新技术产业创新(新产品销售收入)空间溢出效应空间杜宾模型应选择随机效应模型形式,西部地区高新技术产业创新(新产品销售收入)空间溢出效应空间杜宾模型应选择双向固定效应模型形式。在此基础上,对在地理距离空间权重矩阵下东部地区、中部地区和西部地区经济不确定性、金融发展影响高新技术产业创新(新产品销售收入)空间溢出效应空间杜宾模型进行参数估计,其结果如表 9-32 所示。

表 9-32　基于地理距离空间权重矩阵的省域分区域高新技术产业创新

(新产品销售收入)空间溢出效应计量模型参数估计结果统计表

	变量名称	东部地区	中部地区	西部地区
Main	创新活动资本要素存量($IAK2_{it}$)	1.4408***	0.4910***	0.3428*
	创新活动劳动要素投入(IAL_{it})	0.2353***	0.4291***	0.3101**
	经济增长不确定性(EGU_{it})	-0.0420*	0.0120	0.0786
	经济政策不确定性(EPU_{it})	-0.0916	0.0479	-0.1621
	金融发展规模(FDS_{it})	0.0476*	0.1562	-0.2381
	金融发展效率(FDE_{it})	2.7113***	-0.3717	-1.1023
	金融市场化(FIL_{it})	0.0071	0.1117***	-0.0494
	经济发展水平(GDP_{it})	-1.3795***	0.8637	-2.3534*
	经济基础设施水平(INF_{it})	-0.0424	-0.2714	0.8286*
	工业化水平(IND_{it})	-0.4863	-0.0212	-1.3517*
	对外开放程度(OPE_{it})	2.2254***	1.2719	1.1277
	教育发展水平(EDU_{it})	-28.2126**	-65.7258***	153.0746***
	城镇化发展水平(URB_{it})	-1.3785**	-0.1922	4.9112
Wx	创新活动资本要素存量($IAK2_{it}$)	-0.0930	-0.8300***	-1.2700**
	创新活动劳动要素投入(IAL_{it})	0.1219	0.5362***	-0.0605
	经济增长不确定性(EGU_{it})	-0.0341	-0.0042	0.1254
	经济政策不确定性(EPU_{it})	0.1467	-0.2205	-0.1974
	金融发展规模(FDS_{it})	-0.0014	-0.2304	0.8785*
	金融发展效率(FDE_{it})	1.0323	0.1339	1.5400
	金融市场化(FIL_{it})	0.0108	-0.2238***	-0.3731***
	经济发展水平(GDP_{it})	0.0944	0.9475*	-8.3441***
	经济基础设施水平(INF_{it})	-0.1906	0.6789	-0.3229
	工业化水平(IND_{it})	-0.5829	-5.4365***	-3.1518**

续表

变量名称		东部地区	中部地区	西部地区
Wx	对外开放程度（OPE_{it}）	0.0880	15.1116**	22.7767***
	教育发展水平（EDU_{it}）	−8.6831	−4.6121	−65.2667
	城镇化发展水平（URB_{it}）	4.5346***	7.2310***	−7.6423
Spatial	rho	−0.1679*	−0.2483***	−0.2538***
Variance	sigma2_e	0.2045***	0.3055***	0.3367***
	R-squared	0.9634	0.9339	0.9177
	Log-likelihood	−158.5695***	−158.0670***	−167.1019***

注：*表示在 0.1 水平上显著，**表示在 0.05 水平上显著，***表示在 0.01 水平上显著。

从表 9-32 的统计结果来看，东部地区、中部地区和西部地区以高新技术产业创新（新产品销售收入）为被解释变量的空间溢出效应计量模型的 Log-likelihood 统计量分别是−158.5695、−158.0670 和−167.1019，它们在 0.01 的水平上都是显著的，可以确定该空间溢出效应计量模型的拟合效果良好。其中，该空间溢出效应计量模型中各解释变量对东部地区、中部地区和西部地区高新技术产业创新（新产品销售收入）的解释程度分别为 96.34%、93.39% 和 91.77%。从东部地区、中部地区和西部地区高新技术产业创新（新产品销售收入）空间溢出效应计量模型的空间自相关系数来看，东部地区、中部地区和西部地区各省（市、自治区）高新技术产业创新（新产品销售收入）对其他地区高新技术产业创新（新产品销售收入）均存在显著的负向抑制作用。

从经济不确定性和金融发展变量指标的参数估计结果来看，经济增长不确定性指数对东部地区高新技术产业创新（新产品销售收入）存在显著的负向抑制作用，金融发展规模指数和金融发展效率指数对东部地区高新技术产业创新（新产品销售收入）存在显著的正向促进作用；仅金融市场化指数对中部地区高新技术产业创新（新产品销售收入）存在显著的正向促进作用；经济增长不确定性指数、经济政策不确定性指数、金融发展规模指数、金融发展效率指数和金融市场化指数对西部地区高新技术产业创新（新产品销售收入）均不存在显著影响。进一步观察经济不确定性和金融发展变量指标空间滞后项的参数估计结果发现，经济增长不确定性指数、经济政策不确定性指数、金融发展规模指数、金融发展效率指数和金融市场化指数的空间滞后项对东部地区高新技术产业创新（新产品销售收入）均不存在显著影响；仅金融市场化指数的空间滞后项对中部地区高新技术产业创新（新产品销售收入）存在显著的负向抑制作用；金融发展规模指数的空间滞后项对西部地区高新技术产业创新（新产品销售收入）存在显著的正向促进作用，金融市场化指数的空间滞后项对西部地区高新技术产业创新（新产品销售收入）存在显著的负向抑制作用。

从影响省域高新技术产业创新（新产品销售收入）的其他变量指标来看，高新技术产业创新活动资本要素存量（新产品开发经费）、创新活动劳动要素投入和对外开放程度对东部地区高新技术产业创新（新产品销售收入）存在显著的正向促进作用，教育发展水平和城镇化发展水平对东部地区高新技术产业创新（新产品销售收入）存在显著的负向抑制作用；高新技术产业创新活动资本要素存量（新产品开发经费）、创新活动劳动要素投入和经济发展水平对中部地区高新技术产业创新（新产品销售收入）存在显著的正向促进作用，教育发展水平对中部地区高新技术产业创新（新产品销售收入）存在显著的负向抑制作用；高新技术产业创新活动资本要素存量（新产品开发经费）、创新活动劳动要素投入、经济基础设施水平和教育发展水平对西部地区高新技术产业创新（新产品销售收入）存在显著的正向促进作用，经济发展水平和工业化水平对西部地区高新技术产业创新（新产品销售收入）存在显著的负向抑制作用。进一步观察各控制变量指标空间滞后项的参数估计结果发现，仅城镇化发展水平的空间滞后项对东部地区高新技术产业创新（新产品销售收入）存在显著的正向促进作用；高新技术产业创新活动劳动要素投入、经济发展水平、对外开放程度和城镇化发展水平的空间滞后项对中部地区高新技术产业创新（新产品销售收入）存在显著的正向促进作用，高新技术产业创新活动资本要素存量（新产品开发经费）和工业化水平的空间滞后项对中部地区高新技术产业创新（新产品销售收入）存在显著的负向抑制作用；对外开放程度的空间滞后项对西部地区高新技术产业创新（新产品销售收入）存在显著的正向促进作用，高新技术产业创新活动资本要素存量（新产品开发经费）、经济发展水平和工业化水平的空间滞后项对西部地区高新技术产业创新

(新产品销售收入)存在显著的负向抑制作用。

考虑到在基于地理距离空间权重矩阵的省域分区域高新技术产业创新(新产品销售收入)空间溢出效应计量模型中,经济不确定性、金融发展以及控制变量指标空间滞后项的参数估计结果部分显著不等于 0,现进一步对东部地区、中部地区和西部地区高新技术产业创新(新产品销售收入)的空间溢出效应进行分解,其分解结果如表 9-33 所示。

表 9-33　基于地理距离空间权重矩阵的省域分区域高新技术产业创新

(新产品销售收入)空间溢出效应分解结果统计表

	变量名称	东部地区	中部地区	西部地区
Direct	创新活动资本要素存量($IAK2_{it}$)	1.4583***	0.5682***	0.4425**
	创新活动劳动要素投入(IAL_{it})	0.2241***	0.3861***	0.3087***
	经济增长不确定性(EGU_{it})	−0.0382	0.0173	0.0769
	经济政策不确定性(EPU_{it})	−0.0897	0.0819	−0.1327
	金融发展规模(FDS_{it})	0.0430*	0.1267	−0.3571*
	金融发展效率(FDE_{it})	2.6971***	−0.4502	−1.1151
	金融市场化(FIL_{it})	0.0079	0.1312***	−0.0189
	经济发展水平(GDP_{it})	−1.4078***	0.7360*	−1.9894*
	经济基础设施水平(INF_{it})	−0.0260	−0.2817	0.8846*
	工业化水平(IND_{it})	−0.5354	0.4054	−1.1789*
	对外开放程度(OPE_{it})	2.3106***	0.0250	−0.4441
	教育发展水平(EDU_{it})	−28.5666**	−65.3091**	162.7043***
	城镇化发展水平(URB_{it})	−1.6106**	−0.9895	5.3191
Indirect	创新活动资本要素存量($IAK2_{it}$)	−0.2726*	−0.8351***	−1.1365**
	创新活动劳动要素投入(IAL_{it})	0.0703	0.3930*	−0.1292
	经济增长不确定性(EGU_{it})	−0.0212	−0.0066	0.1096
	经济政策不确定性(EPU_{it})	0.1396	−0.2076	−0.0959
	金融发展规模(FDS_{it})	−0.0103	−0.2436	0.8456**
	金融发展效率(FDE_{it})	0.5366	0.2978	1.4893

续表

	变量名称	东部地区	中部地区	西部地区
Indirect	金融市场化（FIL_{it}）	0.0070	−0.2193***	−0.3118***
	经济发展水平（GDP_{it}）	0.2629	0.6635	−7.0983***
	经济基础设施水平（INF_{it}）	−0.1568	0.6163	−0.3299
	工业化水平（IND_{it}）	−0.4447	−4.8605***	−2.4678*
	对外开放程度（OPE_{it}）	−0.2640	12.4993**	19.8154**
	教育发展水平（EDU_{it}）	−3.2158	7.4568	−85.7678
	城镇化发展水平（URB_{it}）	4.0639***	6.9352***	−8.5342
Total	创新活动资本要素存量（$IAK2_{it}$）	1.1857***	−0.2669	−0.6940*
	创新活动劳动要素投入（IAL_{it}）	0.2944*	0.7791***	0.1795
	经济增长不确定性（EGU_{it}）	−0.0594*	0.0107	0.1866
	经济政策不确定性（EPU_{it}）	0.0498	−0.1257	−0.2287
	金融发展规模（FDS_{it}）	0.0327	−0.1169	0.4885
	金融发展效率（FDE_{it}）	3.2337***	−0.1524	0.3742
	金融市场化（FIL_{it}）	0.0149	−0.0881*	−0.3307***
	经济发展水平（GDP_{it}）	−1.1450***	1.3995***	−9.0877***
	经济基础设施水平（INF_{it}）	−0.1828	0.3346	0.5547
	工业化水平（IND_{it}）	−0.9802	−4.4551***	−3.6467***
	对外开放程度（OPE_{it}）	2.0465***	12.5242**	19.3713**
	教育发展水平（EDU_{it}）	−31.7824***	−57.8523**	76.9365
	城镇化发展水平（URB_{it}）	2.4532***	5.9457***	−3.2152

注：*表示在 0.1 水平上显著，**表示在 0.05 水平上显著，***表示在 0.01 水平上显著。

从基于地理距离空间权重矩阵的省域分区域高新技术产业创新（新产品销售收入）的直接空间溢出效应来看，东部地区、中部地区和西部地区各省（市、自治区）经济增长不确定性指数以及经济政策不确定性指数对本地区高新技术产业创新（新产品销售收入）内部溢出效应均不存在显著影响；东部地区各省（市、自治区）金融发展规模指数对本地区高新技术产业创新（新产品销售收入）具有显著的正向内部溢出效应，西部地区各省（市、自治区）金融发展规模指数对本地区高新技术产业创新（新产品销售收入）具有显著的负向内部溢出效应；仅东部地区各省（市、自治区）金融发展效率指数对本地区高新技术产业创新（新产品销售收入）具有显著的正向内部溢出效应；仅中部地区各省（市、自治区）金融市场化指数对本地区高新技术产业创新（新产品销售收入）具有显著的正向内部溢出效应。

东部地区各省（市、自治区）高新技术产业创新活动资本要素存量（新产品开发经费）、创新活动劳动要素投入和对外开放程度对本地区高新技术产业创新（新产品销售收入）具有显著的正向内部溢出效应，经济发展水平、教育发展水平和城镇化发展水平对本地区高新技术产业创新（新产品销售收入）均具有显著的负向内部溢出效应；中部地区各省（市、自治区）高新技术产业创新活动资本要素存量（新产品开发经费）、创新活动劳动要素投入和经济发展水平对本地区高新技术产业创新（新产品销售收入）具有显著的正向内部溢出效应，教育发展水平对本地区高新技术产业创新（新产品销售收入）具有显著的负向内部溢出效应；西部地区各省（市、自治区）高新技术产业创新活动资本要素存量（新产品开发经费）、创新活动劳动要素投入、经济基础设施水平和教育发展水平对本地区高新技术产业创新（新产品销售收入）具有显著的正向内部溢出效应，经济发展水平和工业化水平对本地区高新技术产业创新（新产品销售收入）均具有显著的负向内部溢出效应。

从基于地理距离空间权重矩阵的省域分区域高新技术产业创新（新产品销售收入）的间接空间溢出效应来看，东部地区、中部地区和西部地区各省（市、自治区）经济增长不确定性指数、经济政策不确定性指数以及金融发展效率指数对其他地区高新技术产业创新（新产品销售收入）外部溢出效应均不存在显著影响；仅西部地区各省（市、自治区）金融发展规模指数对其他地区高新技术产业创新（新产品销售收入）具有显著的正向外部溢出效应；中部地区和西部地区各省（市、自治区）金融市场化指数对其他地区高新技术产业创新（新产品销售收入）具有显著的负向外部溢出效应。

东部地区各省（市、自治区）城镇化发展水平对其他地区高新技术产业创新（新产品销售收入）具有显著的正向外部溢出效应，高新技术产业创新活动资本要素存量(新产品开发经费)对其他地区高新技术产业创新(新产品销售收入)具有显著的负向外部溢出效应;中部地区各省(市、自治区)高新技术产业创新活动劳动要素投入、对外开放程度和城镇化发展水平对其他地区高新技术产业创新(新产品销售收入)具有显著的正向外部溢出效应,高新技术产业创新活动资本要素存量(新产品开发经费)和工业化水平对其他地区高新技术产业创新(新产品销售收入)具有显著的负向外部溢出效应;西部地区各省(市、自治区)对外开放程度对其他地区高新技术产业创新(新产品销售收入)具有显著的正向外部溢出效应,高新技术产业创新活动资本要素存量(新产品开发经费)、经济发展水平和工业化水平对其他地区高新技术产业创新(新产品销售收入)具有显著的负向外部溢出效应。

从基于地理距离空间权重矩阵的省域分区域高新技术产业创新(新产品销售收入)的总空间溢出效应来看,仅东部地区各省(市、自治区)经济增长不确定性指数对各地区高新技术产业创新(新产品销售收入)具有显著的负向总溢出效应;东部地区、中部地区和西部地区各省(市、自治区)经济政策不确定性指数以及金融发展规模指数对各地区高新技术产业创新(新产品销售收入)总溢出效应均不存在显著影响;仅东部地区各省(市、自治区)金融发展效率指数对各地区高新技术产业创新(新产品销售收入)具有显著的正向总溢出效应;中部地区和西部地区各省(市、自治区)金融市场化指数对各地区高新技术产业创新(新产品销售收入)具有显著的负向总溢出效应。

东部地区各省(市、自治区)高新技术产业创新活动资本要素存量(新产品开发经费)、创新活动劳动要素投入、对外开放程度和城镇化发展水平等指标变量对各地区高新技术产业创新(新产品销售收入)具有显著的正向总溢出效应,经济发展水平和教育发展水平等指标变量对各地区高新技术产业创新(新产品销售收入)具有显著的负向总溢出效应;中部地区各省(市、自治区)高新技术产业创新活动劳动要素投入、经济发展水平、对外开放程度和城镇化发展水平等指标变量对各地区高新技术产业创新(新产品销售收入)具有显著的正向总溢出效应,工业化水平和教育发展水平等指标变量对各地区高新技术产业创新(新产品销售收入)具有显著的负向总溢出效应;西部地区各省(市、自治区)对外开放程度对各地区高新技术产业创新(新产品销售收入)具有显著的正向总溢出效应,高新技术产业创新活动资本要素存量(新产品开发经费)、经济发展水平和工业化水平等指标变量对各地区高新技术产业创新(新产品销售收入)具有显著的负向总溢出效应。

9.4.3 基于经济协动空间权重矩阵的高新技术产业创新空间溢出效应区域差异性分析

1. 以专利申请数量衡量高新技术产业创新

在经济协动矩阵和经济距离矩阵两类空间权重矩阵中本书仅选择经济协动空间权重矩阵进行高新技术产业创新空间溢出效应区域差异性分析。在经济协动空间权重矩阵下,东部地区、中部地区和西部地区经济不确定性、金融发展影响高新技术产业创新(专利申请数量)空间溢出效应计量模型的检验结果如表9-34所示。

表 9-34 基于经济协动权重矩阵的省域分区域高新技术产业创新
(专利申请数量)空间依赖性检验结果统计表

		东部地区	中部地区	西部地区
LM 检验	LM-Error	6.488**	5.566**	1.675
	Robust LM-Error	5.848**	3.536*	2.558
	LM-Lag	2.943*	5.465**	3.824*
	Robust LM-Lag	2.303	3.435*	4.706**
Wald 检验	Chi2-Error	19.31	44.52***	60.73***
	Chi2-Lag	18.93	52.48***	69.12***
LR 检验	LR-Error	18.00	36.39***	55.49***
	LR-Lag	19.01	41.27***	55.46***

注: *表示在0.1水平上显著, **表示在0.05水平上显著; ***表示在0.01水平上显著。

从表9-34的检验结果来看,在LM检验原则下,东部地区和中部地区高新技术产业创新(专利申请数量)空间溢出效应计量模型既适用空间误差模型也适用空间滞后模型,西部地区则适用空间滞后模型;在Wald检验原则和LR检验原

421

则下，东部地区高新技术产业创新(专利申请数量)空间溢出效应计量模型既不适用空间误差模型也不适用空间滞后模型，中部地区和西部地区则既适用空间误差模型也适用空间滞后模型。综合来看，东部地区、中部地区和西部地区高新技术产业创新(专利申请数量)在经济协动空间权重矩阵下的空间溢出效应计量模型选择空间杜宾模型较为合适。现进一步对东部地区、中部地区和西部地区高新技术产业创新(专利申请数量)在经济协动空间权重矩阵下的空间溢出效应空间杜宾模型的具体形式进行检验，结果如表 9-35 所示。

表 9-35　基于经济协动空间权重矩阵的省域分区域高新技术产业创新
(专利申请数量)空间溢出效应计量模型选择检验结果统计表

	检验类别	东部地区	中部地区	西部地区
区域固定效应 or 双向固定效应	LR Test	69. 54***	81. 33***	65. 43***
时间固定效应 or 双向固定效应	LR Test	117. 74***	72. 58***	69. 88***
固定效应 or 随机效应	Hausman Test	23. 92**	−87. 34	22. 35*

注：* 表示在 0.1 水平上显著，** 表示在 0.05 水平上显著；*** 表示在 0.01 水平上显著。

从表 9-35 的检验结果来看，东部地区和西部地区高新技术产业创新(专利申请数量)空间溢出效应空间杜宾模型应选择随机效应模型形式，中部地区高新技术产业创新(专利申请数量)空间溢出效应空间杜宾模型应选择双向固定效应模型形式。在此基础上，对在经济协动空间权重矩阵下东部地区、中部地区和西部地区经济不确定性、金融发展影响其高新技术产业创新(专利申请数量)空间溢出效应空间杜宾模型进行参数估计，其结果如表 9-36 所示。

表 9-36　基于经济协动空间权重矩阵的省域分区域高新技术产业创新
(专利申请数量)空间溢出效应计量模型参数估计结果统计表

变量名称		东部地区	中部地区	西部地区
Main	创新活动资本要素存量 ($IAK1_{it}$)	−0. 5864***	0. 0113	0. 3628***
	创新活动劳动要素投入 (IAL_{it})	0. 5247***	0. 3618**	0. 0248
	经济增长不确定性 (EGU_{it})	0. 0555	0. 0055	−0. 0735

续表

变量名称		东部地区	中部地区	西部地区
Main	经济政策不确定性（EPU_{it}）	0.0751	−0.0377	0.3534*
	金融发展规模（FDS_{it}）	0.0383	−0.2707	1.0567***
	金融发展效率（FDE_{it}）	−1.5741*	−1.4878*	4.3019***
	金融市场化（FIL_{it}）	0.0680***	−0.1849***	−0.0824*
	经济发展水平（GDP_{it}）	1.3148***	2.9808***	3.1804***
	经济基础设施水平（INF_{it}）	0.1835	0.2471	−2.4299***
	工业化水平（IND_{it}）	−0.4831	−3.0262***	−0.6015
	对外开放程度（OPE_{it}）	3.2042***	9.1295*	−1.9116
	教育发展水平（EDU_{it}）	22.8938	36.3758	−18.2342
	城镇化发展水平（URB_{it}）	−1.4836*	8.4412*	15.1386***
Wx	创新活动资本要素存量（$IAK1_{it}$）	−1.6944	−3.0037***	1.6610***
	创新活动劳动要素投入（IAL_{it}）	1.8653**	1.6761**	−2.4876***
	经济增长不确定性（EGU_{it}）	−0.3912	−0.0754	−0.2113
	经济政策不确定性（EPU_{it}）	1.1951	−0.8958	1.3767
	金融发展规模（FDS_{it}）	0.2385	−7.0055***	4.0304***
	金融发展效率（FDE_{it}）	1.1065	−3.8995	22.7607**
	金融市场化（FIL_{it}）	0.2604*	−0.6255*	−0.1962
	经济发展水平（GDP_{it}）	2.8393	1.0767	14.4638***
	经济基础设施水平（INF_{it}）	−3.8969*	2.2795	−12.3466***
	工业化水平（IND_{it}）	−7.5840	−7.3389*	−6.8330*
	对外开放程度（OPE_{it}）	6.2249*	66.2526**	−15.2993
	教育发展水平（EDU_{it}）	−81.8556	−101.0259	−453.8258**
	城镇化发展水平（URB_{it}）	−21.6530***	30.6333	109.4574***
Spatial Variance	rho	−0.5224**	−1.3355***	−0.7401***
	sigma2_e	0.1708***	0.1211***	0.2714***
	R-squared	0.8052	0.8279	0.8847
	Log-likelihood	−153.7769***	−89.5130***	−155.3219***

注：*表示在0.1水平上显著，**表示在0.05水平上显著，***表示在0.01水平上显著。

从表9-36的统计结果来看，东部地区、中部地区和西部地区以高新技术产业创新（专利申请数量）为被解释变量的空间溢出效应计量模型的 Log-likelihood 统计量分别是−153.7769、−89.5130 和−155.3219，它们在 0.01 的水平上都是显著的，可以确定该空间溢出效应计量模型的拟合效果良好。其中，该空间溢出效应计量模型中各解释变量对东部地区、中部地区和西部地区高新技术产业创新（专利申请数量）的解释程度分别为 80.52%、82.79% 和 88.47%。从东部地区、中部地区和西部地区高新技术产业创新（专利申请数量）空间溢出效应计量模型的空间自相关系数来看，东部地区、中部地区和西部地区各省（市、自治区）高新技术产业创新（专利申请数量）对其他地区高新技术产业创新（专利申请数量）存在显著的负向抑制作用。

从经济不确定性和金融发展变量指标的参数估计结果来看，金融市场化指数对东部地区高新技术产业创新（专利申请数量）存在显著的正向促进作用，金融发展效率指数对东部地区高新技术产业创新（专利申请数量）存在显著的负向抑制作用；金融发展效率指数和金融市场化指数对中部地区高新技术产业创新（专利申请数量）存在显著的负向抑制作用；经济政策不确定性指数、金融发展规模指数和金融发展效率指数对西部地区高新技术产业创新（专利申请数量）存在显著的正向促进作用，金融市场化指数对西部地区高新技术产业创新（专利申请数量）存在显著的负向抑制作用。进一步观察经济不确定性和金融发展变量指标空间滞后项的参数估计结果发现，仅金融市场化指数的空间滞后项对东部地区高新技术产业创新（专利申请数量）存在显著的正向促进作用；金融发展规模指数和金融市场化指数的空间滞后项对中部地区高新技术产业创新（专利申请数量）存在显著的负向抑制作用；金融发展规模指数和金融发展效率指数的空间滞后项对西部地区高新技术产业创新（专利申请数量）存在显著的正向促进作用。

从影响省域高新技术产业创新（专利申请数量）的其他变量指标来看，高新技术产业创新活动劳动要素投入、经济发展水平和对外开放程度对东部地区高新技术产业创新（专利申请数量）存在显著的正向促进作用，高新技术产业创新活动资本要素存量（R&D 活动经费投入）和城镇化发展水平对东部地区高新技术产业创新（专利申请数量）存在显著的负向抑制作用；高新技术产业创新活动劳动要素投入、经济发展水平、对外开放程度和城镇化发展水平对中部地区高新技术产业创新（专利申请数量）存在显著的正向促进作用，工业化水平对中部地区高新技术产业创新(专利申请数量)存在显著的负向抑制作用；高新技术产业创新活动资本要素存量(R&D 活动经费投入)、经济发展水平和城镇化发展水平对西部地区高新技术产业创新(专利申请数量)存在显著的正向促进作用，经济基础设施水平对西部地区高新技术产业创新(专利申请数量)存在显著的负向抑制作用。进一步观察各控制变量指标空间滞后项的参数估计结果发现，高新技术产业创新活动劳动要素投入和对外开放程度的空间滞后项对东部地区高新技术产业创新(专利申请数量)存在显著的正向促进作用，经济基础设施水平和城镇化发展水平的空间滞后项对东部地区高新技术产业创新(专利申请数量)存在显著的负向抑制作用；高新技术产业创新活动劳动要素投入和对外开放程度的空间滞后项对中部地区高新技术产业创新(专利申请数量)存在显著的正向促进作用，高新技术产业创新活动资本要素存量(R&D 活动经费投入)和工业化水平的空间滞后项对中部地区高新技术产业创新(专利申请数量)存在显著的负向抑制作用；高新技术产业创新活动资本要素存量(R&D 活动经费投入)、经济发展水平和城镇化发展水平的空间滞后项对西部地区高新技术产业创新(专利申请数量)存在显著的正向促进作用，高新技术产业创新活动劳动要素投入、经济基础设施水平、工业化水平和教育发展水平的空间滞后项对西部地区高新技术产业创新(专利申请数量)存在显著的负向抑制作用。

考虑到在基于经济协动空间权重矩阵的省域分区域高新技术产业创新(专利申请数量)空间溢出效应计量模型中，经济不确定性、金融发展以及控制变量指标空间滞后项的参数估计结果部分显著不等于 0，现进一步对东部地区、中部地区和西部地区高新技术产业创新(专利申请数量)的空间溢出效应进行分解，其分解结果如表 9-37 所示。

表 9-37　基于经济协动空间权重矩阵的省域分区域高新技术产业创新

(专利申请数量)空间溢出效应分解结果统计表

变量名称		东部地区	中部地区	西部地区
Direct	创新活动资本要素存量 ($IAK1_{it}$)	-0.5380^{***}	0.4050^{***}	0.2555^{***}
	创新活动劳动要素投入 (IAL_{it})	0.4595^{***}	0.1982^{*}	0.2087^{**}
	经济增长不确定性 (EGU_{it})	0.0752^{*}	0.0202	-0.0568

续表

变量名称		东部地区	中部地区	西部地区
Direct	经济政策不确定性（EPU_{it}）	0.0391	0.0774	0.2681*
	金融发展规模（FDS_{it}）	0.0247	0.5554*	0.7684***
	金融发展效率（FDE_{it}）	−1.6227*	−1.2030*	2.7577**
	金融市场化（FIL_{it}）	0.0600***	−0.1342***	−0.0695*
	经济发展水平（GDP_{it}）	1.2502***	3.2919***	2.2037***
	经济基础设施水平（INF_{it}）	0.3282*	−0.0263	−1.6145***
	工业化水平（IND_{it}）	−0.2186	−2.5119***	−0.1759
	对外开放程度（OPE_{it}）	3.1100***	1.8992	−0.9633
	教育发展水平（EDU_{it}）	26.3306*	57.4875	18.5513
	城镇化发展水平（URB_{it}）	−0.7173	6.1659**	7.4736**
Indirect	创新活动资本要素存量（$IAK1_{it}$）	−0.9703	−1.6621*	0.9626***
	创新活动劳动要素投入（IAL_{it}）	1.0863*	0.6324**	−1.7066***
	经济增长不确定性（EGU_{it}）	−0.2890*	−0.0351	−0.0816
	经济政策不确定性（EPU_{it}）	0.8970	−0.4329	0.8345
	金融发展规模（FDS_{it}）	0.1384	−3.7417***	2.1267**
	金融发展效率（FDE_{it}）	1.1456	−1.2694	12.4617**
	金融市场化（FIL_{it}）	0.1673*	−0.2074*	−0.0831
	经济发展水平（GDP_{it}）	1.4701	−1.7810	7.6657***
	经济基础设施水平（INF_{it}）	−2.7203*	1.1954*	−6.7080**
	工业化水平（IND_{it}）	−5.7487	−1.7821	−4.6587**
	对外开放程度（OPE_{it}）	3.1178	30.1191**	−9.8547
	教育发展水平（EDU_{it}）	−75.4728	−94.3126	−310.9827**
	城镇化发展水平（URB_{it}）	−14.6665**	11.1366	66.4138***
Total	创新活动资本要素存量（$IAK1_{it}$）	−1.5083*	−1.2571**	1.2181***
	创新活动劳动要素投入（IAL_{it}）	1.5458**	0.8306***	−1.4978***
	经济增长不确定性（EGU_{it}）	−0.2138	−0.0148	−0.1384
	经济政策不确定性（EPU_{it}）	0.9360	−0.3555	1.1027

	变量名称	东部地区	中部地区	西部地区
Total	金融发展规模（FDS_{it}）	0.1631	−3.1863***	2.8951***
	金融发展效率（FDE_{it}）	−0.4771	−2.4723	15.2194**
	金融市场化（FIL_{it}）	0.2272*	−0.3416**	−0.1526
	经济发展水平（GDP_{it}）	2.7202	1.5109	9.8694***
	经济基础设施水平（INF_{it}）	−2.3921*	1.1691*	−8.3225**
	工业化水平（IND_{it}）	−5.9673	−4.2940*	−4.8346*
	对外开放程度（OPE_{it}）	6.2279*	32.0184**	−10.8181
	教育发展水平（EDU_{it}）	−49.1422	−36.8251	−292.4314*
	城镇化发展水平（URB_{it}）	−15.3838**	17.3025	73.8874***

注：*表示在0.1水平上显著，**表示在0.05水平上显著，***表示在0.01水平上显著。

从基于经济协动空间权重矩阵的省域分区域高新技术产业创新（专利申请数量）的直接空间溢出效应来看，仅东部地区各省（市、自治区）经济增长不确定性指数对本地区高新技术产业创新（专利申请数量）具有显著的正向内部溢出效应；仅西部地区各省（市、自治区）经济政策不确定性指数对本地区高新技术产业创新（专利申请数量）具有显著的正向内部溢出效应；中部地区和西部地区各省（市、自治区）金融发展规模指数对本地区高新技术产业创新（专利申请数量）具有显著的正向内部溢出效应；东部地区和中部地区各省（市、自治区）金融发展效率指数对本地区高新技术产业创新（专利申请数量）具有显著的负向内部溢出效应，西部地区各省（市、自治区）金融发展效率指数对本地区高新技术产业创新（专利申请数量）具有显著的正向内部溢出效应；东部地区各省（市、自治区）金融市场化指数对本地区高新技术产业创新（专利申请数量）具有显著的正向内部溢出效应，中部地区和西部地区各省（市、自治区）金融市场化指数对本地区高新技术产业创新（专利申请数量）具有显著的负向内部溢出效应。

东部地区各省（市、自治区）高新技术产业创新活动劳动要素投入、经济发展水平、经济基础设施水平、对外开放程度和教育发展水平对本地区高新技术产业创新（专利申请数量）具有显著的正向内部溢出效应，新技术产业创新活动资本要素存量(R&D 活动经费投入)对本地区高新技术产业创新(专利申请数量)具有显著的负向内部溢出效应；中部地区各省(市、自治区)高新技术产业创新活动资本要素存量(R&D 活动经费投入)、创新活动劳动要素投入、经济发展水平和城镇化发展水平对本地区高新技术产业创新(专利申请数量)具有显著的正向内部溢出效应，工业化水平对本地区高新技术产业创新(专利申请数量)具有显著的负向内部溢出效应；西部地区各省(市、自治区)高新技术产业创新活动资本要素存量(R&D 活动经费投入)、创新活动劳动要素投入、经济发展水平和城镇化发展水平对本地区高新技术产业创新(专利申请数量)具有显著的正向内部溢出效应，经济基础设施水平对本地区高新技术产业创新(专利申请数量)具有显著的负向内部溢出效应。

从基于经济协动空间权重矩阵的省域分区域高新技术产业创新(专利申请数量)的间接空间溢出效应来看，仅东部地区各省(市、自治区)经济增长不确定性指数对其他地区高新技术产业创新(专利申请数量)具有显著的负向外部溢出效应；东部地区、中部地区和西部地区各省(市、自治区)经济政策不确定性指数对其他地区高新技术产业创新(专利申请数量)外部溢出效应均不存在显著影响；中部地区各省(市、自治区)金融发展规模指数对其他地区高新技术产业创新(专利申请数量)具有显著的负向外部溢出效应，西部地区各省(市、自治区)金融发展规模指数对其他地区高新技术产业创新(专利申请数量)具有显著的正向外部溢出效应；仅西部地区各省(市、自治区)金融发展效率指数对其他地区高新技术产业创新(专利申请数量)具有显著的正向外部溢出效应；东部地区各省(市、自治区)金融市场化指数对其他地区高新技术产业创新(专利申请数量)具有显著的正向外部溢出效应，中部地区各省(市、自治区)金融市场化指数对其他地区高新技术产业创新(专利申请数量)具有显著的负向外部溢出效应。

东部地区各省(市、自治区)高新技术产业创新活动劳动要素投入对其他地区高新技术产业创新(专利申请数量)具有显著的正向外部溢出效应，经济基础设施水平和城镇化发展水平对其他地区高新技术产业创新(专利申请数量)具有显著的负向外部溢出效应；中部地区各省(市、自治区)高新技术产业创新活动劳动要素投入、经济基础设施水平和对外开放程度对其他地区高新技术产业创新(专利申请数量)具有显著的正向外部溢出效应，高新技术产业创新活动资本要素存量(R&D 活动经费投入)对其他地区高新技术产业创新(专利申请数量)具有显著的负向外部溢出效应；西部地区各省(市、自治区)高新技术产业创新活动资本要素存量(R&D 活动经费投入)、经济发展水平和城镇化水平对其他地区高新技术产业创新(专利申请数量)具有显著的正向外部溢出效应，高新技术产业创新活动劳动要素投入、经济基础设施水平、工业化水平和教育发展水平对其他地区高新技术产业创新(专利申请数量)具有显著的负向外部溢出效应。

从基于经济协动空间权重矩阵的省域分区域高新技术产业创新(专利申请数量)的总空间溢出效应来看，东部地区、中部地区和西部地区各省(市、自治区)经济增长不确定性指数以及经政策不确定性指数对各地区高新技术产业创新(专利申请数量)总溢出效应均不存在显著影响；中部地区各省(市、自治区)金融发展规模指数对各地区高新技术产业创新(专利申请数量)具有显著的负向总溢出效应，西部地区各省(市、自治区)金融发展规模指数对各地区高新技术产业创新(专利申请数量)具有显著的正向总溢出效应；仅西部地区各省(市、自治区)金融发展效率指数对各地区高新技术产业创新(专利申请数量)具有显著的正向总溢出效应；仅中部地区各省(市、自治区)金融市场化指数对各地区高新技术产业创新(专利申请数量)具有显著的负向总溢出效应。

东部地区各省(市、自治区)高新技术产业创新活动劳动要素投入和对外开放程度等指标变量对各地区高新技术产业创新(专利申请数量)具有显著的正向总溢出效应，高新技术产业创新活动资本要素存量(R&D 活动经费投入)、经济基础设施水平和城镇化发展水平等指标变量对各地区高新技术产业创新(专利申请数量)具有显著的负向总溢出效应；中部地区各省(市、自治区)高新技术产业创新活动劳动要素投入、经济基础设施水平和对外开放程度等指标变量对各地区高新技术产业创新(专利申请数量)具有显著的正向总溢出效应，高新技术产业创新活动资本要素存量(R&D 活动经费投入)和工业化水平等指标变量对各地区高新技术产业创新(专利申请数量)具有显著的负向总溢出效应；西部地区各省(市、自治区)高新技术产业创新活动资本要素存量(R&D 活动经费投入)、经济发展水平和城镇化发展水平等指标变量对各地区高新技术产业创新(专利申请数量)具有显著的正向总溢出效应，高新技术产业创新活动劳动要素投入、经济基础设施水平、工业化水平和教育发展水平等指标变量对各地区高新技术产业创新(专利申请数量)具有显著的负向总溢出效应。

2. 以新产品销售收入衡量高新技术产业创新

在经济协动空间权重矩阵下，东部地区、中部地区和西部地区经济不确定性、金融发展影响高新技术产业创新(新产品销售收入)空间溢出效应计量模型的检验结果如表 9-38 所示。

表 9-38 基于经济协动权重矩阵的省域分区域高新技术产业创新

(新产品销售收入)空间依赖性检验结果统计表

		东部地区	中部地区	西部地区
LM 检验	LM-Error	2.587	2.467	0.018
	Robust LM-Error	4.916**	1.430	0.508
	LM-Lag	37.106***	2.303	6.451**
	Robust LM-Lag	39.436***	1.265	6.941***
Wald 检验	Chi2-Error	24.32**	31.20***	64.30***
	Chi2-Lag	27.12**	18.59	73.35***
LR 检验	LR-Error	20.82*	30.17***	60.66***
	LR-Lag	27.89***	18.43	61.12***

注：*表示在 0.1 水平上显著，**表示在 0.05 水平上显著，***表示在 0.01 水平上显著。

从表 9-38 的检验结果来看，在 LM 检验原则下，东部地区高新技术产业创新(新产品销售收入)空间溢出效应计量模型既适用空间误差模型也适用空间滞后模型，中部地区则既不适用空间误差模型也不适用空间滞后模型，西部地区则适用空间滞后模型；在 Wald 检验原则和 LR 检验原则下，东部地区、中部地区和西部地区高新技术产业创新(新产品销售收入)空间溢出效应计量模型则既适用空间误差模型也适用空间滞后模型。综合来看，东部地区、中部地区和西部地区高新技术产业创新(新产品销售收入)在经济协动空间权重矩阵下的空间溢出效应计量模型选择空间杜宾模型较为合适。进一步对东部地区、中部地区和西部地区高新技术产业创新(新产品销售收入)在经济协动空间权重矩阵下的空间溢出效应空间杜宾模型的具体形式进行检验，结果如表 9-39 所示。

表9-39 基于经济协动空间权重矩阵的省域分区域高新技术产业创新
(新产品销售收入)空间溢出效应计量模型选择检验结果统计表

	检验类别	东部地区	中部地区	西部地区
区域固定效应 or 双向固定效应	LR Test	60.09***	58.85***	64.39***
时间固定效应 or 双向固定效应	LR Test	153.07***	66.86***	61.44***
固定效应 or 随机效应	Hausman Test	2.04	-7.47	24.15**

注：**表示在0.05水平上显著，***表示在0.01水平上显著。

从表9-39的检验结果来看，东部地区、中部地区高新技术产业创新(新产品销售收入)空间溢出效应空间杜宾模型应选择双向固定效应模型形式，西部地区高新技术产业创新(新产品销售收入)空间溢出效应空间杜宾模型应选择随机效应模型形式。在此基础上，对在经济协动空间权重矩阵下东部地区、中部地区和西部地区经济不确定性、金融发展影响其高新技术产业创新(新产品销售收入)空间溢出效应空间杜宾模型进行参数估计，其结果如表9-40所示。

表9-40 基于经济协动空间权重矩阵的省域分区域高新技术产业创新
(新产品销售收入)空间溢出效应计量模型参数估计结果统计表

	变量名称	东部地区	中部地区	西部地区
Main	创新活动资本要素存量($IAK2_{it}$)	1.1136***	0.0620	0.8397***
	创新活动劳动要素投入(IAL_{it})	0.2054*	0.1608	0.1460
	经济增长不确定性(EGU_{it})	-0.0259	-0.0375	-0.0666
	经济政策不确定性(EPU_{it})	-0.0881	0.2234*	-0.0613
	金融发展规模(FDS_{it})	0.0209	0.1328	-0.5876***
	金融发展效率(FDE_{it})	2.1463*	-1.7431*	-1.2497
	金融市场化(FIL_{it})	0.0266	-0.0743	0.0138
	经济发展水平(GDP_{it})	0.2450	4.4863***	-1.5942**
	经济基础设施水平(INF_{it})	-0.2546	0.7061*	1.0383*
	工业化水平(IND_{it})	-0.1035	-2.1490*	0.0499
	对外开放程度(OPE_{it})	4.4115***	2.1185	-7.7369

续表

变量名称		东部地区	中部地区	西部地区
Main	教育发展水平（EDU_{it}）	−34.5003*	13.1315	26.6365
	城镇化发展水平（URB_{it}）	2.1619*	−4.6655	8.0634**
Wx	创新活动资本要素存量（$IAK2_{it}$）	−1.3519	−1.6385	2.1241***
	创新活动劳动要素投入（IAL_{it}）	0.5232	0.5487	−0.5594
	经济增长不确定性（EGU_{it}）	−0.0750	−0.5632	0.1855
	经济政策不确定性（EPU_{it}）	0.3368	1.2644*	0.9610***
	金融发展规模（FDS_{it}）	−0.3533*	−1.2804	0.0328
	金融发展效率（FDE_{it}）	−3.7433	−11.0132**	9.8353**
	金融市场化（FIL_{it}）	0.2627*	−0.5647*	−0.0332
	经济发展水平（GDP_{it}）	7.4804*	0.7488	−3.7203**
	经济基础设施水平（INF_{it}）	3.3677	4.6143**	−1.7572*
	工业化水平（IND_{it}）	−12.2924*	−8.7847*	6.6793*
	对外开放程度（OPE_{it}）	10.9281*	37.8829	−36.0806**
	教育发展水平（EDU_{it}）	−231.2411*	−171.5656	290.9090***
	城镇化发展水平（URB_{it}）	−22.0059*	−35.2326	5.2606
Spatial Variance	rho	−1.1685***	−1.6135***	−0.3219*
	sigma2_e	0.1120***	0.1623***	0.4945***
	R-squared	0.8356	0.8268	0.9032
	Log-likelihood	−92.5512***	−120.9546***	−210.0654***

注：*表示在 0.1 水平上显著，**表示在 0.05 水平上显著，***表示在 0.01 水平上显著。

从表 9-40 的统计结果来看，东部地区、中部地区和西部地区以高新技术产业创新（新产品销售收入）为被解释变量的空间溢出效应计量模型的 Log-likelihood 统计量分别是−92.5512、−120.9546 和−210.0654，它们在 0.01 的水平上都是显著的，可以确定该空间溢出效应计量模型的拟合效果良好。其中，该空间溢出效应计量模型中各解释变量对东部地区、中部地区和西部地区高新技术产业创新（新产品销售收入）的解释程度分别为 83.56%、82.68%和 90.32%。从东部地区、中部地区和西部地区高新技术产业创新(新产品销售收入)空间溢出效应计量模型的空间自相关系数来看,东部地区、中部地区和西部地区各省(市、自治区)高新技术产业创新(新产品销售收入)对其他地区高新技术产业创新(新产品销售收入)存在显著的负向抑制作用。

从经济不确定性和金融发展变量指标的参数估计结果来看,仅金融发展效率指数对东部地区高新技术产业创新(新产品销售收入)存在显著的正向促进作用;经济政策不确定性指数对中部地区高新技术产业创新(新产品销售收入)存在显著的正向促进作用,金融发展效率指数对中部地区高新技术产业创新(新产品销售收入)存在显著的负向抑制作用;仅金融发展规模指数对西部地区高新技术产业创新(新产品销售收入)存在显著的负向抑制作用。进一步观察经济不确定性和金融发展变量指标空间滞后项的参数估计结果发现,金融市场化指数的空间滞后项对东部地区高新技术产业创新(新产品销售收入)存在显著的正向促进作用,金融发展规模指数的空间滞后项对东部地区高新技术产业创新(新产品销售收入)存在显著的负向抑制作用;经济政策不确定性指数的空间滞后项对中部地区高新技术产业创新(新产品销售收入)存在显著的正向促进作用,金融发展效率指数和金融市场化指数的空间滞后项对中部地区高新技术产业创新(新产品销售收入)存在显著的负向抑制作用;经济政策不确定性指数和金融发展效率指数的空间滞后项对西部地区高新技术产业创新(新产品销售收入)存在显著的正向促进作用。

从影响省域高新技术产业创新(新产品销售收入)的其他变量指标来看,高新技术产业创新活动资本要素存量(新产品开发经费)、创新活动劳动要素投入、对外开放程度和城镇化发展水平对东部地区高新技术产业创新(新产品销售收入)存在显著的正向促进作用,教育发展水平对东部地区高新技术产业创新(新产品销售收入)存在显著的负向抑制作用;经济发展水平和经济基础设施水平对中部地区高新技术产业创新(新产品销售收入)存在显著的正向促进作用,工业化水平对中部地区高新技术产业创新(新产品销售收入)存在显著的负向抑制作用;高新技术产业创新活动资本要素存量(新产品开发经费)、经济基础设施水平和城镇化发展水平对西部地区高新技术产业创新(新产品销售收入)存在显著的正向促进作用,经济发展水平和对外开放程度对西部地区高新技术产业创新(新产品销售收入)存在显著的负向抑制作用。进一步观察各控制变量指标空间滞后项的参数估计结果发现，经济发展水平和对外开放程度的空间滞后项对东部地区高新技术产业创新（新产品销售收入）存在显著的正向促进作用，工业化水平、教育发展水平和城镇化发展水平的空间滞后项对东部地区高新技术产业创新（新产品销售收入）存在显著的负向抑制作用；经济基础设施水平的空间滞后项对中部地区高新技术产业创新（新产品销售收入）存在显著的正向促进作用，工业化水平的空间滞后项对中部地区高新技术产业创新（新产品销售收入）存在显著的负向抑制作用；高新技术产业创新活动资本要素存量（新产品开发经费）、工业化水平和教育发展水平的空间滞后项对西部地区高新技术产业创新（新产品销售收入）存在显著的正向促进作用，经济发展水平、经济基础设施水平和对外开放程度的空间滞后项对西部地区高新技术产业创新（新产品销售收入）存在显著的负向抑制作用。

　　考虑到在基于经济协动空间权重矩阵的省域分区域高新技术产业创新（新产品销售收入）空间溢出效应计量模型中，经济不确定性、金融发展以及控制变量指标空间滞后项的参数估计结果部分显著不等于 0，现进一步对东部地区、中部地区和西部地区高新技术产业创新（新产品销售收入）的空间溢出效应进行分解，其分解结果如表 9-41 所示。

表 9-41　基于经济协动空间权重矩阵的省域分区域高新技术产业创新
（新产品销售收入）空间溢出效应分解结果统计表

	变量名称	东部地区	中部地区	西部地区
Direct	创新活动资本要素存量（$IAK2_{it}$）	1.3037***	0.3294*	0.7640***
	创新活动劳动要素投入（IAL_{it}）	0.1815**	0.1105	0.1634
	经济增长不确定性（EGU_{it}）	−0.0190	0.0463	−0.0696
	经济政策不确定性（EPU_{it}）	−0.1179	0.0816	−0.0850
	金融发展规模（FDS_{it}）	0.0435*	0.3171	−0.6355***
	金融发展效率（FDE_{it}）	2.6288***	−0.3887	−1.6549
	金融市场化（FIL_{it}）	0.0095	−0.0023	0.0188
	经济发展水平（GDP_{it}）	−0.2772	5.4645***	−1.5426**
	经济基础设施水平（INF_{it}）	−0.5354**	0.1337	1.1837**

续表

	变量名称	东部地区	中部地区	西部地区
Direct	工业化水平（IND_{it}）	0.7797	−1.1898	−0.2218
	对外开放程度（OPE_{it}）	4.0341***	−3.5545	−6.4327*
	教育发展水平（EDU_{it}）	−18.7740	46.8144	16.1520
	城镇化发展水平（URB_{it}）	4.0096***	0.0590	7.5943**
Indirect	创新活动资本要素存量（$IAK2_{it}$）	−1.3496*	−0.9134*	1.5286***
	创新活动劳动要素投入（IAL_{it}）	0.0952	0.1121	−0.4942*
	经济增长不确定性（EGU_{it}）	−0.0161	−0.2579*	0.1656*
	经济政策不确定性（EPU_{it}）	0.2873	0.5284*	0.7950**
	金融发展规模（FDS_{it}）	−0.2144*	−0.8208	0.1620
	金融发展效率（FDE_{it}）	−3.6898	−4.6611**	8.2319**
	金融市场化（FIL_{it}）	0.1282*	−0.2369*	−0.0382
	经济发展水平（GDP_{it}）	3.7469*	−3.7199*	−2.5923**
	经济基础设施水平（INF_{it}）	2.0691*	1.9964**	−1.7270*
	工业化水平（IND_{it}）	−6.6142*	−2.8608	5.2581*
	对外开放程度（OPE_{it}）	3.0247	18.7917	−27.6805**
	教育发展水平（EDU_{it}）	−111.9877	−114.1668	232.9946***
	城镇化发展水平（URB_{it}）	−13.9160**	−14.7488	2.6132
Total	创新活动资本要素存量（$IAK2_{it}$）	−0.0458	−0.5839	2.2926***
	创新活动劳动要素投入（IAL_{it}）	0.2767	0.2225	−0.3308
	经济增长不确定性（EGU_{it}）	−0.0351	−0.2116	0.0960
	经济政策不确定性（EPU_{it}）	0.1694	0.6100*	0.7101***
	金融发展规模（FDS_{it}）	−0.1709	−0.5037	−0.4734*
	金融发展效率（FDE_{it}）	−1.0609	−5.0497**	6.5770*
	金融市场化（FIL_{it}）	0.1377*	−0.2392*	−0.0194
	经济发展水平（GDP_{it}）	3.4697*	1.7445	−4.1349***
	经济基础设施水平（INF_{it}）	1.5336*	2.1301**	−0.5433
	工业化水平（IND_{it}）	−5.8345*	−4.0506*	5.0363*

续表

变量名称		东部地区	中部地区	西部地区
Total	对外开放程度（OPE_{it}）	7.0589**	15.2372	−34.1131***
	教育发展水平（EDU_{it}）	−130.7616*	−67.3525	249.1466***
	城镇化发展水平（URB_{it}）	−9.9064*	−14.6897	10.2076*

注：*表示在0.1水平上显著，**表示在0.05水平上显著，***表示在0.01水平上显著。

从基于经济协动空间权重矩阵的省域分区域高新技术产业创新（新产品销售收入）的直接空间溢出效应来看，东部地区、中部地区和西部地区各省（市、自治区）经济增长不确定性指数、经济政策不确定性指数和金融市场化指数对本地区高新技术产业创新（新产品销售收入）内部溢出效应均不存在显著影响；东部地区各省（市、自治区）金融发展规模指数对本地区高新技术产业创新（新产品销售收入）具有显著的正向内部溢出效应，西部地区各省（市、自治区）金融发展规模指数对本地区高新技术产业创新（新产品销售收入）具有显著的负向内部溢出效应；仅东部地区各省（市、自治区）金融发展效率指数对本地区高新技术产业创新（新产品销售收入）具有显著的正向内部溢出效应。

东部地区各省（市、自治区）高新技术产业创新活动资本要素存量（新产品开发经费）、创新活动劳动要素投入、对外开放程度和城镇化发展水平对本地区高新技术产业创新（新产品销售收入）具有显著的正向内部溢出效应，经济基础设施水平对本地区高新技术产业创新（新产品销售收入）具有显著的负向内部溢出效应；中部地区各省（市、自治区）高新技术产业创新活动资本要素存量（新产品开发经费）和经济发展水平对本地区高新技术产业创新（新产品销售收入）具有显著的正向内部溢出效应；西部地区各省（市、自治区）高新技术产业创新活动资本要素存量（新产品开发经费）、经济基础设施水平和城镇化发展水平对本地区高新技术产业创新（新产品销售收入）具有显著的正向内部溢出效应，经济发展水平和对外开放程度对本地区高新技术产业创新（新产品销售收入）具有显著的负向内部溢出效应。

从基于经济协动空间权重矩阵的省域分区域高新技术产业创新（新产品销售收入）的间接空间溢出效应来看，中部地区各省（市、自治区）经济增长不确定性指数对其他地区高新技术产业创新(新产品销售收入)具有显著的负向外部溢出效应,西部地区各省(市、自治区)经济增长不确定性指数对其他地区高新技术产业创新(新产品销售收入)具有显著的正向外部溢出效应;中部地区和西部地区各省(市、自治区)经济政策不确定性指数对其他地区高新技术产业创新(新产品销售收入)具有显著的正向外部溢出效应;仅东部地区各省(市、自治区)金融发展规模指数对其他地区高新技术产业创新(新产品销售收入)具有显著的负向外部溢出效应;中部地区各省(市、自治区)金融发展效率指数对其他地区高新技术产业创新(新产品销售收入)具有显著的负向外部溢出效应,西部地区各省(市、自治区)金融发展效率指数对其他地区高新技术产业创新(新产品销售收入)具有显著的正向外部溢出效应;东部地区各省(市、自治区)金融市场化指数对其他地区高新技术产业创新(新产品销售收入)具有显著的正向外部溢出效应,中部地区各省(市、自治区)金融市场化指数对其他地区高新技术产业创新(新产品销售收入)具有显著的负向外部溢出效应。

东部地区各省(市、自治区)经济发展水平和经济基础设施水平对其他地区高新技术产业创新(新产品销售收入)具有显著的正向外部溢出效应,高新技术产业创新活动资本要素存量(新产品开发经费)、工业化水平、教育发展水平和城镇化发展水平对其他地区高新技术产业创新(新产品销售收入)具有显著的负向外部溢出效应;中部地区各省(市、自治区)经济基础设施水平对其他地区高新技术产业创新(新产品销售收入)具有显著的正向外部溢出效应,高新技术产业创新活动资本要素存量(新产品开发经费)和经济发展水平对其他地区高新技术产业创新(新产品销售收入)具有显著的负向外部溢出效应;西部地区各省(市、自治区)高新技术产业创新活动资本要素存量(新产品开发经费)、工业化水平和教育发展水平对其他地区高新技术产业创新(新产品销售收入)具有显著的正向外部溢出效应,高新技术产业创新活动劳动要素投入、经济发展水平、经济基础设施水平和对外开放程度对其他地区高新技术产业创新(新产品销售收入)具有显著的负向外部溢出效应。

从基于经济协动空间权重矩阵的省域分区域高新技术产业创新(新产品销售收入)的总空间溢出效应来看,东部地区、中部地区和西部地区各省(市、自治区)经济增长不确定性指数对各地区高新技术产业创新(新产品销售收入)总溢出效应均不存在显著影响；中部地区和西部地区各省(市、自治区)经济政策不确定性指数对各地区高新技术产业创新(新产品销售收入)具有显著的正向总溢出效应；仅西部地区各省(市、自治区)金融发展规模指数对各地区高新技术产业创新(新产品销售收入)具有显著的负向总溢出效应；中部地区各省(市、自治区)金融发展效率指数对各地区高新技术产业创新(新产品销售收入)具有显著的负向总溢出效应，西部地区各省(市、自治区)金融发展效率对各地区高新技术产业创新(新产品销售收入)具有显著的正向总溢出效应；东部地区各省(市、自治区)金融市场化指数对各地区高新技术产业创新(新产品销售收入)具有显著的正向总溢出效应，中部地区各省(市、自治区)金融市场化指数对各地区高新技术产业创新(新产品销售收入)具有显著的负向总溢出效应。

东部地区各省(市、自治区)经济发展水平、经济基础设施水平和对外开放程度等指标变量对各地区高新技术产业创新(新产品销售收入)具有显著的正向总溢出效应，工业化水平、教育发展水平和城镇化发展水平等指标变量对各地区高新技术产业创新(新产品销售收入)具有显著的负向总溢出效应；中部地区各省(市、自治区)经济基础设施水平对各地区高新技术产业创新(新产品销售收入)具有显著的正向总溢出效应，工业化水平对各地区高新技术产业创新(新产品销售收入)具有显著的负向总溢出效应；西部地区各省(市、自治区)高新技术产业创新活动资本要素存量(新产品开发经费)、工业化水平、教育发展水平和城镇化发展水平等指标变量对各地区高新技术产业创新(新产品销售收入)具有显著的正向总溢出效应，经济发展水平和对外开放程度等指标变量对各地区高新技术产业创新(新产品销售收入)具有显著的负向总溢出效应。

9.5 经济不确定性、金融发展影响高新技术产业投资空间溢出效应的实证分析

9.5.1 省域高新技术产业投资空间溢出效应的实证检验

在不同空间权重矩阵下，省域经济不确定性、金融发展影响高新技术产业投资空间溢出效应计量模型的检验结果如表9-42所示。

表 9-42 省域高新技术产业投资空间依赖性检验结果统计表

		地理位置矩阵	地理距离矩阵	经济协动矩阵	经济距离矩阵
LM 检验	LM-Error	3.971**	6.222**	23.841***	7.665***
	Robust LM-Error	2.405	4.595**	23.682***	6.209**
	LM-Lag	9.559***	11.366***	0.421	11.230***
	Robust LM-Lag	7.993***	9.738***	0.262	9.773***
Wald 检验	Chi2-Error	14.42	25.22**	22.23**	25.13**
	Chi2-Lag	14.53	24.13**	22.34**	22.29**
LR 检验	LR-Error	14.23	13.80	17.19	13.20
	LR-Lag	14.34	13.74	22.10**	13.01

注：**表示在 0.05 水平上显著，***表示在 0.01 水平上显著。

从表 9-42 省域高新技术产业投资空间依赖性检验结果来看，按照 LM 检验原则，省域高新技术产业投资在地理位置矩阵、地理距离矩阵和经济距离矩阵等空间权重矩阵下的空间溢出效应计量模型既可以选择空间误差模型也可以选择空间滞后模型，在经济协动空间权重矩阵下的空间溢出效应计量模型可以选择空间误差模型；按照 Wald 检验原则，省域高新技术产业投资在地理位置空间权重矩阵下的空间溢出效应计量模型既不可以选择空间误差模型也不可以选择空间滞后模型，在地理距离矩阵、经济协动矩阵和经济距离矩阵等空间权重矩阵下的空间溢出效应计量模型既可以选择空间误差模型也可以选择空间滞后模型；按照 LR 检验原则，省域高新技术产业投资在地理位置矩阵、地理距离矩阵和经济距离矩阵等空间权重矩阵下的空间溢出效应计量模型既不可以选择空间误差模型也不可以选择空间滞后模型，在经济协动空间权重矩阵下的空间溢出效应计量模型可以选择空间滞后模型。综合来看，在上述四类空间权重矩阵下，省域经济不确定性、金融发展影响其高新技术产业投资空间溢出效应计量模型选择空间杜宾模型更为合适。我们进一步对省域高新技术产业投资在上述四类空间权重矩阵下的空间溢出效应空间杜宾模型的具体形式进行检验，结果如表 9-43 所示。

从表 9-43 的检验结果来看，在上述四类空间权重矩阵下，省域高新技术产业投资空间溢出效应空间杜宾模型应选择双向固定效应模型形式。在此基础上，对上述四类空间权重矩阵下省域经济不确定性、金融发展影响其高新技术产业投资空间溢出效应空间杜宾模型进行参数估计，其结果如表9-44所示。

表 9-43 省域高新技术产业投资空间溢出效应计量模型选择检验结果统计表

	检验类别	地理位置矩阵	地理距离矩阵	经济协动矩阵	经济距离矩阵
区域固定效应 or 双向固定效应	LR Test	53.07***	48.43***	56.57***	48.24***
时间固定效应 or 双向固定效应	LR Test	91.39***	85.59***	109.84***	80.05***
固定效应 or 随机效应	HausmanTest	−66.93	−3.20	16.47	−41.66

注：*** 表示在 0.01 水平上显著。

表 9-44 省域高新技术产业投资空间溢出效应计量模型参数
估计结果统计表

	变量名称	地理位置矩阵	地理距离矩阵	经济协动矩阵	经济距离矩阵
Main	高新技术产业投资（INV_{it-1}）	0.7378***	0.5488***	0.7150***	0.5492***
	经济增长不确定性（EGU_{it}）	−0.0105	−0.0159	−0.0085	−0.0181
	经济政策不确定性（EPU_{it}）	−0.0287	−0.0255	−0.0550	−0.0208
	金融发展规模（FDS_{it}）	−0.0226*	−0.0365**	−0.0393**	−0.0329**
	金融发展效率（FDE_{it}）	0.2918*	0.2852	0.4649**	0.3102
	金融市场化（FIL_{it}）	0.0047	0.0081	0.0035	0.0070
	经济发展水平（GDP_{it}）	0.1280*	0.0441	0.2451***	−0.0344
	经济基础设施水平（INF_{it}）	0.2034**	0.3291***	0.1029*	0.3039***
	工业化水平（IND_{it}）	0.0226	−0.3186*	0.0142	−0.2660*
	对外开放程度（OPE_{it}）	0.2686	0.9266***	−0.0097	0.9860***
	教育发展水平（EDU_{it}）	9.4874**	−7.8828	12.7430***	−6.6369
	城镇化发展水平（URB_{it}）	−0.0247	1.2702*	0.3110	1.1194*

续表

变量名称		地理位置矩阵	地理距离矩阵	经济协动矩阵	经济距离矩阵
	高新技术产业投资（INV_{it-1}）	−0.0062	−0.1014	−0.7376*	−0.0782
	经济增长不确定性（EGU_{it}）	−0.0561*	−0.1061***	−0.0688	−0.0933**
	经济政策不确定性（EPU_{it}）	−0.1891*	−0.1526	−0.9804*	−0.1871*
	金融发展规模（FDS_{it}）	−0.0192	0.0124	−0.2441	0.0171
	金融发展效率（FDE_{it}）	−0.4932*	−0.8221	1.5404	−0.0715
Wx	金融市场化（FIL_{it}）	0.0030	0.0082	0.0465	0.0069
	经济发展水平（GDP_{it}）	−0.0152	−0.0023	1.7492*	0.0841
	经济基础设施水平（INF_{it}）	0.1817	0.3906*	−0.1142	0.1438
	工业化水平（IND_{it}）	−0.3399**	−0.6801**	−2.8781**	−0.5656*
	对外开放程度（OPE_{it}）	−0.8428**	−0.2771	−3.0177	−0.5002
	教育发展水平（EDU_{it}）	1.2463	−26.8460*	−8.3306	−24.7322*
	城镇化发展水平（URB_{it}）	0.7571*	1.7089	10.7543***	2.8367*
Spatial	rho	−0.0509	0.0008	−0.3410*	0.0094
Variance	sigma2_e	0.0985***	0.0827***	0.0919***	0.0829***
	R-squared	0.9617	0.9272	0.9162	0.9212
	Log-likelihood	−153.6030***	−108.1795***	−155.3972***	−108.4846***

注：*表示在 0.1 水平上显著，**表示在 0.05 水平上显著，***表示在 0.01 水平上显著。

从表 9-44 的统计结果来看，在地理位置矩阵、地理距离矩阵、经济协动矩阵和经济距离矩阵等空间权重矩阵下，以高新技术产业投资为被解释变量的空间溢出效应计量模型的 Log-likelihood 统计量分别是 −153.6030、−108.1795、−155.3972 和 −108.4846，它们在 0.01 的水平上都是显著的，可以确定该空间溢出效应计量模型的拟合效果良好。其中，在上述四类空间权重矩阵下，各省（市、自治区）高新技术产业空间溢出效应计量模型的 R-squared 分别是 0.9617、0.9272、0.9162 和 0.9212，这表明该空间溢出效应计量模型中各解释变量对各省（市、自治区）高新技术产业投资的解释程度分别为 96.17%、92.72%、91.62% 和 92.12%。从各省（市、自治区）高新技术产业投资空间溢出效应计量模型的空间自相关系数来看，在地理位置矩阵、地理距离矩阵和经济距离矩阵等空间权重矩阵下，各省（市、自治区）高新技术产业投资对其他地区高新技术产业投资不存在显著影响，而在经济协动空间权重矩阵下，各省（市、自治区）高新技术产业投资对其他地区高新技术产业投资存在显著的负向抑制作用。

从经济不确定性和金融发展变量指标的参数估计结果来看，经济增长不确定性指数、经济政策不确定性指数和金融市场化指数在上述四类空间权重矩阵下对各省（市、自治区）高新技术产业投资不存在显著影响；金融发展规模指数在上述四类空间权重矩阵下对各省（市、自治区）高新技术产业投资存在显著的负向抑制作用；金融发展效率指数在地理位置矩阵和经济协动矩阵等空间权重矩阵下对各省（市、自治区）高新技术产业投资存在显著的正向促进作用，在地理距离矩阵和经济距离矩阵等空间权重矩阵下对各省（市、自治区）高新技术产业投资不存在显著影响。进一步观察经济不确定性和金融发展变量指标空间滞后项的参数估计结果发现，在地理位置空间权重矩阵下，经济增长不确定性指数、经济政策不确定性指数和金融发展效率指数的空间滞后项对各省（市、自治区）高新技术产业投资存在显著的负向抑制作用，金融发展规模指数和金融市场化指数的空间滞后项对各省（市、自治区）高新技术产业投资则不存在显著影响；在地理距离空间权重矩阵下，经济增长不确定性指数的空间滞后项对各省（市、自治区）高新技术产业投资存在显著的负向抑制作用，经济政策不确定性指数、金融发展规模指数、金融发展效率指数和金融市场化指数的空间滞后项对各省（市、自治区）高新技术产业投资则不存在显著影响；在经济协动空间权重矩阵下，经济政策不确定性指数的空间滞后项对各省（市、自治区）高新技术产业投资存在显著的负向抑制作用，经济增长不确定性指数、金融发展规模指数、金融发展效率指数和金融市场化指数的空间滞后项对各省（市、自治区）高新技术产业投资则不存在显著影响；在经济距离空间权重矩阵下，经济增长不确定性指数和经济政策不确定性指数的空间滞后项对各省（市、自治区）高新技术产业投资存在显著的负向抑制作用，金融发展规模指数、金融发展效率指数和金融市场化指数的空间滞后项对各省（市、自治区）高新技术产业投资则不存在显著影响。

从影响省域高新技术产业投资的其他变量指标来看，在地理位置矩阵和经济协动矩阵等空间权重矩阵下，高新技术产业上一期投资规模、经济发展水平、经济基础设施水平和教育发展水平等指标变量对各省（市、自治区）高新技术产业投资存在显著的正向促进作用,工业化水平、对外开放程度和城镇化发展水平等指标变量对各省(市、自治区)高新技术产业投资则不存在显著影响;在地理距离矩阵和经济距离矩阵等空间权重矩阵下,高新技术产业上一期投资规模、经济基础设施水平、对外开放程度和城镇化发展水平等指标变量对各省(市、自治区)高新技术产业投资存在显著的正向促进作用,工业化水平对各省(市、自治区)高新技术产业投资存在显著的负向抑制作用,经济发展水平和教育发展水平等指标变量对各省(市、自治区)高新技术产业投资则不存在显著影响;进一步观察各控制变量指标空间滞后项的参数估计结果发现,在地理位置空间权重矩阵下,城镇化发展水平的空间滞后项对各省(市、自治区)高新技术产业投资存在显著的正向促进作用,工业化水平和对外开放程度等指标变量的空间滞后项对各省(市、自治区)高新技术产业投资存在显著的负向抑制作用,高新技术产业上一期投资规模、经济发展水平、经济基础设施水平和教育发展水平等指标变量的空间滞后项对各省(市、自治区)高新技术产业投资不存在显著影响;在地理距离空间权重矩阵下,经济基础设施水平的空间滞后项对各省(市、自治区)高新技术产业投资存在显著的正向促进作用,工业化水平等指标变量的空间滞后项对各省(市、自治区)高新技术产业投资存在显著的负向抑制作用,高新技术产业上一期投资规模、经济发展水平、对外开放程度和教育发展水平等指标变量的空间滞后项对各省(市、自治区)高新技术产业投资不存在显著影响;在经济协动空间权重矩阵下,经济发展水平和城镇化发展水平等指标变量的空间滞后项对各省(市、自治区)高新技术产业投资存在显著的正向促进作用,高新技术产业上一期投资规模和工业化水平等指标变量的空间滞后项对各省(市、自治区)高新技术产业投资存在显著的负向抑制作用,经济基础设施水平、对外开放程度和教育发展水平等指标变量的空间滞后项对各省(市、自治区)高新技术产业投资不存在显著影响;在经济距离空间权重矩阵下,城镇化发展水平的空间滞后项对各省(市、自治区)高新技术产业投资存在显著的正向促进作用,工业化水平和教育发展水平等指标变量的空间滞后项对各省(市、自治区)高新技术产业投资存在显著的负向抑制作用,高新技术产业上一期投资规模、经济发展水平、经济基础设施水平和对外开放程度等指标变量的空间滞后项对各省(市、自治区)高新技术产业投资不存在显著影响。

鉴于在省域高新技术产业投资空间溢出效应计量模型中,经济不确定性、金融发展以及控制变量指标空间滞后项的参数估计结果部分显著不等于0,现进一步对各省(市、自治区)高新技术产业投资的空间溢出效应进行分解,其分解结果如表 9-45 所示。

表 9-45 省域高新技术产业投资空间溢出效应分解结果统计表

	变量名称	地理位置矩阵	地理距离矩阵	经济协动矩阵	经济距离矩阵
Direct	高新技术产业投资(INV_{it-1})	0.7386***	0.5492***	0.7254***	0.5494***
	经济增长不确定性(EGU_{it})	−0.0116	−0.0176	−0.0100	−0.0200*
	经济政策不确定性(EPU_{it})	−0.0231	−0.0226	−0.0423	−0.0183
	金融发展规模(FDS_{it})	−0.0213*	−0.0352*	−0.0359**	−0.0316*
	金融发展效率(FDE_{it})	0.2631	0.2306	0.4194**	0.2548
	金融市场化(FIL_{it})	0.0048	0.0083	0.0034	0.0072
	经济发展水平(GDP_{it})	0.1174*	0.0471	0.2202***	−0.0303
	经济基础设施水平(INF_{it})	0.2104**	0.3355***	0.1105*	0.3105***
	工业化水平(IND_{it})	0.0229	−0.3196**	0.0404	−0.2697*
	对外开放程度(OPE_{it})	0.2770	0.9228**	0.0084	0.9823***
	教育发展水平(EDU_{it})	9.6077*	−6.8535	13.1165***	−5.6963
	城镇化发展水平(URB_{it})	−0.0505	1.2286*	0.1925	1.0863
Indirect	高新技术产业投资(INV_{it-1})	−0.0466	−0.1051*	−0.7757***	−0.0789
	经济增长不确定性(EGU_{it})	−0.0495*	−0.0998***	−0.0457	−0.0888**
	经济政策不确定性(EPU_{it})	−0.1839*	−0.1564	−0.7549	−0.1924*
	金融发展规模(FDS_{it})	−0.0174	0.0127	−0.1679	0.0172
	金融发展效率(FDE_{it})	−0.4638	−0.7520	1.0916	−0.0188
	金融市场化(FIL_{it})	0.0036	0.0094	0.0428	0.0085
	经济发展水平(GDP_{it})	−0.0298	−0.0448	1.1816	0.0369
	经济基础设施水平(INF_{it})	0.1762	0.3992*	−0.0056	0.1693
	工业化水平(IND_{it})	−0.3461**	−0.6804**	−2.3858**	−0.5785*
	对外开放程度(OPE_{it})	−0.8020**	−0.3176	−2.3207	−0.5223
	教育发展水平(EDU_{it})	0.1206	−27.3848*	−14.5769	−25.9420*
	城镇化发展水平(URB_{it})	0.7356*	1.8067	8.5355**	2.9084*

续表

变量名称		地理位置矩阵	地理距离矩阵	经济协动矩阵	经济距离矩阵
Total	高新技术产业投资（INV_{it-1}）	0.6920***	0.4440***	−0.0503	0.4704***
	经济增长不确定性（EGU_{it}）	−0.0611*	−0.1174***	−0.0557	−0.1088***
	经济政策不确定性（EPU_{it}）	−0.2070*	−0.1790	−0.7972	−0.2108
	金融发展规模（FDS_{it}）	−0.0387	−0.0225	−0.2038	−0.0144
	金融发展效率（FDE_{it}）	−0.2007	−0.5214	1.5110	0.2360
	金融市场化（FIL_{it}）	0.0084	0.0177	0.0462	0.0157
	经济发展水平（GDP_{it}）	0.0875	0.0023	1.4017	0.0066
	经济基础设施水平（INF_{it}）	0.3866*	0.7347**	0.1049	0.4798*
	工业化水平（IND_{it}）	−0.3232*	−1.0000**	−2.3454**	−0.8482**
	对外开放程度（OPE_{it}）	−0.5250*	0.6052	−2.3122	0.4600
	教育发展水平（EDU_{it}）	9.7283	−34.2383*	−1.4604	−31.6382*
	城镇化发展水平（URB_{it}）	0.6851*	3.0353*	8.7280**	3.9947**

注：*表示在 0.1 水平上显著，**表示在 0.05 水平上显著，***表示在 0.01 水平上显著。

从各省(市、自治区)高新技术产业投资的直接空间溢出效应来看，各省(市、自治区)经济政策不确定性指数和金融市场化指数在上述四类空间权重矩阵下对本地区高新技术产业投资内部溢出效应不存在显著影响；经济增长不确定性指数在经济距离空间权重矩阵下对本地区高新技术产业投资具有显著的负向内部溢出效应，在地理位置矩阵、地理距离矩阵和经济协动矩阵等空间权重矩阵下对本地区高新技术产业投资内部溢出效应不存在显著影响；金融发展规模指数在上述四类空间权重矩阵下对本地区高新技术产业投资具有显著的负向内部溢出效应；金融发展效率指数在经济协动空间权重矩阵下对本地区高新技术产业投资具有显著的正向内部溢出效应，在地理位置矩阵、地理距离矩阵和经济距离矩阵等空间权重矩阵下对本地区高新技术产业投资内部溢出效应不存在显著影响。

在地理位置矩阵和经济协动矩阵等空间权重矩阵下，各省(市、自治区)高新技术产业上一期投资规模、经济发展水平、经济基础设施水平和教育发展水平等指标变量对本地区高新技术产业投资具有显著的正向内部溢出效应，工业化水平、对外开放程度和城镇化发展水平等指标变量对本地区高新技术产业投资内部溢出效应不存在显著影响。在地理距离空间权重矩阵下，各省（市、自治区）高新技术产业上一期投资规模、经济基础设施水平、对外开放程度和城镇化发展水平等指标变量对本地区高新技术产业投资具有显著的正向内部溢出效应，工业化水平对本地区高新技术产业投资具有显著的负向内部溢出效应，经济发展水平和教育发展水平等指标变量对本地区高新技术产业投资内部溢出效应不存在显著影响。在经济距离空间权重矩阵下，各省（市、自治区）高新技术产业上一期投资规模、经济基础设施水平和对外开放程度等指标变量对本地区高新技术产业投资具有显著的正向内部溢出效应，工业化水平对本地区高新技术产业投资具有显著的负向内部溢出效应，经济发展水平、教育发展水平和城镇化发展水平等指标变量对本地区高新技术产业投资内部溢出效应不存在显著影响。

从各省（市、自治区）高新技术产业投资的间接空间溢出效应来看，各省（市、自治区）经济增长不确定性指数在地理位置矩阵、地理距离矩阵和经济距离矩阵等空间权重矩阵下对其他地区高新技术产业投资具有显著的负向外部溢出效应，在经济协动空间权重矩阵下对其他地区高新技术产业投资的外部溢出效应不存在显著影响；经济政策不确定性指数在地理位置矩阵和经济距离矩阵等空间权重矩阵下对其他地区高新技术产业投资具有显著的负向外部溢出效应，在地理距离矩阵和经济协动矩阵等空间权重矩阵下对其他地区高新技术产业投资的外部溢出效应不存在显著影响；金融发展规模指数、金融发展效率指数和金融市场化指数在上述四类空间权重矩阵下对其他地区高新技术产业投资的外部溢出效应不存在显著影响。

在地理位置空间权重矩阵下，各省（市、自治区）城镇化发展水平对其他地区高新技术产业投资具有显著的正向外部溢出效应，工业化水平和对外开放程度等指标变量对其他地区高新技术产业投资具有显著的负向外部溢出效应，高新技术产业上一期投资规模、经济发展水平、经济基础设施水平和教育发展水平等指标变量对其他地区高新技术产业投资的外部溢出效应不存在显著影响。在地理距离空间权重矩阵下，各省（市、自治区）经济基础设施水平对其他地区高新技术产业投资具有显著的正向外部溢出效应，高新技术产业上一期投资规模、工业化水平和教育发展水平等指标变量对其他地区高新技术产业投资具有显著的负向外部溢出效应,经济发展水平、对外开放程度和城镇化发展水平等指标变量对其他地区高新技术产业投资的外部溢出效应不存在显著影响。在经济协动空间权重矩阵下,各省(市、自治区)高新技术产业上一期投资规模、工业化水平等指标变量对其他地区高新技术产业投资具有显著的负向外部溢出效应,经济发展水平、经济基础设施水平、对外开放程度和教育发展水平等指标变量对其他地区高新技术产业投资的外部溢出效应不存在显著影响。在经济距离空间权重矩阵下,各省(市、自治区)城镇化发展水平对其他地区高新技术产业投资具有显著的正向外部溢出效应,工业化水平和教育发展水平等指标变量对其他地区高新技术产业投资具有显著的负向外部溢出效应,高新技术产业上一期投资规模、经济发展水平、经济基础设施水平和对外开放程度等指标变量对其他地区高新技术产业投资的外部溢出效应不存在显著影响。

从各省(市、自治区)高新技术产业投资的总空间溢出效应来看,各省(市、自治区)经济增长不确定性指数在地理位置矩阵、地理距离矩阵和经济距离矩阵等空间权重矩阵下对各省(市、自治区)高新技术产业投资具有显著的负向总溢出效应,在经济协动空间权重矩阵下对各省(市、自治区)高新技术产业投资的总溢出效应不存在显著影响;经济政策不确定性指数在地理位置空间权重矩阵下对各省(市、自治区)高新技术产业投资具有显著的负向总溢出效应,在地理距离矩阵、经济协动矩阵和经济距离矩阵等空间权重矩阵下对各省(市、自治区)高新技术产业投资的总溢出效应不存在显著影响;金融发展规模指数、金融发展效率指数和金融市场化指数在上述四类空间权重矩阵下对各省(市、自治区)高新技术产业投资的总溢出效应不存在显著影响。

在地理位置空间权重矩阵下,各省(市、自治区)高新技术产业上一期投资规模、经济基础设施水平和城镇化发展水平等指标变量对各省(市、自治区)高新技术产业投资具有显著的正向总溢出效应,工业化水平和对外开放程度等指标变量对各省(市、自治区)高新技术产业投资具有显著的负向总溢出效应,经济发展水平和教育发展水平等指标变量对各省(市、自治区)高新技术产业投资的总溢出效应则不存在显著影响。在地理距离矩阵和经济距离矩阵等空间权重矩阵下,各省(市、自治区)高新技术产业上一期投资规模、经济基础设施水平和城镇化发展水平等指标变量对各省(市、自治区)高新技术产业投资具有显著的正向总溢出效应,工业化水平和教育发展水平等指标变量对各省(市、自治区)高新技术产业投资具有显著的负向总溢出效应,经济发展水平和对外开放程度等指标变量对各省(市、自治区)高新技术产业投资的总溢出效应则不存在显著影响。在经济协动空间权重矩阵下,各省(市、自治区)城镇化发展水平对各省(市、自治区)高新技术产业投资具有显著的正向总溢出效应,工业化水平对各省(市、自治区)高新技术产业投资具有显著的负向总溢出效应,高新技术产业上一期投资规模、经济发展水平、经济基础设施水平、对外开放程度和教育发展水平等指标变量对各省(市、自治区)高新技术产业投资的总溢出效应则不存在显著影响。

9.5.2 基于地理位置空间权重矩阵的高新技术产业投资空间溢出效应区域差异性分析

限于篇幅,在地理位置矩阵和地理距离矩阵两类空间权重矩阵中本书仅选择地理位置空间权重矩阵进行高新技术产业投资空间溢出效应区域差异性分析。在地理位置空间权重矩阵下,东部地区、中部地区和西部地区经济不确定性、金融发展影响高新技术产业投资空间溢出效应计量模型的检验结果如表9-46所示。

表9-46 基于地理位置空间权重矩阵的省域分区域高新技术产业投资
空间依赖性检验结果统计表

		东部地区	中部地区	西部地区
LM 检验	LM-Error	1.629	6.971***	0.011
	Robust LM-Error	1.170	5.616**	1.297
	LM-Lag	1.620	3.298*	6.582***
	Robust LM-Lag	1.161	1.943	7.868***
Wald 检验	Chi2-Error	15.58	39.43***	27.75***
	Chi2-Lag	17.42	38.72***	35.65***
LR 检验	LR-Error	15.05	34.93***	24.68**
	LR-Lag	16.83	34.85***	30.31***

注:*表示在0.1水平上显著,**表示在0.05水平上显著,***表示在0.01水平上显著。

从表 9-46 的检验结果来看，在 LM 检验原则下，东部地区高新技术产业投资空间溢出效应计量模型既不适用空间误差模型也不适用空间滞后模型，中部地区适用空间误差模型，西部地区则适用空间滞后模型；在 Wald 检验原则和 LR 检验原则下，东部地区高新技术产业投资空间溢出效应计量模型既不适用空间误差模型也不适用空间滞后模型，中部地区和西部地区则既适用空间误差模型也适用空间滞后模型。综合来看，东部地区、中部地区和西部地区高新技术产业投资在地理位置空间权重矩阵下的空间溢出效应计量模型选择空间杜宾模型较为合适。我们进一步对东部地区、中部地区和西部地区高新技术产业投资在地理位置空间权重矩阵下的空间溢出效应空间杜宾模型的具体形式进行检验，结果如表 9-47 所示。

表 9-47　基于地理位置空间权重矩阵的省域分区域高新技术产业投资空间溢出效应计量模型选择检验统计表

	检验类别	东部地区	中部地区	西部地区
区域固定效应 or 双向固定效应	LR Test	46.41***	50.26***	42.34***
时间固定效应 or 双向固定效应	LR Test	40.94***	21.91**	37.90***
固定效应 or 随机效应	Hausman Test	−22.35	180.10***	0.00

注：**表示在 0.05 水平上显著，***表示在 0.01 水平上显著。

从表 9-47 的检验结果来看，东部地区和西部地区高新技术产业投资空间溢出效应空间杜宾模型应选择双向固定效应模型形式，中部地区高新技术产业投资空间溢出效应空间杜宾模型应选择随机效应模型形式。在此基础上，对在地理位置空间权重矩阵下东部地区、中部地区和西部地区经济不确定性、金融发展影响其高新技术产业投资空间溢出效应空间杜宾模型进行参数估计，其结果如表 9-48 所示。

从表 9-48 的统计结果来看，东部地区、中部地区和西部地区以高新技术产业投资为被解释变量的空间溢出效应计量模型的 Log-likelihood 统计量分别是 45.5801、87.4809 和 36.0507，它们在 0.01 的水平上都是显著的，可以确定该空间溢出效应计量模型的拟合效果良好。其中，该空间溢出效应计量模型中各解释变量对东部地区、中部地区和西部地区高新技术产业投资的解释程度分别为83.29%、98.19%和73.13%。从东部地区、中部地区和西部地区高新技术产业投资空间溢出效应计量模型的空间自相关系数来看，东部地区各省(市、自治区)高新技术产业投资对其他地区高新技术产业投资不存在显著影响，中部地区各省(市、自治区)高新技术产业投资对其他地区高新技术产业投资存在显著的正向促进作用，西部地区各省(市、自治区)高新技术产业投资对其他地区高新技术产业投资存在显著的负向抑制作用。

表 9-48　基于地理位置空间权重矩阵的省域分区域高新技术产业投资

空间溢出效应计量模型参数估计结果统计表

	变量名称	东部地区	中部地区	西部地区
Main	高新技术产业投资（INV_{it-1}）	0.4511***	0.6824***	0.3783***
	经济增长不确定性（EGU_{it}）	0.0007	−0.0110	−0.0646*
	经济政策不确定性（EPU_{it}）	−0.0603	0.1049*	0.0884
	金融发展规模（FDS_{it}）	−0.0466***	0.0154	−0.2095*
	金融发展效率（FDE_{it}）	0.9731*	0.6153**	−1.0564
	金融市场化（FIL_{it}）	0.0225*	−0.0343**	−0.0441*
	经济发展水平（GDP_{it}）	0.1988	0.1409	−0.8842
	经济基础设施水平（INF_{it}）	0.5409***	0.1681	0.6642*
	工业化水平（IND_{it}）	−1.1376**	−0.0283	−1.0630***
	对外开放程度（OPE_{it}）	1.4316***	1.8425*	2.8301*
	教育发展水平（EDU_{it}）	−20.9715**	6.2199	38.9892
	城镇化发展水平（URB_{it}）	−0.8853	−0.3767	7.7495*
Wx	高新技术产业投资（INV_{it-1}）	−0.1226	−0.1557*	0.0934
	经济增长不确定性（EGU_{it}）	0.0568*	−0.0669**	−0.1051
	经济政策不确定性（EPU_{it}）	−0.0150	−0.0423	−0.1385
	金融发展规模（FDS_{it}）	0.0195	−0.0994	−0.7414***
	金融发展效率（FDE_{it}）	1.1549	0.6105*	−4.1376*
	金融市场化（FIL_{it}）	0.0246	−0.0542**	−0.0976*

续表

	变量名称	东部地区	中部地区	西部地区
Wx	经济发展水平（GDP_{it}）	-0.9608^*	0.6205^{**}	-2.3636^*
	经济基础设施水平（INF_{it}）	0.2855	-0.1996	1.9232^{**}
	工业化水平（IND_{it}）	0.5054	-1.7542^{***}	-0.9112^*
	对外开放程度（OPE_{it}）	0.9358^*	-0.5402	-3.8128
	教育发展水平（EDU_{it}）	-17.7286	-9.1956	-209.9170^{***}
	城镇化发展水平（URB_{it}）	-0.7552	1.5352^{**}	7.9956
Spatial	rho	-0.0919	0.1750^{**}	-0.3957^{***}
Variance	sigma2_e	0.0536^{***}	0.0426^{***}	0.0991^{***}
	R-squared	0.8329	0.9819	0.7313
	Log-likelihood	45.5801^{***}	87.4809^{***}	36.0507^{***}

注：＊表示在 0.1 水平上显著，＊＊表示在 0.05 水平上显著　＊＊＊表示在 0.01 水平上显著。

从经济不确定性和金融发展变量指标的参数估计结果来看，金融发展效率指数和金融市场化指数对东部地区高新技术产业投资存在显著的正向促进作用，金融发展规模指数对东部地区高新技术产业投资存在显著的负向抑制作用；经济政策不确定性指数和金融发展效率指数对中部地区高新技术产业投资存在显著的正向促进作用，金融市场化指数对中部地区高新技术产业投资存在显著的负向抑制作用；经济增长不确定性指数、金融发展规模指数和金融市场化指数对西部地区高新技术产业投资存在显著的负向抑制作用。进一步观察经济不确定性和金融发展变量指标空间滞后项的参数估计结果发现，仅经济增长不确定性指数的空间滞后项对东部地区高新技术产业投资存在显著的正向促进作用；金融发展效率指数的空间滞后项对中部地区高新技术产业投资存在显著的正向促进作用，经济增长不确定性指数和金融市场化指数的空间滞后项对中部地区高新技术产业投资存在显著的负向抑制作用；金融发展规模指数、金融发展效率指数和金融市场化指数的空间滞后项对西部地区高新技术产业投资存在显著的负向抑制作用。

从影响省域高新技术产业投资的其他变量指标来看，高新技术产业上一期投资规模、经济基础设施水平和对外开放程度对东部地区高新技术产业投资存在显著的正向促进作用，工业化水平和教育发展水平对东部地区高新技术产业投资存在显著的负向抑制作用；高新技术产业上一期投资规模和对外开放程度对中部地区高新技术产业投资存在显著的正向促进作用；高新技术产业上一期投资规模、经济基础设施水平、对外开放程度和城镇化发展水平对西部地区高新技术产业投资存在显著的正向促进作用，工业化水平对西部地区高新技术产业投资存在显著的负向抑制作用。进一步观察各控制变量指标空间滞后项的参数估计结果发现，对外开放程度的空间滞后项对东部地区高新技术产业投资存在显著的正向促进作用，经济发展水平的空间滞后项对东部地区高新技术产业投资存在显著的负向抑制作用；经济发展水平和城镇化发展水平的空间滞后项对中部地区高新技术产业投资存在显著的正向促进作用，高新技术产业上一期投资规模和工业化水平的空间滞后项对中部地区高新技术产业投资存在显著的负向抑制作用；经济基础设施水平的空间滞后项对西部地区高新技术产业投资存在显著的正向促进作用，经济发展水平、工业化水平和教育发展水平的空间滞后项对西部地区高新技术产业投资存在显著的负向抑制作用。

　　考虑到在基于地理位置空间权重矩阵的省域分区域高新技术产业投资空间溢出效应计量模型中，经济不确定性、金融发展以及控制变量指标空间滞后项的参数估计结果部分显著不等于0，现进一步对东部地区、中部地区和西部地区高新技术产业投资的空间溢出效应进行分解，其分解结果如表9-49所示。

表9-49　基于地理位置空间权重矩阵的省域分区域高新技术产业投资
空间溢出效应分解结果统计表

	变量名称	东部地区	中部地区	西部地区
Direct	高新技术产业投资（INV_{it-1}）	0.4577***	0.6807***	0.3869***
	经济增长不确定性（EGU_{it}）	−0.0037	−0.0186	−0.0609*
	经济政策不确定性（EPU_{it}）	−0.0564	0.1075*	0.1143
	金融发展规模（FDS_{it}）	−0.0463***	0.0178	−0.1298
	金融发展效率（FDE_{it}）	0.8396*	0.6298*	−0.8546

续表

	变量名称	东部地区	中部地区	西部地区
Direct	金融市场化（FIL_{it}）	0.0218*	−0.0380***	−0.0360*
	经济发展水平（GDP_{it}）	0.2315	0.1775	−0.5863
	经济基础设施水平（INF_{it}）	0.5422***	0.1603	0.4933
	工业化水平（IND_{it}）	−1.1380***	−0.1353	−1.0177***
	对外开放程度（OPE_{it}）	1.3898***	1.8862	3.2241*
	教育发展水平（EDU_{it}）	−19.3776*	6.0164	68.4010*
	城镇化发展水平（URB_{it}）	−0.8738	−0.3345	6.7478*
Indirect	高新技术产业投资（INV_{it-1}）	−0.1646*	−0.0270	−0.0581
	经济增长不确定性（EGU_{it}）	0.0611*	−0.0780**	−0.0654
	经济政策不确定性（EPU_{it}）	−0.0083	−0.0282	−0.1558
	金融发展规模（FDS_{it}）	0.0221	−0.0912	−0.5282***
	金融发展效率（FDE_{it}）	1.0762	0.3170*	−3.1306*
	金融市场化（FIL_{it}）	0.0228	−0.0741***	−0.0607*
	经济发展水平（GDP_{it}）	−1.0314**	0.7475**	−1.7248*
	经济基础设施水平（INF_{it}）	0.2562	−0.2004	1.4152**
	工业化水平（IND_{it}）	0.5497	−2.0255***	−0.4300
	对外开放程度（OPE_{it}）	0.6918	0.0696	−4.4698
	教育发展水平（EDU_{it}）	−17.4755	−8.6764	−181.3512***
	城镇化发展水平（URB_{it}）	−0.7519	1.6480*	3.7794
Total	高新技术产业投资（INV_{it-1}）	0.2932***	0.6537***	0.3288**
	经济增长不确定性（EGU_{it}）	0.0574*	−0.0965***	−0.1263*
	经济政策不确定性（EPU_{it}）	−0.0647	0.0793	−0.0415
	金融发展规模（FDS_{it}）	−0.0241	−0.0734	−0.6580***
	金融发展效率（FDE_{it}）	1.9159*	1.4468*	−3.9852*
	金融市场化（FIL_{it}）	0.0445***	−0.1122***	−0.0968*
	经济发展水平（GDP_{it}）	−0.7999*	0.9250***	−2.3111*
	经济基础设施水平（INF_{it}）	0.7984*	−0.0402	1.9085**

续表

	变量名称	东部地区	中部地区	西部地区
Total	工业化水平（IND_{it}）	−0.5883	−2.1608***	−1.4476***
	对外开放程度（OPE_{it}）	2.0815**	1.9558	−1.2457
	教育发展水平（EDU_{it}）	−36.8531*	−2.6600	−112.9501*
	城镇化发展水平（URB_{it}）	−1.6257	1.3135	10.5272

注：*表示在 0.1 水平上显著，**表示在 0.05 水平上显著，***表示在 0.01 水平上显著。

　　从基于地理位置空间权重矩阵的省域分区域高新技术产业投资的直接空间溢出效应来看，仅西部地区各省（市、自治区）经济增长不确定性指数对本地区高新技术产业投资具有显著的负向内部溢出效应；仅中部地区各省（市、自治区）经济政策不确定性指数对本地区高新技术产业投资具有显著的正向内部溢出效应；仅东部地区各省（市、自治区）金融发展规模指数对本地区高新技术产业投资具有显著的负向内部溢出效应；东部地区和中部地区各省（市、自治区）金融发展效率指数对本地区高新技术产业投资具有显著的正向内部溢出效应；东部地区各省（市、自治区）金融市场化指数对本地区高新技术产业投资具有显著的正向内部溢出效应，中部地区和西部地区各省（市、自治区）金融市场化指数对本地区高新技术产业投资具有显著的负向内部溢出效应。

　　东部地区各省（市、自治区）高新技术产业上一期投资规模、经济基础设施水平和对外开放程度对本地区高新技术产业投资具有显著的正向内部溢出效应，工业化水平和教育发展水平对本地区高新技术产业投资均具有显著的负向内部溢出效应；中部地区各省（市、自治区）仅高新技术产业上一期投资规模对本地区高新技术产业投资具有显著的正向内部溢出效应；西部地区各省（市、自治区）高新技术产业上一期投资规模、对外开放程度、教育发展水平和城镇化发展水平对本地区高新技术产业投资具有显著的正向内部溢出效应，工业化水平对本地区高新技术产业投资具有显著的负向内部溢出效应。

　　从基于地理位置空间权重矩阵的省域分区域高新技术产业投资的间接空间溢出效应来看，东部地区各省（市、自治区）经济增长不确定性指数对其他地区高新技术产业投资具有显著的正向外部溢出效应，中部地区各省（市、自治区）经济增长不确定性指数对其他地区高新技术产业投资具有显著的负向外部溢出效应；东部地区、中部地区和西部地区经济政策不确定性指数对其他地区高新技术产业投资外部溢出效应均不存在显著影响；仅西部地区各省（市、自治区）金融发展规模指数对其他地区高新技术产业投资具有显著的负向外部溢出效应；中部地区各省（市、自治区）金融发展效率指数对其他地区高新技术产业投资具有显著的正向外部溢出效应，西部地区各省（市、自治区）金融发展效率指数对其他地区高新技术产业投资具有显著的负向外部溢出效应；中部地区和西部地区各省（市、自治区）金融市场化指数对其他地区高新技术产业投资具有显著的负向外部溢出效应。

东部地区各省（市、自治区）高新技术产业上一期投资规模和经济发展水平对其他地区高新技术产业投资具有显著的负向外部溢出效应；中部地区各省（市、自治区）经济发展水平和城镇化发展水平对其他地区高新技术产业投资具有显著的正向外部溢出效应，工业化水平对其他地区高新技术产业投资具有显著的负向外部溢出效应；西部地区各省（市、自治区）经济基础设施水平对其他地区高新技术产业投资具有显著的正向外部溢出效应，经济发展水平和教育发展水平对其他地区高新技术产业投资具有显著的负向外部溢出效应。

从基于地理位置空间权重矩阵的省域分区域高新技术产业投资的总空间溢出效应来看，东部地区各省（市、自治区）经济增长不确定性指数对各地区高新技术产业投资具有显著的正向总溢出效应，中部地区和西部地区各省（市、自治区）经济增长不确定性指数对各地区高新技术产业投资具有显著的负向总溢出效应；东部地区、中部地区和西部地区经济政策不确定性指数对各地区高新技术产业投资总溢出效应不存在显著影响；仅西部地区各省（市、自治区）金融发展规模指数对各地区高新技术产业投资具有显著的负向总溢出效应；东部地区和中部地区各省（市、自治区）金融发展效率指数对各地区高新技术产业投资具有显著的正向总溢出效应，西部地区各省（市、自治区）金融发展效率指数对各地区高新技术产业投资具有显著的负向总溢出效应；东部地区各省（市、自治区）金融市场化指数对各地区高新技术产业投资具有显著的正向总溢出效应，中部地区和西部地区各省（市、自治区）金融市场化指数对各地区高新技术产业投资具有显著的负向总溢出效应。

东部地区各省(市、自治区)高新技术产业上一期投资规模、经济基础设施水平和对外开放程度等指标变量对各地区高新技术产业投资具有显著的正向总溢出效应,经济发展水平和教育发展水平等指标变量对各地区高新技术产业投资具有显著的负向总溢出效应;中部地区各省(市、自治区)高新技术产业上一期投资规模和经济发展水平等指标变量对各地区高新技术产业投资具有显著的正向总溢出效应,工业化水平对各地区高新技术产业投资具有显著的负向总溢出效应;西部地区各省(市、自治区)高新技术产业上一期投资规模和经济基础设施水平等指标变量对各地区高新技术产业投资具有显著的正向总溢出效应,经济发展水平、工业化水平和教育发展水平等指标变量对各地区高新技术产业投资具有显著的负向总溢出效应。

9.5.3　基于经济距离空间权重矩阵的高新技术产业投资空间溢出效应区域差异性分析

在经济协动矩阵和经济距离矩阵两类空间权重矩阵中本书仅选择经济距离空间权重矩阵进行高新技术产业投资空间溢出效应区域差异性分析。在经济距离空间权重矩阵下,东部地区、中部地区和西部地区经济不确定性、金融发展影响高新技术产业投资空间溢出效应计量模型的检验结果如表9-50所示。

表9-50　基于经济距离空间权重矩阵的省域分区域高新技术产业投资

空间依赖性检验结果统计表

		东部地区	中部地区	西部地区
LM 检验	LM-Error	2.859*	2.036	0.442
	Robust LM-Error	1.980	1.335	0.003
	LM-Lag	5.616**	11.626***	7.419***
	Robust LM-Lag	4.737**	10.925***	6.980***
Wald 检验	Chi2-Error	18.54	42.88***	13.51
	Chi2-Lag	21.09**	42.12***	18.93*

续表

		东部地区	中部地区	西部地区
LR 检验	LR-Error	8.53	38.38***	13.08
	LR-Lag	8.78	37.88***	17.54

注：＊＊＊表示在 0.01 水平上显著。

　　从表 9-50 的检验结果来看，在 LM 检验原则下，东部地区高新技术产业投资空间溢出效应计量模型既适用空间误差模型也适用空间滞后模型，中部地区和西部地区则适用空间滞后模型；在 Wald 检验原则下，东部地区和西部地区高新技术产业投资空间溢出效应计量模型适用空间滞后模型，中部地区则既适用空间误差模型也适用空间滞后模型；在 LR 检验原则下，东部地区和西部地区高新技术产业投资空间溢出效应计量模型既不适用空间误差模型也不适用空间滞后模型，而中部地区则既适用空间误差模型也适用空间滞后模型。综合来看，东部地区、中部地区和西部地区高新技术产业投资在经济距离空间权重矩阵下的空间溢出效应计量模型选择空间杜宾模型较为合适。我们进一步对东部地区、中部地区和西部地区高新技术产业投资在经济距离空间权重矩阵下的空间溢出效应空间杜宾模型的具体形式进行检验，结果如表 9-51 所示。

表 9-51　基于经济距离空间权重矩阵的省域分区域高新技术产业投资
空间溢出效应计量模型选择检验统计表

	检验类别	东部地区	中部地区	西部地区
区域固定效应 or 双向固定效应	LR Test	37.09***	51.28***	41.66***
时间固定效应 or 双向固定效应	LR Test	28.09***	20.59**	27.73***
固定效应 or 随机效应	Hausman Test	58.61***	96.30***	56.40***

注：＊＊＊表示在 0.01 水平上显著。

　　从表 9-51 的检验结果来看，东部地区、中部地区和西部地区高新技术产业投资空间溢出效应空间杜宾模型应选择随机效应模型形式。在此基础上，对在经

457

济距离空间权重矩阵下东部地区、中部地区和西部地区经济不确定性、金融发展影响高新技术产业投资空间溢出效应空间杜宾模型进行参数估计，其结果如表9-52 所示。

表 9-52   基于经济距离空间权重矩阵的省域分区域高新技术产业投资
空间溢出效应计量模型参数估计结果统计表

	变量名称	东部地区	中部地区	西部地区
Main	高新技术产业投资（INV_{it-1}）	0.6054***	0.6213***	0.3830***
	经济增长不确定性（EGU_{it}）	0.0174	−0.0155	0.0005
	经济政策不确定性（EPU_{it}）	−0.0408	0.1049*	0.0473
	金融发展规模（FDS_{it}）	−0.0510***	0.0726	−0.2811*
	金融发展效率（FDE_{it}）	0.3769	0.6068**	−0.4297
	金融市场化（FIL_{it}）	0.0012	−0.0313**	0.0116
	经济发展水平（GDP_{it}）	0.1220	0.1604	−2.2368***
	经济基础设施水平（INF_{it}）	0.3426***	0.1996*	0.8203**
	工业化水平（IND_{it}）	−0.4708*	−0.0799	−0.7823**
	对外开放程度（OPE_{it}）	0.9087***	2.5683*	2.4561
	教育发展水平（EDU_{it}）	5.2716	9.5886	29.5322
	城镇化发展水平（URB_{it}）	−0.1179	−0.4945	3.1206
Wx	高新技术产业投资（INV_{it-1}）	−0.2571***	−0.0158	0.1487
	经济增长不确定性（EGU_{it}）	−0.0196	−0.0678**	0.0159
	经济政策不确定性（EPU_{it}）	0.1528*	−0.0511	−0.1446
	金融发展规模（FDS_{it}）	0.0155	−0.1520	−0.5277**
	金融发展效率（FDE_{it}）	−0.4110	0.5704*	−0.4718
	金融市场化（FIL_{it}）	0.0240*	−0.0621***	0.0207
	经济发展水平（GDP_{it}）	−0.0699	0.6216***	−3.5001**
	经济基础设施水平（INF_{it}）	0.1757	−0.3580*	1.1133*
	工业化水平（IND_{it}）	0.1062	−1.6526***	0.0681
	对外开放程度（OPE_{it}）	−0.1572	−0.8260	0.5943

续表

变量名称		东部地区	中部地区	西部地区
Wx	教育发展水平（EDU_{it}）	−7.9581	−15.9360*	−97.8244
	城镇化发展水平（URB_{it}）	1.0778*	2.1019***	3.5760
Spatial	rho	0.0509	0.1813**	−0.3219***
Variance	sigma2_e	0.0734***	0.0409***	0.1083***
	R-squared	0.9725	0.9826	0.9483
	Log-likelihood	−37.2270***	41.0314***	−57.6611***

注：*表示在0.1水平上显著，**表示在0.05水平上显著，***表示在0.01水平上显著。

从表9-52的统计结果来看，东部地区、中部地区和西部地区以高新技术产业投资为被解释变量的空间溢出效应计量模型的 Log-likelihood 统计量分别为−37.2270、41.0314 和−57.6611，它们在 0.01 的水平上都是显著的，可以确定该空间溢出效应计量模型的拟合效果良好。其中，该空间溢出效应计量模型中各解释变量对东部地区、中部地区和西部地区高新技术产业投资的解释程度分别为97.25%、98.26%和94.83%。从东部地区、中部地区和西部地区高新技术产业投资空间溢出效应计量模型的空间自相关系数来看，东部地区各省（市、自治区）高新技术产业投资对其他地区高新技术产业投资不存在显著影响，中部地区各省（市、自治区）高新技术产业投资对其他地区高新技术产业投资存在显著的正向促进作用，西部地区各省（市、自治区）高新技术产业投资对其他地区高新技术产业投资存在显著的负向抑制作用。

从经济不确定性和金融发展变量指标的参数估计结果来看，仅金融发展规模指数对东部地区高新技术产业投资存在显著的负向抑制作用；经济政策不确定性指数和金融发展效率指数对中部地区高新技术产业投资存在显著的正向促进作用，金融市场化指数对中部地区高新技术产业投资存在显著的负向抑制作用；仅金融发展规模指数对西部地区高新技术产业投资存在显著的负向抑制作用。我们进一步观察经济不确定性和金融发展变量指标空间滞后项的参数估计结果发现，经济政策不确定性指数和金融市场化指数的空间滞后项对东部地区高新技术产业投资存在显著的正向促进作用；金融发展效率指数的空间滞后项对中部地区高新技术产业投资存在显著的正向促进作用，经济增长不确定性指数和金融市场化指数的空间滞后项对中部地区高新技术产业投资存在显著的负向抑制作用；仅金融发展规模指数的空间滞后项对西部地区高新技术产业投资存在显著的负向抑制作用。

从影响省域高新技术产业投资的其他变量指标来看，高新技术产业上一期投资规模、经济基础设施水平和对外开放程度对东部地区高新技术产业投资存在显著的正向促进作用，工业化水平对东部地区高新技术产业投资存在显著的负向抑制作用；高新技术产业上一期投资规模、经济基础设施水平和外开放程度对中部地区高新技术产业投资存在显著的正向促进作用；高新技术产业上一期投资规模和经济基础设施水平对西部地区高新技术产业投资存在显著的正向促进作用，经济发展水平和工业化水平对西部地区高新技术产业投资存在显著的负向抑制作用。进一步观察各控制变量指标空间滞后项的参数估计结果发现，城镇化发展水平的空间滞后项对东部地区高新技术产业投资存在显著的正向促进作用，高新技术产业上一期投资规模的空间滞后项对东部地区高新技术产业投资存在显著的负向抑制作用；经济发展水平和城镇化发展水平的空间滞后项对中部地区高新技术产业投资存在显著的正向促进作用，经济基础设施水平、工业化水平和教育发展水平的空间滞后项对中部地区高新技术产业投资存在显著的负向抑制作用；经济基础设施水平的空间滞后项对西部地区高新技术产业投资存在显著的正向促进作用，经济发展水平的空间滞后项对西部地区高新技术产业投资存在显著的负向抑制作用。

考虑到在基于经济距离空间权重矩阵的省域分区域高新技术产业投资空间溢出效应计量模型中，经济不确定性、金融发展以及控制变量指标空间滞后项的参数估计结果部分显著不等于0，现进一步对东部地区、中部地区和西部地区高新技术产业投资的空间溢出效应进行分解，其分解结果如表9-53所示。

表 9-53　基于经济距离空间权重矩阵的省域分区域高新技术产业投资空间溢出效应分解结果统计表

变量名称		东部地区	中部地区	西部地区
Direct	高新技术产业投资（INV_{it-1}）	0.6021^{***}	0.6299^{***}	0.3827^{***}
	经济增长不确定性（EGU_{it}）	0.0154	-0.0236	-0.0066
	经济政策不确定性（EPU_{it}）	-0.0332	0.1066^{*}	0.0693

续表

	变量名称	东部地区	中部地区	西部地区
Direct	金融发展规模（FDS_{it}）	−0.0496***	0.0708	−0.2258*
	金融发展效率（FDE_{it}）	0.3059	0.6234*	−0.6133
	金融市场化（FIL_{it}）	0.0019	−0.0363***	0.0094
	经济发展水平（GDP_{it}）	0.1047	0.2034	−1.9008***
	经济基础设施水平（INF_{it}）	0.3550***	0.1790	0.7422**
	工业化水平（IND_{it}）	−0.4384*	−0.1826	−0.8326**
	对外开放程度（OPE_{it}）	0.8995***	2.5931*	2.3055
	教育发展水平（EDU_{it}）	6.1417	8.4116	44.5037
	城镇化发展水平（URB_{it}）	−0.1622	−0.3861	2.5743
Indirect	高新技术产业投资（INV_{it-1}）	−0.1980***	0.1247*	0.0082
	经济增长不确定性（EGU_{it}）	−0.0184	−0.0802**	0.0134
	经济政策不确定性（EPU_{it}）	0.1484*	−0.0363	−0.1379
	金融发展规模（FDS_{it}）	0.0130	−0.1416	−0.3603*
	金融发展效率（FDE_{it}）	−0.3118	0.7542*	−0.3209
	金融市场化（FIL_{it}）	0.0218*	−0.0819***	0.0182
	经济发展水平（GDP_{it}）	−0.0511	0.7594***	−2.3853*
	经济基础设施水平（INF_{it}）	0.1659	−0.3706*	0.7420
	工业化水平（IND_{it}）	0.1173	−1.3198***	0.2231
	对外开放程度（OPE_{it}）	−0.1675	−0.3068	−0.7220
	教育发展水平（EDU_{it}）	−8.6243	−16.0097*	−87.8317*
	城镇化发展水平（URB_{it}）	1.0211*	2.1743**	2.4805
Total	高新技术产业投资（INV_{it-1}）	0.4041***	0.7546***	0.3908***
	经济增长不确定性（EGU_{it}）	−0.0031	−0.1037***	0.0068
	经济政策不确定性（EPU_{it}）	0.1152	0.0704**	−0.0687
	金融发展规模（FDS_{it}）	−0.0365*	−0.0708	−0.5860**
	金融发展效率（FDE_{it}）	−0.0059	1.3777*	−0.9341
	金融市场化（FIL_{it}）	0.0237***	−0.1183***	0.0276

	变量名称	东部地区	中部地区	西部地区
Total	经济发展水平（GDP_{it}）	0.0536	0.9628***	−4.2861***
	经济基础设施水平（INF_{it}）	0.5209**	−0.1916	1.4843**
	工业化水平（IND_{it}）	−0.3210	−2.1024**	−0.6095
	对外开放程度（OPE_{it}）	0.7320**	2.2863	1.5835
	教育发展水平（EDU_{it}）	−2.4826	−7.5981	−43.3281
	城镇化发展水平（URB_{it}）	0.8589	1.7883*	5.0548

注：*表示在 0.1 水平上显著，**表示在 0.05 水平上显著，***表示在 0.01 水平上显著。

从基于经济距离空间权重矩阵的省域分区域高新技术产业投资的直接空间溢出效应来看，东部地区、中部地区和西部地区各省（市、自治区）经济增长不确定性指数对本地区高新技术产业投资内部溢出效应均不存在显著影响；仅中部地区各省（市、自治区）经济政策不确定性指数对本地区高新技术产业投资具有显著的正向内部溢出效应；东部地区和西部地区各省（市、自治区）金融发展规模指数对本地区高新技术产业投资具有显著的负向内部溢出效应，中部地区各省（市、自治区）金融发展规模指数对本地区高新技术产业投资具有显著的正向内部溢出效应；中部地区各省（市、自治区）金融发展效率指数对本地区高新技术产业投资具有显著的正向内部溢出效应；仅中部地区各省（市、自治区）金融市场化指数对本地区高新技术产业投资具有显著的负向内部溢出效应。

东部地区各省（市、自治区）高新技术产业上一期投资规模、经济基础设施水平和对外开放程度对本地区高新技术产业投资具有显著的正向内部溢出效应，工业化水平对本地区高新技术产业投资具有显著的负向内部溢出效应；中部地区各省（市、自治区）高新技术产业上一期投资规模和对外开放程度对本地区高新技术产业投资具有显著的正向内部溢出效应；西部地区各省（市、自治区）高新技术产业上一期投资规模、经济基础设施水平对本地区高新技术产业投资具有显著的正向内部溢出效应，工业化水平对本地区高新技术产业投资具有显著的负向内部溢出效应。

从基于经济距离空间权重矩阵的省域分区域高新技术产业投资的间接空间溢

出效应来看,仅中部地区各省(市、自治区)经济增长不确定性指数对其他地区高新技术产业投资具有显著的负向外部溢出效应;东部地区各省(市、自治区)经济政策不确定性指数对其他地区高新技术产业投资具有显著的正向外部溢出效应;仅西部地区各省(市、自治区)金融发展规模指数对其他地区高新技术产业投资具有显著的负向外部溢出效应;仅中部地区各省(市、自治区)金融发展效率指数对其他地区高新技术产业投资具有显著的正向外部溢出效应;东部地区各省(市、自治区)金融市场化指数对其他地区高新技术产业投资具有显著的正向外部溢出效应,中部地区各省(市、自治区)金融市场化指数对其他地区高新技术产业投资具有显著的负向外部溢出效应。

东部地区各省(市、自治区)城镇化发展水平对其他地区高新技术产业投资具有显著的正向外部溢出效应,高新技术产业上一期投资规模对其他地区高新技术产业投资具有显著的负向外部溢出效应;中部地区各省(市、自治区)高新技术产业上一期投资规模、经济发展水平和城镇化发展水平对其他地区高新技术产业投资具有显著的正向外部溢出效应,经济基础设施水平、工业化水平和教育发展水平对其他地区高新技术产业投资具有显著的负向外部溢出效应;西部地区经济发展水平和教育发展水平对其他地区高新技术产业投资具有显著的负向外部溢出效应。

从基于经济距离空间权重矩阵的省域分区域高新技术产业投资的总空间溢出效应来看,仅中部地区各省(市、自治区)经济增长不确定性指数对各地区高新技术产业投资具有显著的负向总溢出效应;中部地区各省(市、自治区)经济政策不确定性指数对各地区高新技术产业投资具有显著的正向总溢出效应;仅中部地区各省(市、自治区)金融发展效率指数对各地区高新技术产业投资具有显著的正向总溢出效应;东部地区各省(市、自治区)金融市场化指数对各地区高新技术产业投资具有显著的正向总溢出效应,中部地区各省(市、自治区)金融市场化指数对各地区高新技术产业投资具有显著的负向总溢出效应。

东部地区各省(市、自治区)高新技术产业上一期投资规模、经济基础设施水平和对外开放程度等指标变量对各地区高新技术产业投资具有显著的正向总溢出效应;中部地区各省(市、自治区)高新技术产业上一期投资规模、经济发展水平和城镇化发展水平等指标变量对各地区高新技术产业投资具有显著的正向总溢出效应,工业化水平对各地区高新技术产业投资具有显著的负向总溢出效应;

西部地区各省(市、自治区)高新技术产业上一期投资规模、经济基础设施水平等指标变量对各地区高新技术产业投资具有显著的正向总溢出效应,经济发展水平对各地区高新技术产业投资具有显著的负向总溢出效应。

10 政策建议与结论

10.1 政策建议

高新技术产业是实现国家创新战略的重要高地，是推动经济技术进步的核心力量。抓住高新技术产业快速发展的历史机遇期，充分发挥高新技术产业对经济技术进步的带动作用，充分释放我国经济发展潜力，有效维护我国国民经济健康持续发展的良好态势，对推动我国经济社会高速高质发展具有不可替代的战略意义。结合前文的主要理论和实证研究，本书特提出以下政策建议：

一是优化宏观经济发展环境，完善金融服务长效机制。一方面平稳有序的宏观经济发展环境对于促进高新技术产业健康有序发展具有重要意义。良好的宏观经济发展环境是引导高新技术产业发展的重要动力，能够为高新技术产业的发展创造充足的市场需求，吸引社会资本向高新技术产业核心发展领域流动，刺激和引导高新技术产业创新和投资的增长。另一方面强化金融服务高新技术产业创新增长的长效机制，要从构建多元化的金融协同机制和可持续的金融配合机制出发。这就要求在向高新技术产业提供金融服务时，不同类别金融机构要密切协调配合，特别是商业银行要基于高新技术企业融资需求的差异性，加快高新技术产业融资产品的创新步伐。同时，还要不断优化多层次资本市场发展体系，满足高新技术产业多样性的融资需求。随着我国技术发展领域和西方摩擦不断增多，高新技术产业创新增长的可持续发展受到高度重视，而构建可持续的金融配合机制也是促进高新技术产业可持续发展的重要举措。同时，还需要进一步优化高新技术产业的风险预警体系，强化高新技术产业的金融风险管理，优化高新技术产业的信息披露机制，打破高新技术企业和金融机构之间的信息不对称障碍，提升金融服务高新技术产业创新增长的效率。

二是营造有利于高新技术产业创新增长的良好区域环境。高新技术产业的持续发展依赖于技术创新的产业化扩散。要实现高新技术产业创新增长需要多措并举，形成良好的区域发展环境。一方面要重视高新技术产业专业人才的培育和引进，提升区域内高新技术产业的创新能力以及对外部技术的识别吸收能力。通过均衡多层次教育发展，加快高新技术产业人才培育；结合自身高新技术产业发展特色开展专项招才引智活动，促进高新技术产业人才结构均衡发展。另一方面应提升基础设施建设水平，优化整体营商环境。结合区域经济发展要求，进一步完善基础设施体系，提升政务服务效率，创造适合高新技术产业创新增长的良好环境条件，特别是要加大对技术领先、发展前景良好的中小型高新技术企业的扶持力度，从产品市场、要素市场以及企业税费等多方面为其发展壮大创造条件。同时，要积极构建提升技术研发转移效率的工作机制，积极引导高等院校、科研院所和高新技术企业进行全方位的技术合作，推动技术创新成果的产业化转化和商业化应用。

三是有序推动高新技术产业的空间集聚。要从建立多层次的高新技术产业发展体系出发，推动高新技术产业相互融合，推动高新技术企业间的知识和技术共享，提升各地区高新技术产业的集聚能力。经济发达地区要深化高新技术产业高端发展路径，完善自主创新体制机制，不仅要推动高新技术产业有序及多元化发展，还要避免因高新技术产业集聚而导致的过度拥挤、技术锁定以及路径依赖，特别是技术水平较低产业的重复建设问题；有序推动同质化、低技术水平产业向其他地区转移，充分发挥本地区高新技术产业集聚的正外部性效应，促进区域间高新技术产业的共同发展；经济落后地区要强化和经济发达地区的产业合作，结合自身资源禀赋有序承接高新技术产业的落地集聚，强化本地区高新技术产业之间的关联性，推动本地区高新技术产业发展水平的不断提升。同时，在高新技术产业发展过程中，要避免盲目引进高新技术产业项目，导致高新技术产业空心化。对高新技术产业项目要科学评估，对于符合自身发展特色的产业项目注重持续深耕，注重关联产业链的培育，通过上下游高新技术企业的有效带动，促进高新技术产业的集聚发展。

四是要合理优化高新技术产业的空间布局，有效提升高新技术产业的辐射效应。高新技术产业特别是高新技术产业的集聚发展，对于推动技术革新、产业改造升级以及提升区域经济发展质量意义重大。一方面高新技术产业主要集中在长三角、珠三角、京津冀、长江中下游以及成渝等地区，要从整体上对高新技术产业的空间发展进行优化布局，从而建立起相对完善的国家创新体系，发挥好高新技术产业对国民经济发展的带动作用。另一方面要不断强化高新技术产业的区域间合作，提升高新技术产业的辐射能力，特别是经济发达地区要通过优化自身高新技术产业结构，向经济落后地区转移部分不再适合本地区发展的高新技术产业项目，促进高新技术产业在不同地区间实现错位发展，从而在整体上实现高新技术产业新旧融合、优势互补的发展格局。同时，要积极探索高新技术产业发展的区域间协调机制，避免各区域在高新技术产业领域的无序竞争，导致各区域资源的严重浪费。要结合高新技术产业创新增长空间溢出效应的发展规律，强化区域间高新技术产业的合作，促进高新技术产业转移的有序性和技术扩散的有效性，从整体上统筹维护好高新技术产业均衡发展的现实需求。

五是要逐步完善高新技术产业政策扶持体系，提升高新技术产业创新积极性。高新技术产业的可持续发展有赖于其创新积极性和创新效率的提升，一方面要加快各地区创新创业资源的整合力度，促进高新技术产业发展壮大。高新技术产业的创新活动呈现高投入、高风险、高收益的特征，使得高新技术产业的生产经营活动也呈现较大的不确定性。创新资源的有序整合，高新技术产业整体规模的有效提升，可以创造更多的创新机会，降低高新技术产业创新的整体波动性。因此，要重点培育一批影响能力强、市场前景好的高新技术企业，借助其辐射示范效应，促进区域高新技术产业的共同发展。另一方面，国有企业要勇于承担基础性研究的重担，将基础性研究的投入和产出纳入国有企业考核体系，有效激发国有企业进行战略性创新研究的积极性，进一步提升国有企业在国民经济体系中的核心竞争能力。同时，要持续扩大经济开发程度，优化产品出口结构，提升高新技术产品在出口贸易中的比重，还要积极引导外资向高新技术产业领域投放，有效引导国外高端产业链项目投资落地，并实现和本地高新技术产业链的有序衔接。

10.2 研究结论

高新技术产业的持续健康发展，离不开良好的经济发展环境的支持，离不开高效的金融服务体系的扶持，尤其是我国高新技术产业正处于高速发展的关键时期，不仅需要持续优化国内高新技术产业的发展结构和发展秩序，还要承受国外高新技术产业市场的竞争和挤压，这就要求我国必须建立坚实的高新技术产业基础发展环境，整合提升高新技术产业的发展优势，推动各地区高新技术产业协同发展。在"大众创业、万众创新"的国家战略指引下，高新技术产业迎来了重要的发展机遇期，需要采取积极有效的措施确保经济发展环境的持续稳定、财政金融资金的有序导入，推动高新技术产业的跨越式发展。因此，本书将经济不确定性和金融发展纳入高新技术产业创新增长的研究框架，通过理论研究和实证分析有效结合，得出以下几点研究结论。

（1）从理论角度看，经济不确定性和金融发展对高新技术产业创新增长都存在着重要影响。经济不确定性因素从经济增长不确定性、经济政策不确定性两个方面来对高新技术产业的产出、创新和投资产生影响，金融发展因素则从金融发展规模、金融发展效率和金融市场化三个方面来对高新技术产业的产出、创新和投资产生影响。经济不确定性和金融发展影响高新技术产业的创新增长的实现路径主要依赖于实物期权机制、金融摩擦机制、风险机遇机制、消费市场反馈机制以及信息信任机制等。

（2）经济不确定性、金融发展和高新技术产业创新增长之间存在着显著的相关性。本书在分析经济不确定性、金融发展和高新技术产业创新增长之间的相关性检验和耦合协调性检验后发现，经济不确定性、金融发展和高新技术产业创新增长之间存在着显著的相关性，然而经济不确定性、金融发展和高新技术产业产出、创新和投资相关性的差异性也较为明显。同时，经济不确定性、金融发展和高新技术产业创新增长之间的耦合协调关系大部分处于失调状态，这表明相对于高新技术产业创新增长而言，经济不确定性、金融发展明显是滞后的。

（3）经济不确定性、金融发展对高新技术产业创新增长存在显著的影响。本书通过构建时间序列计量经济学模型、面板序列计量经济学模型对经济不确定性、金融发展影响高新技术产业创新增长进行了实证检验。根据参数估计结果，经济不确定性和金融发展对高新技术产业产出、创新和投资都存在显著影响。然而，经济增长不确定性、经济政策不确定性、金融发展规模、金融发展效率和金融市场化等细分指标对高新技术产业产出、创新和投资存在明显差异，且它们对高新技术产业产出、创新和投资影响的差异程度会因高新技术产业资本属性和区域不同而发生变化。

（4）经济不确定性、金融发展对高新技术产业创新增长动力存在显著的影响。本书通过构建时间序列计量经济学模型、面板序列计量经济学模型对经济不确定性、金融发展影响高新技术产业创新增长动力进行了实证检验。根据参数估计结果，经济不确定性和金融发展对高新技术产业生产活动增长动力和创新活动增长动力都存在显著影响。然而，经济增长不确定性、经济政策不确定性、金融发展规模、金融发展效率和金融市场化等细分指标对高新技术产业生产活动增长动力和创新活动增长动力存在明显差异，且它们对高新技术产业生产活动增长动力和创新活动增长动力影响的差异程度会因高新技术产业资本属性和区域不同而发生变化。

（5）经济不确定性、金融发展对高新技术产业创新增长空间溢出效应存在显著的影响。本书通过构建空间面板序列计量经济学模型，对经济不确定性、金融发展影响高新技术产业创新增长空间溢出效应进行了实证检验。根据参数估计结果，经济不确定性和金融发展对高新技术产业产出、创新和投资的空间溢出效应都存在显著影响。同样，经济增长不确定性、经济政策不确定性、金融发展规模、金融发展效率和金融市场化等细分指标对高新技术产业产出、创新和投资的空间溢出效应存在明显差异，且它们对高新技术产业产出、创新和投资的空间溢出效应影响的差异程度会因空间权重矩阵和区域不同而发生变化。

（6）推动高新技术产业的持续健康发展必需从以下几方面着手：一是优化宏观经济发展环境，完善金融服务长效机制；二是营造有利于高新技术产业创新增长的良好区域环境；三是有序推动高新技术产业的空间集聚；四是要合理优化高新技术产业的空间布局，有效提升高新技术产业的辐射效应；五是要逐步完善高新技术产业政策扶持体系，提升高新技术产业的创新积极性。

10.3　研究展望

本书较为全面地探讨了经济不确定性和金融发展对高新技术产业创新增长的影响机制，通过实证检验对经济不确定性、金融发展影响高新技术产业创新增长、创新增长动力以及创新增长空间溢出效应进行了深入分析。但是，受到研究样本数据获取的不完全性以及自身研究能力和水平的不足等因素的制约，本书在研究上存在不完善之处，主要体现在以下两个方面：

（1）本书主要是建立在金融学、产业经济学和计量经济学等理论的基础上对经济不确定性、金融发展和高新技术产业创新增长之间的关系进行比较充分的理论探讨和实证检验，在后续的研究中有必要借助其他经济学和社会政治学科的基础理论，确立更为广泛的研究视角，从而对经济不确定性、金融发展和高新技术产业创新增长的关系进行多学科交叉探讨。

（2）数字经济产业发展理念的逐步兴起以及传统高新技术产业引发的社会环境问题、经济结构问题有所加剧，高新技术产业发展的可持续性问题引来更多关注。因此，能够在高新技术产业创新增长研究体系中纳入新技术革命因素、可持续发展因素、自然环境保护因素等，对于推动高新技术产业持续发展将会发挥至关重要的影响。在后续的研究分析中，如何有效地衡量新技术革命、可持续发展以及高新技术产业创新增长问题，如何探讨上述因素对高新技术产业结构的影响机制需要引起学者们的重视。

参 考 文 献

[1] Allen N. Berger. The economic effects of technological progress: evidence from the banking industry [J]. Journal of Money, Credit and Banking, 2003(35): 141-176.

[2] Ana María Herrera, Raoul Minetti. Informed finance and technological change: Evidence from credit relationships[J]. Journal of Financial Economics, 2007, 83(1): 223-269.

[3] Andrew Winton, Vijay Yerramilli. Entrepreneurial finance: Banks versus venture capital[J]. Journal of Financial Economics, 2008, 88(1): 51-79.

[4] Anna Orlik, Laura Veldkamp. Understanding uncertainty shocks and the role of the black swan[R]. CEPR Discussion Papers, 2014.

[5] Asaf Manela, Alan Moreira. News implied volatility and disaster concerns [J]. Journal of Financial Economics, 2017, 123(1): 137-162.

[6] Avinash K. Dixit, Robert S. Pindyck. Investment under Uncertainty[M]. Princeton University Press, 1994: 78-88.

[7] Ben Bernanke, Mark Gertler. Agency costs, net worth, and business fluctuations [J]. The American Economic Review, 1989, 79(1): 14-31.

[8] Bencivenga Valerie R, Smith Bruce D, Starr Ross M. Transactions Costs, Technological Choice, and Endogenous Growth[J]. Journal of Economic Theory, 1995, 67(1): 153-177.

[9] Brandon Julio, Youngsuk Yook. Political uncertainty and corporate investment cycles[J]. Journal of Finance, 2012, 67(1): 45-83.

［10］Brandon Julio, Youngsuk Yook. Political Uncertainty and Corporate Investment Cycles［J］. The Journal of Finance, 2012, 67(1): 45-83.

［11］Chari Anusha, Dilts Stedman Karlye, Forbes Kristin. Spillovers at the extremes: The macroprudential stance and vulnerability to the global financial cycle［J］. Journal of International Economics, 2022, 136(C): 1-60.

［12］Coppola Antonio, Maggiori Matteo, Neiman Brent, Schreger Jesse. Redrawing the Map of Global Capital Flows: The Role of Cross-Border Financing and Tax Havens［J］. The Quarterly Journal of Economics, 2021, 136(3): 1499-1556.

［13］Cristina Arellano, Enrique G. Mendoza. Credit Frictions and "Sudden Stop" in Small Open Economies: An Equilibrium Business Cycle Framework for Emerging Markets Crises［R］. IDB Publications (Working Papers), 2018.

［14］Dario Caldara, Matteo Iacoviello. Measuring geopolitical risk［J］. AMERICAN ECONOMIC REVIEW, 2022, 112(4): 1194-1225.

［15］Dario Caldara, Matteo Iacoviello. Measuring geopolitical risk［J］. Social Science Electronic Publishing, 2018(5): 7-8.

［16］Donald D. Myers. Technological innovation and entrepreneurship from the human side［J］. Engineering Management International, 1984, 2(4): 229-234.

［17］Douglas W. Diamond, Philip H. Dybvig. Bank runs, deposit insurance, and liquidity［J］. Quarterly Review, 2000(24): 14-23.

［18］Douglas W. Diamond. Financial Intermediation and Delegated Monitor［J］. Review of Economic Studies, 1984, 51(3): 393-414.

［19］Drew Creal, Jing Cynthia Wu. Monetary policy uncertainty and economic fluctuations［J］. International Economic Review, 2017, 58(4), 1317-1354.

［20］Ezgi O. Ozturk, Xuguang Simon Sheng. Measuring global and country-specific uncertainty［J］. Journal of International Money and Finance, 2018(88): 276-295.

［21］Francois Perroux. Economic Space: Theory and Applications［J］. The Quarterly Journal of Economics, 1950, 64(1): 89-104.

［22］Frank H. Knight. Risk Uncertainty and Profits［M］. Houghton Mifflin Company, New York, 1921: 35-37.

[23] Franklin Allen, Douglas Gale. Asset Price Bubbles and Stock Market Interlinkages[J]. Center for Financial Institutions Working Papers, 2002(7): 51-52.

[24] Gabriel Caldas Montes, et al. Effects of economic policy uncertainty and political uncertainty on business confidence and investment[J]. Journal of Economic Studies, 2021, 49(4): 577-602.

[25] Geert Bekaert, Marie Hoerova, Marco Lo Duca. Risk, uncertainty and monetary policy[J]. Journal of Monetary Economics, 2013, 60(7): 771-788.

[26] Gill Segal, Ivan Shaliastovich, Amir Yaron. Good and bad uncertainty: Macroeconomic and financial market implications[J]. Journal of Financial Economics, 2015, 117(2): 369-397.

[27] Gilles Saint-Paul. Technological choice, financial markets and economic development[J]. European Economic Review, 1992, 36(4): 763-781.

[28] Giovanni Caggiano, Efrem Castelnuovo, Nicolas Groshenny. Uncertainty shocks and unemployment dynamics in U. S. recessions[J]. Journal of Monetary Economics, 2014, 67(10): 78-92.

[29] Guanchun Liu, Chengsi Zhang. Economic policy uncertainty and firms' investment and financing decisions in China[J]. China Economic Review, 2020(63): 101-279.

[30] Guangli Zhang, Jianlei Han, Zheyao Pan, Haozhi Huang. Economic policy uncertainty and capital structure choice: Evidence from China[J]. Economic Systems, 2015, 39(3): 439-457.

[31] Gustav Martinsson. Equity financing and innovation: Is Europe different from the United States? [J]. Journal of Banking & Finance, 2010, 34(6): 1215-1224.

[32] Haroon Mumtaz, Paolo Surico. Policy uncertainty and aggregate fluctuations[J]. Journal of Applied Econometrics, 2018, 33(3): 319-331.

[33] Hong Vo, Quoc-Dat Trinh, Minh Le, Thuy-Ngan Nguyen. Does economic policy uncertainty affect investment sensitivity to peer stock prices? [J]. Economic Analysis and Policy, 2021, 72(C): 685-699.

[34] Huseyin Gulen, Mihai Ion. Policy uncertainty and corporate investment [J]. Review of Financial Studies, 2015, 29(3): 523-564.

[35] Hyunseob Kim, Howard Kung. The Asset Redeployability Channel: How Uncertainty Affects Corporate Investment [J]. Review of Financial Studies, 2017, 30 (1): 245-280.

[36] Ilzetzki Ethan, Reinhart Carmen M, Rogoff Kenneth S. Exchange Arrangements Entering the Twenty-First Century: Which Anchor will Hold? [J]. The Quarterly Journal of Economics, 2019, 134(2): 599-646.

[37] James Brown, Bruce Petersen. Why has the investment-cash flow sensitivity declined so sharply? Rising R&D and equity market developments [J]. Journal of Banking & Finance, 2009, 33(5): 971-984.

[38] James Brown, Gustav Martinsson, Bruce Petersen. Do financing constraints matter for R&D? [J]. European Economic Review, 2012, 56(8): 1512-1529.

[39] James Brown, Gustav Martinsson, Bruce Petersen. Law, Stock Markets, and Innovation [J]. The Journal of Finance, 2013, 68(4): 1517-1550.

[40] James Dow, Gary Gorton. Stock market efficiency and economic efficiency: Is there aconnection? [J]. Journal of Finance, 1997, 52(3): 1087-1129.

[41] Jan-Michael Ross, Jan H. Fisch, Emanuel Varga. Unlocking the value of real options: How firm-specific learning conditions affect R&D investments under uncertainty [J]. Strategic Entrepreneurship Journal, 2018, 12(3): 335-353.

[42] Jennifer Morris, Vivek Srikrishnan, Mort Webster, John Reilly. Hedging Strategies: Electricity Investment Decisions under Policy Uncertainty [J]. The Energy Journal, 2018, 39(1): 101-122.

[43] Jesús Fernández-Villaverde, Pablo Guerrón-Quintana, Juan Rubio-Ramírez. Fiscal volatility shocks and economic activity [J]. The American Economic Review, 2015, 105(11): 3352-3384.

[44] Jingting Ma, Shumei Wang, Jian Gui. A Study on the Influences of Financing on Technological Innovation in Small and Medium-Sized Enterprises [J]. The International Journal of Business and Management, 2010, 5(2): 209-212.

[45] John Bryant. A model of reserves, bank runs, and deposit insurance[J]. Journal of Banking & Finance, 1980, 4(4): 335-344.

[46] John Maynard Keynes. The General Theory of Employment[J]. Quarterly Journal of Economics, 1937, 51(2): 209-223.

[47] John V. Leahy, Toni M. Whited. The effect of uncertainty on investment: Some stylized facts[J]. Journal of Money Credit & Banking, 1996, 28(1): 64-83.

[48] Kajal Lahiri, Xuguang Sheng. Measuring forecast uncertainty by disagreement: The missing link[J]. Journal of Applied Econometrics, 2010, 25(4): 514-538.

[48] Keith Blackburn, et al. A theory of growth, financial development and trade[J]. Economica, 1998, 65(2): 107-124.

[50] Keith E. Maskus, Rebecca Neumann, Tobias Seidel. How national and international financial development affect industrial R&D[J]. European Economic Review, 2012, 56(1): 72-83.

[51] Knut Are Aastveit, Gisle James Natvik, Sergio Sola. Economic uncertainty and the influence of monetary policy[J]. Journal of International Money and Finance, 2017, 76: 50-67.

[52] Kyle Jurado, Sydney C. Ludvigson, Serena Ng. Measuring Uncertainty [J]. American Economic Review, 2015 105(3): 1177-1216.

[53] Lai Van Vo, Huong Thi Thu Le. Strategic growth option, uncertainty, and R&D investment[J]. International Review of Financial Analysis, 2017, 51(5): 16-24.

[54] Lilia Karnizova, et al. Economic policy uncertainty, financial markets and probability of US recessions[J]. Economics Letters, 2014, 125(2): 261-265.

[55] L'uboš Pástor, Pietro Veronesi. Registered: Political uncertainty and risk premia [J]. Journal of Financial Economics, 2013, 110(3): 520-545.

[56] L'uboš Pástor, Pietro Veronesi. Uncertainty about Government Policy and Stock Prices[J]. The Journal of Finance, 2012, 67(4): 1219-1264.

[57] Luigi Benfratello, Fabio Schiantarelli, Alessandro Sembenelli. Banks and Innovation: Microeconometric Evidence on Italian Firms[J]. Journal of Financial Eco-

nomics, 2008, 90(2): 197-217.

[58] Luigi Guiso, Giuseppe Parigi. Investment and demand uncertainty[J]. Quarterly Journal of Economics, 1999, 114(1): 185-227.

[59] Luis P. de la Horra, Javier Perote, Gabriel de la Fuente. The impact of economic policy uncertainty and monetary policy on R&D investment: An option pricing approach[J]. Economics Letters, 2022, 214(5): 110-413.

[60] Marc Lavoie. Minsky's Law or the Theorem of Systemic Financial Fragility[J]. Studi Economici, 1986, 29(3): 3-28.

[61] Maria Elena Bontempi, Roberto Golinelli, Giuseppe Parigi. Why demand uncertainty curbs investment: Evidence from a panel of Italian manufacturing firms[J]. Journal of Macroeconomics, 2010, 32(1): 218-238.

[62] Maria Elena Bontempi, Roberto Golinelli, Matteo Squadrani. A new index of uncertainty based on internet searches: a friend or foe of other indicators? [J]. SSRN Electronic Journal, 2016.

[63] Mariana Mazzucato, Massimiliano Tancioni. R&D, patents and stock return volatility[J]. Journal of Evolutionary Economics, 2012, 22(4): 811-832.

[64] Mark S Freel. The financing of small firm product innovation within the UK[J]. Technovation, 1999, 19(12): 707-719.

[65] Mary Everett, Vahagn Galstyan. Bilateral cross-border banking and macroeconomic determinants[J]. Review of World Economics, 2020, 156(4): 1-24.

[66] Michael Song, Hans van der Bij, Mathieu Weggeman. Determinants of the Level of Knowledge Application: A Knowledge-Based and Information-Processing Perspective[J]. Journal of product innovation management, 2005, 22(5): 430-444.

[67] Nicholas Bloom, Max Floetotto, Nir Jaimovich, et al. Really uncertain business cycles[J]. Econometrica, 2018, 86(3): 1031-1065.

[68] Nicholas Bloom. Fluctuations in uncertainty[J]. Journal of Economic Perspectives, 2014, 28(2): 153-176.

[69] Nicholas Bloom. The impact of uncertainty shocks[J]. Econometrica, 2009, 77

(3): 623-685.

[70] Nick Bloom, Stephen Bond, John Van Reenen. Uncertainty and investment dynamics[J]. Review of Economic Studies, 2007, 74(2): 91-415.

[71] Nitin Pangarkar. Performance implications of strategic changes: An integrative framework[J]. Business Horizons, 2015, 58(3): 295-304.

[72] Pasi Karjalainen. R&D investments: The effects of different financial environments on firm profitability[J]. Journal of Multinational Financial Management, 2008, 18(2): 79-93.

[73] Paul Gompers. Corporations and the financing of innovation: The corporate venturing experience[J]. Economic Review, 2002, 87(Q4): 1-17.

[74] Peter D. Casson, Roderick Martin, Tahir M. Nisar. The financing decisions of innovative firms[J]. Research in International Business and Finance, 2008, 22 (2): 208-221.

[75] Philip Cooke. Regional innovation systems: Competitive regulation in the new Europe[J]. Geoforum, 1992, 23(3): 365-382.

[76] Philippe Aghion, Evguenia Bessonova. Entry, Innovation, and Growth: Theory and Evidence[J]. Review of Economics and Statistics, 2007, 97(5): 259-578.

[77] Po-Hsuan Hsu, Xuan Tian, Yan Xu. Financial development and innovation: Cross-country evidence[J]. Journal of Financial Economics, 2014, 112(1): 116-135.

[78] Richard Ferdinand Kahn. Selected Essays on Employment and Growth[M]. Cambridge University Press, Cambridge, 1972: 25.

[79] Robert G. King, Ross Levine. Finance and Growth: Schumpeter Might be Right[J]. Quarterly Journal of Economics, 1993, 108(3): 717-737.

[80] Sangyup Choi, Davide Furceri. Uncertainty and cross-border banking flows[J]. Journal of International Money and Finance, 2019, 93(5): 260-274.

[81] Scott R. Baker, Nicholas Bloom, Steven J. Davis. Measuring economic policy uncertainty[J]. Quarterly Journal of Economics, 2016, 131(4): 1593-1636.

[82] Scott R. Baker, Nicholas Bloom, Steven J. Davis. The unprecedented stock mar-

ket reaction to COVID-19[J]. The Review of Asset Pricing Studies, 2020, 10 (4): 742-758.

[83] Stephen R. Bond, Jason G. Cummins. Uncertainty and investment: An empirical investigation using data on analysts' profits forecasts[J]. Working Papers, 2004 (7): 35.

[84] Steven Block. Political business cycles, democratization, and economic reform: the case of Africa[J. Journal of Development Economics, 2002, 67(1): 205-228.

[85] Steven M. Fazzari, Glenn Hubbard, et al. Finance constraints and corporate investment[J]. Brookings Papers on Economic Activity, 1988(1): 141-206.

[86] Stuti Khemani. Political cycles in a developing economy-effect of elections in Indian States[J]. Policy Research Working Paper Series, 2004, 73(1): 125-154.

[87] Tarek A Hassan, Stephan Hollander, Laurence van Lent, Ahmed Tahoun. Firm-Level political risk: Measurement and effects[J]. The Quarterly Journal of Economics, 2019, 134(4): 2135-2202.

[88] Ulrich Lächler. The political business cycle under rational voting behavior[J]. Public Choice, 1984, 44(3): 411-430.

[89] Utpal Bhattacharya, Po-Hsuan Hsu, et al. What Affects Innovation More: Policy or Policy Uncertainty? [J]. Journal of Financial and Quantitative Analysis. 2017, 52(5): 1869-1901.

[90] Vasia Panousi, Dimitris Papanikolaou. Investment, idiosyncratic risk, and ownership[J]. Social science Electronic Publishing, 2012, 67(3): 1113-1148.

[91] Wensheng Kang, Kiseok Lee, Ronald Ratti. Economic policy uncertainty and firm-level investment[J]. Journal of Macroeconomics, 2014, 39(7): 42-53.

[92] William A Bomberger. Disagreement as a measure of uncertainty[J]. Journal of Money, Credit and Banking, 1996, 28(3): 381-392.

[93] William A. Sahlman. The structure and governance of venture-capital organizations [J]. Journal of Financial Economics, 1990, 27(2): 473-521.

[94] William Mbanyele, et al. Economic policy uncertainty and industry innovation:

Cross country evidence［J］. The Quarterly Review of Economics and Finance，2022，84（C）：208-228.

［95］Xun Han，Yuyan Jiang，Xianjing Huang. Economic Policy Uncertainty，Heterogeneity of Executives and Enterprise Innovation［J］. Journal of Business Administration Research，2021，4（3）：36-71.

［96］Yan Bai，Patrick Kehoe. Financial markets and fluctuations in uncertainty［C］. Society for Economic Dynamics，2011.

［97］Yizhong Wang，Carl R. Chen，et al. Economic policy uncertainty and corporate investment：Evidence from China［J］. Pacific-Basin Finance Journal，2014，26（C）：227-243.

［98］Yizhong Wang，Yueling Wei，Frank M. Song. Uncertainty and corporate R&D investment：Evidence from Chinese listed firms［J］. International Review of Economics and Finance，2017，47（2）：176-200.

［99］Yun Huang，Paul Luk. Measuring economic policy uncertainty in China［J］. China Economic Review，2020，59（2）：1-18.

［100］白俊红，刘宇英. 金融市场化与企业技术创新：机制与证据［J］. 经济管理，2021，43（4）：39-54.

［101］才国伟，吴华强，徐信忠. 政策不确定性对公司投融资行为的影响研究［J］. 金融研究，2018（3）：89-104.

［102］曾武佳，李清华，蔡承岗. 我国高新技术产业开发区创新效率及其影响因素研究［J］. 软科学，2020，34（5）：6-11.

［103］陈德萍，尹哲茗. 高新技术产业股权激励公司治理效应研究［J］. 统计与决策，2015（9）：178-181.

［104］陈德球，陈运森，董志勇. 政策不确定性、市场竞争与资本配置［J］. 金融研究，2017（11）：65-80.

［105］陈德球，陈运森. 政策不确定性与上市公司盈余管理［J］. 经济研究，2018，53（6）：97-111.

［106］陈德球，陈运森. 政府治理、终极产权与公司投资同步性［J］. 管理评论，2013，25（1）：139-149.

［107］陈德球，金雅玲，董志勇．政策不确定性、政治关联与企业创新效率［J］．南开管理评论，2016，19（4）：27-35.

［108］陈国进，王少谦．经济政策不确定性如何影响企业投资行为［J］．财贸经济，2016（5）：5-21.

［109］陈乐一，张喜艳．经济不确定性与经济波动研究进展［J］．经济学动态，2018（8）：134-146.

［110］陈利，王天鹏，吴玉梅，谢家智．政府补助、数字普惠金融与企业创新——基于信息制造类上市公司的实证分析［J］．当代经济研究，2022（1）：107-117.

［111］陈启清，贵斌威．金融发展与全要素生产率：水平效应与增长效应［J］．经济理论与经济管理，2013（7）：58-69.

［112］陈四辉，王亚新．我国高新技术产业省区差异与投入绩效实证研究［J］．经济地理，2015，35（2）：120-126.

［113］笪远瑶，王叶军．要素价格扭曲、资本深化与区域创新选择［J］．经济问题探索，2022（5）：89-108.

［114］邓创，曹子雯．中国货币政策不确定性测度及其宏观经济效应分析［J］．吉林大学社会科学学报，2020，60（1）：50-59，220.

［115］邓江花，张中华．经济政策不确定性与企业创新投资［J］．软科学，2021，35（6）：23-28.

［116］翟光宇，王瑶．金融发展、两类代理成本与企业研发投入——基于2009—2018年A股上市公司的实证分析［J］．国际金融研究，2022（3）：87-96.

［117］董慧梅，侯卫真，汪建苇．复杂网络视角下的高新技术产业集群创新扩散研究——以中关村产业园为例［J］．科技管理研究，2016，36（5）：149-154.

［118］段梅，李志强．经济政策不确定性、融资约束与全要素生产率——来自中国上市公司的经验证据［J］．当代财经，2019（6）：3-12.

［119］方芳，苗珊，黄汝南．金融不确定性对国际证券资本流动的影响研究［J］．国际金融研究，2021（4）：57-66.

［120］冯德连，边英姿．中部地区高新技术产业外贸竞争力的影响因素与提升对

策[J]. 华东经济管理，2017，31(11)：71-77.

[121]顾海峰，朱慧萍．经济政策不确定性、融资约束与企业投资效率[J]. 现代
经济探讨，2021(12)：93-104.

[122]顾淑红，花均南，吕涛．增强我国高新技术产业创新效率的方法研究[J].
工业技术经济，2016，35(4)：25-33.

[123]顾夏铭，陈勇民，潘士远．经济政策不确定性与创新——基于我国上市公
司的实证分析[J]. 经济研究，2018，53(2)：109-123.

[124]顾欣，张雪洁．经济政策不确定性、劳动力成本上升与企业创新[J]. 财经
问题研究，2019(9)：102-110.

[125]郭建平，常菁，黄海滨．产业发展视角下高新技术企业效率评价——基于
DEA模型的实证研究[J]. 科技管理研究，2018，38(12)：67-72.

[126]郭丽燕，黄建忠，庄惠明．人力资本流动、高新技术产业集聚与经济增
长[J]. 南开经济研究，2020(6)：163-180.

[127]郭露，宋嘉昕．考虑环境因素的高新技术产业效率变动研究——以长江经
济带为例[J]. 宏观经济研究，2021(6)：93-106，145.

[128]郭田勇，孙光宇．经济政策不确定性、融资成本和企业创新[J]. 国际金融
研究，2021(10)：78-87.

[129]国际昌，叶蜀君．欠发达地区科技金融资源配置风险偏好分析——以转型
城市高新技术产业发展为例[J]. 宏观经济研究，2017(6)：44-53，82.

[130]韩亮亮，佟钧营，马东山．经济政策不确定性与创新产出——来自21个国
家和地区的经验证据[J]. 工业技术经济，2019，38(1)：11-18.

[131]郝威亚，魏玮，温军．经济政策不确定性如何影响企业创新？——实物期
权理论作用机制的视角[J]. 经济管理，2016，38(10)：40-54.

[132]侯世英，宋良荣．金融科技发展、金融结构调整与企业研发创新[J]. 中国
流通经济，2020，34(4)：100-109.

[133]胡艳，周玲玉．长江经济带高新技术产业创新效率及其影响因素研究[J].
工业技术经济，2018，37(6)：71-77.

[134]胡奕明，王雪婷，张瑾．金融资产配置动机："蓄水池"或"替代"？——来
自中国上市公司的证据[J]. 经济研究，2017，52(1)：181-194.

［135］华斌，康月，范梓昊．中国高新技术产业政策层级性特征与演化研究——基于1991—2020年6043份政策文本的分析［J］．科学学与科学技术管理，2022，43（1）：87-106.

［136］黄福广，赵浩，李希文．政策及经济环境不确定性对企业投资的影响［C］．第二届中国企业投融资运作与管理国际研讨会，2009：569-579.

［137］黄久美，车士义，黄福广．不确定性对企业固定资产投资影响的研究［J］．软科学，2010，24（1）：85-92.

［138］黄宁，郭平．经济政策不确定性对宏观经济的影响及其区域差异——基于省级面板数据的PVAR模型分析［J］．财经科学，2015（6）：61-70.

［139］黄孝武，任亚奇，余杰．经济不确定性与公司投资——基于中国上市公司数据实证分析［J］．海南大学学报（人文社会科学版），2020，38（5）：34-44.

［140］黄卓，邱晗，沈艳，童晨．测量中国的金融不确定性——基于大数据的方法［J］．金融研究，2018（11）：30-46.

［141］纪洋，王旭，谭语嫣，黄益平．经济政策不确定性、政府隐性担保与企业杠杆率分化［J］．经济学（季刊），2018，17（2）：449-470.

［142］贾倩，孔祥，孙铮．政策不确定性与企业投资行为——基于省级地方官员变更的实证检验［J］．财经研究，2013，39（2）：81-91.

［143］江春，沈春明，杨锐．贸易政策不确定性、金融市场化与企业投资行为［J］．国际金融研究，2021（8）：87-96.

［144］江振龙．破解中小企业融资难题的货币政策选择与宏观经济稳定［J］．国际金融研究，2021（4）：23-32.

［145］蒋雪梅，刘轶芳．全球价值链视角下的中、美高新技术产业出口效益及环境效应分析［J］．管理评论，2018，30（5）：58-63.

［146］金戈．中国基础设施与非基础设施资本存量及其产出弹性估算［J］．经济研究，2016（5）：41-56.

［147］金浩，李瑞晶，李媛媛．科技金融投入、高新技术产业发展与产业结构优化——基于省际面板数据PVAR模型的实证研究［J］．工业技术经济，2017，36（7）：42-48.

[148] 靳光辉, 刘志远, 花贵如. 政策不确定性与企业投资——基于战略性新兴产业的实证研究[J]. 管理评论, 2016, 28(9): 3-16.

[149] 靳庆鲁, 孔祥侯, 青川. 货币政策、民营企业投资效率与公司期权价值[J]. 经济研究, 2012, 47(5): 96-106.

[150] 鞠晓生. 中国上市企业创新投资的融资来源与平滑机制[J]. 世界经济, 2013, 36(4): 138-159.

[151] 赖志花, 王必锋, 牛晓叶. 我国高新技术产业影响因素异质效应研究[J]. 数学的实践与认识, 2020, 50(7): 127-135.

[152] 李凤羽, 史永东. 经济政策不确定性与企业现金持有策略——基于中国经济政策不确定指数的实证研究[J]. 管理科学学报, 2016, 19(6): 157-170.

[153] 李凤羽, 杨墨竹. 经济政策不确定性会抑制企业投资吗?——基于中国经济政策不确定指数的实证研究[J]. 金融研究, 2015(4): 115-129.

[154] 李华杰, 史丹, 马丽梅. 经济不确定性的量化测度研究: 前沿进展与理论综述[J]. 统计研究, 2018, 35(1): 117-128.

[155] 李建军, 韩珣. 非金融企业影子银行化与经营风险[J]. 经济研究, 2019, 54(8): 21-35.

[156] 李健, 张艳然, 苑清敏. 高新技术产业集聚对生态效率的时空效应[J]. 统计与决策, 2022, 38(2): 53-57.

[157] 李金华. 中国高新技术企业、产业集群、企业孵化器的发展及政策思考[J]. 经济与管理研究, 2019, 40(7): 32-45.

[158] 李珂欣, 陈中飞. 经济不确定性与全球金融资产配置——来自双边证券投资资本流动的证据[J]. 国际金融研究, 2023(2): 86-96.

[159] 李磊, 刘继. 基于耦合模型的新疆高新技术产业与新型工业化协调发展研究[J]. 科技进步与对策, 2013, 30(4): 44-49.

[160] 李妹, 高山行. 环境不确定性、组织冗余与原始性创新的关系研究[J]. 管理评论, 2014, 26(1): 47-56.

[161] 李苗苗, 肖洪钧, 赵爽. 金融发展、技术创新与经济增长的关系研究——基于中国的省市面板数据[J]. 中国管理科学, 2015, 23(2): 162-169.

[162]李拓晨，丁莹莹．环境规制对我国高新技术产业绩效影响研究[J]．科技进步与对策，2013，30(1)：69-73.

[163]李小东，黄利，王平．基于生产结构视角的高新技术产业技术扩散影响研究[J]．运筹与管理，2021，30(10)：233-239.

[164]李小林，常诗杰，司登奎．货币政策、经济不确定性与企业投资效率[J]．国际金融研究，2021(7)：86-96.

[165]李宇坤，任海云，祝丹枫．数字金融、股权质押与企业创新投入[J]．科研管理，2021，42(8)：102-110.

[166]李正辉，钟俊豪，董浩．经济政策不确定性宏观金融效应的统计测度研究[J]．系统工程理论与实践，2021，41(8)：1897-1910.

[167]凌江怀，李颖．基于企业类型和融资来源的技术创新效率比较研究——来自广东省企业面板数据的经验分析[J]．华南师范大学学报(社会科学版)，2010(6)：106-113，157.

[168]刘畅，王兴中，农强，李毅．风险投资、政府补贴与高新技术产业创新绩效研究[J]．企业科技与发展，2023(1)：1-5.

[169]刘贯春，段玉柱，刘媛媛．经济政策不确定性、资产可逆性与固定资产投资[J]．经济研究，2019，54(8)：53-70.

[170]刘贯春，张军，刘媛媛．金融资产配置、宏观经济环境与企业杠杆率[J]．世界经济，2018，41(1)：148-173.

[171]刘海明，曹廷求．宏观经济不确定性、政府干预与信贷资源配置[J]．经济管理，2015(6)：1-11.

[172]刘海明，李明明．货币政策对微观企业的经济效应再检验——基于贷款期限结构视角的研究[J]．经济研究，2020，55(2)：117-132.

[173]刘和东，杨丽萍．高新技术产业创新产出空间集聚及关联性研究[J]．科技进步与对策，2020，37(19)：51-58.

[174]刘和东．高新技术产业创新系统的协同度研究——以大中型企业为对象的实证分析[J]．科技管理研究，2016，36(4)：133-137，161.

[175]刘满凤，吴卓贤．高新技术产业集群知识溢出的 Mar 效应和 Jac 效应的实证研究[J]．科学学与科学技术管理，2013，34(8)：83-92.

[176]刘文琦，何宜庆，郑悦．金融深化、融资约束与企业研发投资——基于行业异质性视角的分析[J]．江西社会科学，2018，38(12)：197-206.

[177]刘玉荣，查婷俊，刘颜，杨柳．金融市场波动、经济不确定性与城镇居民消费——基于 SV 模型的实证研究[J]．经济学(季刊)，2019，18(2)：551-572.

[178]刘志远，王存峰，彭涛，郭瑾．政策不确定性与企业风险承担：机遇预期效应还是损失规避效应[J]．南开管理评论，2017，20(6)：15-27.

[179]陆庆春，朱晓筱．宏观经济不确定性与公司投资行为——基于时期随机效应的实证研究[J]．河海大学学报(哲学社会科学版)，2013，15(1)：56-59.

[180]罗美娟，郭平．政策不确定性是否降低了产能利用率——基于世界银行中国企业调查数据的分析[J]．当代财经，2016(7)：90-99.

[181]罗雨泽，罗来军，陈衍泰．高新技术产业 TFP 由何而定？——基于微观数据的实证分析[J]．管理世界，2016(2)：8-18.

[182]吕苏榆，刘晓焕．融资租赁对中国技术引进的影响分析——以高新技术产业发展为例[J]．工业技术经济，2016，35(1)：12-18.

[183]马丹，何雅兴，翁作义．大维不可观测变量的中国宏观经济不确定性测度研究[J]．统计研究，2018，35(10)：44-57.

[184]马淑燕，赵祚翔，王桂玲．中国国家高新技术产业开发区时空格局特征及影响因素[J]．经济地理，2022，42(8)：95-102，239.

[185]马续涛，沈悦．不确定性冲击、银行风险承担与经济波动[J]．当代经济科学，2016，38(6)：55-63，124.

[186]孟庆斌，师倩．宏观经济政策不确定性对企业研发的影响：理论与经验研究[J]．世界经济，2017，40(9)：75-98.

[187]莫莎何，桂香．产业集聚与中国高新技术产品出口复杂度关系研究[J]．经济经纬，2013(5)：47-52.

[188]彭建国，郭鹏，于明洁．高新技术产业研发创新系统协调发展研究——基于二象论视角[J]．科技进步与对策，2014，31(3)：67-71.

[189]彭俞超，韩珣，李建军．经济政策不确定性与企业金融化[J]．中国工业经

济，2018(1)：137-155.
[190]曲丽娜，刘钧霆．经济政策不确定性、政府补贴与企业创新[J]．统计与决策，2022，38(6)：169-174.
[191]饶品贵，岳衡，姜国华．经济政策不确定性与企业投资行为研究[J]．世界经济，2017，40(2)：27-51.
[192]任春芳．经济不确定性对制造业上市企业创新的影响——数字金融的作用[J]．技术与创新管理，2023，44(3)：339-348.
[193]申慧慧，于鹏，吴联生．国有股权、环境不确定性与投资效率[J]．经济研究，2012，47(7)：113-126.
[194]沈毅，张慧雪，贾西猛．经济政策不确定性、高管过度自信与企业创新[J]．经济问题探索，2019(2)：39-50.
[195]盛天翔，张勇．货币政策、金融杠杆与中长期信贷资源配置——基于中国商业银行的视角[J]．国际金融研究，2019(5)：55-64.
[196]宋华，陈思洁．高新技术产业如何打造健康的创新生态系统：基于核心能力的观点[J]．管理评论，2021，33(6)：76-84.
[197]宋玉臣，任浩锋，张炎炎．股权再融资促进制造业企业创新了吗——基于竞争视角的解释[J]．南开管理评论，2022，25(5)：41-55.
[198]苏治，刘程程，位雪丽．经济不确定性是否会弱化中国货币政策有效性[J]．世界经济，2019，42(10)：49-72.
[199]孙晓华，王昀，徐冉．金融发展、融资约束缓解与企业研发投资[J]．科研管理，2015，36(5)：47-54.
[200]谭小芬，张文婧．经济政策不确定性影响企业投资的渠道分析[J]．世界经济，2017，40(12)：3-26.
[201]唐睿，李晨阳，冯学钢．高新技术产业空间特征对研发效率的影响——基于安徽省16个地级市静(动)态集聚指数和DEA面板Tobit的实证[J]．华东经济管理，2018，32(2)：22-29.
[202]佟家栋，李胜旗．贸易政策不确定性对出口企业产品创新的影响研究[J]．国际贸易问题，2015(6)：25-32.
[203]汪丽，茅宁，龙静．管理者决策偏好、环境不确定性与创新强度——基于

中国企业的实证研究[J]. 科学学研究, 2012, 30(7): 1101-1109, 1118.

[204] 王超恩, 张瑞君, 谢露. 产融结合、金融发展与企业创新——来自制造业上市公司持股金融机构的经验证据[J]. 研究与发展管理, 2016, 28(5): 71-81.

[205] 王东明, 鲁春义. 经济政策不确定性、金融发展与国际资本流动[J]. 经济学动态, 2019(12): 75-93.

[206] 王红建, 李青原, 邢斐. 经济政策不确定性、现金持有水平及其市场价值[J]. 金融研究, 2014(9): 53-68.

[207] 王际皓, 王维国. 中国经济和金融不确定性的测度[J]. 统计与信息论坛, 2022, 37(12): 32-41.

[208] 王淑娟, 叶蜀君, 解方圆. 金融发展、金融创新与高新技术企业自主创新能力——基于中国省际面板数据的实证分析[J]. 软科学, 2018, 32(3): 10-15.

[209] 王霞, 郑挺国. 基于实时信息流的中国宏观经济不确定性测度[J]. 经济研究, 2020, 55(10): 55-71.

[210] 王晓燕, 宋璐. 经济政策不确定性抑制企业投资行为吗? ——基于行业竞争程度和企业市场地位的视角[J]. 江汉论坛, 2021(6): 30-40.

[211] 王雅倩, 李业锦. 基于空间杜宾模型的京津冀高新技术产业空间溢出效应[J]. 首都师范大学学报(自然科学版), 2022, 43(1): 56-63.

[212] 王燕, 高静, 刘邦凡. 高新技术产业集聚、科技创新与经济增长[J]. 华东经济管理, 2023, 37(4): 56-64.

[213] 王义中, 宋敏. 宏观经济不确定性、资金需求与公司投资[J]. 经济研究, 2014, 49(2): 4-17.

[214] 王玉燕, 陆强. 区域融合、基础设施建设与高新技术产业创新效率——基于中介效应模型的实证检验[J]. 天津商业大学学报, 2022, 42(1): 23-31.

[215] 王竹泉, 王苑琢, 王舒慧. 中国实体经济资金效率与财务风险真实水平透析——金融服务实体经济效率和水平不高的症结何在? [J]. 管理世界, 2019, 35(2): 58-73, 114, 198-199.

[216]魏谷，汤鹏翔，杉晓非，段俊虎．基于三阶段 DEA 的我国高新技术产业开发区内创新型产业集群创新效率研究[J]．科技管理研究，2021，41（7）：155-163.

[217]魏友岳，刘洪铎．经济政策不确定性对出口二元边际的影响研究——理论及来自中国与其贸易伙伴的经验证据[J]．对外经济贸易大学学报，2017（1）：28-39.

[218]温桂荣，黄纪强．政府补贴对高新技术产业研发创新能力影响研究[J]．华东经济管理，2020　34（7）：9-17.

[219]吴雨濛，门泽昊，王晓娟．政策不确定性、投资与经济增长的互动关系分析[J]．统计与决策，2017（14）：115-117.

[220]谢朝华，刘衡沙．中国金融发展与 TFP 关联关系实证研究——基于技术创新和制度创新的中介效应分析[J]．财经理论与实践，2014，35（1）：33-38.

[221]谢获宝，惠丽丽．投资效率、成本粘性与企业风险——基于宏观经济不确定性的视角[J]．南京审计学院学报，2016，13（2）：3-11.

[222]熊勇清，孙会．区域金融规模、效率及其对 FDI 溢出效应的影响研究——来自长江三角洲经济圈的实证分析和检验[J]．财务与金融，2010（4）：1-7.

[223]徐飞．银行信贷与企业创新困境[J]．中国工业经济，2019（1）：119-136.

[224]徐光伟，孙铮，刘星．经济政策不确定性对企业投资结构偏向的影响——基于中国 EPU 指数的经验证据[J]．管理评论，2020，32（1）：246-261.

[225]徐业坤，钱先航，李维安．政治不确定性、政治关联与民营企业投资——来自市委书记更替的证据[J]．管理世界，2013（5）：116-130.

[226]徐玉莲，王宏起．我国金融发展对技术创新作用的实证分析[J]．统计与决策，2011（21）：144-146.

[227]许罡，伍文中．经济政策不确定性会抑制实体企业金融化投资吗[J]．当代财经，2018（9）：114-123.

[228]薛龙，张雪蟒，郭歌．全球经济政策不确定性对我国企业创新的影响研究——基于融资约束的视角[J]．金融理论与实践，2022（3）：40-47.

[229] 亚琨，罗福凯，李启佳．经济政策不确定性、金融资产配置与创新投资[J]．财贸经济，2018，39（12）：95-110．

[230] 杨斌，朱平，王雪，等．我国科技企业孵化器理论研究综述[J]．企业科技与发展，2020（2）：7-10，13．

[231] 杨海生，才国伟，李泽槟．政策不连续性与财政效率损失——来自地方官员变更的经验证据[J]．管理世界，2015（12）：12-23．

[232] 杨海生，陈少凌，罗党论，佘国满．政策不稳定性与经济增长——来自中国地方官员变更的经验证据[J]．管理世界，2014（9）：13-28．

[233] 杨青，彭金鑫．创业风险投资产业和高新技术产业共生模式研究[J]．软科学，2011，25（2）：11-14．

[234] 杨雪，顾新，张省．基于知识网络的集群创新演化研究——以成都高新技术产业开发区为例[J]．软科学，2014，28（4）：83-87．

[235] 杨永聪，李正辉．经济政策不确定性驱动了中国 OFDI 的增长吗——基于动态面板数据的系统 GMM 估计[J]．国际贸易问题，2018（3）：138-148．

[236] 易明，彭甲超，吴超．基于 SFA 方法的中国高新技术产业创新效率研究[J]．科研管理，2019，40（11）：22-31．

[237] 易明，彭甲超．我国高新技术产业专利创新效率演变规律及空间差异研究——基于全要素生产率的测算与分解[J]．科技进步与对策，2018，35（5）：68-73．

[238] 尹洁，刘玥含，李锋．创新生态系统视角下我国高新技术产业创新效率评价研究[J]．软科学，2021，35（9）：53-60．

[239] 余得生，杨礼华．经济政策不确定性与企业创新——兼论要素价格扭曲和融资约束的调节效应[J]．金融发展研究，2022（10）：20-28．

[240] 余泳泽，杨晓章．官员任期、官员特征与经济增长目标制定——来自 230 个地级市的经验证据[J]．经济学动态，2017（2）：51-65．

[241] 张成思，刘贯春．中国实业部门投融资决策机制研究——基于经济政策不确定性和融资约束异质性视角[J]．经济研究，2018，53（12）：51-67．

[242] 张峰，刘曦苑，武立东，殷西乐．产品创新还是服务转型：经济政策不确定性与制造业创新选择[J]．中国工业经济，2019（7）：101-118．

[243]张浩,李仲飞,邓柏峻.政策不确定、宏观冲击与房价波动——基于LST-VAR模型的实证分析[J].金融研究,2015(10):32-47.

[244]张杰,高德步.金融发展与创新:来自中国的证据与解释[J].产业经济研究,2017(3):43-57.

[245]张军,高远.官员任期、异地交流与经济增长——来自省级经验的证据[J].经济研究,2007(11):91-103.

[246]张军,吴桂英,张吉鹏.中国省际物质资本存量估算:1952—2000[J].经济研究,2004(10):35-44.

[247]张倩肖,冯雷.金融发展与企业技术创新——基于中国A股市场上市公司的经验分析[J].统计与信息论坛,2019,34(5):25-33.

[248]张同斌,高铁梅.研发存量、知识溢出效应和产出空间依赖性对我国高新技术产业产出的影响[J].系统工程理论与实践,2014,34(7):1739-1748.

[249]张喜艳,陈乐一.经济政策不确定性的溢出效应及形成机理研究[J].统计研究,2019,36(1):115-128.

[250]张宵葛,玉辉.创新生态系统视域下高新技术产业创新效率评价及影响因素——基于DEA-Tobit模型的实证研究[J].科学与管理,2023,43(1):27-35.

[251]张鑫.不确定性、信用利差与宏观经济[J].中南财经政法大学学报,2019(2):97-104.

[252]张一林,龚强,荣昭.技术创新、股权融资与金融结构转型[J].管理世界,2016(11):65-80.

[253]张玉臣,李晓桐.中国高新技术改造传统产业企业技术创新效率测算及其影响因素——基于超越对数随机前沿模型的实证分析[J].技术经济,2015,34(3):18-26,111.

[254]张元萍,刘泽东.金融发展与技术创新的良性互动:理论与实证[J].中南财经政法大学学报,2012(2):67-73,92,143-144.

[255]张长征,黄德春,马昭洁.产业集聚与产业创新效率:金融市场的联结和推动——以高新技术产业集聚和创新为例[J].产业经济研究,2012(6):

17-25.

[256] 赵景峰，张静．金融发展对中国农业技术创新的影响研究[J]．理论学刊，
2020(6)：55-63.

[257] 赵萌，叶莉，范红辉．经济政策不确定性与制造业企业创新——融资约束
的中介效应研究[J]．华东经济管理，2020，34(1)：49-57.

[258] 赵胜民，张博超．经济政策不确定性影响企业投资的传导机制研究——基
于公司个体风险视角[J]．金融学季刊，2022，16(2)：51-72.

[259] 郑挺国，曹伟伟，王霞．基于混频数据的日度经济不确定性测度及其应
用[J]．统计研究，2023，40(1)：33-48.

[260] 钟腾，汪昌云．金融发展与企业创新产出——基于不同融资模式对比视
角[J]．金融研究，2017(12)：127-142.

[261] 周方召，符建华，仲深．外部融资、企业规模与上市公司技术创新[J]．科
研管理，2014，35(3)：116-122.

[262] 周进，陈瑛，黎玲君．中国对美国高新技术产业直接投资的时空演变和驱
动机制分析[J]．经济地理，2018，38(12)：16-24.

[263] 朱军．中国财政政策不确定性的指数构建、特征与诱因[J]．财贸经济，
2017，38(10)：22-36.

[264] 朱巧玲，杞如福．经济政策不确定性是否抑制了上市企业创新？[J]．财经
问题研究，2022(4)：109-120.

[265] 朱瑞博，张路．国内经济不确定性是否抑制了外商直接投资？——基于时
变参数向量自回归模型分析[J]．上海经济研究，2019(8)：109-117.

[266] 朱喜安，张秀，李浩．中国高新技术产业集聚与城镇化发展[J]．数量经济
技术经济研究，2021，38(3)：84-102.

[267] 朱信凯．流动性约束、不确定性与中国农户消费行为分析[J]．统计研究，
2005(2)：38-42.

[268] 祝梓翔，程翔，邓翔．中国宏观经济不确定性的测度[J]．统计与决策，
2021，37(16)：110-113.

附　　录

附表 1　2000—2020 年省域高新技术产业生产活动资本要素存量

空间自相关性检验结果统计表

年份	地理位置矩阵		地理距离矩阵		经济协动矩阵		经济距离矩阵	
	Moran	Geary	Moran	Geary	Moran	Geary	Moran	Geary
2000	0.206**	0.718**	0.179**	0.713**	0.032***	0.895***	0.207**	0.666***
2001	0.174*	0.755*	0.177**	0.712**	0.028***	0.901***	0.202**	0.668***
2002	0.190*	0.723**	0.267***	0.632***	0.013**	0.929*	0.269***	0.615***
2003	0.230**	0.691**	0.261***	0.632***	0.021***	0.915**	0.273***	0.605***
2004	0.258**	0.636***	0.270***	0.577***	0.042***	0.902***	0.285***	0.547***
2005	0.277**	0.624***	0.277***	0.584***	0.047***	0.901***	0.298***	0.551***
2006	0.275**	0.648***	0.305***	0.539***	0.061***	0.874***	0.334***	0.500***
2007	0.271**	0.643***	0.304***	0.523***	0.062***	0.871***	0.334***	0.483***
2008	0.241**	0.638***	0.281***	0.490***	0.055***	0.876***	0.309***	0.454***
2009	0.276**	0.604***	0.289***	0.508***	0.055***	0.879***	0.318***	0.472***
2010	0.338***	0.538***	0.313***	0.537***	0.053***	0.889***	0.340***	0.504***
2011	0.337***	0.542***	0.329***	0.535***	0.052***	0.896***	0.353***	0.505***
2012	0.282***	0.610***	0.305***	0.583***	0.045***	0.923*	0.336***	0.556***
2013	0.285***	0.603***	0.295***	0.588***	0.045***	0.925*	0.328***	0.562***
2014	0.261**	0.614***	0.246***	0.646***	0.028***	0.958	0.277***	0.630***

年份	地理位置矩阵		地理距离矩阵		经济协动矩阵		经济距离矩阵	
	Moran	Geary	Moran	Geary	Moran	Geary	Moran	Geary
2015	0.259**	0.618***	0.244***	0.636***	0.032***	0.952	0.278***	0.617***
2016	0.260**	0.633***	0.254***	0.579***	0.060***	0.912***	0.309***	0.540***
2017	0.260**	0.633***	0.252***	0.581***	0.061***	0.911***	0.307***	0.542***
2018	0.263**	0.628***	0.285***	0.523***	0.047***	0.926**	0.331***	0.492***
2019	0.263**	0.627***	0.288***	0.518***	0.047***	0.925**	0.332***	0.486***
2020	0.327***	0.568***	0.308***	0.516***	0.063***	0.894***	0.357***	0.470***

附表2　2000—2020年省域高新技术产业生产活动劳动要素投入

空间自相关性检验结果统计表

年份	地理位置矩阵		地理距离矩阵		经济协动矩阵		经济距离矩阵	
	Moran	Geary	Moran	Geary	Moran	Geary	Moran	Geary
2000	0.095	0.826	0.149*	0.641***	0.026***	0.910**	0.174**	0.606***
2001	0.122	0.804	0.162*	0.630***	0.028***	0.903**	0.190**	0.593***
2002	0.150	0.779	0.169**	0.640***	0.029***	0.909**	0.198**	0.604***
2003	0.157	0.780	0.178**	0.622***	0.031***	0.915**	0.208**	0.589***
2004	0.165*	0.797	0.191**	0.634***	0.035***	0.914**	0.224**	0.595***
2005	0.192*	0.767*	0.213**	0.617***	0.034***	0.920*	0.244***	0.584***
2006	0.218**	0.732**	0.221**	0.620***	0.029***	0.933	0.246***	0.595***
2007	0.235**	0.723**	0.238***	0.602***	0.032***	0.927*	0.261***	0.576***
2008	0.263**	0.703**	0.256***	0.601***	0.034***	0.925**	0.279***	0.575***
2009	0.266**	0.701**	0.266***	0.589***	0.035***	0.923*	0.287***	0.565***
2010	0.293***	0.674**	0.285***	0.578***	0.037***	0.922*	0.306***	0.554***
2011	0.297***	0.664**	0.291***	0.579***	0.042***	0.918**	0.313***	0.553***
2012	0.329***	0.627***	0.286***	0.570***	0.050***	0.903**	0.313***	0.539***
2013	0.339***	0.616***	0.292***	0.567***	0.051***	0.903**	0.321***	0.535***

续表

年份	地理位置矩阵		地理距离矩阵		经济协动矩阵		经济距离矩阵	
	Moran	Geary	Moran	Geary	Moran	Geary	Moran	Geary
2014	0.334***	0.629***	0.310***	0.547***	0.046***	0.911**	0.332***	0.522***
2015	0.327***	0.645***	0.321***	0.539***	0.048***	0.911**	0.345***	0.513***
2016	0.322***	0.656***	0.325***	0.533***	0.048***	0.914**	0.348***	0.510***
2017	0.342***	0.646***	0.337***	0.525***	0.048***	0.915**	0.362***	0.501***
2018	0.365***	0.634***	0.351***	0.518***	0.049***	0.915**	0.378***	0.493***
2019	0.371***	0.628***	0.345***	0.517***	0.052***	0.912**	0.375***	0.490***
2020	0.383***	0.619***	0.360***	0.512***	0.056***	0.906***	0.393***	0.482***

附表3　2000—2020年省域高新技术产业创新活动资本要素存量（R&D活动经费投入）空间自相关性检验结果统计表

年份	地理位置矩阵		地理距离矩阵		经济协动矩阵		经济距离矩阵	
	Moran	Geary	Moran	Geary	Moran	Geary	Moran	Geary
2000	0.139	0.798	0.089	0.824	0.025***	0.879**	0.120	0.753*
2001	0.154	0.788	0.110	0.803	0.026***	0.878**	0.140*	0.736*
2002	0.173*	0.776	0.137*	0.773*	0.026***	0.883**	0.163*	0.715**
2003	0.160	0.805	0.139*	0.728**	0.025***	0.902**	0.161*	0.683**
2004	0.170*	0.802	0.160*	0.700**	0.027***	0.904**	0.180**	0.658***
2005	0.161	0.846	0.155*	0.696**	0.036***	0.882***	0.189**	0.636***
2006	0.148	0.858	0.157*	0.689***	0.035***	0.882***	0.192**	0.627***
2007	0.163	0.845	0.169**	0.684***	0.040***	0.875***	0.207**	0.619***
2008	0.178*	0.827	0.183**	0.673***	0.048***	0.864***	0.228**	0.598***
2009	0.196*	0.791	0.198**	0.658***	0.050***	0.865***	0.243***	0.586***
2010	0.201*	0.781*	0.212**	0.645***	0.049***	0.871***	0.254***	0.578***
2011	0.193*	0.780*	0.217**	0.638***	0.050***	0.875***	0.259***	0.573***
2012	0.197*	0.771*	0.222**	0.644***	0.051***	0.874***	0.263***	0.579***

年份	地理位置矩阵		地理距离矩阵		经济协动矩阵		经济距离矩阵	
	Moran	Geary	Moran	Geary	Moran	Geary	Moran	Geary
2013	0.240**	0.744*	0.233***	0.652***	0.050***	0.878***	0.271***	0.593***
2014	0.235**	0.751*	0.224**	0.664***	0.048***	0.880***	0.261***	0.604***
2015	0.233**	0.762*	0.245***	0.660***	0.043***	0.885***	0.276***	0.606***
2016	0.261**	0.733**	0.255***	0.654***	0.041***	0.888***	0.282***	0.605***
2017	0.284***	0.711**	0.260***	0.643***	0.042***	0.891***	0.288***	0.597***
2018	0.304***	0.686**	0.268***	0.637***	0.044***	0.888***	0.297***	0.590***
2019	0.319***	0.662**	0.285***	0.627***	0.048***	0.887***	0.316***	0.578***
2020	0.317***	0.662**	0.295***	0.616***	0.051***	0.889***	0.327***	0.569***

附表 4　2000—2020 年省域高新技术产业创新活动资本要素存量(新产品开发经费)

空间自相关性检验结果统计表

年份	地理位置矩阵		地理距离矩阵		经济协动矩阵		经济距离矩阵	
	Moran	Geary	Moran	Geary	Moran	Geary	Moran	Geary
2000	0.203**	0.778	0.155*	0.673***	0.040***	0.865***	0.193**	0.609***
2001	0.186*	0.801	0.154*	0.668***	0.040***	0.869***	0.192**	0.604***
2002	0.178*	0.803	0.154*	0.667***	0.040***	0.870***	0.192**	0.603***
2003	0.164	0.822	0.174**	0.659***	0.043***	0.868***	0.212**	0.592***
2004	0.158	0.837	0.182**	0.664***	0.048***	0.862***	0.225**	0.590***
2005	0.172*	0.808	0.201**	0.649***	0.048***	0.866***	0.242***	0.581***
2006	0.190*	0.786	0.216**	0.637***	0.048***	0.870***	0.253***	0.574***
2007	0.193*	0.786	0.221**	0.625***	0.048***	0.878***	0.257***	0.566***
2008	0.210**	0.765*	0.227**	0.629***	0.047***	0.880***	0.262***	0.573***
2009	0.227**	0.750*	0.243***	0.642***	0.044***	0.885***	0.272***	0.590***
2010	0.243**	0.742*	0.250***	0.653***	0.043***	0.886***	0.278***	0.602***
2011	0.249**	0.748*	0.266***	0.651***	0.038***	0.892***	0.287***	0.606***

年份	地理位置矩阵		地理距离矩阵		经济协动矩阵		经济距离矩阵	
	Moran	Geary	Moran	Geary	Moran	Geary	Moran	Geary
2012	0.277**	0.724**	0.272***	0.652***	0.037***	0.893***	0.292***	0.609***
2013	0.289***	0.694**	0.279***	0.650***	0.038***	0.895***	0.298***	0.609***
2014	0.295***	0.694**	0.274***	0.639***	0.040***	0.900***	0.296***	0.599***
2015	0.307***	0.686**	0.278***	0.625***	0.044***	0.900***	0.303***	0.584***
2016	0.314***	0.677**	0.288***	0.617***	0.047***	0.900***	0.315***	0.575***
2017	0.313***	0.680**	0.295***	0.609***	0.049***	0.901***	0.323***	0.567***
2018	0.313***	0.681**	0.289***	0.604***	0.053***	0.900***	0.322***	0.561***
2019	0.323***	0.675**	0.289***	0.598***	0.057***	0.895***	0.325***	0.552***
2020	0.336***	0.663**	0.296***	0.590***	0.061***	0.890***	0.336***	0.540***

附表5　2000—2020年省域高新技术产业创新活动劳动要素投入空间自相关性检验结果统计表

年份	地理位置矩阵		地理距离矩阵		经济协动矩阵		经济距离矩阵	
	Moran	Geary	Moran	Geary	Moran	Geary	Moran	Geary
2000	0.085	0.887	0.089	0.697**	0.028***	0.882***	0.121	0.648***
2001	0.015	0.976	0.052	0.699**	0.023***	0.870***	0.095	0.631***
2002	−0.010	0.984	0.035	0.727**	0.027***	0.882***	0.087	0.657***
2003	0.020	0.944	0.056	0.695**	0.044***	0.871***	0.112	0.625***
2004	0.072	0.856	0.132*	0.578***	0.055***	0.858***	0.189**	0.504***
2005	0.125	0.808	0.136*	0.649***	0.051***	0.862***	0.187**	0.582***
2006	0.177*	0.759*	0.206**	0.593***	0.050***	0.865***	0.249***	0.534***
2007	0.141	0.783	0.219**	0.545***	0.048***	0.869***	0.259***	0.490***
2008	0.193*	0.769*	0.171**	0.684**	0.060***	0.857***	0.231***	0.604***
2009	0.312***	0.694**	0.237***	0.616***	0.055***	0.879***	0.278***	0.563***
2010	0.306***	0.700**	0.274***	0.618***	0.049***	0.877***	0.312***	0.563***

年份	地理位置矩阵		地理距离矩阵		经济协动矩阵		经济距离矩阵	
	Moran	Geary	Moran	Geary	Moran	Geary	Moran	Geary
2011	0.334***	0.689**	0.317***	0.605***	0.040***	0.891**	0.342***	0.561***
2012	0.382***	0.597***	0.283***	0.585***	0.038***	0.898**	0.311***	0.548***
2013	0.383***	0.606***	0.277***	0.599***	0.042***	0.899**	0.306***	0.562***
2014	0.384***	0.606***	0.285***	0.607***	0.050***	0.887***	0.322***	0.560***
2015	0.392***	0.600***	0.338***	0.593***	0.060***	0.875***	0.376***	0.540***
2016	0.391***	0.610***	0.316***	0.593***	0.069***	0.877***	0.360***	0.542***
2017	0.334***	0.675**	0.312***	0.563***	0.067***	0.878***	0.352***	0.513***
2018	0.383***	0.626***	0.320***	0.572***	0.069***	0.888***	0.370***	0.520***
2019	0.372***	0.637***	0.328***	0.529***	0.065***	0.887***	0.372***	0.482***
2020	0.372***	0.622***	0.341***	0.520***	0.061***	0.888***	0.382***	0.475***

附表6　2000—2020年省域经济增长不确定性指数空间自相关性检验结果统计表

年份	地理位置矩阵		地理距离矩阵		经济协动矩阵		经济距离矩阵	
	Moran	Geary	Moran	Geary	Moran	Geary	Moran	Geary
2000	−0.225	1.247*	−0.027	0.982	−0.055	1.040	−0.070	1.060
2001	−0.055	0.928	−0.001	0.917	−0.027	1.022	−0.009	0.922
2002	−0.057	0.876	0.027	0.687	−0.030	0.936	0.030	0.631***
2003	−0.067	0.941	0.125*	0.540***	−0.041	0.951	0.134*	0.537***
2004	0.119	0.850	0.090	0.875	−0.037	1.015	0.068	0.898
2005	−0.134	1.016	−0.132	1.014	−0.016	0.943	−0.089	0.925
2006	−0.145	1.049	−0.066	1.020	−0.048	1.027	−0.060	1.017
2007	−0.153	1.192	−0.105	1.115	−0.060	1.055	−0.125	1.167
2008	−0.161	1.269*	−0.142	1.200	−0.055	1.041	−0.161	1.246*
2009	−0.085	1.114	0.014	1.014	−0.050	1.033	−0.020	1.056
2010	−0.146	1.182	−0.119	1.170	−0.065	1.039	−0.141	1.199*

续表

年份	地理位置矩阵		地理距离矩阵		经济协动矩阵		经济距离矩阵	
	Moran	Geary	Moran	Geary	Moran	Geary	Moran	Geary
2011	−0.057	0.872	−0.077	0.693**	−0.025	0.958	−0.066	0.667**
2012	−0.019	0.863	−0.039	0.794	−0.030	0.976	−0.041	0.771
2013	−0.077	1.023	0.077	0.907	−0.038	0.988	0.039	0.910
2014	−0.069	1.060	−0.022	0.978	−0.052	1.047*	−0.082	1.065
2015	−0.009	0.963	−0.000	0.952	−0.053	1.049*	−0.045	1.011
2016	0.025	0.958	0.046	0.965	−0.037	1.037	−0.002	1.027
2017	−0.035	0.995	−0.100	1.096	−0.069*	1.052*	−0.159	1.178
2018	0.038	0.937	−0.008	0.929	−0.060	1.031	−0.028	0.974
2019	0.102	0.843	0.100	0.743**	−0.021	0.923**	0.119	0.684***
2020	0.076	0.859	0.023	0.952	−0.045	0.999	−0.010	0.971

附表 7　2000—2020 年省域经济政策不确定性指数空间自相关性检验结果统计表

年份	地理位置矩阵		地理距离矩阵		经济协动矩阵		经济距离矩阵	
	Moran	Geary	Moran	Geary	Moran	Geary	Moran	Geary
2000	−0.027	0.886	−0.027	0.864	−0.038	0.993	−0.019	0.862
2001	−0.031	0.948	0.091	0.903	−0.039	0.956	0.063	0.879
2002	0.126	0.821	−0.027	0.960	−0.002	0.984	−0.017	0.977
2003	−0.051	0.941	−0.072	0.913	−0.033	0.973	−0.076	0.908
2004	−0.153	1.019	−0.096	0.972	−0.031	1.006	−0.077	0.950
2005	0.249**	0.772*	0.195**	0.768**	−0.010	0.949	0.183**	0.765**
2006	−0.110	1.101	−0.165	1.169	−0.031	0.979	−0.132	1.109
2007	0.006	1.034	0.094	0.987	−0.049	1.016	0.102	0.990
2008	−0.034	0.971	−0.119	1.016	−0.031	0.960	−0.098	0.962
2009	0.018	0.968	−0.041	0.987	−0.048	1.037	−0.044	1.032
2010	0.004	0.901	−0.069	0.985	−0.037	0.978	−0.082	0.985

年份	地理位置矩阵		地理距离矩阵		经济协动矩阵		经济距离矩阵	
	Moran	Geary	Moran	Geary	Moran	Geary	Moran	Geary
2011	0.216**	0.737**	−0.005	0.929	−0.032	0.910	−0.022	0.880
2012	0.024	0.935	−0.117	1.084	−0.030	1.009	−0.093	1.066
2013	0.078	0.964	0.058	0.904	−0.012	0.964	0.060	0.908
2014	−0.065	1.030	−0.126	1.092	−0.046	1.043	−0.120	1.115
2015	0.078	0.703	−0.001	0.686**	−0.043	0.985	−0.003	0.695**
2016	−0.071	1.037	−0.006	0.960	−0.014	0.987	0.013	0.950
2017	−0.067	1.059	−0.197	1.150	−0.039	0.979	−0.181	1.104
2018	−0.188	1.109	−0.144	1.139	−0.051	1.011	−0.162	1.147
2019	−0.110	1.008	0.025	0.960	−0.050	0.990	−0.005	0.972
2020	0.220**	0.645***	0.142*	0.646***	0.004	0.923	0.163*	0.609***

附表 8　2000—2020 年省域金融发展规模指数空间自相关性检验结果统计表

年份	地理位置矩阵		地理距离矩阵		经济协动矩阵		经济距离矩阵	
	Moran	Geary	Moran	Geary	Moran	Geary	Moran	Geary
2000	0.017	0.787	−0.008	0.954	−0.036	1.001	0.012	0.902
2001	0.041	0.785	0.030	1.074	−0.033	1.002	0.047	1.006
2002	0.030	0.793	0.020	1.112	−0.027	0.977	0.040	1.021
2003	0.073	0.757	0.094	1.085	−0.027	0.985	0.105	1.001
2004	0.073	0.771	0.120*	1.065	−0.024	0.951	0.131*	0.989
2005	0.082	0.760	0.127*	1.066	−0.020	0.989	0.141**	0.986
2006	0.028	0.787	0.025	1.271	−0.031	1.022	0.030	1.185
2007	0.055*	0.755	0.050**	1.257	−0.035	1.027	0.050**	1.175
2008	0.042	0.778	0.029	1.261	−0.031	1.018	0.034	1.176
2009	0.045	0.772	0.032	1.265	−0.031	1.021	0.037	1.180
2010	0.057	0.765	0.054	1.236	−0.028	1.016	0.059*	1.153

年份	地理位置矩阵		地理距离矩阵		经济协动矩阵		经济距离矩阵	
	Moran	Geary	Moran	Geary	Moran	Geary	Moran	Geary
2011	0.071*	0.750	0.077**	1.216	−0.027	1.018	0.081**	1.135
2012	0.087*	0.736	0.095**	1.192	−0.026	1.017	0.100**	1.111
2013	0.124**	0.706	0.143***	1.122	−0.024	1.009	0.149***	1.045
2014	0.094*	0.728	0.097**	1.183	−0.027	1.016	0.103**	1.102
2015	0.134*	0.702	0.146**	1.093	−0.022	1.002	0.156**	1.013
2016	0.157*	0.691*	0.177***	1.044	−0.021	1.003	0.189***	0.970
2017	0.160**	0.687*	0.181***	1.049	−0.019	1.002	0.192***	0.974
2018	0.192**	0.659*	0.218***	1.015	−0.026	1.008	0.223***	0.945
2019	0.159**	0.691*	0.180***	1.050	−0.028	1.008	0.185***	0.979
2020	0.184**	0.663*	0.202***	1.022	−0.015	0.986	0.212***	0.941

附表9　2000—2020 年省域金融发展效率指数空间自相关性检验结果统计表

年份	地理位置矩阵		地理距离矩阵		经济协动矩阵		经济距离矩阵	
	Moran	Geary	Moran	Geary	Moran	Geary	Moran	Geary
2000	0.052	0.848	0.011	0.989	−0.012	0.941	0.005	0.953
2001	0.095	0.803	0.007	0.993	−0.001*	0.905*	0.010	0.933
2002	0.081	0.853	0.028	0.981	−0.015	0.090*	0.016	0.928
2003	−0.005	1.051	0.009	0.959	−0.042	0.941	−0.018	0.931
2004	−0.007	1.131	0.002	0.951	−0.050	0.946	−0.024	0.925
2005	0.012	1.153	−0.013	0.959	−0.044	0.940	−0.030	0.927
2006	0.084	1.059	−0.016	0.975	−0.036	0.939	−0.024	0.935
2007	0.160	0.945	0.014	0.962	−0.027	0.936	0.011	0.924
2008	0.173*	0.889	0.031	0.979	−0.028	0.951	0.030	0.947
2009	0.189*	0.874	0.059	0.958	−0.023	0.956	0.070	0.916
2010	0.238**	0.801	0.082	0.934	−0.018	0.951	0.102	0.884

年份	地理位置矩阵		地理距离矩阵		经济协动矩阵		经济距离矩阵	
	Moran	Geary	Moran	Geary	Moran	Geary	Moran	Geary
2011	0.227**	0.820	0.095	0.928	−0.015	0.943	0.114	0.860
2012	0.272**	0.759	0.133*	0.904	−0.011	0.940	0.152*	0.837
2013	0.275***	0.765*	0.141*	0.890	−0.009	0.942	0.158*	0.819
2014	0.196*	0.878	0.103	0.910	−0.013	0.937	0.115	0.841
2015	0.145	0.812	0.103	0.949	−0.015	0.966	0.130	0.874
2016	0.099	0.831	0.073	0.960	−0.016	0.930	0.101	0.862
2017	0.047	0.864	0.043	0.995	−0.015	0.926*	0.078	0.886
2018	0.116	0.796	0.075	0.957	−0.007	0.921**	0.112	0.853
2019	0.159	0.752*	0.103	0.920	−0.001*	0.915**	0.136	0.818
2020	0.173*	0.745*	0.117	0.907	−0.005	0.923**	0.145*	0.811

附表 10　2000—2020 年省域金融市场化指数空间自相关性检验结果统计表

年份	地理位置矩阵		地理距离矩阵		经济协动矩阵		经济距离矩阵	
	Moran	Geary	Moran	Geary	Moran	Geary	Moran	Geary
2000	0.351***	0.630***	0.105	0.889	0.010**	0.945	0.166*	0.825
2001	0.443***	0.570***	0.320***	0.661***	0.021***	0.910**	0.360***	0.602***
2002	0.377***	0.597***	0.321***	0.664***	0.036***	0.880***	0.366***	0.585***
2003	0.364***	0.656***	0.283***	0.713**	0.040***	0.889***	0.337***	0.639***
2004	0.256**	0.756*	0.216**	0.770**	0.031***	0.900***	0.268***	0.696**
2005	0.338***	0.639***	0.208**	0.774**	0.036***	0.901***	0.286***	0.695**
2006	0.336***	0.629***	0.251***	0.714**	0.031***	0.895***	0.316***	0.645***
2007	0.296***	0.643***	0.246***	0.664***	0.033***	0.887***	0.299***	0.599***
2008	0.290***	0.669**	0.148*	0.749**	−0.003	0.952	0.163*	0.731**
2009	0.241**	0.626***	0.250***	0.585***	0.016***	0.869***	0.282***	0.517***
2010	0.617***	0.428***	0.322***	0.669***	0.016***	0.956	0.363***	0.627***

续表

年份	地理位置矩阵		地理距离矩阵		经济协动矩阵		经济距离矩阵	
	Moran	Geary	Moran	Geary	Moran	Geary	Moran	Geary
2011	0.593***	0.441***	0.315***	0.678***	0.013**	0.963	0.354***	0.634***
2012	0.571***	0.476***	0.300***	0.702**	0.013**	0.965	0.341***	0.657***
2013	0.573***	0.467***	0.307***	0.687***	0.015**	0.961	0.348***	0.645***
2014	0.587***	0.463***	0.325***	0.679***	0.026***	0.948	0.372***	0.630***
2015	0.557***	0.490***	0.326***	0.665***	0.033***	0.945	0.372***	0.618***
2016	0.551***	0.469***	0.324***	0.643***	0.036***	0.943	0.370***	0.600***
2017	0.505***	0.522***	0.298***	0.699**	0.039***	0.944	0.353***	0.652***
2018	0.506***	0.514***	0.295***	0.705**	0.036***	0.943	0.346***	0.658***
2019	0.491***	0.529***	0.271***	0.735**	0.032***	0.947	0.323***	0.689***
2020	0.446***	0.567***	0.234***	0.782*	0.027***	0.948	0.288***	0.734**

附表 11　2000—2020 年省域经济发展水平空间自相关性检验结果统计表

年份	地理位置矩阵		地理距离矩阵		经济协动矩阵		经济距离矩阵	
	Moran	Geary	Moran	Geary	Moran	Geary	Moran	Geary
2000	0.183*	0.741*	0.265***	0.630***	0.026***	0.935	0.286***	0.608***
2001	0.185*	0.742*	0.269***	0.627***	0.028***	0.934	0.290***	0.605***
2002	0.189*	0.740*	0.269***	0.628***	0.030***	0.933	0.292***	0.604***
2003	0.183*	0.749*	0.272***	0.625***	0.030***	0.932	0.295***	0.601***
2004	0.184*	0.745*	0.273***	0.621***	0.032***	0.931	0.297***	0.597***
2005	0.179*	0.749*	0.271***	0.620***	0.032***	0.932	0.296***	0.597***
2006	0.172*	0.756*	0.265***	0.626***	0.032***	0.933	0.291***	0.603***
2007	0.172*	0.755*	0.266***	0.622***	0.032***	0.932	0.292***	0.598***
2008	0.173*	0.755*	0.273***	0.612***	0.033***	0.930	0.298***	0.588***
2009	0.186*	0.742*	0.282***	0.606***	0.035***	0.927*	0.309***	0.580***
2010	0.189*	0.744*	0.289***	0.604***	0.036***	0.927*	0.315***	0.579***

续表

年份	地理位置矩阵		地理距离矩阵		经济协动矩阵		经济距离矩阵	
	Moran	Geary	Moran	Geary	Moran	Geary	Moran	Geary
2011	0.186*	0.746*	0.290***	0.602***	0.035***	0.928	0.316***	0.578***
2012	0.181*	0.747*	0.289***	0.603***	0.034***	0.930	0.313***	0.581***
2013	0.180*	0.747*	0.288***	0.604***	0.032***	0.934	0.311***	0.584***
2014	0.183*	0.743*	0.291***	0.605***	0.030***	0.936	0.313***	0.585***
2015	0.203**	0.727**	0.299***	0.603***	0.030***	0.938	0.323***	0.582***
2016	0.218**	0.714**	0.307***	0.597***	0.032***	0.938	0.332***	0.576***
2017	0.220**	0.716**	0.318***	0.587***	0.031***	0.939	0.341***	0.568***
2018	0.220**	0.715**	0.322***	0.584***	0.029***	0.940	0.344***	0.566***
2019	0.224**	0.712**	0.323***	0.583***	0.029***	0.941	0.345***	0.565***
2020	0.231**	0.707**	0.326***	0.582***	0.030***	0.940	0.349***	0.563***

附表 12　2000—2020 年省域经济基础设施水平空间自相关性检验结果统计表

年份	地理位置矩阵		地理距离矩阵		经济协动矩阵		经济距离矩阵	
	Moran	Geary	Moran	Geary	Moran	Geary	Moran	Geary
2000	0.122	0.833	0.212**	0.699**	0.029***	0.948	0.248***	0.677***
2001	0.120	0.833	0.214**	0.693**	0.028***	0.950	0.249***	0.672***
2002	0.114	0.813	0.226**	0.643***	0.028***	0.952	0.262***	0.624***
2003	0.116	0.810	0.226**	0.646***	0.030***	0.950	0.265***	0.625***
2004	0.116	0.805	0.227**	0.639***	0.033***	0.938	0.270***	0.610***
2005	0.118	0.800	0.227**	0.636***	0.033***	0.936	0.270***	0.607***
2006	0.151	0.750*	0.239***	0.606***	0.036***	0.925*	0.279***	0.574***
2007	0.156	0.741*	0.242***	0.598***	0.036***	0.924*	0.281***	0.566***
2008	0.178*	0.705**	0.247***	0.586***	0.036***	0.913**	0.284***	0.549***
2009	0.168*	0.716**	0.241***	0.593***	0.036***	0.914**	0.278***	0.556***
2010	0.122	0.750*	0.192**	0.644***	0.032***	0.917*	0.233***	0.599***

年份	地理位置矩阵		地理距离矩阵		经济协动矩阵		经济距离矩阵	
	Moran	Geary	Moran	Geary	Moran	Geary	Moran	Geary
2011	0.113	0.756*	0.183**	0.652***	0.030***	0.922*	0.225**	0.608***
2012	0.069	0.781	0.133	0.711**	0.017***	0.938	0.174**	0.665***
2013	0.065	0.784	0.129	0.716**	0.016***	0.939	0.170**	0.669***
2014	0.027	0.818	0.093	0.764*	0.006**	0.951	0.136	0.712**
2015	0.028	0.815	0.096	0.760**	0.006**	0.954	0.138*	0.710**
2016	0.047	0.800	0.120	0.757**	0.008**	0.947	0.162*	0.704**
2017	0.053	0.798	0.133	0.745**	0.008**	0.948	0.176**	0.692**
2018	0.177*	0.711*	0.240***	0.656***	0.017***	0.948	0.281***	0.607***
2019	0.177*	0.711*	0.242***	0.654***	0.017***	0.949	0.283***	0.605***
2020	0.174*	0.724*	0.258***	0.650***	0.017***	0.948	0.294***	0.604***

附表 13　2000—2020 年省域工业化水平空间自相关性检验结果统计表

年份	地理位置矩阵		地理距离矩阵		经济协动矩阵		经济距离矩阵	
	Moran	Geary	Moran	Geary	Moran	Geary	Moran	Geary
2000	−0.189	1.091	0.043	0.890	−0.048	0.929	0.019	0.886
2001	−0.192	1.096	0.064	0.868	−0.048	0.933	0.039	0.886
2002	−0.191	1.099	0.079	0.852	−0.047	0.937	0.055	0.851
2003	−0.174	1.084	0.096	0.840	−0.041	0.936	0.080	0.833
2004	−0.161	1.068	0.103	0.842	−0.038	0.930	0.089	0.832
2005	−0.150	1.083	0.212***	0.764	−0.033	0.919	0.191**	0.750
2006	−0.137	1.081	0.248***	0.751	−0.032	0.913	0.221***	0.736
2007	−0.124	1.072	0.255***	0.751	−0.031	0.911	0.228***	0.734
2008	−0.115	1.093	0.279***	0.730*	−0.023	0.911	0.257***	0.706*
2009	−0.122	1.110	0.277***	0.722*	−0.028	0.911	0.249***	0.699*
2010	−0.098	1.084	0.301***	0.697*	−0.026	0.903	0.269***	0.674**

年份	地理位置矩阵		地理距离矩阵		经济协动矩阵		经济距离矩阵	
	Moran	Geary	Moran	Geary	Moran	Geary	Moran	Geary
2011	−0.077	1.076	0.305***	0.695**	−0.024	0.900	0.274***	0.668**
2012	−0.080	1.092	0.312***	0.697**	−0.024	0.899	0.279***	0.669**
2013	−0.084	1.094	0.306***	0.704**	−0.023	0.900	0.272***	0.676**
2014	−0.086	1.096	0.299***	0.710*	−0.023	0.901	0.266***	0.682**
2015	−0.134	1.169	0.198**	0.805	−0.019	0.909	0.179**	0.765
2016	−0.196	1.246	0.149*	0.861	−0.023	0.918	0.135*	0.817
2017	−0.215*	1.292*	0.148**	0.893	−0.026	0.918	0.135*	0.839
2018	−0.127	1.210	0.338***	0.720	−0.038	0.914	0.302***	0.678*
2019	−0.125	1.209	0.328***	0.729	−0.038	0.915	0.293***	0.685*
2020	−0.132	1.196	0.327***	0.712*	−0.039	0.919	0.292***	0.672*

附表 14　2000—2020 年省域对外开放程度空间自相关性检验结果统计表

年份	地理位置矩阵		地理距离矩阵		经济协动矩阵		经济距离矩阵	
	Moran	Geary	Moran	Geary	Moran	Geary	Moran	Geary
2000	0.277***	0.745***	0.250***	0.806	−0.034	1.027	0.241***	0.791
2001	0.316***	0.695**	0.260***	0.791	−0.033	1.018	0.252***	0.772
2002	0.309***	0.727*	0.234***	0.790	−0.036	1.024	0.230***	0.777
2003	0.318***	0.696**	0.232***	0.800	−0.031	1.004	0.229***	0.771
2004	0.364***	0.614***	0.257***	0.801	−0.029	0.997	0.254***	0.766*
2005	0.349***	0.620***	0.285***	0.791	−0.025	0.994	0.281***	0.756*
2006	0.346***	0.618***	0.296***	0.788	−0.024	0.992	0.291***	0.752*
2007	0.351***	0.613***	0.296***	0.785*	−0.022	0.987	0.292***	0.746*
2008	0.363***	0.574***	0.318***	0.791	−0.016	0.976	0.314***	0.742*
2009	0.359***	0.592***	0.301***	0.783*	−0.015	0.971	0.301***	0.732*
2010	0.373***	0.567***	0.294***	0.799	−0.012	0.965	0.295***	0.742*

年份	地理位置矩阵		地理距离矩阵		经济协动矩阵		经济距离矩阵	
	Moran	Geary	Moran	Geary	Moran	Geary	Moran	Geary
2011	0.373***	0.551***	0.300***	0.808	−0.007	0.959	0.300***	0.747*
2012	0.359***	0.577***	0.296***	0.805	−0.007	0.961	0.295***	0.749*
2013	0.347***	0.602***	0.301***	0.794	−0.007	0.965	0.300***	0.743*
2014	0.353***	0.589***	0.310***	0.787	−0.003*	0.954	0.309***	0.732*
2015	0.379***	0.564**	0.316***	0.757*	−0.006	0.950	0.317***	0.702**
2016	0.377***	0.568**	0.315***	0.742*	−0.002*	0.939	0.319***	0.680**
2017	0.366***	0.563**	0.331***	0.743*	0.001*	0.929	0.334***	0.676**
2018	0.322***	0.635**	0.302***	0.760*	0.002*	0.940	0.304***	0.701**
2019	0.339***	0.616***	0.301***	0.762*	0.006**	0.934	0.306***	0.698**
2020	0.391***	0.574***	0.329***	0.709**	0.009**	0.925	0.336***	0.646**

附表 15　2000—2020 年省域教育发展水平空间自相关性检验结果统计表

年份	地理位置矩阵		地理距离矩阵		经济协动矩阵		经济距离矩阵	
	Moran	Geary	Moran	Geary	Moran	Geary	Moran	Geary
2000	0.289***	0.535***	0.304***	0.893	−0.025	0.975	0.278***	0.836
2001	0.335***	0.491***	0.349***	0.845	−0.021	0.974	0.323***	0.791
2002	0.372***	0.462***	0.389***	0.798	−0.018	0.973	0.361***	0.751
2003	0.400***	0.438***	0.426***	0.762	−0.017	0.976	0.392***	0.726
2004	0.417***	0.427***	0.448***	0.738*	−0.016	0.977	0.410***	0.712*
2005	0.419***	0.432***	0.465***	0.719*	−0.013	0.976	0.422***	0.702*
2006	0.421***	0.440***	0.459***	0.717*	−0.009	0.971	0.417***	0.704*
2007	0.424***	0.445***	0.450***	0.716**	−0.006	0.966	0.409***	0.705**
2008	0.424***	0.454***	0.437***	0.712**	−0.001*	0.958	0.398***	0.702**
2009	0.414***	0.471***	0.412***	0.721**	0.000*	0.957	0.373***	0.716**
2010	0.387***	0.504***	0.381***	0.741*	−0.001*	0.959	0.344***	0.741*

续表

年份	地理位置矩阵		地理距离矩阵		经济协动矩阵		经济距离矩阵	
	Moran	Geary	Moran	Geary	Moran	Geary	Moran	Geary
2011	0.374***	0.523***	0.351***	0.765*	−0.002*	0.960	0.317***	0.767*
2012	0.340***	0.567***	0.302***	0.804	−0.006	0.967	0.270***	0.811
2013	0.320***	0.597***	0.277***	0.821	−0.009	0.971	0.246***	0.832
2014	0.291***	0.628**	0.262***	0.835	−0.009	0.972	0.231***	0.848
2015	0.279***	0.639**	0.262***	0.834	−0.009	0.972	0.231***	0.850
2016	0.270***	0.643**	0.265***	0.836	−0.011	0.976	0.232***	0.856
2017	0.264***	0.643**	0.262***	0.853	−0.014	0.985	0.231***	0.875
2018	0.256***	0.645**	0.254***	0.879	−0.018	0.993	0.226***	0.900
2019	0.223**	0.694**	0.220***	0.903	−0.021	0.993	0.197**	0.922
2020	0.177*	0.741*	0.162**	0.959	−0.024	0.989	0.144*	0.971

附表16　2000—2020 年省域城镇化发展水平空间自相关性检验结果统计表

年份	地理位置矩阵		地理距离矩阵		经济协动矩阵		经济距离矩阵	
	Moran	Geary	Moran	Geary	Moran	Geary	Moran	Geary
2000	0.310***	0.556***	0.358***	0.755*	−0.009	0.929	0.352***	0.687**
2001	0.326***	0.539***	0.366***	0.747*	−0.010	0.928	0.357***	0.679**
2002	0.340***	0.527***	0.365***	0.744*	−0.011	0.930	0.355***	0.677**
2003	0.354***	0.515***	0.367***	0.740*	−0.011	0.929	0.356***	0.674**
2004	0.360***	0.514***	0.368***	0.741*	−0.011	0.932	0.357***	0.677**
2005	0.363***	0.515***	0.369***	0.746*	−0.010	0.936	0.357***	0.684**
2006	0.364***	0.518***	0.368***	0.745*	−0.009	0.936	0.355***	0.684***
2007	0.371***	0.511***	0.370***	0.745*	−0.008	0.934	0.357***	0.683**
2008	0.376***	0.504***	0.373***	0.743*	−0.007	0.931	0.359***	0.681**
2009	0.389***	0.491***	0.373***	0.741*	−0.007	0.929	0.358***	0.680**
2010	0.379***	0.508***	0.363***	0.750*	−0.009	0.939	0.349***	0.693**

续表

年份	地理位置矩阵		地理距离矩阵		经济协动矩阵		经济距离矩阵	
	Moran	Geary	Moran	Geary	Moran	Geary	Moran	Geary
2011	0.369***	0.516***	0.355***	0.758*	−0.010	0.939	0.339***	0.703**
2012	0.359***	0.523***	0.354***	0.761*	−0.011	0.940	0.335***	0.709**
2013	0.356***	0.525**	0.350***	0.765*	−0.012	0.943	0.329***	0.716**
2014	0.350***	0.529**	0.348***	0.770*	−0.014	0.947	0.325***	0.726**
2015	0.359***	0.522**	0.356***	0.767*	−0.015	0.954	0.330***	0.730**
2016	0.364***	0.515**	0.356***	0.769*	−0.015	0.956	0.328***	0.733*
2017	0.365***	0.510**	0.357***	0.771*	−0.016	0.960	0.327***	0.739*
2018	0.360***	0.513**	0.353***	0.777*	−0.018	0.964	0.322***	0.748*
2019	0.361***	0.524**	0.309***	0.797	−0.012	0.948	0.284***	0.755*
2020	0.372***	0.516**	0.323***	0.770*	−0.005	0.935	0.311***	0.715**

后　　记

　　我在 2018 年入职武汉纺织大学后，针对经济政策不确定性、金融发展、产融结合、企业技术创新等问题进行了较为系统的研究，并发表了相关的学术文章。在这些研究成果的基础上，我逐步酝酿形成了本书的整体思路和行文脉络，经过一年多时间的撰写、修改，终于完成了本书的创作、付梓。

　　本书的出版得益于多方的襄助与奉献。首先要感谢武汉纺织大学管理学院吴金红院长、张文芬副教授、郎乔奇副教授及其他各位领导及同事的鼓励和支持，同时也要感谢帮助审阅修改本书的武汉大学经济与管理学院李青原教授、武汉理工大学安全科学与应急管理学院刘燕武副教授、湖北经济学院金融学院戴静教授、郑州财经学院会计学院许玲玲副教授以及武汉首义科技创新投资发展集团有限公司夏义星博士。感谢他们在本书选题、撰写及修改完善期间给予的点拨引导与学术支持。感谢武汉大学出版社各位老师的辛苦编辑、认真校对，感谢我的父母、丈夫、女儿对我在工作、学习和生活等诸多方面的默默支持与辛苦付出。

杨　筝

2023 年 12 月